미대부을 구재

**도서출판 엘림**은
목회자와 연구자 그리고 평신도들의 의미 있는 기록들을
전문적으로 출판하는 세움북스의 임프린트입니다.

# 마태복음 주해

### 사람의 말이 아닌, 하나님의 진실을 말하다

**초판 1쇄 인쇄** 2023년 2월 20일
**초판 1쇄 발행** 2023년 2월 25일

**지은이** | 김병호
**펴낸이** | 강인구

**펴낸곳** | 도서출판 엘림
**등 록** | 제2014-000144호
**주 소** | 서울시 종로구 대학로 19 한국기독교회관 1010호
**전 화** | 02-3144-3500
**이메일** | holy-77@daum.net

**디자인** | 참디자인

**ISBN** 979-11-91715-66-8 (03230)

The Guide of Meditation,
Sermon on Matthew

사람의 말이 아닌 하나님의 진실을 말하다

# 마태
# 복음
# 주해

김병호 지음

묵상 · 설교 가이드

도서출판
엘림

# 머리말

먼저 항상 저의 건강을 위하여 기도해 주고 동역자로서 격려해 주며 가정 예배를 드릴 수 있도록 준비해 주고 도와주는 아내에게 고마움을 전하며, 능력 주시는 자 안에서 모든 것을 할 수 있다고 말씀하시는 성삼위 하나님께 영광을 돌립니다.

코로나 바이러스 확산 때문에 교회도 갈 수 없고 선교 활동도 할 수 없어 하나님의 말씀을 전하는 전달자로서 나는 나 혼자서 무엇을 할 수 있을까? 이렇게 자문해 보았습니다.

이제는 외로운 섬에 떠있는 등대지기처럼 다른 사람과 소통도 잘되지 않고 우리의 삶의 패턴이 바뀌고 갇혀 살도록 강요당하고 있다는 생각이 들었습니다. 그러나 두려움과 외로움에 갇혀 있다는 생각이 아니라 아름다운 등대지기로 사는 "얼어붙은 달그림자 물결 위에 차고, 한겨울에 거센 파도 모으는 작은 섬, 생각하라 저 등대를 지키는 사람의, 거룩하고 아름다운 사랑의 마음을"의 삶도 가치 있는 일이라 생각하고 둘이서 가정 예배를 드리게 되었습니다. 그리고 이렇게 드리기 시작한 예배가 저와 아내에게 큰 힘이 되었습니다.

신약 성경 중에서 마태복음부터 한 절 한 절 묵상하고 고민하면서 일주일에 10페이지씩 작성하여 식탁에서 하나님의 말씀을 나누었습니다. 저는 아날로그 세대에 속하기 때문에 볼펜으로 생각하면서 쓰는 것이 더 정신 집중이 잘되고 효율적이었습니다. 2020년 4월 7일에 시작하여 2021년 9월 7일에 마태복음을 마쳤습니다.

저는 고등학교 영어 교사와 대학 강사로 학생들을 가르쳐 왔기 때문에 영어 주해서 여러 권을 참고하고 비교해 보면서, 그리고 저에게 주시는 하나님의 말씀을 묵상하면서 설교문을 작성하였습니다. 저는 부족하지만 사람을 보고 글을 쓴 것이 아니라 하나님을 보고 글을 썼다고 고백합니다.

저에게 신학적인 문제를 다루기에는 짐이 너무 무거워 영문 주해서를 비교 연구해 보면서 우리의 삶에 적용시킬 수 있는 부문을 중점적으로 다루었습니다. 성경과 주해서를 비교 연구하면서 좋은 내용이 많이 있음을 발견하였습니다. 그리하여 우리 삶의 실정에 맞지 않거나 신학적 논란이 많은 부분은 삭제하였습니다. 설교자가 편안하게 설교할 수 있고 청중들이 부담 없이 받아들이도록 쉬운 표현으로 편집하였습니다. 여러 주해서를 참고하다 보니 중복된 부분이 있을 수 있다는 것을 밝힙니다. 이 주해서의 특징은 다음과 같습니다.

첫째. 본서는 다른 신학 전문 서적과 달리 이론에 치중하지 않았습니다.

둘째. 본서는 평범한 신앙인이 깨달아야 할 개념을 정리하였습니다.

셋째, 본서는 여러 영어 주해서를 참고하여 저자의 고뇌와 연구를 합하여 재편집되었습니다.

이 책은 부족한 점이 많아 처음에는 출판을 망설였으나 연구 노력한 결과를 아깝게 여겨 출간하게 되었습니다. 이점에 관하여 독자의 이해를 구하고 싶습니다.

# 서론

마태는 전직 세리이며 처음 열두 제자 중의 한 사람이다. 그리고 마태복음은 메시아의 오심을 예언했던 선지자들의 능력과 정확성에 대해 놀랄 만한 실례를 제공한다. 마태는 자신의 자료가 교회에서의 가르침에 적합하도록 만들어 교사의 복음서라고 불린다. 마태는 자신의 유산 가운데 소중한 모든 것을 성취하신 분이 예수님이심을 발견하고 유대인으로서 이 복음을 쓰고 있다.

마태복음은 신약 가운데 가장 유대적인 책 중의 하나로 여겨지며 이는 구약의 성취에 초점을 맞추고 있다. 유대 의식과 유대적 용어(천국, 다윗의 자손)의 용례를 들고 있다. 예수님과 제자들의 사명이 이스라엘의 잃어버린 양을 찾는 것이며, 이 복음서는 유대지도자 특히 바리세인들을 위선자라고 혹평하고 있다. 이 복음서 본문에는 저자가 전혀 거명되어 있지 않지만 초대 교회는 이구동성으로 마태를 저자로 여기고 있다. 이그나티우스(안디옥의 감독), 이레니우스(리용의 감독), 오리겐(3세기), 유세비우스(4세기)의 글들은 복음서의 저자가 마태라고 증언하고 있다. 그리고 예수님이 세리와 죄인들과 함께 집에서 음식을 드셨다고 말하는데, 이 "집에서"라는 말은 '그의 집에서'라고 번역될 수 있다.

예를 들면 마태복음 17:24-27에서 성전세를 받는 자들이 베드로에게 예수께서 세금을 내시려는지 여부를 물어보는 사건이 있는데, 이것은 오직 마태복음에서만 다루고 있다. 분명 유대인인 세리가 가장 유력한 후보자에 속한다고 추측된다.

이 복음서는 특히 예언의 성취를 강조하기 때문에 구약과 신약의 가교 역할

을 하고 있다. 이 복음서의 가장 뚜렷한 특징은 메시아적 언어로 가득 차 있으
며 예수님의 출생을 구약의 다윗의 자손이라고 지나칠 정도로 강조하고 있다.
그리고 이 복음서는 예수님이 메시아, 즉 구세주라는 확실한 증거를 보여 주는
것이 그 목적인 것 같다.

# 강조된 주제

    율법, 안식일 준수, 천국, 예루살렘, 베들레헴, 가버나움, 갈릴리, 유대, 다윗, 메시아, 예언의 성취, 모세 등등 모두가 유대 독자들에게 흥미 있는 주제들이다. 그리고 예수님이 그의 사역의 마지막 시간에, 즉 최후의 만찬, 겟세마네 동산의 기도, 유다의 배신, 열두 제자의 도망, 베드로의 부인, 빌라도 앞에서의 재판, 예수님의 십자가에 못 박힘, 부활, 열방으로 전도할 것을 제자들에게 소명으로 주고 있다.

# 연대 및 배경

주후 60년 안디옥(시리아)에서 쓰인 것으로 보여진다. 예루살렘은 주후 70년에 로마에 의해 완전히 파괴되었다. 마태복음에서 이 끔찍한 사건에 관한 언급이 전혀 없는 것은 이 복음서가 틀림없이 그 이전에 쓰였다는 것을 의미한다. 휘편 많은 학자들은 마가복음이 가장 먼저 쓰인 복음서라고 주장하며, 마태와 누가는 마가의 글에 의존하여 자기들이 기록하였을 것이라고 주장하고 있다.

이 경우 마가복음은 주후 55-60년경에 쓰였을 것이며 마태와 누가는 그 직후인 대략 주후 60년경에 복음서를 썼을 것이라고 추측하고 있다. 많은 학자들이 마태복음은 안디옥에서 썼을 것이라고 추측하지만, 이 복음서와 사도행전 모두 어떤 단서도 제공하지 않고 있다.

이 책의 유대적 특성은 이것이 팔레스타인에서 쓰였다는 것을 암시하고 있으나 첫 제자들 중 다수가 안디옥으로 옮겨 갔다(행 11:19-27)고 한다. 그래서 이 책이 이방인에 대해 큰 관심을 가지고 있기 때문에 안디옥을 저술 장소로 확정 짓는 것이 가능한 것 같다.

# 동기와 목적

마태복음뿐 아니라 다른 복음서들도 마태가 글을 쓰게 된 특별한 동기나 특정한 사건에 대해 언급하지 않고 있다. 초대 교회 교부인 이레니우스와 오리겐은 마태복음이 유대교에서 회심한 자들, 즉 예수님을 자기들의 메시아로 영접한 유대인을 위해 쓰였다고 기록하고 있다.

사실에 있어서 베드로를 통한 고넬료의 극적인 회심(행 10장), 바울의 전도 여행(행 13-28장)때까지는 기독교로 회심하는 사람들이 주로 유대인들이었으며, 이 새로운 신자들에게 예수님이 참 메시아라는 옛 예언들의 확증이 필요하기 때문에 마태복음서가 그 확증을 제공해 주고 있다.

마태복음은 그리스도의 죽음과 부활이 어떻게 아브라함과 다윗에게 주어진 약속들을 성취시키고 있는지를 보여 주고 있으며, 누가복음과 요한복음은 기록 목적을 분명히 밝히고 있지만 마태복음은 그 목적을 밝히지 않고 있다. 그러나 첫 구절 "아브라함과 다윗의 자손 예수 그리스도의 계보라"에서 메시아에 해당하는 헬라어 "그리스도"가 예수라는 언급이 나옴에 따라 예수님이 유대인의 조상인 아브라함 및 다윗의 혈통과 바로 연결되는 것에 주목해 볼 필요가 있다.

마태복음의 절반에 걸쳐 예수께서 구약에 예언된 메시아라는 증거를 제공해 주며 예수님의 생애에 있었던 여러 사건들을 메시아의 성취로 간주하고 있다. 마태는 유대인들의 사고방식을 잘 알고 있었기 때문에 히브리적 마인드를 가진 사람들을 위해 이 복음서를 썼던 것 같다. 그리고 하나님 나라를 이루기 위해 예수가 바로 메시아 구세주임을 나타내기 위해 이 복음서를 썼으며, 구약의 모든 예언들이 예수님에게서 성취된다는 것을 증명하기 위해 이 책을 쓰기 시작했다. 특히 마태복음은 예수님에 대한 믿음을 강조하기 위한 복음서이다.

마태복음은 수세기에 걸쳐서 교회에서 가장 널리 사용되었다. 그 자료들이 예수님의 사역과 가르침을 주제별로 기록되었으나 엄격한 연대별 순서대로 기록되고 있지는 않다.

# 다른 복음과의 관계

1) 마태복음에만 나오는 기적들

    (1) 두 맹인의 치유(마 9:27-31)

    (2) 말 못하는 사람에게서 귀신을 쫓아냄(마 9:27-31)

    (3) 예루살렘에서 병자 치유(마 14:14)

    (4) 물고기 속에서 발견된 돈으로 성전 세 내심(마 17:24-27)


2) 마태복음과 마가복음에 나오는 공통의 기적들

    (1) 갈릴리에서의 치유(마 9:35; 막 7:24-30)

    (2) 수로보니게 여인의 딸 치유(마 15:21-28; 막 6:5-6)

    (3) 갈릴리에서의 무리 치유(마 15:29-31; 막 7:31-37)

    (4) 사천 명을 먹이심(마 15:32-39; 막 8:1-9)

    (5) 무화과나무를 저주함 (마 21:18-21; 막 1:13-14)


3) 마태복음과 누가복음에 나오는 공통의 기적들

    (1) 백부장의 종 치유(마 8:5-13; 눅 7:1-10)

    (2) 눈멀고 말 못하는 사람 치유(마 12:22; 눅 11:14)


4) 마태복음, 마가복음, 누가복음(공관복음)에 나오는 고통의 기적들

    (1) 나병 환자의 치유(마 8:1-4; 막 1:40-42; 눅 5:12-14)

(2) 베드로의 장모 치유(마 8:14-15; 막 1:29-31; 눅 4:38-39)

(3) 풍랑을 잔잔케 함(마 8:23-27; 막 4:36-41; 눅 8:22-25)

(4) 귀신 들린 자를 온전케 함(마 8:28-33; 막 5:1-20; 눅 8:26-39)

(5) 중풍 병자 치유(마 9:1-2; 막 2:3-5; 눅 5:18-25)

(6) 야이로의 딸 치유(마 9:18-25; 막 5:22-42; 눅 8:41-55)

(7) 혈우병 앓는 여인 치유(마 9:20-22; 막 5:25-34; 눅 8:43-48)

(8) 손 마른 자 치유(마 12:9-13; 막 3:1-6; 눅 6:6-11)

(9) 귀신 들린 소년 치유(마 17:14-18; 막 9:14-29; 눅 9:37-43)

(10) 맹인들 치유(마 20:29-34; 막 10:46-52; 눅 18:35-43)


5) 4복음서에 나오는 공통의 기적들

(1) 5천 명을 먹이심(마 14:15-21; 막 6:30-41; 눅 9:10-17; 요 6:1-14)


6) 마태복음, 마가복음, 요한복음에 나오는 기적

(1) 물 위를 걸으심(마 14:22; 막 6:48; 요 6:19-21)

# 목차

# 마태복음 1장

## 1절 : 아브라함과 다윗의 자손 예수 그리스도의 계보라

예수그리스도의 계보에 대하여 마태는 예수님은 모든 유대인들의 아버지인 아브라함의 자손이며 다윗의 직계 후손이라고 밝히면서 마태복음의 첫째 절부터 시작하고 있다.

이러한 계보는 예수님의 뿌리에 관하여 인간의 호기심을 충족시키기 위한 것이 아니며 믿는 자들에게 예수님의 조상을 자랑할 수 있는 이유를 주기 위한 것이 아니다. 마태는 약속된 메시아라는 사실을 증명하기 위하여 예수님의 계보의 뿌리를 추적한다고 밝히고 있다. 메시아는 아브라함의 후손과 다윗의 직계로부터 나온다고 예언하고 있었다. 그러므로 이 책의 목적은 예수님이 영원한 왕 메시아임을 증명하기 위함이다.

1. 하나님은 아브라함과 그의 씨앗(메시아)에게 온 세계를 위해 축복을 약속했다(창 8:54-59; 12:1-3; 22:18).

2. 하나님은 다윗과 그 씨앗(메시아)에게 영원한 통치의 약속을 했다(삼하 7:12; 눅 2:24-31; 요 1:23).

유대 사람들은 하나님의 이러한 약속을 믿었다. 마태는 '그리스도'라고 불리워지는 예수님이 아브라함의 약속된 아들이며 다윗이 직계 후손이라는 사실을 증명하려고 시작했다.

예수님이 다윗의 직계이며 메시아라는 것은 일반적으로 널리 알려진 개념이며 유대인들은 여러 세대에 걸쳐서 이스라엘의 약속된 구원자를 찾고 있었다. 이스라엘 국민들은 국가를 구하고 이스라엘을 회복시키는 어떤 위대한 장군일 것이라고 기대하고 있었다. 그리고 그들은 이스라엘을 우주 통치의 중심 국가를 만들 것이라고 기대하고 있었으며, 그가 세계를 정복하고 예루살렘에서 하나님 자신의 영광과 권위의 중심 인물이 될 것이라고 유대인들은 기대하고 있었다.

마태가 예수의 뿌리를 다윗과 아브라함까지 거슬러 올라간다고 증명할 수 있으면 인간은 메시아라고 하는 예수님의 주장을 얼마나 진지하게 받아들이는지를 보여 줄 것이다.

> **개념 1.** 믿는 성도들은 아브라함의 축복을 나눌 것이며 약속된 다윗의 영원한 통치를 함께 나눌 것이다(롬 4:1-25; 4:11, 16; 시 29:3-4; 사 9:6-7; 롬 14:9; 엡 1:18-22).
>
> **개념 2.** 그리스도라고 불리는 예수님은 아브라함과 다윗의 계보로부터 왔으며 모든 사람은 이 주장을 진지하게 받아들이고 있다. 마태는 이러한 증언을 시작했으며 이에 수천 명의 사람들이 동의했다. 예수님과 그들을 따르는 자들이 진실을 말한다면 세상 사람들이 예수님을 거절하면 큰 죄를 짓게 될 것이다(마 27:11; 요 18:36-37).

### ▌2절 : 아브라함이 이삭을 낳고 이삭은 야곱을 낳고 야곱은 유다와 그의 형제들을 낳고

예수 그리스도는 세계에 흩어져 살고 있는 믿는 자들에게 용기를 주고 있다. 야곱의 아들 중에 유다가 그리스도의 조상이 되었으며 야곱의 열한 명의 모든 이들이 족보에 이름이 기록되어 있다. 단 한 가지 이유는 모든 유대인들은 모두가 야곱이 가계 혈통을 받았다는 것을 알고 있으며, 마태가 성경을 기록할 때는 바빌로니아처럼 로마가 세계를 지배하고 있었으며, 바빌로니아와 마찬가지로 유대인들을 세계 열방으로 흩어 버렸다.

마태는 유대인들이 야곱의 자손이라는 사실을 확인시켜 줌으로써 그들을 격려하고 용기를 북돋아 주기를 원했다. 그래서 이스라엘 백성이 오랫동안 기다린 다윗 혈통의 이스라엘의 참된 임금, 메시아라는 온전한 의미에서 그 이름을 사용한다.

누가는 육신적인 가계도를 제공하는 데 비하여 마태는 공식적인 왕위 계승의 명부를 제공하고 있다. 예수님은 팔레스타인 영토가 로마에 의해서 다스려지고 막강한 로마 제국의 별로 중요하지 않은 변방의 군사 주둔지에 불과했다. 로마의 군사적 정복이 유대인들에게 군사적 평화를 누리게 했으나, 이스라엘은 압제와 노예 생활, 비 도덕성, 부당 행위의 대가를 치러야만 했다.

**개념 1.** 믿는 자들은 가끔 외국에서 고독감, 좌절감, 목적 없는 상실감, 의미 없는 생활에서 오는 고립감과 갈 곳이 없는 차바퀴처럼 느꼈다. 그들은 하나님은 멀리 가버렸고 이젠 만날 수 없다고 느꼈으며, 하나님이 그들의 필요에 왜 응답하지 않으시는지 의심하게 되었다.

마태는 모든 믿는 성도는 메시아가 아브라함과 다윗의 씨앗에서 나온다는 하나님의 약속을 믿는다고 말하고 있으며, 하나님은 예수 그리스도 안에서 믿는 자들의 필요에 응답하시고 그의 약속을 성취할 것이라고 강조하고 있다(롬 8:16-17; 딛 3:7; 벧후 1:4; 요일 2:25).

> **3-6절 : 유다는 다말에게서 베레스와 세라를 낳고 베레스는 헤스론을 낳고 헤스론은 람을 낳고 람은 아미나답을 낳고 아미나답은 나손을 낳고 나손은 살몬을 낳고 살몬은 라합에게서 보아스를 낳고 보아스는 룻에게서 오벳을 낳고 오벳은 이새를 낳고 이새는 다윗 왕을 낳으니라 다윗은 우리야의 아내에게서 솔로몬을 낳고**

예수 그리스도의 계보는 하나님의 영광스러운 자비를 상징한다. 계보에 여자들의 이름이 발견되는 것은 특이한 현상이다. 그들은 하나님의 자비의 징표로 예수님 계보에 올라와 있다.

1. 다말은 유혹자이며 음란한 여자다(창 38:24).
2. 라합은 유대인에게 배척당한 이방인이다. 그녀는 하나님 백성으로 이스라엘과 하나님께 충성하였기 때문에 심판으로부터 구원받은 기생이었다.
3. 룻은 유대인이 증오하는 모압 국가의 시민이었으나 하나님과 그의 백성과 운명을 함께하기를 선택한 여자이다.
4. 밧세바는 다윗과 의도적으로 간음죄를 지었지만, 그녀는 다윗과 함께 하나님께 용서를 구했다(삼하 11-12장).

**개념 1.** 하나님 자비에는 방해물이 없다. 성별, 국적, 죄를 불문하고 누구에게나 자비를 베푸신다. 예수님 계보에 들어 있는 네 명의 여자를 보면 하나님의 자비는 놀랄 만하다. 마태가 족보에 네 명의 특별한 여인을 포함시킨 것은 단순히 역사적인 자료를 전달하는 것이 아니라, 사람들의 죄가 어떠하든지 간에 하나님 계획은 결코 방해받지 않으며 과거의 죄가 현재를 결정 짓게 해서는 안 되기 때문이다. 우리 성도들도 예수님과 함께하면 과거를 치유받고 새로운 삶을 살게 되며 새로운 사람으로 다시 태어난다.

**개념 2.** 예수님의 뿌리에 올라 있는 네 여자들의 아름다운 전체 모습은 복음의 아름다운 모습이며 그들의 죄를 용서받고 모두가 하나님 백성이 되었다(엡 1:7; 2:3-5; 딛3-5).

아마 마태는 예수님이 사회적으로 보잘 것 없으며 결혼하지 않은 어머니에게서 태어난 것에 대해 성경적인 지지가 필요했을 것이다.

> **7-10절 : 솔로몬은 르호보암을 낳고 르호보함은 아비아를 낳고 아비아는 아사를 낳고 아사는 여호사밧을 낳고 여호사밧은 요람을 낳고 요람은 웃시야를 낳고 웃시야는 요담을 낳고 요담은 아하스를 낳고 아하스는 히스기야를 낳고 히스기야는 므낫세를 낳고 므낫세는 아몬을 낳고 아몬은 요시야를 낳고**

예수님의 계보는 하나님 은혜가 상속되지 않는다는 것을 보여 주었으며 그것은 하나님 의지로 주어지는 것이다. 예수님의 조상에는 나쁜 왕과 선한 왕이 있다. 어떤 왕이 선하기 때문에 다음 왕이 그 왕의 선함을 유산으로 물려받지 못한다는 뜻이다.

7절과 8절에서 선한 왕은 솔로몬(왕상 1:1-11), 아사(왕상 15:9-24), 여호사밧(역대하 17-20장) 이며 사악한 왕은 르호보암(왕상 11:43), 아비야(역대하 12:6), 여호람(왕하 8:21-24)이다.

**개념 1.** 신앙심과 의로움은 유산으로 받는 것이 아니며 어떤 왕도 그의 성품을 다음 왕에게 물려줄 수 없다. 우리의 신앙심도 하나님이 허락하지 않으면 자녀에게 물려줄 수 없다.

모든 사람은 하나님 앞에 단독으로 서야 될 것이다. 그리고 자신의 삶과 행동에 대해 책임을 져야 한다. 사람은 신앙심 좋은 부모와 가정을 가질지도 모르지만, 신앙심은 이 사람에서 저 사람으로 전달되는 것이 아니다. 사람은 자기 혼자 단독으로 예수님과 마주쳐야 한다(마 3:8-9; 요 1:12-13).

**11-16절 : 바벨론으로 사로잡혀 갈 때에 요시야는 여고냐와 그의 형제들을 낳으니라 바벨론으로 사로잡혀 간 후에 여고냐는 스알디엘을 낳고 스알디엘은 스룹바벨을 낳고 스룹바벨은 아비훗을 낳고 아비훗은 엘리아김을 낳고 엘리아김은 아소르를 낳고 아소르는 사독을 낳고 사독은 아킴을 낳고 아킴은 엘리웃을 낳고 엘리웃은 엘르아살을 낳고 엘르아살은 맛단을 낳고 맛단은 야곱을 낳고 야곱은 마리아의 남편 요셉을 낳았으니 마리아에게서 그리스도라 칭하는 예수가 나시니라**

예수님의 계보는 하나님의 약속을 지키기 위한 하나님 능력을 강조하고 있다. 하나님 능력은 특별한 사건에서 잘 볼 수 있다.

1. 하나님 능력은 고난을 통해서 하나님 백성을 구원할 때 볼 수 있다.

왜 예수님의 계보에 바벨론 포로가 눈에 띄게 등장하는가? 바벨론은 그들이 정복한 국민들을 데리고 가서 그들을 세계 곳곳으로 흩어지게 했다. 그런 방법으로 정복한 국가를 완전히 말살했으니 여러 세대를 내려오면서 그들의 정체성을 잊어버렸고 옛날 고국 이스라엘을 버리고서 현재 지금 살고 있는 것에 만족하며 정착하여 살고 있었다.

마태는 유대 국가를 완전히 말살 시키려는 시도로부터 하나님이 이스라엘을 보존해 오고 있다고 말하고 있다. 그리고 하나님은 메시아의 계보를 유지하기 위하여 유대인들을 보존하고 있다고 말하고 있다.

2. 하나님의 권능은 예수님을 메시아로 이 땅에 보내심으로 보여진다.

**개념 1.** 하나님이 유대 민족을 말살하려는 모든 시도를 통해서 유대 민족을 보존해 오고 있다는 것은 역사적 사실이다

그러한 능력으로 그는 아브라함과 다윗의 계보를 통해서 그의 아들을 이 땅에 보낼 것이라는 그의 약속을 성취했으며, 모든 사람들은 경고와 동시에 희망으로 받아들여야 한다. 바벨론 포로는 다윗의 계보와 왕국의 멸망을 나타냈다. 모든 약속이 무위로 돌아간 것처럼 여겨졌으나 주전 735년경에 선지자 이사야는 이새의 줄기에서 한 싹이 나며 그 뿌리에서 한 가지가 나서 결실할 것이라고 예언했다(사 11:1). 그 그루터기에서 한 새로운 싹이 자라난 것이 바로 메시아이다. 그분은 원래 나무보다 훨씬 많은 열매를 맺고 영원한 천국을 다스리는 성취

를 이룬 것이다.

**개념 2.** 하나님은 바벨론 포로를 통해서 유대인들을 보존시켰다.

메시아를 보내겠다는 그의 약속은 지켜졌으며 믿는 성도는 하나님의 약속과 권능을 확인할 수 있다. 이 세상은 절망과 압제, 공허함과 고독함으로 점령당할 수 있다. 그러나 우리는 그의 약속에서 승리를 확신할 수 있다(고전 10:13; 고후 1:20-22; 4:17; 요일 5:4-5).

**개념 3.** 이 세상에 하나님이 구원자를 보내겠다고 약속을 이행하기 전 오랜 세기가 흘러갔다.

많은 사람들은 실망하고 그러한 믿음을 이미 포기했다. 여전히 믿고 있는 사람들을 박해하고 경멸까지 했다. 때가 완전히 찼을 때 하나님은 그의 아들을 보냈었다(갈 4:4). 예수님이 두 번째 오신다는 약속이 여기에 있다. 말세에 경멸자들이 와서 정욕을 따라 행하며 조롱하여 이르되 주께서 강림하신다는 약속이 어디 있느냐 라고 그들이 말하고 있다(벧후 3:3-18).

**│ 17절 : 그런즉 모든 대수가 아브라함부터 다윗까지 열네대요 다윗부터 바벨론으로 사로잡혀 갈 때까지 열네대요 바벨론으로 사로잡혀간 후부터 그리스도까지 열네대더라**

예수님의 계보는 영적 역사의 세대를 상징한다.

17절의 첫 부분에서 사십육 명의 수명 기간을 합치면 이천 년에 이른다. 모두가 예수님의 조상이지만 그들은 성격, 영적 능력, 경험에 있어 모두가 현저하게 다르다. 어떤 사람은 아브라함, 이삭, 룻, 다윗처럼 믿음의 영웅이 있는 반면 어떤 사람은 라합, 다말처럼 더러운 명성을 가진 사람도 있다.

많은 평범한 사람들도 있다. 즉 Hezron, Ram, Nashion 그리고 Akim 같은 사람이다. 사악한 사람도 있었다. 즉 므낫세, 아비야 같은 사람이다. 역사에 있어서 하나님 일은 인간의 실패나 혹은 죄에 의해서 제한받지 않으며 하나님은 보통 사람을 통해 일하신다. 하나님이 그의 아들을 이 세상에 불러오기 위해 모든 종류의 사람들을 사용했다. 그는 자기의 의지를 성취하기 위하여 오늘도 모든 종류의 사람들을 사용하신다.

이스라엘 역사 형성 과정은,

1. 이스라엘 역사의 첫 째 기간은 아브라함을 통해 이스라엘을 탄생시키고 다윗을 통해 통치권을 주셨다.

2. 이스라엘 역사의 두 번째 기간은 이스라엘이 주권을 잃고 하나님의 주권에 대한 심판의 결과로 노예가 되어 가고 있었다는 것을 상징하고 있었다.

3. 이스라엘 역사의 세 번째 기간은 메시아를 통해, 그리고 그의 해방의 권능을 통해 이스라엘의 궁극적 해방을 상징하고 있다. 이 역사적 기간은 구원받은 사람의 영적 순례자를 상징한다.

   1) 인간은 왕으로 태어나서 통치의 목적이 주어졌다(창 1:26-27; 시 8:6).

   2) 그러나 인간은 죄의 노예와 하나님의 심판을 통해서 통치권리를 잃었다
   (창 3:16-19; 롬 3:23; 5:12).

   3) 인간은 메시아 예수 그리스도를 통해 인간 본래의 복적을 달성할 수 있도록 자유로워지며 회복될 것이다(롬 5:8-10; 8:15-18; 요 3:16).

## | 18-19절 : 예수 그리스도의 나심은 이러하니라 그 어머니 마리아가 요셉과 약혼하고 동거하기 전에 성령으로 잉태된 것이 나타났더니

예수님은 성령으로 태어났으며 여태까지 어떤 사람도 성령으로 태어난 사람은 없었다. 사람들은 이 사실을 받아들이는 사람도 있고 거절하는 사람도 있다. 성경은 사람들이 오기 전에(before they came together, Mary was found to be with child through the Holy Spirit) 마리아는 성령을 통해서 태어난 아이와 함께 있는 것이 발견되었다고 말하고 있다. 이것은 하나님 사랑에 대한 충성심과 믿음의 문제이다. 예수님의 탄생은 인간 역사에서 가장 위대한 사건이며 하나님이 인간과 하나가 된 사건이며 즉 "God with us", 하나님이 우리와 함께 계시다는 표현이다. "Christ and Messiah", 즉 'Christ'는 희랍 단어 'Christos, The anointed one'(기름부음 받은 자)의 뜻이며 'Messiah'는 히브리어로 똑같이 '기름 부음받은 자'라는 뜻이다.

마태는 예수님을 그리스도 즉 기름부음 받은 자, 메시아 자신이라고 말하고 있다(마 1:16). 예수님 당시에는 사람들은 오래전 약속된 메시아가 오기를 갈망하고 있었으며 로마 압제 밑에서 사람들은 하나님이 그의 약속을 이루는데 오래 기다리지는 않을 것이라고 믿고 있었다. 메시아가 나타날 것이라고 기다리던 사람들이 로마에 대항하여 반기를 들었다. 예수님 십자가 재판에서 바라바가 한 예이다.

다음 몇 가지 이유로 메시아로 생각되었다.

1. 국가적으로 유대 국가를 해방시켜 독립 국가를 수립하여 위대한 국가를 이끌어 갈 다윗 혈통의 지도자로 예정된 인물이다.

2. 군사적으로 유대 군대를 승리로 이끌어 갈 위대한 군사 지도자로 예정된 인물이다.

3. 종교적으로 모든 이 땅에 의로움을 가져오는 하나님으로부터 태어난 초자연적인 인물이다.

4. 개인적으로 이 온 땅에 평화를 가져오는 인물이다.

예수님은 세 가지 다른 경우에 메시아 타이틀을 받았다(마 14:61; 요 4:26).

예수라는 이름은 그가 인간이라는 것을 보여 주며 그리스도는 그가 기름 부음 받은 자요 하나님의 아들이라는 것을 보여 준다. 그리스도가 예수님의 공식적 타이틀이다. 그의 공식적 신분은 예언자(prophet), 제사장(priest), 왕(king)이다. 이 세 타이틀의 사람은 성령의 상징인 기름으로 안수를 받는다.

그리고 유대 결혼식에는 세 가지 절차가 있다.

  1) 예비 약혼(engagement) - 결혼할 아이를 둔 부모가 결정하며 가끔 어릴 때 결정하는 경우도 있다.

  2) 약혼식(betrothal) - 약속된 시간에 약혼 두 당사자가 약혼에 동의하느냐 하지 않느냐 결정, 약혼(betrothal)이 결정되면 결혼은 의무적이며 이혼은 그 후에 요구될 수 있으며 약혼 기간은 1년간 계속될 수 있다.

  3) 결혼(marriage) - 부부가 성립된다. 요셉의 경우에는 예수님 탄생 후까지 부부 관계가 성립되지 않았다.

예수님의 탄생은 요셉을 곤경에 처하게 했다. 의로운 자는 일반 대중에게 자기의 약혼녀를 수치스러운 일에 노출시키기를 원치 않았다. 요셉은 율법에 복종하는 것과 그녀를 사랑하는 것 사이에 가슴이 찢어질 정도로 고통스러웠으며 그는 당황하기도 하고 실망하면서 갈등이 너무 심했다. 그는 속았다는 느낌이며 분노가 일어나기도 했다. 마리아는 그에게 간통을 저질렀으나 그녀를 깊이 사랑했었다. 그래서 그녀에게 상처를 주고 싶지 않아 조용히 비밀리에 이혼하기를 원했다.

**개념 1.** 예수님의 탄생은 여러 사람들을 곤경에 빠뜨렸다.

그의 약혼자가 임신했다고 했을 때 요셉의 감정은 어떠했겠는가? 상상해 보라! 예수님의 탄생은 그가 그리스도라는 결정을 강요받고 있다는 점에서 모든 사람을 곤경에 처하게 만들었다.

**개념 2.** 하나님 백성은 비판적인 판단과 헛소문을 잘 받아들이지 않는다.

요셉에게 마리아의 죄는 크며 그녀는 간통을 저질렀다고 생각되었다. 그러나 그는 그녀를 진정으로 사랑하였으며 그 사랑이 그녀의 문제를 해결하는 데 도움을 주었다. 사랑은 죄를 덮는다(벧전 4:8). 사랑하는 사람은 이야기 하지 않고 비난하지 않으며 함부로 판단하지 않는다. 그런 사람은 요셉처럼 하나님 곁으로 가서 그 문제를 위해 기도할 것이다(마 7:1-4; 갈 6:1; 엡 4:32; 골 3:12; 벧전 4:8).

**개념 3.** 믿는 자들은 다함께 멍에를 메어야 한다.

요셉은 의로운 사람이며 마리아는 도덕적인 여자였다. 두 사람은 신앙심이 깊었으며 믿는 자들은 결혼 동반자를 선택할 때 항상 주의해야 한다(고후 6:14).

**개념 4.** 결혼에 대하여 확정짓는 데에는 시간을 내어 고려해 보고 결정하는 것이 지혜로운 일이다. 서둘러서 후회하는 것보다 천천히 확신을 갖고 결정하는 것이 좋다.

**개념 5.** 결혼 전에 기다리는 기간을 두는 것은 현명한 일이다. 둘을 영적으로 하나로 만드는 일에 하나님께 시간을 주어야 한다. 결혼하기 전에 둘이서 함께 성숙하는 데에는 더 많은 시간이 필요하다. 함께 서로를 알고 이해하는 데 시간을 가지는 것은 많은 고통과 가슴 아픈 일을 예방한다.

**개념 6.** 기독교 신앙에 있어서 동정녀 탄생이 중요한 이유는 하나님의 아들 예수님은 아담에 의해 전해진 모든 사람들의 죄의 본성으로부터 자유하셔야 했다. 한 여인에게서 태어났기 때문에 인간이었으며, 그러나 하나님으로부터 아들로 태어났기 때문에 전혀 죄가 없으며 그분은 한 인간으로 사셨기 때문에 우리의 경험과 갈등을 온전히 이해하시며(히 4:15-16) 그리고 하나님이시기 때문에 우리를 죄에서 구할 능력을 가지고 계신다(골 2:13-15). 그러므로 우리는 우리의 생각과 감정, 필요를 예수님께 아뢸 수 있으며, 지금도 우리와 함께 계시며 우리를 도울 수 있는 권능을 가진 분이다.

> **20-21절 : 이 일을 생각할 때에 주의 사자가 현몽하여 이르되 다윗의 자손 요셉아 네 아내 마리아 데려오기를 무서워하지 말라 그에게 잉태된 자는 성령으로 된 것이라 아들을 낳으리니 이름을 예수라 하라 이는 그가 자기 백성을 그들의 죄에서 구원할 자이심이라 하니라**

예수 그리스도의 잉태와 탄생은 인간의 논리나 이성을 뛰어넘는 초자연적 사건이다. 이 사실 때문에 하나님은 이 중대한 사건의 의미를 사람들이 이해하는 것을 돕도록 천사를 보냈다(눅 1:11, 26; 2:9). 천사들은 하나님의 일을 수행하는데 도움을 주는 하나님에 의해서 창조된 영적 존재이며 천사들은 하나님의 메시지를 사람들에게 전해 주며 하나님 백성을 보호하고(단 6:22), 격려하며, 길을 안내하고(출 14:19), 벌을 주며(삼하 23:16), 악과 싸운다(왕하 6:16-18; 계 12:7). 나쁜 천사와 악한 천사가 있지만 나쁜 천사는 악의 세력이나 마귀와 동조하여 함께 대항하지만 선한 천사보다 훨씬 힘이 약하다. 결국 천사의 일차적 역할은 하나님께 계속적인 찬양을 드리는 것이다.

그리고 요셉이 어려움에 처했을 때 그가 할 수 있는 일은 하나님께 조용히 나아가 기도하는 방법밖에는 없었다. 그는 하나님을 의지하고 순종했기 때문에 하나님은 요셉에게 특별 계시를 주었다.

하나님의 목적은 네 가지였다.

1. 요셉에게 확신을 주는 것. 즉 천사가 요셉을 다윗의 아들이라고 불렀을 때 요셉은 놀랐으며 영광스러운 부름에 정신이 깨어났다. 그는 하나님에 의해서 다

윗의 한 아들로 선택되어 이 땅의 아버지, 메시아의 아버지가 된 것이다. 모든 유대인들은 메시아는 다윗의 혈통으로부터 나온다는 예언을 알고 있었다.

2. 요셉을 인도하는 것

3. 요셉의 곤경을 설명해 주는 것.

4. 약속된 아들의 운명을 알려 주는 것.

**개념 1.** 힘든 경험을 박차고 나갈 올바른 길이 있다. 요셉이 그 올바른 길을 보여 주었으며 그는 혼자서 이 일을 숙고했다. 그는 의롭고 신앙심이 깊은 사람이기 때문에 그는 하나님과 단독으로 그의 생각을 나누었디. 그는 그의 영혼을 하나님께 쏟아 놓는 것처럼 아마 슬프게 울었을 것이다. 믿는 사람도 가끔 어려운 시련에 직면했을 때 운다(히 4:15-16; 요 15:7; 약 5:13; 시 91:15; 사 65:24).

**개념 2.** 불평과 비난, 비판적 판단을 물리칠 방법이 있다. 그것은 요셉처럼 조용히 침묵을 지키며 하나님과 단독으로 만나 그 문제를 하나님과 의논하는 것이다

**개념 3.** 하나님은 요셉이 시간을 내어 혼자서 생각에 잠겼을 때 그를 만나 주셨다. 하나님의 메시지를 듣기 위해서는 올바른 마음 상태가 중요하다.

**개념 4.** 믿는 자는 그에게 닥쳐온 시련에 직면하여 하나님과 소통하고 단독으로 곰곰이 묵상하고, 기도하는 사람은 하나님을 만나게 되며 하나님은 확신감을 주고 그를 인도해 줄 것이다 (마 6:33; 빌 4:6-7; 요 16:13; 롬 8:13; 히 13:5).

**개념 5.** 우리는 하나님 부름에 "예(yes)"라고 대답해야 한다. 요셉은 하나님 부름에 대답하고 순종하였다. 그러나 대부분의 사람들은 하나님의 부르심을 거절하고 의심하면서 자기의 능력을 믿는다(마 20:16).

**개념 6.** 하나님이 부르는 대부분 사람들은 삶에 겸손을 보였으며 요셉도 그런 사람이었다. 그리고 우리 믿는 성도는 그런 삶의 태도를 가져야한다(고전 1:26-27).

**개념 7.** 그의 이름을 예수라고 하나님이 이름을 지으셨으며 그 이름이 영원히 불릴 것이라고 하나님은 말씀히 셨으며 모든 사람은 그 이름 예수를 항상 불러야 한다.

**개념 8.** 예수님의 사명(mission)은 인류를 구원하는 것이며 그 사명을 하나님이 그에게 주셨다. 뿐만 아니라 하나님은 모든 사람에게 삶의 목표를 주셨다(마 20:28; 눅 19:10; 요 20:21).

[ **참고** ] 예수(Jesus)란 이름은 'Savior(구원자)'라는 뜻이며 히브리어는 'Joshua(yasha)'이며 또한 'Jehovah(Salvation, 구원자)'와 같은 뜻이다. 이것의 아 이디어는 멸망을 가져오는 무서운 재앙으로부터 구원되는 'deliverance'의

뜻이다. 예수님이 죄로부터 그의 백성을 구원한다는 뜻은 (a) 죄의 권세(the power of sin) (b) 죄의 속박(the bondage of sin) (c) 죄 짓는 그 자체(the guilt of sin) (d) 죄의 결과(the consequence of sin)로 부터 벗어난다는 뜻이다(갈 1:4-5; 히 2:14-18; 딛 2:14).

**22-23절 : 이 모든 일이 된 것은 주께서 선지자로 하신 말씀을 이루려 하심이니 이르시되 보라 처녀가 잉태하여 아들을 낳을 것이요 그의 이름은 임마누엘이라 하리라 하셨으니 이를 번역한 즉 하나님이 우리와 함께 계시다 함이라**

예수님의 탄생은 예언의 성취이다.

마태는 특별히 두 가지 예언을 강조하고 있다.

1. 예수님은 처녀의 몸에서 탄생할 것이라는 예언(마 1:23)

2. 예수님의 이름은 임마누엘(immanuel)이라고 불리워질 것이라는 예언

예언의 기본 요소는

　1) prophecy(하나님의 말씀이며 사람의 말이 아님)

　2) 예언자는 전달자(messenger)가 아닌 대변자(spokesman)

　3) 예언은 반드시 이루어진다.

천사는 요셉과 마리아의 아이는 성령으로 잉태되었다고 선포하였으며 아들이라고 전했다. 이 사실은 그가 인간인 동시에 하나님이라는 중요한 사실을 나타낸다. 무한하며 영원한 하나님은 예수님을 믿는 모든 사람의 구원을 위해 살며 죽을 수 있는 인간의 한계를 극복하였다. 예수님은 우리가 우리 자신을 구원할 수 없기 때문에 우리를 구속하기 위해 이 땅에 오셨다. 우리가 아무리 선하다고 해도 우리는 우리 속에 있는 죄성을 없앨 수 없다. 예수님만이 우리를 구원할 수 있으며 예수님은 우리가 우리 자신을 구하도록 도와주기 위해서 온 분이 아니다. 그는 죄의 권세를 깨뜨리고 물리쳐 우리를 구원하기 위해 오셨으며 우리 죄를 위해 십자가의 죽임을 택했다. 그리고 우리는 우리의 삶을 다스려 달라고 부탁해야 한다. 예수님은 이사야의 예언대로 임마누엘(God with us, 하나님은

우리와 함께하신다.)라는 이라는 이름이 정해져 있었다(사 7:14). 예수님은 육신으로 오신 하나님이며 그래서 우리와 함께 계신다. 성령을 통해서 예수님은 모든 믿는 자의 삶 속에 오늘도 살아 계신다.

## 24-25절 : 요셉이 잠에서 깨어 일어나 주의 사자의 분부대로 행하여 그의 아내를 데려왔으니

요셉은 마리아가 간음한 여자가 아니라는 사실을 알고 재빨리 그의 계획을 바꾸었다. 그는 하나님께 순종하고 그의 결혼 계획을 계속 진행시켰다. 다른 사람이 그의 결정을 찬성하지 않았지만 요셉은 자기의 생각이 옳다는 것을 알고 결혼을 결심했다. 가끔 사람들은 다른 사람들이 말하는 것을 듣고 옳은 것을 하지 않고 피한다. 요셉처럼 다른 사람의 인정을 받기보다 하나님께 인정받는 것을 택했다.

**개념 1.** 요셉과 마리아가 결혼하지 않았음에도 불구하고 아이가 임신되었다는 것을 상상해봐라! 얼마나 헛소문과 비판이 많았겠는가! 이웃들, 마을 사람들이 어떻게 생각하겠는가? 그들을 잘 알고 있는 사람들이 두 사람으로부터 처녀의 몸에서 성령으로 아기가 태어났다고 천사의 이야기를 믿겠는가? 그러나 요셉은 하나님이 말씀하신대로 정확하게 순종했다. 모든 믿는 사람들은 여기에서 어떤 교훈을 배울 수 있을까? 하나님의 말씀대로 행하면 우리의 삶에 실패가 없을 것이다(요 14:21; 요 15:10, 14; 히 5:8)

**개념 2.** 요셉은 하나님이 시키는 대로 순종했다.

1) 요셉은 자기의 마음을 아프게 하는 사람들에게도 자비와 온유함과 부드러움으로 행동했다.
2) 요셉은 용서받은 사람으로 다른 사람을 용서했다. 사랑하는 사람이나 믿는 동료 성도가 죄를 짓게 될 때 요셉의 경우를 보면서 믿는 자가 취해야 할 필요한 태도를 잘 생각해 보라!

# 마태복음 2장

**1절 : 헤롯왕 때에 예수님께서 유대 베들레헴에서 나시매 동방으로부터 박사들이 예루살렘에 이르러 말하되**

베들레헴은 예루살렘 남쪽 6마일 떨어진 조그마한 소도시이며 해발 2000ft 되는 산등성 위에 위치하고 있다. 누가복음에서는 상세하게 언급되어 있으며 누가복음은 그들의 고향 나사렛보다 오히려 요셉과 마리아가 왜 베들레헴에 있었는지 잘 설명해 주고 있다.

이스라엘은 네 정치적인 지역과 몇 개의 더 작은 지역으로 나누어져 있다. 유대는 남쪽에 위치, 사마리아는 중부 지역, 갈릴리는 북쪽, 이두매는 동남쪽, 베들레헴과 예루살렘은 유대 땅에 속해 있었으며 헤롯 대왕이 다스리는 정부 청사가 있었다. 헤롯이 죽고 난 후 이 지역들은 세 분봉왕으로 나누어졌다. 헤롯 대왕은 성전을 화려하게 개조하고 수리하였다. 이것이 그를 많은 유대인들 가운데 인기 있게 만들었다. 예루살렘에서 큰 축제가 열리기 때문에 예수님은 여러 번 방문하곤 하셨다.

베들레헴 근처에 야곱이 라헬을 묻은 곳이며 룻이 보아스를 만난 곳이기도 하다. 그리고 다윗이 태어난 곳이며 그리고 천사 무리가 침묵을 깨고 메시아가 태어났다고 알렸던 장소이다.

누가복음과 달리 마태는 예수님의 탄생이나 목동의 방문을 기록하지 않고 있으며 헤롯대왕 통치 기간 동안 예수님이 탄생했다고 기록하고 있다. 베들레헴이 유명한 도시가 된 것은 이곳이 다윗의 고향이며 메시아가 탄생할 것이라고 예언된 장소(미 5:2)이기 때문이다.

그리고 Magi(현명한 자) 즉 동방박사(페르시아일 가능성)들이 별을 보고 그에게 경배하러 왔다고 말하고 있으며, 발람(Balaam)은 "A star will come out of Jacob; a scepter will rise out of Israel". 한 별이 야곱에서 나오며 한 왕이 이스라엘에서 나온다고 언급하고 있다(민 24:17).

### 2 3절 : 유대인의 왕으로 나신 이가 어디 계시냐 우리가 동방에서 그의 별을 보고 그에게 경배하러 왔노라 하니

그들의 예상하지 못한 질문, 즉 "새로 태어난 왕이 어디 있느냐?" 그들은 어떻게 새로운 왕이 태어난 것을 알았을까? 아무런 해답이 없었지만 다른 중요한 두 가시 사실이 있다.

1. 그들은 별을 따라 멀고 먼 여행을 했다. 예수님 탄생 시에 별빛이 나타났다는 것은 기적적인 일이며 그들은 별을 따라 새롭게 태어난 왕을 경배하기 위하여 멀리 다른 나라에서 온 것이다.

2. 그들의 목적은 새롭게 태어난 왕을 경배하는 것이었다. 그들은 다른 외국인들도 그렇게 기대했을 것이라고 생각했으며 새로 태어난 아기는 왕의 아들일 것이라고 생각하였으며 물론 예수는 아니었다. 헤롯왕은 이 사실에 크게 당황했으며 헤롯은 어떤 군주가 될 아이가 태어난 것이라고 결론지었으며 그의 왕좌를 넘어뜨리는 계기가 되는 것이라고 생각했다.

**개념 1.** 그가 어디에 있느냐? 모든 사람에게 질문할 필요가 있었다. 왜냐하면 그는 이미 왔으며 대부분은 아직도 자기 자신의 일과 세상일에 야망과 물질 소유에 몰두해 있기 때문에 그 사실을 잘 모르고 있다.

'그가 어디에 있느냐?'(Where is he?)는 질문은 이방인들과 이단으로부터 나오는 질문이며, 하나님 백성도 모르는 갑작스러운 질문이며, 종교 지도자들도 잘 모르는 질문이다.

하나님께서 진정한 왕, 자신의 아들이신 예수 그리스도를 이 세상에 보냈다는 것을 모르는 사람은 하나님과 멀리 떨어져 있는 사람이며 하나님을 잃어버린 사람이다(요 1:49; 18:37; 딤전 1:17; 사 7:7; 단 7:14).

**개념 2.** 헤롯 대왕은 동방박사들이 새로 태어난 유대왕에 관하여 질문했을 때 대단히 당황했다. 왜냐하면 그는 왕의 정당한 상속자가 아니었기 때문이며 유대인들은 그를 착취자로 미워하고 있었다. 그는 무자비한 사람이었으며 그의 많은 적들 때문에 그를 전복시키려는 세력이 있다고 의심하고 있었다. 헤롯은 유대인들과 유대지도자들이 함께 연합하는 것을 좋아하지 않았다. 이러한 동방박사들이 페르시아로부터 왔다면 로마로부터 권력의 균형을 잡아줄 수 있는 새로 태어난 유대왕을 환영했을 것이다.

**4-5절 : 왕이 모든 대제사장과 백성의 서기관들을 모아 그리스도가 어디서 나겠느냐 물으니**

대제사장과 서기관들은 "베들레헴 에브라다야 너는 유다 족속 중에 작을지라도 이스라엘을 다스릴 자가 네게서 내게로 나올 것이라 그의 근본은 상고에 영원에 있느니라"(미 5:2)를 잘 알고 있었으며 메시아에 대한 다른 예언들도 알고 있었다. 동방박사(Magi)의 소식은 유대인들이 기대하고 있는 메시아가 곧 올 것이라는 사실을 알고 있었기 때문에 헤롯왕을 괴롭혔다(눅 3:15). 대부분 유대인들은 알렉산더 대왕과 같이 위대한 정치 지도자인 동시에 군사 지도자이기를 기대했었다. 이 무자비한 사람은 베들레헴에 있는 두살 아래의 모든 사내아이를 죽이라고 명령했다(마 2:16). 서기관들의 대부분은 바리세인들이었으며 제사장들은 사두개인들이었다. 두 그룹은 겨우 사이좋게 되었기 때문에 헤롯왕은 각 그룹과 분리해서 의논했다. 헤롯이 그들에게 물어본 것은 그리스도, 즉 '유대왕은 똑같은 이름으로 예언되고 있던 사람의 타이틀을 의미하는 것인가' 하는 것이었다. 유대 지도자들은 구약에 적혀 있는 것을 언급함으로써 질문에 답하였다.

**6절 : 또 유대 땅 베들레헴아 너는 유대고을 중에서 가장 작지 아니하도다 네게서 한 다스리는 자가 나와서 내 백성 이스라엘의 목자가 되리라.**

대부분 종교 지도자들은 구약의 예언이 성취되었다고 믿었으며, 그들은 메시아가 베들레헴에서 태어날 것이라는 예언대로 예수님이 태어났을 때, 이러한 종교 지도자들에게 예수님이 가장 큰 적이 되었다.

그들이 기다리고 있던 메시아가 마침 왔을 때 그들은 그를 인식하지 못하고 있었다. 유대인들에게 혼란을 준 것은 동방박사들이었으며 동방박사들에게 혼란을 준 것은 유대인들이 아니었으며 유대인들은 새로운 왕에 대해서 알지 못했다. 동방박사가 먼 여행으로부터 예루살렘에 도착했을 때 동방박사들의 기대감이 얼마나 컸겠는가!

다음 세 그룹이 크게 당황했다. 왜 그들은 당황했는가? 그들은 예수님이 이미 왔었다는 것을 모르고 있었다.

1. 보통 사람들은 그가 올 것을 기대했지만 기대했던대로 오지 않았던 것에 당황했다. 그기 온 것이 /늘의 믿음괴 일치하지 않았다. 그는 왕을 기대했으나 보잘것없는 아이였다. 어떤 사람들은 거기에 관심이 없는 사람도 있었고 새로운 왕에 대해서 알고 싶지 않은 사람들도 있었다.

2. 정부 관료들(헤롯 정부 관료들)은 당황했다. 왜냐하면 현재의 직위와 권위를 위협하는 새로운 왕이 오지 않기를 원했기 때문이다.

3. 종교 지도자들은 원래 기대했던 대로 새로운 왕이 오지 않았기 때문에 당황했으며 그들은 물질 세계와 인문적 종교에 편안함을 느꼈다(마 13:15; 요 8:19; 행 13:27).

또 어떤 사람들은 종교적 행사에 몰두해 있거나 사업에 몰두해 있이시 영적으로 둔감해 가는 줄 몰랐다. 그러나 어떤 종교 지도자들은 늦게 하나님이 온 것을 알고 있는 사람도 있었다(행 6:7; 15:5; 18:7).

마태는 마땅히 새롭게 탄생한 메시아를 알고 있어야 할 지도자들이 성경 말씀과 예언을 무시했다는 것을 강조하고 있다. 그리고 헤롯은 많은 사람을 죽였고, 자기 자신의 가족을 포함하여 자기가 사랑하는 부인, 그녀의 할아버지, 그의 형제, 자기 자신의 자녀 산헤드린 멤버들을 살해했으며, 예루살렘에 있는 저명한 인사들을 모두 죽였다. 예수님은 헤롯 통치 후기에 태어났으며 헤롯(B.C.

37~A.D. 4)은 오랫동안 통치했다. 그는 악의 세력에 사로잡혀 의심이 많고 정신 상태가 뒤틀려 있었으며 베들레헴과 그 근처에 있는 남자아이 두 살부터 그 아래로 다 죽였다.

## ▌ 7-8절 : 이에 헤롯이 가만히 박사들을 불러 별이 나타난 때를 자세히 묻고

동방박사들의 사명은 새로 태어난 아이를 찾는 것이며 그들은 새로 태어난 왕을 찾도록 인도해 주는 별에 대하여 주저 없이 증언했다. 모든 도시는 그들의 증언을 들었으며 헤롯도 그 소문을 들었다. 그러나 새로 태어난 왕을 자신의 국민들은 그 사실을 모르고 있었다.

동방박사들은 그 아기를 찾을 것이라고는 기대할 수 없었다. 그리고 헤롯은 그리스도에게 경배하고 싶다고 했지만 실제에 있어 경배하기를 원치 않았다. 이것은 동방박사들이 그에게 와서 새로 태어난 왕의 행방을 알기 위한 하나의 속임수였다. 헤롯의 계획은 예수를 죽이는 것이었다. 사실은 헤롯이 동방박사와 비밀리에 만나서 별이 나타난 정확한 때를 알고 싶은 것은 베들레헴의 어린 아이들을 죽이기 위한 계획을 이미 세웠기 때문이다.

8절에서 보여 준 그의 위선적인 겸손은 동방박사들을 속였으며, 헤롯은 자기가 성공할 것을 알고 동방박사들을 수행할 사람들을 딸려 보내지 않았다. 헤롯은 하나님의 간섭을 깨닫지 못했다.

마태는 동방박사들이 보았던 별이 예루살렘으로 그들을 인도했다고는 말하지 않았으며 그들은 먼저 예루살렘으로 갔다. 왜냐하면 유대왕이 태어난 곳은 당연히 그곳에서 태어난다고 생각했기 때문이다. 그러나 지금 그 별은 그들이 베들레헴으로 가고 있을 때 그들 앞에 다시 나타났다(옛날에는 밤에 여행하는 것은 흔히 있는 일이다). 별이 다시 앞에 나타난 사실은 그들의 여행 목적을 다시 확신하게 되었으며 그들은 너무나 기뻤다. 그리스 번역본은 별이 예수님이 태어난 집을 지적하지 않았으며 동방박사들이 베들레헴에 접근할 때 베들레헴 상공에 단순히 운행했을 것이라고 말하고 있다. 그들은 새로 태어난 예수를 경배하기 위해 찾아온 목동들이 보았던 것을 말했기 때문에 그 집의 정확한 위치를 알 수 있었다(눅 2:17-18).

**개념 1.** 어떤 사람들은 하나님의 백성이라고 고백하는 사람들의 삶 속에 새로 태어난 왕을 찾기를 기대한다. 그리고 그들은 그를 찾을 수 없지 않는가! 종종 그들은 다른 곳에서 찾도록 강요받거나 아예 찾는 것을 포기한다. 우리는 순수하고 간절한 마음으로 찾아야 찾을 수 있다.

**개념 2.** 하나님은 가끔은 악인도 사용하신다. 헤롯은 새로 태어난 아기를 찾는 동방박사들에게 도움을 주었다. 하나님은 새로운 왕을 찾는 사람을 돕기 위해, 누구를 사용하든지 간에 하나님에 의해서 그에게 인도된다(롬 2:14-15).

> **9-10절 : 박사들이 왕의 말을 듣고 갈새 동방에서 보던 그 별이 문득 앞서 인도하여 가다가 아기 있는 곳 위에 머물러서 있는지라**

별들이 동방박사들을 다시 인도했다. 분명히 동방박사들은 그들 앞에 다시 초자연적인 징표, 즉 별들이 나타나리라고는 예상하지 못했다. 동방박사들은 사명감을 가지고 찾았으며 그들이 할 수 있는 온갖 노력을 다했다. 그들은 계속해서 찾았으며 하나님은 그들의 노력에 보답했다. 오직 동방박사들만이 새로 태어난 왕을 찾으러 갔다. 베들레헴은 단지 예루살렘 남쪽 6마일 떨어진 곳인데 아무도 찾지 않는 먼 곳에서 온 동방박사들만 찾아갔다는 것을 상상해 보라!

**개념 1.** 하나님은 하나님을 간절히 찾으며 할 수 있는 모든 노력을 다하는 사람에게 응답하신다. 그리고 꾸준히 찾지 못하고 도중에 그만두는 사람이 얼마나 많은가? 오늘날도 그를 찾는 사람은 소수에 불과하다(고후 6:2; 사 55:6; 렘 29:13).

> **11절 : 집에 들어가 아기와 그의 어머니 마리아가 함께 있는 것을 보고 엎드려 아기께 경배하고 보배함을 열어 황금과 유황과 몰약을 예물로 드리니라**

이 구절은 시편 72:10-11과 이사야 60:6을 언급하며 이방인을 다시 강조하는 구절이다. 예수님이 탄생한 후 얼마의 시간이 지나갔다. 아기가 어떤 집에 놓여 있을 때 동방박사들은 아기와 아기 어머니 두 사람을 보고 아기 한 사람에게만 경배했다. 선물을 가져오는 것은 옛날 동방에서는 매우 중요한 습관이었다. 유향은 나무껍질을 절개해서 나오는 반짝이고 향기 나는 나무진이며, 몰약은 아리비아와 몇몇 장소에서 발견되고 나무에서 흘러나오는 향기 나는 향료로 사용되며, 또한 방부제로 사용되는 값비싼 향신료의 일종이다. 동방박사가 기대했던 것과는 달리 새로 태어난 왕은 보잘것없는 환경(말구유)에 놓여 있었는데, 동방박사들은 의심할 여지없이 화려하고 부유한 집의 통치자 군주의 아들일 것이라고 기대했었다. 기대와 달리 보잘것없는 집에서 보통 사람의 부모와 함께 그 아기를 발견하게 된 것이다.

그들은 어린 왕에게 경배를 드렸다. 마태는 새로운 왕에게 머리 숙여 경배한 사실을 기록하고 있으며 헤롯왕에게 경배했다는 말은 한마디도 언급하지 않고 있다(고전 16:29; 시 96:9; 빌 2:9-10; 빌 2:11).

**개념 1.** 하나님의 방법은 사람의 방법과 다르다(고전 1:26-31).

새로 태어난 왕은 인간적인 구원자가 아니며 하나님 방법으로 오신 하나님 특성을 가진 하나님과 동일한 구원자였다(고후 8:9; 빌 2:7, 8).

**| 12절 : 그들은 꿈에 헤롯에게로 돌아가지 말라 지시하심을 받아 다른 길로 고국에 돌아가니라**

이번 두 번째 꿈은 천사를 언급하지 않고 있다. 아마 요셉과 동방박사가 그들의 두려움과 불확실 속에서 위협을 느껴 그 꿈이 말한 대로 그들은 도망갔으며 어느 길로 갔는지는 밝히지 않고 있다. 결국 헤롯은 예수를 찾아서 죽일 음모를 꾸미고 있었다. 장차 한 왕이 될 아이가 태어났다는 말을 듣고 헤롯은 너무 당황했다. 그러므로 그는 동방박사들을 베들레헴으로 보내어 어린 왕을 찾게 했다. 이 구절에서는 아기 예수를 죽이려는 두 번의 시도가 있었다고 지적하고 있다. 동방박사들은 하나님께 기적적으로 경고를 받았다. 하나님은 그들이 실제로 예수님을 발견하고 경배할 때까지 헤롯의 음모에 대해서 경고하지 않으셨다.

**개념 1.** 하나님을 경배하려는 사람들에게는 강렬한 충동이 있다.

동방박사도 그러한 충동을 가지고 있었으며 그들은 새로 태어난 왕을 찾는 일에 열심이었다. 누구든지 하나님 아들을 찾을 때 하나님을 만날 수 있으며 하나님에 의해서 인도될 수 있다. 하나님은 동방박사를 만나 지금 위험이 다가온다는 것을 경고해 주셨다. 하나님은 그를 부지런히 찾는 사람을 만나 주시고 앞길을 인도해 주실 것이다(행 17:27; 민 4:29; 잠 8:17; 사 55:6; 렘 29:13).

그리고 동방박사들은 하나님 경고에 순종했다. 동방박사들은 헤롯에게 돌아가기보다 하나님 길을 따랐다. 그러므로 하나님은 그들을 인도하고 보호해 주었다(마 6:33; 딤후 4:18; 고후 16:9; 시 34:7; 시 91:4; 사 41:10).

**13-14절 : 그들이 떠난 후에 주의 사자가 요셉에게 현몽하여 이르되 헤롯이 아기를 찾아 죽이려하니 일어나 아기와 그의 어머니를 데리고 애굽으로 피하여 내가 네게 이르기까지 거기 있으라 하시니**

요셉은 기적적으로 이집트로 도망가라는 경고를 받았다. 하나님은 모든 것을 아시고 모든 일을 다스리시는 분이다. 하나님은 헤롯의 생각과 마음을 알고 계셨지만 다른 사람은 아무도 모르고 있었다. 헤롯의 행동은 너무나 사악하고 무서운 계략이어서 아무에게도 말하지 않았다. 하나님만 아시고 그의 아들의 생명을 보호하려는 마음을 움직였다.

유대인들이 이집트로 도망가는 일은 흔히 있는 일이었다. 유대 역사에서 처음 시작부터 많은 사람들은 자연의 재해(기근)와 인간의 독재를 피해 이집트로 갔다. 이집트의 모든 대도시들은 유대 피난민들이 살고 있었으며, 이집트 대도시 알렉산드리아는 백만 명이 넘는 이민자들이 살고 있었다.

하나님의 은혜는 요셉과 마리아가 이집트로 도망갈 수 있는 것에서 볼 수 있다. 하나님은 그들이 좀 더 쉽게 정착할 수 있는 곳으로 도망갈 수 있도록 인도했다. 예수님은 이집트에서 대략 육칠 년간 머물렀다고 추정된다.

**개념 1.** 믿는 자는 하나님의 지식과 선견지명 안에 머물 수 있다.

하나님은 모든 위협, 고난, 시련을 알고 계신다(히 4:13; 요일 3:20; 욥 31:4; 욥

34:21; 시 147:5). 이 구절은 세 번째 꿈과 두 번째 주님의 천사 이야기가 언급되어 있다. 하나님은 메시아, 즉 그의 아들을 보호하기 위해 주권적 행동을 취하고 계시다. 이집트는 로마 통치권에 속한다. 헤롯의 영향력 밖에 있는 나라이며 인구 백만 명이 넘는 유대인들이 살고 있었다.

마태는 야곱과 그의 가족이 가나안의 기근으로 이집트로 간 것과 요셉과 마리아와 어린 아기가 헤롯이 죽을 때까지 이집트에 가서 남아 있는 것과 평행선 상에 놓고 이야기하는 것으로 짐작된다. 요셉은 75마일이나 떨어진 이집트 국경까지 밤에 출발했다. 헤롯이 아기를 죽이려고 하는 반면에 하나님은 아기를 보호하려는 것에 초점이 맞추어져 있다.

**개념 2.** 믿는 자들은 이집트 안에(in Egypt) 있지만 이집트 자체에 있는 것은 아니다(not Egypt). 성경을 통해서 이집트는 세상의 일부분이며, 노예 상태와 속박 상태의 국가를 상징한다. 이집트를 상징함에 있어서 믿는 자들에게 몇 가지 적용할 점이 있다.

1. 예수 그리스도가 이집트로 보내졌던 것처럼 믿는 자는 세상 안으로 보내졌다(요 20:21; 고후 5:20). 예수님이 이집트에서 이집트 밖으로 불려 나오시는 것처럼, 믿는 자는 하나님의 보호가 있는 안전한 곳으로 불리어 나간다(고후 6:17-18; 요일 2:15-16; 딤후 4:6-7; 딤후 4:8; 히 9:27; 시 116:15).

2. 요셉은 위험에 대해 전혀 모르고 있었지만 하나님의 부르심, 즉 그에게 가장 어려운 곤경이 닥쳐올 것이라는 하나님의 경고에 순종하였으며, 그래서 하나님은 무서운 위험에서 그를 구해 주셨다. 하나님의 기대는 두 가지 사실이다.

  1) 하나님은 요셉과 마리아가 불평 없이 순종할 것을 예상하고 있었다. 요셉과 마리아는 실망하고 불평할 충분한 두 가지 이유를 가지고 있었다. 왜냐하면 이 아이는 자기 아이가 아닌 하나님의 아들이었기 때문이며 마리아와 요셉은 자기들의 의지가 아니라 하나님의 의지로 특별한 종으로 선택되었기 때문이다.

  2) 하나님은 요셉과 마리아가 의심 없이 믿는 것을 예상했다. 요셉과 마리아는 하나님께 충성심과 깊은 믿음을 보였다. 그들은 의심 없이 순종하

고 행동했다(시 37:5; 시 115:11; 잠 3:5; 사 26:4; 막 11:22)

3. 이집트에서 예수님의 체류와 생활은 이집트에서 이스라엘 국민들의 체류와 삶과 평행을 이루고 있다.

4. 헤롯은 아들들을 몰살시켰다. 이 세상에는 참을 수 없는 고통을 주고 아주 사악한 인간들이 있다. 심판날이 다가오면 하나님은 무서운 분노로 악인들을 심판할 것이다. 헤롯은 하나님의 정의의 심판대에 서게 될 한 사람이 될 것이다(살후 1:7; 히 9:27; 유 1:14-15).

5. 성경은 어린이들이 살육될 것이리 고 예언되있으며 이 예언은 완성되었다.

**개념 1.** 믿는 자는 박해를 기대해야 한다. 예수님은 처음 어린 아기 때부터 박해를 받았다. 예수님의 주장과 예수님을 없애려는 시도가 수세기 동안 계속되고 있으며, 지금도 그의 말을 가르치고 따르는 사람들을 박해하고 있다(빌 1:29; 벧전 4:12-13). 결국 예수님의 어린 시절의 예언은 완성 되었다.

1) 베들레헴에서 출생(미 5:2).

2) 이집트로 도망감(마 2:15).

3) 어린이들의 몰살(마 2:17-18; 렘 31:15).

4) 나사렛 땅에 거주(마 2:23; 사 11:1).

**개념 2.** 어린이의 학살은 많은 고통과 슬픔이 있었다. 마태는 어머니들의 슬픔이 오랜 전통과 연결되고 있다는 암시를 주고 있으며 이스라엘의 어머니인 라헬이 베들레헴의 어머니들과 함께 울고 있는 것이다. 그리스도인들은 방관자로서 "시간이 약이야" 하면서 수동적인 위로보다 함께 울어 주고 함께 슬픔을 나누는 것이 필요하다. 그리고 헤롯이 죽은 후에 주의 사자가 애굽에서 요셉에게 현몽하여 이르되 "일어나 아기와 그의 어머니를 데리고 이스라엘 땅으로 가라 아기의 목숨을 찾던 자들이 죽었느니라 하시니"라는 말에 순종하여 안전한 곳으로 왔다. 하나님은 믿는 자를 항상 안전한 곳으로 인도하신다.

**15절 : 헤롯이 죽기까지 거기 있었으니 이는 주께서 선지자를 통하여 말씀하신 바 애굽으로부터 내 아들을 불렀다 함을 이루려 하심이라**

헤롯의 죽음은 많은 사람들에게 기쁨을 주었다. 이집트에서 주님의 말씀을 기다려 왔던 아기 예수, 마리아, 요셉이 돌아올 수 있게 되었다. 마태는 이집트에서 예수님이 돌아올 수 있게 된 것은 오래전에 쓰여진 성경 말씀의 예언을 성취했다고 계속 지적하고 있다. 구약의 호세아 11장 1절 말씀에서 이집트에서 이스라엘로 돌아온다고 언급하고 있었다. 예수님이 이스라엘로 돌아온다는 것은 무슨 의미를 내포하고 있는가? 이 문제를 네 가지 관점에서 보면 예수님은 이스라엘 대표로서 신약 성경에서 자주 등장하신다. 예를 들면 예수님이 40일 금식 후 유혹받은 것은 이스라엘이 40년 동안 광야에서 고난을 당한 것을 나타내 준다. 바로 왕은 이스라엘이 하나님 아들로 택함을 받았기 때문에 출애굽 하도록 허락해야만 했다. 그래서 예수님이 하나님 아들로서 이집트에서 나온 것과 일치한다.

동사(Fulfill : 성취하다)라는 단어는 하나의 예언보다 광범위한 의미를 가지고 있다. 마태복음뿐 아니라 신약의 다른 복음서에도 구약의 역사와 율법은 예언적 의미를 가지고 있다. 예를 들면 히브리서는 성막과 희생 제물을 드리는 제사 제도는 처음부터 죄를 소멸시키려는 의도된 행사이며, 하나님과 인간들 사이에 중재자로 봉사하는 제사장 제도가 마찬가지로 의도된 제도이다.

신약 성경을 쓴 작가들은 일반적인 구약에 없는것을 다시 차자내려고 하지 않았던것 같다. 호세아 11장 1절에서 하나님이 이스라엘에 대한 사랑을 나타내 주고 있다. 하나님은 심판과 재앙을 내리겠다고 위협하지만 긍휼한 마음으로 그의 자식들이 그에게로 돌아오기를 기대하고 있다. 호세아 자신은 주님에 의해서 구원이 찾아올 것이라고 말하고 있다.

마태복음 2장 15절의 해석이 옳다면 마태에게 예수님은 이스라엘의 가장 중요한 위치를 차지하고 있는 분이다. 그리고 이집트로 내려간다는 것은 이집트 여러 도시에 유대인 정착 마을들이 있었기 때문에 그 당시 흔한 일이었다. 이러한 정착촌들은 포로 시대 동안 많이 세워졌다(렘 43:44). 처음 국가가 탄생할 때부터 이스라엘이 이집트에 간 것처럼 예수님도 아이 때에 거기에 갔다. 하나님이 이스라엘을 인도하였으며 하나님이 예수님도 이집트로 데려오셨다.

**16절 : 이에 헤롯이 박사들에게 속은 줄 알고 심히 노하여 사람을 보내어 베들레헴과 그 모든 지경 안에 있는 사내아이를 박사들에게 자세히 알아본 그 때를 기준하여 두 살부터 그 아래로 다 죽이니**

유대 왕 헤롯은 예수님을 죽이려는 마음에 사로잡혀 두 살 아래의 모든 사내 아이들을 죽였다. 그는 그에 손에 피를 묻혔으나 예수님을 헤치지 못했다. 헤롯은 인간의 임명에 의해 왕이 되었다. 예수님은 하나님에 의해 왕이 되었으며 어떤 사람도 하나님의 계획을 좌절 시킬 수 없다. 헤롯은 예수님이 이 땅에 오시는 이유를 완전히 오해했다. 예수님은 헤롯의 왕좌를 원하지 않았으며 그에게 영생을 주기를 원했다.

**17-18절 : 이에 선지자 예레미야를 통하여 말씀하신 바 라마에서 슬퍼하며 크게 통곡하는 소리가 들리니 라헬이 그 자식을 위하여 애곡하는 것이라 그가 자식이 없으므로 위로 받기를 거절하였 노나 함이 이루어졌는지라**

라헬은 구약에서 하나님의 위대한 백성 중의 한 사람인 12지파가 나은 야곱의 부인이었다. 야곱의 열두 아들들로부터 이스라엘 지파가 생겼으며, 라헬은 이스라엘의 상징적인 어머니이며 베들레헴 근처에 묻혔다(창 35:19). 예레미야서에서는 라헬은 포로로 붙잡혀 간 자식을 위하여 애곡하는 이스라엘의 어머니로 묘사되고 있다. 라마는 포로들을 국외로 이송하기 위한 집결지이며, 베들레헴의 어머니들 역시 군인들에 의해 살해된 아이들을 위해 슬퍼하고 애곡하고 있었고, 마태는 바벨론 포로 때에 어머니들의 슬픔을 예수님 당시 학살당한 아이들의 어머니의 슬픔과 연관시키고 있다.

**19-21절 : 헤롯이 죽은 후에 주의 사자가 애굽에서 요셉에게 현몽하여 이르되 일어나 아기와 그의 어머니를 데리고 이스라엘 땅으로 가라 아기의 목숨을 찾던 자들이 죽었는지라 하시니**

네 번째 꿈과 세 번째 주님의 천사에 대한 언급은 아기를 보호하고 인도하는 일에 있어 하나님의 주권이 계속되고 있다. 요셉은 분명히 유대 땅 베들레헴에 정착하기를 희망했지만 그는 가난한 동네 갈릴리로 가야만 했다. 헤롯 대왕은 B.C 4세기에 불치의 병으로 죽었다. 로마는 그를 신임했으나 그의 아들들을 신임하지 않았다. 헤롯은 로마가 그의 후계자들에게 많은 권리를 넘겨주지 않을 것이라는 것을 깨닫고 전체 땅을 세 부분으로 나누어 각자에게 한 부분씩 주었다. 아킬레우스(Archelaus)는 유대, 사마리아, 이두매를 물려받고 헤롯 안티파스는 갈릴리와 베레아를, 헤롯 필립 2세는 트라코니티스를 물려받았다. 성격이 거친 아킬레우스는 3,000명의 유명 인사를 죽이고 그의 통치를 시작했으며 9년 후 그도 추방당했다. 하나님은 요셉의 가정이 사악한 통치자의 손에 들어가는 것을 원치 않았다.

**22절 : 그러나 아켈라오가 그의 아버지 헤롯을 이어 유대의 임금 됨을 듣고 거기로 가기를 무서워하더니 꿈에 지시하심을 받아 갈릴리 지방으로 떠나가**

아마 요셉은 헤롯 안티파스가 팔레스타인 전체 땅을 다스릴 것이라고 예상했으나 헤롯 대왕은 마음을 바꿔 왕국을 세 부분으로 나누었다.

**23절 : 나사렛이란 동네에 가서 사니 이는 선지자로 하신 말씀에 나사렛 사람이라 칭하리라 하심을 이루러 함 이러라**

나사렛은 많은 대상들이 지나가는 십자로 근처 남쪽 갈릴리 언덕 지역에 위치해 있었다. 이 마을 자체는 크지 않으며 갈릴리를 책임지고 있는 로마 수비대가 주둔하고 있었다. 나사렛 사람들은 모든 세계 사람들과 접촉이 잦았다. 그래서 그들은 세계 소식을 빨리 접할 수 있었으며 나사렛 사람들은 많은 유대인들이 경멸하는 독립적인 태도를 갖고 있었다. 그래서 구약은 "He will be called Nazarene." 그는 나사렛 사람으로 불리워질 것이라는 특별한 언급을 기술하고 있다.

많은 학자들은 마태는 이사야 11장 1절 말씀을 언급하고 있다고 믿는다. 즉 히브리어로 "Branch"는 'Nazarene'을 뜻하는 단어와 유사하다. 혹은 그는 성경에 기록되지 않은 예언을 언급하고 있는지도 모른다. 마태는 예수님을 하나님이 공포한 진정한 메시아로 예언을 통해서 그리고 있다. 그리고 메시아인 예수님은 구약에서 예언했던 것처럼(미 5:21) 아주 보잘것없는 곳에서 시작하였다. 그리고 세 번째 위험은 아킬레우스의 유대 통치였다.

요셉의 가정은 6년 동안 이집트에 살았으며 아마 요셉과 마리아는 하나님께 고향으로 돌아갈 수 있는지 하나님께 물어보았을 것이다. 그러나 그들은 돌아갈 시도를 하지 않았다. 그들은 하나님의 지시를 인내심 있게 기다렸다. 그들은 말없이 하나님께 순종했기 때문에 하나님은 적합한 시기에 그들에게 떠나라고 지시했다.

**개념 1.** 믿는 자들은 행동하기 전에 하나님의 응답을 기다려야 한다. 하나님을 기다리는 것은 순종의 한 부분이며 하나님은 순종하는 사람에게 길을 인도하신다.

# 마태복음 3장

**▌ 1절 : 그때에 세례 요한이 이르러 유대 광야에서 전파하여 말하되**

제2장의 사건이 지나가고 거의 30년이 흘러갔다. 여기에서 세례 요한이 현장에 갑자기 등장하면서 분위기는 180도로 바뀐다. 그는 "회개하라. 천국이 가까이 왔느니라"의 주제로 등장했다. 이러한 회개는 거짓말, 속임수, 도둑질, 험담, 복수를 일삼는 일, 성적 문란과 같은 잘못된 행동으로 이끄는 자기중심적 사고에서 하나님 중심 사고로 옮겨 가라는 그의 간절한 호소이다.

하나님 중심으로 옮겨 갈 수 있는 첫 번째 단계는 자기 죄를 인정하는 것이다. 예수님은 고난받는 종으로 이 세상에 처음 왔다. 그는 이 세상을 승리로 다스리기 위해 왕으로, 심판자로 다시 올 것이다. 4복음서 모두 세례 요한이 전면으로 등장하면서 예수님의 사역은 시작된다. 사백 년이 지나간 후 하나님은 이스라엘 백성들에게 회개하라고 외치면서 더욱 위대한 자가 올 것이라고 약속한 새로운 한 예언자를 통해 하나님이 말씀하고 있다.

요한이라는 유대 이름은 요카난 벤 체카리야(yochanan ben zecharyah, B.C. 106 사망) 시대부터 유대인 사이에 인기 있는 이름이었다. 이 구절의 'John'은 곧 'Baptist'(침례자, 세례자)로 명명되었다. 그 당시 그의 사역에 세례가 너무 인기가 있고 중요하였기 때문이다.

그는 사해의 북쪽 저지대 요르단 계곡과 사해의 서쪽 접경 지역을 포함하여 유대 사막 지역에서 그는 설교를 시작했다. 사막(광야)이라는 단어는 오래전부터 함축적 의미를 가지고 있다. 율법도 이 사막(광야)에서 주어졌다(행 7:30, 36; 7:38). 이 'desert'라는 단어는 'the wilderness'(quiet place = 조용한 장소)로 하나님은 인간에게 사역을 준비하고 시작하는 데는 조용한 장소가 필요했다. 왜냐하면 묵상이 필요했기 때문이다(수 1:8; 창 24:63; 시 1:2; 63:6; 77:12; 딤전 4:15).

> **개념 1.** 믿는 자들은 아무리 고립된 지역에 있더라도 혼자가 아니다. 하나님은 거기에 있다. 그는 믿는 자가 있는 현장에 자기 자신을 나타낼 것이다. 그는 자기 이름에 대한 증언자로서 그 장소에서 믿는 자를 사용할 것이다.
>
> **개념 2.** 복음은 광야에서 시작되었으며 회당이나 교회에서 시작된 것이 아니다(사 32:15; 51:18–19). 그리고 하나님은 믿는 자가 봉사할 수 있도록 장소를 제공해 주신다. 요한의 장소는 광야이며 크리스천들의 장소는 교회나 다락방이나 도시 변두리 조용한 곳을 주신다. 믿는 자는 증언을 해야 되며 예언자는 그들이 어디에 있든 간에 설교를 해야 한다.

## | 2절 : 회개하라 천국이 가까이 왔느니라 하였으니

요한의 설교는 두가지 요소를 가지고 있다.

첫째, "회개하라"고 외치는 것이다. 이 말의 뜻은 전체 인간적인 것에서 극적이고 완전한 변화를 말하며 마음과 행동이 180도 변화하는 것이며 슬픔까지도 변화에 포함시키고 있다. 요한은 이 회개를 아주 강력하게 그 당시 종교 지도자에게 외치고 있다.

둘째, "천국이 가까이 왔다"는 것이다. 이것이 회개할 근거로 주어졌다. 구약을 통해서 정의를 세우고 반대를 타파하고 온 세계를 새롭게 만드는 하나님이 나다닐 것이라는 기대가 있었다.

신약이나 구약에서 하나님 왕국의 주된 뜻은 통치이다. 1세기에는 메시아 왕국이 무엇과 같은 지 유대인 사이에 의견 일치가 되지 않았다. 단 한 가지 인기 있는 가정은 로마의 속박으로부터 해방되고 하나님의 백성을 위한 정치적인 평화와 번영이 이룩된다는 것이었다.

마태는 항상 'Kingdom of God'(하나님 왕국)이란 말 대신에 'Kingdom of Heaven'(천국)이라는 말을 사용했다. 마태가 좋아하는 표현은 하나님의 통치를 하늘에만 국한시키지 않고 지구상에 그리고 모든 인간에게 그의 주권과 통치를 행사하는 것을 성경의 목표로 삼고 있다. 공관복음에서 'Kingdom of God'(하나님 왕국)과 'Kingdom of Heaven'(천국)은 같은 의미로 사용되고 있다. 마태가 'Kingdom of God'을 사용하지 않는 보편적인 이유는 자주 'Heaven'을 'God'으로 간접적으로 표현하는 유대인들에게 불필요한 공격을 피하기 위함이다.

마태는 예수님의 부활후의 권위까지 묘하게 기대하고 있을지도 모른다. 땅에나 하늘에 있는 하나님 주권은 지금은 예수님을 통해서 중재된다. 마태복음에 의하면 천국은 예수님과 함께 왔으며, 동시에 그의 부활과 함께 왔고, 이 세상 종말에도 올 것이다.

**개념 1.** 이 예언자의 부르짖음은,

1) 인간은 완전한 의로움을 가지지 못하는 존재이다. 그러므로 천국이 필요하다.
2) 현재의 세상은 불완전한 세상이다. 그러므로 천국이 필요하다.
3) 인간은 주님을 위하여 적절한 삶을 살지 않는다. 그러므로 주님을 위한 길을 예비해야 한다.

**개념 2.** 하나님은 그의 종을 일으키시고 그의 증언자를 일으키신다. 모든 믿는 자(증언자, 예언자)는 하나님에 의해서 선택된다. 하나님은 믿는 자를 이 세상보다 먼저 선택하여 기름 부으셨다. 그는 성경의 페이지 안에나 그 이름이 예언되지 않았을지라도 하나님이 미리 아시고 예정해 놓았다. 이 영광스러운 사실은 믿는 자 안에 책임감과 확신감을 불어넣어 준다(롬 8:28–30; 엡 1:4–6). 그리고 "you did not choose me, but I chose you and appointed you to go and bear fruit."(요 15:16), 너희가 나를 택한 것이 아니요 내가 너희를 택하여 세웠나니 이는 너희로 가서 열매를 맺게 하고 또 너희 열매가 항상 있게 하여 내 이름으로 아버지께 무엇을 구하든지 다 받게 하려 함이라.

**개념 3.** 설교는 사람들에게 하는 것이지 그들 앞에서 하는 것이 아니다. 설교는 불확실하고 부정적이 아니어야 하며 긍정적이고 권위가 있어야 하며 확신이 있어야 한다. 복음은 토론을 위한 것이 아니며 그것은 하나님의 진실을 말하는 것이다(요 3:16; 8:24; 행 4:12; 고전 3:11).

요한의 메시지는 예언자의 메시지이며 예언자처럼 옷을 입고 음식을 먹었다

(왕하 1:8; 슥 13:4; 레 11:22).

**개념 4.** 믿는 자는 훈련받아야 하며 절제 있게 살아야 한다(눅 9:23; 롬 12:1; 갈 5:24; 롬 8:13). 그리고 믿는 자는 옷과 습관을 보통 사람과 보조를 맞추어야 한다(고전 9:20–22).

요한의 메시지는 열매를 맺었으며 군중들이 모여 그의 설교를 경청하고 그들의 죄를 회개하고 세례를 받았다. 우리는 하나님 메시지를 경청하고 긍정적인 반응을 해야 한다. 사람이 죄를 고백하고 회개할 때 하나님은 죄를 용서하신다(행 5:31, 시 85.2; 렘 31:34; 미 7:18–19).

**3절 : 그는 선지자 이사야를 통하여 말씀하 신자라 일렀어 되 광야에 외치는 자의 소리가 있어 이르되 너희는 주의 길을 준비하라 그가 오실 길을 곧게 하라 하였느니라.**

마태는 이사야의 종말돈석, 예언서 프레인으로 세례 요한의 신분을 밝히고 있으며(사 40:3) 이사야 예언자는 구약에서 가장 위대한 예언자이며 신약에서도 가장 많이 인용되는 예언자이다.

이사야처럼 요한은 백성들에게 그들의 죄를 고백하고 하나님을 위해 살라고 주장하고 있다. 이 두 예언자는 회개의 메시지가 하나님 사람에 귀 기울이며 하나님의 용서를 구하는 사람에게 좋은 뉴스이며 하나님 말씀에 귀 기울이지 않아 그들의 희망이 끊어지는 사람에게는 끔찍한 뉴스라고 가르치고 있다. 그리고 세례 요한은 예수님을 위한 길을 예비하러 왔다고 말하고 있다.

예수님을 모르는 사람은 예수님을 만나기 위해 준비할 필요가 있으며, 우리는 용서를 위한 그들의 필요를 설명하고 우리의 행동으로 예수님의 가르침을 보임으로써 예수님이 그들의 삶의 의미를 어떻게 주고 있는가를 말해 주어 그들을 준비시킬 수 있다.

**개념 1.** 우리는 사람들이 예수님께 다가가는 것을 방해하는 잘못된 생각을 고쳐 줌으로써 그에게 똑바로 나아가는 길을 열어 줄 수가 있다. 당신이 아는 어떤 사람들은 예수님과 활짝 열린 관계를 가지려고 할지 모른다. 그러면 당신은 이런 사람을 위하여 길을 예비하도록 무엇을 할 수 있겠는가?

**| 4절 : 이 요한은 낙타 털 옷을 입고 허리에 가죽띠를 띠고 음식은 메뚜기와 석청이었더라.**

세례 요한은 그 당시 종교 지도자들과는 현저하게 달랐다. 많은 지도자들이 욕심과 이기적이며 사람들의 칭찬을 받는 데 몰두해 있는 반면에 요한은 단지 하나님 찬양에만 관심을 가지고 있었다. 그는 그 당시 위선과 사악함을 멀리하고 그의 메시지는 새롭다는 것을 보여 주기 위해 다른 사람과는 다르게 살았다.

**개념 1.** 요한은 하나님 법을 설교했을 뿐 아니라 그는 그 법대로 실천에 옮겼다. 당신은 설교를 삶으로 실천하는가? 당신이 사는 방법을 관찰함으로써 사람들은 삶을 본받고 믿을 것이다.

**| 5절 : 이때에 예루살렘과 온 유대와 요단강 사방에서 다 그에게 나아와**

왜 세례 요한에게 많은 사람들이 모여들었는가?

그는 400년 만에 처음으로 진실된 예언자였다. 그는 Herod(헤롯) 당원과 종교 지도자를 맹렬히 비난하고 일반 대중을 사로잡는 과감한 행동을 했다. 그러나 요한은 청중들에게 강한 어조로 죄인들에게 회개하라고 외쳤다. 그의 메시지는 힘이 있었고 진실되었다. 사람들은 엘리야와 같은 예언자를 기대하고 있었다 (말 4:5; 눅 1:7).

낙타 털로 짠 옷과 가죽 허리띠는 가난한 사람들의 옷일 뿐 아니라 엘리야를 연상케 한다. 음식은 메뚜기와 석청을 먹었다. 메뚜기는 큰 여치의 일종이며 동쪽 지역에서 아직도 먹고 있다. 엘리야와 요한은 검소한 옷과 음식으로 엄격한 사역을 하며 영적, 신체적 느슨함에서 오는 우상을 강력히 비난했다. 요한의 충격적 메시지는 엄청난 파급 효과가 있어서 넓은 지역에서 군중들이 모여들었다.

**| 6절 : 자기들의 죄를 자복하고 요단 강에서 그에게 세례를 받더니**

당신이 더러운 손을 씻을 때 그 효과는 즉시 눈에 보인다. 그러나 회개는 즉시 보이지 않는 가슴속에서 일어난다. 그래서 요한은 사람들이 볼 수 있는 상징적인 행동을 사용했다. 즉 세례(baptism), 유대인들에게 개종을 시작하기 위해 세례를 베풀었다. 그래서 요한의 청중들은 세례 의식에 대해 익숙하게 알고 있었다. 세례는 회개와 용서의 표시로 사용되었다. 회개는 죄로부터 하나님으로 향하는 것이다. 요단강은 갈릴리 바다와 사해 사이로 약 70마일 길게 뻗어 있는 중심 지역이며, 예루살렘은 요단강 서쪽 약 20마일 떨어진 곳에 위치해 있다. 이 강은 이스라엘의 동쪽 국경이며 이스라엘 역사에서 중요한 사건이 여기에서 일어났다. 이스라엘이 하나님과 새로운 언약을 했던 곳이 바로 요단 강가에서 행해졌다. 여기에서 세례 요한은 세례를 통해서 이때 다시 하나님과 언약을 새롭게 하라고 외치고 있다.

### 7절 : 요한이 많은 바리새인들과 사두개인들이 세례 베푸는 데로 오는 것을 보고 이르되 독사의 자식들아 누가 너희를 가르쳐 임박한 진노를 피하라하였더냐

유대 종교 지도자들은 몇 개의 그룹으로 나누어져 있으며 그중에 가장 눈에 띠는 두 그룹은 바리세인과 사두개인이다. 바리세인들은 비유대인과 분리되어 있다는 뜻이다. 구약과 옛날부터 전해 오는 구두로 된 전통을 지키는 그룹이다. 사두개인들은 귀족 사제 가문의 출신들이며 바리세인들은 여러 종류의 계급 출신들이다. 두 그룹은 서로 사이가 좋지 않으며 두 그룹 모두 예수님을 좋아하지 않았다. 세례 요한은 진리를 부정하고 율법의 글자 한 자 한 자를 지키려고 하며 지나치게 법리적이고 위선자적인 바리세인들을 맹렬히 비난했다.

그는 사두개인들에게는 정치적 목적을 달성하기 위하여 종교를 이용한다고 비난했다. 산헤드린(바리세인과 사두개인들 장로들로 구성됨)의 대표자들이 요한이 무엇을 하는가를 살피기 위해서 찾아왔다. 세례 요한은 그들에게 질문하기를 다가오는 분노를 피할 수 있다고 누가 너희들에게 제안하였는가? 그래서 세례 요한의 수사적어법의 질문은 빈정거림의 비판적 뉘앙스를 띄고 있다.

"누가 회개하는 표시는 하나도 없으면서 다가오는 분노를 피하기 위해 세례를 받으러 오는가?" 세례 요한은 주님의 날에 죄가 없다고 생각하는 사람들에게 빛을 주기보다 어두움을 더 지적하는 예언적 전통으로 과감하게 그들의 죄를 지적하고 있다. "이 독사의 자식들아"라는 말은 역시 이사야의 예언적 전통에 속한다(사 14:29; 30:6).

## ▌ 8절 : 그러므로 회개에 합당한 열매를 맺고

세례 요한은 말보다 그들의 행동에 변화가 일어나도록 말하고 있다. 회개의 합당한 열매를 맺는다는 것은 하나님이 우리가 말하는 것을 우리의 행동이 뒷받침이 되는지 안 되는지 보기 위하여 우리의 말과 종교적 활동을 넘어서 하나님이 본다는 것을 의미하며 하나님은 말에 따른 행동을 보면서 우리의 말을 심판하신다. 너희들은 말과 행동이 일치하는가? 우리는 사람이나 사물을 믿으면 안되며 오로지 하나님만 믿어야 한다. 하나님은 환란 때에 우리의 도움이시며 예수님은 영원히 우리의 주님이시다. 그분의 진리를 신뢰하면 어떤 어려움도 극복할 수 있다.

## ▌ 9-10절 : 속으로 아브라함이 우리 조상이라고 생각하지 말라 내가 너희에게 이르노니 하나님이 능히 이 돌 들로도 아브라함의 자손이 되게 하시리라

하나님의 통치가 온다는 것은 회개를 요구하거나 아니면 심판을 가져온다는 뜻이다. 회개는 진실 되어야 한다. 우리가 다가오는 분노를 피하려면 우리의 삶의 자세와 입으로 말하는 회개와 조화를 이루어야 한다. 단순하게 아브라함의 자손이라고 하는 것은 불충분하며 구약에서 많은 이스라엘 사람들을 단죄하였으며 남은 자만을 구원하였다.

9절에서는 자기 의를 자랑하는 종교 지도자를 꾸중하실 뿐 아니라 천국에 참여하는 것은 은혜로부터 오며 종족을 뛰어넘는다는 것을 의미한다.

결국 요한의 메시지는 두 가지이다.

1. 앞으로 다가오는 분노를 피하라. 하나님의 분노는 구경꾼 역할을 하는 모든 사람에게 닥친다. 아무리 한 사람이 세례를 여러 번 받더라도 세례만으로 불충분하다(요 3:36; 엡 5:5-8; 시 2:12).

2. 회개하라. 말로 회개하는 것은 불충분하다. 하나님을 경배하더라도 그것만으로 불충분하다. 회개는 행동의 변화를 요구한다(눅 7:29-30).

**개념 1.** 두 종류의 사람들이 하나님 말씀을 듣지 않는다.

1) 부유하고 사회적 직위가 높은 사람.
2) 자기 의로 가득 찬 종교인(마 6:21; 막 4:19; 딤전 6:9, 17; 시 52:7; 잠 11:28; 18:11).

다른 사람의 의로움만으로는 사람을 하나님께 인도할 수 없다. 각자가 하나님 앞에 단독으로 서야 한다.

**개념 1.** 많은 사람들은 두 가지 속임수에 갇혀 있다.

1) 가족이나 친구들이 신앙심.
2) 선한 행동과 의로움.

왜냐하면 하나님께 충분히 선한 일을 했기 때문에 받아들일 것이라고 생각하기 때문이다. 그는 하나님이 그를 거부할 정도로 나쁜 행동을 하지 않았다고 생각하고 있다. 그의 가족과 친구들이 신앙적 삶을 살기 때문이다. 필요한 것은 너희 가슴으로부터 오는 악을 제거하고 구원받는 것이다(롬 4:4-5; 갈 3:10-12; 엡 2:8-10). 그리고 심판이 가까이 왔을 때 열매 맺지 않는 나무는 잘려져 불살라질 것이다. 심판은 모든 것을 내포하고 있다는 것을 잊어서는 안 된다. 즉 나무가 아무리 키가 크고(직위가 높고) 잎이 무성해도(겉모습이 화려해도) 열매를 맺지 못하면 제거되어 버린다(막 8:38; 롬 14:12; 딤후 1:7-8; 벧전 4:4-5; 잠 29:1).

> **11절 : 나는 너희로 회개하게 하기 위하여 물로 세례를 베풀거니와 내 뒤에 오시는 이는 나보다 능력이 많으시니 나는 그의 신을 들기도 감당하지 못하겠 노라 그는 성령과 불로 너희에게 세례를 베푸실 것이요.**

요한은 자기의 세례와 그의 뒤에 오는 사람의 세례를 대조시키기를 원하며 뒤에 오는 이는 강력한 성령과 불로 세례를 줄 것이라고 말하고 있다. 이것은 정상적인 순서가 아니다. 항상 그의 뒤를 따라 세례를 주는 자는 제자들이다. 그러나 요한의 특별한 사역이 종말적 인물을 발표하기 때문에 그는 자기보다 먼저 세례를 주는 사람은 없었다. 요한의 목적이 사람들을 회개시킴으로써 주님의 길을 예비하라는 것처럼 뒤에 오는 이의 세례는 성령과 불로써 종말적 세례를 주게 될 사람을 지적하고 있다.

요한의 세례는 필연적인 준비 단계이며 예수님의 세례는 메시아 시대를 선포하고 있다. 성령으로 세례를 주는 것은 신약 시대에는 특별한 용어가 아니다.

마태와 누가는 성령에다 불을 더했다(and fire). 아마 이것은 성령과 함께 순수하게 만드는 물질을 상징한다. 요한의 물로 세례 주는 것은 회개와 관계 있으나 그가 예비하는 사람의 방법은 세련되고 순수하게 만드는 성령과 불세례를 줄 것이다. 많은 유대인들은 메시아가 이 땅에 올 때까지 성령이 없어졌다고 느낄 때에 이러한 선포는 흥분된 기대감으로 환영받게 될 것이다. 요한은 죄를 용서해 달라고 하나님께 용서를 구했던 표시로 그 효과를 내기 위해서는 성령의 역사하심으로 내면적인 태도 변화가 수반되어야 할 것이다.

세례 요한은 예수님은 성령과 불로 세례를 줄 것이라고 말했으며 이것은 불의 혀의 형태도 예수님이 보낸 오순절보다 앞서 행해진 것 같다. 요한이 언급한 진술은 회개를 거부하는 사람에게 하나님의 심판이 내릴 것이라고 말하고 있다. 모든 사람은 언젠가는 세례를 받을 것이며 지금은 하나님 성령에 의해서 나중에는 심판에 의해서 불의 세례를 받을 것이다.

### 12절 : 손에 키를 들고 자기의 타작 마당을 정하게 하사 알곡을 모아 곡간에 들이고 쭉정이는 꺼지지 않는 불에 태우시리라

메시아가 와서 쭉정이와 알곡을 분리시킬 것이다. 손에 키를 들고 곡식을 공중으로 던져 바람이 쭉정이는 날려 버리고 더 무거운 알곡은 떨어져 모아서 곡간에 넣고 쭉정이는 쓸어 담아 태워 버릴 것이다. 꺼지지 않는 불은 종말론적 심판을 상징한다(사 34:10; 렘 7:20). 알곡인 밀은 유용한 부분이며 쭉정이는 가치 없는 껍데기이다.

손에 키는 하나님의 심판의 도구로 사용되며 회개하지 않는 사람은 심판받아 버려질 것이다. 왜냐하면 그들은 하나님의 일을 하는데 쓸모없는 사람들이기 때문이며, 회개하고 믿는 사람은 하나님에 의해 구원받고 하나님 도구로 사용될 것이다.

요한의 한 가지 메시지의 초점은 메시아가 온다는 것이다. 이분이 바로 예수 님이며 주님의 길을 예비하라고 하신 이가 바로 그 사람이다.

1. 예수님은 더 위대하시다. 예수님 홀로 찬양받기에 합당한 분이시다(마 18:4; 눅 22:26; 롬 12:3; 고전 1:29-31; 약 4:10; 벧전 5:5).

2. 예수님은 세례를 베풀 것이다.

3. 예수님은 심판하시고 분리시킬 것이다. 그의 사역은 밀을 거두어들이고 쭉 정이는 흩어 버릴 것이다. 밀과 쭉정이 둘 모두에게 지워진 운명이 있다. 천국은 알곡의 운명이며 꺼질 줄 모르는 불(지옥)은 쭉정이의 운명이다.

## 13-14절 : 이때에 예수께서 갈릴리로부터 요단 강에 이르러 요한에게 세례를 받으려 하시니

예수님께서 갈릴리로부디 요한에게 특별히 세례받기 위해 요단강가로 오셨 다. 예수님은 요한에 의해서 세례를 받아야만 했다. 예수님은 요한의 사역으로 자기의 신분을 밝혀야만 했다. 그는 하나님의 어린양이라는 것이 요한에 의해 서 선포되고 있었다.

왜 예수님은 요한의 세례를 받으려고 하는가? 하나님 아들이 세례를 받는다 는 것은 놀라운 사실이며, 바로 그가 믿음의 저자요 완성자이며 기독교의 창시 자이다. 바로 그가 세례를 가능하게 하고 사람을 위해서 세례가 유용한 결과를 가져오도록 하는 바로 장본인이다. 요한의 세례는 사람을 불러 세워서 회개와 의로운 삶을 살도록 소명을 주는 것이다.

예수님은 회개가 필요치 않았다. 그는 이미 완전히 의로운 사람이 되어 있는 모형이다. 왜 그는 세례를 받으려고 하는가? 단순히 예수님 자신이 말하기를 모든 의로움을 완성하기 위해서라고 말하고 있다(마 3:15). 그리고 모든 의로움 을 완성한다는 뜻은 하나님 미션(mission)을 완성하는 것을 의미한다.

예수님은 자기의 세례가 하나님 사명을 이루어 나가는 것이라고 깨달았으며 예수님이 세례를 받은 이유는 느헤미야, 에스라, 모세, 다니엘이 했던 것처럼 국민들을 대신해서 죄를 고백하기 위해서이다. 요한이 하고 있는 사역을 돕기 위해서, 그는 공적인 사역을 시작하기 위해서, 회개하는 주님의 백성과 함께 하기 위해서 완전한 인간인 예수님은 죄를 위한 세례가 필요 없었으나 아버지께 복종하는 의미로 세례를 받아들였다.

**| 15절 : 예수께서 대답하여 이르시되 이제 허락하라 우리가 이와 같이 하여 모든 의를 이루는 것이 합당하니라 하시니 이에 요한이 허락하는지라**

우리가 모든 의로움을 완성하는 것이 적절하다는 예수님 말씀 때문에 요한은 동의했다. 이것은 무엇을 의미하는가? 요한의 세례는 두 가지에 초점을 맞추었다. 회개와 종말적 천국이 가까이 왔다는 의미심장한 말이다. 예수님은 사실에 있어 그것은 하나님의 의지라고 믿고 있으며 요한이 예수님께 세례를 주는 것과 요한과 예수님 둘이서 세례를 행함으로써 하나님 의지를 실천한다고 믿었다.

이러한 프레임 안에서 우리는 또 하나의 주제를 인식할 수 있다. 예수는 고통받는 종으로 보이며 종의 첫째 할 일은 하나님께 복종하는 것이다. 하나님 의지에 복종하여 구속을 완성하기 위해 고통받고 죽기 때문에 모든 의를 완성시킨다. 예수님은 요한이 자기에게 세례를 거절하는 것은 원칙적으로 타당하다고 말하고 있다. 그러나 그는 지금 구원의 역사적 순간에 예수님께 세례를 베풀어야 했다. 이 순간에는 예수님은 하나님 종의 역할을 하겠다는 자기의 의지를 보여 주어야만 했다. 그리고 죄 많은 인간과 자기 자신을 동일시해야만 했으며 이러한 설명은 그의 사역 시작부터 고통받는 종의 역할을 알고 있다고 짐작된다.

**개념 1.** 자신이 요한의 입장이 되어 보라.

너의 일이 잘되고 있으며 사람들이 너를 주목하고 모든 것이 성장하고 있다. 그러나 너의 일의 목적은 사람들을 예수님께 나아가도록 준비시키는 것이라는 것을 알아야 한다. 그런데 예수님이 와서 너희들의 충성심을 테스트할 것이다. 너희들은 너를 따르는 자들을 예수님께 데려갈 수 있는가? 요한은 예수님을 사람들이 보는 데서 세례를 줌으로써 그 테스트를 통과했다.

그는 더 큰 자가 되고 나는 더 작은 자가 되어야 된다고 그는 말하고 있다(요 3:30) 우리는 요한처럼 다른 사람들을 예수님께 데려가기 위해 우리의 이기심과 우리의 이익 된 사업을 그만 둘 수가 있는가? 다른 사람이 이익을 얻도록 우리 자신의 직위를 기꺼이 양보할 수 있을까?

**개념 2.** 아무도 하나님 부르심에 가치 있는 사람이 없다.

아무도 예수님을 위한 사역을 담당할 만큼 가치 있는 사람이 없다. 하나님이 하나님 자신과 우리의 관계를 허락하는 것을 우리는 이해할 수 없다. 그러나 그는 우리가 그와 함께 하도록 부르고 있으며 이 사실은 너무나 엄청나게 커서 우리 인간의 가슴으로는 이해할 수 없다(마 8:8; 눅 5:8; 고전 3:9; 고후 5:14; 엡 3:8).

**개념 3.** 예수님께 우리의 필요를 고백히는 것은 수치스러운 일이 아니다. 요힌은 그래서 고백했다. 모든 사람이 이미 알고 있는 것을 고백함으로써 어떻게 수치를 당할 수 있을까?

  1) 인간은 죽게 되며 인간에게 영생을 주시는 하나님이 절실히 필요하다.
  2) 사람은 잘못을 저지르기 쉬우며 성령의 풍성함 즉 사랑, 희락, 평강이 필요하다.

**개념 4.** 믿는 자는 항상 성령으로 점점 많이 채워 넣어야 한다.

요한은 날 때부터 성령충만 했었다(눅 1:15). 지금 그는 예수님과 얼굴과 얼굴을 대면하고서 그는 하나님의 성령과 주님의 불이 더 필요하다고 고백했다.

**개념 5.** 사람이 예수님과 더 밀접하게 생활하면 할수록 그는 성령이 충만하고 더욱 겸손해질 필요가 있다는 것을 분명히 깨닫게 된다. 사실 그는 하나님이 보내신 완전한 사람이다. 완전한 인격자인 예수님을 본받기 위해 더욱 그에게 가까이 가서 더욱더 성령충만한 삶을 살도록 기도해야 할 것이다.

예수님이 세례를 인간에게 베푸는 목적은 '의를 완성하기 위해서'라고 일반적으로 말하고 있으며, 그는 죄인들을 위해 해야 할 일을 상징적으로 예언하고 있다.

1) 그는 사람을 위해 하나님의 모든 법을 완성하고자 한다. 세례도 그 법의 하나이기에 그도 세례를 받아야만 했다.

2) 그는 법을 깨뜨린 인간의 죄를 갚으려고 했다. 즉 죽음의 죄값이며 그가 물에 잠겨 세례 받는 것은 그에게 다가오는 죽음의 상징이다.

3) 그는 인간이 될 때 최대한으로 그의 창피함을 보여 주었다. 그는 자기를 비우고 그는 자신을 가치 없는 존재로 만들어 종의 형태를 띄었다.

4) 그는 자기가 구원했던 사람과 동일시했다. 그는 그를 따르는 모든 사람은 그와 동일시된다고 주장하고 있다.

5) 그는 요한이 선포하는 회개와 의로움을 손수 실천하고 있다. 예수님은 모든 사람에게 모범을 보였으며 모든 사람도 세례를 받아야 한다. 그래서 하나님 아들이 세례의 규범을 시작하고 완성했다.

6) 그는 그의 사역을 세례받음으로 시작했다.

**개념 6.** 세례를 받으려는 예수님의 요청으로부터 몇 가지 배울 교훈이 있다.

1) 의로움 – 모든 사람은 예수님처럼 의로움을 완성하도록 결단해야 한다. 모든 하나님의 명령은 우리의 삶 속에서 이루어져야 한다(요일 3:23).

2) 희생 – 모든 사람은 자기 자신을 기꺼이 내어 주어 하나님을 위해 살기 위해 자기 자신이 죽어야 할 것이다(눅 9:23; 롬 12:1-2; 히 13:16).

3) 겸손 – 모든 사람은 최대한 다른 사람에게 기꺼이 봉사하고 그는 자기 자신이 겸손의 모범을 보여야 한다(벧전 5:5).

4) 다른 사람과 일체감 – 모든 사람은 다른 사람과 하나가 되어야 한다(롬 15:1; 갈 6:2; 히 4:15; 히 13:3).

5) 회개와 의로운 생활을 실천함 – 모든 사람은 회개하고 의로운 삶을 살아야 한다. 그리고 모든 사람은 다른 사람에게 의로운 삶을 선포해야 한다(행 8:22; 사 55:7; 고전 15:34; 빌 1:11, 요일 1:3).

6) 사역 – 모든 사람은 다른 사람을 위해 사역을 해야 한다. 그는 기꺼이 자기의 사역을 해야 하며 자기의 사역을 알려야 한다(눅 10:36-3:, 요 13:14; 갈

6:10).

**개념 7.** 예수님은 우리를 부르시고 그의 부름을 우리는 받아들여야 한다.

예수님은 절대 좌절하지 않는다. 4가지 사실이 있다.

1) 사람은 가치가 없고 능력이 없다고 느낄지도 모른다. 그러나 예수님은 사람이 그의 부름을 받아들이도록 하는 힘과 재능 두 가지를 모두 주신다.

2) 가치가 없니는 생식과 능력이 있나는 느낌을 하나님이 이해는 하지만, 하나님은 그 가치와 능력을 부인하는 것은 아니다.

3) 겸손은 두 가지 모순점을 가지고 있다. 가치가 없고 능력이 없다고 고백하지만, 그것은 하나님 능력에 힘입어 맡은 과업을 완성하게 하고 재능을 받아들어 어떤 일을 이루게 한다.

4) 예수님의 부름에 우리는 응답해야 한다. – "Yes Lord – I am here" (예, 주님. 나는 여기 있습니다.)

## 16-17절 : 예수께서 세례를 받으시고 곧 물에서 올라오신 새 하늘이 열리고 하나님의 성령이 비둘기같이 내려 자기 위에 임하심을 보시더니

하늘로부터 소리는 하나님 자신의 목소리이며 하나님 자신이 침묵을 깨고 인간에게 자신이 다시 나타났다는 것을 증언하는 것이다. 즉 메시아 시대가 도래했다는 분명한 징표이다.

하늘에서 목소리는 이사야 42:1에서 반영하고 있으며 그 결과는 특별히 중요하다. 하늘로부터 이런 말은 그의 사역의 시작에서 고통받는 종과 예수님을 연상시킨다. 하나님은 자기 자신을 하나님 아들이라고 언급하고 있다.

시편 2:7에서 예수님은 다윗왕의 메시아적 아들이라고 밝히고 있다. 지금은 하나님 증언자가 내 아들이라고 확인시켜 주고 있다. 동시에 처녀에서 잉태가 기능적인 아들보다 더 많은 것을 상징하며 존재론적인 아들이라는 힌트가 강하며 이것은 요한복음에서 더 잘 밝히고 있다.

예수님의 공적 사역 바로 시작에서 그의 아버지가 하나님의 아들, 국민의 대표자, 다윗의 자손 메시아로 고통받는 종으로 베일에 싸인 방법으로 그를 소개하고 있다. 이 구절에서 삼위일체의 세 인격체가 나타나 활동하고 있다. 하나님 아버지는 말하고 하나님 아들은 세례받고 성령 하나님은 예수님께 내려온다. 이것은 하나님의 이해할 수 없는 신비들 중의 하나이다.

예수님의 세례에는 특별한 징조가 있었다.

1. 하늘이 열렸다. 이것은 구름이 굴러가는 한 장면일지도 모르며 하늘로부터 비둘기가 내려오는 비둘기의 장면일지도 모른다. 아니면 요한과 예수님에게 특별히 보이는 비전일지도 모른다. 하나님은 자기 아들에게 하나님의 권능을 완전히 위임하기 위해 하늘을 열고 있을지도 모른다(엡 1:3; 2:4-6).

2. 성령은 비둘기같이 내려왔다. 비둘기는 예수님이 하나님의 아들이라는 특별한 표상으로 요한에게 각인되었다.

**개념 1.** 예수님 사역에 있어 징조는 믿음으로 불러일으키기 위해 행하여진다. 대부분 믿는 자들은 믿음을 불러일으키고 삶의 방향을 알려 주기 위해 하나님이 주신 환경과 특별한 징조를 주신다고 지적한다(요 2:23). 사람이 성령을 받았다고 증명해 주는 특별한 징조가 있다(갈 5:22-23)

3. 하나님의 목소리가 들렸다. 세 가지 중요한 목소리.

  1) 내 아들이다. - 예수님의 신성을 지적하는 것이다.

  2) 내가 사랑하는 아들이다. - 삼위일체 하나님 안에 내재하는 사랑을 지적하고 있다.

  3) 내가 기뻐하는 자다. - 예수님이 살았던 완전한 생활을 지적하고 있다.

**개념 2.** 믿는 자들이 듣고 싶어 하는 한 가지는 예수님이 듣고 있는 것과 같다. 즉 너는 내 아들이다. 내 사랑하는 아들이다. 내가 기뻐하는 자이다.

  1) 믿는 자들은 하나님 아들로 양자 삼아진다(롬 8:15; 갈 4:4-6).

  2) 믿는 자는 그들의 삶과 봉사가 하나님에 의해서 인정받는다(마 25:21; 고후 5:21; 딤후 2:15)

**개념 3.** 하나님은 예수님의 삶과 행동을 보았다. 그리고 그는 예수님을 내 사랑하는 아들이라고 껴안았다. 하나님은 모든 사람을 보고 있으며 모든 사람의 삶과 그 일을 심판할 것이다. 아무도 그의 눈으로부터 숨길 수 없다(눅 12:2; 고전 4:5; 렘 2:22; 16:17)

# 마태복음 4장

**| 1절: 그때에 예수께서 성령에게 이끌리어 마귀에게 시험을 받으러 광야로 가사**

예수님은 성전 안에서나 세례받을 때 유혹을 받은 것이 아니라 그가 피곤하고 홀로 있을 때, 배고프고 가장 연약할 때 유혹을 받았다. 사탄은 우리가 연약할 때 자주 유혹한다. 즉 신체적, 정신적 스트레스를 받을 때 외롭거나 피곤하거나 중대한 결정을 할 때, 불확실성에 직면할 때 유혹을 받기 쉽다. 그러나 사탄은 역시 우리가 강할 때도 유혹하며 자만심을 가질 때도 사탄의 영향을 받는다.

1. 예수님은 세례를 받고 즉시 유혹을 받았다. 복음서 모두 이 사실을 강조하고 있다. 그는 산꼭대기에서 유혹받은 경험을 가지고 있으며 이것은 하나님과의 특별한 경험이었다. 그런데 즉시 사탄은 그를 공격했다.

2. 예수님은 유혹에 대하여 알고 있는 유일한 분이다.

3. 예수님은 성령에 이끌리어 사탄에 의해 유혹받았으며 예수님은 세 가지 이유 때문에 유혹받았다.

　1) 순종을 배우기 위해: 몸과 마음, 정신을 컨트롤하는 것을 배우기 위해(히 5:8)

　2) 의로움을 확보하기 위해: 이상적이고 죄가 없는 사람이 되기 위해(고후 5:21)

　3) 그가 사람을 도울 수 있도록 인간의 모든 연약한 부분을 경험하기 위해 (히 4:15-16)

하나님은 사람을 유혹하지 않는다는 것을 기억하는 것이 중요하다(약 1:13). 하나님은 예수님이 유혹받도록 허락하는 것과 똑같은 이유로 사람이 유혹받는 것을 허락하신다.

1) 하나님이 사람의 믿음을 증명하기 위해
2) 사람에게 더 무거운 책임을 준비시키고 강하게 만들기 위해
3) 인간의 삶 속에 자비, 은혜, 하나님의 능력을 나타내 보이기 위해

**개념 1.** 하나님과 영적 교류가 **특별히** 필요할 때가 있다.

1) 큰 시련이나 혹은 유혹을 받기 전– 유혹자가 예수님께 오기 전 예수님은 하나님과 사십 일을 보냈다는 것은 주목할 만한 일이다.
2) 하나님을 위해 열심히 봉사하는 동안 하나님과 단눌이 오랜 기간 동안 보내지 않고 일반 대중 앞으로 나아가는 것은 큰 잘못이다. 어떤 일반 대중들은 하나님 종의 발 앞에서 맹렬히 비난할 것이다. 유혹은 항상 바로 앞에 놓여 있으며 항상 대처할 준비가 필요하다.

**개념 2.** 마귀는 사람들에게 둘러싸여 있을 때 도시에서나 광야에서나 어느 장소에 관계없이 공격할 것이다. 그러나 유혹은 어떤 시기에 특별히 더 강하게 다가올 것이다.

1) 소유욕이 특별히 강할 때
2) 새로운 일을 착수하기 바로 전
3) 신체적 정신적으로 나약한 순간

**개념 3.** 하나님을 진정으로 알고 싶어 하고 봉사를 시작하는 사람에 대한 3가지 사실들을 주목해 보라.

1) 하나님께 봉사를 더 많이 하면 할수록 유혹은 더 많아진다.
2) 사람이 하나님께 봉사하려면 더 많은 하나님과 영적 교류가 필요하다. 묵상과 영적 교류, 경배가 절대적으로 필요하다.
3) 영적 힘과 성숙함이 있더라도 유혹으로부터 면제받지 못한다. 모든 사람

은 유혹받으며 심지어 하나님 아들도 유혹받는다(고전 10:13).

**개념 4.** 예수님은 다음 3가지를 할 때도 유혹을 받았다.

1) 그는 하나님과 단독으로 시간을 보낼 때

2) 그는 자기가 성령으로 이끌림을 받는다고 확신했을 때

3) 그는 성경 말씀을 믿고 있을 때

**개념 5.** 마귀는 유혹자다. 그는 예수님을 유혹한 자이며 그는 예수님의 목적을 파괴하려고 시도한 영적 능력을 가지고 있다. 믿는 사람은 사탄과 맞설 전투를 준비해야 한다(엡 6:10-20; 계 12:9).

**개념 6.** 믿는 자는 주님의 경험에 비추어 금식에 관해서 무엇을 배워야 되겠는가? 예수님도 사십 일간 금식했다. 그는 그의 삶에 중요하고 결정적인 순간에 직면하게 되었는데 그도 특별한 준비가 필요했다. 그래서 그는 세상 사람들과 떨어져 하나님과 교류했다. 그는 너무 진지하고 강한 압박을 느끼고 심지어 음식마저 먹지 않았다. 우리 믿는 자들은 시간을 내어 하나님과 교류할 만큼 진지하지도 강렬하지도 않으면서 음식 앞에서 먹지 않고 견뎌낼 수 있을까? 우리가 예수님과 같이 똑같은 진지함과 강렬함으로 하나님을 찾는다면 우리는 얼마나 많은 일을 성취시킬 수 있을까? 마귀는 하나님의 주 대적자이며 어둠의 영적 세력을 이끄는 사탄이다.

**개념 7.** 우리는 신명기 8:2에서 하나님은 이스라엘 백성들에게 겸손을 가르치기 위해 사막으로 인도하셨고 그들을 시험했었다. 하나님은 그의 백성이 정말로 그를 복종하는지 보고 싶었다. 우리도 역시 시험 당할 것이다. 우리도 시험이 닥쳐올 것이라는 것을 알기 때문에 우리는 깨어 있어야 하며 준비해야 한다. 시험이 닥쳐올 때 충분히 극복할 수 있는 강한 믿음을 가지고 준비하고 있어야 한다.

## ▌ 2절 : 사십 일을 밤낮으로 금식한 후에 주리신지라

2절은 이스라엘 역사와 평행선이 계속 진행된다. 예수님의 사십 일간 밤낮 금식은 이스라엘 민족이 사십 년간 광야에서 방황하던 것을 반영하고 있다. 이스라엘과 예수님의 굶주림은 둘 다 하나의 교훈을 준다. 즉 어떤 큰 과업을 각자가 준비하기 위해 사막에서 시간을 보냈으며 하나님은 그들이 맡은 사명을 준비하는 데 순종과 충성심을 증명하려는 의도를 갖고 있었다. 예수님은 육적

으로 굶주리고 고통받았으나 영적으로는 약하지 않았다.

## 3-4절 : 시험하는 자가 예수께 나아와서 이르되 네가 만일 하나님의 아들이어든 명하여 이 돌들로 떡덩이가 되게 하라

예수님은 사십 일 동안 금식한 후 몹시 배가 고프고 몸이 약해졌다. 그는 음식을 먹고 싶은 자연적 욕구를 충족시키기 위해 하나님 능력을 사용하지 않았다. 배고플 때 먹는 것은 좋은 일이시만 그 타이밍이 좋지 않았다. 예수는 사막에 있을 때 금식했으며 인간적인 면을 충분히 경험하기 위해 무한한 하나님의 권능을 포기했다. 그는 돌덩어리를 떡덩이로 바꾸는 능력을 사용하지 않았다. 우리도 역시 잘못된 방법으로 우리의 욕구를 만족시키도록 유혹받는다.

우리가 결혼 전에 성에 빠지거나 우리가 음식을 흠쳐 먹으면 우리는 잘못된 방법으로 욕구를 충족시키려고 하는 것이다. 당신의 욕구 중에 많은 것들은 정상적이고 선한 것이지만 하나님은 올바른 방법으로 올바른 때에 욕구들을 충족시키는 것을 원하신다.

예수님은 마귀의 유혹을 물리칠 수 있었다. 왜냐하면 성경을 알고 있을 뿐 아니라 성경말씀을 따랐기 때문이다. 에베소서 6:17 말씀에서 하나님 말씀은 영적 전투에서 사용하는 검이라고 말하고 있다. 성경구절을 안다는 것은 사탄의 공격을 물리치는데 첫 단계가 된다. 사탄도 성경말씀을 암기하고 있으나 성경말씀에 순종하지 않는다. 성경을 알고 순종하는 것이 마귀를 물리치는 데 도움을 준다. 그리고 사탄은 예수님이 하나님의 아들인가를 증명하기 위해 그를 유혹했다.

1. 예수님은 인간적이고 모든 사람의 필요 즉 배고픔을 충족시키기 위해 그 자신의 권능을 사용하도록 유혹받았다. 그는 사십 일 동안 금식했으며 마귀는 예수님이 먹을 빵을 창조하라고 그를 유혹했다. 이 제안에는 세계 사람들을 먹일 수 있도록 하는 숨은 아이디어가 있으며 그 자신을 하나님 아들임을 증명해 보라는 숨은 뜻이 있다.

2. 예수님은 하나님이 아니라 자기 자신을 믿도록 유혹받았다. 하나님 방법

보다 다른 방법을 찾아보라고 유혹받았다. 하나님 방법은 십자가 고통, 삶의 시련을 참고 견디는 믿음의 방법이다. 사탄은 너 자신을 믿고 쉬운 길을 택하라고 유혹한다. 이런 유혹에는 두 가지 잘못이 있다.

1) 사람은 빵보다 더 많은 것이 필요하다. 사람은 육체적, 외형적 삶보다 더 많은 것을 필요로 한다

2) 사람은 영적 삶을 필요로 한다. 즉 영생이 필요하며 영적 충족이 필요하다. 빵은 삶의 필수품이며 예수님은 빵을 창조하는 초자연적인 능력을 사용하여 그가 하나님 아들이라는 것을 증명할 수도 있었다. 그는 사람들에게 음식을 먹임으로써 인간의 충성심을 얻을 수 있었다. 그러나 그는 적어도 두가지 점에서 그렇게 할 수가 없었다. 그렇게 했다면 그는 인간의 영적 욕구를 충족시키는 데 아마 실패했을 것이다. 그리고 그는 신체적 필요가 영적 필요보다 더 중요하고 받는 것이 주는 것보다 더 중요하다는 잘못된 방향을 가르침으로써 아마 실패했을 것이다.

인간은 빵만으로 충족시킬 수 없는 영적 배고픔이 있다. 사람의 책임은 예수님의 책임과 같은 것이며 우리의 삶을 통하여 날마다 하나님을 의지하고 하나님 이 맡긴 사명을 감당할 책임이 있다(마 6:33; 요 6:35, 50-51; 신 6:13; 욥 23:12; 시 119:103; 사 55:1-3; 렘 15:16).

**개념 1.** 믿는 자들도 자주 유혹에 빠지게 된다.

1) 그들의 인물 됨됨이와 자기 자신의 능력과 자기 자신이 가진 힘으로 행동해 보이라고 유혹받는다.

2) 잘못되고 불법적인 방법으로 개인적이거나 대중의 필요를 충족해 보이라고 유혹받는다.

3) 육체적 욕구가 정신적 욕구보다 더 중요하다고 강조하도록 유혹받는다.

4) 자기 자신의 능력과 힘을 믿고 하나님의 힘을 믿지 않도록 유혹받는다.

이 유혹에서 네 가지 배워야 할 교훈이 있다.

1) 유혹은 가끔 배고픔과 같은 절망적인 욕구의 불만을 공격한다. 이 욕구

를 충족하는 데 옳은 방법과 잘못된 방법이 있다. 실질적 욕구가 충족될 수 있다면 욕구가 충족되는 방법이 문제가 된다. 즉 목적이 수단을 정당화 한다.

2) 인간은 빵만으로 살지 못한다는 것을 알아야 한다. 육체적 만족만으로 만족되지 않으며 인간은 영적 존재이기 때문에 영이신 하나님이 필요하다. 하나님이 없으면 삶이 어려워진다. 먹지만 만족하지 못할 것이다(미 6:14; 학 1:6, 9; 마 6:23-34).

3) 유혹은 하나님 말씀으로 물리쳐야 한다. 믿는 사는 유혹을 받지 않기 위해 하나님 말씀을 공부하고 배워야 한다.

4) 어떤 욕구가 생길 때 사람은 항상 유혹에 대비하여 자기 자신이 힘을 길러야 하다. 욕구가 크면 클수록 유혹노 더 커진다.

또한 사탄의 목적은 예수님을 유혹하여 예수님의 권능을 사용하도록 하는 것이지만 실제로는 하나님 아버지의 사명을 수행하는 일을 자발적으로 포기하도록 유혹하는 것이다. 사실 이스라엘은 광야에서 빵을 요구했었다. 그러나 거기에서 다 죽었다. 예수님은 자기 자신이 빵을 부인하고 의를 지키면서 하나님 아버지의 말씀에 순종함으로써 유혹에서 벗어날 수 있었다.

## ▎5-7절 : 이에 마귀가 예수를 거룩한 성으로 데려가 성전 꼭대기에 세우고

예수님의 두 번째 유혹은 화려한 경치를 보여 주고 예수님의 신성을 증명하는 것이었다. 마귀는 두 가지를 더 행동하게 함으로써 그가 하나님 아들임을 증명하도록 유혹했다.

1. 예수님이 성전 꼭대기에서 뛰어내리면 하나님이 천사를 보내어 공중에서 잡아 땅에 부딪히지 않도록 그를 들어 올릴 것이라는 유혹이었다. 그가 하나님의 하나밖에 없는 아들이기 때문에 하나님이 확실히 그의 어려움을 이겨 나가게 할 것이다.

2. 예수님은 화려한 광경에 이끌리도록 유혹받았다. 성전 꼭대기에서 그러한 화려한 경치를 보고 뛰어내려 그가 하나님 아들이라는 것을 증명하고 선포

할 것을 유혹받았다. 이러한 유혹 뒤에는 두 가지 잘못된 것이 있음을 짐작할
수 있다.

   1) 예수님은 하나님을 시험하도록 유혹받았다. 하나님의 의지, 권능, 하나
      님의 보호, 하나님의 약속은 이용당하거나 또는 악용당하지 않는다. 하
      나님은 시험당하지 않으며 하나님은 믿음의 대상이지 시험받는 대상이
      아니다.

   2) 하나님은 사람들이 그를 믿어 주기를 바란다. 왜냐하면 사람들은 그를
      아버지로 사랑하기 때문이다. 예수님이 유혹에 넘어갔다면 적어도 두
      가지 점에서 실패했을 것이다.

   ⑴ 예수님은 하나님을 유혹하여 그의 권능을 악용하였을 것이다. 예수님은
      하나님이 자기를 구해 주기를 기대하면서 자기 자신은 생명의 위협에 처
      했을 것이다. 이러한 행동은 하나님 의지를 남용하고 하나님이 약속했
      던 것을 악용했을 것이다. 이러한 행동은 하나님이 실제로 바라고 말씀
      한 것을 무시하는 행동이다.

   ⑵ 예수님은 사람의 주의를 화려한 광경에 집중시키게 했을 것이다. 예
      수님의 사명은 하나님을 믿는 믿음에 초점을 맞추는 것이다(막 11:22; 요
      6:28-29; 딤전 6:12; 히 10:22-23; 11:6; 요일 3:23).

**개념 1.** 믿는 자들도 가끔 예수님처럼 유혹받는다.

   1) 믿는 자들도 하나님을 시험해 보라고 유혹받는다. 성경의 몇몇 문맥에서
      어떤 구절을 끄집어내어 그것을 오용하고 악용한다. 믿는 자들은 하나
      님을 위해 큰일을 하기 원하기 때문에 그 동기는 선하다. 우리는 항상 하
      나님이 우리에게 큰 약속을 주신다는 것을 깨달아야 한다. 그러나 우리
      는 그의 약속을 올바르게 이해하기 위해 그의 말씀에 머물러 있어야 하
      며 묵상과 기도로 하나님과 늘 가까이 머물러 있어야 한다.

   2) 화려한 광경에 주의를 집중하게 되면 하나님과 하나님 믿음에 집중하지
      않게 된다. 하나님은 믿음의 대상이기 때문에 하나님께 초점을 맞추어

야 한다.

**개념 2.** 유혹을 이겨 나가는 데 3가지가 절대 필수적이다.

1) 순간순간마다 하나님과 동행하며 끊임없이 하나님과 영적 교제가 이루어지게 하는 것.

2) 하나님 말씀대로 살며 약속이 뜻한 바 대로 약속을 이행하기 위하여 그의 약속을 항상 깨닫는 것(고후 2:17; 딤후 2:15; 행 17:11).

3) 사탄의 힘은 한계가 있다는 것을 깨닫는 것- 사탄은 사람을 유혹할 수 있으나 죄를 짓도록 강요할 수는 없다.

그는 예수님을 성전 꼭대기에서 밀쳐 떨어뜨릴 수 없다. 욕심이나 헛된 욕망은 인간 내면으로부터 온다. 사탄의 유혹은 단지 헛된 욕망이나 욕심을 충동하여 일으키게 할 수 있다. 사탄은 사람에게 헛된 욕심을 일으키도록 원인을 제공해 줄 수는 없다. 그러므로 사람이 하나님과 영적 교류를 하며 하나님 말씀대로 살면 그는 유혹에 항복하도록 충동을 받기보다 하나님께 순종하도록 충동받을 것이다.

**개념 3.** 성전이나 기도하는 집은 마귀에게 특별히 관심을 가지게 하는 곳이다. 그러므로 자만, 거짓 가르침 즉 하나님으로부터 우리를 탈선 시키는 것들이 하나님 목적을 파괴하고 사람의 삶을 파멸시킨다. 우리도 가인처럼 우리가 죄를 극복하지 못하면 죄의 희생자가 될 수 있다. 그러나 우리는 우리 자신의 힘으로 죄를 극복할 수 없다. 대신에 우리는 우리의 능력과 힘을 얻기 위해 하나님께 의지해야 한다. 성령이 죄를 극복하도록 우리를 도와줄 것이다. 그러므로 우리는 하나님의 얼굴을 볼 때까지 끝없이 오랫동안 영적 전투를 해야 할 것이다.

## ▌ 8-10절 : 마귀가 또 그를 데리고 지극히 높은 산으로 가서 천하 만국과 그 영광을 보여

예수님의 세 번째 유혹은 타협함으로써 그의 신성을 증명하는 것이었다.

1. 예수님은 그의 사역과 그의 사명을 타협하도록 유혹받았다. 그는 십자가 없이 피의 대가를 치루지 않고 이 세상을 구원하라고 유혹받았다. 그는 하나님 방법 대신에 다른 방법을 선택하도록 유혹받았으며 다른 루트를 통해 하나님의

목적을 성취하도록 유혹받았다. 예수님은 이 우주의 주권의 목적을 이루기 위해 거짓된 수단을 사용하도록 유혹받았다. 만약 그가 마귀에게 절하고 경배했다면 이 세상 왕국과 인간의 충성심을 얻었을 것이다.

2. 예수님은 그의 생명과 그의 충성심을 타협하도록 유혹받았다. 만약 그가 마귀에게 경배했다면 이 세상과 이 세상의 주권이 마귀에게 주어졌을 것이다. 도대체 이것은 무엇을 의미하는가? 이것은 예수님이 이 세상을 부패 시키고 하나님과의 영생의 희망 없이 죽도록 유혹받는 것을 의미한다. 이 세상을 위한 하나님의 영원한 계획을 좌절시키기 위해 마귀가 세상 안에서 자기 일을 계속 하도록 허락하는 것이다. 이 유혹을 추론해 보면 잘못된 두 가지가 있다.

1) 마귀와 세상과 타협하는 것은 하나님 방법이 아니다. 하나님 방법은 부패를 근절하고 사망 권세를 정복하는 것이다.

2) 하나님 한 분만 경배받을 수 있으며 세상도 아니고 마귀도 아니다. 예수님이 이 유혹에 항복했다면 적어도 두 가지 점에서 실패했을 것이다.

   (1) 그는 하나님 손에 의해서가 아니라 타협을 통해서 이 세상 왕국만 얻을 수 있었을 것이다. 하나님은 그에게 이 세상과 이 세상 사람들의 충성심을 약속했었다. 그러나 그것은 십자가에 의해서 이루어지게 되어 있었으며 하나님의 방법은 훨씬 뛰어난 것이다. 왜냐하면 하나님이 약속한 천국은 영원하기 때문이다.

   (2) 예수님은 하나님으로부터 마귀에게 그의 충성심이 넘어갔을 것이다. 그는 이 세상을 위해 하나님을 버렸을 것이다(마 16:26; 롬 12:2; 딤후 2:3-4; 요일 2:15-16; 딛 2:11-12).

**개념 1.** 여기에 4가지 중요한 교훈이 있다.

1) 믿는 자는 가끔 자기의 삶과 자기의 직장 또는 사역과 타협을 하려고 유혹받는다. 유혹자인 사탄은 사람은 세상을 위해 살며 영원한 삶을 주는 영생을 무시하기를 원한다. 사탄은 사람이 이 세상과 이 세상 삶에만 몰두하기를 원한다.

2) 믿는 자는 하나님이 약속한 것 즉 영생을 사탄으로부터 얻을 수 없다.

3) 유혹은 즉시 물리쳐야 한다. 예수님은 유혹을 물리치는 데 주저하지 않았다.

4) 유혹은 이성의 힘으로 이길 수 없으며 성령의 검으로 이길 수 있다.

**개념 2.** 믿는 사람이 계속해서 유혹을 받을 때 두 가지 심각한 위험에 직면하게 된다.

1) 절망하게 된다 – 위험한 유혹의 힘은 사람을 죄절시킨다. 유혹에 항복하여 죄를 싯게 되는 것은 사람을 절망시킬 수 있다. 사실 사람이 넘어지면 넘어질수록 더욱 자신이 가치 없게 되며 자책감에 빠진다. 자기연민, 수치심, 죄 그리고 실패는 항상 절망하게 만든다.

2) 과신하게 된다 – 믿는 사람이 유혹을 극복하게 될 때 그는 더욱 강해지고 너 성숙하며 더 확신감을 갖게 된다. 그러나 여기에 위험이 있다. 그는 유혹을 물리칠 만큼 충분히 강하고 성숙된다고 느끼기 시작할 것이며 유혹을 느끼지 못할 것이다. 그러한 느낌은 두 가지 총체적 잘못으로 이끌 수 있다.

   (1) 그것은 느슨하고 너무 자유로운 행동으로 이끌 것이다. 곧 그는 자기가 하는 모든 일이 옳다고 생각할 것이며 그는 너무나 성숙하고 강하 여겨 어떤 유혹도 물리칠 수 있다고 느낄 것이다. 그는 자기가 믿고 행하는 것은 모두 옳다고 느끼게 될 것이며 그는 심지어 그의 세상저이고 느슨한 행동을 합리화하기 위하여 문맥에서 성경 구절을 사용하지 않는다.

   (2) 그것은 지나치게 보수적이며 좁은 행동과 믿음으로 이끌어갈 것이다. 곧 그는 너무 성숙하고 강하여 자기 힘으로 유혹을 물리칠 수 있으며 자기가 믿고 행하는 것은 모두 옳다고 느낀다. 그는 다른 사람과 자기 자신을 똑같은 규율로 측정하면서 엄격한 규율과 규정으로 살아간다. 그는 성경 구절로 자기의 고집과 행동을 합리화한다.

그리고 아담과 하와의 불복종이 인간에게 죄를 불어넣어 주었으며 그들은 열매 몇 개를 따먹는 것은 별로 나쁠 것이 없다고 생각했을 것이다. 그들의 죄성이 얼마나 그들의 후손들에게 빨리 퍼져 나갔는가? 아담과 하와는 단지 하나님께 불복종했지만 가인은 사람과 하나님 모두에게 반기를 들었다. 조그마한 죄도 통제할 수 없을 정도로 점점 커져간다. 조그만 죄가 비극적으로 변하기 전에 작은 죄도 짓지 않도록 하나님께 도움을 구해야 한다.

## ▌ 11절 : 이에 마귀는 예수를 떠나고 천사들이 나아와서 수종드니라

유혹을 물리치고 마귀를 대적하여 승리하는 기쁨이 있었다. 예수님이 유혹을 물리칠 수 있는 단 한 가지 방법은 하나님 말씀대로 행하는 것이다. 그는 단순히 복종하였으며 하나님 의지로부터 벗어나지 않았다. 마귀는 패하고 유혹과 죄는 정복되었다.

> **개념 1.** 마귀는 하나의 정복당한 적군이다. 마귀는 하나님 말씀으로 정복할 수 있다(골 2:15; 히 2:14).
>
> **개념 2.** 유혹으로부터 항상 피할 수 있는 탈출구가 있다. 하나님은 유혹으로부터 믿는 자를 어떻게 구해낼 수 있는지 안다(고전 10:13; 벧후 2:9).

그리고 마귀는 일시적으로 예수님을 떠났다. 그러나 갈등이 시작되었을 때 예수님은 믿음과 순종으로 마귀를 대적하는 것을 알고 있었다. 천사의 도움은 지나가 버리는 축복이 아니라 계속되는 축복이다. 예수님은 기적으로 돌을 빵으로 변화시킴으로써 배고픔을 면하는 방법을 사용하지 않았다. 그는 지금 초자연적인 힘으로 배고픔을 참고 있었기 때문이다. 그는 천사의 도움을 바라고서 성전 꼭대기에서 뛰어내리는 것을 거절했다. 그것은 지금 천사들이 그를 돕고 있기 때문이다. 그는 세상 왕국을 유산으로 받는 지름길을 택하는 것을 거절했다. 그는 지금 사역을 시작하였으며 이방인들에게 갈릴리에서 천국을 선포함으로써 그의 사역을 완성해 나가고 있기 때문이다.

## ▌ 12절 : 예수께서 요한이 잡혔음을 들으시고 갈릴리로 물러가셨다가

세례 요한이 감옥(Machaerus 요새일 가능성이 있음)에 투옥된 사실이 예수님이 갈릴리로 돌아가도록 촉진시킨 것 같다. 예수님은 유대에서 세례 요한과 사역을 동시에 시작했지만 요한이 투옥되고 난 후 갈릴리에서 사역을 시작했다고 공관복음은 말하고 있다. 유대 사역이 왜 무시되었는지는 잘 알려져 있지 않지만, 아마 그것은 투옥이 세례 요한의 사역이 끝남을 나타내는 것이기 때문이다.

특히 마태복음에게는 갈릴리가 매우 의미심장한 곳이다. 왜냐하면 예언의 완성을 전하는 곳이며 복음이 멀방으로 뻗어 나가는 중심지가 되기 때문이다. 그리고 하나님은 예수님의 사역을 언제 시작하는 것이 좋을지 때를 보여 주었다. 요한의 투옥으로 총력을 다해서 사역을 시작하는 계기가 되었다. 그는 유대에서 사역을 했지만 그는 지금처럼 폭넓게 공공연히 하지 않았다. 예수님은 요한과 경쟁하려는 의도가 없었다. 만약 세례 요한의 사역이 완성되기 전에 그의 사역을 활발하게 하였더라면 사람들의 충성심은 둘로 나누어졌을 것이다. 요한은 길을 예비하러 보내졌으며 요한이 사역 무대에서 사라질 때까지 그 길이 충분히 예비되지 않았다.

**개념 1.** 예수님과 동행하는 사람은 하나님의 인도를 받을 것이다.

 1) 믿는 자는 자기 삶에 대한 하나님 목적을 알게 될 것이다.
 2) 믿는 자는 예수님처럼 그의 삶에 대한 하나님의 목적을 언제 수행할지를 알게 될 것이다. 하나님이 그 종을 바르게 인도한 것이다(요 16:13; 시 25:9; 시 73:24; 사 30:21; 42:16; 48:17).

**개념 2.** 예수님에 의해서 요한의 빛이 가려지는 것은 모든 세대의 믿는 자에게 중요한 교훈이 된다. 믿는 자는 하나님 목적을 이루기 위해 날마다 주님께 봉사하고 온 힘을 다해 하나님 나라를 위해 헌신할 때 하나님은 증언자를 세우시고 사역을 완성하기 위해 다른 증언자를 세워 나간다. 각자의 사역에서 함께 일하는 주님의 동역자들이다. 서로 경쟁하는 경쟁자가 아니며 때가 되면 그는 기꺼이 물러난다. 사실 믿는 자는 그의 사역이 힘을 잃을 때 물러날 준비를 해야 한다. 하나님은 새로운 종을 세우고 늙은 종이 무대 뒤로 사라질 때 최전선에 새로운 종을 투입시킨다. 이렇게 우리는 기꺼이 은혜롭게 물러설 줄 알아야 한다(롬 12:3-6; 고전 12:4-7; 엡 4:11-12; 빌 2:3-4).

## 13절 : 나사렛을 떠나 스불론과 납달리 지경 해변에 있는 가버나움에 가서 사시니

예수님은 나사렛에서 갈릴리 호수 북서쪽에 있는 마을 가버나움으로 떠났다. 이 마을은 세금 징수원이 머물 필요가 있는 어업이 발달된 마을이었다. 이 마을은 베드로의 집이 있었다. 그러나 마태는 옛날 스불론 지파와 납달리 지파의 토지할당에 관하여 가버나움의 지리적 위치에 관심을 보였던 것 같다. 그리고 사역의 중심지는 갈릴리였다. 예수님은 나사렛을 떠났다. 그 이유는 그곳은 예수님의 고향이며 그곳을 사역 중심지로 삼지 않았다. 그 이유는 그곳에서는 예수님을 배척했기 때문이다. 즉 "어떤 예언자도 자기 고향에서는 배척당한다"(눅 4:29)라고 성경에서 말하고 있다. 그곳 사람들은 예수님을 쫓아내고 죽이려고도 시도했다. 그래서 예수님은 가버나움이라는 도시를 중심지로 삼았다. 예수님은 이곳을 의도적으로 자기 자신의 마을로 선택했다(마 9:1; 사 9:1-7). 하나님은 갈릴리를 자기 아들의 사역지가 되도록 역사를 통해서 준비시켜 놓았다. 몇 가지 사실들이 있다.

1) 역사를 통해 볼 때 갈릴리는 침범을 여러 번 당하고 다른 민족들이 살고 있었으며 세계 각국으로부터 다른 문화들이 있었다. 세월이 흘러감에 따라 다른 민족의 인구 유입이 새로운 습관과 아이디어를 받아들일 수 있는 분위기가 조성되어 있었다.

2) 갈릴리는 인구가 많았다. 세계 복음을 위한 문을 활짝 열어 주는 사마리아 사람, 페니키아 사람 그리고 시리아 사람들로 둘러싸여 있었다. 그곳은 세계에서 가장 비옥한 땅 중의 하나였으며 그 지역 주변에 인구 만오천 명 이상인 도시가 이백 개 이상 있었다.

3) 갈릴리는 새롭고 신선한 아이디어에 활짝 열려 있었다. 온 세계로부터 사람들이 몰려들었으며 그들의 생각에 도전하고 자극을 줄 새롭고 신선한 아이디어를 찾고 있는 자유로운 마음을 가진 사람들이 모여들었다. 그래서 예수님이 갈릴리를 사역지로 처음 시작한 이유이다.

## 14절 : 이는 선지자 이사야를 통하여 하신 말씀을 이루려 하심이라 일렀으되

마태는 이사야서로부터 인용함으로써 예수님의 사역을 구약과 계속 접목시켜 나가고 있다. 성경에 익숙한 유대 지도자들에게 도움이 되었으며 이러한 것은 모든 시대를 통해 그의 백성들과 함께 일할 때 하나님 목적의 일체감을 보여 주고 있다. 또한 예수님이 성경을 완성하려는 의도적인 결심이 있었다(사 9:1-2). 이러한 것은 성경의 중요성을 강조하고 있으며 믿는 자들은 성경을 주의 깊게 읽어 보아야 한다(요 15:3; 요 17:17; 엡 5:26; 딤후 3:16; 히 4:12; 벧전 1:22; 시 119:9).

그리고 예수님은 이사야 9:1-2의 말씀, 임마누엘이 장차 올 것이라는 예언을 완성했다. 유대나 예루살렘처럼 신앙적인 이점이 없는 어두움 속에서 멸시받고 사는 갈릴리에서 이제 빛의 한 가닥이 싹트기 시작했다. 이 사실은 하나님의 예정된 계획이며 모든 열방으로 나아가는 사역의 전초기지로 약속되어 있었다.

### ▍15-16절 : 스불론 땅과 납달리 땅과 요단 강 저편 해변 길과 이방의 갈릴리여

예수님은 사람에게 사역의 초점을 맞추었다.

1. 예수님은 가난한 마을에 사는 사람들에게 갔다(마 20:28; 눅 5:31-32; 19:10).
2. 예수님은 어두움에 있는 사람들에게 빛을 보여 주었다(롬 13:12).
3. 예수님은 죽음에 있는 사람들에게 생명을 주었다(요 5:24; 히 2:14-18).

**개념 1.** 모든 믿는 자의 사명은 사람을 위한 것이며 사람을 데리고 와서 예수님이 하시는 일을 돕게 하는 것이다.

**개념 2.** 예수님이 오셨기 때문에 빛이 어두움을 이기는 놀랄 만한 일이 나타났다.

1) 빛이 지금 나타나 있다. 하나님이 이 세상에 빛을 보냈기 때문에 사람들은 더 이상 빛을 찾을 필요가 없다.
2) 지금 선택해야 한다. 사람은 지금 빛을 선택할 수 있으며 어두움에 남을 필요가 없다.
3) 사람들은 어두움에 앉아있으며 그들은 어두움에서 편안함을 느끼며 즐겁게 살고 있다. 성경은 사람은 빛보다 어두움을 더 사랑한다고 말하고 있다(요 3:19-21).

4) 사람들은 죽음의 그늘에 앉아 있다. 이 세상에 사는 동안은 죽음은 단지 그림자에 지나지 않으며 인간의 소망은 죽음과 저주로부터 구원받을 기회를 갖는 것이다(요 3:16-18; 히 2:14-15).

5) 사람은 지금 큰 빛을 보고 있으며 그 큰 빛은 예수님 자신이다(요 12:35; 요 8:12).

6) 사람은 점점 자라나고 계속되는 빛을 가지고 있다. 즉 어두움에서 걸어 나와 빛으로 들어가 영원히 살며 죽음을 정복하는 성숙된 기회를 갖게 되었다(히 2:14-15; 요 5:24; 11:25-26).

## ▎ 17절 : 이때부터 예수께서 비로소 전파하여 이르시되 회개하라 천국이 가까이 왔느니라

The kingdom of heaven(천국)은 누가복음과 마가복음에서 kingdom of God과 똑같은 의미를 갖고 있다. 마태는 유대인들은 지극히 하나님을 존경하고 경외하기 때문에 하나님 이름을 감히 부르지 않기 때문에 the kingdom of heaven이라고 사용했다.

천국이 우리 마음속에 도착했기 때문에 천국이 가까이 왔다고 말하고 있다. 예수님은 세례 요한이 했던 말, 즉 "회개하라"라고 한 그 말을 가지고 그의 사역을 처음 시작했다. 이것은 오늘날도 예수님과 요한이 외쳤던 때와 똑같은 메시지이다. 예수님을 따르는 자가 된다는 것은 자기중심으로부터 벗어나 자기 통제를 하며 자기의 삶을 하나님 방향으로 이전시키는 것을 뜻한다. 그리고 예수님은 새로운 모세가 아니라 새 여호수아이다. 모세는 약속된 땅에 들어가지 못했지만 그 뒤를 계속한 여호수아가 성공한 것처럼 세례 요한이 천국을 선포했지만 그 뒤를 계승한 예수님이 사람들을 천국으로 인도하고 있다. 예수님과 요한은 회개를 특히 선포하고 있는데 회개라는 죄로부터 돌아서서 하나님 방향으로 나아가는 것을 말한다.

1. 회개는 두 가지 변화를 내포하고 있다. 부정적인 죄로부터 돌아서 긍정적인 하나님 쪽으로 향하는 것이다. 죄로부터 벗어나 하나님께 의지하는 것을 뜻한다.

2. 회개는 슬픔 그 이상을 뜻한다. 슬픔은 회개에 포함할 수도 있고 안 할 수도 있다. 사람은 변화하려는 마음을 먹고 행동하기 때문에 단순히 회개할지도 모른다. 아니면 내면에 괴로운 슬픔을 느끼기 때문에 회개할지도 모른다. 그러나 슬픈 느낌이나 감정은 회개가 아니다. 회개는 마음의 변화와 죄로부터 자기의 실질적인 삶을 완전히 돌아서서 하나님 쪽으로 향하는 것이다(눅 13:3; 행 3:19; 8:22).

**개념 1.** 여기에 4가지 도전적인 교훈이 있다.

1) 믿는 자들은 주님의 사명에 집중해야 한다. 믿는 자들은 하나님께 사로잡혀 있어야 한다. 왜냐하면 사람은 더 이상 빛을 추구할 필요가 없다. 세상이 빛이 이미 와 있지만 아직도 어두움에 있는 사람들이 많다. 믿는 자들은 느릿느릿하고 급한 마음이 없어 하나님 메시지를 쌓아 두고 하나님의 빛의 메시지로 나아가지 못하고 있다.

2) 믿는 자들의 사역은 예수님의 사역과 똑같다. 즉 설교하는 것이다. 모든 다른 일과 사역도 중요하지만 믿는 자의 중요한 사역은 설교하는 것이며 도움을 갈망하는 세계 사람들에게 복음을 전파하는 것이다.

3) 믿는 자들의 메시지는 예수님과 똑같은 것이다.

   (1) 회개 (2) 천국이 가까이 왔다.

모든 다른 주제도 중요하지만 일차적인 메시지는 이 두 가지가 되어야 한다(행 17:29-30).

4) 믿는 자들은 세상에서 가장 높은 영예가 주어진다. 그들은 하나님 바로 자신의 아들과 똑같은 사역을 가지고 세상으로 보내진다. 하나님 자신의 아들과 똑같은 메시아적 사명을 가졌다는 것을 상상해 보라! 얼마나 큰 영예인가!

**18-20절 : 갈릴리 해변에 다니시다가 두 형제 곧 베드로라 하는 시몬과 그의 형제 안드레가 바다에 그물 던지는 것을 보시니 그들은 어부라**

갈릴리 바다는 정말 큰 호수이다. 예수님 당시 그 호수 주위에 30개 어촌이 있었으며 그 중에 가버나움이 가장 컸다. 예수님은 베드로와 안드레에게 그들의 어업을 그만두고 사람을 낚는 어부가 되라고 말씀하셨다. 예수님은 그들의 물질 생산적인 사업에서 영적 생산업을 종사할 것을 불러내고 있었다. 우리 모두는 삶에 있어서 물고기가 필요하다. 그러나 영적 삶에는 예수님의 말씀이 필요하다. 우리는 예수님의 가르침을 실천에 옮기고 다른 사람들과 복음을 나누게 되면 우리는 그물을 가지고 고기를 끌어당기는 어부처럼 우리 주변에 있는 사람들을 예수님께로 끌어 옮길 수 있다.

시몬이 어떻게 베드로라고 불리어지게 되었는지 마태는 언급하지 않고 있다. 예수님이 부른 사람들은 함께 일하는 형제들이었으며 그들이 함께 일한다는 것은 3가지 뜻을 가지고 있다.

1. 그들은 서로가 사랑하고 서로 보살피도록 가르치는 훌륭한 부모들을 가지고 있다.

2. 그들은 서로 밀접하게 함께 일하는 가정 출신이다.

3. 그들은 부모님의 가르침을 따르고 순종했으며 삶을 통해 형제 정신을 가지고 있었다.

**개념 1.** 제자들의 형제와 같은 협동 정신은 우리들에게 다음과 같이 보여 주고 있다.

1) 형제 정신의 필요성 – 예수님이 그의 제자들에게 바라는 정신이다. 예수님이 건설하는 천국은 형제 정신을 가지고 있는 믿는 자의 왕국이다(마 22:39; 요 13:35; 15:12; 롬 12:10; 벧전 1:22).

2) 예수님 가정이 될 필요성 – 서로가 협조하는 형제자매들(요 1:41-42; 4:53; 행 16:15, 30-31)

3) 자녀들이 가야할 방향으로 자녀들을 훈육시키는 부모의 필요성(엡 6:1-4; 골 3:20-21; 신 6:7)

**개념 2.** 예수님께 봉사하기 위한 필수 조건

1) 하나님 백성 가운데 강조해야 할 필수적인 한 가지는 협동이다(고전 12:12-31; 행 11:25-26; 빌 2:19-20).

2) 예수님이 부르는 사람들은 부지런한 일꾼들이다. 예수님이 그들을 부르며 안드레와 베드로는 일에 바빴다. 두 번째 필수 조건은 에너지, 부지런함, 즐겁게 일하고 부지런히 일하는 사람이다. 예수님이 사람을 부를 때는 일하는 중에 있는 사람이며 앉아 있는 사람이 아니었다. 하나님은 게으른 자와 수동적인 사람을 부르지 않으며 열정적이고 부지런한 사람을 부른다. 너무나 많은 믿는 자들은 앉아 있기만 하고 비활동적이다. 그러므로 그들은 하나님의 더 높은 소명의 부름을 놓치고 있다(암 7:14-15; 왕상 19:19; 고전 15:58; 막 13:34; 눅 19:12-13).

3) 예수님이 부르는 사람은 무름을 듣고 즉시 따라가는 사람이다. 요점은 제자들은 개인적으로 따르도록 부름받았으며 그가 다른 일을 하기 전에 예수님께 순종하도록 부름받았다. 즉 개인적인 제자도가 필요하다. 예수님께 봉사하기 전에 예수님을 먼저 알아야 한다.

**개념 3.** 제자들은 배움의 학식이 없었지만 이 세상에서 약 3년 동안 최고의 훈련과 광범위한 영적 지혜를 얻었다. 그들은 하나님 아들 예수님에게 가르침을 받았으며 모든 믿는 성도는 하나님과 친밀감을 가지며 하나님 말씀을 묵상하고 공부할 필요가 있다(딤후 2:15; 요 1:8).

4. 예수님이 부르는 사람은 다른 일을 하도록 부름받는다. 다른 종류의 일과 다른 전문적인 일을 하도록 부름받는다. 이것은 대단히 고통스러운 변화이다. 몇 가지 예를 들면,

1) 개인적인 관계의 부름은 이미 알려졌으며 요한은 우리들에게 이렇게 말하고 있다. 개인적인 관계는 봉사를 시작하기 전에 강조되어야 한다(요 1:35-42).

2) 사람을 낚는 어부로 부르는 것은 봉사를 위한 부름이다. 사람에게 관심을 가지라는 부름이며 사람들에게 봉사하고 도움을 주라는 부름이다. 다른 사람을 돕는 것은 우리의 삶 속에 가장 위대한 행동이며 사람을 돕

고 헌신하는 사람을 상상해 보라. 그것보다 더 위대한 부름이 있겠는가?
(마 20:26; 막 10:43; 눅 9:48).

3) 그 부름은 즉각적이며 모든 다른 것을 버리고 예수님과 그의 사역에 집
중하는 부름이다(마 4:19; 요 15:16; 행 9:15; 유 1:22-23; 사 6:8).

**개념 4.** 주님의 부름은 이중적이다.

1) 메시아를 따르는 것- 다른 일을 하기 전에 제자는 예수님을 먼저 알아야
한다.
2) 사람을 낚는 어부가 되는 것.

**개념 5.** 예수님은 사람의 부름을 지식과 경험에 적합하게 부르며 어부는 사람을 낚는 어부로
부른다.

1) 이런 사실은 예수님의 부름을 받아들일 때 근심과 두려움을 방지해 준다.
2) 이런 사실은 하나님 일을 성취하는 데 더 효과적이고 능률적으로 하기
위함이다.
5. 예수님이 부르는 사람은 반응을 잘하는 사람이다. 예수님이 부를 때 즉시
반응하는 사람들이었다.

**개념 6.** 예수님의 부르심은 중요하며 결단을 요구한다.

1) 그 부름은 즉각적이다. 곧 지금 일어나 시작해야 하며 내일이 아니다.
2) 그 부름은 모호하지 않고 분명해야 한다. 즉각적인 긍정적 반응을 요구
한다. 많은 사람들이 부름을 받았으나 몇 명만이 선택되었다는 것은 얼
마나 비극적인 일인가!(마 20:16; 눅 9:59-62)

각자의 생각은 모든 것에서 독립적이고 모든 것에서 다르다. 마태는 주님의
공식적인 사명이나 일의 부르심을 강조하고 마가는 변화된 삶의 부르심, 즉 사
람 낚는 어부가 되는 부르심을 강조하며 누가는 다른 전문적 직업의 부르심을
요한은 개인적 관계의 부르심을 강조하고 있다.

**21-22절 : 거기서 더 가시다가 다른 두 형제 곧 세베대의 아들 야고보와 그의 형제 요한이 그의 아버지 세베대와 함께 배에서 그물 깁는 것을 보시고 부르시니**

야고보와 그의 형제 요한은 베드로, 안드레와 함께 예수님이 그와 함께 사역하도록 처음 불렀던 제자들이었다. 예수님의 부르심은 이들에게 즉시 일어나 그들의 직업을 그만두도록 동기를 부여하고 있으며 그들은 변명하지 않고 즉시 예수님을 따랐다. 예수님은 우리 각자에게 자기를 따라오라고 부르신다. 예수님이 우리에게 봉사를 하리고 부르실 때 우리는 제자들처럼 즉시 따라야 한다.

◎ **예수님이 이들을 부르는 4가지 특징**

1) 그들은 아버지와 함께 일하는 복종하는 아들들이었다. 그들 모두 가족관계가 친밀하며 이러한 굳게 결합된 가족관계가 그들의 삶에 중요한 영향을 미쳤다. 즉 순종은 봉사자로서 필수적이다(엡 6:1-2; 딤전 5:4; 레 19:3; 마 7:24; 12:50).

2) 그들은 부지런하고 검소하다. 지금 그들은 그물을 깁고 수리하고 있으며 새 그물을 사는 대신에 헌 그물을 기워 사용하고 있었다. 하나님은 낭비하는 사람을 부르지 않으며 검소하고 절약하는 사람을 부르신다(요 6:12; 잠12:27; 21:20).

3) 그들은 단순히 불리워진 사람들이다. 그들의 부름에 극적이거나 특별한 것이 없다. 극적인 경험이 예수님 사역에 필요한 것은 아니다.

**개념 1.** 어떤 사람은 단순히 부름받았다. 그러나 그들은 좀 더 극적이고 특별한 부름을 받은 사람과 똑같은 부름을 받는다. 하나님의 부름은 사람의 필요와 성품을 보고 부른다. 하나님의 부르심은 그 사람의 정서적, 정신적, 육체적 그리고 영적 상태를 고려한다. 어떤 사람은 다른 사람보다 정서적인 부름이 더 필요하고 어떤 사람은 더 합리적인 부름을 필요로 한다(사 1:18; 55:1; 마 11:28; 계 22:17).

4) 그들은 즉시 반응한 사람들이며 그들은 생계와 가정을 두고 떠났다

**개념 2.** 어떤 사람은 더 많은 것을 두고 떠나라고 부름받으며 어떤 사람은 사업뿐 아니라 아

버지, 어머니를 두고 떠나라고 부름 받는다. 어떤 경우에는 박해와 죽음의 위협을 포함하는 부름을 받는다(마 10:21; 눅 14:26-27). 하나님의 부르심은 극적인 변화를 포함하고 있다. 그것은 삶의 변화와 중요한 직업의 변화까지도 포함하고 있다(막 10:28; 눅 5:27-28; 14:33; 18:29-30; 빌3:8).

### 23절 : 예수께서 온 갈릴리에 두루 다니사 그들의 회당에서 가르치시며 천국 복음을 전파하시며 백성 중의 모든 병과 모든 약한 것을 고치시니

예수님은 가르치고 설교하며 병 고치는 사역을 하고 있었다. 이것들은 그의 사역의 중요한 핵심이었다. 가르치는 것은 이해를 위한 예수님의 관심을 나타내는 것이며 설교는 언약에 대한 관심이며 병 고치는 일은 건강에 대한 관심을 보여 주고 있다. 병 고치는 기적은 가르침과 설교를 진실로 받아들이게 만들고 그가 하나님으로부터 왔다는 것을 증명시켜 준다. 예수님은 강력한 설교의 사역을 발전시켜 나가 가끔 회당에서 말씀을 선포하셨다. 열 가정 이상의 유대 가정이 살고 있는 마을에는 회당이 있었으며 그 건물은 주일에는 종교적 모임 행사로 주중에는 학교 역할을 했다. 회당의 지도자들은 설교자나 행정가가 아니었다. 그들의 임무는 랍비들을 초빙하여 설교를 하게 하거나 가르치게 하는 것이다. 이 회당에서 설교한 예수님처럼 방문하는 랍비들을 초청하는 것이 관습적인 일이었다. 그리고 예수님이 사역한 곳에 관하여 세 가지 사실이 있다.

1) 예수님은 갈릴리 전체 지방을 두루 다녔다. 그에게 맡겨진 그 지역으로 출발하여 그 지역에 일단 도착하면 책임 있게 충실하게 맡겨진 사명을 완수했다.

2) 그는 이미 청중들이 모여 있는 곳에 갔으며 사람들이 반응하고 들으려고 하는 곳에 갔다. 심지어 회당에도 갔다.

3) 그는 가르치고 설교가 가능한 회당에 갔다. 그는 회당에서만 가르칠 뿐 아니라 회당은 그의 사역에 중요한 장소들 중의 하나이다.

**개념 1.** 모든 믿는 자들은 예수님에 관하여 똑같은 말이 전해지도록 해야 한다. 하나님이 예수님께 명령한 것처럼 그대로 복음을 전해야 한다(마 20:28; 눅 19:10; 요 20:21). 예수님은 이미 기존에 행하고 있는 봉사형태를 따랐으며, 그는 이미 행하고 있는 설립단체를 바꾸려고 시도하지도 않았다. 그는 사명에 치중했으며 그는 반응을 잘하는 청중들을 원했다. 그는 사람들에게 혼란을 주고 변화를 일으키게 할지도 모르는 부차적인 문제 때문에 본래의 목적을 벗어나는 것을 거절했다. 부차적인 문제는 그의 설교와 사역으로부터 방향을 탈선 시킬 수 있기 때문이다.

**개념 2.** 하나님의 종은 주님과 같이 똑같은 활동을 날마다 해야한다. 가르치고, 설교하고 병고치는 일이다. 그것이 그들의 사명이며 하나님의 부르심이다. 의사소통에는 여러 수단이 있다. 즉 연설, 토론, 헌신, 설교, 수업, 글쓰기 등 이런 것들은 똑같이 필요하고 좋은 일이지만 하나님 백성의 일차적인 부르심이 아니며 하나님 백성의 부르심은 설교하고 가르치고 병 고치는 일이다(마 10:7-8, 마 28:19-20).

**개념 3.** 하나님의 자비가 이 구절에서 설교와 가르침과 병고침을 통해서 사람들에게 퍼부어지고 있다. 믿는 자들은 하나님 자비의 도구이다. 그들은 하나님의 자비를 모든 사람에게 설교나 가르침과 병고침을 통해 홍수같이 퍼부어 넣어야 한다(고후 5:19-20).

**개념 4.** 우리의 사역은 그가 하나님 아들이라는 것을 증명하는 것이다. 믿는 자들의 할 일은 그가 하나님의 아들이라는 자격을 증명하는 일이다. 사명감 없이 말로만 믿는다고 공언하는 것은 헛된 것이다(요 5:36; 약 1:22; 2:14-17).

## 24절 : 그의 소문이 온 수리아에 퍼진 지라 사람들이 모든 앓는 자 곧 각종 병에 걸려서 고통 당하는 자, 귀신 들린 자, 간질하는 자, 중풍병자들을 데려오니 그들을 고치시더라

예수님은 복음을 듣기 원하는 모든 사람에게 복음을 전했다. 복음은 천국이 왔다는 것이며 하나님이 우리와 함께 있으며 우리를 돌보신다는 것이다. 예수님은 우리를 고치시며 육체적 질병 뿐 아니라 영적 질병을 고치신다. 그에게는 죄가 없으며 크고 작은 문제가 없는 분이다. 예수님의 말씀은 Good news(좋은 소식)즉 복음이다. 왜냐하면 예수님의 말씀에 자유와 희망, 마음의 평강과 하나님과의 영생의 은혜를 주기 때문이다. 그리고 예수님의 명성은 온 시리아에 널리 퍼져 있었다. 그를 필요로 하지 않는 사람이 없었다(롬 3:23; 10:9-10; 딤전 2:3-6).

**개념 1.** 믿는 자들은 지금 예수님의 메시지를 세계 곳곳에 전파해야 한다. 이 세상 사람들은 예수님께로 몰려들었으나 믿는 자들은 세계 열방으로 흩어져 천국의 복음을 전하라는 소명을 받고 있다(행 1:8; 딤후 2:2; 벧전 3:15).

예수님의 권능은 위대하고 영광스러운 것이다. 예수님은 온갖 질병을 고쳤다고 전하고 있지만 단지 세 가지 질병만이 기록되어 있다. 세 가지 특별한 것은 예수님의 능력은 세상을 이기고 우주를 다스린다는 것을 상징하고 있다.

1) 영적인 힐링 – 귀신 들린 사람을 고치는 일

2) 정신적인 힐링– 발작증을 고치는 일, 공포와 절망감을 극복하고 스트레스를 해소해 주는 일

3) 육체적인 힐링 – 심한 고통과 마비 증세를 가진 사람들을 고치는 일

## 25절 : 갈릴리와 데가볼리와 에루살렘과 유대와 요단 강 건너편에서 수많은 무리가 따르니라

데카폴리스(10개의 도시연합)는 갈릴리 바다 동쪽 10개의 이방인 도시들의 연합체이다. 즉 무역과 공동방위를 위해서 조직된 도시 연합체이다. 예수님에 관한 소문은 이스라엘 바깥에서 유대인과 이방인들이 말씀을 듣고자 멀리서 오고 있었다. 그리고 예수를 따르는 자들이 점점 많아졌다. 이 구절은 두 가지 점을 강조하고 있다. 첫째, 많은 무리의 군중들이 예수님을 따르기 시작했다. 둘째, 그들은 각처에서 왔으며 멀리 떨어진 수리아에서도 왔다(마 12:15; 13:2; 15:30). 수리아는 갈릴리 북쪽에 있는 지역이며, 예수님의 명성이 팔레스타인 경계를 넘어 퍼지게 되었다.

**개념 1.** 오늘날 많은 군중들은 어디에 있는가? 이천 년이 지난 후 왜 옛날 이스라엘처럼 하나님의 임재가 보이지 않는가?

1) 사람들은 하나님을 더 이상 갈망하지 않는가? 들판에 아직도 추수할 때가 되지 않았는가?(요 4:35)

2) 설교자들은 예수님이 행하시던 만큼 하나님을 찾지 않는 것인가?(막 1:35; 6;46; 눅 22:41)

3) 설교자들은 예수님만큼 동정심이 없고 관심이 없는 것인가?(마 9:36; 14:14; 사 63:9)

# 마태복음 5장

**1-2절 : 예수께서 무리를 보시고 산에 올라가 앉으시니 제자들이 나아온 지라 입을 열어 가르쳐 이르시되**

마태복음 5-7장은 산상수훈이라고 불리는데 예수님께서 가버나움 인근의 산 언덕에서 말씀을 하셨기 때문이다. 예수님은 큰 무리를 보시고, 산에 올라가서 군중에게 가 아니라, 제자들에게 설교를 한 것에 대해 주목해야한다. 예수님은 군중들을 보시고 제자들의 절망 상태와 필요에 대하여 동정심이 생겼다. 그래서 그는 혼자서 군중들 모두에게 선포할 수 없어서 제자들과 사역을 나누어 그들을 준비시킬 필요가 있었다. 예수님은 산에서 제자들과 얼마나 오랫동안 있었나? 하루, 일주일, 이삼 주일? 아무도 모른다. 그가 산언저리에 내려왔을 때 군중들이 그를 따랐다(마 8:1).

인기 있는 예수님과 가까운 관계를 가지고 있는 제자들은 확실히 자존감을 느끼게 되었다. 예수님은 그들에게 특권 뿐 아니라 재물과 권능을 받는 기회를 주었다. 예수님은 그의 제자들을 한 곳으로 불러 모아서 그의 제자로서 직면하게 될 유혹에 대하여 경고했다.

예수님은 명예와 재물을 기대하지 말라고 말하면서 애통과 배고픔, 박해에 대해 설교하셨다. 그럼에도 불구하고 제자들에게 보답을 받을 것이라고 확신시켜 주면서 이 세상에서 아니라 하나님나라에서 보답받을 것이라고 말씀하고 있다. 이 설교에서 예수님의 말씀대로 살지 않으면서 우리 자신의 이익만을 추구하기 위해 하나님의 메시지를 이용하는 자가 될 것이다.

**개념 1.** 군중에게 다가가기 위한 두 가지 중요한 요소가 있다.

1) 동정심(compassion) – 많은 무리의 군중을 보고 눈을 크게 떠서 그들의 필
   요를 깨닫는 것(마 9:36; 사 63:9)
2) 제자도(discipleship) – 어떤 과업을 혼자서는 이룰 수 없다는 것을 깨닫
   고 큰 사명에서 도울 수 있도록 다른 사람을 가르치고 훈련시키는 것(마
   28:19–20; 딤후 2:2)

**개념 2.** 설교하는 것과 가르치는 것은 교회에서만 행하는 것이 아니라 사람이 있는 산, 바닷
가, 집, 길거리 등 어느 곳에 있든지 복음을 선포하고 가르쳐야 한다.

군중도 중요하지만 적은 숫자의 제자들은 큰 사명을 완수하는데 더욱 중요
하다. 주님의 사명은 사람들을 일깨우는 것이지만 주님의 작은 방법은 제자를
만드는 것이다. 그들이 사역에서 도울 수 있도록 작은 그룹으로 동기를 부여하
는 훈련을 시켜야 한다. 제자를 만드는 것은 역시 바울의 방법이기도 하다(마
28:19–20; 행 16:1; 딤후 2:2)

크리스천 리더들은 특별한 훈련과 준비를 위해 작은 숫자의 제자들을 함께
모이게 해야 하며 마태복음에서는 그의 제자들이 그에게 왔다고 아무런 설명없
이 말하고 있지만 마가복음과 누가복음에서는 훈련과 준비를 위해서 예수님이
그들을 불렀다고 말하고 있다(막 3:13; 눅 6:13).

훈련과 준비하는데 세 가지가 있다. 즉 장소, 시간, 메시지이며 그는 산에 올
라가서 앉았다(He went up and sat down). 이 말은 예수님이 의도적으로 훈련을 위해
서 장소와 시간을 선택했다는 것을 말해 주는 것 같다.

### ▌ 3절 : 심령이 가난한 자는 복이 있나니 천국이 그들의 것임이요

팔복은 그리스도를 따르는 자들이 어떻게 살아야 되는지 기술하고 있다. '복
이 있다'는 말은 하나님께 은혜를 입는 것을 말한다. '심령이 가난한 자는 복이

있나니'라는 말씀에서 심령이 가난하다는 것은 구체적으로 무슨 뜻일까?

먼저 원어 적 의미는? 본문에서 '가난하다'는 말은 헬라어 '프토코이(ptochoi)를 번역한 말인데 이 말의 뜻은 (1)'가난하다'외에도 (2)'무엇, 무엇 때문에 고통스럽다' (3)'무엇에 대하여 겸손하다' (4)'비천하다'라는 의미도 내포하고 있다.

본문 말씀의 본래적인 의미는

1) 물질적으로 가난한 사람이란 말 보다 영적으로 가난한 사람을 의미한다.
2) 세속의 마음이 없는 것을 뜻한다. 따라서 부귀를 의시하시 않고 하나님만 의지하여 사는 것을 말한다.
3) 하나님 앞에서 자신의 삶에 대해 부족한 존재임을 전적으로 인정하는 것이다. 따라서 이생과 내세의 진정한 행복은 오직 하나님과 올바른 관계에서만 누릴 수 있음을 인성하는 것이다.
4) 하나님 앞에서 스스로 비천함을 아는 사람을 의미한다. 하나님 앞에 자신을 정당히 평가하는 진정한 겸손을 말한다. 따라서 최선의 삶을 위하여 노력해야한다.

참고로 중국성경에는 심령이 가난한자는 허심자, 즉 모든 것이 마음을 비우는 자 라는 뜻이다.

영국의 유명한 설교자 로이드 죤스 목사님은 두가지로 설명하였다. 첫째는 하나님 앞에서 죄악이 가득한 사람임을 인정하는 것이라고 했다. 둘째는 철저하게 자신의 무능력함을 깨닫는 것이라고 했다. 하나님을 대면했던 사람들은 한결같이 그 앞에서 심령이 가난해지지 않을 수 없었다.

이사야 선지자는 이사야 57:15에서 "지존 무상하며 영원히 거하시며 거룩하다 이름하는 이가 이와 같이 말씀하 시되 내가 높고 거룩한 곳에 있으며 또한 통회하고 마음이 겸손한 자와 함께 있나니 이는 겸손한 자의 영을 소생시키며 통회하는 자의 마음을 소생케 하려 함이라"고 말하고 있다.

거룩하신 하나님 앞에서 인간의 불의와 죄악을 감출 수 없다. 그래서 하나님을 알면 그 앞에서 회개할 수 밖에 없고, 겸손해질 수 밖에 없다. 하나님이 어떠신 분인지 알게 되면 반드시 심령이 가난하게 되어있다. 주일마다 하나님 앞에 예배하는 것을 귀한 일로 알고, 하나님께 예배 드림으로서 하나님의 은혜를 더 많이 깨닫고 우리 안에 하나님의 은혜에 대한 간절함과 사모하는 마음을 가득 채우고 싶어한다.

결국 가난하다는 것은 결핍이나 부족한 상태를 의미한다. 마치 잔이 비어 있는 것을 의미한다. 무엇이 가득 채워진 잔에는 그 어떤 것도 더 이상 담을 수 없다. 참으로 심령이 가난한 사람은 하나님의 신령한 것으로 채우기를 바라는 것이다.

심령이 가난한 것은,

1. 하나님 앞에 우리는 무기력한 존재라는 것을 인정하는 것이며 우리의 영적인 가난과 영적인 궁핍을 말한다. 우리는 영적 가난을 충족시키기 위해 하나님을 절대적으로 의지해야 한다.

   1) 하나님 없이는 우리의 삶속에서 절대적인 영적 결핍을 가져온다는 것을 인정해야한다. 삶의 축복과 영생은 하나님과 올바른 관계로부터 온다는 것을 인정하는 것(요 10:10; 갈 5:22-23; 엡 1:3)이다.
   2) 하나님 앞에서 우리의 영적인 죽음과 다른 사람들 앞에서 우월한 것이 하나도 없다는 것을 인정하며 우리가 이 세상에서 모든 것을 성취하더라도 이웃 사람보다 더 부유하지도 않고 더 우월하지도 않다는 것을 인정하는 것이다.

다른 사람에 대한 우리의 태도는 자만심이나 거만하거나 우월하지 않다는 것을 인정하는 것이다. 심령이 가난하다는 것은 모든 인간 존재는 실제로 모든 다른 사람처럼 실질적인 같은 인간 존재라는 것을 인정하는 것이다. 심령이 가난한 사람은 삶이 자기를 지배하는 것이 아니라 자기가 삶을 지배하도록 겸손과 감사로 삶을 이끌어 가는 것이다. 사람에게 삶을 영위하는 특권이 주어졌다. 그러므로 겸손한 태도로 일생을 살아가야 할 것이다.

2. 심령이 가난하다는 정반대의 말은 자아로 가득 찬 영을 가지고 있는 것을 말한다. 이 두 영 사이에는 차이점이 있다. 즉 우리가 의롭다고 생각하는 것과 예수님이 의롭다고 인정하는 것의 차이가 있다.

## 4절 : 애통한 자는 복이 있나니 그들이 위로를 받을 것이라.

애통한다는 말은 가슴이 찢어질(broken heart) 정도의 슬픔을 말한다. 즉 사랑하는 사람의 죽음에 대하여 가슴속에서 일어나는 깊은 상실감을 가지고 울부짖음 같은 것이다.

예수께서는 제자들에게 메시야가 오면 모든 슬픈자들을 위로하실 것이라고 이사야 선지자의 약속을 상기시키고 있다(사 61:2).

어떤 사람은 이스라엘 나라가 사신들의 죄 때문에 고통 당하는 애통을 말하며 다른 사람들은 자신의 죄 때문에 개인적으로 슬픔, 고통 당하는 것을 말한다. 예수님은 믿는 자들이 고난당하거나 애통한다 하더라도 하나님은 "위로받을 것이라고" 확실한 약속을 하고 있다. 예수님께서는 하나님을 따르는 것이 명성, 인기, 부를 뜻하지 않고 오히려 슬픔과 애통을 의미한다고 말씀하고 있다. 그러나 하나님은 그들에게 천국의 상급이 있다고 위로하고 있다.

그러면 누가 가장 애통한 사람인가? 3종류의 사람이 있다.

1. 하나님 앞에 자기죄와 자신의 무가치한 존재에 대하여 극도로 슬퍼하며 가슴이 메일 정도로 죄의식을 느끼는 사람이다.

2. 다른 사람의 끔찍한 고통과 절망상태를 진심으로 느끼는 사람이다.

3. 개인적인 비극과 끔찍한 트라우마를 경험한 사람이다.

## 5절 : 온유한 자는 복이 있나니 땅을 기업으로 받을 것이라. 실제로는 강하나 부드럽고 겸손한 삶을 말한다. 빼앗을 수 있고 정복할 수 있는 능력을 갖고 있으나 자기 자신을 통제할 줄 아는 사람이며 하나님의 통제를 받아 훈련된 사람이다. 온유한 자의 반대자는 교만한 자이다. 너무 많은 사람들이 우월감을 가지고 있으나 겸손한 자는 아직도 자기는 부족하다는 것을 아는 사람이다.

1. 어떤 사람이 겸손한 사람인가?

  1) 통제되고 훈련이 잘된 사람, 몸과 마음이 훈련된 사람, 열정과 자기 주장, 말, 행동, 시선이 항상 잘 통제된 사람을 말한다(롬 6:12; 고전 6:12; 9:27; 약 3:2; 벧후 1:5-6).

2) 소박하고 자만심이 넘치지 않는 사람

    ⑴ 하나님 앞에 겸손하며 그의 삶이 하나님 손에 달려 있으며 하나님 에 의해서 구원받고 통제된다는 것을 아는 사람.

    ⑵ 사람 앞에 겸손하며 그는 사람 가운데서 지식을 많이 가진 자도 아 니며 인류 가운데 뛰어난 자도 아니라는 것을 깨닫는 자.

    ⑶ 부드러우며 쉽게 도발적인 행동을 하지 않는 사람이며 다른 사람과 어울릴 때 자기 자신을 항상 통제할 줄 아는 사람이다. 평정심을 잃 지 않고 고른 감정 지수를 가지고 있으며 충동적으로 반응하지 않 으며 부드럽게 답변하는 사람이다(딤후 2:24; 고전 13:5).

    ⑷ 용서하며 복수를 하지 않는 사람(롬 12:19, 21).

2. 온유한 사람은 조용한 사람이며 말없이 양보하는 사람이다(시 4:4).

  1) 그는 하나님 앞에서 조용한 사람이며 하나님께 순종하며 날마다 하나님 앞에 나아가 하나님의 인도하심을 따르는 사람이다(시 46:10)

  2) 그는 사람 앞에서 조용한 사람이며 사람들 앞에서 절제된 말과 행동을 하는 사람이다(딤전 2:2; 벧전 3:4).

## ▎ 6절 : 의에 주리고 목마른 자는 복이 있나니 그들이 배부를 것이요

영혼의 굶주림과 목마름을 뜻한다. 의를 갈구하며 메마른 영혼과 갈급한 영 혼을 말한다. 진정으로 믿는 자는 의에 굶주리고 의에 메말라진다. 즉 모든 의 에 굶주리고 갈급함을 뜻한다.

사람이 온전하게 되려면 의를 위하여 굶주리고 갈급해야만 된다.

1. 의로움도 중요하지만 축복받기 위해서는 의로운 행동을 해야 한다.

  1) 의로움을 강조하면서 의로운 행동을 소홀히 하는 사람이 있다. 그것은 예수님을 믿기 때문에 하나님께 구원받는다고 강조한다. 그러나 그는 선한 행동을 하지 않으며 하나님께 순종하고 사람에게 봉사하는 삶을 살 지 않는다.

  2) 느슨한 삶을 사는 사람, 즉 세상 밖으로 나가 자기 욕망대로 사는 사람.

그는 예수를 믿는 자기 믿음에 위안과 안정감을 느낀다. 잘못된 행동이 하나님과 사람 관계에 영향을 미친다는 것을 알지만 그는 자기의 행동이 자기의 구원과 하나님이 받아들이는 것과 아무런 관계가 없다고 생각한다. 성경에서 의로움은 태도가 의로워야 하며 의로운 행동을 해야 된다는 뜻이다. 성경은 의롭게 살지 않으면서 의롭다고 말하지 말라고 하고있다. 성경은 예수님 안에서 의롭게 되지 않으면서 하나님이 받아들일 수 있는 것은 아무것도 없다고 말하고 있다(고후 5:21; 롬 4:22).

의로움에 대한 올바른 해답은 대부분 사람들이 의롭다고 생각하는 것이 아니며 대부분 사람들은 선한 일을 하고 이웃을 도우면 의롭다고 생각한다. 그가 남을 도왔기 때문에 자기 자신이 만족감을 느끼고 안정감을 느끼며 선한 일을 하면 하나님 앞에 의로워질 것이라고 느낀다. 성경은 선한 일을 하지 말라고 하지는 않는다. 성경은 말하기를 사람은 온전히 의로울 수는 없다고 말하고 있다. 예수님은 의로운 자는 복이 있나니, 아무도 의롭지 않기 때문이라고 말씀하고 있다. Blessed are the righteous, "for no one is righteous." 예수님은 의에 굶주리고 목마른 자는 복이 있다고 말씀하고 있다. 사람은 온전히 의로운 사람이 없기 때문이며 오직 하나님만이 의로울 뿐이다. '그들이 배부를 것임이요'의 뜻은 그들의 영적인 굶주림과 갈증을 해소시켜 준다는 뜻이다.

## 7절 : 긍휼히 여기는 자는 복이 있나니 그들이 하나님을 볼 것이요

즉 동정심과 용서의 심정을 가지는 것을 말하며 자비와 인자함을 보여 주는 것을 말한다. 잘못을 저지른 사람을 용서하지만 그 이상의 것, 즉 함께 공감(empathy)하는 것이다. 용서하고 자비를 베풀어 그의 필요를 충족시켜 주며 그 사람을 이해하려는 마음의 행동, 의로운 노력을 말한다.

하나님은 다른 사람을 용서하는 자를 용서한다.

긍휼에 대한 몇 가지 필요한 사실은,

1. 긍휼이 여기는 사람은 부드러운 가슴을 가진 자이며 본적이 있든 없든 곤경에 처한 모든 사람을 돌보는 따뜻한 가슴을 가진 사람이다. 그가 도움을 필요

로 하는 사람을 보면 그는 그에게 동정심을 느끼고 그가 할 수 있는 한 손을 내밀어 도와주는 자이다. 본적이 없는 사람이라도 기도를 통해서 격려를 해줌으로써 그에게 영적 도움을 주는 자이다. 긍휼히 여기는 자는 어떤 대가를 치루더라도 도움을 뒤로 미루거나 취소하지 않는다.

1) 그들은 그들 안에 하나님 사랑이 있다(요일 3:17; 약 2:15-16).

2) 그들은 받는 것보다 주는 것이 더 복되다는 것을 알고 있는 사람이다(행 20:35).

2. 모든 믿는 자는 자비를 베풀 수 있다. 어떤 사람은 돈이나 도와줄 재산이 없지만 기도와 말의 표현을 통해서 자비와 동정심을 나타낼 수 있다. 사실 하나님은 믿는 사람에게 실질적인 일을 하라고 말씀하고 있다.

1) 배고픈 자와 음식을 나누어라(사 58:7).

2) 헐벗은 자에게 옷을 줘라

3) 깨어지고 슬퍼하는 영혼을 격려하고 위로하라(욥 16:5).

4) 다른 사람과 짐을 나누어 져라(갈 6:2).

5) 약자를 도와줘라(행 20:35).

3. 긍휼히 여기는 자의 결과는 여러 가지가 있다.

1) 하나님의 긍휼을 받는다. – 죄의 용서를 받는다.

2) 자기 자신의 영혼에 이익을 준다.

3) 자기가 베푸는 것을 하나님이 갚아 주신다.

4) 하나님 성품을 닮으며 축복을 받는다.

5) 천국의 유산을 받는다.

## ▌ 8절 : 마음이 청결한 자는 복이 있나니 그들이 하나님을 볼 것임이요

더럽히지 않고 오염되지 않았으며 하나님의 영광만을 위한 단순한 목적을 가진 깨끗한 심정을 말한다.

마음이 청결한 자의 몇 가지 중요한 특징이 있다.

1. 마음이 청결한 자는 깨끗한 삶을 살고 있다.

1) 세상의 오염으로부터 자기 자신을 잘 지킨다(약 1:27).

2) 그가 구원될 수 있도록 악으로부터 그의 심정을 깨끗하게 씻는다(렘 4:14).

3) 성령의 역사를 통해서 진실에 순종한다(벧전 1:22).

4) 그는 그의 손을 깨끗하게 유지한다(우상을 섬기지 않고 거짓 증언을 하지 않는다) (시 24:5).

5) 한 점이 부끄러움이 없고 잘못을 서시르지 않도록 노력한다(벧후 3:14).

2. 이 사람의 가장 최고의 행동은 자기 안에 더러워진 혼합물이 없으며 순수한 동기를 가지고 있다. 성경은 어떤 사람도 선한 사람은 한 사람도 없다고 언급하고 있다(롬 3:12). 믿는 자는 끊임없이 그의 심정을 깨끗하게 하고 순수한 동기를 가셔야 한다. 자아가 개입된 동기는 음흉하며 기만적인 동기이다.

3. 마음이 청결한 사역자는 두 가지 실질적인 일을 한다.

1) 부모 없는 아이들을 방문하며 돌보아 준다.

2) 궁핍에 처한 과부를 방문하여 돕는다(약 1:27).

## ▍9절 : 화평케 하는 자는 복이 있나니 그들이 하나님의 아들이라 일컬음을 받을 것임이요

사람들을 화합시키며 하나님과 사람 사이 평화를 만들고 분열과 분쟁을 해결하고 투쟁을 제거하며 차이점을 융화시키며 말없이 올바른 관계를 형성하게 하는 것.

1. 누가 화평케 하는 자인가?

1) 하나님과 화평을 만들기 위해 노력하는 사람(롬 5:1; 엡 2:14-17). 그는 내부의 갈등을 극복하며 내면의 긴장을 해결하고 내면의 압박감을 다룰 줄 아는 사람이다. 그는 선과 악 사이에 일어나는 그의 마음속에 갈등을 선을 위해 힘쓰고 악을 물리치는 사람이다(롬 5:1; 엡 2:14; 14-17).

2) 다른 사람 안에 평화를 가져다 주기 위해 기회 있을 때마다 노력하는 사람(롬 14:19).

3) 사람들 사이에 평강을 가져오기 위해 노력하는 사람(빌 2:3; 딤후 2:14, 24)

2. 화평케 하는 자는 하나님과 화평을 만드는 사람이다.

3. 화평케 하는 자는 평화를 사랑한다. 그러나 그들은 갈등의 문제를 수동적으로 받아들이지 않으며 평화를 주장할 뿐 아니라 자기 자신부터 갈등의 문제를 제거하는 사람이다. 화평케 하는 자는 위험을 무릅쓰고 진정한 평화를 가져오려고 노력한다.

4. 세상에는 평화 파괴자(trouble maker)들이 많다. 심지어 교회 안에도 많이 있다. 이 세상에는 항상 비판과 불평과 불만이 있으며 분열이 있으며 작은 분열이 큰 분열이 되고 가끔 이것은 파멸적인 것이 된다. 화평케 하는 자는 이런 문제를 솔선수범하며 해결하려고 노력하며 쌍방을 화합시킨다.

5. 예수님의 복음은 강제 수단이 아니라 평화로운 수단에 의해 전파된다.

## ▌ 10-12절 : 의를 위하여 박해를 받는 자는 복이 있나니 천국이 그들의 것임이라

박해란 예수님을 위해 고통을 당하고 조롱받고 비난받고 추방당하고 적개심으로 억압당하고 심지어 순교까지 당하는 것을 말한다.

몇 가지 주목할 사항은?

1. 이 구절에서 예수님이 언급한 세 가지 박해가 있다.

  1) 모욕당하는 것 – 말로 놀림을 당하고 비난당하고 조롱당하는 것(히 11:36).

  2) 직접 핍박받는 것 – 상처를 입고 공격당하고 고문당하며 순교당하고 추방당하는 것.

  3) 악의적인 소문을 퍼뜨리는 것– 비난하고 저주하며 심한 욕설과 도전적인 언행과 거친 말투(시 35:11)

2. 누가 박해를 받는가?

  1) 항상 의를 주장하며 의를 위해 사는 사람

  2) 예수님을 위해 살며 복음을 전하다가 모욕과 박해를 받고 배척당한다.

3. 박해는 역설적인 것이다 – 이세상의 본질은 악한 것이다.

의를 위해 사는 사람은 박해받고 배척당하며 진정한 사랑과 정의, 세상의 구원을 위해 사는 사람, 또한 배척당한다.

우리 인간은 한 줌의 흙으로 돌아가는 인생인데, 왜 이렇게 속이면서 서로 미워하며 다투는가!

4. 믿는 자들은 박해를 당할 것이라고 미리 경고를 받고 있다.

　1) 그들은 같은 세상 안에 살지만 이 세상 사람과 다르게 살며 이 세상 사람들로부터 분리되어 있다. 그러므로 세상 사람들은 그들을 박해한다(요 15:19)

　2) 그들은 세상 죄의 옷을 벗어버리려고 하기 때문에 박해받는다. 그들은 의로운 삶을 살며 세상과 타협하지 않고 순수하고 거룩하게 살려고 하기 때문에 부패한 세상에서 죄짓고 사는 사람과 충돌하게 된다(요 15:21-22; 딤후 3:12).

　3) 세상 사람들은 하나님이나 예수님을 모르기 때문에 핍박을 일삼는다. 이 세상에서 믿지 않는 자들은 자기 자신 외에는 하나님을 원하지 않는다. 그들은 하나님이 원하는 것이 아니라 자기 자신의 욕망을 성취하기 위해 자기가 원하는 것만을 하려고 한다. 그러나 믿는 사람은 그의 삶을 하나님께 헌신하고 경배하며 봉사한다(요 15:21; 16:3)

　4) 세상 사람들은 하나님을 믿는 마음과 믿음에서 속고 있기 때문에 박해를 한다. 하나님에 대한 이 세상 사람들은 최고의 권위를 가진 할아버지와 같다고 생각한다. 세상 사람들은 어떤 행동을 하든지 간에 우리들에게 공급하고 보호하고 모든 것을 주는 분으로 생각한다. 그러나 진정으로 믿는 사람은 하나님은 사랑이시며 정의롭고 의로움을 요구한다. 세상은 하나님의 이러한 개념에 반기를 든다(요 16:2, 4; 딤전 3:3; 살전 3:3; 빌 1:29; 요일 3:13; 벧전 4:12-14)

5. 박해는 가장 악마 같은 성격을 가진 사람으로부터 나온다.

6. 박해에 대하여 믿는 자의 태도는 무엇인가? ·

　1) 보복하지 않고 영적인 우월감을 가지지 않는 것이다.

　2) 박해받을 때 즐거워하고 기뻐할지어다(고후 12:10; 벧전 4:12-13).

7. 박해받는 자는 큰 보상이 보장되어 있다.

  1) 천국이 자기 것이다 – (히 11:35; 벧전 4:12–13; 마 19:23–24)

    (1) 그들은 특별한 명예와 위로를 경험하게 된다(행 5:41; 고후 1:5)

    (2) 그들은 하나님의 임재와 하나님과 특별한 관계가 이루어진다(벧전 4:14; 고후 1:4–6).

**13절 : 너희는 세상의 소금이니 소금이 만일 그 맛을 잃으면 무엇으로 짜게 하리요 후에 는 아무 쓸데없어 다만 밖에 버려져 사람에게 밟힐 뿐이니라**

제자들의 특징은 소금과 같아야 한다. 믿는 자들은 이 땅에 소금으로 불리워 지고 소금이 되어야 한다. 몇 가지 소금의 특징을 예로 들면,

1. 소금은 구별 된다. 소금이 들어간 음식은 소금이 들어가지 않은 음식과는 다르다.

믿는 자들은 소금과 같이 이 세상 사람들과 구별되어야 한다. 믿는 자의 권 능은 세상 사람들과 차이점이 있다. 그래서 믿는 자들은 세상에 오염되어서는 안 된다(고후 6:17–18; 약 1:27; 요일 2:15–16)

2. 소금은 오래 보존시킨다.

소금은 부패를 방지하고 음식이 상하는 것을 방지한다. 믿는 자는 소금처럼 세상의 부패를 방지하고 온전하게 보존하는 역할을 해야 한다.

3. 소금은 침투한다.

소금을 넣으면 맛이 변하고 새로운 특질의 음식이 된다. 믿는 사람도 이 세 상에 침투하여 새로운 삶을 가져온다.

4. 소금은 맛을 낸다.

소금을 싱거운 음식이나 맛없는 음식에 넣으면 맛있는 음식이 된다. 믿는 자 들은 예수님을 위해 맛을 내어 세상에 영향을 미친다(갈 5:22–23; 요일 1:3).

5. 소금은 침묵한다.

눈에 보이지만 말없이 작용한다. 믿는 사람은 소금처럼 이 세상의 소금이 되 어 말없이 신중하게 영향력을 끼쳐야 한다.

6. 소금은 널리 퍼져 나간다. 소금의 맛은 음식으로 퍼져 나가서 맛의 효과를 낸다. 믿는 자의 소금도 세상 끝까지 퍼져 나가야 한다(행 4:20; 골 4:13; 벧전 3:15; 살전 4:11-12)

7. 소금은 중지시킬 수 없다. 일단 한 번 소금을 넣게 되면 녹는 것이 중지되지 않으며 믿는 자의 소금, 즉 그의 증언은 억누를 수 없고 중지될 수 없다(사 55:10-11).

제자들의 사역 장소는 이 땅이며 우리가 사는 이 땅은 믿는 자들이 활동하고 살아가는 장소이다. 이 세상은 맛이 없고 싱겁고 부패하고 오염으로 가득 차 있기 때문에 소금이 필요하다.

**개념 1.** 많은 성도들은 그들이 이미 천국에 사는 것처럼 살고 있다. 그들은 이 세상에 대하여 주의를 기울이지 않으며 세상이 부패하고 점점 나빠지는 것에 관심을 가지고 있지 않다.

믿는 자들은 천국이 아니라 이 세상에 있는 동안 소금으로 불리어지고 맛을 잃으면 안 된다.

**개념 2.** 교회는 염전이며 이 세상은 소금 시장이란 뜻이다. 교회에는 너무 많은 소금을 쌓아 놓고 잠궈 두고 있다. 사랑으로 소금을 반출하지 않고 쌓아 두고 있다. 그래서 세상은 짠맛을 내지 못하고 부패되어 가고 있다.

제자들의 임무는 이 세상의 소금이 되는 것이며 믿는 자 역시 이 세상의 소금이며 하늘나라의 소금이 아니다. 하늘나라에서는 소금으로 아무것도 할 수 없다. 그들은 하늘나라를 침투하고 맛을 내고 보존할 수 없다.

  1) 믿는 자는 자기 안에 소금을 가져야 한다(막 9:50).
  2) 믿는 자는 소금을 세상에 퍼뜨려야 한다.

소금은 그 맛을 잃으면 안 된다. 예수님 당시 팔레스타인지방의 소금은 다른 불순물이 섞여 있어 소금으로 사용할 수가 없었다. 뿐만 아니라 소금을 아무 곳에 버리면 땅의 비옥함을 파괴한다. 그래서 이 소금은 소용이 없을 뿐 아니라 땅을 파괴한다. 소금의 짠맛과 향기를 잃는 것은 믿는 자들의 실패를 표상하고 있다. 믿는 자가 소금처럼 맛을 잃으면 쓸모없는 사람이 되며 가치 없는 사람이 된다. 이 땅의 비옥함을 파괴하는 자가 되어 하나님의 심판을 받게 될 것이다.

## ▌ 14절 : 너희는 세상의 빛이라 산 위에 있는 동네가 숨겨지지 못할 것이요

제자들의 특성은 빛이며 예수님은 나는 세상의 빛이라고 말씀하고 있으며 제자들도 예수님처럼 세상의 빛이라고 말하고 있다. 제자들은 완전히 변화되어야 예수님의 빛을 받아 반사하는 빛이 된다. 빛의 몇 가지 성질을 보면,

1. 빛은 깨끗하고 순수하며 직진한다(엡 5:8-9).
2. 빛은 자연적으로 어두움을 뚫고 들어간다(살전 5:5).
3. 빛은 온 세상의 진실된 모습을 밝혀 준다. 진리의 삶으로 향하는 길을 밝혀 준다(요 12:36)
4. 빛은 사람의 시야와 그 지역에 대한 지식을 넓혀 준다(요 12:35).
5. 빛은 올바른 길로 인도하며 길을 안내하는 안내자이다(요 12:46).
6. 빛은 어둠을 벗긴다(요 3:19-20).
7. 빛은 옳은 길과 잘못된 길을 구별시켜 준다(엡 5:10; 5:8-10)
8. 빛은 가야 할 앞 길에 놓여 있는 위험을 경고해 준다(엡 5:11-14).
9. 빛은 어두운 곳에서 넘어지고 상처 입고 떨어지는 위험성으로부터 보호해 준다(롬 13:12).

**개념 1.** 믿는 자는 세상의 빛이며 나도 이 세상에 있는 동안 세상의 빛이라고 예수님은 말하고 있다(요 9:5).

예수님은 이 세상에 육체적으로 존재하지 않고 믿는 자의 삶 속에 존재하고 있다. 믿는 자들은 예수님의 빛을 받아 비추는 반사경이다. 제자들이 빛을 내는 장소는 이 세상이며 이 세상은 믿는 자들이 움직이고 활동하며 빛을 반사하는 장소이다. 빛은 세상 안에 있으며 도시는 세상 안에 있고 등불은 집안에 있다. 믿는 자들은 그들이 세상 어디에 있든지 그들은 빛을 비추어야 될 것이다. 우리는 말을 해야 할 때 침묵하고, 진리를 부인하고 다른 사람에게 진리를 설명하지

않고 다른 사람의 필요를 모른 체함으로써 빛을 어두움으로 덮어 버린다.

**15절 : 사람이 등불을 켜서 말 아래에 두지 아니하고 등경 위에 두나니 이러므로 집 안 모든 사람에게 비치느니라**

제자들은 피할 수 없는 증언자이며 두 가지 사실을 큰 성에 대하여 말하고 있는데 큰 성은 언덕 위에 있기 때문에 숨길 수 없다. 그리고 두 가지 촛불과 등불에 대하여 말하고 있다. 이것은 집안 에 있는 모든 것을 비춰준다. 제자가 됨은 십안 보는 사람이 이 세상에서 빛의 역할을 해야 한다. 여기에서 몇 가지 교훈을 배울 수 있다.

**개념 1.** 믿는 자는 세상 안에서 빛처럼 빛난다.

1. 그들은 어두운 세계에서 촛불과 같으며 언덕 위의 집과 같다.

2. 빛은 여러가지 강도를 갖고 있다. 빛은 약할 수도 있고 강할 수도 있으며 밝을 수도 있고 어둠침침할 수도 있다. 빛이 어둠침침하고 빛이 희미하면 사람은 넘어질 수 있다.

3. 세상에서 어떤 장소는 매우 밝으며 어떤 장소는 어두침침하다.

어떤 도시는 대낮처럼 밝고 어떤 도시는 어둡고 희미하며 어떤 집은 매우 밝고 어떤 집은 어두컴컴하다. 이 세상의 모든 장소는 믿는 자의 증언을 가지고 있으며 즉 강하거나 약한 빛을 가지고 있다.

4. 빛은 약하고 희미하면 소용이 없어진다.

5. 빛은 숨기기 위해서 켜 놓는 것이 아니라 보이도록 켜 놓는다. 그러므로 빛은 그것을 보는 많은 눈을 가지고 있다.

**개념 2.** 언덕 위에 있는 도시를 숨길 수 있을까? 숨길 수 없다.

그 빛은 밤에 수마일 떨어져서도 볼 수 있다. 우리가 예수님을 위해 살면 우리는 불빛처럼 빛나게 되며 다른 사람을 비추게 된다. 우리는 1) 복음을 선포해야 할 때 침묵을 지키면 우리의 빛은 숨겨진다. 2) 빛을 부인하면 빛은 숨겨진다. 3) 죄가 우리 속에 들어오면 빛은 숨겨진다. 4) 우리의 빛을 다른 사람에게 설명하지 않으면 빛은 숨겨진다. 5) 다른 사람의 필요를 무시하면 빛은 숨겨진다.

우리는 등대가 되어 세상 바다를 비추어 배가 항구에 들어오도록 잘 인도해야 한다.

**16절 : 이같이 너희 빛이 사람 앞에 비치게 하여 그들로 너희 착한 행실을 보고 하늘에 계신 너희 아버지께 영광을 돌리게 하라**

제자들과 믿는 사람들의 목적은 빛을 소유하는 것이며 빛은 자기 내면에 이미 존재한다. 믿는 자는 하나님의 빛을 받아 세상에 비추어 준다. 예수님은 너의 빛을 발하라고 말씀하고 있다. 믿는 자들은 빛을 비추는 것을 허락하지 않을 수 있으며 빛을 끌 수도 있고 켤 수도 있으며 그늘지게 할 수도 있고 어둡게 할 수 있고 다른 방향으로 비추게도 할 수 있다.

1. 믿는 자들은 사람을 일깨워 하나님을 영광스럽게 하기 위해 그들의 빛을 비추어야 한다. 예수님의 말씀 "너희 빛을 발하라"는 말씀은 너희 선한 일을 이 세상에 보이게 하라는 뜻이며 믿는 사람은 선한 일을 이 세상에 보여야 하지만 어떻게 보여야 하는지 그 방법에 주의해야 한다(딤전 6:17-17; 딛 2:7, 14; 3:8; 히 10:24-25; 약 2:17; 벧전 2:12).

2. 믿는 자들은 사람을 일깨워 하나님을 영광스럽게 하기 위해 빛을 비추어야 한다.

이것이 우리의 빛이 사람들 앞에서 빛나게 하는 가장 중요한 이유가 되며 하나님께 영광 돌리는 것이 모든 믿는 자의 일차적인 목적이다. 하나님을 영광스럽게 하는 방법은 빛으로, 선한 일을 통해서 영광을 돌린다(요 15:8; 고전 6:20; 벧전 4:11).

여기에 몇 가지 교훈이 있다.

1) 빛은 한 가지 목적- 모든 사람 앞에 비추어야 한다. 빛은 사람 앞에 놓여지지 않으면 빛을 볼 수 없다. 사람이 없으면 빛을 볼 수 있는 눈이 없다.

믿는 자는 다른 사람과 자기 자신을 고립시켜서는 안 된다. 2) 빛이 필요한 것은 어둠 속에 있는 사람이며 믿는 자는 교회에서 빛을 충전하며 빛 가운데서만 움직이며 활동하라. 어두운 곳에 더 많은 빛을 두면 어두움은 물러간다. 믿는 자들은 교회 밖으로 나가 어두운 곳에 있는 사람에게 빛을 비추어 하나님께 영광을 돌려야 한다.

**17-18절 : 내가 율법이나 선지자를 폐하러 온 줄로 생각하지 말라 폐하러 온 것이 아니요 완전하게 하려 함이라 진실로 너희에게 이르노니 천지가 없어지기 전에는 율법의 일점 일획도 결코 없어지지 아니하고 다 이루리라**

예수님은 하나님의 법을 폐지하거나 파괴하며 사랑을 강조하고 율법을 무시하다고 비난받았다.

예수님은 율법을 완성하러 왔었다. 그는 진리를 밝히며 성경의 뜻을 완성하러 오셨다. 예수님이 완성시키는 몇 가지 방법이 있다.

1. 예수님 이전 율법에는 하나님은 인간이 살아가야 할 방법을 기술하고 있으며 사람이 법을 지켜야 할 의무를 강조했지만 인간의 자유나 가치, 사랑에 대한 언급이 없었다. 예수님은 완전한 신인 동시에 완전한 인간이며 완전한 인간만이 자유를 줄 수 있다(요 8:45; 골 1:15; 히 1:3; 벧전 2:21-23).

2. 예수님 이전에는 율법은 단지 말과 규칙에 지나지 않았다. 율법은 행동할 아이디어를 사람의 마음속에 단지 주입시킬 뿐이었다. 그러나 예수님은 율법을 완성시켰다. 그는 영이며 생명이다. 그래서 그는 영과 생명을 말과 율법에 주입시켜 말씀과 규칙에 따라서 우리는 우리의 삶을 살 수가 있다.

구약에서는 말과 율법을 사람의 머릿속에 강제로 주입시켰다. 그래서 영이 없고 생명과 권능이 없었다. 예수님 자체가 진리이며 생명과 영이시기 때문에 예수님의 영이 우리 속에 들어와 우리는 예수님을 닮아 의롭게 되고 예수님 말씀을 믿는 성도에게 생명의 에너지를 주어 기쁨으로 가득 찬 삶을 살 수가 있게 된다(롬 8:1-4; 갈 2:19-20; 갈 5:16:18; 히 10:15-16).

3. 예수님 이전에는 율법은 규율과 행동의 원칙만을 규정하고 있으며 율법

의 정신이나 규정은 설명을 하지 않고 있다. 율법은 항상 해석하는 사람이 있어야 했다. 그러나 예수님은 율법을 완성하였으며 율법 뒤에 있는 정신과 규칙을 해설하였다. 예수님은 율법의 실질적, 완전한 의미를 부여해 놓았다(갈 3:23-24; 롬 3:20-22).

4. 예수님 이전에는 율법은 완전한 의를 요구했으며 또한 완전한 삶을 주장했다. 그러나 인간은 완전한 율법을 지킬 수 없으며 완전한 의를 지키기에 부족한 능력을 가지고 있다. 예수님은 율법이 요구하는 완전한 의를 가진 분으로 율법의 모든 요구와 모든 종류의 율법을 이행하고 완성시킬 수 있었다. 그래서 그는 완전하고 가장 이상적인 사람이었다. 그리고 그는 이상적인 사람으로서 모든 사람이 지금 마땅히 가지고 있어야 할 의로움을 구체화시켰다(롬 3:20-22; 고후 5:21; 히 4:15; 벧전 1:18-19).

5. 예수님 이전에는 율법은 불복종에 대한 법으로 지키지 않으면 처벌받아야 된다고 주장했다. 그러나 그는 율법을 완성하여 최대한의 대가를 지불하고 최고의 사랑을 보여 주었다. 그는 모든 사람의 불복종에 대한 처벌을 자기 스스로 지고 모든 사람이 필요로 하는 의로움을 실천하였을 뿐 아니라 법의 심판으로부터 모든 인간을 해방시켜 주었다. 그리고 그들을 하나님의 양자로 삼았다(롬 8:15-17; 갈 3:13-14)

**개념 1.** 예수님은 두 종류의 그룹으로 언급하고 있다.

1) 엄격한 율법주의자 - 예수님은 율법을 폐지하거나 율법을 퇴색시키려 온 것이 아니라고 말하고 있다. 그는 사람의 자유가 법을 약하게 한다고 사람들이 생각하기 때문에 그의 주장을 배척해서는 안 되며, 그는 완전히 순종하는 하나님 아들로 인정되어야 한다.
2) 육신적이고 느슨한 종교 지도자 - 예수님은 단지 양심에 의해서 자기가 바라는 대로 살도록 허락함으로써 율법을 약하게 한다고 말하지 않다. 그는 율법의 의무와 책임으로부터 완전히 벗어나도록 허락하는 것은 아니며 법을 강화하고 철저히 지키기를 찬성하고 있다. 법은 허가증(license)

이 아니며 그것은 율법에 적혀 있는 글자대로가 아닌 법이 가진 생명의 정신으로 자유롭게 하나님께 봉사하는 것을 뜻한다(마 5:17-18; 롬 8:1-17).

**개념 2.** 예수님은 그가 다시 오는 것을 역사의 가장 중요한 핵심이라고 말하고 있다. 그는 세상을 위해 가장 큰 의미를 가진 사람으로 말하고 있으며 이 사실이 우리 인간에게 가장 중요한 어떤 것을 말해 주고 있다. 그는 역사의 창조자이며 그기 말하고자 하는 것은 법 자체보다 사랑의 법을 말하고 있다 예수님은 봉사받으러 이 땅에 온 것이 아니라 봉사하기 위해서 하나님의 아들로서 왔다(롬 10:3-4; 요 3:17; 요 10:10; 요 12:47-48).

그리고 율법은 유대인에게: 네 가지 다른 종류의 그룹을 뜻한다.
  1) 십계명
  /) 모세오경
  3) 율법과 예언자(즉 구약 전체)
  4) 구전이나 율법사의 기록
그들의 삶으로 온전히 율법을 지키고 가르치는 두 그룹은
  1) 율법사(Scribes) 율법을 가르치고 기록하는 사람
  2) 바리새인(Pharisees) 율법을 철저히 지키는 자

**19절 : 그러므로 누구든지 이 계명 중의 지극히 작은 것 하나라도 버리고 또 그같이 사람을 가르치는 자는 천국에서 지극히 작다 일컬음을 받을 것이요 누구든지 이를 행하며 가르치는 자는 천국에서 크다 일컬음을 밯ㅇ리라**

사람은 천국에서 큰 자가 되기 위해서는 율법을 지키고 율법을 가르쳐야 한다. 어떤 사람도 항상 모든 율법을 완전히 지킬 수는 없다. 그러나 아무리 적은 계명이라도 계명을 계속 깨뜨리는 사람은 천국에서 가장 작은 자로 불릴 것이며, 계명을 계속 지키는 사람은 천국에서 큰 자로 불리워질 것이다. 사람이 계명을 깨뜨리고 용서를 구하고 또 밖에 나가서 다른 계명을 깨뜨리고 되풀이하여 용서를 구할 수는 없다. 그러한 사람은 하나님의 계명에 대해서 진지하게 생각하지 않는 사람이다. 그런 사람은 자기 자신을 속이는 사람이며 두 가지 핵심 되

는 요점은?

1. 세 가지 종류의 사람이 율법을 가르친다.

  1) 율법을 지키는 사람과 깨뜨리는 사람

어떤 사람은 자기가 행하는 것에 의해서 가르친다 – 다른 사람들은 그가 행하는 것으로부터 보고 관찰하고 배운다. 아무리 작은 율법이라도 사람이 반복해서 율법을 어기면 그 율법은 중요하지 않다고 가르치며 그 법을 지킬 가치가 없다고 가르친다.

  2) 율법을 가르치는 자

이 사람은 율법과 종교의 이론을 가르치는 선생님이다. 선생님 각자는 법을 고수하기도 하고 법을 거절하기도 한다. 즉 이런 선생은 학생들에게 진리를 가르치기도 하고 또한 학생을 속여 인간의 추리력을 따르게 한다.

법을 깨뜨리거나 법을 깨뜨리는 것을 가르치는 사람은 법률을 회피하거나 즉 법률을 없애려고 시도한다(롬 3:31; 마 15:3; 시 119:126).

  3) 공허한 것으로 가르치는 자

율법을 쓸모 없이 공허한 것으로 가르치는 자는 계명을 계속해서 불복종하는 것보다 더 심각한 죄를 짓는다. 이런 사람들은 계명이 사람의 실생활과 아무런 관계가 없는 것처럼 취급한다. 그러한 행동은 의식적이거나 무의식적으로 율법을 쓸모없는 것이라고 가르치고 있다.

2. 예수님은 아무리 작은 계명을 깨뜨릴지라도 율법을 깨뜨리도록 가르치는 사람들에게 경고하고 있다. 즉 그들은 천국에서 가장 작은 자라고 불리게 될 것이라고 경고하고 있다. 심하게 경고받는 네 가지 종류의 사람들이 있다.

  1) 세상적이고 육신적인 사람 – 하나님의 계명을 계속해서 깨뜨리는 자.

  2) 교사나 또는 강사 – 하나님의 계명은 우화와 같은 것이라고 가르치는 사람이며 하나님의 법과 같은 것은 존재하지 않으며 단지 사람의 계명만 있다고 말하는 사람.

  3) 다른 사람에게 죄를 저지르도록 부추기고 하나님 계명을 무시하라고 가르치는 사람 – 어떤 것도 이것보다 더 경멸 받을 것이 없으며 어떤 것도

이것보다 더 심하게 심판받지 않을 것이다. 이것은 인간 가운데서 가장 심각한 죄 중에 하나이다(눅 17:2; 롬 22:23-24; 롬 14:15; 갈 1:8-9).

4) 조롱하고 박해하는 자 – 하나님 법을 조롱하고 저주하며 반기를 드는 자 (마 7:26-27; 엡 5:6; 살후 1:7-9; 히 2:2-3; 유 1:14-15).

**개념 1.** 네 가지 중요한 교훈이 여기에 있다.

1. 모든 하나님 계명은 중요하다. 그러니 어떤 계명은 다른 것보다 덜 중요한 것도 있다. 작은 계명이라도 계속해서 깨뜨리는 자는 천국에서 가장 작은 자라고 불릴 것이다.

2. 가장 작은 계명일지라도 그것을 계속 깨뜨리는 것은 심각하다. 그러한 행동은 계명이 중요하지 않다고 가르치는 것이다. 그 결과 이런 사람은 천국에서 가장 작은 사람으로 불릴 것이다.

3. 계명을 깨뜨릴 때 용서를 구하고 회개를 해야 한다.

4. 복종하는 사람은 큰 보상을 기대할 수 있다.

1) 이런 사람은 하늘에서 큰 자로 불리워질 것이다.

2) 이런 사람은 하나님과 예수님에 의해서 특별한 방법으로 사랑받는다.

3) 이런 사람은 하나님의 특별한 임재의 계시를 받는다.

그리고 누가 율법을 어기는가?

1) 율법을 소홀히 여기는 자

2) 율법을 불복종하는 자

3) 율법을 모르는 자 – 율법을 모르기 때문에 율법을 지킬 수 없다.

4) 율법을 실제보다 축소함으로써 율법에 한계를 정하고 율법을 약하게 하는 자 – 율법을 자기가 원하는 삶에만 적용시키는 사람

**개념 2.** 사람은 여러 가지 이유로 율법을 소홀히 할지 모른다.

1) 그는 율법의 중요성에 관해서 속고 있다.

2) 그는 세상일에 너무 몰두하여 법의 중요성을 깨닫지 못한다.

3) 그는 과거의 엄격한 가르침에 강하게 반발하여 지금의 율법을 소홀히 한다.

4) 그는 하나님의 법을 지키는 중요성을 배운 적이 없다.

5) 그는 규범과 율법이 그의 삶과 행동에 제약을 가할 것이라고 두려워한다 - 그는 법대로 살기를 원하지 않는다.

**개념 3.** 하나님 법은 두 가지 비극적인 이유 때문에 가끔 깨어진다.

1. 어떤 사람은 하나님 율법에 대하여 들어본 적이 없다. 믿는 자들도 하나님의 메시지를 세상 사람들에게 전하지 못하고 있다.

2. 어떤 사람은 율법을 지키는 데 지나치게 두려워하며, 그의 마음속 깊이 새겨 두지 않는다. 믿는 자들도 충분한 확신감과 그 중요성을 보여 주는 힘과 확신감으로 메시지를 전달하지 못했다.

## 20절 : 내가 너희에게 이르노니 너희 의가 서기관과 바리새인보다 더 낫지 못하면 결코 천국에 들어가지 못하리라

바리세인들은 그들의 법을 철저하고 정확하게 지키려고 노력하고 있다. 예수님은 그들보다 어떻게 우리 성도들에게 더 큰 의로움을 가지도록 할 수 있을까? 바리새인들의 약점은 그들의 태도 변화 없이 피상적으로 율법의 복종에 만족한다는 사실이다. 그러므로 예수님이 말씀하기를 우리의 선함의 질적인 것이 그들의 선함의 양적인 것보다 더 크다고 언급하고 있다. 그들은 경건하게 보이지만 하나님 나라와 거리가 멀며 하나님은 우리의 행동뿐 아니라 마찬가지로 사람들이 보지 못하는 너희 마음의 태도에 대하여 더 관심을 가져야 하며 그리고 천국에 들어가기 위해서는 바리새인들보다 더 깊은 의로움을 가져야 한다고 말씀하고 있다.

1. 의로움은 천국에 들어가는 데 필요하다(롬 3:21; 4;5; 갈 2:16; 롬 1:18; 3:10, 23).

2. 바리새인들과 서기관들도 의로움을 가지고 있다. 그러나 그들은 충분할 만큼 가지고 있지 않았으며 너무 엄격했고 옷 입는 방식, 사회적 행동 양식에서

부터 그들의 사역에 이르기까지 규정과 규칙에 복종하는 데 열심이어야 했다. 그러나 그들은 필수적인 한 가지가 부족하였다. 즉 하나님을 경배하나 자기 자신을 부인하지 못하고 하나님 아들 예수그리스도 안에서 그들의 의로움을 구하지 않았다(롬 3:20-22; 롬 10:3-4).

3. 진실된 성도는 엄격한 종교 지도자들이 천국에 들어가는 것보다 더 깊은 의로움을 가져야 한다. 사실에 있어서 엄격한 종교 지도자들도 많지 않으며 엄격한 종교 지도자들이 천국에 들어갈 수 없다면 누가 들어갈 수 있는가?(롬 4:4; 엡 2:8-9; 딛 3:4-5)

이 구절에는 주의해야 할 네 가지 사실이 있다. 그리고 많은 종교 지도자들은 바리새인과 율법사들이 저지르는 똑같은 치명적 실수를 저지르고 있다.

  1) 하나님께 개인적인 방법으로 하나님께 필요한 부분을 긴구하는 대신에
     형식적인 경배만 행한다.

  2) 하나님께 그들의 마음을 털어놓는 대신에 하나님께 축복을 요구한다.

  3) 필요한 도움을 고백하는 대신에 깨끗하고 도덕적인 육신을 요구한다.

  4) 하나님께 그들 전체를 드리는 대신에 그들 삶의 일부분만을 드린다.

2. 많은 사람들은 종교 지도자들과 같은 치명적인 실수를 하지만 정도는 약하지만 경배는 드리고 선한 일을 한다.

  1) 자기 커뮤니티에서 존경받으려고 하는 행위

  2) 하나님을 받아들이려고 노력하는 행위

  3) 다른 사람들과 교제를 가지는 행위

  4) 부모님으로부터 선한 일을 하라고 강요받기 때문에 선한 일을 하는 행위

  5) 그들 자신의 양심 안에서 평화를 느끼는 것

  6) 가족과 친구의 인정을 받는 것

  7) 선한 일을 하라고 배웠기 때문에 선한 일을 하는 것

3. 어떤 사람은 선한 일을 해야만 하나님이 받아들이신다고 느낀다. 삶에서 그들의 동기는 하나님의 인정을 받으려고 일을 하고 선한 일을 하는 것이다. 그들은 진리를 배우지 못했으며 하나님이 받아들일 만큼 충분히 선한 일을 할 수

없었다. 그러므로 하나님 사랑을 믿어야 하며 하나님이 그들을 너무 사랑하여 그들의 믿음을 받아들이고 믿음을 의로 여긴다는 것을 깨닫는다.

4. 많은 사람들은 그들의 양심을 만족시키기 위해 경배하고 선한 일을 많이 한다. 그들은 편안함을 느끼고 하나님께 인정을 받기 위해 많은 선한 일을 한다. 그러나 그들은 전체 핵심을 놓치고 있다. 하나님께 인정받을 수 있는 사람으로 만드는 유일한 것은 하나님께 그의 전체를 드리는 것이다.

   1) 하나님이 기쁘게 받아들이는 예배는

     (1) 나는 가치 없다고 고백해야 한다.

     (2) 하나님을 믿고 사랑한다고 고백해야 한다.

     (3) 감사를 드려야 한다.

     (4) 찬양과 경배를 진심으로 성실하게 드려야 한다.

     (5) 하나님께 헌신하고 봉사해야 한다(고후 5:14).

그리고 예수님은 그의 청중들에게 전혀 다른 종류의 의로움이 필요하다고 말씀하고 있다. 즉 바리새인들의 지나치게 엄격하고 율법적인 것이 아니어야 된다고 말씀하고 있다.

   1) 우리의 의로움은 하나님이 안에서 이루어져야 하며 우리 스스로부터 나와서는 안된다.

   2) 하나님 중심이 되어야 하며 우리 중심이 되어서는 안 된다.

   3) 하나님을 존경하는 토대 위에서 나와야 하며 사람들로부터 인정받으려고 해서는 안 된다.

   4) 율법을 지키는 것을 넘어서 율법 뒤에 있는 Heart의 원칙을 지키는 것이어야 한다.

**| 21절 : 옛 사람에게 말한 바 살인하지 말라 누구든지 살인하면 심판을 받게 되리라 하였다는 것을 너희가 들었으나**

살인하지 말라는 계명은 여섯 번째 계명이다(출 20:13). 하나님의 법은 생명을 보호하기 위한 법이며 생명은 존중되고 보호되어야 하기 때문이다. 자기 자신의 생명 뿐 아니라 나른 사람의 생명도 보호되어야 한다. 예수님은 율법을 폐지하거나 자기 자신의 믿음을 한자 더 가하는 것이 아니라 오히려 하나님은 그 법을 왜 만들었는지 완전히 이해시키려고 하고 있다. 예를 들면 모세는 "살인하지 말라"고 말했으며 예수님은 살인할 만큼 분을 표출해서는 안 된다고 가르치고 있다. 왜냐하면 화를 내는 것은 우리 마음속에서 이미 살인을 저지르는 것이라고 가르치고 있기 때문이다.

**22절 : 나는 너희에게 이르노니 형제에게 노히는 사마다 심판을 받게 되고 형제를 대하여 라가라 하는 자는 공회에 잡혀가게 되고 미련한 놈이라 하는 자는 지옥 불에 들어가게 되리라**

예수님은 인간은 문제를 가지고 있다고 말씀하고 있다. 인가이 히나님 법을 잘못 이해하며 사람이 하나님 법을 지기 마음대로 해석하여 그것을 단지 형식적인 행동에 적용시키려고 하는 것, 즉 이것이 살인의 행위이다. 사람은 내면 세계를 보지 못한다. 살인은 겉으로 보이는 행동보다 더 깊다. 그것은 내면 세계에 있는 분노, 적개심, 핍박, 박해 등이다. 사람은 내면 세계에 통제할 수 없는 분노, 불규칙적인 충동을 가지고 태어났다. 분노 그 자체는 실질적인 죄이며 하나님 법을 어기는 죄이다.

**개념 1.** 세 가지 사실을 주목해 보면

1) 예수님은 율법을 알고 있는 사람들에게 말하고 있다. 율법을 잘 알고 있는 사람들은 어떤 사람보다 이러한 메시지가 필요하다.
2) 하나님 법은 창조 때부터 존재한다. 이 법은 폐지되거나 무효가 되지 않을 것이다. 이 법은 인간을 다스리는 데 필요하다.
3) 사람과 싸우는 것은 처음부터 금지되어 있다. 그러나 사람으로부터 나쁜 감정은 분노를 일으키며 이 분노는 심각한 죄이다. 분노가 커지면 위험하다. 분노는 걷잡을 수 없이 커져 결국 살인이 일어난다.

분노가 위험한 이유는,

(1) 이기심을 키운다.

(2) 남을 경멸하게 된다.

(3) 자만심이 생겨 다른 사람을 소용없는 사람으로 무시한다.

(4) 저주를 가져온다(인격을 파괴하고 그의 명예를 훼손한다).

합법적인 분노 자체도 자제되어야 하며 그것도 자기 이기심에서 나온다. 합법적인 분노를 하는 사람도 평화적 환경으로 바꾸어 나가야 한다(엡 4:26-27; 롬 12:18; 요 2:13-16).

**개념 1.** 다른 사람에게 분노의 감정을 계속 가지는 것은 심각한 문제이다.

1) 심판의 위험이 있다.

2) 세상 법정에 서게 될 위험이 있다.

3) 지옥불에 떨어질 위험이 있다.

폭력은 세상 법정 뿐 아니라 하나님 법정 앞에서 심판을 받을 것이다. 그리고 '지옥 불'이라는 말은 신약에서 11번 내지 12번 나온다. 야고보서를 제외하고 모든 성경에서 예수님은 언급하고 있다. 그것은 두 번째 무시무시한 죽음을 말하며, 즉 인간과 하나님과 마지막 분리를 뜻한다. 예수님은 예루살렘 성벽 밖의 역겨운 쓰레기 더미가 타는 것을 지적하기도 했다. 그래서 그것을 지옥과 같다고 하였다. 그래서 그 쌓인 무더기를 'Gehenna'라고 하는데 그것은 일반인들이 쓰레기를 태우는 공공장소이며 영원히 꺼질 것 같지 않는 무거운 연기층으로 가득 차 있었다. 그 냄새와 더러움은 말할 수 없을 만큼 많은 혐오스러워 벌레들이 알을 까는 구덩이가 되었다. 예수님은 'Gehenna'에서 하나님으로부터 영원히 분리되어 두 번째 죽는 의미가 어떤 것인지 거기에서 발견했다.

지옥불은 심판받아서 두 번째 죽는 것이며 거기에는 연기와 불꽃이 피어 오르는 곳(나사로와 부자의 예)이다. 또한 불이 펄펄 끓는 연못이 있는데 그곳에 떨어지는 것이 지옥(Hell)이라고도 말한다(막 9:43-49).

원래 지옥은 악마들을 가두는 장소인데 하나님을 거절하고 악마를 따라가는 무리들을 영원한 불에 가두어 놓는 장소를 말한다(눅 3:9; 10:15; 12:5; 16:23-24; 마

10:28; 13:42, 50).

**23-24절 : 그러므로 예물을 제단에 드리려 다가 거기서 네 형제에게 원망들을 만한 일이 있는 것이 생각나거든 예물을 제단 앞에 두고 먼저 가서 형제와 화목하고 그 후에 와서 예물을 드리라**

분노에 대한 해결책은 화합이다. 예수님은 이점에 있어서 두 가지 놀랄 만한 말을 하고 있다.

1. 화합은 빨리 해야 하며 항상 예배보다 앞서서 해야 한다. 우리가 예배를 드리러 교회당에 들어갈 때라도 형제와 문제가 있으면 예배를 잠시 중단하고 화합을 구하러 형제에게 가야 한다.

화합이 예배보다 중요한 네 가지 이유가 있다.

　1) 하나님과 화합이 중요한 예배 목적 중에 하나이다. 예배는 하나님과 그의 백성과의 화합과 친밀관계(fellowship)을 이루기 위해 예배를 드린다. 그러므로 하나님은 하나님에 대해 악감정을 가지고 있거나 그의 백성을 미워하는 예배를 받아들이지 않는다.

　　⑴ 사람과 관계가 깨어지는 것은 하나님과의 관계가 깨어지는 것이다.

　　⑵ 다른 사람을 용서하지 않는 것은 자기도 하나님께 용서를 받지 못한다.

　　⑶ 다른 사람과 형제의 관계가 깨어지는 것은 하나님과의 친밀 관계(fellowship)가 깨어지는 것이다.

　　⑷ 다른 사람에게 좋지 못한 감정은 하나님이 받아들이지 않는다는 것을 뜻한다.

　　⑸ 다른 사람에 대한 분노는 하나님에게 배척당하는 것을 뜻한다. 사람이 형제와 옳은 관계가 아니면 하나님과 올바른 관계를 기대할 수 없다. 그가 하나님과 화합하고 용서받기를 기대한다면 용서하고 화합하라(눅 11:4; 마 6:14-15; 막 11:25-26; 요일 4:20-21).

　2) 사람은 예배를 드려야 하며 예배는 삶과 영생에 필수적이다. 그러나 사

람이 그의 형제와 화합하지 않으면 하나님은 그 예배를 받아들일 수 없다.

3) 성도 사이에 악한 감정은 예배를 방해하며 예배는 의미 없는 예배가 된다.

4) 예배는 그 내면 속에 어떤 공격적인 방법이 있는지 없는지 뒤돌아 보기 위해 그 삶과 그의 마음을 다시 점검하고 다시 한번 회상해 보는 시간이다. 사람이 자기의 마음 상태를 점검해 보는 것은 필수적인 일이며 다른 사람에 대한 악감정과 공격적인 감정이 그 사람 내면 세계에 가지고 있다면 예배는 받아들일 수 없다.

**개념 1.** 인간의 가슴은 얼마나 기만적인가!

1) 어떤 사람은 자신들과 다른 사람 사이에 악감정이 있는 동안에 예배를 드리려고 하고 있다.

2) 어떤 사람은 그들의 마음속에 분노는 가진 채 기도를 한다(딤전 2:8; 사 1:15).

3) 어떤 사람은 그들이 형제를 미워하면서 하나님을 사랑한다고 말한다(요 14:20).

2. 화합할 시간은 두 당사자 간에 어떤 마음이 열려 있는 틈이 있을 동안이다. 그리고 화합은 즉시 이루어져야 한다.

1) 어떤 사람이 여전히 형제와 함께 있을 동안에 해결되어야 한다.

2) 사람의 분노는 해가 지기 전에 해결되어야 한다(엡 4:26).

3) 가슴속에 남아 있는 장애물을 가지고 진정으로 예배드릴 수 없기 때문이다.

4) 가슴속에 남아 있는 장애물을 가지고 하나님이 받아들일 만한 기도를 드릴 수 없기 때문이다.

5) 어떤 사람은 화합이 이루어지기 전에 죽을 수 있고 고백되지 못한 어떤 죄 때문에 심판을 강요받을 수 있기 때문이다(막 11:25; 눅 17:4; 엡 4:31-32;

골 3:13)이다.

**25절 : 너를 고발하는 자와 함께 길에 있을 때에 급히 사과하라 그 고발하는 자가 너를 재판관에게 내어 주고 재판관이 옥리에게 내어 주어 옥에 가둘까 염려하라**

예수님 시절에는 빚을 갚지 않은 사람은 갚을 때까지 감옥에 갇혀 있어야만 했다. 어떤 사람이 죄수를 위해 그 빚을 갚지 않으면 그 죄수는 아마 감옥에서 숙게 될 것이다. 결국 그들의 분노가 더 많은 해로움을 끼치기 전에 우리의 적들과 우리의 갈등을 해결하라는 것이 실질적인 충고이다(잠 25:8-10).

불화가 커져서 법정으로 가지 않는 것이 상책이다. 당신이 즉시 화해하지 않으면 아주 작은 갈등도 쉽게 수습되지 못할 것이다. 더 넓은 의미에 있어서 이 구절은 우리가 하나님 심판대 앞에 서기 전에 우리의 형제들과 회합하며 지내라는 충고이다.

결국 분노를 해결하지 않고 끝내 풀지 않고 있으면 두 가지 위험성이 있다.

1. 지상에서 당하는 위험 – 그 다툼이 법적 소송에서 감옥에 투옥되는 심각한 결과를 가져올 수 있다. 그러한 일은 하나님과 하나님 백성 모두에게 비극적인 일이 된다. 크리스천 형제 사이에 그런 일이 일어나서는 안 된다(고전 6:18). 분노가 해결되지 않으면 여러 가지 손실을 입게 된다.

　1) 원한과 다툼이 점점 커져 해결하기 어려워진다.

　2) 가족 전체에게 해를 끼치게 되고 해결하는데 비용이 많이 든다.

　3) 크리스천의 이름과 자기 자신의 증언에 손상을 가져온다.

　4) 믿지 않는 사람과 다를 바 없는 가짜 크리스천이라고 말을 듣게 된다.

　5) 다른 사람이 그 약점을 이용하여 부당하게 해결할 것이다.

　6) 점점 싸움이 커지며 나중에 심한 고통이 되며 죽음에 이를 수 있다.

2. 영생의 위험성– 생명이 오래가지 못하고 마지막 심판날이 다가올 것이다. 형제에 대한 불평과 분노를 해결하지 않고 오랫동안 있으면 심판의 위험이 있을 것이다(마 5:22, 25).

**26절 : 진실로 네게 이르노니 네가 한 푼이라도 남김이 없이 다 갚기 전에는 결코 거기서 나오지 못하리라**

분노의 무서운 종말을 말하며 확실한 심판이 있을 것이라고 예수님은 세 가지를 강조하고 있다.

1. 심판은 확실히 온다 – 마지막 남은 동전 하나까지 갚아야 할 것이다.

2. 도망가거나 피할 길이 없다– 갚기 전에는 결코 거기서 나오지 못할 것이다. 다 갚기 전에는 그 재판(심판)으로부터 구해 낼 수가 없다(롬 2:3; 히 2:3; 렘 11:11; 암 5:18-19).

3. 화해는 심판(재판)이 있기 전에 즉시 이루어져야 한다. 왜냐하면 예수님은 모든 믿는 성도에게 징계를 책임지고 있기 때문이다(엡 2:13-14, 16; 골 1:20; 고후 5:18-21; 벧전 2:24).

**27절 : 또 간음하지 말라 하였다는 것을 너희가 들었으나**

비 도덕성에 관한 율법은 일곱 번째이며 세 가지 이유 때문에 하나님이 그 법을 정해 놓았다.

1. 모든 가정과 이웃을 보호하고 존중하기 위함이다. 하나님은 간음을 통하여 가정을 파괴하는 사람들에게 보복을 가할 것이다(출 20:24; 신 5:18; 출 20:17; 살전 4:3-6).

2. 심판으로부터 사람을 보호하고 즉 지옥 불에 떨어지는 심판으로부터 보호하기 위함이다.

3. 자기 자신의 육체에 해를 끼쳐 죄짓는 것을 방지하기 위함이다(고전 6:18).

예수님은 자기의 아내가 아닌 다른 사람과 성관계를 갖는 것은 정신적 간음과 죄짓는 일이라고 말씀하신다.

**28절 : 나는 너희에게 이르노니 음욕을 품고 여자를 보는 자마다 마음에 이미 간음 하였느니라**

실질적 의미에 있어서 간음은 결혼한 사람이 다른 사람과 성관계를 갖는 것을 말한다. 이것은 일반적인 사람들이 인식하는 간음과 달리 육체적 행동 뿐 아니라 마음속에 간음까지 포함시키고 있다.

1) 음흉한 마음을 먹고 고의적으로 쳐다보는 행위

2) 마음속에 열정을 가지고 욕정을 품는 행위

3) 자기 배우자가 아닌 다른 사람과 성관계를 하는 행위

4) 이혼한 관계(이유 없이 아내를 버리는 행위)(막 10:11-12; 눅 16:18)

5) 하나님에 대한 영적인 불충실이나 또는 배교(막 8:38; 겔 16:15; 마 12:39)

예수님은 눈으로 간음, 마음으로 간음, 육체적 간음을 언급하고 있다. 이것은 많은 젊은이에게 충격을 주는 상상하기 힘든 계시의 말씀이다. 많은 사람들은 마음으로 간음한다. 그들이 그런 기회만 있으면 계속 그런 간음의 행동을 할 것이다. 눈은 자극적인 사물이니 사진과 사람을 쳐다봄으로써 욕성을 일으킬 수가 있다. 욕정을 일으키는 데 필요한 두 가지 다른 문제들도 있다.

1) 넌지시 암시적인 대화 – 농담과 같은 깨끗하지 못한 대화에서도 성적인 교감이 일어날 수 있으며 상대방 여성이나 남성과 교제할 때 생기는 엉큼한 대화에서도 일어날 수 있다. 이런 경향은 그의 신념을 약하게 하거나 도덕적 해이감을 가져와서 경계심을 느슨하게 만든다. 이런 암시적인 대화는 직장이나 학교 파티, 전화나 어느 곳에서나 일어날 수 있다.

2) 옷 – 이것은 육체의 노출로부터 생기며 또한 사람의 시선을 끌게 만드는 최신 유행으로 지나치게 노출된 디자인으로 만들어진 옷으로부터 생긴다(딤전 2:9-10).

사람의 눈을 음욕스럽게 사용할 때 실질적인 위험이 있다. 베드로는 사람은 자기를 통제할 수 없을 것이라고 경고하면서 음욕으로 가득한 눈으로 사람들은 죄를 짓는다고 말하고 있다. 사람은 성의 노예가 될 수가 있다. 간음의 심각정은 예수님이 29-30절에서 언급하신 극적인 행동에서 잘 볼 수 있다. 간음은 천국의 유산을 받지 못하게 되는 육신의 그릇된 행위에서 생긴다(갈 5:19-21).

이것은 심각한 죄이며 온 육신이 지옥에 들어 갈 가능성이 있는 죄이다. 믿는 성도는 눈의 정욕을 이겨 나가야 하며 다음 몇 가지를 지킴으로써 간음을 방

지할 수 있다. 그 외 몇 가지 간단한 예를 지키면 유혹을 피하는 데 도움이 된다.

1) 정욕을 일으키는 장소를 피하라

2) 유혹하는 사람을 피하라

3) 옷을 하나님을 즐겁게 하기 위해 입으라 – 남을 유혹하기 위해 입지 마라

4) 진실된 크리스천으로 행동하라

5) 비 도적적인 사람, 물건, 장소에 대하여 보지도 말고 듣지도 말라(창 6:5; 잠 15:26)

> **29-30절 : 만일 네 오른 눈이 너로 실족하거든 빼어 내버리라 네 백체중 하나가 없어지고 온 몸이 지옥에 던져지지 않는 것이 유익하며 또한 만일 네 오른손이 너로 실족하게 하거든 찍어 내버리라 네 백체 중 하나가 없어지고 온 몸이 지옥에 던져지지 않는 것이 유익 하니라**

왜 예수님은 그의 포인트를 눈과 손을 들어 강조하는가? 아마도 남자는 주로 쳐다봄으로써 일어나는 생각에 의해 감정이 움직이고 여자는 손으로 접촉에 의해서 감정이 움직인다. 간음죄를 짓게 하는 것은 주로 눈과 손이기 때문이다 (마9:43-48) 예수님이 너희 손과 너희 눈을 제거하라고 말씀하실 때는 그는 비유적으로 말씀하고 있는 것이다. 심지어 장님도 정욕을 품을 수 있기 때문에 눈을 문자대로 빼 버리라는 뜻은 아니다.

그러나 그것 밖에 선택이 없다면 두 손과 두 눈을 가지고 지옥 가는 것보다 한 눈과 한 손으로 천국에 가는 것이 더 좋은 선택일 것이다. 우리는 그냥 두면 우리의 삶속에서 우리를 결국 파괴시킬 수 있는 죄를 때때로 관대하게 넘겨 버린다. 죄 때문에 심판받고 저주받는 것보다 나쁜 습관과 행동을 없애는 고통을 겪는 것이 더 나은 편이다. 당신을 죄짓게 하는 것이 무엇인지, 당신의 삶을 한 번 살펴보고 그것을 제거하도록 노력하라. 간음의 문제를 해결하는 세 가지 해답이 될 수 있는 제안이 있다.

1) Surgery(수술) – 탐욕스러운 모습과 탐욕스러운 접촉을 하지 말아야 하며 영적인 수술이 필요하다(잠 10:31; 롬 6:6; 롬 8:13; 골 2:11; 골 3:5)

2) Death(죽음) – 육체를 즐겁게 하지 말며 자기를 부인하고 쾌락의 감정을 죽여야 한다(롬 6:13; 엡 6:13; 벧후 3:17; 잠 1:10; 잠 4:14).

3) Repentance(회개) – 간음을 하지 않기 위해 사람에게 의지하지 말고 하나님께 의지하라. 예수님은 간음의 결과에 대하여 엄격하게 경고하고 있으며 반드시 죗값에 대하여 회개해야 한다. 간음은 기분을 좋게 하고 자연스러운 남녀의 현상이라고 합리화될 수 있다. 그러므로 영적인 삶을 살면서 죄의 욕망을 품지마라. 간음한 사람은 간음으로부터 과감히 돌아서서 하나님께로 나아가야 한다(마 4:17; 눅 13:3; 행 2:28; 행 3:19; 행 8:22).

## ▌31절 : 또 일렀으되 누구든지 아내를 버리려거든 이혼 증서를 줄 것이라 하였으나

이혼을 해서는 안 되는 세 가지 이유는, 이혼은 예수님 당시와 마찬가지로 오늘날도 사람에게 상처를 주고 가정을 파괴하기 때문이다. 하나님은 결혼을 일생동안 지켜야 할 언약이라고 말씀하고 있다(창 2:24).

1) 가정을 보호하기 위해서(막 10:6–9; 엡 5:31)

2) 이 땅과 국가를 보호하기 위해서(엡 5:22–33)

3) 사람들이 간음하는 것을 방지하기 위해(눅 16:18; 마 19:9; 막 10:22; 엡 5:22)

예수님은 다른 사람과 결혼하여 그들의 욕정을 충족시키려고 이혼을 이용하며 의도적으로 결혼 서약을 남용하는 사람에게 신랄하게 공격하고 있다.

## ▌32절 : 나는 너희에게 이르노니 누구든지 음행한 이유 없이 아내를 버리면 이는 그로 간음하게 함이요 또 누구든지 버림받은 여자에게 장가드는 자도 간음함이니라

법률의 실질적인 의미는 이혼을 허락하지 않는 것이다. 아내, 남편, 자녀를 포함하여 가정을 보호하는데 목적이 있다. 가정이 해체되고 가정의 파괴를 막기 위해 정서적, 육체적 정신적, 영적 보호가 있어야 한다. 이혼은 인간의 삶 가운데 가장 괴로운 경험중의 하나이다. 이혼이 인간의 삶에 깊은 영향을 주기 때문에 예수님은 거기에 대해 깊은 관심을 가지고 있다. 사람이 상처 입으면 예수님도 상처를 입는다. 그래서 예수님은 인간의 부패한 결혼을 바로 세우고 쉽게 이혼하는 것을 경고하고 있다(고전 7:12-16; 엡 5:22-33).

그리고 사람을 가르치고 복음을 전하며 엄격한 원칙대로 사는 것은 엄청난 용기가 필요하다. 예수님은 결혼에서 엄격함을 요구하고 사회의 핵심 세력에 대하여 이혼을 하지 말라고 경고하는 데에는 큰 용기가 필요했다.

**개념 1.** 결혼에는 네 가지 태도가 있으며 이중에 세 가지는 가끔 이혼하게 이르는 느슨한 태도이다.

1) A back-door marriage(뒷문 결혼)- 결혼해도 좋고 안 해도 좋은 결혼
2) A cheap, sensual marriage(값싼 육욕적인 결혼)- 성적 욕구 또는 돈이 많아서 그리고 매력적이어서 결혼하며 사랑보다 다른 이유로 결혼하는 것
3) A marriage & commitment(언약의 결혼)- 하나님 앞에서 엄숙한 서약을 하고 그 서약을 지키는 결혼생활
4) An adventuresome marriage(모험적인 결혼)- 경험 삼아 모험 삼아 결혼하는 것. 즉 결혼이 실패하든지 성공하든지 운에 맡기는 결혼

**개념 2.** 이혼을 막을 수 있는 유일한 해결책은 육체적, 정신적, 진정한 연합이다. 하나님 앞에서 연합하며 부부가 서로 진정으로 연합하면 이혼하지 않는다(마 19:5; 엡 5:22-33; 고전 7:12-16).

성적 문란이나 간음의 큰 비극은 신실함, 희망, 사랑, 믿음, 확신감으로 이루어지는 부부의 연합이 깨뜨려지는 것이다. 부부가 믿는 자가 아니면 육체적, 정신적 연합은 쉽게 깨어지며 믿는 자라 하더라도 신체적, 정신적, 영적인 결합이 깨어지는 경우가 많다. 예수님은 진보적인 결혼관이나 보수적인 결혼관 어느 편에도 서지 않는다. 예수님은 이혼에 대하여 두 가지를 언급하고 있다.

1) 이혼은 하나님의 목적이 아니다.
2) 이혼은 부부 중 한 사람이 간음하면 허락된다.

**개념 1.** 간음은 부부의 연합을 깨뜨릴 수 있는 이유 중의 하나이며 믿음, 소망, 사랑이 서로의 이기심과 자존심이 크게 충돌할 때 부부의 연합은 깨어지게 된다.

**33절 : 또 옛 사람에게 말한 바 헛 맹세를 하지 말고 네 맹세한 것을 주께 지키라 하였다는 것을 너희가 들었으나**

여기서 예수님은 진실을 말하는 중요성을 강조하고 있다. 사람들은 약속을 깨뜨리며 신성 모독적인 말을 함부로 하고 있다. 맹세하고 약속하는 것은 중요하며 그것이 인간관계의 신뢰성을 쌓게 한다. 성경은 약속을 지킬 수 없는 것을 알면서 약속을 하고 맹세 하는 것을 비난하고 있다. 특히 하나님 앞에 거짓 맹세하는 것은 저주 받을 만하다(출 20:7; 레 19:12; 민 30:11).

맹세는 우리가 불신의 사회에 살기 때문에 어떤 상황에서는 맹세가 필요하지만 성경은 거짓맹세는 철저히 비난하고 있다.

1. 하나님은 몇 가지 이유 때문에 인간에게 율법을 주었다.
  1) 하나님 이름을 더럽히거나 욕되게 하지 않도록 방지하기 위하여
  2) 위증을 방지하고 거짓말쟁이가 되지 않으며 부정직한 사람이 되지 않도록 하기 위하여
2. 율법은 이 세상을 다스리기 위하여 주어졌다.
  1) 거짓말하고 난 다음 이것은 진실이라고 맹세하는 것은 위증이다. 사람들이 진실을 확대하고 과장하면서 진실을 말한다고 맹세하는 것은 위증이다.
  2) 하나님께 거짓 맹세 하는 것 - 지키지도 못하면서 하나님 앞에 너무 자주 거짓맹세를 한다.
  3) 나른 사람에게 거짓 맹세 하는 것 - 맹세를 해놓고 행동하지 않는 행위
  4) 하나님 이름을 망령되게 하는 것 - 많은 사람들이 하나님 이름을 저주의 말로 더러운 말로 사용한다.

성경은 맹세하는 것보다 맹세하지 않는 것이 더 낫다고 말하고 있다. 그 이유는 맹세는 사람을 빚진 자로 만들며 이 사람은 그 맹세를 이행하기 위해 덫에 갇히게 된다.

  1) 하나님께 맹세는 사람을 하나님께 빚진 자로 만든다. 맹세를 깨뜨리는 것은 하나님께 거짓말하는 행위가 된다.

2) 사람에게 맹세는 사람을 사람에게 빚진 자로 만든다. 맹세를 깨뜨리는 것은 사람에게 정직하지 못한 사람이라고 비난 받게 된다(민 30:2; 신 23:21; 전 5:4; 시 76:11)

**34-36절 : 나는 너희에게 이르노니 도무지 맹세하지 말지니 하늘로도 하지 말라 이는 하나님의 보좌 임이요 땅으로도 하지 말라 이는 하나님의 발등상임이요 예루살렘으로도 하지 말라 이는 큰 임금의 성임이요 네 머리로도 하지 말라 이는 네가 한 터럭도 희고 검게 할 수 없음이라**

여기에서 하나님이 금지하는 것은 어떤 일이 있더라도 맹세하지 말고 저주하지 마라.

1. 맹세하지 말라. 왜냐하면 만물이 신성하기 때문이다.

  1) 하늘은 하나님의 보좌이다 – 즉 그의 영광이 나타나는 장소이며 하늘로 맹세하거나 땅을 저주하는 것은 하나님의 이름을 걸고 맹세하는 것이며 하늘을 저주하는 것은 하나님을 저주하는 것이다.

  2) 땅은 하나님의 발등상이다 – 즉 하나님이 다스리고 보살피는 장소이다 (사 66:1). 땅으로 맹세하거나 땅을 저주하는 것은 하나님 이름을 걸고 맹세하는 것이며 하나님을 저주하는 것이다.

  3) 예루살렘은 위대한 왕의 성이며 왕은 예루살렘을 매우 좋아한다. 그는 그 장소가 어떻게 취급되고 어떻게 소문이 나는지 관심을 갖고 있다.

2. 모든 권능은 예수님께 속하기 때문에 함부로 맹세하지 마라.

사실에 있어서 어떤 사람도 마음대로 할 수 있는 권한은 가지고 있지 않다. 그가 가지고 있다고 생각하는 권한은 어떤 순간에 다시 빼앗길 수 있다. 그러므로 그는 맹세를 지킬 수 있는 권능을 가지고 있지 않다. 그는 갑자기 불구자가 될 수 있고 어느 순간에 자기의 권능을 박탈당할 수 있다. 그리고 맹세는 반드시 필요한 것은 아니다.

모든 권능은 하나님께 속하므로 인간의 맹세도 하나님이 응하지 않으면 이룰 수가 없다. 그리고 사람은 하나님을 경외하여야 하며 저주해서는 안 된다.

하나님을 저주하는 것은 죄이며 너무 끔찍한 죄 중의 하나이며 즉 십계명 중 하나를 어기는 것이다. 특별한 심판이 저주하는 사람의 머리 위에 내려지게 될 것이다. 저주는 의미가 없으며 생각 없이 말하면 비논리적이 된다(출 20:7; 레 19:12; 롬 3:14; 약 3:8-9; 5:12; 시 10:7; 59:12).

**개념 1.** 저주하는 것은 보호 장치가 없으며 숨길 수가 없다. 문제는 그것이 가끔 받아들일 수 있는 대화가 되며 저주하는 것은 문제기 된다. 왜 문제가 되는지 여기 몇 가지 예를 들면- 치욕스러운 heart를 가지게 되며 자기 이미지에 문제가 생기며 부적절한 어휘를 사용하며 생각 없는 영혼의 사람이 되며 남을 고려하지 않는 이기적인 생각을 가지게 된다. 하나님에 대한 적개심에 해당하며 심판과 영생에 대해 어리석다고 생각을 하게 된다.

**개념 2.** 합법적인 맹세에도 여러 가지 의견이 있다. 어떤 사람은 정의를 위하여도 맹세를 해서도 안 된다고 말한다. 그러나 그들은 정의를 위하여도 자기 스스로에게 맹세해서도 안 되며 그들의 말을 확정 짓는데 주된 억할을 해서도 안 된다(창 22.1; 신 6:13; 막 6:23; 눅 1:73; 행 23:21).

맹세에는 두 가지가 있다.

1) Bound swearing(의무적 맹세)- 하나님 이름을 사용하는 맹세이며 하나님 이름을 사용할 때는 그 맹세는 절대로 깰 수 없다고 믿는 것

2) Unbounded swearing(결속되지 않는 맹세)- 하나님 이름은 생략하고 하늘로서 맹세한다는 성스러운 구절을 사용하는 것이다. 하늘로(by heaven) 땅으로(by earth), 예루살렘으로(by Jerusalem), 내 머리로(by my hand)- 이런 맹세는 자기의 의도와 진심을 강조하는 데 사용하며 두 맹세 모두 파트너에게 하며 하나님은 파트너가 아니기 때문에 하나님에게 맹세해서는 안 된다.

## 37절 : 오직 너희 말은 옳다 옳다, 아니라 아니라 하라 이에서 지나는 것은 악으로부터 나느니라

단지 사람에 대한 이상적인 맹세는 그의 말이며 그의 말은 그의 인격으로부터 나오며 'Yes(예)' or 'No(아니오)' 한마디면 충분하다.

그의 삶이 정직하고 곧으면 그는 맹세할 필요가 없다. 사람이 말을 할 때 모

든 사람이 그것이 실천된다는 것을 안다. 맹세하는 것은 악행에 그 뿌리를 가지고 있다. 맹세하고 저주한다고 해서 그 사건을 더 믿을 수 있게 만들지 못하며 오히려 더 의심스럽게 만든다. 그의 인격이 의심스럽기 때문에 그는 맹세를 한다. 예수님이 40일 금식하고 난 후 마귀가 맹세한다. 정의롭지 못하고 하나님 뜻에 어긋나는 맹세는 결코 실패하게 되며 하나님 저주로 끝나기 쉽다(마 5:13; 마 5:37; 골 4:6; 딤후 1:1; 딛 2:7-8).

**개념 1.** 맹세는 한 가지 이유 때문에 필요하다. 즉 사람들은 인간의 마음에는 기만적인 마음이 숨어 있기 때문이다.

사람들은 거짓말을 잘한다(시 116:11). 자기가 원하는 것을 가지기 위해 얼마나 자주 거짓말을 하는가! 그리고 a) 이 세상이 악하기 때문에 맹세를 하고 b) 사람이 악하기 때문에 맹세를 한다. 결국 맹세는 인간의 불신의 시대에 살고 있기 때문에 생기게 된 것이다.

아브라함과 롯 사이, 소돔과 고모라와 하나님 사이에 맹세가 있었다. 하나님은 맹세를 지키지 못할 때는 벌을 내린다. 맹세는 지키기 어렵기 때문에 하나님께 맹세하지 말아야 한다는 뜻이다.

아담 이후 인간이 타락했기 때문에 거짓말하고 헛맹세를 하며 거짓 증언을 하고 있기 때문에 하나님이 우리에게 맹세를 하지 말라고 권면하신다.

## ▌ 38절 : 또 눈은 눈으로, 이는 이로 갚으라 하였다는 것을 너희가 들었으나

율법 뒤에 숨어 있는 하나님의 목적은 자비의 표현이다. 법은 재판관에게 맡겨 그 죄에 합당한 벌을 내리라는 것이다. 그것은 개인적인 복수를 위한 안내자가 아니며 이러한 법은 복수하는 것을 제한하기 위함이며 너무 엄격하지도 너무 관대하지도 않는 법정에서 재판을 받게 하기 위함이다. 어떤 사람들은 이 구절을 그들이 복수하는 데 합리화하기 위해 사용하고 있다. 사람들은 아직도 나는 그가 나에게 한 행동을 그에게 되갚아 주기 위해서라고 변명하고 있다.

옛날에는 사람들이 사소한 다툼 때문에 사람을 죽였다. 예를 들면 어떤 사람이 우연히 상처를 입으면 전체 가족이나 마을 전체 사람들이 그 보복으로 살해 당했다. 그래서 이 법은 무자비한 사회 안에서 자비의 시작이 되었다. 그래서 법은 똑같은 상처에는 똑같은 상처로 보복하도록 한계가 정해졌다. 몇 가지 사실은 법의 자비로운 면을 보여 주고 있다.

1) 법은 명령이 아니며 사람에게 어떤 정의를 허락하는 하나의 규범이다.

2) 법은 돈으로, 어떤 다른 보상금으로 대신할 수 있다. 그러나 살인법에 대해서는 보석금이 허락되지 않는다. 살인자는 자기의 생명으로 갚아야 했다.

3) 법은 정의를 실현하는 데 있어서 법정에서 재판관의 안내를 따르도록 하였다. 개인이 다른 사람을 보복하도록 허락한 것은 아니다.

**개념 1.** 법은 무책임하고 통제되지 않은 인간의 분노를 통제하기 위해 만들어졌다. 즉 악을 통제하고 보복과 복수를 제한하기 위해서다. 법은 악행을 하는 범죄자에게 억제와 규제의 수단으로 주어졌으며 피해자에게는 법에 합당한 것보다 더 무서운 복수를 하지 않도록 규정해 놓았다(출 21:24; 레 24:20; 신 19:21).

**39-41절 : 나는 너희에게 이르노니 악한 자를 대적하지 말라 누구든지 네 오른편 뺨을 치거든 왼편도 돌려 대며 또 너를 고발하여 속옷을 가지고자 하는 자에게 겉옷까지도 가지게 하며 또 누구든지 너로 억지로 오 리를 가게 하거든 그 사람과 십 리를 동행하고**

우리가 피해를 보았을 때 우리의 처음 반응은 복수하는 것이다. 대신에 예수님은 우리들에게 피해를 입힌 사람에게 선을 베풀라고 권면하신다. 우리는 상처받은 것만큼 복수하는 대신에 사랑하고 용서하라고 예수님은 말씀하신다. 이것은 자연스러운 일이 아니며 초자연적이다. 이것은 하나님만이 우리에게 복수 대신에 사랑할 수 있는 권능을 주신다. 복수를 마음속에 품는 대신에 너에게 상처를 준 사람을 위해 기도하라고 권면하신다.

남에게 보복하지 말라고 말씀하시는 예수님의 말씀을 이해해야 한다.

1, 예수님은 악한 사람들에게 대적하지 말라는 뜻은 아니다. 예수님 자신도 악한 사람에 대적했다. 그는 성안에서 돈 바꿔 주는 사람을 쫓아냈으며(막 11:15)

제사장의 박해에 저항했으며 사도바울 역시 악행에 저항했다(행 25:9-10). 예수님과 바울은 새로운 법 "악한 자를 대적하지 말라"를 따랐다. 그들은 새로운 법의 정신을 지켰으나 그 법의 노예가 되지는 않았다.

2. 예수님은 악을 악으로 갚지 말라고 하시며 당신을 잘못 인도하는 사람에게 분을 품지 말라고 하신다. 복수를 하지 말고 용서하라고 말씀하신다. 이러한 행동은 천국에 이르는 유일한 길이라고 말씀하고 있다.

**개념 1.** 크리스천은 복수의 마음을 품어서는 안 된다. 용서의 마음을 가져라. 그것이 천국에 이르는 길이다.

**개념 2.** 복수는 인간 내면 세계를 소모시켜 버린다. 마음을 소진시키고 복수하는 생각에 사로잡혀 아무 일도 하지 못한다. 그리고 사람의 정서를 메마르게 하고 복수하는 것에만 몰두하다 보면 자기중심적이 되고 자기 연민에 빠지며 정신병의 일종인 Paranoid(편집병)에 걸리게 되며 파괴적인 사람이 된다(롬 12:17; 살전 5:15; 딤후 2:24; 벧전 3:9; 잠 20:22; 24:29).

예수님은 그에게 해를 가한 사람을 어떻게 대처해야 할까를 가르치면서 세 가지 실질적인 것을 설명하고 있다.

1. 신체적 상처도 허락하라.

오른쪽 뺨을 맞거든 대항하지 말고 받아들이라. 역사적으로 오른손으로 뺨을 때리는 사람은 상대방 오른 뺨을 그의 손등으로 쳤으며 손등으로 치는 것은 더 모욕적이라고 간주되었다. 예수님은 분명히 믿는 성도는 가장 악독한 모욕이나 경멸, 심지어 신체적 해를 끼치는 것에도 보복하지 말라고 말씀하고 있다. 다른 뺨을 내어 주기는 정말로 어려운 일이며 그것은 사람이 도전, 분개, 복수하거나 공격을 가한 사람에게 합법적인 행동도 취하지 말라는 뜻이다. 그러나 그는 다른 뺨을 맞을 준비를 하고 그것을 참고 견디라는 뜻이며, 용서하고 그 사건을 하나님께 맡기라는 뜻이다. 하나님이 모든 사건을 선으로 해결할 것이라고 믿어야 될 것이다.

**개념 3.** 대부분의 사람들이 뺨을 때리는 것은 가장 큰 모욕적인 위협이고 신체적 폭행으로 여긴다(고후 11:20). 그리고 항복은 가끔 위기를 극복하는 방법이 되며 수치스러움을 당했을 때 잘 참는 성도는 영원한 영광의 열매를 거두게 될 것이다(눅 6:29; 고전 13:7; 엡 4:2; 엡 6:9; 골

3:13; 딤후 2:25).

2. 재물의 손해도 감수하라.

언급된 옷(tunic)은 속옷을 말하며 cloak는 길게 늘어져 있는 겉옷을 말한다. 유대법에 의하면 사람이 입는 속옷(tunic)은 맹세할 때 사용할 수 있지만 cloak(겉옷)는 누구든지 빼앗을 수 없다. 사람은 속옷은 여러 벌 입을 수 있지만 겉옷은 단지 한 벌뿐이다. 예수님이 핵심적으로 지적하는 것은 즉 크리스천은 재물 때문에 싸우거나 권리를 가지고 다투면서 시간과 에너지를 소모하지 말라는 뜻이다. 믿는 성도는 자기 자신과 재물, 권리를 잊어버리고 하나님과 다른 사람의 구원을 위해 살아야 한다. 그러면 모든 것은 하나님이 선으로 해결해 줄 것이다 (고전 6:1-8).

**개념 4.** 사람의 겉옷을 내어 주는 것은 어렵다. 즉 믿는 사람은 재물에 대한 분쟁에 휘말리지 말라는 뜻이다. 그는 용서하며 빼앗으려고 하는 사람에게 더 주라고 말씀하고 있다. 그가 필요하다면 속옷도 주라고 말한다. 믿는 성도는 법정 밖이나 법정안에서 그의 권리나 특권에 집착해서는 안 된다. 믿는 자는 책임과 의무를 다 해야 하며, 믿는 성도는 예수님을 위해 최대한 충실하게 살며 봉사해야 한다. 하나님만이 줄 수 있는 평화가 필요하며 분쟁에 헛된 시간을 보낼 필요가 없다.

이 세상은 분쟁과 분열로 전쟁, 미움, 고통으로 가득 차 있다. 사람은 자기중심적이고 이기적이기 때문에 세상은 분열된다. 크리스천은 평화의 사람이 되어야 하며 하나님께 의지하고 자기에게 의지해서는 안 된다. 뿐만 아니라 때때로 재산 때문에 다투고 분쟁을 일으키는 것은 그것을 포기하는 것보다 더 많은 비용이 들어간다.

**개념 5.** 자기의 권리를 위해 다른 사람과 투쟁할 때는 자기 자신에게 손해가 얼마나 되는지 고려해야 하며 또한 가족에게 얼마나 해가 되는지 생각해야 한다. 모든 사람과 화목하는 것이 하나님의 뜻이라는 것을 깨달아야 한다(롬 12:18; 마 5:25; 고전 6:1-2; 딤후 2:23-26; 시 25:8).

**개념 6.** 어떤 사람은 재산을 훔치며 더 큰 부정을 저지르기 위해 법을 악용하기도 한다. 자기가 원하는 것을 얻기 위해 사실을 왜곡하고 비방하며 거짓말하고 사실을 과장하기도 한다. 그들의 양심은 마비되고 남에게 상처를 입히고 남의 것을 빼앗는다. 그런 사람은 자기 얼굴만

거울 속에서 볼 것이며 하나님 얼굴은 보지 못하고 지옥의 나락으로 떨어질 것이다.

3. 짐을 강요받을 때 그 짐을 받아들이라.

옛날에는 정복당한 국가의 국민은 정복자들에 의해 강제 노동으로 봉사하도록 강요당했다. 정복당한 국민은 먼 곳까지 물을 운반하고 짐을 나르고 하는 강제 노역에 시달려야 했다. 예수님은 믿는 자가 1마일 가라고 강요당하면 두 배까지 멀리 가라고 말씀하신다.

권리는 믿는 성도의 일차적인 관심사가 아니다. 믿는 자의 일차적인 관심은 짐을 서로 나누어지며 하나님께 순종하는 것이다. 이것은 사람이 불평을 하고 분개하며 자기 연민에 빠지지 말라는 뜻이며 분개한 사람을 도와주기 위해 진정한 마음으로 그에게 다가가라는 뜻이다. 그러한 행동은 분개한 사람을 천국으로 인도할 것이다.

어떤 사람은 자기의 의지를 억지로 강요하며 불합리한 주장을 한다. 그런 사람은 가정 안에도 있고 친구와 사업장, 국가 안에도 존재한다. 다른 사람의 의지를 무시하고 자기 자신의 의지만 강요해서는 안 된다.

**개념 7.** 믿는 성도의 관심은 사람들과 사람들이 짊어지고 있는 무거운 짐이다. 믿는 사람은 다른 사람들의 짐을 짊어질 준비가 되어 있어야 하며 할 수 있는 한 그들을 도와야 된다. 성도들의 목적은 사랑의 법인 예수님의 법을 이행하는 것이다. 그래서 천국을 이 땅에 가져오도록 도와야 한다(요 13:34-35; 갈 6:2; 고전 13:4; 골 1:11; 딛 3:2; 약 3:17; 요일 3:23).

## | 42절 : 네게 구하는 자에게 주며 네게 꾸고자 하는 자에게 거절하지 말라

위대한 크리스천의 윤리는 남에게 베푸는 것이다. 크리스천은 도움을 필요로 하는 사람을 돕는 것이며 항상 도울 준비가 되어있어야 한다. 어떤 사람이 도움을 요청했을 때 크리스천은 도와주며 거절하지 않는다. 그러나 성경은 무분별하게 도와주라고는 말하지 않고 있다. 자기일을 정직하게 수행하며 관대하고 겸손한 사람에게 선이 베풀어지고 베푸는 것도 분별력 있게 베풀어야 한다. 베풀어야 할 사람인지 아닌지 두 가지 측면에서 검토가 되어야 한다.

1. 받는 사람에 대한 효과가 있는지 검토 되어야 한다. 베풀어 줌으로써 게으름을 조장시키고 마음에 근심을 주면 주지 않는 것이 더 좋다.

2. 줄 사람의 능력이 고려되어야 한다. 줄 능력이 없는데도 계속 베풀게 되면 받는 사람도 부담이 되고 주는 사람도 부담이 된다. 마땅히 믿는 사람은 기꺼이 도와주려는 마음가짐을 가져야 한다. 왜냐하면 믿는 사람은 이 땅을 위해 사는 것이 아니라 천국을 위해 살기 때문이다. 그의 시민권은 하늘에 있으며 그가 이 세상에서 가지는 관심은 생활에 필요한 것만큼만 흡족하면 되며 나머지는 베풀면서 사는 것이다.

성경 말씀은 분명히 믿는 자는 두 가지 이유 대문에 일을 한다. 첫째는 자기 자신의 필요를 충족시키고, 둘째는 곤경에 처한 사람을 돕기 위한 재물을 확보히는 것이다(엡 4.28).

**개념 1.** 베푸는 것은 개인적으로 몸소 베풀어야 한다.

예수님은 모든 믿는 자들이 예수님 자신이 행하는 것처럼 다른 사람의 삶에 개인적으로 몸소 도와 주기를 바란다. 공식적인 통로를 통해서 주어질 때는 주려는 그들의 의무감이 곧 끝난다고 느낀다. 믿는 자들은 몸소 개인적으로 도와 주어야 할 것이다. 베푸는 것은 받는 사람의 체면이 손상되지 않는 방법으로 베풀어야 한다. 받는 사람이 창피를 느끼면 주지 않는 것보다 못하다.

**개념 2.** 빌려주는 것은 빌리는 사라에게 도움을 수는 것이며 이렇게 남에게 베푸는 행위는 하나님을 잘 믿도록 가르칠 수 있으며 더욱더 부지런하게 살도록 가르칠 수 있다. 빌린 사람이 빌린 것을 갚도록 하기 위해 하나님을 믿도록 인도하고 더욱 부지런하게 살도록 격려해야 한다.

**| 43절 : 또 네 이웃을 사랑하고 네 원수를 미워하라 하였다는 것을 너희가 들었으나**

이웃을 내 몸같이 사랑하라(레 19:18). 이스라엘은 이 율법을 해석하는데 치명적인 두 가지 실수를 하였다.

1. 이웃이란 그들 자신의 종교, 자기 민족, 자기 국가를 의미하고 외부 사람과는 담을 쌓는다. 이것은 오늘날 잘못되었다고 비난 받는다(유대주의)(막 7:25; 눅 7:4-5).

2. 유대인들은 그들의 적을 미워한다고 이야기 하면서 "네 이웃을 사랑하라"고 대조적인 말을 하고 있다. 인간의 본성은 적을 미워하고 배척하도록 마음속에 잠재해 있다. 그러나 이러한 것은 타락한 인간의 이성으로부터 추론된 것이다.

**개념 1.** 많은 사람들은 이스라엘처럼 똑같은 실수를 한다. 사람들은 이웃을 그들의 친구로 그리고 가까이 사는 사람들을 이웃이라고 생각한다. 그들은 세상 전체를 이웃으로 생각하지 못하고 있다.

## 44절 : 나는 너희에게 이르노니 너희 원수를 사랑하며 너희를 박해하는 자를 위하여 기도하라

율법의 실질적인 의미는 사랑하라는 것은 두 가지 실질적인 행동을 내포하고 있다.

1. 너의 적을 사랑하라. 믿는 사람은 모든 사람을 사랑해야 하며 심지어 적까지도 사랑해야 한다. 모든 사람은 하나님이 창조한 같은 영혼을 가진 동료라는 사실 때문이다. 적을 사랑하는 것은 인간본성에 어긋난다. 인간의 본성은 적은 배척하고 미워한다. 인간 본성은 적은 냉정하게 대하고 거리를 두고 취급한다. 그러나 하나님 사랑, 아가페적 입장에서는 무조건 누구나 사랑하라는 것이다. 사랑에는 자비와 동정심이 내포되어 있다. 하나님 앞에서는 모두 동등하다고 말하고 있다. 그래서 박해하는 사람까지도 사랑하라고 예수님은 말씀하고 있다.

**개념 2.** 믿는 성도들은 자비심이 부족하다고 많은 비판을 받고 있다. 부패하고 이기심이 가득한 세상에 살지만 이웃을 돌아볼 수 있는 여유를 가지도록 기도할 필요가 있다.

2. 너희들을 박해하는 사람들을 위해 기도하라. 세 가지 특별히 기도할 필요

가 있다.

1) 하나님께 박해자를 용서해 주라는 기도

2) 자기 자신과 박해자 사이에 평화를 위한 기도

3) 박해자를 위한 구원의 기도. 즉 박해자를 위한 기도는 하나님께 큰 상급을 얻을 것이다(눅 7:60; 23:34).

**45-47절 : 이같이 한즉 하늘에 계신 너희 아버지의 아들이 되리니 이는 하나님이 그 해를 악인과 선인에게 비추시며 비를 의로운 자와 불의한 자에게 내려 주심이라 너희가 너희를 사랑하는 자를 사랑하면 무슨 상이 있으리요 세리도 이같이 아니하느냐 또 너희가 너희 형제에게만 문안하면 남보다 더하는 것이 무엇이냐 이방인들도 이같이 아니하느냐**

모든 사람을 진정한 이웃으로 사랑할 수 있는 인센티브는 세 가지가 있다.

1. 사랑은 사람을 하나님의 자녀로 만든다. 사람이 진정으로 하나님을 사랑하고 있다면 믿는 사람은 다른 사람을 미워해서는 안 된다. 그가 하나님을 사랑한다고 하면서 다른 사람을 미워하면 그는 자기의 마음의 중심을 다시 살펴볼 필요가 있다. 그는 하나님이 요구하는 진정성이 부족한 것이다(요일 3:23; 4:19-21; 요 13:33-34; 갈 4:4-6; 요일 3:10).

2. 사랑은 사람을 하나님처럼 만든다. 하나님은 적까지도 사랑한다. 하나님은 그를 사랑하는 모든 사람과 마찬가지로 적에게도 해를 비추어 주고 비를 내린다. 크리스천은 바로 하나님과 같은 성품을 가져야 하며 그래서 적까지도 사랑해야 한다. 적을 사랑함으로써 크리스천은 점점 하나님과 닮아 가게 된다(창 1:27; 마 5:48; 딤전 4:7; 6:11; 딛 2:12; 벧전 1:15-16).

**개념 1.** 사람은 하나님 형상대로 창조되었다(창 1:27). 사람의 존재 목적은 하나님을 영광스럽게 하고 하나님을 닮는 것이다. 하나님 성품을 보게 되면 남을 미워할 수가 없다. 하나님은 모든 사람을 태양빛과 비를 내려 축복하며 태양과 비를 내릴 때 거기에는 편견이 없다. 그러므로 미움은 인간의 외부 세계로부터 오는 것이 아니라 인간 내면 세계로부터 온다(막 7:21; 눅 6:45; 마 15:18-20).

3. 사랑은 사람을 다른 사람과 뚜렷한 차별이 나도록 만든다. 믿는 사람은 믿

지 않는 사람보다 더 많은 일을 해야 한다. 모든 사람은 그의 친구, 가족을 사랑한다. 믿는 사람은 그 범위를 넘어 적까지도 사랑해야 한다. 모든 사람은 그에게 경의를 표하는 사람에게 친절하다. 그러므로 믿는 자가 적을 사랑한다는 것은 하나님의 성품을 닮은 초월적인 것이다.

**개념 2.** 많은 사람들의 동기를 살펴보면 자기에게 이익이 되면 친절하다.

그들은 친절한 사람으로부터 어떤 것을 얻을 수 있기를 바란다. 믿는 자는 그것과 달라야 되며 구별되어야 한다. 믿는 자의 동기는 불친절한 사람에게도 다가가야 하며 심지어 적에게도 다가가야 한다. 사람이 자기를 사랑하는 사람만 사랑하고 좋아하면 이 세상은 얼마나 분열이 많이 생기겠는가! 사랑은 모든 사람에게 베풀어야 한다.

**개념 3.** 하나님은 그의 아들까지도 이 세상에 보내어 초월적인 사랑을 실천하셨다. 믿는 자는 이러한 사실을 깨닫고 하나님의 부름에 더욱더 순종해야 한다(행 20:35; 롬 12:13; 갈 6:10).

## ❙ 48절 : 그러므로 하늘에 계신 너희 아버지의 온전하심과 같이 너희도 온전하라

하늘에 계신 아버지와 같이 온전하심과 같이 너희도 온전하라고 권면하신다. 온전하게 된다는 것은 목적의 완성을 말하며 특별한 성장의 단계에까지 성숙하는 것을 뜻한다. 가령 완전히 성장한 어린이는 완전한 어린이가 된 것처럼 즉 완전히 어린이가 가지고 있는 성품, 신체 전부를 완성하는 것을 말한다. 그러나 죄성을 가지고 있지 않다는 뜻은 아니며 하나님 성품에 이르도록 개발되고 성숙되었다는 뜻이다.

성경은 완전함에 이르게 하는 데 3단계를 제시하고 있다.

1. Saving perfection(구원의 완성 단계) – 예수님 한 사람의 죽음으로 하나님께로부터 떨어져 나간 사람들을 구원 즉 완성을 영원히 보장하였다(히 10:14).

2. Progressive or maturing perfection(성숙함이 완성되어가는 단계) – 하나님은 그의 목적과 반대되는 어떤 것을 밝히고 있으며 믿는 자는 그 목적을 분명하게

해야 하며 믿는 자의 온전한 거룩함이 점점 완성되도록 지금 노력하고 있다(갈 3:3). 믿는 자는 그리스도 안에 푯대를 향하여 달려가고 있는 중이며 교회의 일원으로서 믿는 자는 그리스도의 몸을 세우는 것을 경험하고 있는 중이다. (고후 7:1; 갈 3:3; 빌 3:14)

3. Redemptive or resurrected perfection(구속 또는 부활의 완성 단계) – 믿는 자의 목적은 죽은 자로부터 부활에 이르게 하는 것이다(빌 3:10-12). 성숙한 크리스천은 모든 사람에게 선함과 친절함을 보여 주는 것이다. 그는 친구와 마찬가지로 적에게도 사랑을 보여 줄 때 마음의 성숙함이 있다. 하나님 자신이 믿는 자의 본보기이다(요 13:33-35; 21:15-17).

**개념 1.** 하나님은 사랑이시며 온전한 사랑이시다.

그는 모든 만물을 사랑하며 모든 사람이 자기처럼 모든 사람을 사랑하기를 원하신다. 심지어 적까지도 사랑하기를 원하신다. 사람이 성숙하려면 하늘에 계신 아버지처럼 되도록 달려가야 할 것이다(빌 3:12-16).

**개념 2.** 어떤 사람도 결코 온전함을 이루지 못할 것이다.

특히 인간관계에 있어서 즉 배우자, 친구, 자녀들, 직장 동료의 관계에서 온전함을 이루기는 어렵다. 그러나 과거를 잊어버리고 푯대를 향해 하나님 계신 곳으로 나아가야 한다. 그는 어릴 때 걸음마를 배우는 것처럼 걷는 연습을 계속해야 예수님을 점점 닮아 길 수 있다(벧전 1:14-1; 고후 13:11; 골 1:28; 딤후 3:16-17; 히 6:1; 13:2; 약 1:4; 벧전 5:10).

# 마태복음 6장

**1절 : 사람에게 보이려고 그들 앞에서 너희 의를 행하지 않도록 주의하라 그리하지 아니하면 하늘에 계신 너희 아버지께 상을 받지 못하느니라**

의로운 행동이란 남에게 보이기 위해 선을 베풀고 도와주는 것이 아니라 절망적인 사람의 필요를 충족시키기 위해 도와주는 행위이며 의로운 행동은 유대인이 할 수 있는 가장 큰 첫 번째 종교 행위이다.

의로운 행동은 하나님으로부터 구원을 가져온다고 생각한다. 예수님은 주고 베푸는 것에도 위험이 있으니 분별하여 주며 인정받으려고 주어서는 안 된다고 강조하신다.

**개념 1.** 이 구절에는 두 가지 중요한 교훈이 있다.

1) 사람은 사람들 앞에서 선을 행하고 거짓 동기에서 주지 말라는 것이다. 사람은 언제나 속임을 당할 수 있고 죄는 사람에게 모르는 사이에 다가오고 죄는 교활하고 간악하며 자기 자신이 죄 짓는 것을 느끼지 못하도록 한다. 죄는 하나님으로부터 받는 은혜를 차단시킨다.
2) 사람은 의롭고 선한 행동을 해야 한다. 이것은 크리스천의 의무이며 이 구절에서도 예수님은 의로운 행동을 하라고 네 번이나 강조하셨다.

**2절 : 그러므로 구제할 때에 외식하는 자가 사람에게서 영광을 받으려고 회당과 거리에서 하는 것 같이 너희 앞에 나팔을 불지 말라 진실로 너희에게 이르노니 그들은 자기 상**

나쁜 동기를 가지고 선한 행동을 하지 말라. 진심이 아닌 거짓 동기에서 베풀지 말라는 뜻이다. 사람은 누구나 속임을 당할 수 있고 죄는 사람에게 모르는 사이에 다가온다. 죄는 교활하고 간악하며 자기 자신이 죄 짓는 것을 못 느끼게 한다. 그리고 죄는 하나님으로 받은 선물을 차단시킨다.

1. 특히 인정받기 위해 베푸는 것은 살못된 동기이며 두 장소에서 자화자찬하는 섯을 보면 알 수 있다.

   1) 종교인들이 모인 회당에서

   2) 길거리 대중 앞에서

이와 같이 남에게 보이기 위해 일부러 많은 사람이 모이는 곳을 택한다. 여기에 몇 가지 살못된 동기가 있다.

   1) 인정받고 싶고 위신 세우기 위해 주는 행위. 살아서 남에게 칭찬받고 죽어서 사람들로부터 기억되려고 베푸는 행위.

   2) 자기연민, 자기만족, 자화자찬으로 주는 행위. 자기가 한 일에 안정감과 자기만족을 느끼는 행위, 즉 이런 행위는 이기주의에 빠지기 쉬우며 하나님께 영광 돌리는 것이 아니라 자기 자신에게 영광 돌리는 행위이다.

   3) 의무감으로 주는 행위. 내가 맡은 책임 때문에 억지로 주는 행위.

   4) 선한 일을 했기 때문에 하늘의 보상을 기대하고 주는 행위.

**개념 1.** 사람들이 볼 때 의로운 행동을 하는 것은 반드시 나쁜 것은 아니다.

사람들에게 보이기 위해서 의로운 행동을 하는 것은 나쁘다. 하나님은 중심을 보신다. 겉으로 보이기 위해서 선한 일을 하는 사람은 위선자라고 비판받는다. 요점은 선한 일을 하는 것으로부터 발뺌하지 말고 선한 일을 어떻게 행하여야 할까 그 방법에 대해 조심해야 한다(마 23:5; 눅 20:46).

2. 인정받고 싶어 베푸는 것은 위선자들의 특성이다.

위선자는 원래 무대에서 가면을 쓰고 가짜 모습으로 연극 무대에서 연기를

하는 사람을 말한다. 그들의 특징은,

1) 사람 앞에서 자기 칭찬을 위해서 트럼펫을 분다.

2) 회당이나 교회에서나 종교 지도자들 앞에서 분다.

3) 길거리에서 일반 대중들의 칭찬을 받기 위해서 분다(마 23:12 요 5:44; 잠 17:9; 잠 25:27; 욥 1:4).

인정받으려고 베푸는 것은 이 땅에 있을 때만 보답받는다. 잘못된 동기로 인정받는 두 가지 경우는,

1) 사람으로부터 인정받는 것과 2) 일시적인 자기만족이다.

그리고 사람으로부터 모든 것을 받았기 때문에 하나님으로부터 받을 것이 없다. 거짓된 동기로 남을 도와주는 사람은 어떤 사람인가?

1) 사랑으로 돕지 않고 계산적으로 돕는 사람이다.

2) 돕는 사람의 만족을 고려하지 않고 자기만족을 먼저 생각해서 도와주는 사람이다.

3) 그가 주는 행위가 남에게 인정을 받지 못할 때 실망하며 상처를 입고 화를 내는 사람이다.

4) 자기기 베푼 것에 영원히 만족하지 못하고 일시적으로 만족하는 사람이다. 사람의 칭찬과 명예와 위선은 일시적이다. 나쁜 동기에서 베푸는 사람은 사람들의 기억 속에서 곧 사라진다.

**개념 3.** 하나님 보상보다 사람의 보상을 추구하는 사람은

1) 가장 형편없는 보상을 선택했다.

2) 그는 자기 자신을 속였다.

3) 그는 더 이상 보상을 기대할 수 없다. 이 세상을 지나 다른 세상에서 보상을 기대할 수 없다면 얼마나 비참할까!

하나님께 드리는 자세로 도와줄 때 이 땅에서도 보상받고 하늘나라에서도 받는다. 호세아 4:7에 제사장이 불어나면 불어날수록 나에게 죄를 더 많이 짓는다. 하나님 영광보다 자신의 영광을 더 생각하기 때문이다.

**3-4절 : 너는 구제할 때에 오른손이 하는 것을 왼손이 모르게 하여 네 구제함을 은밀하게 하라 은밀한 중에 보시는 너의 아버지께서 갚으시리라**

예수님은 선한 일을 하고 남에게 베푸는 동기가 무엇인가?를 묻고 있다. 오른손이 하는 일을 왼손이 모르게 하라고 권면하고 있다.

도대체 그 취지가 무엇인가?

1) 무의식적으로 주어라.

네가 주고 베푸는 행동에 아무것도 바라지 말고 주어라. 사랑과 신성한 관심을 가지고 주며 주는 일에만 관심을 가져라. 네가 베푸는 일과 선한 일을 행하는 일에 보상받는다는 생각을 하지 마라. 자기가 중심이 된다는 것을 생각하지 말고 하나님이 중심이 된다고 주어라.

2) 비밀리에 조용히 줘라. 네가 주는 일을 다른 사람에게 알리지 말고 낮은 자세로 줘라. 심지어 가족에게도 알리지 말고 줘라.

이 세계는 고통과 죄, 갈등으로 가득 차 있다. 하나님이 이 세상을 구원하고 우리 믿는 자들이 이 세상을 구원하기 위해 필요하고 부족한 자를 도와줄 의무가 있다. 성도는 다른 사람을 사랑으로 도와 주어야 한다. 예수님은 우리의 구원을 위해 피 흘리며 십자가에 돌아가셨다.

예수님은 주는 동기가 이기적이 아니며 하나님 중심이 되어야한다고 말씀하고 있으며 세 가지 영역에서 우리의 동기를 살펴봐야 한다. 즉 관대함으로(generosity), 기도하는 가운데(prayer), 금식하는 가운데(fasting) 어떤 보상도 받을 생각하지 않고 우리의 올바른 동기를 검토해야 할 것이다.

우리가 배울 수 있는 세 가지 교훈은,

1) 사람은 하나님 안에 항상 머물러 있어야 세상을 바르게 도울 수 있다.

2) 우리가 세상의 필요를 충족시키는 한 가지 방법은 우리를 필요로 하는 세상으로 나아가야 한다. 그리고 왼손으로 주면서 설명하고 왼쪽 손으로 칭찬받을 시간이 없다. 세상을 구원하는 것은 급한 일이다.

3) 하나님의 종은 세상으로 나오라는 그의 부름과 사역에 몰두해야 한다. 하나님의 종은 세상의 도움 요청에 외면해서는 안 된다.

하나님은 곤고한 자에게 손을 펴며 궁핍한 자에게 손을 내밀어야 크리스천이 될 수 있다고 말씀하신다(마 19:2; 눅 11:41; 눅 12:23; 눅 19:8; 레 25:35; 신 15:7; 16:17; 잠 31:20)

1) 하나님은 은밀히 보시는 분이다. 하나님은 모든 사람의 행동과 동기를 알고 계신다(렘 17:10; 23:24; 나 1:7; 고전 8:3).

2) 하나님은 공개적으로 보상하신다. 비밀리에 주지 않고 공개적으로 보상하신다. 사람이 하나님의 보상을 받을 때 하나님 앞에 직접 보상받는 기회를 가지게 될 것이다(고후 5:10; 고전 4:5; 히 1:6).

**개념 1.** 충성된 자는 종으로 보상받지 않고 아들로서 보상받을 것이다.

그의 주인이 아닌 하나님 아버지가 그를 보상할 것이다(고전 9:17; 고전 15:58; 고후 5:10; 딤후 4:7-8; 요이 1:8; 계 22:12; 시 19:9; 시 19:11; 시 58:11; 사 40:10; 사 62:11; 렘 17:10; 23:24).

> **5-6절 : 또 너희는 기도할 때에 외식하는 자와 같이 하지 말라 그들은 사람에게 보이려고 회당과 큰 거리 어귀에 서서 기도하기를 좋아 하느니라 내가 진실로 너희에게 이르노니 그들은 자기 상을 이미 받았느니라 너는 기도할 때에 네 골방에 들어가 문을 닫고 은밀한 중에 계신 네 아버지께 기도하라 은밀한 중에 보시는 네 아버지께서 갚으시리라**

이 구절은 기도하는 사람에게 권면하며 기도는 성도들이 해야 할 가장 위대한 행동중의 하나이다. 생각으로 또는 말로 하든지 하나님과 대화하는 것은 믿는 자가 하나님과 교통하는 방법이다. 기도는 크리스천에게는 가장 필수적인 것이지만, 기도 자체는 하나님의 관심이 아니며 하나님의 관심은 어떻게 기도하느냐이다. 왜냐하면 나쁜 동기로 잘못된 방법으로 기도하는 사람이 있기 때문이다. 그런 기도는 하나님이 응답하지 않는 기도이며 자기 스스로에게 말하는 것에 불과하다.

그러므로 예수님은 올바른 기도를 위해 어떤 기도가 옳은지 어떤 기도가 나쁜 동기의 기도인지 우리에게 가르치고 있다. 어떤 기도는 부정적인 요소와 위험성이 있으므로 주의해야 한다.

1) 기도는 위선적일 수 있다 – 잘못된 동기를 가지고 기도한다.

2) 기도가 습관적인 형식이 될 수 있다 – 기도는 놀랄 만한 경험이며 정신적, 정서적 보상을 받으며 하나님이 응답할 때 우리의 욕구가 충족된다.

3) 기도는 어떤 장소에 고착될 수 있다 – 기도 생활이 그에게 많은 의미를 주는 것은 장소이지만 교회일지라도 그러한 장소에만 하나님의 임재를 제한시키는 것을 경계해야 한다.

4) 기도는 중언부언 할 수 있다 – 어떤 사람은 기도의 한 구절이나 형태를 가지고 응답받은 경험으로 여기고 계속 의미 없이 반복할 수 있다.

5) 기도는 지나치게 오랫동안 할 수 있다 – 믿는 자는 말을 하기 때문에 하나님이 들을 것이라고 느끼고 오랫동안 기도하는 것이 그가 필요한 것을 하나님께 확신시키고 알릴 수 있다고 생각한다.

6) 기도는 자기 영광이 될 수 있다고 느낄 수 있다. 기도는 하나님께 영광 돌리기 위하여 성도가 하나님과 대화로 교제하는 행위이며 자기가 영광을 받는다고 느낄 수가 있다.

7) 기도는 자기기만에 빠질 수 있다. 말을 많이 하고 소리를 크게 기도하면 하나님이 잘 응답한다고 느낄 수 있다.

그리고 나쁜 동기의 기도는 남에게 보이기 위한 기도이다. 우리는 두 가지 사실을 주의할 필요가 있다.

1) 기도, 심지어 오랫동안의 기도라 할지라도 사람이 하나님을 진정으로 아는 표상이 될 수 없다.

2) 사실에 있어서 하나님을 안다는 사실은 기도한다는 뜻이다. 기도는 하나님과 대화하는 것이며 기도를 못하도록 막을 수 있는 것은 아무것도 없다. 믿는 자는 하나님을 개인적으로 자기를 사랑하고 보살펴 주는 아버지로 아는 것이다. 아이들이 자기들의 아버지를 사랑하는 것처럼 믿는 자는 아버지와 대화하고 감정을 나눈다. 어떤 성도는 공적인 기도는 말을 많이 하며 사적 기도는 적게 하는 사람이 있다. 예수님은 남에게 보이

기 위해서 기도하는 사람은 기도를 사랑하는 사람이지만 위선자라고 말씀 하신다. 여기에 다섯 가지 교훈이 있다.

1) 그가 기도를 할 때 좋아하는 장소는 일반대중 앞이나 회당이나 길거리이다.

    (1) 어떤 사람은 사람들 앞에서 기도하기 좋아한다. 어떤 사람은 대중 기도에서 카리스마적이고 유창하게 기도하지만 필수적인 사랑이 없는 기도를 한다.

    (2) 어떤 사람은 사람들 앞에서만 기도한다. 그들은 교회에서 기도 모임에서 성경공부 모임 등 대중 기도 하기만을 좋아하며 개인적으로는 간절한 기도를 드리지 않는 경향이 있다.

    (3) 기도는 교회와 일반 대중 앞에서 하나님께 드리는 것이지만 대중 기도는 대중과 함께 드리는 것이지 사적으로 드리는 것이 아니다. 사적 기도를 소홀히 하면 내적인 필요를 충족시키지 못한다. 대중 기도를 자주하게 될 때 대중을 대표하는 대신에 자기 자신의 사적 기도로 자기도 모르는 사이에 빠져 들어가기 쉽다.

    (4) 기도를 많이 하는 위선자도 있지만 기도를 적게 하는 종교적인 사람들도 있다. 기도는 시간의 문제가 아니라 하나님 뜻에 따르면 된다.

    (5) 위선적인 기도의 자세를 주목하라 – 기도할 때 항상 서서 기도한다. 이런 기도도 받아들일 수 있지만 이런 기도를 좋아하면 자만심과 뻔뻔함과 자기 확신감을 보이게 할 수 있다. 무릎 꿇고 기도하는 것은 겸손, 존경과 하나님을 의지한다는 뜻이다(롬 12:16; 요일 2:16; 히 2:4).

2) 일반 대중 앞에서만 기도하는 사람은 단 한 가지 이유 – 기도하기 좋아하는 사람이 아니라 인정받기 좋아하기 때문이다. 두 가지 교훈은,

    (1) 죄는 기도를 방해한다. 공적 기도만 하고 개인적 기도를 하지 않는 사람은 자기 자신을 바보로 만든다.

    (2) 공적 기도에는 큰 위험이 있다. 자기중심적 인 생각이 마음속으로

지나간다. 듣기 좋은 기도이지만 그런 기도는 말에 왁스를 칠한 것에 불과하다.

3) 일반 대중 앞에서만 기도하는 사람은 일반 대중의 인정만 받는다.

 ⑴ 일반 대중 앞에서 기도하면 자존감과 자신감은 생기지만 자기 의가 살아나기 쉽다.

 ⑵ 그는 자기 자신을 속이는 것이며 직접적이 하나님이 임제와 이 땅에서 가장 큰 소망을 놓치게 된다. 그는 영혼을 잃고 "착하고 충성된 종아 잘하였도다"하는 소리를 듣지 못할 것이다.

 ⑶ 하나님과 나누지 못하면 사람의 인정만 받게 된다.

**개념 1.** 인간을 존경하는 것은 몇 가지 점에서 실패한다.

1) 인간의 존경을 받는 것은 일시적이다. 모든 것은 빨리 지나가며 인간은 곧 잊어버리고 다음 단계로 옮긴다.

2) 인간의 존경은 보편적이다. 칭찬을 받는 위대한 기술은 일상적인 것이 되며 날마다 그것을 행할 때 특별한 의미를 갖지 못한다.

3) 인간의 존경은 힘이 없다. 그런 기도는 응답되지 않으며 그 힘은 이 세상에 한정되어 있으며 잠깐 있다가 사라진다. 인간의 존경은 그의 인생의 잣대를 재는 기준이 될 수 없다. 즉 하나님이 심판하신다. 어떤 사람도 다른 사람보다 위대한 사람은 없다. 모든 사람은 하나님께 기도하며 히나님의 인정을 받으려고 기도한다. 그러므로 인간에게 존경받는 것은 영생과 심판의 관점에서 아무런 의미가 없다(벧전 1:24; 시 49:12; 호 4:7). 그리고 올바른 동기의 기도는 하나님이 듣는 기도이다.

이 점에서 세 가지 필요한 것이 있다.

1) 의도적으로 시간을 내어 즐거운 마음으로 기도하라. 세상일에 바쁘지만 날마다 시간을 내어 기도하는 것이 필요하다.

2) 하나님과 개인적 관계 즉 아버지와 아들의 관계가 절대적으로 필요하다. 하나님은 우리 아버지이며 우리는 아버지에게 가서 영적 교제를 하고 그

의 사랑과 보호를 받도록 날마다 만나 대화할 필요가 있다. 예수님은 사람이 듣는 것이 아니라 하나님이 듣도록 진정으로 기도하라고 말씀하신다.

3) 기도하는 장소는 은밀한 골방으로 하라. 다른 사람의 시선을 받지 않고 방해받지 않으며 하나님께 집중적으로 묵상할 수 있고 하나님이 너희 가슴에 자유롭게 역사할 수 있게 하기 위함이다(마 6:6; 막 1:35; 6:46-47; 눅 6:12; 22:41-42)

조용하고 은밀한 곳이 가지는 두 가지 의미 있는 사실은,

1) 하나님은 보이지 않는다. 그러므로 사람은 하나님을 은밀히 만나야 한다. 많은 군중들이 기도하는 가운데에서도 보이지 않는 하나님께 초점을 맞추어야 한다. 은밀하게 하나님의 가슴과 자기의 가슴으로 영적 교류가 있어야 한다.

2) 하나님은 은밀한 곳에 임재 하신다. 그러므로 하나님은 보이는 것에 관심이 있는 것이 아니라 실체에 관심이 있다. 보이는 것은 사람 앞에서 존재하며 실체는 은밀하고 조용한 장소에 존재한다. 존재하는 모든 것은 아이디어로 시작하며 아이디어 개발은 은밀하고 조용한 생각과 명상으로부터 나온다. 영적인 쇼는 사람들 앞에서 일어나지만 영적 실체는 은밀하게 일어난다. 믿는 자들이 그의 온 마음과 정신을 집중할 때 사람들이 모이는 공공적인 장소가 아니라 지극히 높으신 분의 은밀한 장소에서 그의 가장 큰 격려와 힘을 받게 된다. 그리고 진정한 기도용사의 보상은 열려 있는 축복을 받는다.

믿는 자의 기도는 매우 특별한 방법으로 보상받을 것이다.

1) 하나님의 임재와 능력이 자기의 삶에 임할 것이다(에 8:22; 벧전 5:6).

2) 믿는 자의 기도는 응답될 것이다(마 21:22; 요 16:24; 요일 5:14-15). 기도의 응답은 생각과 정직한 관찰자에 의해서 분명히 보인다. 하나님은 진실로 믿는 자의 기도를 들어준다고 약속하셨다. 하나님은 특별한 관심으로 진정으로 믿는 자를 보살피신다(엡 3:20).

**7절 : 또 기도할 때에 이방인과 같이 중언부언하지 말라 그들은 말을 많이 하여야 들으실 줄 생각하느니라**

기도의 첫째 규칙은 이방인처럼 공허하고 장황하게 반복적으로 기도하지 말라. 허황되고 반복적으로 기도하는 몇 가지 유형이 있다.

1) 외워서 하는 기도 – 정해진 형태의 기도 즉 주기도문 같은 것이다. 주기도문이 잘못된 기도는 아니지만, 자기 자신의 간구와 생각이 없이 다른 사람이 적어 놓은 것을 외워서 기도해서는 안 된다.

2) 다른 사람이 써놓은 유창한 말의 기도 – 우리가 말하는 기도가 표현력이 있으며 잘 정돈된 말이어서 하나님께 무게감이 있다고 생각하며 그 말이 너무나 아름답게 서술되고 정돈된 말이지만 하나님께 마음과 영혼을 전하지 못한다.

3) 의식적 기도 – 같은 시기와 동일한 장소에서 형식적인 기도를 하지 말라. 작년 부활절 때 드린 기도와 올해 부활절 때 드린 기도를 동일하게 하지 말라.

4) 격식을 갖춘 기도 – 엄숙한 절차를 따라 똑같은 방법으로 기도하면 무의미하고 반복적인 기도가 되므로 이러한 기도를 피하라.

5) 생각이 없는 기도 – 잡념이 많아서 앞뒤로 왔다갔다하는 반복적으로 방황하는 기도를 하지 말라.

6) 종교적인 단어와 구절을 사용하는 기도 – 기도할 때 매일 사용하는 말이나 구절을 말하며 자비, 은혜, 긍휼, 하나님께 감사 똑같은 단어를 기도할 때 마다 습관적으로 사용하지 말라.

7) 습관적인 하나님에 대한 언급을 피하라 – 기도할 때마다 습관적으로 오 주님, 오 아버지, 전지전능한 주여, 영원한 아버지와 같은 이런 단어를 규칙적으로 사용하는 것을 피하라.

◎ 허황되지 않고 반복되지 않는 좋은 기도

1) 진정한 가슴으로 기도 - 개인적으로 하나님을 알려고 하며 온종일 순간 순간 하나님과 영적 교제를 위해 마음을 깨끗이 비우는 기도

2) 생각과 집중 - 정말로 말하고 있는 것에 생각을 집중하는 기도

3) 하나님과 간절한 영적 소통 - 마음과 영혼을 담아 신실한 태도로 기도

4) 기도하기 전 준비 - 하나님 말씀을 먼저 (성경 구절) 묵상하고 기도

중언부언하며 반복적으로 기도하지 말라고 하시지만 기도할 때 반복하는 것은 '잘못된 기도'라고는 하지 않는다. 잘못된 것은 막연하고 허황되며 의미 없이 어리석게 반복하지 말라는 뜻이다. 예수님 자신도 반복해서 기도 했으며(마 26:44) 다니엘도 했으며(단 9:18-19) 시편 작가도 반복했다(시 136:19).

**개념 1. 여섯 가지 교훈을 주목하라**

1) 믿는 자들의 기도의 한 가지 잘못된 문제는 충분한 시간을 가지고 진지하게 기도하지 않는다. 믿는 자들의 기도가 가끔 막연하고 허황되며 생각이 없고 의미 없이 반복한다. 그의 마음과 정신이 방황하며 입술만 움직인다. 특히 일반 대중 기도에서 잘 볼 수 있으며 그러한 기도는 능력이 나타나지 않는다.

2) 기도를 위해 우리는 마음의 준비를 해야 하며 하나님 말씀을 미리 묵상해야 한다(딤후 3:16). 믿는 자들이 하나님과 세상에 관하여 알아야 할 내용이 성경에 있다. 하나님 말씀을 받아들이는 것은 성령이며 믿는 자의 마음을 움직여 기도가 응답되도록 하신다. 그러므로 하나님 말씀과 성령이 믿는 자에게 보여 주는 대로 기도하도록 마음이 움직여진다(롬 8:26; 요 14:26; 16:13; 고전 2:12-13).

3) 의미 없이 반복적인 기도는 사람을 둔감하게 만든다. 이러한 기도는 신실한 성도 혹은 초신자를 실망시킨다.

4) 반복적인 기도는 재미가 없다. 허황되게 반복하는 공적 기도는 예배와 교회 출석에 악영향을 미친다.

5) 의미 없이 반복적 기도는 비극적이다. 기도는 삶에 있어서 가장 의미 있는

경험의 순간이다. 하나님은 똑같은 것을 되풀이 기도하다 보면 "bless mom and dad, give us a good day tomorrow" 이렇게 기도 하는 경우가 있다.

6) 허황되게 반복하는 기도는 하나님을 멀리하게 하며 헌신된 성도의 마음을 아프게 한다(마 15:7-8).

좋은 기도는 눈을 뜨게 하고 가슴을 여는 기도이며 말을 많이 하지 않는다. 많은 사람들은 길게 기도하면 헌신된 기도라고 생각한다. 더 오래하면 할수록 하나님은 더 귀를 기울인다고 생각하니까 더 영적인 시노시 된다고 느낀다.

기도의 길이와 헌신적인 기도와는 아무런 관계가 없으며 오랫동안 기도하면 하나님이 자동적으로 듣는다고 생각한다. 초대 교회 제자들은 성령이 오심을 기다리면서 금식하면서 십일 동안 기도하기도 했다(행 2:1). 오랫동안 기도한다고 해서 예수님이 듣는 것이 아니며 신실한 마음과 순수한 가슴으로 기도할 때 응답하신다.

### ◎ 왜 사람들은 기도를 오래 하는가?

1) 기도 시간을 오래 가지면 하나님이 감동한다고 생각한다.
2) 기도 시간을 길게 가지면 자기의 입장을 하나님께 잘 설명한다고 생각한다.
3) 기도의 시간을 오래 가지면 더 영적이고 성숙하고 더 헌신된 기도라고 생각한다.
4) 긴 시간의 기도만이 사람들에게 감동을 주고 하나님께 충성된 종이 된다고 생각한다.

### ◎ 오랫동안 기도하는 것으로 생기는 잘못된 관행을 막는 방법은 무엇인가?

1) 입을 통제하라. 생각없이 입을 계속해서 움직이지 말게 하라. 마음에 떠오르는 여러 생각으로 급하게 서둘러 말하지 말라.
2) 하나님 앞에 어떤 말이든지 급하게 말하지 말라. 말하기 전에 잠시 동안 말없이 조용히 묵상한다.

3) 하나님이 누구신지 사람이 누구인지 생각해 보라. 만물의 창조주 하나님
께 나오기 전에 생각과 마음을 정리하기 위해 준비한다. 그는 하늘에 계
신 아버지에게 초점을 맞추며 아버지의 주권과 권위에 대해 묵상하며 하
나님이 자기 기도의 중심이라는 것을 생각하라.

4) 말을 적게 하라. 주권자 앞에 인터뷰하는 것처럼 신중하게 하라. 순종하
는 아들이 존경하는 아버지에게 무엇을 요청하는 것처럼 요청하며 사랑
과 존경심을 가지고 말하며 말을 적게 하고 준비된 가슴과 마음을 가지
고 요점을 말하라.

◎ **특별히 시간을 연장하여 기도할 특별한 때가 있으며 성경에서 그것을 보여 주고
있다.**

1) 가끔 하나님을 경배하고 찬양하고 싶은 충동을 내면에서 느끼게 될 때
이런 경우에는 혼자 기도할 때이다.

2) 가끔 특별한 필요가 있을 때, 이때는 기도자 자신의 필요와 친구의 필요
를 위해 기도할 때이며 하나님이 응답할 때까지 중보 기도하는 경우이다
(엡 6:18; 행 12:1-5).

3) 가끔 믿는 성도의 삶에 일어나는 특별한 사건이나 경험을 할 때 그는 혼
자 남아서 하나님과 대화를 나누게 된다. 용기와 확신이 생길 때까지 하
나님 앞에 머물러 기도한다.

4) 가장 큰 시련이나 유혹에 직면하게 될 때, 시련과 유혹을 극복하기 위해
힘과 용기를 얻을 필요가 있을 때 기도한다.

5) 가끔 어떤 문제를 해결하거나 결정할 순간이 있을 때, 도움과 방향 설정
을 위해 하나님께 간구하며 확신이 설 때까지 하나님 앞에 오랫동안 기
도한다.

**개념 2.** 기도는 가슴의 문제이지 말과 길이의 문제가 아니다. 기도는 우리가 다른 사람과 대
화를 나누는 것처럼 하나님과 생각과 감정, 마음을 나누는 것이다.

**개념 3.** 기도는 개인적인 관계 형성이다. 기도는 보이지 않는 하나님께 허공으로 말하는 것이

아니다. 안 보이지만 항상 현장에 계시는 분이다. 우리가 있는 곳에 항상 계시는 분이며 가끔 우리는 그의 임재를 깨닫지 못하고 흐트러진 생각으로 방황하면서 오랜 기도를 하게 된다. 오랫동안 기도를 하면 이런 위험에 빠질 수 있다.

**개념 4.** 이방인의 기도와 믿는 자의 기도의 차이점이 있다.

1) 이방인의 기도는 공허한 말로 의미 없이 반복적으로 기도한다.

2) 믿는 자의 기도는 하나님과 관계를 가지고 아버지이신 하나님께 대화하며 아들이 존경하는 아버지와 마음과 감정을 공감하는 기도를 한다.

**8절 : 그러므로 그들을 본받지 말라 구하기 전에 너희에게 있어야 할 것을 하나님 너희 아버지께서 아시느니라**

하나님은 우리가 구하기 전에 우리의 필요를 아시는 분이다. 믿는 자는 왜 기도하는가? 기도는 하나님께 우리의 필요를 알리며 의지하도록 한다. 기도는 믿는 자와 하나님 사이에 나눔의 교통을 위해 시간을 내는 것이다. 믿는 자는 일상생활처럼 마음속에 하나님의 지식을 가지는 것만으로는 부족하다. 그가 하나님 임재 속에 있을 때 시간을 내어 하나님과 교통하며 자기 생각을 하나님께 집중시킬 필요가 있다.

그는 가족과 친구들과의 그러한 시간이 필요한 것처럼 하나님과 그러한 시간을 가지는 것이 필요하다. 사람은 하나님이나 사람으로부터 고립되어 살 수 없다. 그는 사람과 하나님과 더불어 살아야 한다. 믿는 자는 단지 필요 충족을 위한 기도뿐 이니라 그의 삶을 풍성하게 하기 위해 하나님과 교통하고 나눈다.

**개념 1.** 하나님은 믿는 자의 필요를 아신다. 믿는 자는 그의 필요의 충족이나 하나님이 나의 필요를 알 것인가에 대해서 걱정할 필요가 없다. 믿는 자의 관심은 '하나님의 임재 속에 있느냐'이며 '하나님과 교통하기 위해 충분한 시간이 있느냐'이다. 하나님과 더욱 나누고 교통하면, 그는 하나님을 더 알게 되고 하나님의 약속을 더 의지하고 믿게 된다.

**개념 2.** 하나님은 아들의 필요를 듣고 싶어 한다.

1) 하나님은 믿는 자의 아버지이다. 믿는 자는 하나님과 그의 약속을 믿을 수 있다. 아버지가 아들의 부탁을 듣는데 오래 걸리지 않는다. 아버지는

아들의 필요를 이미 알고 있다. 아들은 아버지와 오랫동안 친근함을 유치하고 항상 교통해야 한다.

2) 하나님은 아들의 필요를 듣고 싶어 한다. 하나님은 믿는 자의 구원을 위해 일하고 싶어 한다(롬 8:23, 28-39).

3) 하나님은 기도를 매개체로 하여 기름 부으시고 그 매개체를 통해 축복하신다(마 6:5-6; 살전 5:15-22; 시 31:19; 시 123:1; 잠 29:25; 사 26:3-4).

## ◎ 기도란 무엇인가?

1) 기도는 하나님과 감정과 마음을 나누는 것이며, 서로 교통하는 것이다(마 6:9).

2) 기도는 하나님께 복종하는 것이며, 믿는 자가 자기 자신과 시간을 하나님께 쏟아 붙는 것이다.

3) 기도는 하나님께 필요를 간구하고 탄원하는 것이다(마 6:10). 필요를 간구하고 하나님을 의지하며 필요한 심령을 하나님께 쏟아내는 것이다.

**9절 : 그러므로 너희는 이렇게 기도하라 하늘에 계신 우리 아버지여 이름이 거룩히 여김을 받으시오며**

예수님이 하나님께 기도하는 모범 답안을 가르쳐 주신다.

1. 믿는 자는 하나님께 순종하고 하나님의 가족이 되어야 한다.

 1) 믿는 자가 '아버지'라고 말할 때, 그는 하나님께 순종한다는 의미이다. 그리고 주 예수 그리스도의 아버지를 자기 자신의 아버지로 인정하는 것이다.

 2) 믿는 자가 '우리 아버지'라고 말할 때, 그는 자기 자신의 독립성을 포기하고 하나님 가족에 입양된다는 뜻이다.

2. 믿는 자가 하늘 즉 영적 세계에 순종한다는 뜻이다. 믿는 자는 하나님 나라와 그의 의에 마음과 가슴을 집중한다. 그의 전인격체가 영적 세계를 구하는 일에 헌신한다.

3. 믿는 자는 하나님 거룩한 이름에 순종한다. 믿는 자는 하나님 거룩한 이름 앞에 아무런 가치 없는 존재로 엎드려 경배한다. 하나님을 우리 아버지로 불러지는데 아버지는 가족관계를 나타내며 다음 세 가지를 나타낸다.

1) 하늘에 계신 우리 아버지는 믿는 자의 아버지이며 보이지 않는 하늘나라와 보이는 땅의 나리와의 관계가 존재하는네, 믿는 자는 보이는 땅의 나라를 대표한다. 영적 세계는 보이지 않는 세계를 말하며 형상적 세계는 보이는 세계를 나타낸다(고후 5:17; 엡 4:23-24; 골 4:10).

2) 아버지란 단어는 믿는 자와 모든 다른 성도 사이에 관계가 성립됨을 나타낸다. 모든 믿는 자는 한 가족이며 가족 내에 공통적인 이익과 책임을 공유한다.

3) 이비지란 단어는 하나님을 믿는 자의 근원으로 지칭한다. 아버지로서 하나님은 믿는 자의 필요를 채워 주고 공급해 주는 이 땅의 아버지처럼 자녀를 사랑하신다.

**개념 3.** 우리 아버지는 기도할 때 첫 번으로 언급되는 단어이다. 우리를 아버지의 아들로 택하여 주심을 감사합니다.

**개념 4.** 이렇게 기도가 시작된다. 하나님 가족이 된 것에 감사를 드린다.

1) 하나님은 우리 아버지이다. 하나님은 편견을 가지고 있지 않다. 그는 모든 인간을 창조했기 때문에 어디에서나 모든 사람의 아버지이다(창 1:1; 말 2:10; 사 64:8; 행 27:28)

2) 하나님은 재창조와 우리를 양자로 입양함으로써 우리 아버지가 되었다. 예수그리스도를 믿고 그로 말미암아 구속받은 모든 사람에게 아버지가 된다(롬 8:15; 갈 4:4; 갈 4:5-6).

**개념 5.** 믿는 자가 하나님 아버지에게 접근하는 특별한 때가 있는데, 즉 죄를 회개하여 아버지께로 돌아가는 때이다(눅 15:18).

**개념 6.** 우리 아버지는 이 세상에 모든 관계를 해결하신다.

1) 우리가 가진 문제를 해결한다. 사람이 실패하고 희망이 없고 무기력할

때 짐 진자들아 내게로 오라고 말씀하신다. 아버지는 그의 깊은 관심을 우리와 나눈다.

2) 사람과 다른 사람의 관계를 해결하신다. 그리고 희랍어로 하늘(Heavens)은 복수로 쓴다.

신약에서는 하늘에 관하여 세 가지에 대하여 말하고 있다.

1) 지구를 둘러싸고 있는 대기권(마 6:26)

2) 천체의 바깥 우주 공간(계 6:13)

3) 하나님 임재가 완전히 나타나는 현상적인 세계의 범위를 넘어 있는 장소, 현대 언어로는 이것은 영적 세계를 말하며 하나님 임재가 나타나는 세계이며 믿는 자들이 구원의 영광스러운 날을 기다리면서 소망을 가지고 사는 세계를 말한다. 구원의 영광은 불완전한 하늘과 땅을 새 땅과 새 하늘로 변화시키는 날에 나타날 것이다. 하늘에 계신 우리 아버지는 기도할 대 두 번째 언급되며 이 뜻은 하늘에 계신 아버지께 감사, 하나님이 계신 곳에 우리를 데리고 가겠다는 하나님의 약속에 감사하는 것이다(요 17:14).

몇 가지 교훈은?

1) 믿는 자는 자기의 기도를 하나님께 직접 전달해야 하며 하나님의 보좌는 하늘에 있으며(시 103:19) 예수님은 믿는 자를 위한 중보자로 하나님 보좌 앞에 나아간다(행 7:55-56; 딤전 2:5; 히 8:6; 9:15).

2) 우리는 어떻게 하나님께 접근해야 할까? 하늘에 계신 우리 아버지는 우리에게 말한다.

(1) 아버지라고 부르면서 우리의 필요한 것을 도와주도록 은혜를 구하기 위해 담대히 나아갈 수 있다.

(2) 하늘에 계신 아버지라고 말하면서 존경과 경외함으로써 접근할 수 있다.

3) 하늘은 하나님의 권능과 영광을 보여 준다. 우주는 그의 솜씨를 보여 주며 우리 아버지와 하늘에 계신 두 단어가 결합할 때 하나님의 사랑과 하

나님의 권능을 나타나며 사랑을 통해서 우리 아버지가 되며 하늘에 계시는 하나님은 자기 자녀를 마음대로 할 수 있는 영광스러운 권능을 나타낸다. 믿는 자의 아버지는 어떤 것도 할 수 있으며 이 세상도 우주에 걸어 놓을 수 있다(엡 3:20, 시 121:1-8)

4) 믿는 자의 진정한 시민권은 하늘에 있다(빌 3:20). 그러므로 성숙한 성도의 소망은 아버지와 주님이 계시는 하늘에 있는 것이다. 그러한 성도는 그의 기도와 에너지와, 삶을 하늘을 향해 곧게 나아간다(눅 10:20; 요 12:2; 고후 5:1; 빌 3:20; 골 1:5; 히 11:10).

5) 하나님은 하늘로부터 모든 것을 볼 수 있다. 그는 인간의 모든 자손을 보고 있으며 이 땅에 사는 모든 주민을 내려다보고 있으며 그들이 하는 모든 일을 살펴본다. 그러나 하나님이 특별히 보는 한 가지는 하나님을 두려워하고 그의 자비를 구하는 사람을 보고 있다. 십자가 죽음으로부터 사람들의 영혼을 구하려고 항상 보고 계신다(시 22:18-19). 이것이 믿는 자가 하나님께 그의 시선을 고정시켜야 할 이유이다. 거룩히 여김(Hallowed)이란 뜻은 거룩하게 취급되며 다르게 취급되어야 한다는 뜻이다. 하나님 이름을 다르게 취급하고 고려해야 된다는 뜻이다. 다른 사람들의 이름과 하나님의 이름은 구별되게 불러야 한다(벧전 1:15-16).

**개념 7.** "Hallowed be your name" 이름을 거룩히 여김을 받으시오며

세 번째 기도 구절인데 당신의 이름은 모든 다른 사람의 이름과 구별되며 거룩하며 당신 이름만이 모든 만물위에 뛰어난 이름이다.

그리고 몇 가지 교훈을 주목해 보면,

1) 하나님의 이름은 의롭고 순수하며 거룩하다. 믿는 자의 기도는 하나님 이름을 모든 사람에 의해서 높임을 받고 찬양 받도록 해야 한다.

2) 기도의 첫 번째 중요성은 하나님을 찬양하고 영광을 돌리는 것이다. 하나님이 말하는 요점은 "우리 아버지", "하늘에 계신다", "이름을 거룩하게 해야 한다"이다.

하나님은 이 세상을 창조하셨고 생명체를 주었으며 사람의 생명은 하나님 은혜를 입고 있으므로 우리가 첫 째 할 일은 하나님을 찬양해야 한다(약 1:17).

3) 인간의 첫 째 목적은 하나님께 영광을 돌리는 것이다. 나도 거룩하니 너 희들도 거룩하라고 말씀하셨다(벧전 1:15-16). 인생은 말을 가지고 있다. 그러므로 말로써 삶을 통해서 하나님의 거룩함을 찬양해야 한다. 모든 기도는 하나님의 거룩함과 온전하신 하나님을 찬양하는 데 중점을 두어 야 한다.

4) 하나님의 영광은 예수님이 이 땅에 오게 된 바로 그 이유이다(요 17:1:26). 하나님은 말씀하시기를 이방인 가운데에도 이 땅에서 영광 받을 것이라 고 말씀하신다. 사람은 하나님의 이름을 영광스럽게 하고 거룩함에 우 리의 정신과 마음을 고정시켜야 할 것이다(사 57:15; 단 2:20; 시 46:10).

5) 사람은 군중들 가운데서 하나님을 찬양하고 존경해야 할 것이다. 어떤 사람들은 하나님 이름을 위한 것보다 자기 자신의 이름을 더 높인다. 하 나님 이름을 저주하는 사람은 무서운 심판을 받을 것이라고 하나님은 말 씀하고 있다(출 20:7).

## ▎ 10절 : 나라가 임하시오며 뜻이 하늘에서 이루어진 것 같이 땅에서도 이루어지이다

너희 나라가 임하시오며(your kingdom come). 아버지여 하나님 나라가 이 땅에 임하시어 예수님으로 하여금 모든 우리의 삶을 다스리고 통치하게 허락 하소 서. 하나님, 주 예수님이 이 땅에 오시기를 기도합니다.

**개념 1.** 하나님 나라는 믿는 자가 간구하는 첫 번째의 핵심이 된다. 여기에는 세 가지 이유가 있다.

1) 예수님과 초대 교회 사도들이 설교하고 가르치고 기도했던 바로 그 메시 지이다(마 3:2; 4:17; 19:20).

2) 모든 사람의 가슴속에서 통치하고 다스리는 그날을 갈망한다. 모든 사람 이 기꺼이 예수님께 순종하고 봉사하는 그늘을 말하며 모든 생각, 말과

행동이 하나님 뜻과 일치하는 그날을 말한다.

3) 믿는 자는 하나님만을 위해 살며 그의 존재 목적이 되어야 한다. 믿는 성
도의 전체 관심과 에너지, 노력은 이 땅에서 하나님 통치를 돕는 데 집중
되어야 한다(마 3:2; 마 4:17; 마 5:3; 마 5:10; 롬 14:17).

**개념 2.** "너희 나라가 임하시오며"는 미래를 나타낸다. 지금 이 땅에 존재하지 않는 어떤 것을
구하는 것이다. 하나님 왕국의 통치를 간구하는 것이다. 믿는 자는 "너희 나라가 임하옵소서"
하면서 기도해야 한다(마 5:20; 25:34; 행 14:22; 계 22:20).

**개념 3.** 하나님 나라가 이루어질 것이다. 하나님 나라는 지금 이 땅에 절실히 필요하다. 지금
반란이 일어나고 사악하며 적개심, 미움, 살인, 박탈감, 굶주림이 너무 만연하여 하나님 통치가
필요하다. 믿는 자는 꾸준히 기도하기 위해 서두를 필요가 있다. 하나님의 통치는 지금 이땅에
필요하다. 너희 나라가 임하여 하나님 왕국이 이미 왔던 것처럼 하나님 나라가 필요하다.

"너희 뜻이 이루어 질 것이다" – 이것은 하나님께 세 가지 중요한 것을 뜻한다.

1) 이것은 우리가 하는 모든 일은 하나님을 기쁘게 하는 일을 해야 할 것이
다.

2) 하나님은 자기 마음대로 우리를 다룰 것이다. 우리를 위해 무엇을 선택
하든지 간에 우리는 우리 자신을 그의 처분에 맡긴다.

3) 우리는 하나님이 하시는 일에 기뻐해야 할 것이다. 하나님은 우리의 이
익을 위하여 그는 더욱 열심히 일하며 최선을 다할 것이라는 것을 알아
야 한다.

**개념 4.** 너희 뜻이 이 땅에 이루어질 것이다. 하늘에서 이루어진 것처럼 기도의 두 번째 간구
이며 이 땅에서 아버지의 뜻 외에는 다른 뜻이 없으며 아버지 뜻대로 이루어지게 하라.

인간의 복종에 갈등을 일으키는 네 가지 의지는?

1) 인간 자신의 의지(롬 12:1)

2) 다른 사람의 의지(벧전 4:2)

3) 사탄의 의지(요 8:14)

4) 하나님의 의지(엡 5:15–17; 빌 2:13)

**개념 5.** 세 가지 중요한 교훈은

1) 많은 사람들은 하나님을 왕으로 부르지만 그를 왕으로 존경하지 않는다. 사람들은 하나님 의지를 따르지 않는다.

2) 하나님 뜻이 이루어지려면 하나님 의지를 따라야한다. 너 자신을 하나님께 나아가기 위해 최선을 다하라(딤후 2:15). 단지 하나님의 뜻이 이루어지는 유일한 방법은 하나님 말씀을 공부하고 우리의 삶에 그것을 적용하기 위해 지혜와 힘을 달라고 간구하는 일이다.

3) 이 땅에 하나님 뜻을 이루기 위해 이 땅은 하나님의 의지가 절대적으로 필요한 곳이다. 이 땅은,

    (1) 너무 많은 죄와 부패가 있는 곳이다.

    (2) 너무 많은 고통과 아픔이 있는 곳이다.

    (3) 너무나 많은 갈등과 죽음이 있는 곳이다.

    (4) 믿는 자가 너무 많은 시련을 만나는 곳이다(롬 6:13, 약 4:7, 시 143:10).

4) 하늘에서 이루어진 것 같이 당신의 뜻이 이 땅에도 이루어지게 믿는 자가 하늘의 규칙을 땅으로 가져오기 위해 기도한다.

    (1) 죽음에서 생명으로 가져온 하나님처럼 자기 자신을 하나님께 순종함으로써 이 땅을 하늘과 같이 만든다.

    (2) 내가 너에게 명한 모든 것에 순종하고 가서 모든 족속에게 가르침으로써 이 땅을 하늘과 같이 만든다.

## ▎11절 : 오늘날 일용할 양식을 주옵시고

양식(빵)은 삶의 가장 기초적 필요이며 생존에 필요한 상징이다.

1. 우리들에게 우리의 양식을 주옵소서(us, our) 뜻은 자기 이익(selfish)을 극복하고 다른 사람에게도 관심을 가지라는 뜻이다. 배고픈 채 잠자리에 드는 사람에게 관심을 가지라는 뜻이다.

2. 오늘날(today). 이 말은 내일에 대한 근심과 염려를 하지 말고 날마다 하나

님께 의지하며 의로운 자는 믿음으로 살리라는 뜻을 내포하고 있다.

3. 일용할 양식(daily bread). 하나님이 주신 일정 부분의 양식을 믿는 성도에게 기쁜 마음으로 주시고 다른 사람에게 부탁하지 말고 자기 자신의 양식을 그저 주시는 하나님께 부탁하라. 자기 자신의 일용할 양식을 위해 일하며 다른 사람에게 의지하거나 훔치지 않는다.

4. 주시옵소서(give us... bread). 우리는 일상의 필요한 것을 구하라. 즉 생존에 필요한 것을 구하며 이 세상의 디저트(dessert)를 구하지 마라. 우리의 기본 생활에 필요한 것을 하나님께 간구하라.

5. 오늘날 일용할 양식(give us today our daily bread). 이것은 믿는 자에게 기도로 날마다 하나님께 가까이 오도록 가르치며 하나님은 우리의 영적 행복에 관심이 많으므로 영적 일용할 양식(정신, 마음, 평안)을 위해 날마다 기도하는 습관을 가지도록 기도하라.

**개념 1.** "오늘날 일용할 양식을 주옵소서" 세 번째 간구이다. 믿는 자는 아버지여 "영적으로 육적으로 일용할 양식을 주옵소서. 우리의 영혼과 육체에 영양을 공급하게 하소서. 하나님 안에서 영광스러운 날을 만드소서."의 뜻을 내포하고 있다.

**개념 2.** 하나님은 사람과 사람의 행복에 관심이 많다.

1) 하나님은 인간의 육체적 행복에 관심이 많다(마 6:31-32).
2) 하나님은 인간의 정신적, 정서적 행복에 관심이 많다(딤후 1:7; 빌 4:8; 벧전 5:10).
3) 하나님은 인간의 영적 행복에 관심이 많다(고전 3:16-17; 고전 6:19-20)

**개념 3.** 하나님은 인간의 육체에 대한 관심을 성경말씀을 통해 가르쳐 주고 있다.

1) 생명의 근원, 즉 일용할 양식을 구하라고 말씀하셨다.
2) 인간의 몸으로 하나 밖에 없는 아들을 이 세상에 보내셨다.
3) 하나님은 그의 몸을 일으켜 부활한 육체로 만드셨다.
4) 하나님은 새롭게 부활한 육체를 믿는 자에게 주겠다고 약속하셨다.

5) 하나님은 믿는 자의 몸은 성전이라고 하셨다(고전 6:19-20).

믿는 자는 일용할 양식을 위해 하나님을 믿고 그가 받은 것에 대해 감사해야 한다. 그는 어떤 상황에도 만족하는 것을 배워야 한다(빌 4:11-13).

## ▌ 12절 : 우리가 우리에게 죄 지은 자를 사하여 준 것같이 우리 죄를 사하여 주옵소서

여기서 단어 빚진 것(debts, 법적으로 갚을 의무가 있음)을 갚지 않으면 죄로 인정된다. 하나님은 인간에게 해야 할 일과 하지 말아야할 어떤 책임감을 주었다. 어떤 사람도 자기 의무를 완벽하게 완수했다고는 할 수 없다. 죄는 우주적이며 누구나 어느 정도는 죄를 짓는다. 누구든지 우리에게 죄 지은 자를 사하여 준 것 같이 우리 죄를 사하여 달라고 기도할 필요가 있다.

debts(빚지는 것)은 옛날 이스라엘은 죄로 인정하였으며 하나님은 우리에게 자유를 주었고 책임감도 주었다. 하나님께 용서해 줄 것을 다음과 같이 기도한다.

1. 죄의 빚을 용서하여 주소서 - 사람은 자기의 의무를 다하지 못해 하나님을 실망시켰다. 그래서 1) 하나님께 죄에 대한 빚을 용서해 달라고 기도한다. 2) 범죄나 처벌받는 것을 용서해 달라고 기도한다. 자기 빚을 갚지 못한 사람은 죄를 짓게 된다. 그러므로 그는 갚지 않으면 벌을 받아야 한다. 이것이 나의 빚(죄)을 용서해 달라 기도하는 이유이다. 3) 그가 빚진 자를 용서한 것같이 우리 죄를 사하여 주시옵소서. 우리가 용서하면 하나님도 용서한다. 우리가 용서하지 않으면 하나님도 용서하지 않는다. 우리의 죄값의 빚을 하나님이 용서하셨다. 우리도 하나님께 빚진 자다.

**개념 1.** 우리가 용서를 구할 때 우리는 하나님과 사람 둘 다에게 갚을 의무가 있다.

1) 하나님께 대한 우리 의무는 하나님의 의지를 수행하지 못할 때 용서를 구해야 한다(요일 1:9; 사 55:7; 렘 33:8).
2) 사람에게 대한 우리의 의무는 우리에게 죄지은 자의 죄를 용서하는 것이다(막 11:25; 눅 17:4; 엡 4:32; 골 3:13). 우리가 용서를 받기 원한다면 이 두 가지 의무가 이루어져야 한다. 우리는 우리에게 죄지은 자를 용서하며 우

리도 우리의 죄를 용서해 달라고 간구해야 한다.

우리는 교회 안에서 가정에서 세상에서 말로 행동으로 죄를 짓는다. 크고 작은 죄를 무의식적으로도 짓고 의식적으로도 짓는다. 그러므로 기도로 용서를 구해야 한다.

**개념 3.** 믿는 자가 죄지은 자에게 대하여 네 가지 해야 할 일

1) 믿는 자는 이해해야 한다(엡 1:8).
2) 믿는 자는 참아야 한다(엡 4:2; 골 3:13).
3) 믿는 자는 용서해야 한다(엡 4:31-32).
4) 믿는 자는 가슴에 나쁜 생각을 품지 말고 잊어야 한다(빌 3:13; 고후 10:5).

**개념 4.** 주목힐 만한 네 가지 교훈

1) 용서하지 않는 마음은 자기 자신뿐 아니라 다른 사람에게 아픔과 상처를 준다.
2) 우리는 주기도문으로 기도함으로써 우리 자신을 저주할 수 있다. 우리에게 죄 지은 자에게 화를 내거나 용서를 하지 않고 주기도문으로 기도할 때 우리는 죄에 빠진다.
3) 용서는 조건적이다 – 우리는 하나님께 죄를 지었고 다른 사람도 우리에게 죄를 지었다. 하나님이 우리의 죄를 용서해 주기를 바라면 우리도 다른 사람을 용서해야 한다. 우리가 남을 용서하지 않는다면 우리는 어떻게 하나님이 우리를 용서해 주기를 바라는가?
4) 다른 사람을 용서하는 것은 하나님이 우리 죄를 용서하는 근거가 된다.

## 13절 : 우리를 시험에 들지 말게 하옵시고 다만 악에서 구하옵소서

유혹(Temptation)과 구원(Deliverance)에 대한 구절이다. 하나님은 우리를 유혹에 빠지도록 하지 않는다. 유혹에 빠지면 피할 길을 주신다고 말씀하고 있다. 유혹에 빠지지 않으려면 첫째도 기도, 둘째도 기도하라고 말씀하신다.

1) 기도하면 하나님이 무서운 유혹으로부터 지켜 줄 것이다. 믿는 자도 유혹에 대하여 개인적인 연약한 감각 기능을 가지고 있다.

2) 기도하면 하나님이 악으로부터 구해 줄 것이다. 희랍말로 악(evil)은 다른 말로 사탄(satan)이라고도 한다. 기도하면 하나님이 피난시켜 주시고 보호해 주시고 지켜 주신다. 악의 존재는 너무나 잘 속이고 강력하여 우는 사자같이 공격한다(벧전 5:8).

**개념 1.** 유혹에 들지 말고 악에서 구하옵소서. "Let us not into temptation, but deliver us from the evil one" 이것은 다섯 번째 기도해야 할 간구이다. 유혹은 날마다 오며 그것도 강력하게 끌어당긴다. 우리는 우리 방법대로 해결하려고 한다. 악은 속임수의 앞잡이이며 아름다운 겉모습으로 유혹한다. 우리가 혼자 해결하려고 하면 우리는 유혹에 넘어진다. 악은 사자같이 울부짖고 우리를 삼킬 것이다.

**개념 2.** 우리가 우리이 죄를 일단 용서받으면 다시 죄짓지 않도록 기도해야 한다.

우리가 죄짓지 않도록 필요한 두 가지는 a) 유혹으로부터 해방되는 것과 b) 악으로부터 해방되는 것이다.

**개념 3.** 모든 믿는 자에게 필요한 요구 두 가지

모든 성도는 특별한 것에 유혹 되는 것이 아니라 일반적으로 보편적인 것에 유혹된다. 믿음 좋은 사람도 유혹에 넘어지지 않을 수 없다.

**개념 4.** 왜 유혹을 물리쳐야 하는가?(고전 10:12)

1) 죄가 하나님을 아프게 하고 고통스럽게 하기 때문에(시 15:4)

2) 죄가 다른 사람 뿐 아니라 자기 자신에게 큰 고통과 슬픔을 주기 때문이다(눅 19:41-44; 마 23:27; 눅 13:34).

**개념 5.** 악을 다룰 때 믿는 자는 두 가지를 기억해야 한다.

1) 네 안에 있는 분이 세상에 있는 분 보다 더 위대하다(요일 4:4).

2) 하나님이 우리를 도우면 누가 우리에게 반기를 들 수 있겠는가?(롬 8:31-

39; 고전 10:13; 약 1:3; 벧후 2:9; 유 1:24-25; 계 3:10)

하나님께 드리는 짧은 찬미(Doxology), 즉 나라(The kingdom)와 권세(The power)와 영광(The glory)이 아버지에게 영원히 있사옵나이다.

이것은 송영이며 Doxology(송영)의 핵심은

1) 하나님은 권세와 영광의 근원이며 하늘나라 주인이다.

2) 우리는 하늘나라 백성에 속하기 때문에 하늘나라 주인의 긴능에 복종해야 하며 우주의 통치자는 하나님이다.

주기도문의 주제는 찬양으로 시작하여 찬양으로 끝난다. 사실에 있어서 하나님은 찬양을 필요로 하지 않는다. 그는 수많은 천사들의 찬양을 받는다. 그러나 그는 우리의 찬양을 받을 만큼 귀하고 지극히 높으신 분이다. 하나님은 우리를 창조할 능력을 가진 분이기 때문에 찬양하며 우리의 찬양을 받고 싶어 한다. 진정으로 믿는 성도는 언제나 모든 사람위에 하나님 이름을 찬양한다.

하나님의 권세는 a) 창조자의 권세 b) 다스리는 권세 c) 사람을 변화시키는 권세 d) 죽음을 극복하고 영원히 살리시는 권세 e) 하나님 홀로 찬양받을 권세- 우리는 하나님 형상대로 지음을 받았기 때문에 항상 하나님 이름을 높이고 찬양해야 한다.

마지막 Amen의 뜻은 "It is and shall be so unequivocally."이며 또한 "a word of commitment" 즉 언약이 말이다. 아멘은 사실이며 그 사실은 실제로 절대로 변하지 않을 것이라는 언약의 말이다.

## 14절 : 너희가 사람의 잘못을 용서하면 너희 하늘 아버지께서도 너희 잘못을 용서하시려니와

다른 사람에 대한 용서이며 용서하면 너희도 하나님 아버지께 용서받는다는 약속이 있다. 죄를 범하다 의 단어 'Trespass'의 뜻은 '넘어지다', '실수하다', '의와 진리로부터 빗나가다'라는 뜻이다.

1. 예수님은 우리가 다른 사람을 용서하는 것을 당연히 여기고 있다. 예수님의 말씀은 다른 사람을 용서하면 하나님 아버지가 우리를 용서할 것이다. 우리

는 하나님 법을 침범한 죄인이다. 아무리 성숙한 성도라도 하나님이 법을 완전히 다 지킬 수는 없다. 우리 모두가 넘어지고 실수한다.

1) 우리는 해야 될 일을 다하지 못하고 있다. 우리는 부족한 점이 많다.

2) 우리가 따라가야 할 길을 벗어나 금지된 지역에 들어간다. 그래서 우리는 절대적으로 용서가 필요하며 하나님은 우리가 우리의 죄를 다른 사람에게 용서하면 하나님도 우리의 죄를 용서할 것이라고 약속하고 있다.

2. 이 세상에서 가장 큰 일은 우리 죄를 용서받고 저주로부터 용서받으며 하나님에 의해 받아들여져 회복되는 것이다. 죄의 용서는 우리가 자유롭게 해방되는 것이며 영생을 얻어 천국에서 자유를 누리는 것이다.

3. 우리 죄를 용서받을 수 있는 유일한 방법은 다른 사람의 죄를 용서하는 것이다. 하나님은 그들의 죄를 용서하라 그리하면 하늘에 계신 너희 아버지께서도 너를 용서해 주실 것이라고 말씀하신다. 두 가지 죄에 대해 주목해 보면,

1) 다른 사람에게 나쁜 감정을 가지는 것은 죄이며 그것은 가슴속에 죄를 품는 것이다. 우리에게 악행 한 사람을 용서하는 것은 우리가 우리의 가슴을 깨끗하게 하기를 원하는 증거이다.

2) 사람에게 죄를 용서한다는 것은 우리 죄뿐 아니라 모든 죄를 용서하는 것이다(막 11:25; 눅 11:4; 눅 17:4; 골 3:13).

**15절 : 너희가 사람의 잘못을 용서하지 아니하면 너희 아버지께서도 너희 잘못을 용서하지 아니하시리라**

이것은 하나님의 경고이며 용서를 하지 않으면 용서를 받지 못한다는 경고이다. 용서를 위해 기도하면서 다른 사람에게 나쁜 감정을 갖는 것은 위선적이다. 다른 사람에게 나쁜 감정을 느끼는 것은 그 사람은 하나님과 나쁜 관계에 있다는 명백한 증거이다.

1) 나쁜 감정은 우리가 인간의 진정한 특성을 모른다는 것을 보여 준다. 나쁜 감정은 우리가 하나님과 올바른 관계를 가지고 있지 않다는 명백한 증거이다.

2) 나쁜 감정은 우리가 자기 의에 도취되어 사는 사람을 나타낸다.

3) 나쁜 감정은 자기 자신의 죄를 용서받기 위해 아무 일도 하지 않는다는 것을 보여 준다.

4) 나쁜 감정은 하나님 말씀이 아니라 사회의 기준으로 사는 것을 보여 준다.

그러므로 우리는 서로 돕고 사랑해야 하며 우리가 넘어지고 실수하고 기준에 벗어날 때 서로 관심을 가지고 회복되도록 도와주어야 한다(롬 3:23; 엡 4:31-32; 갈 6:1-3). 예수님은 "남을 판단하지 마라. 너도 판단받을 것이다."라고 경고하고 있나.

**개념 1.** 이 점에서 중요한 세 가지 교훈은?

1) 다른 사람에 대하여 악한 감정을 갖고 있는 사람은 자기 자신과 자기의 죄를 보지 못한다. 그는 자기의 실체를 모르며 내면 세계와 사람을 타락시키는 동기를 모른다.

2) 다른 사람에 대한 악감정은 내면적 갈등을 일으킬 수 있으며 여러 가지로 사람의 마음과 정서에 상처를 입는다.

3) 죄의 용서를 위해 하나님이 우리의 기도를 들어주는 세 가지 필요는,

   (1) 거룩한 손을 들어 기도하는 것

   (2) 분노가 없을 것

   (3) 의심이 없을 것(딤전 2:8)

**개념 2.** 예수님 자신이 우리의 화평이시다. 성경을 살펴보면

1) 하나님은 둘을 하나로 만들 수 있다(엡 2:14).

2) 하나님은 둘 사이의 막힌 담을 헐 수 있다.

3) 그는 자기의 육체로 적개심을 폐할 수 있다(엡 2:15).

4) 그는 두 사람을 하나의 새 사람으로 만들 수 있다.

5) 그는 두 사람 사이에 화평과 평강을 줄 수 있다.

6) 그는 십자가에 의해서 한 몸으로 두 사람을 화해시킬 수 있다.

7) 그는 하나님 아버지께 둘 다 가까이 나아가게 할 수 있다(엡 2:18).

**16절 : 금식할 때에 너희는 외식하는 자들과 같이 슬픈 기색을 보이지 말라 그들은 금식하는 것을 사람에게 보이려고 얼굴을 흉하게 하느니라 내가 진실로 너희에게 이르노니 그들은 자기 상을 이미 받았느니라**

금식할 때 잘못된 방법에 대해서 지적하고 있다.

1. 위선자로 금식하는 것은 정말로 위험하다. 사람이 금식하는 네 가지 이유가 있는데 한 가지를 제외하고 모두 거짓되고 위선적이다.

1) 사람들은 하나님과 자기 인정을 얻으려고 금식한다.

2) 사람들은 신앙적인 인정을 받기 위해 금식한다.

3) 사람들은 신앙적인 행동을 성취하기 위해 금식한다.

4) 사람들은 특별한 목적을 위해 진정으로 하나님을 만나기 위해 금식한다.

**개념 1.** 금식은 예수님께 저주받지는 않는다.

하나님을 만나는 것 이외에 어떤 목적을 위해 금식하는 것은 비난 받는다(마 6:2; 15:8; 눅 18:12; 딤후 3:5; 사 29:13; 호 6:6).

2. 인정받기 위한 금식은 잘못된 것이다. 경계해야 할 몇 가지 위험이 있다.

1) 영적 우월감을 느낄 수 있는 위험이 있다. 진정한 금식을 따르는 사람은 많지 않다. 진실로 금식을 할 때 영적 우월감과 자만심을 경계해야 한다.

2) 지나친 자신감을 가질 수 있는 위험이 있으며 믿는 자의 확신은 하나님 안에 있는 것이지 자지 자신에게 있지 않다. 진정으로 금식한 후에는 믿는 자는 영적 확신감을 느낀다. 하나님 능력에 의존해야 하며 자기 자신의 에너지에 의존해서는 안 된다.

3) 금식한 경험을 서로 나누는 위험이 있으며 믿는 자는 항상 하나님 임재에서 너무 많은 것을 배워서 그는 그에게 특별히 가까운 사람들과 경험을 나누고 싶어 한다. 가장 좋은 충고는 침묵을 지키며 아무것도 나누지

말며 가장 친한 친구에게도 나누지 말아야 한다.

4) 사람의 외모와 행동과 태도를 바꾸는 위험이 있다. 정상적인 행동과 일상적인 생활 패턴을 바꾸는 것은 금식의 원래의 장점을 헤치며 예수님 말씀처럼 금식하는 것을 사람에게 보이려고 얼굴을 흉하게 한다(마 23:5, 27; 요 7:24; 고후 10:7).

3. 잘못된 방법으로 금식하는 것은 그에 대한 결과가 따른다. 사람의 인정과 존경은 받을지 모르지만 사람에게 인정받는 것은 그것이 전부이며 하나님으로부터 인정을 받지 못한다.

**17-18절 : 너는 금식할 때에 머리에 기름을 바르고 얼굴을 씻으라 이는 금식하는 자로 사람에게 보이지 않고 오직 은밀한 중에 계신 네 아버지께 보이게 하려 함이라 은밀한 중에 보시는 네 아버지께서 갚으시리라**

올바른 방법으로 금식해야 한다. 금식은 너무나 몸에 소모가 크기 때문에 먹는 음식보다 더 중요하다. 그러므로 믿는 자는 어떤 문제에 관하여 하나님께 집중하기 위해 음식을 먹지 않는다. 성경적 금식은 하나님 앞에 기도와 강렬한 탄원을 포함한다.

1. 초대 교회 성도들은 의무적으로 금식하곤 했다. 하나님은 우리가 금식하기를 바라며 1) 예수님 자신도 금식했다(마 4:2). 2) 사도 역시 금식했다. 3) 안나도 금식했다(눅 2:37). 4) 고넬료도 금식했다. 5) 교회 지도자도 금식했다(행 13:2; 14:23). 6) 부부 함께 금식이 예상된다(고전 7:5). 7) 바울도 자주 금식했다(고후 6:5; 11:27).

2. 금식은 예고 없이 해야 한다. 믿는 성도는 하나님 앞에서 금식해야 하며 사람 앞에서는 하지 말아야 한다. 그가 금식하고 있다는 것을 나타내기 위해 얼굴 모습이나 태도가 바뀌어서는 안 된다.

왜 사람들은 특별한 방법으로 하나님께 간구하는가? 그 문제는 하나님의 일이며 사람의 일이 아니다. 사람과 하나님 사이의 일이며 사람과 사람 사이의 일이 아니다.

**개념 1.** 금식은 무엇인가?

사람은 분명히 알지 못하며 단지 아버지만 안다. 특별한 기도 기간 동안 하나님 임재 속으로 들어오는 것이다.

3. 금식은 단지 하나님에게만 하는 것이다. 하나님이 금식의 대상이다. 그는 하나님을 특별한 방법으로 만날 필요가 있다. 하나님을 만날 때 믿는 자는 하나님께 전적으로 의지한다는 것을 보여 주어야 한다(마 6:16-18). 종교 지도자들은 사람 앞에서 금식하고 진실된 성도는 하나님 앞에서 금식한다.

**개념 2.** 하나님은 우리가 언제 얼마나 자주 금식하는지에 대해 말하지 않는다. 그러나 금식하는 방법은 말해 주고 있다.

우리는 그가 말한 것처럼 정확하게 금식하기 위해 미리 준비해야 한다. 하나님 앞에 비밀리에 허식이나 보여 주기가 아닌 금식을 해야 한다.

4. 올바른 금식 방법은 보상을 받는다. 사람의 보상을 받는 것보다 하나님의 보상은 훨씬 크다(고후 1:8; 5:10; 계 22:12; 시 58:11; 사 40:10; 렘 17:10; 23:24).

◎ 믿는 성도가 금식을 해야 할 네 가지 경우가 있다.

1) 하나님과 교류하고 싶은 가슴 안에서 특별한 충동이나 소명을 느낄 때.
   이때는 성령이 마음을 움직일 때이다.
2) 특별한 필요가 발생할 때이다. 그 필요는 자기 자신의 생명이나 가족의
   생명, 사역이나 선교(mission)에 큰 어려움이 발생할 때이다.
3) 믿는 성도가 하나님 앞에 그의 영혼을 겸손히 낮아질 필요가 있을 때이
   다. 이런 때에는 그는 겸손을 배울 뿐 아니라 하나님께 의존해야 하는 것
   을 깨닫게 된다.
4) 믿는 성도가 하나님으로부터 특별한 능력을 필요로 할 때이다(시 35:13).
   주님은 믿는 자가 기도하고 금식하면 그러한 능력을 허락한다고 약속하
   고 있다(마 9:29; 17:21).

◎ **금식에서 얻는 이익은 무엇인가?**

1) 금식은 믿는 자에게 하나님 임재 속에 머물게 한다. 매우 특별한 목적을 위하여 하나님 임재를 간구하기 위해 금식을 한다.

2) 금식은 하나님 앞에 믿는 자의 영혼을 겸손케 한다.

3) 금식은 믿는 자로 하여금 하나님을 의지하도록 가르쳐 준다.

4) 금식은 하나님께 심각성을 보여 주어 그 문제를 우선적으로 고려해 달라는 것을 행동으로 보여 주는 것이다.

5) 금식은 믿는 자가 자기의 삶을 통제하고 단련시키도록 가르쳐 준다.

6) 금식은 믿는 자가 습관의 노예가 되지 않게 한다. 그를 쇠사슬로 묶어 놓고 있는 나쁜 습관들을 깨뜨리게 한다.

7) 금식은 믿는 자에게 신체적으로 긴강을 유지하는 데 도움을 준다. 그것은 과체중 상태를 방지하는 데 도움이 된다.

> **19-20절 : 너희를 위하여 보물을 땅에 쌓아 두지 말라 거기는 좀과 동록이 해하며 도둑이 구멍을 뚫고 도둑질하느니라 오직 너희를 위하여 보물을 하늘에 쌓아 두라 거기는 좀이나 동록이 해하지 못하며 도둑이 구멍을 뚫지도 못하고 도둑질도 못하느니라**

보물을 하늘에 쌓아 두라는 뜻이다. 우리의 마음을 땅의 것에 두느냐? 하늘의 것에 두느냐? 우리의 마음을 땅에 초점을 맞추느냐? 하늘에 맞추느냐? 이 구절에서 예수님의 관심은 돈, 소유물, 물질이 아니다. 우리가 살고 있는 땅의 재산은 오래가고 안전한 것은 하나도 없다. 그것은 오래되면 썩어지고 낡아지며 없어진다. 그래서 땅에 물질을 쌓지 말고 영원하고 안전한 하늘에 물질을 쌓아 두라고 권면하시고 있다. 우리의 생각을 바꾸기 위해 하나님은 부와 물질주의에 대해 몇 가지 교훈을 주고 있다.

1. 사람들이 원하는 이 땅의 재산이 있다.

옷, 차, 보석, 집, 가구, 명성, 권력, 토지... 이러한 이 땅의 재산은 믿는 사람이나 믿지 않는 사람이나 생활하는 데 대단히 필요하다. 그러나 우리의 삶을 땅의 것에 초점을 맞추지 말고 지나가고 없어지는 것에 마음과 에너지와 노력을 헛되게 하지 말아야 한다. 빈손으로 돌아가는 인생이 다 쓸데없는 것이다. 재산은 땅의 재산과 하늘의 재산이 있다. 우리는 땅의 재산을 탐내기 쉽다.

**개념 1.** 땅의 재산을 탐내는 네 가지 이유는

  1) 땅의 재산은 보이고 다루기 쉽다.

  2) 땅의 재산은 우리 생활에 영향을 미치고 다른 사람이 가진 것도 우리 생활에 영향을 미치기 때문이다.

  3) 우리가 가정생활 하는 데 필요하기 때문이다.

  4) 물질이 권위와 존경의 상징이기 때문이다.

**개념 2.** 땅의 재산이 나쁜 이유는

  1) 땅의 부는 사람의 탐욕을 부추기고 부패시키기 때문이다.

  2) 땅의 모든 물질은 세월이 가면 썩어 없어지거나 파괴되기 때문이다. 부는 인간의 탐욕으로 이루어지기 때문에 반드시 부패한다.

  3) 땅의 것은 안전하지 못하며 인간을 거만하게 만든다.

  4) 물질은 이기심과 악을 불러온다.

  5) 영구적이 아닌 일시적이며 죽으면 하나도 가져갈 수 없다(욥 5:3).

"너희 금과 은이 녹슬었으니 이 녹이 너희에게 증거가 되면, 불같이 너희 살을 먹으리라. 너희가 말세에 재물을 쌓았 도다(딤전 6:10; 약 5:3; 시 39:6; 잠 23:5; 전 5:10; 렘 17:11; 겔 28:4-5).

  2. 하늘의 재산 - 믿는 자들이 바라는 재산

  1) 허물 없는 삶

  2) 진정한 하나님의 아들이 되는 것

  3) 죄를 용서하는 것

  4) 하나님의 지혜를 믿는 것

  5) 하나님 뜻을 깨닫는 것

  6) 성령을 받는 것

7) 하나님 의지를 이해하는 것

8) 하나님의 유산을 물려받는 것

9) 영적으로 풍요롭고 넘치는 삶(요 10:10)

땅의 재산은 보이는 것이나 하늘의 재산은 보이지 않는 재산이다.

**개념 3.** 예수님은 이 땅의 보물을 구하지 말도록 권면하고 있다. 예수님은 세상의 부보다 하늘의 부를 쌓으라고 하신다. 왜 땅에 부를 쌓지 못하게 권면하시는가? 그것은 우리의 영혼을 좀 먹기 때문이다. 그래서 모든 것을 하나님께 맡겨라. 하나님이 넉넉히게 땅의 재산을 관리해주실 것이다(고전 15:50).

**개념 4.** 예수님은, 사람은 자기 자신을 위해 하늘에 보물을 쌓고 가족을 위해 땅에 쌓지 말라고 말씀하신다. 이 말씀은 많은 사람에게 얼마나 혼란과 당황함을 주는 메시지인가?(마 6:20; 눅 12:33; 빌 3:8; 딤전 6:19; 계 3:18)

**21-23절 : 네 보물 있는 그 곳에는 네 마음도 있느니라 눈은 몸의 등불이니 그러므로 네 눈이 성하면 온 몸이 밝을 것이요 눈이 나쁘면 온 몸이 어두울 것이니 그러므로 네게 있는 빛이 어두우면 그 어둠이 얼마나 더하겠느냐**

하나님은 두 가지 마음 상태에 대하여 경고하고 있다.

1. 선한 가슴(good heart) − 이것은 선한 눈과 같다. 눈은 마음의 거울이다. 우리가 예수님께 시선을 맞추어 예수님의 빛을 받으면 믿는 사람의 마음도 빛으로 가득 찬다. 악한 눈은 세상을 바라보는 눈을 말하며 예수님 없는 어두움을 찾는 눈이다. 사람의 가슴에 보물이 묻혀 있다. 그의 심장이 땅을 추구하면 썩어지는 땅에 머물고 그의 보물을 하늘에 쌓으면 그의 눈은 예수님이 계시는 곳, 진리를 향하게 된다. 선한 눈을 가지고 건강한 눈을 가지면 그는 하늘의 보물이 어디에 있는지 볼 수 있다. 믿는 사람은 두 눈을 하나님께 고정시켜야 한다. 왜냐하면 우리는 하늘나라 시민이기 때문이다. 하늘나라 시민은 썩지 않는 영원한 보물을 갖게 된다. 즉 성령의 열매를 갖게 된다. 마음이 가난한 자는 복이 있나니 천국을 볼 것이요(마 5:8). 항상 너희 맘을 위에 것에 두라. 땅의 것에 두지 마라(골 3:2)

2. 나쁜 가슴(bad heart) − 나쁜 눈과 똑같다. 나쁜 눈은 하늘을 볼 수 없다. 예

수님은 말씀하기를 나쁜 눈은 장님인 동시에 어둠 속에 있기 때문에 악(evil)에 시선을 맞추고 땅의 죄악에만 몰두하게 된다. 예수님의 요점은 가장 귀하게 여기는 것이 마음을 지배하고 인격을 지배하며 감정과 마음을 지배하기 때문에 가장 귀하게 여기는 보물을 하나님 통제 하에 두면 하나님이 나아갈 방향을 가르쳐 준다. 하나님은 세상의 빛이며 하나님이 비추는 길로 나아가면 우리는 바른 길로 갈 수 있다. 당연히 사람의 마음은 보물이 있는 곳에 머문다. 그의 보물이 땅에 있으면 마음은 땅을 향하고 보물이 하늘에 있으면 하늘에 머문다.

**개념 1.** 사람의 눈이 땅에 머물면 어떤 일이 일어날까?

1) 땅의 어두운 그림자 때문에 하늘나라를 잘 볼 수 없다. 그리고 어둠 속에서 자기 자신이 속고 있다는 것을 모르게 된다.
2) 탐욕이 생기고 소비 성향이 강해진다.
3) 땅의 재물을 잃을까 항상 염려하고 걱정한다.
4) 이웃이 베푸는 일에 눈을 닫아 버리고 남의 일에 무관심하게 된다.

**24절 : 한 사람이 두 주인을 섬기지 못할 것이니 혹 이를 미워하고 저를 사랑하거나 혹 이를 중히 여기고 저를 경히 여김이라 너희가 하나님과 재물을 겸하여 섬기지 못하느니라**

예수님은 두 주인을 섬길 수 없다고 경고하고 있다.

1. 사람은 한 주인을 미워하면 다른 한 주인을 사랑하게 된다. 두 주인이 동시에 사람을 부를 때 한 주인을 선택해야 한다. 한 주인을 선택하여 봉사하고 헌신한다. 그래서 두 주인을 똑같은 수준에서 섬길 수 없다. 즉 이것은 세상물질을 사랑하든지 하나님을 사랑하든지 선택해야 한다는 뜻이다. 동시에 두 주인을 섬기는 것은 불가능하다. 사람은 사랑과 미움을 동시에 가질 수 없기 때문이다. 이 세상의 보물과 하늘의 보물 즉 두 보물이 있다. 즉 눈에 보이는 물질적인 것과 보이지 않는 영원한 보물이 있으며 믿는 성도는 예외 없이 한 가지를 선택해야 한다. 즉 Mammon(돈) 이나 God(하나님), 돈을 선택하든지 하나님을 선택해야 한다. 많은 사람들은 부를 하나님의 축복으로 생각하지만 하나님은 그

렇게 생각하지 않는다(딤전 6:5-11).

**개념 1.** 이 땅의 보물은 여러 가지가 있다.

1) 부와 풍요로운 물질(약 4:13)
2) 배불리 맛있게 먹는 화려한 음식
3) 악하고 욕심 많은 눈으로 모은 재산
4) 죄성을 가지고 계속 탐욕으로 모은 재산
5) 비생산적인 활동으로 모은 재산(노름, 투기)

**개념 2.** 하나님을 주인으로 섬길 때 우리에게 주시는 혜택

1) 생활필수품은 반드시 공급한다(마 6:33).
2) 근심을 없게 해 주신다(빌 4:4-7).
3) 기쁨과 만족감을 주신다(요 15:11).
4) 삶을 풍성하게 하고 영원한 삶을 주신다(요 10:10).

**25절 : 그러므로 내가 너희에게 이르노니 목숨을 위하여 무엇을 먹을까 무엇을 마실까 몸을 위하여 무엇을 입을까 염려하지 말라 목숨이 음식보다 중하지 아니하며 몸이 의복보다 중하지 아니하냐**

믿는 자는 생활필수품, 음식, 옷, 마실 것 등을 염려하지 말아야 한다. 그러나 예수님은 게으름, 무기력함, 무관심한 태도를 가지라는 뜻은 아니며 창의력, 노력, 계획 등을 등한시하라는 뜻이 아니다.

사람은 책임감을 가져야 된다고 강조하시며 자기 혼자서 먹고 살기 위해서 일해서는 안 되며, 다른 사람을 도와주기 위해 일하고 노력해야 된다고 권면하신다(엡 4:28).

1. 예수님은 물질적인 생활에 지나치게 얽매이지 말라는 뜻이며 물질을 허비하라는 뜻이 아니다. 대부분 사람들은 사치와 물질에 정신과 마음을 빼앗기는 함정에 빠지기 쉽다고 말씀하신다. 성도는 이 세상일에 얽혀 들어가지 말며

많이 가지려고 욕심 부리지 마라. 이 세상의 것을 먼저 구하지 말고 그 나라와 그 의를 먼저 구하라.

2. 물질에 대한 근심과 불안은 심각한 불면, 두통, 암, 고혈압, 심장병을 유발할 수 있다. 모든 근심은 하나님께 맡겨라.

3. 하나님을 경시하지 마라. 세상 물질을 지나치게 추구하다 보면 하나님을 멀리하기 쉽다. 그리고 하나님이 돌봐주고 사랑한다는 것을 잊어버리고 자기가 모든 것을 이루었다고 착각하게 된다.

4. 예수님은 이 세상일에 너무 바빠 영생을 잊지 말라고 하신다. 우리는 이 세상 넘어 하늘나라 삶을 구하는 것을 잊어버린다.

**개념 3.** 호화스럽고 사치스럽게 사는 것은 굶주리고 먹을 것 없는 이웃에게는 죄인의 행동이며, 그것은 지옥으로 가는 죄에 해당된다고 말씀하고 있다. 성도는 물질적인 것에 말려들지 말며, 일상생활에 필요한 것은 하나님이 공급하시기 때문에 지나치게 욕심 낼 필요가 없다.

**개념 4.** 물질과 음식, 옷, 집에 정신을 빼앗기면 왜 나쁜가?

1) 그 일에 몰두하는 동안 하나님을 잊어버리고 소홀하기 쉽다.
2) 밤낮 일하면서 부를 쌓고 그것을 어떻게 지킬까, 어떻게 더 많이 가질까 고민하게 되어 하나님을 멀리하고 자기 부에 집중한다.
3) 필요한 것에 충분함에도 만족하지 않는다. 인간의 본성은 욕심은 끝이 없기 때문이다.
4) 더 욕심 부리면 가난한 사람의 기회와 재산을 빼앗을 수 있기 때문이다.

**개념 5.** 25절 전체가 주는 교훈

1) 염려하지 마라. 너의 음식과 옷을 구하는 일은 하나님께 맡겨라. 너희 노력과 마음을 너의 신실한 삶과 건전한 육체를 위해 사용하며 옷과 음식에 지나치게 관심 갖지 마라.
2) 값진 삶은 물질을 지나치게 추구하지 않는 삶이며, 가치 있는 삶은 옷과 음식보다 더 중요하다.

3) 물질주의는 사람을 노예로 만들어 물질이 그의 인생을 지배한다. 물질을 더 소중히 여겨 부인과 다투고 일꾼과 심하게 다루고 아이들을 등한시하여 건전한 가정을 지키기 어렵게 만든다. 결국 하나님이 주시는 기쁨과 평화를 누리지 못하게 된다.

**26절 : 공중의 새를 보라 심지도 않고 거두지도 않고 창고에 모아들이지도 아니하되 너희 하늘 아버지께서 기르시나니 너희는 이것들보다 귀하지 아니하냐**

믿는 사람은 의식주에 대하여 염려하지 말라. 하나님은 공중의 새도 먹이시고 입히신다. 너희 눈을 사용하여 너 주위에서 보는 것으로부터 배워라. 하나님은 새들까지도 돌보아주는데 믿는 자들을 돌보지 않겠는가?

1. 믿는 사람은 새보다 귀하다.

　1) 사람은 어떤 동물보다도 가장 고귀한 창조물이다. 하나님 이미지로 탄생한 영적 존재이며 하나님과 교통하는 존재이다. 하나님과 개인적 관계가 가능한 존재이다. 새는 아무것도 할 수 없다(욥 35:11; 창 1:27).

　2) 믿는 자는 하나님의 아들이다. 새는 하나님이 아버지가 아니고 창조물일 뿐이며 성도는 하나님이 아버지이다(롬 8:15; 창 4:4–6).

　3) 믿는 자는 하나님의 상속자이다(롬 8:16–17; 딛 3:7).

**개념 1. 물질에 사로잡힌 사람은 어떤 사람인가?**

　1) 욕심으로 가득 찬 사람

　2) 새보다 현명하지 못한 사람(새는 생각이 없고 나는 것과 먹는 것에 욕심이 많다)

　3) 예수님 말씀을 듣지 않는 배교자(Backslider)이다.

　4) 하늘나라와 그 의를 먼저 구하지 않고 물질을 먼저 구한다.

**개념 2. 새를 눈여겨보고 피난처와 음식(식량)을 어떻게 구하는지 배워라.**

　1) 하나님은 성도의 필요성을 다 알고 계신다.

　2) 하나님은 지구상의 온갖 새들의 종류, 크기, 색깔을 다 아시고 새까지도

먹이고 입히시는데 하나님 아들에게 후하게 주시지 않겠는가?

3) 하나님은 지구상에 있는 모든 성도들의 머리털까지 알고 계신다. 그래서 하늘나라와 그 의를 구하면 염려할 것 없다. 하나님이 먹이시고 입히실 것이다.

4) 하나님은 미리 계획하에 풍족하게 주신다. 그러나 계획이 없거나 게으르거나 노력하지 않으면 꾸짖으신다. 성경도 일하지 않는 자는 먹지도 말라고 하며 노력을 강조하신다.

## 27절 : 너희 중에 누가 염려함으로 그 키를 한 자라도 더할 수 있겠느냐

2. 너희 수명에 대해서 염려하지 말라.

희랍어에서 키의 뜻은 높이. 신분상승을 포함한다. 때로는 나이를 의미한다. 희랍어로 'Cubit'은 대략 16인치 길이와 공간을 의미한다. 이것 역시 시간과 나이의 길이를 뜻한다. 근심과 걱정은 소용없는 일이며 모든 육체는 완전하지 못하다(질병, 고통이 있다). 그러나 주님은 하늘나라에서 완전하고 새로운 하늘과 새로운 땅을 준비해 놓고 계신다. 미래의 영광스러운 나라가 우리를 기다리며 하늘나라에서는 모든 성도의 눈물을 닦아주는 주님이 계신다. 사람의 키를 인위적으로 높이려고 하는 자는 센스가 없는(senseless) 사람이다.

이 땅에서 짧은 인생에 집중하는 것은 어리석은 일이다. 왜냐하면 모든 사람은 한 번은 죽는다. 어떤 사람은 비정상적이고 불완전한 키(삶)을 가지고 있다. 그래서 항상 염려하고 근심한다.

우리의 시민권은 하늘에 있다(빌 3:20). 우리는 구원자인 구세주를 기다리면서 희망을 가지고 살고 있다. 하나님을 진정으로 믿는 자에게 모든 일에 협력하여 선을 이루시겠다고 약속하셨다(롬 8:28).

## 28-30절 : 또 너희가 어찌 의복을 위하여 염려하느냐 들의 백합화가 어떻게 자라는가 생각하여 보라 수고도 아니하고 길쌈도 아니하느니라 그러나 내가 너희에게 말하노니 솔로몬의 모든 영광으로도 입은 것이 이 꽃 하나만 같지 못하였느니라 오늘 있다가 내일 아궁이에 던져지는 들풀도 하나님이 이렇게 입히시거든 하물며 너희일까보냐 믿음이

## ▌작은 자들아

의복에 대해서 염려하지 마라. 들에 핀 백합화를 봐라.

1. 백합은 뿌리가 깊다. 영양분을 받기 위해 뿌리를 깊게 내린다. 믿는 사람은 이 세상 물질에 깊이 뿌리를 내려서는 안 된다. 믿는 사람은 하늘나라와 그 의에 뿌리를 내려야 한다.

2. 백합은 아름다움을 장식하는 데 수고도 하지 않고 스스로 베도 짜지 않는다.

믿는 성도는 인위적으로 외부 장식을 위해 물실을 낭비해서는 안 된다. 하나님의 의를 위해 노력해야 하며 모든 것을 후히 수시는 하나님을 믿고 하늘의 아름다움(내적 아름다움)을 스스로 외부에 빛나게 해야 한다.

**개념 1.** 여기에서 일곱 가지 교훈을 얻을 수 있다.

1) 지나치게 염려하지 마라. 들에 백합화를 보아라.
2) 옷은 피부 보호, 미적, 기능적 역할을 하며 인간의 생존 필요 조건(의, 식, 주) 중에서 의에 속한다. 그러나 우리가 우리의 마음과 생각을 물질적인 옷에 지나치게 관심을 갖는 것은 얼마나 어리석은 일인가! 우리의 구원은 옷이나 다른 물질에 있지 않으며 오직 그 나라와 그 의를 먼저 구하는 데 있다.
3) 옷에 대한 지나친 관심은 두려움을 갖게 한다.
   (1) 옷을 잘못 입으면 인기가 떨어질까 두려워하게 한다.
   (2) 유행이나 스타일에 관심이 많아 자기가 입고 있는 옷이 유행에 뒤떨어진 것이 아닌가 두려워한다.
   (3) 외모에 지나친 관심을 가져 시간과 에너지를 스타일이나 유행에 뒤떨어지지 않도록 옷을 고르는 데 허비한다. 옷이 초라해서 다른 사람과 어울릴 수 없을까 두려워한다.
4) 많은 사람들은 옷을 보고 사람을 판단한다.
5) 믿는 자는 열심히 노력해야 한다. 하늘나라와 그 의를 위해 노력해야 하

며 그의 필요를 위해 하나님을 의지해야 한다. 하나님은 일도 하지 않고 아무 노력도 없는 들의 백합화를 아름답게 만드는 하나님이 하나님을 위해 열심히 노력하고 힘쓰는 믿는 자를 아름답게 장식하지 않겠는가!

6) 인간은 백합화와 같은 존재이다. 오늘 왔다가 내일은 가버린다. 인간은 세상일에 얽혀 들어갈 시간이 없다. 이 세상에서 순식간에 살아진다. 지체하지 말고 그 나라와 그 의를 구하라. 그러면 영생을 얻으리라.

7) 화려한 옷과 아름다움에 지나치게 관심을 갖는 것은 어리석은 일이다(시 49:14; 딤전 2:9-10; 벧전 3:3-4; 마 6:28-29).

**31-32절 : 그러므로 염려하여 이르기를 무엇을 먹을까 무엇을 마실까 무엇을 입을까 하지 말라 이는 다 이방인들이 구하는 것이라 너희 하늘 아버지께서 이 모든 것이 너희에게 있어야 할 줄을 아시느니라**

예수님은 의복, 옷, 음식에 대하여 지나치게 관심을 갖지 말라고 권면하시고 있다. 믿는 사람은 이방인과 다르다. 이방인은 세상의 풍요와 안락을 추구하면서 잘 입고, 잘 놀고, 물질을 많이 가지려고 하는 사람이다. 이방인들의 삶은 어떤 것인가?

1) 그들은 하나님이 없는 삶이다(엡 2:12) - 그들은 하나님을 메시아로 받아들이지 않는다.

2) 하나님으로부터 멀어진 사람들이다 - 하나님의 가족이 되는 것은 알지 못하는 사람들이다.

3) 하나님 약속을 모르는 자들이다 - 하나님은 내가 필요한 모든 것을 공급하겠다고 약속한 것을 믿지 않는다.

4) 이 땅 이외엔 희망이 없다고 생각한다 - 천국을 모르는 자들이다.

5) 하나님 임재와 하나님 사랑을 모르는 자들이다.

   (1) 믿는 자는 예수님과 하나님의 백성을 안다.

   (2) 믿는 자는 하나님의 약속과 영생의 영광스러운 소망을 안다.

   (3) 믿는 자는 하나님의 임재를 안다.

(4) 믿는 자는 하나님의 가족 됨을 알고 하늘의 시민권자라는 것을 안다.

**개념 1.** 구원받지 못한 자는 두 가지 심각한 문제에 직면하고 있다.

1) 그들은 살아 계시는 진실된 하나님을 개인적으로 알지 못한다. 그들은 필요한 물질을 위해 이 세상에 온갖 노력을 하지만 이 세상을 떠날 때는 아무것도 가지고 갈 수 없다는 것을 알게 될 것이다. 그때는 이미 너무 늦은 때이다. 그래서 먼저 그 나라와 그 의를 구하라고 하나님께서는 우리에게 권면하신다.

2) 그들은 영생의 소망에 대하여 모른다. 대부분 믿지 않는 사람들은 이 세상의 물질에 희망을 갖고 있으나 영생에는 관심이 없다. 이 세상의 삶은 일시적이며 단지 몇십 년 계속되다가 곧 죽게 된다. 그러나 하나님 임재 안에서 열심히 노력하고 그를 믿으면 그는 우리의 필요를 아시고 후히 주실 것이며 영생도 함께 따라오게 될 것이다.

**개념 2.** 성숙한 믿음을 가진 자의 증언 – 나는 가난하고 궁핍하오나 주께서는 나를 생각하시오니 주는 나의 도움이시요 나를 건지시니라 나의 하나님이여 지체하지 마시옵소서(시 40:17).

## 33절 : 그런즉 너희는 먼저 그의 나라와 그의 의를 구하라 그리하면 이 모든 것을 너희에게 더하시리라

그런즉 너희는 먼저 그 나라와 그 의를 구하라. 믿는 성도는 물질에 집착해서는 안 된다. 필요한 만큼은 하나님이 공급하신다. 하늘나라 시민이 되기 위해서는 그 나라와 그 의를 먼저 구해야 한다. 다른 사람과 가족을 위해서도 그 나라와 그 의를 먼저 구해야 한다. 자기 자신의 힘과 능력으로 구하는 사람과 초조하게 성공만을 위해 구하는 사람은 하나님으로부터 아무것도 공급받지 못할 것이다.

하나님과 자기 자신의 힘 두 가지를 구하는 사람은 한쪽 발은 이 세상에 다른 쪽 발은 하늘나라에 그런 사람은 두 가지를 옳게 구할 수 없을 것이다. 쟁기를 잡은 사람은 뒤를 돌아보지 말라고 성경은 말하고 있으며 즉 하나님만 보며 앞만 보고 가라는 뜻이다.

**개념 1.** 하나님을 믿으면 일어나는 하나님의 도움

1) 믿는 자가 실패하면 그 실패는 일시적이다. 반드시 하나님이 극복할 힘을 주시고 회복할 수 있도록 도와주신다.
2) 하나님은 협력하여 선을 이루신다.
3) 삶을 영위하는 데 필요한 물품을 제공하신다.
4) 하나님 일에 충성하였으므로 충성된 종으로 삼을 것이며 천국 시민권을 줄 것이다.

**개념 2.** 하나님은 인간을 영적인 존재로 창조하였기 때문에 영적인 것에 만족해야 하며 물질적인 것에 우선권을 두지 않았다. 인간의 실책은 물질적인 것이 인간을 만족시킬 수 있다고 믿는 것이며 이러한 생각은 어리석은 생각이다.

**34절 : 그러므로 내일 일을 위하여 염려하지 말라 내일 일은 내일이 염려할 것이요 한 날의 괴로움은 그 날로 족하니라**

내일 일을 오늘 염려하지 말라. 믿는 사람은 내일의 일과 내일 생각에 사로잡히지 말라고 성경은 말하고 있다. 내일의 일과 내일의 필요는 우리의 손에 달려있지 않고 하나님 손에 달려있다. 하나님은 내일을 준비하고 돌보는 사람을 책망하지는 않는다. 그러나 점점 더 많이 가지려고 욕심내면서 하나님 일을 등한시하기 때문에 먼저 그 나라와 그 의를 구하라고 말씀하고 있다.

**개념 1.** 실패에 대한 다섯 가지 태도

1) 아무것도 신경 쓰지 않고 세상일에만 관심을 갖는 태도 – 세상의 즐거움, 권세, 명성은 빨리 지나간다.
2) 초조하고 근심하는 태도 – 자기 자신과 가족이 안전할 수 있을까 항상

근심하는 태도.

3) 두려워하고 공포에 사로잡힌 태도 – 시련과 실패에 직면하여 하나님께 의지하지 않고 자기 자신이나 가족, 친지에게 먼저 의지하는 태도, 하나님께 부르짖어라. 내가 응답하겠고 알 수 없는 비밀을 가르쳐 주겠다고 말씀하셨다.

4) 자기 확신에 찬 태도 – 자기 자신과 자기 능력을 과신하는 태도, 하나님이 능력자인 것을 모르며 하나님이 이 땅과 하늘나라를 연결하여 해결한다는 비밀을 모른다.

5) 미지근하게 하나님을 믿는 태도 – 열정 없이 수동적으로 믿으며 자신감을 가지려면 가슴에 하나님을 능동적으로 품어야 한다.

# 마태복음 7장

**❙ 1절 : 비판을 받지 아니하려거든 비판하지 말라**

The word "Judge" is to criticize, condemn, censor. 여기서 '비판'이라는 표현은 잘못을 찾아내는 것이며, 남을 비난하고 비판하는 습관이며, 도덕적인 판단이 아니라 자기 판단으로 비판하는 것을 말한다.

예수님은 남의 행동을 비판하기 전에 자기 자신의 행동과 동기를 먼저 살펴보라고 권면하신다. 우리의 가장 나쁜 행동은 자기 자신은 변하지 않고 다른 사람이 변하기를 바라는 것이다. 자기 자신은 변명하면서 다른 사람의 잘못은 확대해서 보려는 죄성을 누구나 가지고 있다. 하나님은 이 점을 지적하고 고치라고 권면하고 있다. 다른 사람을 비판하려면 자기 자신을 비판받을 일이 없는가 먼저 생각해야 한다. 자기 자신을 먼저 판단해 보고 남의 잘못을 발견하면 용서할 수 있다. 비판하는 사람의 눈에 있는 들보는 비판받는 사람의 눈에 있는 티끌보다 훨씬 큰 것인데 자기 것은 보지 못하고 남을 비판한다고 예수님은 꾸중하신다.

보통 사람이 잘못을 저지르거나 큰 실수를 하면 비난을 받는데, 먼저 생각없이 비난하는 것은 성경적인 것이 아니다.

1. 사람이 잘못을 하면 동기를 먼저 살펴본 다음 사랑으로 충고해야 한다.

잘못을 했으면 도움을 먼저 주어야 한다. 더욱 구렁텅이로 밀어 붙여서는 되지 않는다. 그리고 부정적이고 파괴적으로 말하지 말라.

2. 믿는 성도는 겸손하고 사랑으로 비난을 삼가야 한다.

◎ 사람들이 비판하는 이유
1) 비판하면 자기 자신의 이미지가 향상된다고 착각한다. 다른 사람의 실패를 비난하고 비판하면 자기 자신의 판단하는 이미지가 더 올라간다고 생각한다.
2) 인간의 본성은 남의 잘못이나 결점을 발견하면 즐거워하는 본성을 가지고 있다.
3) 비판하면 우리 자신의 삶이 다른 사람의 삶보다 낫다고 생각한다. 다른 사람이 낮아지면 자기는 높아진다고 생각한다.
4) 다른 사람이 실패와 잘못을 시서함으로써 우리의 결점과 행동을 합리화할 수 있다고 생각한다.
5) 남을 비판하고 비난하는 것은 자기 자신의 마음의 상처의 탈출구가 된다고 생각한다.

◎ 비판하지 말아야 하는 이유
1) 침묵하는 것이 남을 배려하는 마음이다. 그리고 남을 헐뜯지 않는 가장 좋은 방법이다(Silence is gold).
2) 모든 사람은 결점이 있고 실수할 수 있으므로 남의 실수도 인정할 수 있어야 한다. 우리 모두 죄인이라는 사실을 잊어버리면 비판하기 쉽다. 의인은 예수님 한 분뿐이며, 우리는 예수님의 의에 의존할 뿐이고, 우리 자신도 예수님을 100% 의지할 때 그 빛을 받아서 선하게 된다. 우리도 우리의 약점을 먼저 인정하고 다른 사람의 약점도 인정해야 한다.
3) 사춘기, 어린 시절 실수하고 잘못을 저질렀을 때 엄마의 훈계와 보살핌을 생각해 보라. 하나님은 인간의 털 끝 움직이는 것도 아신다. 우리 인간은 남을 정확히 판단 할 수 없으므로 판단은 하나님께 맡겨라.
4) 남을 판단하는 것은 하나님의 권위를 박탈하는 것이다. 하나님만이 죄인

을 심판대에 세울 수 있다.

**2절 : 너희가 비판하는 그 비판으로 너희가 비판을 받을 것이요 너희가 헤아리는 그 헤아림으로 너희가 헤아림을 받을 것이니라**

비판자는 똑같은 기준으로 비판 받을 것이다(약 3:1-2).

- Equal judgement(똑같이 심판 받는다)
- Equal measure(똑같은 잣대로 받는다)
- Equal retribution(똑같은 보복을 받는다)
- Reciprocal action(보복를 하면 보복을 당한다)
- Equal retaliation(똑같은 보복를 당한다)
- Equal sin(똑같은 죄를 짓는다)

그러나 성경은 비판하는 자는 훨씬 더 큰 비판과 비난을 받을 것이다. 자비가 없는 비판은 하나님으로부터 그도 자비를 받지 못할 것이다(약 2:13).

◎ **비판과 비난을 자주하는 사람은?**

1) 하나님으로부터 긍휼을 받지 못할 것이다(자기가 잘못을 저지를 때).
2) 하늘나라에서 그도 심판받을 것이다.
3) 그는 비난한 사람보다 더 심하게 심판받을 것이다.
4) 그는 죄 용서받지 못할 것이다(눅 6:36-37).

그러나 하나님은 겸손하게 죄를 고백하고 회개하는 자를 용서하는 분이다. 긍휼과 용서를 하지 못하는 사람은 하나님에게도 용서받지 못하는 사람이다. "형제들아 서로 원망하지 마라 그리하여야 심판을 면하리라 보라 심판주가 문밖에서 계시니라"(약 5:9).

**3절 : 어찌하여 형제의 눈 속에 있는 티는 보고 네 눈 속에 있는 들보는 깨닫지 못하느냐**

비난자와 비판자는 자기 자신을 알지 못한다(소크라테스). 어떤 사람은 남의 허물을 계속해서 비난하고 헐뜯는다. 그리고 헛소문을 부풀려 퍼뜨리기도 한다. 이것은 자기 자신의 눈으로는 진실을 볼 수 없고 잘못을 깨닫지 못하기 때문이다. 이 세상에 의인은 하나도 없나니(롬 3:10). 하나님 이외에는 비난하거나 비판할 자격이 없다(롬 3:23). 죄 없다고 주장하면 그것은 거짓이 오니 우리를 속이는 것이요 우리 속에는 진실이 없나니(요일 1:8). 우리는 죄성을 가지고 죄 많은 세상에 살고 있으므로 실수와 속임수에 대단히 유혹받기 쉽다(요일 5:19).

**4절 : 보라 네 눈 속에 들보가 있는데 어찌하여 형제에게 말하기를 나로 네 눈 속에 있는 티를 빼게 하리 하겠느냐**

Criticizer is deceived about himself — 남을 심판하는 것은 사려 깊지 못한 행위이며 자기 자신이 속고 있는 것이다.

◎ 그 이유

1) 남을 심판하는 것은 우리 자신의 죄를 모르는 행위이다.
2) 남을 심판하는 것은 가장 큰 죄이다(하나님의 권위를 빼앗는 행위이기 때문이다).
3) 남을 심판하는 것은 우리 자신을 하나님만큼 높은 지위에 있다고 생각하기 때문이다.
4) 모든 죄는 다 크다(All big). 가장 큰 죄는 하나님 권위에 도전하는 죄이다. 심판은 하나님 몫이다. 거기에 간섭해서는 안 된다. 비판자는 남을 심판할 수 있는 위치에 있지 않다. 보통 사람들은 남을 심판할 자유가 있다고 생가히기 쉬우나 사기 자신의 죄를 모르고는 남을 심판할 수 없다. 하찮은 사람이 자기 자신을 대단한 사람이라고 생각하면 그는 자기 자신을 속이는 자가 된다(갈 6:3; 약 1:26).

대부분의 사람들은 남을 비판하고 심판할 때 자기 자신의 생각을 보호하고 남의 잘못에만 마음을 집중한다.

**5절 : 외식하는 자여 먼저 네 눈 속에서 들보를 빼어라 그 후에 야 밝히 보고 형제의 눈 속에서 티를 빼리라**

Criticizer is a hypocrite – 비판하는 자는 위선자이다.

사람은 남을 비판하기 전에 자기 자신의 죄성을 빼내어야 한다(빌 2:3-4).

우리는 거짓과 허황됨으로 우리 눈에 가득 차 있다. 이것들을 먼저 빼라고 예수님은 권면하신다. 우리는 형제의 잘못을 보고 참는데 실패한다. 겸손과 자비의 마음을 가지고 자기 자신이 죄인이라고 인정할 때 다른 사람의 실수를 함께 질 때 예수님의 법을 이루어 나갈 수 있다(갈 6:1-2).

우리는 분노, 투쟁, 헐뜯는 것, 악의로 오염되어 있다. 그래서 남을 용서하지 못하고 비판하고 비난한다. 하나님이 우리의 죄를 갚기 위해 십자가에서 돌아가셨다는 사실을 모르기 때문에 남을 헐뜯고 심판하고 죄를 덮어씌운다. 이 세상 많은 사람들이 거짓 증거와 무고로 너무 고통받는 사람이 많다. 남이 잘못을 저지르고 실족할 때, 우리는 비난할 때가 아니고 동정심과 긍휼을 가지고 도움을 줄 때이다.

사람이 잘못을 저질러 실수할 때 우리는 비난하고 심판할 때가 아니고 격려해 주고 사랑해 줄 때이다. 남을 심판하기 전에 하나님의 거룩하심을 본받아 몸과 마음을 더럽히고 심판하는 악의 세력을 몰아내어 우리 마음을 정화시켜야한다. 다른 사람을 비판하고 심판하는 것은 위선적인 행위이다.

우리가 다른 사람을 비판하기 전에 염두에 두어야 할 몇 가지는?

1) 우리는 우리 자신을 알아야 한다. 우리는 누구나 하나님 심판대에 서야 하기 때문에 하나님 용서가 필요하다. 그래서 우리도 남을 용서할 필요가 있다.

2) 우리는 이 세상의 재판관의 권위를 인정하는 것처럼 하나님의 심판 권리를 가로채서는 안 된다. 우리 모두는 하나님 은혜로 구원받은 죄인이다.

3) 우리 자신은 자신의 눈에 대들보를 빼는 것같이 우리 삶에서 생기는 죄를 먼저 제거하고 난 후 다른 사람의 잘못을 볼 수 있고 그 다음 하나님을 분명히 볼 수 있다.

4) 우리는 실패하거나 실족한 사람에게 성급하게 비판과 심판이 아니라 동정과 이해의 손길을 뻗어야 될 것이다.

**6절 : 거룩한 것을 개에게 주지 말며 너희 진주를 돼지 앞에 던지지 말라 그들이 그것을 발로 밟고 돌이켜 너희를 찢어 상하게 할까 염려하라**

비판자는 복음을 받을 자격이 없다. 신성한 것을 개에게 주지마라. 진주를 돼지에게 주지 말라. 그 뜻은 우리 자신을 어리석게 만들지 말고 위험에 빠지지 말라는 뜻이다. 돼지는 더러운 동물(unclean animal)이다. 더러운 것을 만지거나 접촉하면 예배에 참석할 수 없고 성전에 들어갈 수도 없다. 예수님은 거룩한 가르침을 거룩하지 못한 사람에게 맡기시는 안 된다고 하신다. 그러나 우리는 믿지 않는 사람에게 하나님 말씀을 중단해서는 안 되며, 우리는 그들을 현명하고 분별력 있게 복음을 전해야 할 것이다.

그 당시 믿지 않는 자(unbeliever), 사악한 자(wicked people)를 개와 돼지에 비유했다. 구체적으로 악실서인 죄인(notorious sinner), 경멸하는 자(scoffer and scornful), 분노하고 방탕한자(enraged and reviler), 사악하고 신성 모독자(openly wicked and profane), 남을 미워하는 자와 남을 멸시하는 자, 박해자(persecutor), 이들은 구원받을 수 있을까?(롬 10:13) 누구든지 내 이름을 부르는 자는 구원받을 것이며 온전히 하나님을 믿고 의지하는 자는 구원받을 것이다. 거듭나고 회개만이 구원받을 수 있다.

**7절 : 구하라 그리하면 너희에게 주실 것이요 찾으라 그리하면 찾아낼 것이요 문을 두드리라 그리하면 너희에게 열릴 것이니**

예수님은 꾸준히 충성하라고 말씀하신다. 사람들 중에 반쯤 노력해 보고 그만 포기한다. 하나님은 꾸준히 충성해야 하나님을 볼 수 있다. 하나님을 안다는 것은 꾸준히 말씀을 사모하고 100% 믿는 것이다. 하나님께 꾸준히 지식과 인내, 지혜를 구하라. 하나님은 반드시 주실 것이다. 그리고 꾸준한 기도는 무엇인가? 그것은 구하며 찾으며 두드리는 것이다(It's asking, seeking and knocking). 응답받을 때까지 기도해야 한다. 어떤 때는 간절한 기도가 지금은 응답되지 않지만 반드시 하나님은 응답하신다는 것을 믿어야 한다. 그리고 하나님은 기도에 대하여 몇 가지 교훈을 제시하고 있다.

1) 진정한 기도는 꾸준한 기도이다. 중언부언하면서 잡념을 가지고 마음이

안정되지 않은 상태에서 기도하지 말라.

2) 하나님은 항상 기도하며 간절한 마음으로 기도하라고 권면하신다.

3) 우리가 기도하면 반드시 응답받는다고 확실히 믿고 기도하라.

    ⑴ 하나님은 기꺼이 주는 분이기 때문이다.

    ⑵ 하나님은 우리의 요청을 업신여기지 않으신다(약 1:5).

4) 우리가 기도하면 반드시 받는다는 것은 하나님 의중에 틀림없이 있다.

5) 진정으로 꾸준한 기도는 우리가 하나님을 의지하고 있다는 것을 하나님은 알고 계신다.

Ask(구하라), Seek(찾으라), Knock(두드려라) 하는 것은 우리가 하나님을 진정으로 의지하고 구하고 있다는 것을 의미한다. 우리는 처음 asking 해보고 그 다음 하늘나라 문 앞에서 seek and knock 하면 반드시 우리의 요구를 듣고 하늘문을 연다. Ask, seek and knock는 게으름이나 자기만족이 아니라 적극적으로 계속 구하라는 뜻이다. knock(두드려라)의 뜻은 두 가지 뜻을 가지고 있는데 첫째, 여러 문이 있는데 어느 문이 정확한 문인지 옳은 문을 두드릴 때 열려질 것이다. 둘째, 하늘문 앞에서 계속 문만 보고 knock 해야 한다는 뜻이다.

야곱처럼 우리는 열릴 때까지 계속 하나님과 씨름하지 않으면 열리지 않는다(눅 18:1; 신 4:29). 그리고 ask, seek만 하고 knock을 하지 않아서 못 얻는 경우가 많다.

**8-10절 : 구하는 이마다 받을 것이요 찾는 이는 찾아낼 것이요 두드리는 이에게는 열릴 것 이니라 너희 중에 누가 아들이 떡을 달라 하는데 돌을 주며 생선을 달라 하는데 뱀을 줄 사람이 있겠느냐**

예수님은 하나님께 꾸준히 간구하라고 우리에게 권면하신다. 사람들은 가끔 몇 번 내키지 않는 마음으로 노력하다가 포기하며 하나님을 더 이상 찾을 수 없다고 결론짓는다. 그러나 하나님을 아는 것은 믿음과 집중력 그리고 실천이 필요하며 그래야만 보상이 뒤따른다는 걸 확신시켜 주고 있다. 절대로 하나님을 찾는 노력에 포기하지 마라. 그에게 더 많은 지혜, 인내, 지식, 사랑, 이해를 계속 간구해야 한다. 그러면 그는 너에게 그것들을 줄 것이다.

예수님은 아이의 예를 들어 아이가 그의 아버지에게 필요한 떡을 달라고 하면 돌을 주며 생선을 달라고 하면 현명한 아버지라면 독이 있는 뱀을 주겠는가?

하나님은 가끔 우리가 뱀 같은 해로운 것을 달라고 간절히 기도하더라도 허락하지 않을 것이다. 우리는 사랑하는 친아버지처럼 이로운 것을 구하면 허락하신다. 그리고 기도는 조건적이다. 우리가 구하면 얻게 되고, 구하지 않으면 얻지 못한다. 믿는 자의 기도는 들으시고 응답하신다. 하나님 아버지는 세상 아버지보다 더 우리에게 더 많은 관심을 가지고 있다. 하나님 아버지는 친아버지처럼 접근할 수 있으니, 마땅히 세상 아버지가 해야 할 일을 하나님 아버지는 더 잘 알고 계신다. 세상 아버지가 아무리 선하다 해도 그 아버지는 하나님으로부터 창조되었다. 하나님은 우리가 달라고 요청하기 전에 우리의 필요를 알고 있으며 그리고 우리는 우리의 필요를 왜 하나님께 요청해야 하는가? 거기에는 4가지 기도해야 할 이유가 있다.

1) 기도는 하나님과 대화하고 친근하게 나아가도록 가르쳐 주며 더 많이 의지하고 믿도록 인도한다. 이 땅의 아버지가 우리와 친밀한 관계를 유지하고 싶은 것처럼 하나님 아버지도 우리와 친밀한 관계를 계속 유지하도록 바란다.

2) 기도는 하나님 안에서 인내와 희망을 가르쳐 준다. 하나님이 즉시 주지 않을 때 그의 약속을 끈기 있게 기다리면서 하나님 임재 속으로 들어가게 한다.

3) 기도는 세상 아버지처럼 하나님을 더 사랑하도록 가르쳐 준다. 하나님이 우리 기도를 응답할 것이며 기다려야 된다는 것은 우리를 하나님께 더 가까이 가게 한다.

4) 기도는 우리가 하나님을 얼마만큼 깊게 믿고 사랑하며 의지해야 되는가를 보여 준다. 진실로 하나님을 믿고 그가 간구한 것은 받을 것이라고 깨닫는 사람은 하나님께 더 많은 관심을 가지게 될 것이며, 그는 더욱 더 많은 기도로 하나님께 나아갈 것이다.

**11절 : 너희가 악한 자라도 좋은 것으로 자식에게 줄줄 알거든 하물며 하늘에 계신 너희 아버지께서 구하는 자에게 좋은 것으로 주시지 않겠느냐**

왜 꾸준히 기도해야 하는가?

1. 기도는 조건부이다. 달라고 하면 주고 안 달라고 하면 못 받는다. 꾸준히 기도하지 않고 우리가 요구한 것을 받기 전에 포기하거나 가버리면 하나님을 무시하는 것이 된다. 한두 번 기도하다 그만두면 우리의 불성실을 하나님께 보이는 것이 된다. 우리가 한두 번 노크해 보고 그만두면 열어 주려고 준비하는 동안 가버려 기회를 잃게 된다. 모든 성도의 기도는 열납되고 응답된다. 하나님은 기도를 끝까지 기다리면서 듣고 계신다. 어떤 사람은 ask만 하고 가버리고 어떤 사람은 seek만 하고 그만둔다. ask, seek and knock 하면서 끝까지 구해야 한다.

하나님은 이 지상의 아버지보다 더 우리를 세밀하게 보살핀다. 하나님은 우리 믿는 자들의 아버지시며 아들에게 아버지가 왜 존재하는지 알고 계신다. 지상의 아버지는 아들을 사랑한다. 지상의 아버지도 하나님이 창조하셨기 때문에 하나님은 지상의 아버지의 가슴속에 애정과 관심을 넣어 주었다. 그래서 그분은 "내게 부르짖으라 내가 너에게 응답하겠고 네가 알지 못하는 크고 은밀한 비밀을 알려 주"겠다(렘 33:3)고 하셨다.

어떤 부모도 비슷하게 보이는 돌이나 독이 있는 뱀을 빵이나 고기 대신에 줄 지상의 부모는 없으며, 하나님 아버지는 우리에게 더 좋은 것을 주려고 준비하고 계신다. 하나님이 우리 기도를 즉시 응답하지 않는 이유는?

1) 기도는 하나님과 대화이며 fellowship(교제)이다. 점점 더 믿고 더 구해야 하나님과 관계가 깊어지기 때문이다.

2) 기도는 인내와 희망을 나타낸다. 하나님이 즉시 응답하지 않을 때 그가 약속한 것을 희망하면서 그의 임재 속에 들어갈 때 주어야 될 것인지 아닌지 판단하는데 시간이 걸릴 수 있다.

3) 기도는 우리 지상의 아버지보다 더 간절한 마음으로 하나님을 의지하지 않을 때 우리를 기다리게 하신다.

4) 기도는 우리가 얼마나 하나님을 '진정으로 의지하느냐, 의지하지 않느냐'에 달려 있다. 희망하지 않으면 주지 않는다.

기도의 결과로 주어지는 축복은 일반 은혜에 속하는 것이 아니고 하나님이 내리시는 축복이다. 예수님은 어떻게 하나님께 나아갈 수 있는지 분명히 말해 주고 있다. 어떻게 나아갈 수 있을까? 하늘에 계신 아버지께 나이기야 한다. '하늘에 계신다'는 이 단어는 하나님 주권을 말하며 하나님은 전능자이기 때문에 전능자 허락 없이는 들어갈 수 없다. 우리는 땅에 있는 아버지지범 하늘 아버지께 나아가야 한다. 이 말은 자유롭고 거리낌 없이 대화하면서 나아가야 한다.

하나님은 우리와 가족관계로 창조하셨다(롬 8:15-16). 하나님은 사랑이시다. 믿는 성도는 하나님 영광을 위해 하나님께 나아가야 한다. 지상의 아버지들은 인간인 동시에 육적인 아버지시이며 지상의 어떤 아버지들은 자식을 사랑하지 않는 아버지도 있으며 악한 아버지도 있다. 그러나 하나님 아버지는 선하시며 변함이 없으신 아버지이시다.

◎ 이 지상의 아버지가 주는 것과 하나님 아버지가 주는 것

1) 지상의 아버지는 줄 때 잘못 줄 수 있다. 그러나 하나님 아버지는 정확하게 주신다.

2) 지상의 아버지는 실수하여 돌과 뱀을 착각하여 줄 수 있다. 그러나 하나님 아버지는 구별하여 나쁜 것은 주지 않고 좋은 것만 주신다. 이 지상이 아버지는 아이들의 억지 요청에 못 이겨서 때때로 값싸고 질 나쁜 것을 주지만 하나님은 그렇지 않다.

3) 이 세상의 아버지는 아이들이 요청할 때 위협적으로 말하고 쓸데없는 요구를 한다고 심하게 꾸중하면서 주신다. 하나님은 축복하며 주신다.

**12절 : 그러므로 무엇이든지 남에게 대접을 받고자 하는 대로 너희도 남을 대접하라 이것이 율법이요 선지자니라**

황금률은 모든 율법과 예언을 포함한다. 황금률은 진실된 법과 정의가 필요

하다. 황금률은 사람에게 거짓말, 훔치는 것, 거짓 증거, 남에게 상처 주지 않도록 가르치는 것이다. 황금률은 사랑과 긍정적인 것과 적극적인 행동을 포함하고 있다. "네 몸 같이 네 이웃을 사랑하라." 성도는 이 세상에서 살아 있는 동안 남을 배려하고 사랑해야 한다.

이 세상의 원리는 give and take(주고받기) 원리가 통한다. give 하기를 싫어 하고 take하기를 좋아하는 성도는 하늘나라에서는 하나님이 무한정 주신다는 것을 모른다.

성도는 세 가지를 염두에 두어야 한다.

1) 예수님의 가르침을 깨닫는 것

2) 예수님이 가르치는 것을 믿는 것

3) 예수님이 가르친 것을 행하는 것(결국 아는 것과 믿는 것은 부족하기 때문에 결국 행하여야 하나님 나라에 들어가는 자격이 주어진다.)

## 13-14절 : 좁은 문으로 들어가라 멸망으로 인도하는 문은 크고 그 길이 넓어 그리로 들어가는 자가 많고 생명으로 인도하는 문은 좁고 길이 협착하여 찾는 자가 적음이라

두 가지 문이 있다. 두 가지 길(road)과 두 가지 방향(destination)이 있다. 좁은 문은 제한되어 있고 예수님이 허락하는 사람만이 그 문으로 들어갈 수 있다. 넓은 문은 제한이 없고 누구든지 들어갈 수 있다. 좁은 문은 박해와 고난, 방해가 많다.

좁은 길은 생명으로 인도하는 길이며 하늘나라로 들어가는 길이다. 넓은 길은 사망의 길이며 세상 길이다(넓은 길을 돌아서서 좁은 길로 들어가는 길을 찾으라). 모든 사람들은 넓은 길에 서기를 좋아하며, 보이기 때문에 쉽게 접근할 수 있다. 그러나 좁은 문은 보이지 않는 하늘 문이다. 하늘문은 보이지 않기 때문에 기도로 찾아야 하고 넓은 문은 누구나 들어갈 수 있으며 그 길은 사망의 길이다.

### ◎ 좁은 문(narrow gate)의 특징

1) 즉시 보이지 않고 가만히 있으면 보이지 않는다.

2) 사람이 찾으려고 노력하고 회개하면 보인다.

3) 하나님이 열어 주어야 들어갈 수 있는 문(사람이 억지로 열 수 없는 문)이다.

4) 좁은 문은 선택이 없고 오직 한 길 뿐이다. 바로 그 길은 예수님이다. 영생으로 들어가려면 예수님을 통해서만 들어갈 수 있다(행 4:12).

◎ 넓은 문(wide gate)의 특징

1) 세상의 문이다.

2) 세상의 문은 자동으로 열린다.

3) 넓은 문은 들어갈 때 아무런 방해가 없다. 들어가지 못하게 막는 사람도 없다.

4) 누구나 늘어갈 수 있다(들어가는 사람이 많다).

5) 넓은 문은 모든 철학, 모든 믿음, 모든 욕망, 모든 자유, 모든 죄, 모든 이기심을 다 포함한다.

◎ 어떻게 하면 좁은 문으로 들어갈 수 있을까?

1) 회개와 용서뿐이다(눅 13:3).

2) 천국 가는 좁은 문을 모른다고 고백해야 한다. 천국 가는 길을 스스로 알고 있다고 하면 교만이다. 이런 사람들은 천국에 갈 자격이 있는 사람들이다: belief(믿음이 있는 자), activity(하나님을 위한 활동을 하는 자), righteousness(의로운 자), good works(선한 일을 하는 자), hope(소망을 가진 자), spiritual qualities(영적 자질을 갖춘 자)등이다.

그리고 나는 좁은 문을 모른다. 그것을 찾기 위해 하나님 도움이 필요하다고 해야 하나님이 열어 주신다.

3) 다시 거듭나야 한다(He must be born again)(요 3:3).

4) 어린아이처럼 되어야 한다.

**15절 : 거짓 선지자들을 삼가라 양의 옷을 입고 너희에게 나아오나 속에는 노략질하는**

## 이리라

구약 예레미야 때부터 거짓 선지자들이 많았다(렘 6:13-15).

거짓 선지자들은 얼핏 보면 그들은 점잖은 말을 하고 성경적이고 경건한 말을 하며 진짜 선지자들과 구별하기 어렵다(딤후 4:3-4).

### ◎ 거짓 선지자의 특징

양의 옷을 입고 있지만 내면에는 잔인하고 간사한 여우의 특성을 갖고 있다. 거짓 선자들은 결코 내면에는 양이 아니라 잔인한 성격과 늑대 같은 마음을 가지고 거짓 복음을 퍼뜨리고 있다 양같이 순진하게 보이지만 온갖 욕심을 채우기 위해 거짓 예언을 한다. 사적인 신념이나 교훈을 만들어 내어 사람들에게 주입시킨다. 거짓 선지자들은 늑대처럼 무리를 지어 여러 마을을 돌아다니며 거짓 예언을 하며 심지어 돈을 받고 예언을 해준다(현재 무당과 똑같다). 현대의 가짜 예언자들(목사, 신부들)은 영화, 라디오, 간행물, 잡지, 신문을 이용한다.

거짓 선지자들이 양의 옷을 입고 있기 때문에 쉽게 남을 유혹하고 속일 수 있다. 그들은 빛의 천사처럼 보이며 순수하며 선하게 보인다. 그들은 사회의 모범생처럼 보인다. 그러나 우리는 그들의 삶을 보면 거짓 선지자인가를 알 수 있다. 빛의 천사로 가면을 쓰고 나타나면 우리는 하나님 말씀으로 그들을 구별할 수 있다. 우리는 영적 식별 능력이 중요하다. 기도를 통해 영적으로 분별하는 능력을 받아야 한다. 그렇지 않으면 험난하고 어지러운 이 세상에 속임을 당해서 파멸을 가져올 수 있다.

그리고 그들은 주로 자신의 동기와 목적만을 추구한다(다른 사람의 의견은 고려하지 않는다). 그들은 자아, 인정, 명성, 위신, 직위, 직장경험, 안위를 추구한다. 항상 가면을 쓰고 빛의 천사인양 행동한다(고후 11:13-15). 거짓 선지자들은 비밀리에 속임수로 이교도인들을 상대로 정의와 의와 선을 선포한다. 그러나 그들은 살아 있는 주의 참된 복음을 선포하지 않는다(벧후 2:1).

모든 영을 전부는 믿지 말라. 하나님으로 나오지 않고 세상으로 나온 가짜 영도 있다. 왜냐하면 많은 가짜 선지자들이 세상에 들어와 진짜 같은 예언을 하기 때문이다. 그들은 예수 그리스도는 최소한으로 가르치고 자기의 영광을 크게 나타낸다. 가짜 예언자들은 신의 계시를 받았다고 거짓말을 한다. 예수로부터 나오지 않은 영은 하나님의 영이 아니다. 예수님이 육신을 입고 인간으로 와서 인간을 구하기 위해 십자가에 못박혀 죽었다가 사흘 만에 부활 승천하셨다는 것을 인정하지 않는 복음은 가짜 복음이다(요일 4:1-3). 예수님을 주라고 고백하지 않고 죽음에서 다시 살아나셨다고 인정하시 않는 사람은 가짜 예언자이다. 옛것을 버리거나 과거의 자기를 벗어나지 못하는 사람은 거짓 선지자이다(엡 4:22). 하나님에 의해서 선택 받은 사역자가 아니라 자기 스스로 사역자가 된 것은 거짓 예언자이다.

## 16절 : 그들의 열매로 그들을 알지니 가시나무에서 포도를, 또는 엉겅퀴에서 무화과를 따겠느냐

거짓 선지자는 구약에서 많이 볼 수 있으며 그들은 왕이 불러 주는 대로 예언하며 국민이 듣기 좋은 대로 말한다. 거짓 선지자는 그의 열매나 남에게 먹이는 열매로 알 수 있다. 무화과 나무가 포도나무 열매가 아닌 것처럼 가시덤불(가짜 복음)이나 가짜 믿음을 먹이거나 자기 자신도 먹으면 거짓 선지자이다. 가시덤불(thornbushes), 엉겅퀴(thistles)는 가짜 음식이다. 즉 세상적인 것이라는 뜻이다. 포도(grapes)와 무화과(figs)는 진짜 음식이며 사람을 건강하게 하는 진정한 음식이다. 즉 이것은 주 예수님과 그 말씀이다. 예언자는 주님의 진실된 말씀을 깨닫고 남에게도 똑같은 진실의 말씀을 전해야 한다. 인간 영혼을 위한 음식이 아니면 가짜 음식이다. 사람들이 가시덤불로부터 포도를 딸 수 없으며 엉겅퀴로부터 무화과를 얻을 수 없다.

◎ 예언자 자신이 세상 영양분을 취하는가?

1) 사람들은 그 열매를 보고 어떤 인격 됨됨인지 판단된다.

2) 우리는 그 나무 모습을 보고 그 나무를 구별할 수 없다(열매를 봐야 한다).

3) 열매는 두 가지가 있는데 자기 자신의 삶에서 열매를 맺는 것과 다른 사

람의 삶 속에서 열매를 맺는 것 두 가지이다.

## | 17절 : 이와 같이 좋은 나무마다 아름다운 열매를 맺고 못된 나무가 나쁜 열매를 맺나니

진실된 선지자와 가짜 선지자

1. 우리는 여기저기 한 부분 행동만 관찰하는 것이 아니라 그의 전체 삶과 행동을 관찰해야 한다.

2. 그들은 그들의 마음과 정신을 영적인 것에 두느냐 세상적인 것에 두느냐? 세상적인 것에 두면 그들의 마침은 멸망이요 그들의 신은 배요 그 영광은 그들의 부끄러움에 있고 땅의 일을 생각하는 자라(빌 3:19).

3. 탐욕을 가진 자는 진실된 예언자가 아니다.

4. 그들은 날마다 윤리적 행동을 하는가? 날마다 새롭게 행동하는 사람인가?

예수님은 사회 정의와 복된 것을 나쁘다고 하지 않는다. 그러나 나쁜 것은 단지 행복과 복지만 강조할 때이다. 사람은 빵으로만 사는 것(육적인 것)이 아니라 하나님 입으로부터 나오는 말씀으로 사느니라(마 4:4).

물질적인 것에만 선포하는 예언자는 사람을 속이는 것이다. 모든 진실을 선포하는 것이 아니라 어중간한 반쯤 진리를 선포하는 것이다. 그는 영적인 교훈으로 정신 건강을 가르치고 설교하지만 그는 사람들을 영적으로는 잠들게 할 뿐이다. 그들은 성경의 가르침을 전하는 것이 아니고 사람의 생각을 전하게 된다. 거짓 선지자는 적그리스도이며 십자가의 적이다(빌 3:18). 그래서 예수님은 그들은 부패해서 악의 열매를 맺는다고 말한다.

## | 18절 : 좋은 나무가 나쁜 열매를 맺을 수 없고 못된 나무가 아름다운 열매를 맺을 수 없느니라

거짓 선지자의 열매는 희망이 없으며 거짓 선지자의 메시지는 기껏해야 단지 반은 진실이고 반은 거짓이다. 애매해서 속기 쉽다. 사람들은 예언자들(담임 목사, 목사, 교사)이 말하는 것을 믿는다. 진실이 아닌 가르침은 사악하고 파괴적

이다. (나쁜 열매 = 거짓 복음, 좋은 열매 = 진실된 복음)

### ◎ 좋은 복음이란?

1) 하나님이 받아들이고 선한 것을 강조한다.
2) 합당한 것을 강조한다(갈 3:10-11).
3) 은혜와 믿음은 크게 행위는 적게 선포하는 것이 좋은 복음이다.
4) 영적인 언어로 육체적, 정신적인 것을 함께 상소하는 복음이다(롬 10:3).
5) 예배의식을 갖추고 하나님이 기뻐하시는 말과 교회에 도움이 되는 복음이 진정한 복음이다.
6) 사람을 세상의 부패로부터 이끌어 내는 복음은 진정한 복음이다.
7) 인산의 신실된 영적 필요를 먼지 강조하고 물질석이고 육체적인 욕구를 강조하지 않는 복음이다.

**개념 1. 좋은 열매는 부패한 나무에서는 결코 열리지 않는다.**

나쁜 열매는 부패한 나무로부터 항상 풍성히 열려 사람들이 부러워한다. 부패한 나무에서 풍성하게 열리는 열매를 부러워하지 말고 적게 열리지만 선한 열매를 귀중하게 여겨라.

**19-20절 : 아름다운 열매를 맺지 아니하는 나무마다 찍혀 불에 던져지느니라 이러므로 그들의 열매로 그들을 알리라**

거짓 선지자의 미래는 가장 무서운 심판을 받을 것이다.

### ◎ 나무가 나쁜 열매를 맺게 될 때의 결과

1) 부패되었다고(열리지 않는다고) 표시될 것이다. 2) 잘려질 것이다. 3) 불에 던져질 것이다. 거짓 선지자도 같은 운명에 처할 것이라고 예수님은 말씀하신다. 무서운 심판이 그들에게 임할 것이라고 말씀하고 있다(요 15:2, 6).

멀리서 보면 작은 블랙베리가 가시넝쿨 속에 열리면 포도로 오인될 수 있고 엉겅퀴 꽃 속에 무화과 열매가 자라고 있다고 생각될 수 있다. 그러나 아무도 오랫동안 속지 않을 것이다. 말로 그럴듯하게 속이는 것은 결국 사람을 배신하는 행위가 될 것이다.

**21절 : 나더러 주여 주여 하는 자마다 다 천국에 들어갈 것이 아니요 다만 하늘에 계신 내 아버지의 뜻대로 행하는 자라야 들어가리라**

어떤 선수가 큰 경기에 참가했다고는 하지만 실제 기술은 형편없는 사람이 있다. 하늘나라 천국에 대해서 늘 이야기한다고 천국에 들어가는 것이 아니다. 예수님은 우리의 말보다 우리의 행동에 대해서 더 관심을 갖고 있다. 예수님은 우리가 바르게 행동하기를 바라며 말을 적절하게 하는 것을 바라지 않는다.

너희 집은 바로 말로 하는 대신에 옳은 것을 행동에 옮기면 인생의 폭풍에도 견디어 나갈 것이다 네가 행하는 것과 말하는 것이 일치해야 할 것이다. 예수님을 입으로 주라고 시인함으로써 모두가 천국에 들어갈 수 있는 것은 아니다. 하나님의 뜻을 행하여야 들어갈 수 있다고 말씀하고 있다.

◎ **두 가지 종류의 사람**

1) 입으로 "주여 주여" 하는 사람, 거짓 복음을 선포를 하는 사람, 믿는다고 말만 하고 행하지 않는 사람, 그들의 종교와 교회에 대해서 주저 없이 말하는 사람, 믿음에서 주저 없이 확신하는 사람, 자기 자신의 평안한 마음을 가지기 위해 교회 행사에 열심히 참가하는 사람, 다른 사람이 열심히 하면 그는 남보다 질투심 때문에 교회 일에 더 열심히 참가하는 사람.

2) 그들의 종교와 사회에 엄청난 큰 일을 하고 있다고 말하는 사람. 이들은 예수님을 "주여 주여" 부르며 모든 신앙생활과 기도에서 증인으로서, 옷 입을 때, 예배를 드릴 때, 대화할 때, 글을 쓸 때, 활동할 때, 남을 도울 때, 교회 일을 할 때 모든 일에 신실하게 참여하면서 "주여 주여"를 부른다.

왜 이런 사람은 하늘나라에 들어가지 못하고 거절당하는가?(세 가지 이유)

1) 말만 하는 것은 나 자신을 위대하게 보이도록 만들 뿐이다. 그들은 놀라운 일을 하고 있다고 생각하지만 하나님 앞에 서면 우리가 행한 것은 하나님 보시기에는 아무런 의미가 없는 일이 될 것이다. 그가 행한 것은 예수님이 행한 것과는 비교할 수가 없다. 말로만 믿는다고 하는 것은 하나님을 부적절하게 이해하고 있다는 증거이다. 우리의 능력과 선함을 강조할 뿐이며 하나님을 찬양하는 것이 아니다.

2) "주여 주여" 말만 하는 것은 하나님의 의지를 행하지 않는 것이다. 말만 하는 것은 하나님을 부르는 한 형태이지만 하나님의 권위를 부인하는 행위다(딤후 3:5). 주는 단지 예수 그리스도이며, 하나님이 하늘에서 지상으로 우리를 구원하려 보내신 이시기 때문이다. 그 결과로

  (1) 우리는 죄의 형벌에서 자유로워졌다.

  (2) 우리는 의롭게 되고 거룩하게 되었다.

  (3) 우리는 중생했다.

  (4) 우리는 영생을 얻게 된다.

3) 말만 하는 것은 자기 자신을 인정하고 높이는 것이지 예수님을 높이는 것이 아니다. 예수님이 우리를 위해 죽었을 때 그는 모든 선과 구원의 역사를 이룬 분이다. 우리는 구원을 위해 한 것이 하나도 없다. 예수님을 존경하는 사람은 말 없이 예수님의 죽음과 부활을 믿는 자이지 말로 믿음을 강조하는 자가 아니다.

하늘에 들어가기 위해 하나님의 의지를 행하여야 한다. 하늘나라는 믿는 성도의 최종 목표이다. 하늘나라에 관심을 가지고 행하는 사람이 들어갈 수 있지 행하지 않고 말로 하는 사람이 들어갈 수는 없다. 하늘나라에 못 들어갈 사람이 주여 주여 하는 경우가 있고 들어갈 수 있는 사람이 주여 주여 하는 경우가 있다. 누가 판단하는가? 하늘에 계신 하나님 아버지가 판단하신다.

◎ 하나님 의지를 행하는 것은 무슨 뜻인가?(요일 3:23)

진정으로 믿고, 순종하고, 하나님 아들을 사랑하는 행위이다.


◎ 우리가 예수님을 주(Lord)라고 부를 때 무슨 의미가 있는가?

　1) 그는 위대한 스승이다.

　2) 그로부터 모든 선함이 이루어지는 살아 있는 예표이다.

　3) 그는 위대한 순교자이다(우리 죗값을 위해).

　4) 하나님의 영이 특별한 방법으로 내재해 있는 위대한 영적 통치자이다.

결과적으로 죄를 고백하고 회개하고 순종하고 하나님을 존경하는 사람은 하늘나라에 들어갈 것이다.

> **22-23절 : 그 날에 많은 사람이 나더러 이르되 주여 주여 우리가 주의 이름으로 선지자 노릇 하며 주의 이름으로 귀신을 쫓아 내며 주의 이름으로 많은 권능을 행하지 아니하였나이까 하리니 그 때에 내가 그들에게 밝히 말하되 내가 너희를 도무지 알지 못하니 불법을 행하는 자들아 내게서 떠나가라 하리라**

자기의 의가 바로 예수님과 같은 의이고 자기가 행한 일이 하나님을 기쁘게 하고 하나님께 영광 돌린다고 생각하는 사람이 있다. 이것은 거짓 선포자이며 자기 의를 드러내는 사람이다.

예수님은 겉으로 신앙심이 있다고 드러내는 사람에게는 긍정도 부정도 하지 않고 사적인 관계를 가지지 않는다. 심판의 날에 단지 우리와 예수님의 관계는 우리가 그를 구주로 받아들이고 복종할 때 참 믿음의 사람이 된다. 많은 사람들은 그들이 선한 사람이고 신앙심이 깊으면 심판의 날에 그는 영생의 보답을 받는다고 생각한다. 그것은 전적으로 하나님 주권에 속한다.

15-20절은 거짓 선지자에 대한 이야기이며 21-23절은 거짓 믿음을 갖고 예수님을 따르는 사람들이다. 예수님이 부활하고 난 후, 예수님은 신성을 가진 분이라고 고백한 사람이 많다. 예수님은 선생 그 이상이며, 그의 이름은 천국의 주인으로 등록되어 있다. 천국에 들어가는 결정적 요소는 아버지 의지에 순종하는 자이다.

(That day) 그날은 심판 날이라는 뜻이다. 거짓 선지자들은 예수님 이름으로 예언하고 그 이름으로 귀신을 몰아내고 기적을 행한다. 주님께 큰 간청을 하기 위해 "주여 주여" 이렇게 부르는 것이다. 예수님은 자기의 사도들에게 "너희들은 나를 선생님이라고 부르고 구세주 라고 불러라 그러면 그것은 합당하리라."고 하셨다. 예수님은 "육신으로는 다윗의 혈통에서 나셨고 성결의 영으로 죽은 자들 가운데서 부활하사 하나님 아들로 선포되셨으니 곧 우리 주 예수 그리스도"(롬 1:3-4)시다. 어떤 사람들이 기적을 일으키는 것은 인류에게 큰 도움이 될 수 있다. 그러나 두 가지가 잘못될 수 있다. 첫째. 자기의 권능으로 기적을 일으켰다고 믿게 된다. 그것은 하나님이 기뻐 받으시는 복음이 아니다. 사람은 율법을 지킴으로 의로워지는 것이 아니고 그리스도를 믿어야 거룩해진다  믿음을 통해 은혜에 의해 구원 받는다. 이것은 사람으로부터 오는 선행이 아니라 하나님 아버지의 선물인 것이다. 너희 이름으로 "주여 주여" 하면 너희들은 속고 있는 것이다. 자기 자신에게 확신을 가지며 믿고 자기의 의를 따르는 것이다.

그렇다면 하나님과 올바른 관계 형성은?

1) 예수님 이름으로 선포하고 가르치고 증인이 되는 것이다. 귀신을 쫓아내는 것은 귀신을 예수님 권능으로 밖으로 내보낸다는 뜻이며 악인이나 악령으로부터 돌아서서 예수님을 향한다는 뜻이다.

2) 회개하고 순종하는 것은 하나님과 가까워진다는 것을 의미한다.

3) 주님 이름으로 모든 일을 행한다는 것은 하나님 중심으로 삶을 영위해 나간다는 것을 뜻한다. 그러나

(1) 많은 사람들은 그들이 완성한 일 때문에 하늘나라에 갈 수 있다고 생각한다.

(2) 그들은 악으로부터 선으로 많은 사람들을 개종시키려고 가르쳤다고 한다.

(3) 그들은 놀라운 일을 했기 때문에 자만에 빠지게 되고 그들은 하나님이름으로 행하였기 때문에 모두 이루어졌다고 믿는다(요일 3:23).

**개념 1.** 하나님의 의지는 양날의 칼이다. 그것은 서로 사랑하라고 하는 것뿐 아니라 설교 ,가르침. 많은 훌륭한 일들을 하는 것 까지 포함한다. 하나님 의지를 따라 행하는지 자기 의지를 따라 행하는지 잘 분별하여야 한다.

1) 거짓 선지자들은 거짓 고백을 할지도 모른다.

2) 그들은 개인적인 구원을 위해 예수님께 기도하지 않고 간구하지 않는다.

3) 거짓 선지자들은 하나님께 의지하지 않고 사람에게 의지한다. 하나님을 따르는 대신에 사람과 세상을 따른다.

그리고

1) 거짓말을 선포하는 자는 그리스도를 개인적으로도 모르고 마음속에도 예수님이 있지 않다. 그리고 예수님의 구속을 인정하지 않는다 개인적 구원을 위해 예수님께 다가오지 않는다.

2) 거짓 선포자는 단지 악한 일만 한다.

'evil'이라는 단어는 무법(lawlessness), 사악(wickedness)의 뜻이다. 하나님 법을 무시하거나 하나님과 반대편에 서는 사람이다. 자기의 욕망과 자아를 따르지만 예수님을 따르지 않는다.

**24-25절 : 그러므로 누구든지 나의 이 말을 듣고 행하는 자는 그 집을 반석 위에 지은 지혜로운 사람 같으리니 비가 내리고 창수가 나고 바람이 불어 그 집에 부딪치되 무너지지 아니하나니 이는 주추를 반석 위에 놓은 까닭이요**

현명한 건설업자는 지시사항을 잘 듣고 설계도대로 짓는 사람이다

1. 현명한 건축업자는 좋은 집을 짓는다.

1) 모든 사람은 집을 짓고 삶을 설계한다. 이 세상에 살면서 이 사실을 피할 수 없다. 우리는 집을 짓고 삶을 영위해 나간다. 우리의 삶을 어떻게 설계할까 하는 것이 우리 삶의 운명을 결정한다.

2) 하나님 아들인 예수님께서 우리의 삶을 어떻게 살아야 될까 가르쳐 주신다. 성도는 말씀에 귀 기울이고 순종하면 된다.

3) 말씀과 훈계와 하나님을 아는 것은 우리의 삶을 결정하는 material(재료)

다. 우리의 삶과 운명은 우리가 하나님 말씀에 어떻게 응답하느냐에 달려있다.

모든 사람은 현명하거나 어리석거나 그 중 한 그룹에 속한다. 현명한 사람은 튼튼한 집을 바위 위에 짓고 어리석은 사람은 모래 위에 집을 짓는다. 예수님은 반석이시다. 우리는 우리의 삶을 예수님 즉 반석 위에 세워야 된다(엡 2:20). 예수그리스도는 생명이 없는 반석이 아니라 살아 있는 반석이다. 우리가 생명이 있는 반석 위에 집을 짓는다는 것은 우리는 영적인 집을 짓는다는 것이다. 그 집속에 예수님과 함께 사는 것이다.

◎ **영적인 집을 짓는다는 것은**

1) 우리가 말씀을 갈망하는 것
2) 그의 말씀을 듣고 성장하는 것
3) 우리는 그의 말씀을 통해 예수님께 나아가는 것은 반석 위에 우리가 정착하는 것이다.
4) 우리는 그의 말씀을 재료로 하여 영적인 집을 짓는다.

우리의 삶과 방향은 주 예수 그리스도의 말씀에 의하여 결정된다. 반석 위에 집을 짓는다는 것은 시간이 걸리고 고난을 겪는 것이다. 반석 위에 집 짓는 사람은 현명한 사람이다.

5) 현명한 건축가도 폭풍우에 직면한다. 삶에는 항상 폭풍우가 있고 현명한 사람이 훌륭한 집을 지었다고 해서 폭풍우를 피할 수 있는 것은 아니다. 비와 폭풍우가 우리 인생에서 동반해서 올 때가 있다. 어떤 것이 있는가? sickness(질병), sadness(슬픔), nervous stress(신경질적인 스트레스), loneliness(고독), sin(죄), suffering(고통), disappointment(절망), emotions(감정), tension(긴장), poverty(가난), pain(아픔), death(죽음), rejection(거절), accidents(사고), failure(실패), loss(손해), temptation(유혹), misunderstanding(오해)

2. 현명한 건축가는 현명하게 집을 짓는다.

차이점은 기초이다. 사람이 신실하지 않으면 나쁜 기초를 놓아 스스로 위험에 빠진다.

3. 현명한 건축가는 폭풍우를 직면하여 푹풍우를 뚫고 지나간다.

사람은 예수님 위에 자기 삶의 기초를 놓으면 그는 결코 실패하지 않는다. 그 이유는 하나님 약속에서 분명히 가르쳐 주신다(갈 4:4-6). 하나님은 삶에 필요한 것들을 공급하신다. 하나님은 우리의 삶의 목표를 가르쳐 주고 이끌어 가신다. 그는 일상생활의 필요품을 공급하신다.

4. 하나님은 모든 문제들을 해결하겠다고 약속하신다.

5. 하나님은 말씀에 귀 기울이는 사람을 축복하신다.

6. 예수님은 하나님 말씀을 듣고 받아들이는 사람에게 기쁨을 주신다.

7. 주 예수님은 믿는 사람을 하늘나라로 인도하겠다고 약속하셨다.

현명한 사람은 주로부터 점점 많은 권면을 받게 될 것이다. 어리석은 건설업자는 하나님의 권면을 듣고 행동하지 않는 사람이다. 어리석은 건설업자는 집을 짓지만 정확한 측량 없이 지어 물이 세고 폭우에 흔들린다.

주님은 믿는 자를 하늘나라에 들어갈 수 있도록 인도하신다. 현명한 건설자는 주님으로부터 권면을 듣고 순종한다. 그리고 그의 삶은 예수님을 통해 폭풍우를 이겨 나갈 것이다.

**26-27절 : 나의 이 말을 듣고 행하지 아니하는 자는 그 집을 모래 위에 지은 어리석은 사람 같으리니 비가 내리고 창수가 나고 바람이 불어 그 집에 부딪치매 무너져 그 무너짐이 심하니라**

어리석은 건축자는 설계자(예수님)의 지시를 듣고 복종하지 않으면 집이 무너진다.

1. 어리석은 자는 집을 짓는 데 중요한 사항들을 숙지하지 않는다. 현명한 사람들은 건축 감독의 지시를 따른다. 이것은 교회의 주인이신 예수님 말씀과 믿음의 주춧돌을 알고 있어야 지을 수 있다.

2. 집을 지을 때 그는 항상 위험에 처해 있다. 어떻게 지을지 미리 청사진을 보고 도면대로 지어야 한다. 어리석은 자는 도면대로 짓지 않고 자기 멋대로 짓는다.

**개념 1.** 집을 지을 때 중간지대는 없다. 어리석게 짓는다(불순종). 현명하게 짓는다(순종).

2. 일찍 일어나서 어떻게 짓는지 여러 번 듣고도 아직도 감독의 말을 듣지 않는 사람이 있다.

3. 모래 위에 짓는 사람은 가장 어리석은 사람이다. 이 사람은 짓는 방법을 알고 있으면서도 예수 외에 다른 사람의 지시를 따라 짓는다(위험한 사람이다).

정직하고 사려 깊은 사람은 모래 위에 짓지 않는다. 현재 인생의 폭풍, 미래 인생이 폭풍에 견딜 수 없나는 것을 안다. 자기의 운명을 위험한 모래집에 맡기지 않는다. 어리석은 건축자는 길 위에 뿌려 놓은 씨앗과 같다. 이 사람은 자기의 삶을 어떻게 세워 나갈까 하나님 말씀을 들었다. 그러나 하나님 말씀을 듣고 흘려버리며 감독의 지시대로 행동하지 않는 사람이다. 즉 종교인도 모래 위에 집을 지을 수 있다. 어리석은 건축자는 많고 현명한 건축자는 얼마 되지 않는다. 우리 믿는 사람도 하나님 말씀을 많이 듣지만 은혜를 받지 못하는 사람이 많다. 감독자를 존경하고 충성해야 한다고 말하는 사람이 많지만 자기 의지대로 행하는 사람이 많다.

인생의 비가 창수같이 내리고 시련이 덮친다. 그것을 멈출 수 있는 사람은 아무도 없다. 하늘문을 닫는 주권자 하나님만이 할 수 있다. 모든 사람은 무시무시한 폭풍우를 동반한 비를 맞는데 죽음을 가져오고 심판대 앞에 서게 된다. 주 예수 그리스도의 도움이 없으면 피할 수 없으며 모래 위에 짓는 사람은 희망이 없다(욥 27:8).

폭풍우가 시작할 때 집을 짓는다고 시작하는 것은 너무 늦다. 미리 준비해야 한다. 우리 삶이 송두리째 무너지는 것을 볼 때 얼마나 비극적인가? 미리 맑은 날 인생의 건축 자재를 준비하고 설계해야 한다.

**28-29절 : 예수께서 이 말씀을 마치시매 무리들이 그의 가르치심에 놀라니 이는 그 가르치시는 것이 권위 있는 자와 같고 그들의 서기관들과 같지 아니함일러라**

제자보다 더 많은 군중들이 그에게 몰려 왔으며 그들은 예수님의 가르침에 감탄했다. 감탄하게 된 원인은 그의 권위였다. 예수님의 권위는 서기관들과는 달랐다. 산상에서 예수님의 설교는 윤리적일뿐 아니라 메시아적이었다. 그는 일반적인 설교자와는 달랐다. 예수님은 일인칭(I)으로 말씀하시고 그의 가르침은 구약을 완성하는 것이라고 주장하고 있다. 그리고 어떤 사람이 메시아 왕국에 들어갈 수 있는지 결정하고 심판자로써 형벌을 결정하며, 천국의 진정한 상속자들이 예수님께 충성했기 때문에 더 박해받고 있으며 예수님만 하나님 뜻을 알고 있다고 주장하고 있다. 그리고 예수님처럼 가르치는 사람은 아무도 없다. 몇가지 주목할 사실은,

1. 예수님은 청중이 누구든지 상관없이 가르치고 설교했으며 듣고자 하는 무든 사람에게 나아가 선포하셨다(마 20:28; 눅 4:18-19; 19:10).

2. 많은 사람들은 놀라워했다. 놀랐던 사람들은 종교 지도자, 부자, 권위자가 아니라 보통 사람들이었다. 부자와 직위가 높은 사람들은 예수님에 의해 협박 당하고 있다고 느꼈다(눅 5:27-28; 9:23-24; 14:26-27; 빌 3:8)

3. 사람들에게 퍼진 소문은 그들을 놀라게 했다. 놀라는것과 예수님의 말씀을 실천에 옮기는 것과는 큰 차이가 있다. 믿는다고 고백하는 것과 진정한 제자도를 가진 것과는 큰 차이가 있다.

# 마태복음 8장

William Barclay는 나병이 예수님 당시 가장 무섭고 두려워하는 병이라고 언급했다. 나병환자는 죄인으로 간주되었다. 영적, 육적으로 불결하다고 믿었으니 하나님의 저주 때문에 생긴 병이라고 믿었다. 가속을 포함해서 6 feet 내에는 접근이 금지되어 있는 병이었다. 문둥병자는 반드시 다 떨어지고 너덜너덜한 옷을 입게 되어 있다(잘 보이도록 하기 위해). 그의 머리는 빗지 말고 헝클어져 있어야만 했고 얼굴 밑 반은 가리고 다녀야 했다. 그리고 까만 옷을 입어야 했다. 사회와 완전히 단절되어 살았다. 도시 안에는 살 수 없고 도시 성문 밖에 살아야 한다. 그는 인간은 고칠 수 없고 하나님만이 고칠 수 있는 병이라고 믿었다.

### 1절 : 예수께서 산에서 내려 오시니 수많은 무리가 따르니라

많은 무리가 예수님을 따랐다. 왜냐하면 그의 가르침이 놀라웠기 때문이었다. 산상설교를 마친 후 예수께서는 산에서 내려오셨다. 예수님을 볼 때마다 많은 무리가 따랐다. 사람들은 예수님의 가르침에 깜짝 놀랐다.

### 2절 : 한 나병환자가 나아와 절하며 이르되 주여 원하시면 저를 깨끗하게 하실 수 있나이다 하거늘

문둥병자가 예수님을 알아봤다.

1. 사람들이 어떻게 생각하든 간에 예수님께 왔다(불결함에도 불구하고, 죽어 가는 목숨에도 불구하고, 불치의 병임에도 불구하고).

2. 문둥병자는 예수님께 경배했다(무릎 꿇고 존경 표시를 했다). 6 피트까지 다가갈 수 없는데도 불구하고 달려가서 무릎을 꿇고 간청했다.

3. 문둥병자는 예수님을 깨끗하게 고칠 수 있다고 믿었다. 그들은 고침 받으려고 달려간 것이 아니고 깨끗함을 받기 위해 달려갔다. 그는 정상으로 회복을 바랐다. 사회적으로 고립된 것을 신앙적으로 예수님과 정상적인 관계에 놓이는 것을 바라고 달려갔다. 그들은 예수님이 그들을 고칠 수 있는 파워를 가지고 있다고 믿었다. 그리고 그들이 필요한 것은 예수님의 마음을 움직이는 것이었다.

본질적으로는 문둥병자가 필요한 것은 하나님의 사랑과 권능의 파워였다(마 20:28). 하나님의 아들로서 섬김을 받기 위해 이 세상에 온 것이 아니고 섬기기 위해 왔으며 자기 목숨을 많은 사람의 대속물로 주려함이니라.

### 개념 1.

1) 문둥병자는 깨끗이 되기 위해 예수님께 간청했다. 모든 사람들도 깨끗하기 위해 간구해야 된다. 가만히 있으면 안 된다. 주의 이름을 부르는 자는 모두가 구원을 받으리라(롬 10:9-10, 13; 엡 3:20)

2) 문둥병자가 예수님께 깨끗함을 받으려고 할 때 해야 할 두 가지가 있다.

(1) 그는 진심으로 믿어야 한다. 그의 존재와 그의 능력을 믿어야 한다.

(2) 그는 자기 자신을 예수님께 드려야 하고 경배하고 예수님의 사랑과 능력을 믿어야 한다. 모든 문둥병자가 예수님께 온 것은 아니다. 믿는 사람 가운데도 예수님께 와서 간청하지 않는 사람도 있다. 예수님은 자신을 예수님께 드리기를 원하는 사람의 간청을 받아 주신다.

**3절 : 예수께서 손을 내밀어 그에게 대시며 이르시되 내가 원하노니 깨끗함을 받으라 하시니 즉시 그의 나병이 깨끗하여진지라**

예수님의 마음은 문둥병자의 간청하는 모습에 깊이 감동받았다. 바로 문둥병의 비참한 모습이 예수님의 마음을 움직였다. 문둥병자의 삶의 처지와 몸의 상태가 너무 비참했다. 하나님의 저주를 받았기 때문이다. 문둥병자들은,

1) body fully sores(부스럼 투성이), flesh eaten away(살갗이 떨어져 나감), loneliness(고독함)

2) desperation(절망), alienation(고립감), emptiness(허무감), helplessness(무력감) 등으로 고통받고 있었다.

예수님은 문둥병자의 몸에 직접 손을 대었다. 예수님은 가장 더러운 몸에 손을 직접 대었다. 우리는 불가능한 일이다. 예수님만이 할 수 있었다(미 9:36).

**개념 1.** 많은 사람들은 일그러진 몸에는 손을 대지 않을 것이다. 사람들은 문둥병자들을 피하고 경멸한다. 그 당시 문둥병 환자들이 교회에 들어올 때 문을 잠그고 전부 피했다. 사람들은 그들의 존재 자체를 인정하지 않고 문둥병자를 보면 멀리서 돌아가고 꺼렸다. 너무도 많은 성도와 교회들이 오늘날도 비참하고 정신적으로 병든 자를 피하는 경향이 있다.

1. 예수님은 "I am willing"(나는 기꺼이 하겠다)이라고 하셨는데, 여기에는 몇 가지 뜻이 있다.

1) 예수님은 문둥병자들이 이 세상에서 접촉할 수 없는 사람으로 살아가는 것을 원치 않으셨다.

2) 예수님은 문둥병자를 도와주라고 부탁받은 적도 없다. 문둥병자들이 스스로 다가왔다.

3) 그 당시 병고침을 해주고 돈을 받았으나 예수님은 돈 때문에 고쳐 준 것이 아니다(행 10:38; 히 7:25).

2. "I am willing"(나는 기꺼이 하겠다) − 예수그리스도의 사명은 잃어버렸던 것을 찾아 주어 구원하는 일이었다. 오늘날 교회도 마찬가지다.

3. 그 문둥병자는 신체적, 종교적으로 영적으로 깨끗함을 받았다. 예수님은 시간을 두고 고치신 것이 아니라 즉시 고쳐 주셨다. 예수님은 그에게 찾아오는 문둥병자의 믿음을 알고 즉시 고쳐 주셨다(행 22:16).

**4절 : 예수께서 이르시되 삼가 아무에게도 이르지 말고 다만 가서 제사장에게 네 몸을 보이고 모세가 명한 예물을 드려 그들에게 입증하라 하시니라**

율법에 의하면 문둥병을 고치고 나면 반드시 제사장에게 검사를 받아야 한다(레위기). 그는 이제 가족과 지역 사회에 돌아갈 수 있도록 제사장에게 그동안의 병의 발생과 치료의 전과정을 제사상에게 말해야 한다. 제사장이 OK하면 옛날로 돌아갈 수 있다. 문둥병자들이 깨끗함을 받고 난 후 두 가지를 명심해야 한다.

1) 문둥병자는 병을 고치고 난 후 프라이드(pride)를 가지고 있을 수 있다. 병 고침을 받고 자만에 빠지고 유혹에 이끌릴 수 있다. 자기 자신을 하나님께 고침을 받았으니 자만심이 병고치기 이전보다 더 강해 유혹도 이겨낸다고 자만할 수 있다고 예수님은 염려하신다. 그리고 예수가 나를 고쳤다고 자랑하면서 돌아다니다가 바리새인에게 그르치는 일을 할 수 있다. 하나님 은혜로 고쳤음에도 불구하고 나는 아직도 죄인이라는 사실을 잊어버릴 수 있다. 그리고 다른 사람은 예수님사랑을 못 받아 병고침 못 받고 있다고 자기 사랑에 빠지기 쉽다. 깨끗하게 고친 후에 그는 예수님이 깨끗하게 고치는 권능을 가지고 있다고 선포하지 않고 자신이 깨끗하게 하는 권능을 가지고 있다고 자랑하기 쉽다. 우리는 하나님 은혜 이외에는 그가 한 것은 아무것도 없다는 것을 알아야 한다.

2) 병고침을 받은 사람은 율법에 복종해야 한다. 그리고 병 고치고 난 후 하나님과 동행하는 삶을 살 것을 하나님은 바라고 계신다(신 26:16). 결론은 문둥병을 고치는 일은 그 당시 가장 기적적인 사건이며 인간은 고칠 수 없고 저주 받은 병이라고 여겨져 있었다. 문둥병 병 고침을 받으면 그 당시에는 문둥병 발생부터 나을 때까지 모든 경로를 제사상에게 말하고 상세하게 기록을 남긴다. 이런 의식은 하나님께 감사의 표시로 예물을 드리며 율법에 남긴다. 예수님은 하나님께 감사의 표시로 예물을 드리라고 강하게 강조했으며 깨끗하게 되었다는 증서를 받을 것을 권하셨다. 이는 이제는 중생되었으니 하나님께 감사와 순종을 하면서 믿음의 사람으로 살 것을 권면하신다.

**| 5-9절 : 예수께서 가버나움에 들어가시니 한 백부장이 나아와 간구하여 이르되 주여 내**

> 하인이 중풍병으로 집에 누워 몹시 괴로워하나이다 이르시되 내가 가서 고쳐 주리라 백부장이 대답하여 이르되 주여 내 집에 들어오심을 나는 감당하지 못하겠사오니 다만 말씀으로만 하옵소서 그러면 내 하인이 낫겠사옵나이다 나도 남의 수하에 있는 사람이요 내 아래에도 군사가 있으니 이더러 가라 하면 가고 저더러 오라 하면 오고 내 종더러 이것을 하라 하면 하나이다

백부장은 그 당시 예수님과 자기 사이에 많은 장애물이 있다는 것을 알았다. 로마 시민들은 pride(자만심), doubt(의심), money(금전), language(언어), self-sufficiency(자기만족감), power(권력), race(종족) 우월감을 가지고 있었다. 그러나 그는 겸손했으며 위의 것들을 숨기고 표 내지 않았다.

예수님은 메시아적 권능을 가지고 있으며. 그를 믿는 사람은 누구나 받아들이다. 그러나 믿으려고 해도 믿는 것을 기절히는 권능도 가지고 계신다.

1) 백부장은 이념적으로 장애물이다. 백부장은 유대인들이 거절하고 경멸하고 미워하는 사람들이다. 예수님은 이념과 편견을 극복하는 권능을 갖고 있다(엡 2:14-15).

2) 신체적인 장애물이 있다. 백부장의 하인은 대단히 중병에 걸려 있고 여기서 멀리 떨어져 누워 있다. 예수님의 능력은 모든 물리적인 장애를 넘어 공간과 시간을 초월할 수 있다.

3) 백부장은 영적인 장애물을 가지고 있다. 그는 이방인이다. 유대인들에게 영적인 타락자로 생각되고 하나님 나라에는 적그리스도에 해당하는 사람이다. 예수님은 영혼의 영적 장애를 극복하고 다가가는 능력을 가지고 있다. 예수님은 믿는 사람의 영혼에 다가가 도움을 준다. 결론적으로 백부장의 큰 믿음이 예수님의 마음을 움직였다.

예수님의 권능은 결국 compassion(동정심), humility(겸손), love(사랑)이다.

1. 예수님의 권능이 백부장의 겸손에 의해 움직여졌다. 백부장의 겸손은 두 가지 두드러진 행동에서 보여진다.

1) 그는 이방인이며 정복자 로마 군인의 장교이다. 그는 도움을 받기 위해 유대인에게 찾아왔다. 로마 장교가 유대인에게 다가와 부탁하는 것은

그 당시에는 사회적으로 받아들일 수 없고 들어본 적도 없다. 그러나 예수님은 백부장이 큰 용기와 겸손을 가지고 있다는 것을 알고 있었다.

2) 백부장은 예수님이 메시아라는 사실과 지존자라는 사실을 알고 있었다. 그는 예수님의 도움이 필요하다고 고백했다. 사람이 정말로 필요할 때는 필요하다는 솔직한 고백이 필요한 것이다. 백부장은 현명한 사람이며 어디에 가서 누구에게 도움을 청할지를 알고 있는 사람이다. 백부장은 그의 필요를 도움받기 위해 기꺼이 자기가 할 수 있는 모든 노력을 다하기를 원하는 사람이다.

백부장의 도움 요청에 "I will"이라고 말하는데, 이것은 그 사람의 필요를 위해 어떤 장애와 분열을 극복하겠다는 의지의 표현이다. 예수님은 도와줄 때 진심으로 믿는 사람에게는 차별하지 않고 도우신다. 주인이나 하인, 귀족이나 평민, 부모나 아이, 부자나 가난한 자, 남자나 여자, 죄인이나 성도, 무기력한 자나 능력 있는 자, 절망적인 자나 확신을 가진 자 등, 예수님은 어떤 사람에게도 차별하지 않는다.

**개념 1.** 위대한 사람은 예수님께 간구하면서 나아간다. 전적으로 의지한다.

1) 위대한 사람은 자기 자신의 생각과 관행에 대해 초점을 맞추지 않는다.

2) 예수님 앞으로 나아가면 예수님도 우리를 향해 나아오신다. 우리가 평소에 마음이 평안할 때 마음이 약해지고 신실함이 없어진다. 예수님은 자기에게 의지하는 것보다 세상일에 더 의지하고 있다는 것을 알고 계신다. 마음이 평안할 때 더 기도해야 된다.

3) "I will"의 강조점은 백부장의 집에 직접 오겠다는 것이 아니라 주님 자신이 알아서 판단하겠다는 것을 더 강조하는 말이다. 예수님의 권능을 백부장은 잘 알고 있으며 백부장은 내 하인이 예수님께 나아올 자격이 없다고 말하는 뜻이 아니라 내가 나의 지붕 아래 예수님을 오게 할 자격이 없다는 뜻이다. 예수님은 주권자이며 혼자서라도 우리의 필요를 아는 권능을 가지신 분이다. 그러므로 우리는 예수님께 도움을 받으려고 간

구할 때 우리는 받을 자격이 없고 가치 없는 사람이이라고 고백하는 것이 좋다(마 23:12).

**개념 2.** 사회적으로 위대한 사람이 겸손으로 자기보다 못한 사람에게 부탁하는 용기와 그의 아랫사람 사랑과 믿음이 백부장이 오늘날까지 위대하다고 성경에서 전해지는 이유이다. 그러나 사실 백부장은 예수님 앞에서 사기 자신을 가치 없다고 겸손히 고백했으며 그는 예수 그리스도 안에서 하나님의 모습을 보았다. 그 순간 그는 예수 앞에서 지극히 공손할 수밖에 없었다.

성도들이 배워야 할 교훈은
  1) 우리도 예수님 안에서 하나님 모습을 보아야 한다.
  2) 우리는 믿지 않는 모든 사람보다 가치가 있다는 것을 알아야 하다 그 가치는 하나님이 주셨기 때문이다. 우리는 모든 사람 앞에 백부장처럼 겸손해야 한다(빌 2:3-4).

예수님의 권능은 백부장의 하인에 대한 지극한 사랑으로 감동 받아서 일어났다. 백부장은 다른 사람을 위해서 사랑을 쏟아부었다. 세상 사람의 눈으로 볼 때 백부장의 종에 대한 사랑이 의미 없게 보였을 것이다. 그러나 하나님은 그 사랑을 대단히 크다고 생각했다.

> **10-11절 : 예수께서 들으시고 놀랍게 여겨 따르는 자들에게 이르시되 내가 진실로 너희에게 이르노니 이스라엘 중 아무에게서도 이만한 믿음을 보지 못하였노라 또 너희에게 이르노니 동 서로부터 많은 사람이 이르러 아브라함과 이삭과 야곱과 함께 천국에 앉으려니와**

예수님의 권능은 모든 열방의 성도들을 포용하기 위하여 행해진다.

1. 예수님의 권능이 로마 백부장에게 전달되었고 그리고 예수님은 이방인에게도 믿음만 가지면 은혜를 베풀어 주신다. 유대인을 노예로 삼고 있는 로마 군인이 노예에게 도움을 청하는 것은 아이러니한 일이며, 백부장은 예수님을 메시아로 알고 있었고, 예수님도 그의 겸손함과 남을 위한 사랑을 갖고 있다는 것을 알고 계셨다. 예수님은 그의 겸손함을 칭찬하신 것이지 그가 행한 일이나 군

인장교가 한 일에 대해 칭찬하신 것은 아니다.

**개념 1.**

1) 진실된 믿음은 흔하지 않다. 예수님을 믿는다는 것은 인간 생활의 가장 위대한 특질 중의 하나다.
2) 예수를 믿음으로 칭찬과 인정을 받을 때가 있다. 영적인 힘을 얻기 위해 무엇을 해야하는지 생각해 보라. 자만과 자존감의 유혹이 생기지 않도록 깊은 주의가 있어야 한다.
3) 예수님이 강조하는 것은 믿음이다. 믿음보다 인간의 감정이 앞서는 것을 경계한다.
4) 예수님의 권능을 모든 나라, 모든 백성에게 베푸신다. 유대인이나 이스라엘에게만 베푸시는 것이 아니다.

누가 구원받았는가? 백부장의 믿음은 예수님에게 깊은 마음의 감동을 주었다. 예수님으로 말미암아 백부장도 구원받고 백부장의 하인도 구원받았다. 믿음 좋은 한 사람이 여러 사람을 믿음으로 인도할 수 있다. 그것이 복음의 힘이다.

**▌ 12절 : 그 나라의 본 자손들은 바깥 어두운 데 쫓겨나 거기서 울며 이를 갈게 되리라**

예수님은 천국에 들어갈 것이라고 스스로 생각하는 많은 성도들이 믿음이 없어서 천국에 들어갈 수 없다고 군중들에게 말씀하고 계신다. 백부장의 믿음이 유대 지도자들 믿음을 수치스럽게 만들고 있다고 말씀하고 계신다. 동과 서는 지구의 모퉁이를 나타낸다. 모든 하나님의 자녀는 메시아를 찬양하기 위해 모여야 할 것이다. 메시아가 올 때는 그의 축복이 이방인에게도 온다는 것을 유대인도 알아야만 했다. 마태복음 8장에서 예수님의 메시지는 우주적이며 모든 사람들을 위한 것이다. 크리스천 가족을 갖게 되는 것은 놀라운 축복이지만 영생이 모든 가족에게 보장되는 것은 아니다. 모든 가족이 반드시 믿고 순종해야 모든 가족이 은혜를 받는다. 믿음이 없어 천국에 들어가지 못하면,

1. There will be darkness(어두움이 있을 것이다)

빛이 없고 희망이 없는 세상을 말함. 하나님의 임재가 완전히 사라진 세상을 말함. 절망과 고뇌만 있는 세상을 말함.

2. There will be weeping(울부짖음이 있을 것이다)

슬픔, 울부짖음, 신음과 눈물의 홍수가 있는 곳을 말함. 슬픈 늪에 빠져 눈물만 나는 상태를 말함.

3. There will be gnashing of teeth(이를 가는 것이 있을 것이다)

적개심에 이빨을 깨물고 비참함과 분노와 원한 때문에 이빨 전체로 얼굴을 비틀면서 뿌드득 몸서리 칠 정도로 이빨을 깨물며 소리를 내는 것을 말한다.

하늘나라에 들어가는 방법은 오직 한 가지 믿음 뿐이다. 전통, 믿음 좋은 부모, 믿음 좋은 자식, 세례, 교회 멤버, 성경공부팀 참가로 하늘나라에 들어 가는 것은 아니다. 믿음이 없으면 모든 것이 헛되다고 한다.

> **13절 : 예수께서 백부장에게 이르시되 가라 네 믿은 대로 될지어다 하시니 그 즉시 하인이 나으니라**

예수님은 다른 사람을 대신해서 우리가 그의 도움을 요청할 때 격려해 주시고 도와주신다(중보기도). 백부장에게 하는 말씀은 우리들에게 하시는 말씀이다. 그것은 백지 수표와 같다. 우리가 받는 축복의 양은 믿음의 분량과 같다.

> **14-15절 : 예수께서 베드로의 집에 들어가사 그의 장모가 열병으로 앓아 누운 것을 보시고 그의 손을 만지시니 열병이 떠나가고 여인이 일어나서 예수께 수종들더라**

베드로의 장모는 우리에게 아름다운 본보기를 보여 주었는데 예수님의 터치가 있고 난 후 장모의 반응은 예수님과 그 제자들을 대접하고 시중들었다. 하나님은 위험하고 어려운 환경에서 우리를 도우신다. 도움을 줄 때 우리는 어떻게 고마움을 표시하는가? 베드로의 장모처럼 하는가?

하나님은 우리 믿는 사람들에게 천국을 약속했기 때문에 우리는 그에게 봉사하고 감사하는 방법을 찾아야 한다. 예수님이 베드로의 장모집을 방문하는 것처럼 믿는 성도의 집도 방문하신다. 예수님은 특별히 가족을 사랑하고 특별한 관심을 갖고 계신다. 남편 베드로, 아내, 장모, 형제 안드레, 친구 야고보 그리고 요한 모두 함께 사랑하신다.

**개념 1.** 예수님께 은혜를 받으면 마음으로 조용히 감사해야한다.

1) 개인이나 가정을 불문하고 예수님은 가난이나 별 볼 일 없는 사람을 구별하지 않고 믿음을 가지고 구하면 들어주신다.

2) 베드로의 아내와 장모는 누구인가? 조용하고 별로 알려지지 않은 신앙인이다. 예수님은 많은 군중에게 인정받는 것을 추구하지 않는다. 예수님은 조용히 다른 사람이 모르게 기꺼이 도움을 준다. 그는 조용히 우리의 필요를 채워 주시고 세상이 모르도록 우리를 도와주신다.

3) 예수님은 장모를 고쳐주셨다. 베드로 집에 들어가자마자 즉시 장모의 손을 잡았다. 베드로의 장모가 병에 걸려 침대에 누워 있는 것을 보았다. 그의 목적은 개인이나 가족의 필요에 초점을 맞추신다. 예수님은 베드로의 장모에게 특별한 터치가 있었다. 그것은 따뜻함과 부드러움과 보살핌의 대화였다. 우리가 기도하고 터치할 때도 하나님의 권능의 의사소통이 일어난다. 장모는 병이 금방 낫고 일어나 예수님께 즉시 대접했다. 장모는 열병으로 앓아 누웠으며 몸의 병약함에도 불구하고 예수님께 먼저 대접하는 자세를 가지고 있었다. 그녀는 그 집의 가장도 아니다. 그녀는 그래도 즉시 일어나 예수님을 대접하기 위해서 바쁘게 왔다갔다 했다. 그렇게 봉사하는 것이 메시야에게 감사한다는 것을 깨닫고 있으며 말없이 조용히 믿는 신앙심이 깊은 할머니인 것 같다.

◎ **우리에게 주는 교훈**

1) 예수님이 우리에게 터치할 때 우리는 즉시 일어나 봉사하는 자세를 취해야 한다.

2) 예수님의 권능으로 터치할 때 우리가 중요하다는 뜻이 아니다. 그의 권

능의 터치는 사랑의 표시이지 자존감을 위한 것이 아니다.

　3) 예수님이 터치할 때 다른 사람이 봉사해 주기를 바라지 말고 자기 스스로 솔선수범해서 봉사해야 한다.

베드로에게는 부인이 있었는데, 그는 부인보다 40년 이상 더 살았다고 전해진다. 그래서 Barclay는 알렉신드리아 글레멘트를 인용하여 그의 현재 부인(예수님이 베드로를 부르실 때는 새로 결혼한 부인)은 새로 결혼한 부인인 셧 같다. 베드로는 집이 한 채 있었다. 그는 부인과 함께 십자가에 거꾸로 매달려 순교했다고 전한다. 베드로는 장모를 잘 돌보았다. 그녀는 나이가 많은 늙은 과부였으며 베드로는 자기 장모를 같은 집에 살도록 허락한 동정심이 많고 인정이 많은 사람이었다. 베드로는 자기 집을 남에게 오픈했다. 마태가 말하기로 그 집은 베드로와 안드레의 집이었다. 그러나 소유주는 베드로이다. 왜냐하면 아내와 장모가 언급되었기 때문이다. 자주 예수, 야곱, 요한과 더불어 자기 집에서 모임을 갖기도 하였으며 그 당시 베드로의 집이 예수님의 본거지였다고 전한다.

**│ 16절 : 저물매 사람들이 귀신 들린 자를 많이 데리고 예수께 오거늘 예수께서 말씀으로 귀신들을 쫓아 내시고 병든 자들을 다 고치시니**

예수님의 두 번째 목적은 재림하여 많은 군중의 필요를 채워 주는 것이다. 3가지 주목할 점이 있다.

1. 예수님은 피곤했으며 그래서 휴식을 하고 싶었다. 그러나 그가 마을에 머물고 있다는 소식을 듣고 도움을 받기 위해 문간 앞에 사람들이 모이기 시작했다.

　1) 끊임없는 도움 요청으로 예수님은 대단히 바쁘셨다.

　2) 그는 남을 돕기 위해 휴식도 포기하셨다.

　3) 그는 돌려보내는 사람이 없으셨다. 오는 사람의 병을 다 고쳐 주었다.

2. 사람이 모이는 그 장면은 세상이 예수님을 절실히 필요로 했다는 것을 나타내 준다. 모든 마을 사람들이 전부 온 것은 아니었으며 예수님을 알고 그의 도움이 필요하다고 깨닫는 사람만 왔다.

　1) 그가 이 세상에 온 것은 길 잃은 사람을 찾아주기 위해서다.

2) 그가 온 것은 의사가 필요로 한 사람, 병든 사람을 위해서다.

3. 그가 이 세상에 온 것은 우리 모두를 구원하기 위해 왔다.

1) 예수님은 모든 사람을 도울 능력을 갖고 있다.

2) 그의 능력은 귀신 들린 자들에게 귀신을 몰아낼 수 있는 권능을 갖고 있으며 사탄을 이기고 사탄을 파괴시키는 능력을 갖고 있다.

**17절 : 이는 선지자 이사야를 통하여 하신 말씀에 우리의 연약한 것을 친히 담당하시고 병을 짊어지셨도다 함을 이루려 하심이더라**

예수님의 세 번째 권능은 메시아라는 것을 증명해 보이는 것이다.

그가 하나님의 아들이라는 것이 성경(이사야)에 분명히 예언되어 있다. 그는 우리의 질병을 사역의 하나로 고친 것이 아니라 그는 우리의 연약함을 아시고 우리의 죄짐을 자기가 짊어지셨다.

이것은 두 가지 의미가 있다.

1. 우리를 위해 십자가에 돌아가실 때 우리의 질명과 연약함을 짊어지셨다.

2. 그는 우리가 이해할 수 없는 방법으로 각 사람의 질병을 짊어지셨다. 기적을 일으켜서 질병을 고쳤다.

그는 우리의 죄를 다 사하여 주었으며 우리의 죄를 다 짊어지기까지 하셨다. 우리의 모든 죄를 깊은 바다 속으로 던져 넣어 버렸다(미 7:19).

인간의 타락으로 이 세상에 죄와 악이 들어왔다. 그래서 불완전하고 부패한 이 세상은 부패하고 악한 것을 계속 생산하고 있다. 그래서 다시는 새 땅과 새 하늘에는 썩지 않는 영생의 길이 열릴 것이라고 말씀하셨다. 그는 약속하기를 그를 믿는 자는 영생을 얻고 천국 시민이 될 것을 약속하셨다. 우리는 이 약속을 믿고 신실하게 살고 예수님의 뜻을 깨달아 이행하고 영광을 돌려드려야 할 것이다.

**18절 : 예수께서 무리가 자기를 에워싸는 것을 보시고 건너편으로 가기를 명하시니라**

예수님이 필요한 것이 아니라 그들이 필요해서 예수님 주위로 모여들었다.

예수님은 군중들에게 깊은 애정을 가지고 있었고 그는 가버나움 출신이라 그가 가르침과 병고침 때문에 온 동네와 주위 이웃 마을에 소문이 퍼져 군중들이 모여들기 시작했다.

◎ 군중들이 예수께 모여 들었던 이유(지금)

1) 삶의 변화를 받기 위해. 사람들이 병을 고치며 필요한 섯은 예수님께 나오면 해결된나고 소문이 났기 때문에.

2) 가족과 친구들이 사회직위와 인격의 이미지 때문에 예수를 믿고 교회 멤버가 된다.

3) 예수를 따르고 교회 가는 것이 마음이 편하기 때문에.

4) 이띤 사람은 믿음이 반신반의한 사람도 있다. 그러나 믿음이 있으면 하나님이 도우시고 돌보신다는 것을 믿고 있기 때문이었다.

5) 다른 사람의 삶의 변화를 보고 시련을 통해서 구원하시는 예수님의 권능을 믿기 때문에.

6) 예수님이 구원자이시고 약속된 메시아로 믿기 때문에(요 6:28-29; 눅 9:23).

**19-20절 : 한 서기관이 나아와 예수께 아뢰되 선생님이여 어디로 가시든지 저는 따르리이다 예수께서 이르시되 여우도 굴이 있고 공중의 새도 거처가 있으되 인자는 머리 둘 곳이 없다 하시더라**

예수를 따르는 것은 쉬운 일이 아니다. 가끔 큰 희생을 치르게 되고 이 세상에서 성공이 보장되는 것도 아니다. 예수님은 집이라고 부를 수 있는 잠잘 곳이 없었다. 예수님을 따른다는 것은 어떤 때는 금전, 인기, 우정도 빼앗아 갈 수 있다. 그러나 예수를 따르는 그 가치는 측정할 수 없으며 예수님의 제자가 되고 따른다는 것은 하늘나라에서 엄청난 축복을 받을 뿐 아니라 예수를 믿고 따른다는 것은 영생을 주시고 상상할 수 없는 보답이 주어진다. 이 세상 사는 동안에도 예수 안에 있으면 새로운 피조물이 되어 가정을 화목하게 하고 사회를 밝게 하는 '피스 메이커'가 된다. 이 서기관은 예수님이 가장 뛰어난 선생이라는 것을 알고 있으며 그 자신도 선생이지만 예수님의 가르침에 큰 감명을 받고 선생중에 선생이라고 믿었다.

1. 이 서기관이 예수를 열렬히 따르고 싶었지만 예수님을 따르자니 자기 동료와 끊임없는 갈등을 불러일으킬 수 있다고 생각했다. 왜냐하면 예수님은 서기관의 율법적인 전통을 반대하고 그 당시 종교 지도자들은 예수님을 좋게 생각하고 있지 않았다. 그리고 서기관들은 예수님께 깊은 적대감을 가지고 있었으며 심지어 죽이려는 모의도 했다(눅 11:52-54).

2. 이 율법 학자는 예수님이 가는 곳은 어느 곳이든지 따라가고 싶다고 말했다. 이것은 가장 흔하지 않은 일인데 율법 학자들은 원래 조용한 분위기에서 가르치고 글을 쓸 수 있는 곳에 있기를 좋아하는 사람들이다. 예수님 곁에는 아이들과 군중들, 병고칠 목적으로 도움을 바라고 오는 사람들이 많기 때문에 결코 율법 학자에게는 어울리는 장소가 아니었다.

3. 예수님은 더 많은 것을 요구했다. 예수님을 지구 끝까지 따라가고 싶다고 말하는 것만으로는 충분치 않다. 예수님은 제자가 되기 위해서는 세 가지가 꼭 필요하다고 말씀하셨다. 첫째, 예수님을 인자로 받아들여야 한다. 둘째, 자기 자신이 심령의 가난을 경험해야 된다는 것을 깨달아야 된다. 셋째, 예수님과 예수님의 미션을 위해서 모든 것을 포기해야 된다. 때때로 시간, 에너지, 돈, 친구까지도(눅 9:23-24).

**개념 1.** 특히 세상의 지식인 즉 선생, 부유한 자, 유명인, 권력자 가운데 예수를 따르기를 갈망하는 사람도 있다. 그러나 예수님의 더 많은 요구가 있을 때 중간에 그만두고 넘어지는 사람들이 많다.

　　1) 어떤 사람은 예수님을 하나님의 아들이라고 자백하면서 무너지고 예수님이 신성을 가지고 있다는 믿음을 의심하고 의문을 가지면서 그만두고 무너진다.

서기관들은 특히 처녀가 잉태, incarnation(화신), godly power(하나님의 권능), miraculous works(기적), death(죽음), resurrection(부활), ascension(승천), the spiritual and intercessory ministry of jesus christ(예수님의 영적 중보적 사역)에 대해 의심을 가지고 문제 제기를 한다. 그들은 선생 중에 가장 위대한 선생이라는 사살에 이끌리는 것이지 예수님을 만유의 주, 메시아라고 인정하지는 않는다.

　　2) 어떤 사람들은 개인적인 가난을 가져온다고 믿고서 넘어진다. 즉 더 많은 헌금을 내기 위해 너 넓은 일을 해야 된다고 믿고 있으며 그들은 물질적인 보장을 추구하고 세싱의 안락을 추구한다. 예수님은 기꺼이 예수님을 따르겠다고 밀토 아는 섯이 아니라 자기 자신을 부인하고 삶을 예수님 수준에 맞추도록 노력하면서 순종해야 한다. 너희들이 나를 따르려면 모든 것을 내려놓아야 된다고 말씀하신다. 이것은 가진 것을 남김없이 주라는 뜻이 아니고 물질의 지배를 지나치게 받지 말라는 뜻이다.

　　3) 어떤 사람들은 전적으로 자기 자신을 부인하고 소유물을 포기하라는 말에 넘어진다.

　2. 어떤 이들은 세상 끝까지 가겠다고 결심한다. 그러나 예수님이 말씀하시기를 그것은 중요한 것이 아니고 예수님을 하나님의 아들로 받아들여야 되며 예수님 삶을 본받아야 된다고 주장하신다. 그리고,

　　1) 우리는 예수님의 삶을 따르기 위해 예수님을 하나님의 아들로 받아들여야 한다.

　　2) 우리는 개인적인 심플하고 소박한 삶의 경험을 가져야 하고 기꺼이 자기를 부인하고 헌신된 마음을 가져야 한다(고전 1:20, 26).

**개념 2.** 많은 사람들은 헌신하겠다고 맹세한다. 그러나 그 맹세는 자기 자신의 맹세이지 하나님에 대한 맹세가 아니다. 자기 자신이 지키지도 않는 맹세는 예수님에게는 아무런 의미가 없다.

어떤 사람들은 길 건너, 마을 건너, 바다를 건너, 하나님 사역을 위해 나간다. 그러나 하나님에 대한 헌신과 하나님의 삶을 전하러 가는 것이 아니라 자기를 위하고 자기 직분의 명예를 위해 가는 사람도 있다. 예수님은 누울 곳도 없이 사역에 전념하고 있는데 예수님을 따르는 사람이 누울 곳과 삶을 지나치게

걱정하는 사람들이 예수를 따르려고 하는 것은 제자 되는 기준에 맞지 않다고 질책하신다(고후 8:19).

**개념 3.** 예수님의 삶의 모습은 세상의 가치, 물질 소유에 대한 공허감과 허영심에 대해 우리에게 교훈을 주고 있다. 그리고 우리는 헌신하겠다고 다짐하기 전에 값이 얼마나 들어가는지 계산을 먼저 해서는 안 되며 우리는 결정하기 전에 하나님게 기도해서 물어보고 결정해야 할 것이다.

그리고 참고로 Son of man(인자), 보통 사람의 인성, 가장 이상적인 인간, 완전한 인간, 예수님이 자기 자신을 성경에서 80번을 그렇게 부른다. 이것은 다니엘서에서 비롯되었다(단 7:13-14). 크리스천은 예수님을 절대적인 주로 따르는 종이라는 것을 인식해야 된다. 그렇지 않으면 예수님이 종이 되고 자기가 주인이 된다.

> **21-22절 : 제자 중에 또 한 사람이 이르되 주여 내가 먼저 가서 내 아버지를 장사하게 허락하옵소서 예수께서 이르시되 죽은 자들이 그들의 죽은 자들을 장사하게 하고 너는 나를 따르라 하시니라**

예수님은 항상 그를 따르고자하는 사람들에게 직접 말씀하신다. 그리고 따르는 데는 대가를 치러야 하고 겪게 되는 고통도 크다는 것을 깨달아야 한다.

하나님의 아들로서 완전한 충성심을 강조하셨다. 심지어 가족에 대한 사랑보다 예수님에 대한 순종을 더 강조하셨다. 예수님을 따르는 결정은 미루어서는 안 된다. 어떤 것도 예수님의 일보다 먼저 우선권을 놓아서는 안 된다.

예수님의 소명을 이 사람에게 전해졌으나 이 사람은 주저하는 사람이었다. 그의 주저함은 합당하며 부모를 돌보는 것은 당연하다. 그러나 그의 아버지는 이미 죽었거나 지금 죽어 가고 있다. 그의 문제에 대하여 의견이 나누어져 있는데 그는 하나님의 부르심일 때는 하나님의 부르심을 먼저 따라야 한다. 우리 인생사에 그런 일이 자주 일어나는데, 사람이 처해 있는 환경과 문제로 압박감을 받고 있는데 하나님이 그 사람의 일을 기다렸다가 해결해 주신다는 것을 우리는 모르고 있다. 문제가 해결되자마자 그는 가서 예수를 따르면 된다고 믿고 있는데 예수님의 말씀을 먼저 경청하는 것이 우선이다(눅 14:26-27; 막 10:28-30).

예수님은 더 많은 것을 요구하신다. 예수님은 그 사람의 의심 반 믿음 반을 보시고 그는 하나님에 대한 믿음이 적다고 보셨다. 예수님은 우리의 부모를 돌보라고 하신다. 그러나 그는 하나님께 먼저 순종하고 따르는 것이 가장 바람직한 주님의 세사라고 말씀하신다.

**개념 1.** 어떤 사람은 예수님이 부름에 순종하는 사람도 있고 기절하는 사람도 있나. 즉 부모 핑계를 대고 변명하는 사람들이 있다. 그들에게 경고의 말씀으로 그들은 나만큼 가치 있는 것이 아니라고 말씀하신다.

**개념 2.** 모든 변명은 부적절하다. 하나님은 사람을 부르실 때 그 형편을 알고 계신다. 하나님이 원하는 것은 완전한 진실이다. 사람이 어떤 특별한 시련이나 환경에 처해 있을 때 보다 더 좋은 때가 온다는 것을 생각해 보라. 소명 받은 사람은 하나님이 부름을 늦추기 위해 변명을 해서는 안 된다. 이 사람의 변명은 합당한 변명이다. 즉 가족을 먼저 돌보는 것은 합당한 일이다. 그러나 죽은 자는 하나님의 심판대에 먼저 오를 사람이므로 살아 있는 사람이 가장 먼저 예수를 따르는 것이 순서가 맞다고 지적하신다. 예수님은 사망 권세를 이기신 분이기 때문에 사망과 심판은 예수님이 다스리는 영역이지 우리의 영역이 아니다.

결론으로, 이 제자는 하나님으로부터 소명을 느꼈고 그는 입으로 예수님을 주라고 부르는 사람이다. 그러나 예수님을 그들의 삶의 주인으로 삼는 데 실패한 사람이다. 이들은 예수의 부름을 듣고 그를 따르려고 마음먹고 있으나 그들은 순종의 행동을 미루고 있다. 그들은 자기 자신을 속이고 언젠가 훗날 편리한 시간에 따르면 된다고 생각한다. 이 사람의 아버지는 살아 있을 가능성이 있다. 그러나 나이가 많고 아들이 돌봐야 할 형편에 있을 가능성도 있다. 그는 아버지가 죽을 때까지 기다려 달라고 하고 있는 것 같다. 이 사람은 완전한 믿음과 자기 자신을 부인하지 못하고 있다.

### ▎23절 : 배에 오르시매 제자들이 따랐더니

많은 예수님의 제자들은 어부이기 때문에 고깃배에 있었다.

역사학자 요세푸스(Flavius Josephus)에 의하면 그 당시에는 갈릴리 바다에 300척 가까이 배가 있었다고 했다. 배는 예수님을 포함하여 13명이 탈 수 있을 만큼 크다고 했다. 노와 닻으로 가며 폭풍우 동안에는 해안가로 끌어올렸다고 전해진다. 그 당시 진정한 제자들은 무슨 일이 일어나도 예수님을 따랐다. 제자들은 진심으로 헌신했고 상황과 조건이 어떻든지 간에 예수님을 따랐다. 베드로의 가정을 예로 들어보면 베드로의 나머지 가족들 모두가 집을 떠나서 일정 기간 동안 예수님과 함께 머물렀다. 고기도 잡지 않고 떠나 있으면서 그 비용을 생각해 보라. 엄청난 가족의 희생이 있었다(눅 9:23~24).

모두가 예수님을 따른 것은 아니며 단지 갈릴리 호수 주위로 따라 다니다가 집으로 돌아갔다가 왔다가 했다. 예수님은 특별히 제자들과 경험도 나누고 쉬기도 하기 위해서 갈릴리 호수를 택했다. 왜 다른 사람은 따르지 않았는가?

    1) 거리가 멀고 너무나 노력이 필요하고 위험이 있었다.

    2) 갈릴리 바다는 항상 폭풍우가 치고 기후 변화가 갑자기 일어나 위험이 항상 상존했다.

    3) 예수를 따른다는 것은 너무나 큰 희생이 따랐다.

## ❘ 24절 : 바다에 큰 놀이 일어나 배가 물결에 덮이게 되었으되 예수께서는 주무시는지라

갈릴리 바다는 비교적 조그마하다(길이 13마일, 넓이 7마일). 그러나 깊이는 150피트, 해안선은 해수면이 680피트이다. 한 번 파도가 치면 20피트까지 물기둥이 솟아오른다. 제자들은 떠날 때 아무런 준비 없이 떠난 것은 아니지만 갑자기 바다 파도에 위험이 커지게 되었다. 여기에 교훈은 폭풍우가 쳐서 시련이 와도 예수님은 요동하지 않으며 제자들은 믿음이 적으면 아무것도 할 수 없다는 것을 깨닫는다.

주목할 점은 폭풍우는 예고 없이 갑자기 일어나며 그 파도는 엄청나 보트를 덮쳐서 생명의 위험을 가져온다. 인생의 폭풍우도 마찬가지이며 우리는 살아가면서 많은 인생의 폭풍우를 만난다. 예수님을 따르더라도 경우에 따라 폭풍우가 오고 폭풍우를 피할 수 없는 경우가 있다. 이것은 자연의 몫이며 우리 인간의 힘으로 자연을 컨트롤할 수는 없다. 자연이 주는 위험을 어떻게 극복할 것인가는 하나님의 도움이 필요한 것이다. 여기서 폭풍우, 큰 물결, 파도, 번개, 큰 홍수 등은 우리의 인생이 겪는 시련을 상징한다. 아무도 컨트롤할 수 없고 하나님 권능만이 바다를 잔잔하게 할 수 있다. 우리가 필요한 것은 예수님의 보호하심과 도우심이다.

아무리 길들여지고 능숙한 어부도 이 거대한 폭풍우는 감당할 수 없다. 능숙한 어부일지라도 심각한 폭우 속에는 자기 자신을 구할 수 없다. 우리도 우리 자신의 생명을 컨트롤 할 수 없고 우리 자신을 구할 수 나. 우리 인생도 겁에 실려 공포감에 쌓이면 완전히 절망적인 존재가 된다. 제자들도 예수님의 도움 없이 폭풍우를 컨트롤하려고 했으나 실패했다.

우리도 우리 자신의 혼자 힘으로 인생의 폭풍을 이겨 나가려고 하다가 대체로 실패한다. 제자들도 예수님의 즉각적인 도움을 받지 못했다. 예수님은 좀 멀리 떨어져 있었고 잠자고 있었다. 예수님도 잠자는 동안 제자들의 위험한 상태와 필요를 의식하지 않고 있었다. 우리의 믿음이 온전치 못하고 죄 때문에 예수님이 보이지 않는 곳에 멀리 주무시고 계신다는 것을 암시한다.

### 25절 : 그 제자들이 나아와 깨우며 이르되 주여 구원하소서 우리가 죽겠나이다

제자들이 많은 기적을 목격했지만 그들은 폭풍우에 패닉 상태에 놓여 있다. 경험 많은 어부이지만 위험하다는 것을 알고 있었다.

우리가 가끔 하나님은 일하기 싫어하고 일할 수 없다고 느끼는데 이것이 큰 위험한 생각이다. 우리가 진심으로 하나님이 누구신지 이해할 때 우리는 자연의 폭풍과 우리 가슴속의 폭풍우를 컨트롤할 수 있다는 것을 깨닫게 될 것이다. 예수님이 풍랑을 잠재우는 것은 우리의 인생의 폭풍우도 잠재워 줄 수 있다는 것을 뜻한다. 우리는 무서운 인생의 폭풍우 속에서 예수님의 능력을 과소평가해서는 안 된다. 왜 그들은 예수님의 도움을 청했는가?

1) 상황이 너무 악화하여 자기들의 힘으로는 컨트롤할 수 없기 때문이다.
2) 그들은 지금 물에 빠져 죽을 찰나에 있었다.
3) 그들은 자기들 스스로 해결해 보려고 여러 번 시도했다. 그리고 그들은 자만심이 많았던 것 같다. 그들은 힘이 세고 능력 있고 경험 많고 그들의

선원 생활(직업)에 자만심이 넘쳐났다. 그들은 여러 번 예수님이 안 계실 때 자기들이 폭풍우를 이겨냈고 이번에도 자기들이 해결할 수 있다고 믿었다. 결국 마지막에 그들은 자존심을 버리고 예수님께 도움을 요청했다. 그래서 예수님의 응답이 있었다.

우리가 여기서 배울 교훈은 심각한 위험을 겪고 나서 예수를 찾는다.

우리는 너무 오래 기다렸다가 예수님께 도움을 부탁한다. 우리는 너무 오래 기다리다가 죽을 수도 있고 너무 깊은 위험에 빠져 헤어나오지 못할 수도 있다. 우리의 구원은 예수님을 통해서 이루어지고 믿음으로 무장된 삶이 우리를 구원할 것이다(롬 10:9~10).

## 26절 : 예수께서 이르시되 어찌하여 무서워하느냐 믿음이 작은 자들아 하시고 곧 일어나사 바람과 바다를 꾸짖으시니 아주 잔잔하게 되거늘

이 제자들은 두 가지 인생 경험을 하고 있다. 그들은 단지 한 가지 두려움에 대한 경험을 겪고 있다. 그들이 한 가지 보지 못하는 것은 완전히 숨겨져 있는 것인데 두려움의 근원적인 원인이 되는 작은 믿음을 모르고 있다. 그들의 믿음은 불완전하고 미성숙하다. 왜 두려워하느냐는 물음은 예수님이 그들의 믿음의 작음에 실망한 것이다.

그리고 우리에게 주는 교훈은,

1) 예수님은 그의 잠을 방해 받거나 그들의 부름에 아무렇지 않게 생각했지만 그러나 그들의 믿음의 적음과 두려움에 마음이 언짢았다.

2) 믿는 자 가운데서도 예수님이 그들의 삶을 도와줄 것이라고 믿는 사람들도 있지만 반신반의하는 사람도 있다.

3) 제자들은 예수님을 소홀히 대했다. 그들이 예수님을 좀 더 일찍 찾았더라면 그들의 문제를 빨리 해결했을 것이다. 자기 스스로 자기들 능력을 믿고 그들이 해결하려다가 늦어지게 되었다. 우리는 마지막 어쩔 수 없는 순간까지 기다리지 말고 예수님의 도움을 빨리 청해야 한다.

4) 예수님은 항상 두려움과 믿음이 적다고 우리를 꾸중하신다. 두려움과 믿

음이 적은 것은 예수님을 존경하지 않는다는 뜻이다.

5) 믿음은 우리의 삶의 기초가 되며 위급할 때 도움을 주는 수단이 아니다.

6) 믿음은 우리 행동의 일관된 흐름이다. 위급할 때만 필요한 것이 아니다.

7) 믿음은 우리의 마음에 깊숙이 자리 잡은 사상이다. 필요할 때만 산발적으로 일어나는 생각이 아니다.

8) 믿음은 변함없는 우리의 가슴과 마음의 애절한 호소이며 가끔씩 생각하는 사상적인 문제가 아니다.

두려움 속에서는 희망이 절망으로 바뀌지만 예수님은 모든 유혹과 시련을 극복하는 위대한 구속자이시다. 즉 마태복음 8장에는 우리의 작은 믿음에 대하여 경고하고 있다.

**27절 : 그 사람들이 놀랍게 여겨 이르되 이이가 어떠한 사람이기에 바람과 바다도 순종하는가 하더라**

제자들은 너무 놀랬다. 제자들은 한 번도 폭풍우와 바다가 예수님의 말씀에 순종하는 것을 본 적이 없었다.

1. 그들은 예수님을 주라고 부르는 뜻을 지금 더 많은 것을 알게 되었다. 예수님은 자연의 힘도 다스린다는 것을 알았고 옛날 선지자가 하나님이라고 외치던 그 권위를 예수님도 똑같이 가졌다는 것을 알았다.

2. 그들은 필요할 때마다 예수님의 주권에 의지해야 되겠다는 사실을 깨달았다(요 14:12).

**28-31절 : 또 예수께서 건너편 가다라 지방에 가시매 귀신 들린 자 둘이 무덤 사이에서 나와 예수를 만나니 그들은 몹시 사나워 아무도 그 길로 지나갈 수 없을 지경이더라 이에 그들이 소리 질러 이르되 하나님의 아들이여 우리가 당신과 무슨 상관이 있나이까 때가 이르기 전에 우리를 괴롭게 하려고 여기 오셨나이까 하더니 마침 멀리서 많은 돼지 떼가 먹고 있는지라 귀신들이 예수께 간구하여 이르되 만일 우리를 쫓아 내시려면 돼지 떼에 들여보내 주소서**

가다라 지방은 갈릴리 바다 남쪽에 위치에 있으며 가장 중요한 지역 중의 하나이다. 여기에는 이방인이 많이 살고 있으며 돼지를 기른다(유대인은 돼지를 기르지 않는다)는 뜻을 보고 이방인이 많다는 것을 알 수 있다. 귀신 들린 자들은 더 많은 귀신에 의해서 컨트롤 받고 있다. 귀신은 하나님을 대적하는 사탄무리에 참가한 타락한 천사들이다. 그들은 사탄이 사람을 유혹하여 죄를 짓고 파괴적인 행위를 하도록 조종한다. 그들은 예수님이 하나님의 아들이라는 사실을 깨닫자마자 힘을 잃어버린다. 그러나 그들이 예수님에게 순종해야 되겠다고는 절대 생각하지 않는다. Faith is more than belief(믿음은 단순히 믿는 그 이상이다), 믿음으로 예수님만이 우리 죄를 사하시고 구원하시는 구세주이시다. 마태는 그 사람, 귀신 들린 자를 말하고 있는데, 마태복음과 누가복음에서 한 사람 귀신 들린 자의 이야기가 나온다. 유대 율법에 의하면 예수님이 만난 사람들은 세 가지 방법에서 정결하지 않다고 했다. 첫째, 그들은 이방인이다. 둘째, 그들은 귀신 들린 자들이다. 셋째, 무덤가에서 산다.

우리 믿는 성도는 정결하지 않는 사람을 미워해서는 안 된다. 우리의 도덕적 기준으로 잣대를 대어서는 안 된다. 우리는 모든 사람은 하나님의 독특한 창조물이라는 것을 알아야 한다. 성경에는 이 세상에도 악한 사람이 있는 것처럼 영의 세계도 악한 존재가 있다고 가르치고 있다 귀신들은 그들의 리더를 가지고 있는데 그들은 항상 하나님의 권위에 도전하는 자들이다. 세상 사람들은 귀신이 없다고 무시하지만 성경에서는 귀신이 있다고 가르치고 있다. 귀신 들린 자의 행동은 하나의 정신 질환으로 여겨지기도 한다. 악한 영은 대단히 지능이 높고 속임수가 많다는 것을 하나님은 우리에게 가르쳐 주고 유혹에 넘어가지 않도록 경고하고 있다. 예수님의 목적은 흑암의 세력인 마귀로부터 구해 내는 것이 목적이다. 우리의 투쟁은 육이 아니요 흑암의 세력과 악한 영의 힘을 대적하는 것이다(엡 6:12). 십자가 위에서 악한 영들과 귀신 들린 자들을 모두 물리쳤다. 귀신은 하나님의 아들이신 예수님의 목숨을 십자가에서 빼앗을 때는 승리한 것 같으나 부활함으로써 귀신 들은 완전히 패배했다.

왜 귀신 들린 두 사람이 발작을 일으켰는가?

1) 어떤 사람들은 한 걸음씩 한 걸음씩 자기도 모르는 사이에 빠져 점점 악

하게 된다. 그래서 교만, 시기, 이기적인 사람이 되고 그들은 똑같은 취급을 받기를 원하는 사람에게 악의와 복수심을 가지고 반응한다.

2) 어떤 사람은 지나치게 이기심을 갖고 있고 자기중심적이다. 거기에 도전하면 귀신 들린 자처럼 심각하게 발작을 일으킨다.

3) 어떤 사람은 악의 세력에게 순순히 내어 주어 그들은 악의 세력에 붙잡혀 꼼짝달싹 못하게 되어 발작을 일으킨다.

4) 어떤 사람들은 무시당하고 거절당하고 이용당해서 귀신의 부정적인 특질에 사로잡히게 된다. 즉 자기중심적이고 자기연민, 분노, 적개심, 악감정, 복수심에 사로잡혀 발작을 일으킨다.

예수님은 귀신 들린 사람 사이로 지나갔다. 이 두 사람은 하나님을 대적했다. 이 사람들은 하나님의 임재를 항의했다. 그가 하나님의 아들이라는 사실을 알고 그들은 두려워했다. 그들은 고난의 날과 심판의 날이 온다는 것을 깨달았다.

모든 악령은 하나님과 관계가 없다. 예수님은 타락한 천사를 구하러 이 세상에 온 것이 아니다. 예수님은 이 두 사람을 구하기 위해 무덤가에 갔다. 그는 우리 불쌍한 인생을 구하기 위하여 어떤 장소에도 위험을 무릅쓰고 간다.

**32절 : 그들에게 가라 하시니 귀신들이 나와서 돼지에게로 들어가는지라 온 떼가 비탈로 내리달아 바다에 들어가서 물에서 몰사하거늘**

예수님은 그의 말씀에 권능을 가지고 계신다. 마귀의 세력도 크지만 예수님의 말씀은 전지전능하시다. 귀신들이 돼지에게 들어간 것은 하나님의 말씀의 결과이다. 예수님 말씀으로 사람으로부터 귀신을 몰아내고 말씀으로 구원하는 능력을 가지고 계신다. 약 2000마리의 돼지가 있었는데, 예수님은 돼지들을 직접 죽이지 않았지만 그들이 비탈길로 내려가서 죽을 것이라는 것을 알고 있었다.

왜 예수님은 돼지 주인이 큰 손실을 보도록 허락했는가?

1) 두 귀신 들린 사람이 진정으로 구원받고 악령으로부터 해방되는 것을 알

고 있기 때문이다.

2) 육체를 소유하고 있는 가장 악한 악령이 존재하지 않는다고 믿는 사람들에게 악령이 있다는 것을 확인시켜 주기 위함이었다.

3) 돼지를 먹고 소유하는 것은 율법에 어긋나기 때문에 부정한 동물을 없애려는 뜻이다.

4) 인간 영혼의 가치를 일깨워 주기 위해서 두 귀신 들린 자들을 구하는 것은 어떤 것보다 영혼 구하는 것이 더 가치있다고 생각했기 때문이다.

5) 그 근방 지역의 복음의 문을 열고 싶은 의도가 있기 때문이다. 메시아의 임재와 권능이 사람들의 마음을 열고 고침받은 귀신 들린 자의 메시지가 온 마을에 전달되도록 하기 위해서다.

6) 욕심 많은 사람들, 물욕에 사로잡혀 예수님을 깨닫지 못하는 자들을 일깨워 주기 위해서다.

7) 귀신의 정체를 밝히고 예수님의 권능으로 귀신을 쫓아 낼 수 있다는 것을 보여 주기 위해서다.

**33-34절 : 치던 자들이 달아나 시내에 들어가 이 모든 일과 귀신 들린 자의 일을 고하니 온 시내가 예수를 만나려고 나가서 보고 그 지방에서 떠나시기를 간구하더라**

왜 사람들은 예수님께 이 마을에서 떠나라고 했나? 그들의 이방신과 달리 예수님을 요청해도 통제를 당하지 않는 사람이란 것을 알았기 때문이며, 그들은 예수님의 초자연적인 힘을 보고 두려워했기 때문이다. 그들은 귀신 들린 자들을 구원해 주는 것보다 돼지떼를 잃는 것이 너무 당황스럽기 때문이다. 인간의 생명보다 소유물을 더 가치 있게 생각하는 것은 얼마나 어리석은 일인가. 그 마을 사람들은 그 사실을 모르고 있다. 마을 사람들이 처음 예수님을 보았을 때 그들의 재산을 파괴하는 사람이라는 것을 알았다. 그들은 두 사람의 귀신 들린 자들의 구원은 별로 신경 쓰지 않았다. 그들의 관심은 오직 재산 손실에 초점을 두고 있었다. 예수님은 돼지떼의 죽음이나 소유주의 재산 손실에는 아무런 관심이 없었고 두 사람이 귀신으로부터 해방되는 것이 훨씬 중요하다고 느꼈다.

8장의 결론은 강한 귀신과 대적하여 승리하시는 예수님의 능력을 보여 주기 위함이었다. 그리고 우리는 전능자의 능력을 찬양합니다.

# 마태복음 9장

**┃ 1절 : 예수께서 배에 오르사 건너가 본 동네에 이르시니**

예수님의 본 동네는 가버나움이다. 그 마을은 고기잡이와 무역으로 번창한 도시셨다. 인구가 많은 갈릴리 해한에 있기 때문에 로마 수비대가 주둔하고 있었다. 그 도시는 이방인들이 모여 사는 마을이며 여러 문화를 공유하고 있다. 건축, 옷등을 로마 그리스 스타일로 입고 있었다.

예수는 가다라를 떠나 자기 자신이 사는 가버나움에 들어왔다. 가다라 사람들은 그를 떠날 것을 요구했으며 가다라에서 예수님의 경험을 모든 사람들에게 알리려는 의도가 있었다.

**┃ 2절 : 침상에 누운 중풍병자를 사람들이 데리고 오거늘 예수께서 그들의 믿음을 보시고 중풍병자에게 이르시되 작은 자야 안심하라 네 죄 사함을 받았느니라**

죄를 사하시는 예수님의 능력이 나타났는데 사람들은 깊은 관심이 있어 불구자가 된 친구들을 예수님께 데려왔다. 그들의 친구는 불구자였고 그는 절망적인 가운데 있었으며 그의 친구들은 그에게 깊은 사랑을 가지고 있었다. 그의 친구들은 특별한 관심을 가지고 있었으며 단순한 우정 이상이었다. 그들은 이 불쌍한 친구를 예수님께 데려오는 것이 그들의 임무라고 생각했다. 그들은 불구가 된 친구를 예수님께 데리고 가겠다는 집념들이 대단히 컸다. 그들은 그에게 가서 침상을 직접 만들어 들것에 들고 예수님께 왔으며 친구들은 예수님의 권능으로 치료될 것이라고 믿었다. 그들은 예수의 권능에 대해서 인정하였고 예수님은 무슨 일이든지 할 수 있는 분이라고 믿었다. 친구들은 무리한 수준까지 요구를 했고 아무도 그들을 말릴 수가 없었다(갈 6:2, 9).

**개념 1.** 모든 사람은 영적으로 불구자이며 병들어 있다. 우리는 불구자이 친구들이 했던 깃서럼 3가지 마음가짐을 가져야 한다.

　1) 불구자들을 예수님께로 데러기는 진도자로서 우리는 그들을 예수님에게로 데려갈 때까지 절망적인 사람과 함께 해야 한다.
　2) 우리는 예수님이 도움을 주는 권능자라는 것을 인정해야 한다.
　3) 우리는 불구자들을 예수님께 데리고 갈 때까지 꾸준히 도움을 줘야 한다.

**개념 2.** 친구들은 큰 믿음을 가지고 있었고 이 사람을 구하게 된 것은 친구들의 믿음과 동정심이었다.

그리고 큰 믿음은 무엇인가?
　1) 믿음은 예수님께 포커스를 맞추는 것이며 예수님만이 구원자라는 것을 깨닫는 것이다.
　2) 큰 믿음은 하나님의 도움으로 모든 것이 해결된다는 신념이다.
　3) 큰 믿음은 필요를 충족하기 위해 모든 것을 예수님께 맡기는 것이다.
　4) 큰 믿음은 필요가 충족될 때까지 끝까지 참고 기다리는 마음이다(눅 11:9-11).

**개념 3.** 예수님은 절망하지 않고 중간에 포기하지 않는다.

　1) 그들의 믿음이 예수님께 데려가면 고칠 수 있다고 확신했다.
　2) 친구들의 믿음은 절망적인 사람들의 구원이 이루어질 때까지 기다리면서 참는 것이다.
　3) 이 사람의 친구들은 말보다 먼저 행동을 보여 준 것이다.
　4) 예수님의 동정심이 이 중풍병자가 용서를 받게 했다. 중풍병도 저주받은

병으로 간주되었다. 이 일이 예수님이 행한 첫 번째 하신 죄사함이었다. 이것은 예수님의 가장 중요한 사역으로 인정받았으며 이 친구들과 환자 모두가 대단한 믿음을 가지고 있었기 때문에 죄사함을 받을 수 있었다 (엡 1:7; 행 5:31).

**개념 3.** 예수님은 모든 사람에게 동정심을 가지고 있다.

예수님은 믿음을 갖고 있는 사람에게는 말할 수 없는 동정과 은혜를 베푸신다. 예수님이 병 고친 것은 오직 이 사람의 믿음이다.

1) 이 사람은 긴 줄을 뚫고 들어오는 무례를 했음에도 예수님은 그들을 게의치 않으시고 병을 고치시었다. 그 친구들은 이기적이고 자기중심적인 사람들인 것이다. 그러나 예수님은 그들이 친구를 위해 필사적인 노력을 기울인다는 것을 알고 있었다. 이 병자는 아마도 당황했을 수도 있다. 그러나 그는 필사적으로 예수님의 도움을 받고 싶어 했다. 어떤 의식이나 형식도 예수님의 동정심을 대신할 수 없었다. 오늘날 교회도 동정심의 메시지를 가지고 활짝 교회문을 열어야 하며 동정심이 교회에서 다른 활동보다 앞서야 한다.

2) 이 사람은 몸과 정신이 마비된 것이다. 걸을 수도 없고 원래는 예수님이 누군지도 모르는 사람이었다. 그의 영적 상태가 예수님의 첫째 관심사였다. 우리는 예수님의 육체의 병 고침은 예수님의 우선 관심사가 아니고 예수님의 영적인 병고침이 주된 관심사이다. 이 세상에서는 완전한 병고침이 이루어지지 않고 앞으로 예수님이 오시는 천년왕국에서 완전한 병고침이 이루어질 것이다.

## 3절 : 어떤 서기관들이 속으로 이르되 이 사람이 신성을 모독하도다

신성모독은 자기가 하나님이라고 주장하는 것을 말하는데, 종교 지도자들은 예수님이 하나님이라고 주장한다는 소문을 듣고 분노하고 있었다. 그들은 예수님이 하나님인 줄 모르고 있으며 실제로 예수님이 병 고치고 죄 용서하는 권능이 없다고 믿었다. 예수님이 살아 있는 하나님의 아들이라는 사실을 믿지 않고 있었다. 그러나 그 당시 믿지 않는 사람도 예수님이 살아있는 사람 가운데 가장 위대한 선생이라는 것은 받아들이고 있었다. 그들 중 어떤 이들은 예수님을 하나님을 빙자한 사기꾼이라고 생각했다(고후 5:19).

> **4-6절 : 예수께서 그 생각을 아시고 이르시되 너희가 어찌하여 마음에 악한 생각을 하느냐 네 죄 사함을 받았느니라 하는 말과 일어나 걸어가라 하는 말중에 어느 것이 쉽겠느냐**

예수님의 죄 용서하시는 권능이 입증되었다. 종교 지도자 중 서기관들의 사악함이 하나님의 아들을 계속 부인했으며 일반 사람들은 예수님이 병고치고 죄 사함을 직접 보고 하나님의 아들이라고 믿었다. 서기관들은 하나님을 빙자한 사기꾼이라고 생각했으며 예수님의 신성을 부인하는 것은 마귀의 짓이다.

예수님은 어떤 말을 하는 것이 어떤 행동을 하는 것보다 쉽다고 말씀하신다. 그는 행동으로 그의 신성을 밝히고 말로 밝히지 않았다고 우리는 알 수 있다. 예수님의 목적은 인자가 죄 용서하는 권능을 가지고 있다는 것을 밝히는 것이다. 하나님의 모든 권능은 아들인 예수께 전부 전수되었다(요 5:22~23).

예수님은 병 고침을 통해 그가 하나님이라는 것과 메시아라는 것을 증명하였고 죄 사함과 병 고침은 하나님 아버지가 이 지상에 아들을 보내어 연약한 사람과 절망적인 사람을 구원하려는 것임을 알게하기 위함이었다(마 28:18).

일어나 집으로 가라고 하는 말은 그가 하나님의 전지전능의 능력을 가졌다는 것을 나타내는 것이다. 오늘날 우리 목회자들과 교회 지도자들이 하나님은 전지전능한 분이라는 것을 믿어야 된다는 것을 보여 주는 것이다. 왜 예수님은 그를 명령하여 너의 집으로 가라고 했을까? 믿는 사람은 우리의 가정이 제일 먼저 예수님의 증인이 되는 기초가 되기 때문이다. 오늘날 우리의 가정이 소홀히 생각되고 있으며 가정이 믿음의 기초가 된다는 것을 깨달아야 한다.

**개념 1.** 하나님께 영광을 돌리도록 두 가지를 우리에게 일깨워 주고 있다. 첫째, 예수님의 권능을 보여 주어 하나님이라는 것을 알게 하는 것이며 둘째, 죄인을 사하여 구원해 내시는 하나님의 능력과 자비를 알게 하는 것이다.

그리고

    1) 메시아가 이 세상에 정말 나타났다는 사실을 알게 하는 것(요 3:16)이다.

    2) 믿지 않는 사람이 죄사함 받고 구원받을 수 있다는 사실을 깨닫게 하고 믿기만 하면 구원받고 그의 이름을 부르는 사람에게 예수님은 다가간다.

그리고 어떤 사람에게 네 죄가 용서받았다고 말하는 것은 쉽다. 중풍병자의 병을 처음처럼 온전한 사람으로 고쳤다는 것은 어렵다. 예수님은 그의 다리를 고침으로써 말의 권위를 더 뒷받침해 주고 있다. 중풍병자의 행동은 예수님은 신실하다는 것을 보여 주었다. 그리고 말은 하기 쉽다. 그러나 우리의 말은 행동이 뒷받침이 되지 않으면 아무런 의미가 없다. 우리는 하나님을 사랑한다고 말할 수 있다. 그러나 우리가 사랑하는 행동을 하지 않으면 그 말은 공허한 말이 된다.

### 7-8절 : 그가 일어나 집으로 돌아가거늘 무리가 보고 두려워하며 이런 권능을 사람에게 주신 하나님께 영광을 돌리니라

예수님의 죄를 사하는 권능은 하나님께 영광이 되었다(히 13:15). 사람들은 죄를 용서하는 권능을 가진 사람을 두려워한다. 하나님이 공개적으로 보여 주시는 권능을 볼때마다 두려워한다. 여기 단순한 사람들은 하나님의 권능을 행하는 것을 보았으나 독자들은(Reader) 하나님은 우리와 함께 있다는 것을(God with us) 깨닫고 있다. 하나님의 영광스러운 통치가 이땅에 도래했으며, 이 땅의 백성을 죄로부터 구하기 위해 다윗 아들 왕국의 여명이 밝아 오기 시작했다.

**개념 1.** 두가지 사실이 하나님께 영광 돌리도록 우리의 마음을 움직였다.

    1) 예수님의 권능을 보여 주시는 것
    2) 사람의 죄를 사하여 구원하는 것

**개념 2.** 믿지 않는 사람의 마음을 움직여 하나님께 영광 돌리는 두가지 것은?

    1) 메시아가 이땅에 이미 오셨다는 사실. 하나님이 이세상을 이처럼 사랑하

사 독생자를 주셨으니 그를 믿는 자마다 멸명치 않고 영생을 얻게 하려 하심이라

2) 믿지 않는 자들이 죄 용서받아 구원받을 수 있다는 사실과 예수님을 통해서 하나님께 나아오는 그들을 하나님은 온전히 구원할 수 있다.

개념 3 몇가지 경고를 주목해 보면

1) 어떤 사람이 하나님께 영광을 돌릴 수 있지만 아직도 구원받을 수 없었다. 그중들은 하나님께 영광은 돌리나, 죄 용서는 받지 못했다.

2) 사람이 예수님을 보고 놀라움으로 감탄하나 예수님이 진정한 인자(Son of man)라는 사실을 깨닫지 못하고 있다.

3) 사람은 예수님이 이 땅에 있는 동안 하나님의 권능을 받는 유일한 사람이라는 것을 믿을 수 있으나 예수님이 하나님 아들이라는 사실을 부인하는 한 구원받을 수 없다(마 10:33)

**9절 : 예수께서 그곳을 떠나 지나가시다가 마태라 하는 사람이 세관에 앉은 것을 보시고 이르시되 나를 따르라 하시니 일어나 따르니라**

마태는 그 지역에 로마 당국으로부터 임명받은 유대인 세리이다. 그는 시민으로부터, 장사하는 사람으로부터 될 수 있는 대로 많은 돈을 세금으로 징수하려고 하는 사람이다. 그 당시 모든 세리들은 할당량보다 많이 거두어 착취하였다. 그 당시 세리는 유대인에게 미움의 대상이었다. 예수님이 마태를 불렀을 때 마태는 일어나서 즉시 따랐고 그의 삶의 터전이 되는 직업을 버리고 예수님의 제자가 된 것이다.

하나님께서 당신을 마태처럼 부르신다면 따를 수 있겠는가?(오늘의 교훈) 때때로 그 결정은 정말 어렵고 고통스러운 선택일 것이다. 마태가 의미하는 것은 예수님을 믿고 따르는 데 손해가 오더라도 방해가 되는 것을 과감하게 제거하라는 것이다. 마태는 죄인으로 풍요롭게 사는 것보다 물질의 희생을 감수하고라도 영적인 풍요로움을 택한 사람이다.

예수님은 그가 앉아 있는 곳과 무엇을 하는지 지켜보고 있었다. 예수님은 마

태가 하고 있는 모든 일을 보았고 그의 마음속, 가슴속, 그의 고통, 그의 외로움, 그의 목적 없는 삶, 의미 없는 삶을 보았다. 예수님은 그에게 구원자가 필요하다는 것을 알았다. 예수님은 과감하게 나를 따르라고 말씀하셨고 이것은 강권적인 명령에 가까웠다. 거기에는 더 이상 물어볼 것도 없고 주저함도 없으며 어떤 반신반의하는 마음도 없이 명령에 따랐다(마 11:28-30).

물론 예수님을 즉시 지체없이 따랐지만 그는 책임 있게 행동했고 그의 직책을 책임 있는 다른 사람에게 인계하고 지체 없이 따랐다. 그리고 그는 모든 헌신을 예수님께 드렸다(눅 9:23).

**개념 1.** 마태는 성실한 공무원이었다. 그는 게으르고 무책임한 사람이 아니었다. 분명히 그는 그 직업에 만족하지 못하고 생계를 위해서 할 수 없이 세리의 일을 하고 있는 것 같다. 성실하고 부지런한 사람이 예수님의 제자가 될 수 있다.

그리고 마태복음에게 일어난 변화는 무엇인가?

 1) 예수님의 부름은 힘이 있고 거절할 수 없는 강권적인 메시지가 있다. "나를 따르라" 이 말은 보통 사람이 하는 말고 달랐다.

 2) 영적으로 괴롭게 사는 것보다 물질이 없어도 자유롭게 사는 것을 택했다.

그 당시 물질이 중요함에도 불구하고 하늘나라에 들어가기 위하여 물질을 버리는 것은 이 부자에게는 엄청난 어려움이었지만, 마태는 기꺼이 이 길을 택하여 성경의 첫 공관복음이 되었다.

12제자 가운데 예수를 따르기 위해 모든 물질과 그의 직위를 버린 것은 마태가 유일하다. 그래서 천국은 그의 것이 되었다. 특히 마태는 예수님을 따르겠다고 결심한 후 한 번도 예수님을 원망하거나 불순종한 일이 없었다. 마태복음의 전도의 핵심은 누구든지 예수님을 진정으로 따르려는 어떤 사람이든 구원하신다는 것을 나타내 준다.

> **10-11절 :** 예수께서 마태의 집에 앉아 음식을 잡수실 때에 많은 세리와 죄인들이 와서 예수와 그의 제자들과 함께 앉았더니 바리새인들이 보고 그의 제자들에게 이르되 어찌하여 너희 선생은 세리와 죄인들과 함께 잡수시느냐

예수님이 마태의 집을 직접 방문했을 때 예수님은 마태의 명성에 심한 타격을 주었다. 마태는 사람들을 속여 세금을 거두어들이고 있었다. 그러나 예수는 그를 찾아 변화시켰다.

우리는 죄를 짓고있는 사람에게 다가가서 전도하는 것을 두려워해서는 안된다. 예수님 이름으로 전도하면 두려워하지 않게 된다. 하나님의 메시지가 그 사람을 변화시킬 수 있는 것이지 우리가 전하는 전도 그 속에 예수가 없으면 전해지지 않는다.

바리새인들은 꾸준히 예수를 함정에 빠뜨리려고 음모를 꾸미고 있었다. 바리새인들은 허세와 바깥으로 거룩함을 보이는 사람이었으며 가난하고 병든 사람을 돕는 것에는 전혀 관심이 없었다. 하나님은 죄인이나 해를 끼치는 사람뿐 아니라 모든 이에게 관심을 가지고 있으며 모든 사람을 구원의 대상이라고 생각하고 계신다. 크리스천의 삶은 인기와 명예를 앞세워서는 안 되며 예수님의 삶을 본받는 사람이며 우리는 모든 사람, 가난한 자, 외로운 자, 버림받은 자, 모두에게 복음을 전해야 한다. 또한 마태는 특히 예수님과 그의 친구들을 잘 대접한 사람으로 알려져 있다. 마태가 한 첫 일은 그가 그의 친구에게 예수님의 증인이 되어 준 사실이다. 예수님이 그의 죄인 친구들과 복음을 나눌 수 있도록 연회를 베푼 사람이다.

**개념 1.** 우리는 우리의 죄인 친구들에게 진정으로 예수님의 증인이 되어 주지 못할 때가 많다. 새로 개종한 사람은 과거를 자랑해서는 안 되며 예수를 자랑해야 한다. 우리는 항상 예수를 자랑해야 하며 우리 자신을 자랑할 것은 아무것도 없다. 우리의 입술로 예수를 찬양하고 자랑해야 예수의 참된 증인이 될 수 있다.

많은 믿는 사람들도 자기들의 과거의 죄를 자랑하고 있다. 즉 옛날에는 부자, 비도덕적인 일, 과한 음주, 자존심 등 우리는 그것 대신에 예수를 자랑해야 된다. 과거부터 지금까지 예수님의 은혜를 자랑해야 된다. 마태는 절대로 옛날 자기의 과거 생활을 밝히지 않고 있으며 오직 예수 이름만 높인다. 그는 그의 집안 내력이나 그의 가정에 대해서는 일체 언급이 없다. 마가와 누가는 자기의 가정이나 과거를 이야기하고 있다. 그러나 마태는 겸손하고 얼마나 인격적인 사람인가를 우리에게 교훈으로 주고 있다. 예수님의 이름을 높이는 일 이외에는 절대 다른 말을 언급하지 않고 있다.

우리가 알아야 할 몇 가지 교훈은,

1) 죄인이 있는 곳에 예수님은 언제나 찾아간다. 그는 죄인을 피하지 않으며 그는 그들을 끝까지 구원하려고 애쓴다.

2) 죄인들은 예상 외로 예수께 다가가면 마음에 평안을 느끼고 예수의 복음을 듣고 즉시 믿지 않아도 늦게 예수님을 찾는다.

3) 사회 지도자들과 종교 지도자들은 예수를 피하고 거절하는 비도덕적인 사람이며, 반면에 예수님은 죄인들과도 식사한다.

4) 예수님과 죄인은 가까운 친구일 수 있다. 마을에 죄인들이 모여 술 파티를 하고 큰 연회가 열렸을 때 예수님은 그들 중간에 자리잡고 그들과 대화를 나눈다. 이것은 죄인을 구하려는 구원자의 큰 뜻이 담겨져 있다. 종교 지도자들은 예수님이 곤경에 처하도록 음모를 꾸미고 죽이려고 하고 있다. 이들은 예수님에게 직접 말하지 않고 그의 제자들에게 계속 이야기하고 있다. 그들은 개인적으로 예수님께 다가가기가 두려웠기 때문이다. 그들의 전략은 예수님으로부터 사람들을 분리시키려는 술책일 것이다.

그리고 우리 보통 사람들은 다른 사람의 비극적이고 비도덕적인 말을 듣기 좋아한다. 사실 가십을 듣기 좋아한다.

**개념 2.** 절제되고 훈련되고 도덕적이고 엄격한 종교 지도자들은 죄인을 받아들이고 용서하는 것을 이해하지 못한다. 우리도 가끔은 하나님과 죄인과는 아무런 관계가 없다고 생각한다.
**개념 3.** 자기 훈련이 철저하고 신앙심이 깊은 사람도 때때로 남을 비난하고 심판한다. 남을 비난하는 영혼은 어떤 것보다 사람에게 해를 끼치는 행위이다.

그리고 종교 지도자들은 누구보다 하나님께 헌신되고 도적적인 사람이기 때문에 하나님 사랑을 더 많이 받는다고 생각하며 그들은 모두가 죄인이며 하나님 의의 심판대에 선다는 것을 깨닫지 못하고 있다.

> **12-13절 : 예수께서 들으시고 이르시되 건강한 자에게는 의사가 쓸 데 없고 병든 자에게라야 쓸 데 있느니라 너희는 가서 내가 긍휼을 원하고 제사를 원하지 아니하노라 하신 뜻이 무엇인지 배우라 나는 의인을 부르러 온 것이 아니요 죄인을 부르러 왔노라 하시니라**

이 구절의 요점은 죄인을 구원하시는 구원자로 온 것을 강조하고 있으며 그의 미션을 강조하고 있다.

첫째, 마태는 자기 자신과 자기 친구도 영적으로 모두 병들었다고 증언하고 있으며, 그들은 하나님의 용서하심과 자비가 필요하다고 말한다. 그들은 구원자가 필요하며 예수가 '구원자'라고 밝히고 있다. 예수님은 종교 지도자들이 하나님을 더 잘 믿는다고 말하는 사람에게 경고의 말을 하고 있다.

**개념 1.** 예수님은 영적으로 병든 자가 있는 곳에는 어디든지 찾아간다. 의사가 집에 가서 병든 사람을 고치는 것과 똑같은 목적으로 이 세상에 내려왔다.

1) 예수님은 자비를 베푸시려고 이 세상에 왔으며 사람들에게 고통을 주려는 것이 아니라 덮어 주려고 오셨다. 그가 원하는 것은 의로운 사람을 도우러 온 것이 아니라 그의 자비를 필요로 하는 사람을 도우러 온 것이다. 종교적인 예배에 쓰이는 예물에 관심이 있는 것이 아니라 죄인을 구원하는 일에 관심을 가지신다. 누구든지 죄인이라고 고백하고 자비를 원하는 사람은 예수님께 은혜를 받는 복을 누릴 수 있다.

2) 그는 죄인에게 회개하라고 선포하기 위해 왔다고 사람들에게 경고에 가까운 말씀을 하고 있다. 예수님은 회개하지 않는 자를 돕지 않는다. 누구든지 죄인이라고 고백하고 삶의 변화를 바라는 사람에게는 예수님은 한없는 자비를 베풀고 은혜를 베푸신다.

**개념 2.** 예수님은 영적으로 병든 사람이 있는 곳에 나타나신다(마 20:28).

1) 죄는 영적으로 병든 것이다. 모든 사람이 죄를 지었다(롬 3:23). 그러므로

모두가 영적으로 병들고 의사의 고침이 필요하다. 모든 사람은 영적으로 질병을 갖고 있다는 것을 인정해야 된다.

2) 죄, 즉 영적인 질병은 언제나 고칠 수 있다. 예수님 말씀으로 고칠 수 있다 고치지 않고 그냥 두면 치명적일 수 있다.

3) 고칠 수 있는 질병을 고치지 않고 그냥 방치하는 자는 얼마나 어리석은 자인가를 나타내 주고 있다.

4) 많은 사람들이 치명적인 영적 질병과 동행하고 있는데, 자기 자신은 영적 질병을 모르거나 소홀히 하거나 자기는 안 걸렸다고 부인하고 있다.

**개념 3.** 예수님은 자비를 베풀기 위해 이 세상에 오셨지 희생 제물을 얻기 위해 온 것이 아니다(호 6:6; 삼상 15:22).

1) 하나님은 자비를 베풀어 주시고 제물을 바라는 것이 아니다. 사람은 아무리 제물을 받치고 하나님께 헌신해도 하나님을 믿고 마음속에 긍휼한 마음이 없으면 하나님을 기쁘게 할 수 없다. 하나님이 가장 원하는 것은 사람의 깨끗한 심령이다. 하나님은 사람을 정결하고 거룩하게 만들어 천국 문에 들어갈 수 있는 존재로 만들기를 원하신다. 하나님께 드리는 제물은 필요하지만 그것 만으로는 천국 문에 들어가기에는 부족하다. 하나님은 자비를 베풀기를 원하시고 용서하기를 원하신다. 이것은 하늘나라에 들어가기에 합당한 사람으로 중생하기 위함이다.

2) 예수님은 자기 의나 자기만족을 위해 온 것이 아니다. 크리스천들은 그들이 하나님 보시기에 합당한 일을 하고 있다고 믿는다. 그러나 예수님은 그들이 죄인임을 알고 회개하라고 하신다.

예수님은 다음과 같은 사람을 부른다.

1) 영적으로 병든 자라고 인정하는 사람

2) 자비가 필요하다고 인정하는 사람

3) 죄인이라고 인정하는 사람

4) 회개가 필요하다고 인정하는 사람 이런 사람들을 부른다.

**14절 : 그 때에 요한의 제자들이 예수께 나아와 이르되 우리와 바리새인들은 금식하는데 어찌하여 당신의 제자들은 금식하지 아니하나이까**

요한의 제자들은 죄에 대한 슬픔의 표시로 금식했으며 메시아가 오심을 준비하기 위해 금식했다. 예수님 제자들은 메시아와 함께 있었기 때문에 금식할 필요가 없었다. 예수님도 금식을 말리지는 않았으며 그리고 그는 자기 자신이 금식했다. 그는 금식은 올바른 이유가 있어야 한다고 말씀하고 있다. 예수님의 메시지는 죄로부터 회개하고 그에게 의지하는 삶에 초점을 맞추는 것이지 금식 자체를 강조하는 것은 아니다.

세례 요한의 제자들은 예수님의 제자들을 비판하고 불평하고 항상 못마땅하게 여기고 있었다. 왜냐하면 예수님의 제자들은 요한의 제자들이 마땅히 하고 있는 금식을 하시 않고 있기 때문이었다. 예수님의 제자들은 금식하면서 기도하지 않고 요한이 감옥에 갔을 때 감옥으로부터 구해 달라고 부탁했으나 예수님의 제자들은 금식도 않고 기도도 않는다고 비난했다. 모든 종교 지도자들이 일주일에 두 번 금식하는데 예수님의 제자들은 하지 않는다고 불만을 표출하고 있었다. 예수님의 제자들은 율법에 메이지 않고 자유롭게 살고 있었기 때문이다.

**개념 1.** 우리가 지키는 규칙과 전통을 남이 지키지 않으면 비난하기 쉽다. 우리 자신의 죄는 모른 체하면서 다른 사람의 잘못을 지적하기는 쉽다.

**개념 2.** 가장 많은 봉사를 하는 사람들이 왜 비판을 많이 받을까? 그것은 자기 의를 드러내기 때문이다. 하나님을 믿는 성도 가운데도 불평함으로써 교회를 분열시키는 경우가 많다. 금식이 중요한 것이 아니라 의롭게 사는 삶 자체가 중요하다고 예수님은 말씀하신다.

**15절 : 예수께서 그들에게 이르시되 혼인집 손님들이 신랑과 함께 있을 동안에 슬퍼할 수 있느냐 그러나 신랑을 빼앗길 날이 이르리니 그 때에는 금식할 것이니라**

천국의 도래는 신랑 되신 예수님이 오시는 혼인 잔치와 같다. 그러므로 그의 제자들은 즐거움으로 가득 차 있다. 신랑 예수가 참석할 때는 슬퍼하거나 금식을 할 필요가 없다. 신랑은 새로운 생활과 즐거운 날이 왔다는 것을 상징한다. 잔칫날에는 신랑이 참석하면 모든 사람은 즐거워하는 유대 풍속이 있었다.

1. 예수님이 가르치는 교훈은 무엇인가?

 1) 그는 신랑이며 아이들은 참석자들이다(아이들이 제일 기뻐함).

 2) 그의 임재는 기쁨과 즐거움의 순간이다. 그의 임재는 우리의 삶을 바꾸어 놓는 계기가 된다. 슬픔에서 기쁨으로, 저주에서 축복으로.

 3) 그가 이 세상에서 없어지면 그때에는 제자들이 슬퍼하고 금식한다. 그가 없어지는 것이 슬픔과 금식의 원인이 된다.

2. 예수님은 무슨 기쁨을 가져 오는가?

 1) 예수님이 계시는 것은 곧 기쁨이다. 예수님이 오시는 것이 결혼식 할 신랑이 나타나는 것과 같다. 즉 그가 메시아시대를 여는 신랑이기 때문이다.

 2) 메시아는 새로운 삶, 새로운 시대, 새로운 기쁨과 자유를 가져다준다.

 3) 그것은 기계적이고 물질적인 외형적인 경배가 아니라 새로운 삶이다(요 10:10).

**개념 1.** 당신은 가끔 예수님의 임재를 경험하는가?

 1) 예수님의 임재는 곧 하나님의 임재라는 것을 제자들에게 일깨워 주었다. 그의 임재는 성령의 열매로 가득 채워지는 삶을 가져온다(갈 5:20).

 2) 믿는 사람의 기쁨은 예수님의 임재에 달려있다. 신랑이 있어야 잔치가 즐거워진다. 신랑이 멀리 있을 때에 우리는 신랑이 온다는 것을 느끼지 못한다. 멀리서 우리와 동행하지 않을 때 우리는 그의 임재와 권능을 구하기 위해 금식할 필요가 있다.

3. 예수님은 자기가 죽는다는 것을 미리 예언하고 있다.

 1) 그가 고난 받은 후 그의 영이 모든 믿는 자에게 임한다고 말씀하신다(요 16:7).

 2) 그의 죽음은 그 죽는 환경을 본 사람에게는 슬픔을 가져왔지만 사흘 후 그가 영원히 살아 계신다는 것을 알고는 모든 사람에게 기쁨을 가져왔다. 그의 죽음 후 그의 존재와 권능은 곧 잊혀지고 그의 임재를 제자들은 의식하지 못하고 있었다. 사람들은 세상일에 너무 바빠 예수님의 임

재를 느끼지 못할 때가 많다. 그럴 때 예수님의 우리에 대한 관심은 너무 커서 항상 우리와 동행하기를 바라고 계신다.

4. 그의 죽음이 금식을 가져왔다. 먼저 제자들이 금식했다. 그의 죽음에 대하여 그 죽음이 무엇을 의미하는가를 깨달을 때 우리는 금식하게 된다. 우리는 그의 임재가 우리 가슴속에서 사라져 오랫동안 임재를 느끼지 못할 때 금식한다.

**16절 : 생베 조각을 낡은 옷에 붙이는 자가 없나니 이는 기운 것이 그 옷을 당기어 해어짐이 더하게 됨이요**

새 옷은 더 강력한 삶과 새로운 시대를 나타낸다. 예수는 두 가지를 말하고 있다.

1. 옛날 생활과 옛날 시대보다 더 강한 새로운 시대와 새로운 삶을 예수님은 우리에게 인도하신다.

2. 그의 새로운 가르침은 옛날 가르침으로 대신할 수 없다. 새로운 시대와 새로운 생활이 찾아올 때는 옛날 이념과 종교 생활은 찢어지고 못쓰게 될 것이다. 옛날 가르침 속에 새로운 가르침을 섞으면 그 찢어짐이 너무 커서 쓰지 못할 것이다.

**개념 1.** 의식과 율법으로 가득 찬 옛날 종교와 예수님 사이에 팽팽한 긴장감이 있어 그 갈등으로 분란이 일어날 것이다.

**개념 2.** 많은 사람들은 형식적인 종교 행사에 이끌리어 그 의식에 참가하는 것이 믿음이 좋다고 생각하는데 그렇지 않다. 믿음 없이 경배하는 것은 헌 옷 헤어진 곳에 새 헝겊을 대는 것과 같아 곧 찢어질 것이다.

**17절 : 새 포도주를 낡은 가죽 부대에 넣지 아니하나니 그렇게 하면 부대가 터져 포도주도 쏟아지고 부대도 버리게 됨이라 새 포도주는 새 부대에 넣어야 둘이 다 보전되느니라**

예수님은 옛날 유대전통과 율법에 헝겊으로 기워 사용하기 위해서 온 것이 아니다. 그가 온 목적은 여러 세기 동안 예언되었던 메시아로서 새로운 시대와 새로운 삶을 전하러 온 것이다. 옛날 구약 시대에는 포도주를 유리병이나 통에 담아 두지 않고 물이 새지 않도록 염소 가죽을 기워서 보관했다고 한다. 포도주는 발효가 되면 부피가 늘어나 가죽 부대를 팽팽하게 만든다. 옛날 남은 포도주 자루에 새 포도주를 담으면 팽창하여 터진다. 그래서 새 포도주는 반드시 새 포대에 담아 둔다.

이 새 포대 즉 새로운 그의 메시지 즉 복음이다. 하나님의 아들이신 예수님이 죄 용서와 하나님과의 관계를 회복하고 화평을 주러 왔다고 말씀하신다. 복음은 옛날 율법과 맞지 않아 섞일 수 없고 옛날 율법에 새로운 복음을 담으면 터져서 못쓰게 된다. 복음은 새로운 신선한 출발로 시작해야 한다. 우리가 예수를 따를 때 우리는 새로운 삶의 방식을 따라야 하고 새로운 방법으로 주위 사람들에게 사랑과 봉사로 다가가야 한다.

> **18-19절 : 예수께서 이 말씀을 하실 때에 한 관리가 와서 절하며 이르되 내 딸이 방금 죽었사오나 오셔서 그 몸에 손을 얹어 주소서 그러면 살아나겠나이다 하니 예수께서 일어나 따라가시매 제자들도 가더니**

마가와 누가가 말하기를 이 사람의 이름은 야이로, 회당장 장으로서 건물 관리인이며 주중에는 학교 운영과 예배를 책임지고 있었다. 주일에는 회당에서 가르칠 선생들을 찾아 배치하는 임명권을 가지고 있었다. 예수님의 도움을 간절히 바랐던 사람은 높은 관리인인 동시에 한 딸의 아버지였다. 회당장은 선거에 의해 선출되며 그는 그 지역 사회에서 가장 중요한 지도자 중의 한 사람이었다. 야이로의 딸은 12살이었고 딸을 너무 사랑하는 아버지였으며 용기가 있어 예수님께 다가가서 도움을 청했다. 그리고 야이로가 처해 있는 3가지 상황은,

1. 예수님이 설교하시고 가르치는 동안 그는 수업에 방해가 됨에도 불구하고 예수님께 다가와서 딸을 살려 달라고 간청하였다.

2. 그는 동료의 비난이나 적개심에는 아랑곳하지 않고 딸의 병을 고치는 일에 적극적이었다.

3. 그는 선출직이었기 때문에 다음 선거에는 떨어질 수도 있는 위험을 무릅쓰고 딸을 향한 깊은 사랑과 믿음으로 예수께 나아갔다(사 66:2).

**개념 1.** 절망적이고 상심하여 희망 없는 사람이 우리에게 다가와서 부탁할 때, 우리는 하던 일을 멈추고 그들을 도울 수 있을까? 예수님의 반응은 즉시 행해졌으며 말할 시간도 별로 없이 일어나 걸으라고 나지막하게 말했다. 야이로의 태도는 예수님을 존경했고 발아래 엎드려 무릎 꿇고 경배했다. 그 지역 사회에서 가장 명망 있는 회당장이 예수 앞에 엎드리는 그 당시 상황을 상상해 보라(마 18:4). 우리는 우리 자신이 겸손해지고 어린아이 같이 될 때 예수님이 찾아와서 자비와 은혜를 베푸시는 것을 아는가?

**개념 2.** 사랑하는 사람이 절망적인 상태에 빠질 때 누구를 의지하겠는가? 그 답은 구원사이신 예수님이 와서 만져주시기를 요청했다. 그가 나를 부르면 내가 응답하겠고 어려움에 지혜 있는 그와 함께 하시겠다(시 91:15; 렘 33:3).

이 사람은 큰 믿음을 가진 사람이며 예수님이 만져주시면 딸이 확실히 나을 수 있다고 믿었다.

1. 예수님이 우리에게 주시는 은혜와 교훈은?

   1) 우리는 작은 믿음이 아니라 큰 믿음을 가져야 된다. 예수님은 우리의 필요를 언제나 아시고 응답하신다는 것을 믿어야 한다. 그리고 죽음에서도 우리를 일으킬 수 있다는 것을 믿어야 한다.

   2) 아버지의 절망적인 간청에 응답하여 예수님은 즉시 그의 집으로 가서 병을 지체하지 않고 고쳐 주었다(주저하지 않고 도와주신다).

   3) 예수님은 절망적인 사람을 언제나 받아들이고 응답하신다. 절망적이고 어쩔 수 없으며, 나는 할 수 없어 예수님만 할 수 있다고 고백하는 사람에게 응답하신다.

   4) 예수님은 그에게 오는 절망한 사람을 못 본 체하지 않으며 주저 없이 도와주며 도울 준비가 항상 되어 있고 돕기를 좋아하신다.

   5) 우리의 필요가 어떤 곳에 있든지 우리를 찾아오셔서 도우시며 우리를 위로하신다.

**20-22절 : 열두 해 동안이나 혈루증으로 앓는 여자가 예수의 뒤로 와서 그 겉옷 가를 만지니 이는 제 마음에 그 겉옷만 만져도 구원을 받겠다 함이라 예수께서 돌이켜 그를 보시며 이르시되 딸아 안심하라 네 믿음이 너를 구원하였다 하시니 여자가 그 즉시 구원을 받으니라**

예수님은 오랫동안 변하지 않는 상황도 변하게 하는 능력을 가지고 계신다. 문둥병자나 중풍 들린 사람처럼 혈루병 걸린 여자도 저주 받은 병이라고 여겨졌다. 우리가 절망적인 상황에 빠져 있을 때 우리는 누구에게 도움을 받을까 염려할 것 없다. 이 여자처럼 예수님께 나아가면 된다. 이 여자는 그 당시 불접촉 여성이라서 정상적인 삶을 살 수 없고 외면 받은 여자였다. 예수님은 오랫동안 절망적인 상황에 있는 사람도 그 상황을 변화시켜 다시 회복시키시는 능력을 가지고 계신다.

유대 율법에 의하면 그녀는 예수님을 따르는 무리 속에 섞일 수 없는 신분이다. 그러나 그녀의 절망적인 비참함과 그 믿음이 예수께 나아가게 했다. 처음에는 예수님은 자기를 못 본 체할 것이라고 생각했다. 그러나 그녀는 예수님의 놀랄만한 치유능력을 많이 듣고 있었지만 그녀는 예수님의 옷자락을 잡으면 모를 것이라고 믿었다. 그러나 예수님께 몰래 다가가든 알게 다가가든 다가가서 믿음으로 터치하면 모든 병고침이 이루어지고 은혜받는다는 것을 알게 된다.

너무나 많은 사람들이 예수님을 따르고 군중에 둘러싸여 옷자락을 살짝 터치하면 누가 잡았는지 모른다고 생각했다. 그러나 예수님은 누가 잡는지 누가 다가오는지 알고 계시는 분이시다. 그녀는 믿음으로 터치했으며 누구든지 믿음으로 나아가 터치하면 모든 것이 회복될 것이다. 결국 예수님의 능력이 밖으로 빠져나와 그 여자에게 옮겨진 것이다. 사람이 믿음으로 예수님께 터치하면 예수님의 능력이 그 사람 속으로 들어가 치유되고 그 사람은 구원을 받고 영의 사람으로 바뀐다(막 5:30).

**개념 1.** 예수님은 발을 멈추시고 그녀 쪽으로 뒤돌아보았다. 이 세상에 대부분의 중요한 일들은 개인의 삶의 변화를 가져왔으며 단체나 그룹으로 치유된 것은 별로 없다(벧후 1:4).

예수는 그녀의 절망을 보고 그녀의 필요가 무엇이며 그녀의 믿음을 보시고 예수님의 마음이 그녀에게로 향해서 그녀를 치유해 주셨다. 절망적이고 오염되고 더럽고 버림받은 사람도 예수님께는 가치 있는 사람이며 예수님은 죄인을 사랑하기 위해 이 땅에 오셨다(히 4:15-16).

예수님은 그녀를 양녀로 삼고 딸이라고 불렀다. 하나님의 가족으로 받아들였다. 예수님은 하나님 아버지 대신에 말씀하시기를 하나님이 그녀를 양녀로 삼았다고 말씀하시며 예수님이 말씀하시기를 "안심하라"라고 말씀하셨다. 이 말을 듣고 이 여자는 하나님의 큰 위로를 받게 되었고 자기가 구원받았다는 것을 확신했다.

누구나 설망적일 때 예수님께 다가가면 하나님은 즉시 양자 삼으시고 가족의 일원이 되도록 도와주신다. 예수님이 권능이 그녀의 마음속에 들어가 구원 빋고 온전한 사람이 되었다. 처음에는 예수님께 꾸중 들을까 두려워서 예수님과 대면하는 것을 굉장히 두려워했다. 그녀의 행동이 잘못되었기 때문이다.

예수님은 절망적인 사람 가운데 계시지 평안하고 만족해하는 사람 가운데 계시지 않는다. 예수님은 어떤 시림도 너러워시 곁에 가지 않는 분이 아니다(마 7:12-13).

**23-26절 : 예수께서 그 관리의 집에 가사 피리 부는 자들과 떠드는 무리를 보시고 이르시되 물러가라 이 소녀가 죽은 것이 아니라 잔다 하시니 그들이 비웃더라 무리를 내보낸 후에 예수께서 들어가사 소녀의 손을 잡으시매 일어나는지라 그 소문이 그 온 땅에 퍼지더라**

회당장은 그의 딸이 죽고 나서야 예수께 다가갔다. 도와주기에는 너무 늦었다. 예수는 단순히 소녀에게 가서 일어나라고 말로 하셨다.

우리의 삶에도 늦었다고 생각될 때라도 예수께 나아가면 예수님이 즉시 도움을 주신다. 예수님은 깨어진 관계를 회복시켜 주시고 고질적인 습관을 고치시고 상한 마음에 붕대를 감으시고 죄인을 용서하시는 분이다. 지금 너의 상황이 절망적이면 예수님이 그 절망을 희망으로 바꾸시는 능력이 있다는 것을 기억하라. 딸의 아버지인 동시에 회당장의 간청을 듣고 예수님은 기꺼이 그 간청에 응답해 주었다. 예수님은 직위 고하를 보지 않고 절망적인 상태와 자기에게 다가오는 자에게 관심을 가지고 계시는 분이다.

우리는 우리의 간구가 곧 이루어지지 않았다고 해서 두려워하거나 의심을 가져서는 안 된다. 예수님은 겸손과 믿음을 가지고 다가오는 사람은 때를 고려해서 도와주신다. 어떤 사람은 하나님의 뜻에 따라 늦게 도와주시기도 한다. 떠드는 소음과 슬픔은 예수님이 역사하시는 일에 적합한 분위기가 아니다. 우리는 항상 마음이 산만해서는 안 된다. 하나님이 일하시도록 조용히 기도하고 묵상하고 예수님께 초점을 맞추어야 된다.

**개념 1.** 예수님은 조용하고 기도하는 분위기를 필요로 하신다. "Go away"라는 말은 소음과 슬픔으로 울부짖는 것을 멀리하라는 뜻이다. 믿음에 있어서 이러한 행위는 나쁜 영향을 끼친다고 말씀하신다. 우리는 좀처럼 소음과 크게 울부짖는 가운데서는 예수님이 우리에게 위로와 평강을 주지 않는다는 것을 알 수 있다.

딸이 죽었는데 딸을 살린다는 것은 유대인에게 웃음과 비웃음거리였다. 마가복음에서 어떤 이들이 와서 말하기를 "너희 딸이 죽었다."라고 말했다. 사람들은 두려워했고 사람들은 죽음을 두려워했기 때문에 예수님은 잠잠하라고 부드럽게 그렇게 상징적으로 말했다.

그들은 항상 죽음과 함께하고 있다. 왜냐하면 돈을 받고 울어 주는 사람들이 죽은 자 주위에 모여 있기 때문에 사랑하는 사람이 죽었을 때 부유하고 권력자들은 돈을 받고 우는 자들을 부르는 것이 관례였다.

그들이 예수를 경멸하는 것은 그 회당장의 기를 꺾어 놓으려는 의도가 있었다. 그들은 예수님의 권능을 알고 있었는데 그것은 그가 가버나움에 그의 집이 있었기 때문이다. 그곳에 그의 사역 센터가 있었다. 그가 딸을 살리면 그들은 그들의 울어 주는 일자리를 잃어 생계를 위협받을까 걱정하며 분노하고 있다.

**개념 2.** 당신은 하나님의 풍성한 지혜와 지식을 가지고 있는가?

　1) 사람들은 자기들이 이해하지 못하는 것이 발생할 때 경멸하고 조롱한다.
　2) 우리는 바울의 고백: 하나님의 지식과 지혜의 풍성함을 가지고 계신다는 것을 깨달아야 한다.

**개념 3.** 남을 경멸하는 자는 예수님의 증언자가 될 자격이 없다. 단지 겸손한 자만이 예수님의 증인이 될 자격이 있다.

주님의 권능은 "회당장 집에 들어갔다"에서 알 수 있듯이 주님은 우리가 간청하는 곳에는 언제나 찾아올 것이다. 우리가 영적으로 불구가 되었을 때 그는 우리를 도우러 올 것이다. 그는 그 소녀의 손을 잡았다. 우리도 그를 부르기만 하면 그는 그의 삶과 권능을 우리 심령 속에 넣어 줄 것이다. 그가 그 소녀를 터치하여 일으켜 세운 것처럼 우리가 절망하여 넘어질 때 그는 일으켜 세워 줄 것이다. 예수님은 우리의 마지막 날에 우리를 하늘로 들어올려 그가 거하는 곳에 함께 있게 하신다. 하나님은 그의 아들 예수님께 땅에 있는 권세와 하늘에 있는 권세를 모두 주었다. 예수님의 명성이 온 열방으로 퍼져 나갔고 죽은 자를 일으키는 것은 예수님이 메시아라는 것을 증명한 것이다. 많은 사람들이 예수님의 권능에는 이야기를 많이 하지만 믿는 사람은 많지 않았다. 예수님은 "보지 않고도 믿는 세대들은 얼마나 위대한가?"라고 말씀하신다(요 20:29).

> **27-31절 : 예수께서 거기에서 떠나가실새 두 맹인이 따라오며 소리 질러 이르되 다윗의 자손이여 우리를 불쌍히 여기소서 하더니 예수께서 집에 들어가시매 맹인들이 그에게 나아오거늘 예수께서 이르시되 내가 능히 이 일 할 줄을 믿느냐 대답하되 주여 그러하오이다 하니 이에 예수께서 그들의 눈을 만지시며 이르시되 너희 믿음대로 되라 하시니 그 눈들이 밝아진지라 예수께서 엄히 경고하시되 삼가 아무에게도 알리지 말라 하셨으나 그들이 나가서 예수의 소문을 그 온 땅에 퍼뜨리니라**

다윗의 자손이라는 말은 메시아로 오신 이가 다윗의 후손이라는 것이 알려졌기 때문에 예수를 다윗의 자손이라고 부르는 것이 가장 합당하고 잘 알려져 있는 사실이다.

맹인에게 빛을 주시는 능력은 이사야 29:18, 35:5, 42:7에 예언되어 있다. 예수님은 장님의 간청에 즉시 반응하지는 않으셨다. 예수님은 그들이 믿음을 가지고 있는지 보고 싶어 하셨다. 하나님은 "너희 기도에 느리게 응답한다고 불평해 본 적이 있는가?" 그는 장님에게 한 것처럼 테스트하고 있을지도 모른다.

이 맹인들은 집념이 대단했다. 그들은 예수가 머무는 곳에 곧장 들어갔다.

그들은 이미 그들의 병을 고칠 수 있다는 것을 알고 있었다. 너희들도 예수님이 너희 모든 필요를 해결하신다는 것을 믿으면, 친척과 가족들을 예수 앞으로 나올 수 있도록 기도하라. 예수님은 그의 병 고침에 관해 입을 다물고 조용히 있으라고 말씀하신다. 왜냐하면 그는 단순히 기적을 만드는 자로 알려지는 것을 싫어했다. 그는 사람들에 대해 동정심을 가졌기 때문에 질병을 고쳐 주었다.

그리고 죄로 저주받은 이 세상 죄인에게 그의 영적치료를 해주려고 이 세상에 온 것이다. 이 사람 맹인은 꾸준히 이 세상의 빛을 보고 싶어서 계속 간청했다. 두 맹인이 길거리에서 구걸하면서 앉아 있었다. 예수님 시절에는 맹인들은 전부 길거리에서 구걸했다. 이 두 맹인은 사람들이 예수님이 병 고치는 능력을 가지고 있다고 수근대는 소리를 엿듣게 되었다. 병 고친다는 말을 듣고 가슴이 너무 벅차서 예수 뒤를 따라가면서 큰소리로 다윗의 자손이라고 외쳤다. 이것은 자비를 베풀어 주기를 바라는 간절한 호소였다. 맹인은 메시아의 메시지를 믿고 외치며 따라갔다. 예수님이 병 고치는 능력이 있다는 것을 사람들이 수근대는 소리를 들었을 뿐이지 예수를 보지 못했다. 우리는 보지 않고 믿을 때 예수님은 응답하시러 나타나신다(시 34:18).

하나님은 풍성한 자비를 가지고 진정으로 자비를 간청하는 사람에게 자비를 베푸시며 간절함이 없는 자에게는 응답하지 않으신다. 그리고 맹인들은 예수님이 메시아시며 세상의 구원자라는 것을 인정했다(롬 10:17).

복음을 듣는다는 것은 잃어버렸던 것에 대해 찾고자 하는 희망이다. 우리는 이들에게 하나님 말씀을 선포하여 잃어버린 자를 찾아 예수님 곁으로 데려가는 사명을 잊지 말아야 한다.

그들은 밀치면서 겨우 예수님께 나아갈 수 있었다. 예수님은 그들의 무리한 행동을 제지시키지 않았고, 하나님은 모든 사람들의 마음속을 깊이 헤아릴 수 있는 것처럼 그 맹인들의 마음을 읽고 있었다. 그들은 필사적으로 그들 자신을 예수님께 맡기고 싶어 했다. 군중들을 필사적으로 헤집고 들어가면서 목이 터져라 하고 다윗의 자손이라고 부를 때 사람들이 놀라서 멈칫할 때 예수님께 터치할 수 있었다. 우리는 절망적이고 간절할 때 큰 믿음을 가지고 부르짖어야 한

다. 우리가 배울 교훈은,

    1) 이 맹인들은 끈질기게 예수를 뒤 따라 가면서 그가 머무는 대문까지 따라가서 예수님이 도울 때까지 포기하지 않았다. 우리도 예수님의 도움을 인내하고 기도하면서 기다려야지 중간에 포기해서는 안 된다.

    2) 끈질기게 간구하는 것이 예수님께는 무례한 일이 아니다.

  3. 두 맹인은 서로 도왔다. 그들은 둘이 힘을 합쳐 에수님께 나아가 터치할 수 있었다. 힘을 합쳐 예수께 나아갈 수 있도록 서로 도와야 한다.

항상 예수님의 응답은 도울 준비가 되어 있으며 동정심을 가지고 기다리고 계신다. 그리고 예수님은 2가지 질문을 했다.

    1) "너는 내가 고칠 수 있다고 믿느냐?" 믿음이 도움의 전제 조건이 되기 때문이다.

    2) "내가 고칠 수 있는 권능을 갖고 있느냐?" 이런 질문에 어떤 사람은 전혀 믿지 않는 사람이 있고 어떤 사람은 의심하는 사람이 있고 무시하고 전혀 신경쓰지 않는 사람이 있으며 예수를 따라가면서 자비를 구하나 그들의 삶을 예수께 전적으로 맡기지 않는 사람들이 있다.

예수를 주라고 고백하는 사람 중에 그들의 고백이 행동으로 옮기지 않을 때가 있다. 그들의 삶을 예수께 맡기지 않으면 예수 그리스도를 믿는 것이 아니다 (히 11:6).

예수님께서 두 사람에게 부드럽게 터치하니 그 사람은 보이기 시작했다. 이 것은 예수님의 특별한 치료 방법인데 그 주위에 있는 모든 사람이 놀랐다. 예수님은 사람들이 부르기 전에 응답할 준비를 하시고 그들이 간구하는 동안 나는 들을 준비를 한다고 말씀하신다(사 65:24).

예수님은 권능을 발휘하여 병을 고치지만 믿음이 없으면 병을 고치지 못한다.

  1. 우리에게 주는 교훈은?

  1) 직장이 없어도 믿음을 가지고 있으면 일하시는 하나님

  2) 건강하지 않아도 믿음을 가지고 있으면 일하시는 하나님

  3) 돈이 없어도 믿음을 가지고 있으면 일하시는 하나님

4) 친구가 없어도 믿음을 가지고 있으면 일하시는 하나님

5) 사회적인 직위가 없어도 믿음을 가지고 있으면 일하시는 하나님

하나님은 우리의 믿음의 분량대로 일하신다. 믿음이 없으면 예수님께 나아가기는 불가능하다. 믿음이 없으면 하나님을 기쁘게 할 수 없고 하나님을 간절히 찾는 자에게는 항상 보상이 따른다(히 11:6).

이들에 대한 예수님의 당부 말씀은 조용히 있으라고 말하시며 여기에 대해 아무에게도 알리지 말라고 당부하신다. 예수님은 이들이 겸손의 본보기를 보일 것을 바랐다. 병 고치는 기적을 자랑하지 말라고 하신다. 자랑은 신앙인의 진정한 자세가 아니며 병 낫는 기적을 체험했다고 소문이 나면 예수님은 메시아가 아니라 병을 낫게 하는 의사로 볼 수도 있기 때문이며 두 사람이 기적적으로 병이 나은 것은 오직 믿음과 하나님의 긍휼하심으로 된 것이지 사람의 치료 방법으로 된 것이 아니다. 그리고 우리가 깨달아야 할 교훈은 예수님에 의해서 축복받을 때 위험이 따르는데 자만심과 우월감에 빠지기 쉽다(롬 12:3).

### 32-33절 : 그들이 나갈 때에 귀신 들려 말 못하는 사람을 예수께 데려오니 귀신이 쫓겨나고 말 못하는 사람이 말하거늘 무리가 놀랍게 여겨 이르되 이스라엘 가운데서 이런 일을 본 적이 없다 하되

예수님이 이 땅에 사는 동안 귀신의 활동이 많은데 왜, 어떻게 하여 귀신 들린 자가 되었는지 알 수 없지만 그것은 정신 문제와 신체 문제 두 가지에 영향을 미친다.

이 경우 귀신은 사람에게 말문을 막히게 하고 정신을 지배하여 혼란에 빠뜨리며 하나님과의 관계를 멀게 하려고 한다. 스스로 예수님께 다가온 것이 아니라 다른 사람이 데리고 왔는데 귀신 들린 사람은 두려워서 예수님께 다가갈 수 없고 다른 사람의 힘을 빌려 예수께 나아갔다.

1. 우리가 깨닫고 실천해야 할 일

1) 예수님을 두려워하여 다가가지 못하는 사람은 우리가 데리고 와야 된다.

그들은 마음과 정신이 너무 연약하여 올 수 없는 경우가 많은데 우리가

하나님께로 인도해야 된다.

2) 그들을 데리고 오기 위해 우리가 방문하여 그들의 어려운 부분을 도와주면 그들은 예수께 나아갈 것이다.

3) 우리가 친구가 되어 그들을 계속 양육하여 돌봐주면 예수께 나아가게 할 것이다. 그들은 나쁜 영에 귀신 들린 것이지 하나님의 영(성령) 때문에 귀신 들린 것이 아니다. 구세주가 계신다는 사실을 들어 본 적이 없기 때문에 하나님의 능력이 무엇인지 모른다.

4) 어떤 사람들은 가장 강력한 귀신에 사로잡혀 있기 때문에 반드시 예수님께 데리고 와야 된다.

**개념 1.** 다른 사람이 중보기도 때문에 그 사람도 구원 받을 수 있다. 중보 기도와 믿음은 하나님을 알지 못하는 이방인을 예수님께 나아가게 한다. 사탄이 사람의 생활을 전적으로 지배할 때 하나님만이 그 사탄의 고리를 끊을 수 있다.

## 34절 : 바리새인들은 이르되 그가 귀신의 왕을 의지하여 귀신을 쫓아낸다 하더라

예수님이 귀신 들린 자를 몰아내는 능력을 보고 사람들은 너무 놀라서 두려워하기까지 하고 있다. 하나님의 놀라운 역사하심을 그들은 목격하고도 몇몇 소수만 믿기 시작했다.

종교 지도자들은 예수님의 능력을 목격하고 그를 미워했다(렘 17:9). 바리새인들은 예수님의 4가지 죄 즉 신성 모독, 소외된 자의 친구, 경건하지 못함, 귀신 쫓아냄으로 지적하고 있다.

1. 바리새인들은 왜 예수를 미워했는가?

1) 예수님의 권위가 그들의 권위를 능가했기 때문이다.

2) 예수님은 그들의 사람에 대한 통제와 권능을 쓸모없게 만들었기 때문이다.

3) 예수님은 그들의 믿음, 구약 모세오경을 도전했기 때문이다.

4) 예수님은 그들의 불순한 동기를 밝혀 내기 때문이다.

5) 바리새인들이 질문하고 토의하고 예수를 비난할 때도 계속하여 그들은

병고침을 받고 그들 앞에서 삶이 변하는 것을 보았기 때문이다. 그들이 예수를 의심하는 것은 불충분한 증거에 바탕을 둔 것이 아니라 예수님 인기에 질투가 났기 때문이다(엡 1:19-20).

**| 35절 : 예수께서 모든 도시와 마을에 두루 다니사 그들의 회당에서 가르치시며 천국 복음을 전파하시며 모든 병과 모든 약한 것을 고치시니라**

천국 복음은 예언되고 오랫동안 기다려오던 메시아가 온다는 약속이었다. 그의 병 고침의 기적은 그의 가르침이 진실이라는 것을 나타내 주는 징표이다. 예수님은 사람들의 문제를 다룰 줄 아는 일꾼들을 필요로 한다. 우리가 하나님 으로부터 우리의 문제를 해결하는 데 도움을 받았으므로 우리도 도움을 주어야 한다.

예수님은 사람들과 접촉하는 데 한 가지 방법을 사용하셨다. 그는 온 동네를 두루 다니시며 그냥 가만히 앉아 사람들이 예수님에게 찾아오기를 기다리지 않 으셨다(눅 19:10).

**개념 1.** 우리는 앉아서 사람들이 우리에게 오도록 기다리는 것은 어리석은 일이다. 그들이 오 도록 기다리지 말고 우리가 그들을 찾아가야 한다(요 20:21). 예수님의 사역은 모든 도시, 마 을, 시골 변두리, 회당, 산위, 바닷가, 보트 안, 무덤 가, 집 어디든지 예수님이 사역하러 가지 않는 장소는 없다. 전도하러 두루 다니신다. 전도는 영혼이 있는 곳에 모두 해당된다(마 22:9; 행 1:8).

그리고 우리가 배워야 할 3가지 교훈은,

  1) 우리는 얼마나 많은 곳을 찾아다니며 전도하는가?

  2) 우리는 얼마나 많이 빈민가를 소홀히 하며 가지 않는가?

  3) 우리 믿는 자들도 이런 곳은 잘 가지 않는다. 조그마한 마을, 못 사는 마

    을, 시골, 외국, 북쪽, 동쪽, 서쪽에 있는 천한 계급, 부자 동네, 예수님

    은 그렇지 않고 모든 곳을 두루 다니셨다. 그리고 가르침, 설교, 병 고침

    이 주된 사역 내용이다(행 10:38-39).

예수님은 육체적, 정신적, 감정적으로 상처받은 사람들을 찾아다니면서 사

역의 본보기를 보이셨다.

1. 우리의 사역에 도움이 되는 교훈

   1) 설교가 실현 되려면 가르쳐야 하고 본받을 만한 삶을 살아야 한다. 말씀 전하고 설교하는 것만으로는 불충분하며 사람들의 삶을 올바르게 살도록 예수님은 가르치기를 원했디.

   2) 모든 믿는 사람은 복음을 선포하고 기르치고 치유해야 한다. 사람들은 그의 복음 메시지를 들어야 한다. 메시지에 숨어 있는 내용과 실생활에 어떻게 적용할까를 가르쳐야 한다.

2. 다음 3가지 중 한가지를 하면 위험성이 따른다.

   1) 설교는 하나님의 메시지를 사람들에게 요점만 먹이는 것이다. 설교마으로는 성석 생활을 잘 못하는 사람들을 예수님을 떠나게 만든다.

   2) 교육만 한다면 하나님 말씀만 토론하도록 하여 성경 전체적인 주제와 견해를 빼먹게 될 것이다. 그리고 하나님 말씀 선포의 경험을 깊게 가지지 못하고 예배의 경험을 충분히 가지기 못하게 되며 인간을 구원하는 하나님의 선택적인 방법을 최소한으로 제한할 것이다(고전 1:18~21).

   3) 치유만 하면 육체적 병 고침만 강조하고 영적 치료는 등한시할 수 있다. 또한 인간 전체적인 구원을 소홀하게 할 수 있다.

예수 그리스도는 천국의 복음을 선포하는 하나님의 소식을 전하셨다. 천국은 하나님이 거하는 곳이며 하늘(Heaven)이라고도 부른다. 천국(The kingdom)은 주권이 미치는 하늘과 땅, 보이는 세계와 보이지 않는 세계, 영적 물질적 전체를 통치하는 세계이다(골 1:16).

예수 그리스도는 천국을 완전히 대표하는 복음 선포자이다. 거짓이 없고 희망과 진실만 선포하는 선포자이다(막 1:14~15).

**36절 : 무리를 보시고 불쌍히 여기시니 이는 그들이 목자 없는 양과 같이 고생하며 기진함이라**

에스겔은 이스라엘을 목자 잃은 양으로 비유했다. 그래서 예수님은 이 땅에 목자로 오셨다. 예수님은 따라오는 무리를 보시고 동정심을 가지고 육체적 고통, 배고픔, 아픈 고통을 덜어 주기 위해 이 땅에 오셨다(인간의 육체적 병 고침, 정신적 치료, 즉 공허함, 절망감, 고독함 목적 없는 삶, 비천함, 인생의 의미 상실 등 영적 치료에 동정심을 가지고 계신다. 하나님은 무리들을 관찰하시고 계시며 아무도 관찰자를 피할 수는 없다.

◎ **예수님은 3가지를 무리 속에서 보았다.**
 1) 무리들이 괴로움당하고 절망적인 상태를 보았다.
 2) 사람들의 삶이 힘들고 가난하고 공허하고 절망적인 것을 보았다.
 3) 종교가 오히려 그들의 삶을 다운시키는 것을 보았다.

종교가 짐이 되고 요구가 많아지고 끝없는 의식과 종교 행사에 참여하게 하는 것을 보았다. 종교가 오히려 하나님께로 바르게 이끌지 못하는 것을 보았다. 죄를 지나치게 강조하여 그들의 삶을 짓누르는 것을 보았다. 진실을 가르치지 않고 종교 지도자의 신념을 가르치려고 하는 것을 보았다(사 1:18).

무리들이 방황하면서 어느 방향으로 가야될지 모르는 것을 보았다. 이것으로 말미암아 많은 사람들이 철학이나 유대교에 의존하는 것을 보았다. 무신자가 되고 인문주의 철학에 의존한다. 그들에게 내적 충족을 시키지 못하고 만족감을 주지 못해 세상에 의존한다. 인간의 영혼이 하나님 진리를 갈구하지만 충족시키지 못했다(요 10:10).

예수님은 무리들을 목자 없는 양으로 보았다. 진실에 복종하는 용기를 가진 지도자가 없는 것을 보았다(마 18:12).

**37-38절 : 이에 제자들에게 이르시되 추수할 것은 많되 일꾼이 적으니 그러므로 추수하는 주인에게 청하여 추수할 일꾼들을 보내 주소서 하라 하시니라**

예수님은 무리들을 보시고 그들을 추수를 위한 들판의 익은 곡식으로 간주했다.

어떤 사람들이 그들에게 예수님께 나오는 방법을 가르쳐 주면 그들이 예수께 나아가게 될 텐데 그런 사람이 부족하다는 것을 한탄하는 말씀이다. 예수님은 추수할 수 있는 일꾼이 나타나도록 우리가 기도할 것을 요구하고 있다. 우리가 어떤 목적을 위해 기도할 때 예수님은 우리를 사용하여 응답하신다. 다른 사람에게 하나님께 나아가는 길을 인도하도록, 당신을 사용하여 이룰 수 있도록 하나님께 기도해야 할 것이다.

9장은 하나님의 큰 수확의 비전을 제시하고 있는데, 하나님의 큰 비전은 세상 끝까지 잃은 양을 찾는 것과 이 지구상에 모든 사람의 삶의 변화를 가져오는 것을 의미한다. 이 세상의 골짜기와 언덕에 살고 있는 사람들이 들판에는 많다. 추수할 시기가 늦어 급하게 추수해야 한다. 계절이 가기 전에 철이 바뀌기 전에 수확해야 한다. 추수할 기간은 짧기 때문에 때가 늦어지면 자라는 곳에서 썩어지고 죽을 것이다.

1. 모든 사람은 추수해야 할 기간이 있다. 추수 기간이 짧으므로 어서 수확해야 한다.

2. 모든 사람은 전성기가 있다. 많은 열매 맺은 추수를 놓치면 다시는 추수할 때가 돌아오지 않을 수도 있다. 그리고 들판에 추수할 수확물이 많다.

 1) 특히 어린이에게 다가가 가르치고 추수해야 한다.

 2) 젊은이에게 하나님 말씀에 근거하여 가르쳐 추수해야 한다.

 3) 부녀자들에게 하나님 사랑과 믿음을 가르쳐 추수해야 한다.

 4) 남자들에게 하나님의 신실하심과 그의 권능과 나아갈 방향을 가르쳐야 한다.

추수시기에는 많은 기회가 있다. 이때 기회를 잡아야 한다. 예수님은 많은 일꾼(무리들 속에 믿는 자)을 필요로 한다. 하나님은 일꾼이 지금 필요하다. 수확하는 자들이 적기에 수확하지 않으면 수확물은 썩어 없어질 것이다. 일꾼이 들판으로 가지 않으면 수확은 할 수 없을 것이다. 수확은 모든 남자, 여자, 아이들에게 해당된다. 그리고 왜 수확하는 일꾼이 적은가?

 1) 사람들이 하나님의 부르심을 거절 하기 때문에

 2) 하나님의 부르심을 연기하기 때문에

3) 하나님의 부르심을 부인하기 때문에(그들이 그들의 마음 문을 닫아서)

4) 어떤 사람들은 사람들에게 나아가 사역하는 대신에 직위와 직업과 생계를 구하기 때문에

5) 어떤 사람들은 거짓 복음을 전하기 때문에

6) 어떤 사람들은 전통적인 의식과 종교 행위에 만족하기 때문에

7) 어떤 사람들은 수고하는 것보다 자기 직위에 관심을 가지기 때문에

# 마태복음 10장

**1절 : 예수께서 그의 열두 제자를 부르사 더러운 귀신을 쫓아내며 모든 병과 모든 약한 것을 고치는 권능을 주시니라**

예수님은 12사도를 부르시고 그들을 모집하지도 않았으며 강요도 않고 사도가 되어 달라고 부탁도 하지 않았다. 예수님은 각계 각층의 사람을 불렀는데 어부, 정치가, 세리, 평범한 사람, 특별한 지도자, 부자, 가난한 자, 교육받은 자 그리고 안 받은 자를 불렀다.

오늘날 많은 사람들은 단지 어떤 사람들만 예수를 따르기에 적합하다고 생각한다. 그러나 이것은 예수님의 본 뜻이 아니다. 하나님은 누구나 사용하신다. 당신이 보잘것없다고 생각할 때라도 하나님은 평범한 사람에게 특별한 일을 하게 하신다는 것을 기억하라. 예수님이 우리에게 따라오라고 할 때 당신은 어떻게 반응하는가?

사도는 제자이며 그리스도에게 부름을 받은 사람이다. 예수님 사역에 부름받는 것에는 3단계가 있다.

1) 제자도적 부름: 예수님에 관해서 듣고 많은 사람들과 마찬가지로 따르기 시작한다.

2) 언약적 부름: 많은 사람들이 따르지만 예수님은 열두 사람에게 특별한 언약을 깨닫게 한다. 그는 그의 사역에 동참하도록 부르시며 모든 것을 버리고 오라고 부르시고 설교나 가르침을 전문적으로 배우도록 특별한

훈련기간을 정한다(12사도를 선택).

3) 위임적 부름: 예수님은 12명에게 구원의 메시지를 전달하도록 그들을 임명한다.

**개념 1.** 얼마 기간 동안 예수님과 함께 지냈던 제자들은 이야기를 나누고 영적 교류, 같이 기도, 같이 묵상, 그와 영적 교제를 맺었다. 예수님이 성경을 가르치고 어떻게 설교하는가, 어떻게 가르치는가를 직접 사사받았다. 예수님의 사역을 따라 다니며 목격하고 배웠다.

그리고 제자가 되려면

1) 성도는 예수님과 함께해야 한다. 우리는 조용히 말씀을 묵상하고 기도로 그와 영적 교류가 있어야 한다.

2) 모든 주의 종은 보냄을 받기 전에 훈련과 준비 기간이 필요하다.

3) 날마다 예수님과 동행하는 것이 사역에 필수적이다.

**개념 2.** 세가지 교훈

1) 성도는 먼저 훈련받고 난 후 봉사할 자격이 갖추어진다. 그리고 기도로 영적 교제를 나누어야 한다(마 5:1-2; 딤후 2:2).

2) 필수적인 전제 조건은 그와 함께 동행하는 것이다. 그의 말씀을 배우고 기도와 묵상을 통해 그와 영적 교제가 있어야 된다(딤후 2:15; 약 4:8).

3) 공적 사역은 두 가지 형태의 준비와 훈련을 필요로 한다.

(1) 예수님과 단독자로서 함께 한다.

(2) 공적인 준비와 일정 기간 훈련받아야 한다. 예수님이 사람들을 통해서 사역할 때 예수님으로부터 배우고 관찰한 것들(딤후 2:2)을 염두에 두고 우리가 제자가 되겠다고 선택한 것이 아니라 하나님이 우리를 선택하였다는 것을 알아야 한다(막 3:14).

예수님께서 선택하시면 권능과 힘을 주신다. 병 고치는 은사와 귀신을 쫓아 내는 권능을 주는 것은 예수님이 하나님의 아들이라는 것을 나타내기 위해 주는 선물이다. 그들은 예수님의 이름으로 선포하며 그들은 예수님의 메시지가 진실이라는 것을 선포해야 한다(딤전 1:15). 그의 관심은 우리의 미래와 영적 행복을 위한 것이지만 그들의 주된 관심은 하나님이 구속자이심을 선포하는 것이다(눅 10:19-10; 엡 3:19-20; 딤후 1:6-8).

그리고 알아야 할 3가지 교훈은?

1) 주이 종의 **권능**은 주인으로부터 얻어진다. 믿는 사람의 권위는 주님으로부터 나온다. 주님의 종은 현실의 어려움을 혼자 감당하지 않고 주님과 힘께 김당하나. 예수님은 초자연적인 권능과 능력을 가지신 분이며 우리는 항상 그 보호자의 보호를 받는다. 주님의 종은 파업할 권리와 혼자 행동할 수 있는 권리를 갖지 못한다. 주님의 말씀과 메시지를 따라야 한다.

2) 히니님이 주시는 권능과 힘은 사역에 대한 관심이지 직위나 명성, 부에 대한 관심이 아니다.

3) 주님이 주시는 권능은 사람을 컨트롤하는 사탄 마귀와 대적할 수 있는 권능이다. 사람 가운데는 항상 가짜 믿음과 가짜 가르침이 있게 마련이다(딤전 4:1). 사람을 노예로 만들고 거짓 행동을 하게 하는 것은 거짓 영이 존재하기 때문이다.

## 2절 : 열두 사도의 이름은 이러하니 베드로라 하는 시몬을 비롯하여 그의 형제 안드레와 세베대의 아들 야고보와 그의 형제 요한,

사도들은 12명이며 예수를 포함하여 한 사람이 여러 명을 가르칠 수 있다. 예수님은 여러 명에게 처음 가르쳤고 그 다음 적은 숫자를 뽑아서 많은 것을 가르쳤다. 마리아, 마르다, 나사로 그리고 여러 사람들을 가르쳤고 그 다음 12사도들에게 특별히 많은 것을 가르쳤다. 모세도 효과적으로 가르치기 위해 10명씩 그룹으로 하여 가르쳤다(장인 이드로의 충고에 따라).

12명은 예수님을 위한 행정 일을 돕는 사람이 아니라 예수님을 위한 사역자들이었으며 예수님이 했던 일과 똑같은 사역을 시작했다. 12명만 뽑아서 가르쳤는데 그 결과 온 세계에 복음이 전파 되는데 얼마나 걸렸는가? 상상해 보라.

1. 그리고 왜 12사도만 뽑았는가?

  1) 이스라엘은 12지파가 있었기 때문이며 12라는 숫자는 예수님이 모든 이스라엘을 먼저 복음화시키려는 의도를 가졌기 때문이다.

  2) 유대인들은 하나님에 의해 처음 부름받은 민족이었기 때문이다.

그리스도 자신도 사도로 불린다. 왜냐하면 하나님이 보내신 하나님의 메신저이기 때문이다. 12사도도 예수님에 의해서 보내진 메신저이다. 어떤 의미에 있어서 모든 성도들은 주님의 사도들이다(요 1:6; 벧전 5:2)

2. 사도는 보냄을 받은 사람이라는 뜻이다. 사도는 다른 말로 대표자, 대사라고도 부른다. 진실된 사도는 보내신 이에게 속한 사람, 보내는 사람에게 모든 것을 위임받은 사람, 보낸 사람의 모든 권위와 권능을 소유한 사람이다. 그리고 사도라는 단어는 좁은 의미와 넓은 의미의 뜻을 가지고 있다.

  1) 좁은 의미: 12제자와 바울을 말하며 두 가지 기본적 자격을 갖춘 자, 주님으로부터 직접 선택받은 사람 또는 성령에 의해서 직접 부름받은 사람, 예수님과 동행했거나 직접 보았던 사람, 부활하신 예수님을 직접 본 사람이다.

  2) 넓은 의미: 사도란 복음을 선포하는 사람들, 선교사들 (바나바, 실라), 메신저(디도, 에바브로디도, 예수님의 형제 야고보, 안드로니고와 유니아).

좁은 의미의 사도는 하나님이 주신 사도의 선물을 받을 특별한 자격을 갖추었기 때문에 죽음을 맞이해야 할 사람들이다. 모든 세대에 걸쳐 주의 종은 주님의 말씀을 묵상하고 그와 동행하는 삶을 사는 사람들이다. 우리는 부활의 권능을 몸소 경험하고 깨달아야 한다. 특히 세 형제들 베드로와 안드레, 세베대의 아들 야고보와 요한, 알패오의 아들 야고보, 빌립, 바돌로매, 도마, 마태, 유다, 시몬, 가룟유다. 사도들은 모두 갈릴리 출신이지만 가룟유다는 유대 출신이다. 3쌍은 형제들이며 다른 사람도 있지만 형제들끼리 밀접하게 서로 협력한다는 것을 알 수 있으며 가룟 유다만 유대 사람이고 나머지 11명은 갈릴리(가난한 마을) 사람들이다.

**3-4절 : 빌립과 바돌로매, 도마와 세리 마태, 알패오의 아들 야고보와 다대오, 가나나인 시몬 및 가룟 유다 곧 예수를 판 자라**

제자들은 둘씩 조직되어 있었다. 그 이유는,

   1) 교제와 사역에 있어 둘이서 하는 것이 유대감과 사역에 있어 가장 적합하기 때문이나. 여러명이 하면 의견이 분산된다.

   2) 둘이서 짝을 이루는 것이 단합이 잘되고 사역의 진척이 쉽다.

   3) 사역은 둘이서 기초 조직이 시작된다.

배신자인 유다는 영구적으로 다른 사람에게 영향을 미치지는 않았다. 예수님은 그의 뜻대로 부르심을 입은 자들에게는 모든 것이 합력하여 선을 이루게 하신다(롬 8:28).

**5절 : 예수께서 이 열둘을 내보내시며 명하여 이르시되 이방인의 길로도 가지 말고 사마리아인의 고을에도 들어가지 말고**

이 절은 주님이 그의 사도들에게 사역을 위임시키는 명령이다.

예수님은 아주 세밀하게 분명한 내용을 위임하신다.

   1) 첫째, 이스라엘로 먼저 가라. 그곳은 자기 자신이 잃어버린 집이기 때문이다.

   2) 설교하면서 천국이 가까이 왔다고 가르쳐라.

   3) 사역할 때 서로서로 자유롭게 거리낌 없이 모든 것을 나누어라.

   4) 보상을 받아라.

   5) 먹고 자는 데 덕망 있는 주인을 찾아라.

   6) 사역에 계획을 세우고 사역지를 방문하라.

예수님은 모든 제자를 보내지는 않았다. 단지 사역과 설교에 헌신할 수 있는 시간을 가지고 있는 사람을 뽑아서 보냈다.

진정성이 없이 사역자로 뽑히는 사람은 4가지 경험을 하게 된다.

   1) 그런 사람은 자기 자신의 힘으로 사역하려고 한다.

   2) 그런 사람은 항상 공허함을 느끼고 항상 인간적인 아이디어와 프로그램

으로 사역한다.

   3) 그런 사람은 복음을 선포하고 사역에 있어서 만족감을 느끼지 못한다.

   4) 그런 사람은 무엇이 선행인지 판단을 잘못한다. 그런 사람은 소명 의식
이 부족하고 자기 자신으로부터만 위안과 확신감을 가지며 능력이나 성
령이 충만하지 못한 사람들이다.

### ▎ 6절 : 오히려 이스라엘 집의 잃어버린 양에게로 가라

왜 예수님은 이방인에게나 사마리아로 제자들을 보내지 않는가? 이방인은
유대인이 아니며 사마리아인들은 구약 포로 시대 이후에 국제 결혼으로 생긴
종족이기 때문에 예수님은 그의 제자들에게 유대인에게 먼저 가라고 말씀하셨
다. 왜냐하면 예수님이 유대인에게 먼저 왔기 때문이다. 유대인인 제자들과 사
도들은 로마 제국 통치 동안 부활하신 예수님의 복음을 전하였고 이방인들은
나중에 그의 복음을 듣고 교회로 몰려들었다. 성경은 분명히 하나님의 구원의
메시지가 종족, 성별, 국적과 관계없이 모든 민족에게 가르쳐야 된다고 가르치
고 있다.

**개념 1.** 사람은 자기 자신의 가정에 먼저 복음을 전해야 한다. 자기 자신의 가정과 친구에게
먼저 전해야 한다. 자기 자신의 가정의 사람을 사랑하지 않으면 어떻게 알지 못하는 사람을
사랑할 수 있겠는가?

반발하는 사람 대신에 반응할 가능성이 있는 사람들에게 어떻게 증인이 되
게 하는가를 가르쳐야 한다.

   1) 이스라엘은 하나님 마음속에 특별한 곳이다(제사장의 나라). 그러므로 복
음이 제일 먼저 전해져야 한다.

   2) 이스라엘은 잃어버린 양이다.

   3) 이스라엘은 목자를 잃고 양 사방으로 디아스포라가 되어 흩어졌다(마
9:36-38).

### ▎ 7절 : 가면서 전파하여 말하되 천국이 가까이 왔다 하고

유대 사람들은 메시아가 천국을 인도하도록 기다리고 갈망하고 있었으며 그들은 그들을 속박에서 벗어나도록 군사적, 정치적 자유를 간절히 희망하고 있었다. 다윗과 솔로몬 시대의 영광을 간절히 갈망하고 있었다. 그러나 예수님은 영적인 천국을 말씀하고 계셨으며 메시아이신 예수님은 성도들의 마음속에 이미 천국을 시작하셨다. 언젠가 천국은 완전히 실현될 것이다. 그때가 되면 모든 악의 세력은 패하고 모든 사람이 서로 평화롭게 살 것이다.

천국이 가까이 왔다는 메시지는 하나님의 메시지이며 제자들은 자기 자신의 메시지를 전할 수 없다. 제자들은 하나님이 주시는 메시지만 전해야 되며 다른 삶이나 본인의 메시지를 전할 자격이 없었다.

1. 복음은 어제도 오늘도 내일도 여전히 변함없이 똑같다(히 13:8).
2. 복음은 예수님의 메시지이다.
3. 복음은 요한의 메시지이다(마 3:2). – 천국이 가까이 왔다. 회개하라.
4. 넓은 의미에 있어 복음은 사도들과 예수님의 메시지이다(롬 14:17).

**8절 : 병든 자를 고치며 죽은 자를 살리며 나병환자를 깨끗하게 하며 귀신을 쫓아내되 너희가 거저 받았으니 거저 주라**

예수님은 사역할 때 행동 지침을 말씀하셨다. 즉 공짜로 받았으니 공짜로 줘라. 하나님이 우리에게 은혜로 주셨으니 다른 사람에게도 사랑과 시간, 가진 소유물을 너그럽게 주라.

제자들의 권능은 자기들이 가진 고유한 권능이 아니고 받은 권능이다. 하나님이 그들을 불러 소명을 맡길 때 권능을 주셨다(엡 4:11–13). 그 권능은 하나님으로부터 나온 권능이지 사람에게서 나온 권능이 아니다.

**9-10절 : 너희 전대에 금이나 은이나 동을 가지지 말고 여행을 위하여 배낭이나 두 벌 옷이나 신이나 지팡이를 가지지 말라 이는 일꾼이 자기의 먹을 것 받는 것이 마땅함이라**

사역하러 나가는 사람은 하나님의 보살핌을 받는 것이 당연하다고 말씀하신다. 제자들은 그들이 제공하는 영적 봉사 대신에 음식과 잠자리를 기대하고 있었다. 하나님 일에 봉사하는 목사, 선교사, 교사들을 잘 돌봐야 된다는 것을 알아야 한다(딤전 5:17; 고전 9:9-10).

마가복음 6:8에서는 지팡이를 가져가라고 하고 누가복음과 마태복음에서는 지팡이를 가져가지 말라고 하신다. 아마 예수님의 뜻은 여분의 신발, 지팡이, 전대를 가지고 가지 말라는 뜻이다. 즉 필요없는 물건을 가져감으로써 방해받지 않고 사역의 임무를 다해야 된다고 말씀하시는 것이다. 재정 문제에 있어서 예수님은 그의 제자로부터 두 가지를 기대하고 계셨다. 첫째, 사도들과 주의 종들은 사역을 할 때 그들 자신의 돈을 쓰지말라는 뜻이며 둘째, 주의 백성들이 사도들과 주의 종들을 적절히 후원해야 된다는 뜻이다(고전 9:14; 갈 6:6).

**개념 1.** 사도들과 주의 종들은 사역을 통해서 재산을 축적하는 것을 금지하고 있다. 그러나 그들은 사역에 있어 그들 자신의 돈을 쓰는 것도 금지하고 있다. 그 이유는.

1) 그들의 마음과 정신이 복음을 전하고 사람의 전도에 중심을 두어야지 어떤 물질을 사고팔고 재산 축적 하는 데 중심을 두지 말라는 뜻이다.

2) 그들은 그들의 필요를 위해 하나님을 의지해야 하며 필요할 때 하나님만 의지하는 본보기를 다른 사람에게 보여야 된다.

3) 그들은 삶을 통해 사역에서 서로 나누는 습관을 보여야 한다.

하나님의 일꾼들은 재정적으로 받을 만한 가치 있는 일꾼이다. 바울도 하나님의 일꾼은 두 배의 영광을 받을 만하다고 말했다(딤전 5:17-18; 고전 16:5-9). 결국 성도들은 사도들이 풀타임으로 사역에만 전념하도록 지원해야 하며 세상 노동을 하도록 허락해서는 안 된다.

**11절 : 어떤 성이나 마을에 들어가든지 그 중에 합당한 자를 찾아내어 너희가 떠나기까지 거기서 머물라**

덕망이 있는 집주인을 찾으라. 어떤 도시에나 장소에는 좋은 명성을 가진 사람들이 있고 나쁜 명성을 가진 사람들이 있다.

그렇다면 좋은 명성을 가진 주인을 어떻게 골라낼까?

1) 훌륭한 사람은 도덕적으로 덕망이 높은 사람이다. 즉 친구를 잘 대접하는 사람.

2) 하나님에 관하여 좋은 감정을 가진 사람을 찾아라. 어떤 사람은 영적 관심을 가진 사람도 있고 어떤 사람은 영적인 것에 전혀 관심이 없는 사람이 있다.

3) 타인을 환대하고 대접을 잘하는 사람을 찾아라. 어떤 사람은 나그네를 잘 대접하는 사람도 있고 그렇지 않은 사람도 있다(롬 12:13; 딤전 5:10; 딛 1:8).

**개념 1.** 하나님의 메신저는 한 곳에서 옮기지 말고 오랫동안 그 집에서 머물러야 한다. 그는 안락하고 호화로운 장소를 찾아서는 안 된다. 그 이유는,

1) 그러한 행동은 아마도 편견을 지적받게 되고 질투심을 유발할 것이다.

2) 그러한 행동은 물질적이고 이기적인 사람이라고 지적받을 것이다.

3) 그러한 행동은 본래의 사역 목적에 어긋난다.

4) 그러한 행동은 처음 머물렀던 주인에게 상처를 주고 가끔 고립감을 준다.

**12-15절 : 또 그 집에 들어가면서 평안하기를 빌라 그 집이 이에 합당하면 너희 빈 평안이 거기 임할 것이요 만일 합당하지 아니하면 그 평안이 너희에게 돌아올 것이니라 누구든지 너희를 영접하지도 아니하고 너희 말을 듣지도 아니하거든 그 집이나 성에서 나가 너희 발의 먼지를 떨어 버리라 내가 진실로 너희에게 이르노니 심판 날에 소돔과 고모라 땅이 그 성보다 견디기 쉬우리라**

너의 사역지 방문에 계획표를 짜라. 주님은 그의 사역자들을 그 도시의 가정에 방문하도록 보낸다. 사역자들은 사람들이 스스로 찾아오도록 기다리는 사람이 아니다. 그들은 복음을 들고 사람을 찾아다니는 사람이다. 주님은 사도들에게 방문할 때의 방법을 말씀하셨다.

1. 사도들은 신실함으로 가정에 접근해야 한다.

1) 그것은 우정과 친절한 대화를 이끌어 준다

2) 그것은 복음을 전할 때 더 많은 대화의 문을 열어 준다.

3) 그것은 그 사람을 받아들일 사람인지 아닌지 즉시 결정적 요소가 된다(골

3:12; 4:6).

2. 사람들이 사도들을 받아들인다면 그 사도들은 평화를 함께 나누게 되는 것이다. 평화(샬롬)의 인사는 그가 방문하는 모든 가정과 장소에 주어져야 한다. 사람들이 덕망 있는 사람이면 평화의 메시지를 계속 전할 수 있지만 그렇지 못하면 평강을 나눌 사람이 못된다. 그러면 나누지 말고 떠나야 한다.

**개념 1.** 하나님의 증언자는 사람에 대한 분별력을 가져야 한다.

1) 그들이 친절하고 은혜롭냐 아니면 냉정하고 까다로운 사람인가?
2) 그들이 부끄러워하는 것이냐 아니면 진실로 무관심한 것인가?
3) 그들이 진실로 수용적이고 누구에게나 친절한 사람인가 아니면 배타적인 사람인가?
4) 그들은 영적으로 민감한 사람인가 아니면 종교적인 문제에 관심을 가진 사람인가?

**개념 2.** 주님의 일꾼은 시간을 허비해서는 안 된다. 그는 누가 가치있고 수용적인 사람인가를 빨리 구별해야 한다.

**개념 3.** 방문할 때의 인사는 "Peace to you(Shalom 샬롬)" 하면 된다.

사도들은 메시지의 기초로서 인사말을 먼저 사용해야 한다. 그들의 처음 메시지는 peace with God and peace of God(하나님과 함께 평화를, 하나님의 평화를) 이다.

**개념 4.** 메신저가 가정을 방문하여 평화의 메시지를 나누지 않으면 그것은 그들에게 경고가 된다. 그들의 행동, 불친절, 무관심 때문에 나눔이 중단된다.

3. 사람들이 사도들을 거절하면 사도들은 그곳을 떠나야 한다. 그것은 하나님의 메신저와 증인이 거절될 수가 있다. 그렇게 거절될 때 메신저는 두 가지일을 하게 된다. 그는 그 집을 떠나야 하거나 신발의 먼지를 털어 버린다. 이것은 무슨 뜻인가? 그들은 축복받는 기회를 잃는다. 그 증인의 저주와 미움을 사서 그 집의 땅이 오염된다는 뜻이다. 하나님은 그들이 하나님을 필요로 할 때

그들을 거절할 것이다. 거절당할 때 메신저는 다투어서는 안 되며 복음을 그 사람에게 강요해서는 안 된다. 예수님은 메신저가 그 장소를 떠나기를 권고하신다.

거절하는 사람은 심판받을 것이다. 하나님의 메신저를 거절하고 복음을 거절한 사람에게 저주를 내려 무서운 시련에 봉착할 것이다. 그 사람의 심판은 소돔과 고모라의 심판보다 더 가혹할 것이다. 왜냐하면 사람이 하나님의 아들을 거절했기 때문이다. 그래도 소돔과 고모라는 하나님의 말씀을 듣는 기회를 가져본 적이 없었다(히 9:27; 벧후 3:7).

그리고 왜 예수님은 제자들에게 그들이 환영하지 않으면 신발의 먼지를 털어버리라고 말했을까? 유대인들이 이방인이 살고 있는 도시를 떠날 때는 경건힌 유대인들은 이방인들의 관행으로부터 멀리하는 의미에서 신발을 털어 버리는 습관이 있었다. 제자들이 신발의 먼지를 털어 버리면 그것은 메시아를 거절한 유대인들과 분리한다는 뜻을 나타낸다. 이것은 그들이 선택을 잘못했다는 것을 사람들에게 보이는 것이다.

**개념 5.** 당신은 하나님 말씀을 받아들이는가? 당신이 성령을 무시하면 당신은 어떤 다른 기회도 잡지 못할 것이다. 하나님께서 당신 가정에 신발의 먼지를 털어 버릴지도 모른다.

## 16절 : 보라 내가 너희를 보냄이 양을 이리 가운데로 보냄과 같도다 그러므로 너희는 뱀같이 지혜롭고 비둘기같이 순결하라

바리새인들은 들판에서 양 무리를 황폐화시키는 늑대와 같다. 제자들의 희망은 단지 양을 보호하기 위해 목자(하나님)만 의지해야 할 것이다. 예수님의 제자처럼 우리는 양 같은 태도가 아니라 민감하고 신중해야 한다. 우리는 잘 속아서도 되지 않으며 남을 속이는 음모를 꾸미는 자도 되어서는 안 된다.

우리는 하나님의 과업을 완성하기 위해 지혜와 연약함 사이에 균형을 찾아야 할 것이다. "I am sending you." 이것은 우리를 보내는 하나님 아들인 예수 그리스도의 직접적인 말씀이다. 예수님은 제자들이 직면할 박해와 어려움을 잘 알고 계신다.

제자들은 늑대 무리 속에 양을 보내는 것처럼 위험과 고난에 처할 것이며 복음을 거절하고 박해하는 세상 속에 제자를 보낼 때 제자들에게 당부하시는 말씀이 박해가 온다는 것을 미리 알고 있어야 되며, 박해를 만날 때 마음을 단단히 가지고 주의를 게을리해서는 안 된다는 것이다. 고난과 박해는 단지 빛이며 순간적인 고통이다. 앞에 놓인 영광과 비교할 때 우리의 빛과 순간적인 고통이 모든 것을 이기는 영광된 삶을 가져올 것이다. 우리 믿는 성도는 얼마의 고통과 비웃음과 반대를 무릅써야 할 것이다. 제자들이 하나님의 미션을 수행할 때 뱀처럼 영리하고 민첩해야 하며 비둘기처럼 순수해야 할 것이다. 뱀처럼 민첩하고 영리하라는 뜻은 은밀히 세심하고 지혜롭게 수행하라는 뜻이며 계획하고 전략을 짜서 위험이 닥칠 때 재빨리 피하며 비전과 창의적인 사람이 되라는 뜻이다. 즉 기회가 올 때 기회를 빨리 잡고 불리할 때 빨리 피하라는 뜻이다. 제자가 되려면 비둘기 같이 부드럽고 순수해야 하며 흠이 없어야 하고 평화의 상징처럼 결함이 없어야 한다. 주님의 사람과 메신저는 세상의 악에 노출되어 있다. 그러므로 항상 두 가지를 염두에 두어야 한다. 뱀처럼 민첩하고 영특해야 한다. 위험이 있을 때 뱀은 가장 잘 피한다. 가능한 거처하는 곳이 보이지 않는 은밀한 곳이다. 쓸데없이 노출시키지 않고 자기 보호를 철저히 한다. 비둘기는 흠이 없고 순수하다. 온순하고 겸손하다. 남을 해롭게 하지 않는다. 전쟁이 아닌 평화의 상징이다. 남을 공격하지 않고 불결함이 없다. 결론적으로 주님의 증인이 되겠다는 자는 뱀 같은 성격과 비둘기 같은 순결한 정신 상태를 가져야 한다.

**17-18절 : 사람들을 삼가라 그들이 너희를 공회에 넘겨 주겠고 그들의 회당에서 채찍질하리라 또 너희가 나로 말미암아 총독들과 임금들 앞에 끌려 가리니 이는 그들과 이방인들에게 증거가 되게 하려 하심이라**

제자들은 입을 옷도 없고 감옥을 가는 경험을 했을 뿐 아니라 친구나 가정에서 조차도 환영받지 못하는 경험을 했다. 하나님을 위해 산다는 것은 박해를 받는다. 그러나 구원의 복음을 전하는 기회를 가져 하나님의 은혜를 받는다. 박해의 시간이 지나면 이 세상을 이기게 되며 끝까지 참는 자는 구원받고 은혜받게 할 것이다. 당부의 말씀은 박해가 있을 것이다 박해자들은 순서대로 3종류의 사람들로부터 박해받을 것이다.

## ◎ 누가 성도를 핍박하는가?

1) 일반적인 사람들: 자기와 같은 사람들이 믿는 사람을 박해할 것이다. 그들은 자기 명성과 권위 때문에 믿는 사들을 헐뜯고 박해를 한다.

2) 종교 지도자들: 회당이나 교회 지도자들이 믿는 사람을 박해한다. 교회에는 하나님께 헌신하지 않는 사람도 많이 있다. 그들은 하나님이 누구신지 그의 말씀이 무엇인지 모른다. 진정으로 하나님을 믿고 의를 행하는 성도기 가끔 교회에서 박해를 받는다. 입으로 하나님이라고 부르지만 하나님의 의를 이해하지 못하는 사람도 많다. 그들은 두 얼굴을 가지고 악한 말을 하며 남을 험담하고 비난하고 모욕감을 준다. 그리고 꾸중하고 창피를 주고 얼굴을 맞대고 공격한다. 가장 큰 비극은 하나님의 집(교회)에서 박해와 온갖 잘못된 비난들이 자주 일어난다는 사실이다.

3) 권력자들: 국가 안에서 권력을 잡은 자들이 성도들을 박해한다. 온 세계에 걸쳐 믿는 자들은 국가 권력 앞에 끌려 나와 박해를 받아 왔다.

**개념 1.** 믿는 자는 박해받으면서 복음을 전한다.

1) 중교 지도자들은 믿는 사람을 박해함으로써 그들이 하나님께 봉사하고 있다고 생각한다.

2) 교회는 외형적인 것에 집착하여 진실을 보지 못하고 옛날 관행을 중시한다. 옛날 관습을 벗어나면 비난한다.

3) 교회 성도들이 하나님의 일꾼들을 박해하고 업신여긴다. 그들은 가끔 메신저의 사역을 방해한다. 그러나 하나님은 박해받는 주의 종을 사용하신다. 바울도 다섯 번이나 종교 지도자들에게 심한 고통을 받았다(고후 11:24).

(1) 믿는 자들은 하나님의 일 때문에 박해받는다. 믿지 않는 사람은 세
상에서나 교회 안에서 하나님을 이해하지 못해서 반대하고 박해한
다(고후 4:11; 마 19:29).

(2) 믿는 자들은 예수님의 증인이 되기 때문에 박해받는다. 박해받을
때 예수님의 증인이 되는 것보다 더 위대한 일은 없다.

① 믿음에 대한 확고한 자세는 복음의 진리를 나타낸다. 박해자는 구
원과 사랑의 메시지를 박해받는 사람을 통해서 보게 된다.

② 확고한 믿음의 자세는 사람을 감동시키는 독특한 기회를 성령을 통
해 준다.

③ 확고한 믿음의 자세는 박해자의 태도를 바꾸는 계기가 된다.

확고한 믿음의 자세는 심판 날에 박해자들을 반박하는 증인으로 서게 될 것
이다(롬 2:5-6; 약 5:10).

## 19-20절 : 너희를 넘겨 줄 때에 어떻게 또는 무엇을 말할까 염려하지 말라 그 때에 너희에게 할 말을 주시리니 말하는 이는 너희가 아니라 너희 속에서 말씀하시는 이 곧 너희 아버지의 성령이시니라

예수님은 제자들이 복음을 전파하다가 체포될 때 그들을 방어할 말에 대해
염려할 필요가 없다고 말씀하신다. 성령이 그들에게 말해줄 것이며 이 약속은
사도행전(4:8-14)에서 잘 나타나 있다. 하나님이 모두 준비해 놓고 있기 때문에
우리가 지나치게 염려할 필요는 없다. 예수님은 전도하는 데 있어서 미리 준비
하지 말라는 말씀은 하지 않으시고 염려는 하지 말라고 하신다. 그리고 믿는 자
는 박해를 받을 때 혼자가 아니라는 것을 기억하라 하나님이 무슨 말을 해야 하
는지 말해 줄 것이며 박해받는 그 순간에 무슨 대답을 해야 하는지 가르쳐 줄 것
이다(눅 21:15; 딤후 4:16-18).

성령이 말해 줄 것이며 하나님이 함께할 것이다. 자기 자신을 방어하는 데
지나친 염려를 할 필요는 없을 것이다 성령이 대신해서 말해 줄 것이며 하나님
이 답변할 수 있도록 미리 준비해 놓고 계신다. 믿는 사람이 관리들에게 불려가

심문을 당할 때 신경이 날카로워지고 당황하여 무슨 답변을 해야 할지 모른다. 그 때 하나님이 도와주신다.

**개념 1.** 어떤 믿는 사람들은 하나님이 주신 능력을 믿지 못하고 자신감을 잃고 말을 못할 때가 있다(출 4:10-12). 어떤 사람은 그들의 감정을 조절하지 못해 지나치게 불안해서 말을 잘 못한다. 우리는 답변할 바를 위해 하나님을 확실히 의지해야 한다. 왜냐하면 하나님만이 박해하는 사람의 마음을 알고 있기 때문이며 박해받는 사람의 심정도 헤아리고 있기 때문에 하나님을 믿고 의지하면 성령이 답변해 줄 것이며 하나님의 떳떳한 증인이 되도록 하나님이 도와줄 것이나.

## 21절 : 장차 형제가 형제를, 아버지가 자식을 죽는 데에 내주며 자식들이 부모를 대적하여 죽게 하리라

가족 간에도 의견이 다르고 신앙관이 다르다. 자기 자신의 가족이 큰 박해자가 될 수 있다.

1) 가족은 가끔 세상적인 것에 관심을 가지고 하나님이 있는지 그리고 하나님을 섬기는 삶을 이해하지 못한다. 그래서 옛날에 내려오는 전통, 제사 같은 의식에 참가하지 않는 가족을 핍박한다.

2) 개종된 가족은 전통적으로 내려오는 종교나 의식을 반대하고 종교가 서로 다르면 어울리지 못하고 서로 박해한다.

3) 가족 가운데 믿는 자는 서로 주님의 사랑과 은혜를 나누는 증인이 되어야 된다. 가정 안에서 서로 주님의 사랑과 은혜를 나누는 증인이 되어야 한다. 가정 안에서 활동적인 전도는 때때로 가족을 당황하게 하여 핍박받는다(눅 14:26-27; 18:29-30).

**개념 1.** 진실된 성도는 예수그리스도가 메시아이며 살아 계신 하나님 아들이라는 것을 확신하는 사람이다. 그는 이런 진실에 붙잡히고 증인 됨을 기꺼이 받아들인다. 그러한 확신과 신념은 가족 안에서 반대와 핍박을 받게 된다. 그래서 예수님을 믿을 것인가 가정에 순종하느냐 선택을 강요받는 어려운 처지가 된다.

어떤 경우에는 가장 심한 반대는 아버지, 엄마, 형제들로부터 온다. 그 이유는 그들은 믿는 가족이 그들의 영향력을 벗어나려고 하기 때문이다. 그리고 가정에 원래 내려오는 전통과 관습에서 벗어나려고 하여 가족의 일원이 되는 것을 포기한다고 다른 가족은 생각한다. 그러므로 다른 가족이 다함께 하나님을 믿어 믿음의 가정이 되는 것이 중요하다. 모든 가족이 믿도록 꾸준히 전도해야 할 것이며 전도하기 위해서는 자기가 변화되어 모범적인 삶의 태도를 보여야 할 것이다.

**22절 : 또 너희가 내 이름으로 말미암아 모든 사람에게 미움을 받을 것이나 끝까지 견디는 자는 구원을 얻으리라**

끝까지 견디는 자는 구원받는 방법을 아는 것이 아니라 예수를 끝까지 흔들림 없이 의지하는 것을 뜻한다. 끝까지 참고 견딘다는 것은 구원에 이르는 수단이 아니라 진심으로 헌신된 삶의 산물이다. 믿는 자는 박해도 예상하고 견뎌 내어야 한다. 진실로 믿는 자는 의의 이름을 가진 예수님의 이름을 부르는 증인이 된다. 세상과 세상 사람들은 자기 자신을 부인하고 예수를 따르는 삶을 반대한다. 끝까지 참는 자는 구원을 받을 것이며 박해도 끝이 있으며 일시적인 고통이 된다. 박해를 통해서 하나님은 믿는 자의 울부짖음을 들을 것이다(히 12:3). 구원은 오래 기다리는 사람의 몫이며 그것은 영광된 삶이다(약 1:12; 딤후 4:4-8).

모든 사람이란 말은 모든 세계 사람들이란 뜻이며 즉 종교 지도자 국가, 가족을 뜻한다. 믿는 사람은 3가지 사실을 기억해야 한다. 예수를 위한 것, 구원의 확신을 갖는 것, 하나님으로부터 영광스러운 보답의 확신을 갖는 것 등이다.

박해자들은 육체를 죽이지만 영혼을 죽일 수는 없다. 육체는 곧 사라지지만 영혼은 영원히 남아 있을 것이다. 박해자도 단순한 사람이며 그도 언젠가는 죽을 것이다.

**23절 : 이 동네에서 너희를 박해하거든 저 동네로 피하라 내가 진실로 너희에게 이르노니 이스라엘의 모든 동네를 다 다니지 못하여서 인자가 오리라**

예수님은 제자들에게 박해가 심각하기 전에 그곳을 피하라고 하셨다. 우리는 전도할 일이 많다. 우리는 예수가 재림할 때까지 끝마칠 수가 없다. 그가 재림한 후에라야 비로소 전 세계가 그의 진실된 존재를 알게 될 것이다.

예수님은 제자들에게 복음이 받아들여지지 않으면 그 도시를 떠나든지 그 집을 조용히 가급적 빨리 떠나라고 말씀하셨다. 예수님은 박해를 받을 때 떠나라고 이야기 하신다. 그 이유는,

1) 예수님은 우리를 돌보시고 우리이 안전을 긱징하고 계시기 때문(벧전 5:7)이다.

2) 예수님을 받아들이지 않는 사람도 있고 받아들이는 다른 사람도 있다고 한다. 돼지에게 진주를 던져 주는 것보다 복음을 긍정적으로 받아들이는 사람에게 전도하는 것이 더 낫다고 하셨다.

3) 예수님은 복음을 방해히는 자들에 내한 승인이 필요하다. 복음을 방해하는 그들의 죄가 얼마나 무서운지 그들이 알 필요가 있다. 만약 그들이 복음을 받아들이지 않고 박해하는 자들이 받는 심판을 보게 되면 그들은 복음을 받아들일 것이다.

**개념 1.** 복음을 위한 용기와 신념은 흔히 있는 일은 아니지만 결코 없는 일도 아니다. 어떤 사람은 용기와 신념을 가지고 복음을 전하고 어떤 사람은 이성적이고 합리적으로 복음 사역에 임하는데 그런 사람은 어려운 박해도 참아 낼 것이다. 어떤 사람은 미친 듯이 변덕스러운 마음으로 헌신을 하는데 그런 헌신은 비합리적이어서 그것은 아무런 의미 없는 순교를 할 수 있다.

믿는 자의 용기와 신념을 더욱 돋보이게 하는 몇 가지가 있다.

1) 믿는 자는 하나님 아들 안에서 하나님에 의해서 하나님이 나타내시는 진실 때문에 고통받는 이다(벧전 2:20).

2) 믿는 자들은 박해를 피하려고 시도하고 그것을 방지하려고 시도한다. 그들은 예수님께 순종하고 가능하면 박해를 피하는 것이 좋다.

믿는 자들이 위험과 무모한 일로 고통받을 필요가 없으며, 믿는 자들은 그 박해를 피할 수 없을 때만 박해에 대해 분명히 일어서 대항한다. 이런 경우에는 주님과 그 믿음을 위해 모든 것을 하나님께 맡기고 확고한 태도를 취한다(빌

1:29; 딤후 3:12).

진정한 순교자는 그의 믿음 때문에 순교를 받아들일 것이다. 그러나 그것을 일부러 추구할 필요는 없다. 그는 예수의 복음을 계속 전파하기 위해 자유와 생명을 유지해야 할 것이다. 예수님의 메시지는 삶의 메시지이며 삶의 거룩함의 메시지이다. 그런데 어떻게 함부로 죽음을 선택할 수 있겠는가?

**24-25절 : 제자가 그 선생보다, 또는 종이 그 상전보다 높지 못하나니 제자가 그 선생 같고 종이 그 상전 같으면 족하도다 집 주인을 바알세불이라 하였거든 하물며 그 집 사람들이랴**

또 하나의 예수님의 경고가 이 구절에 있다. 제자들은 그의 스승을 능가하지 못하고 종은 주인을 능가하지 못한다. 주님은 박해로 고통받으셨다. 그래서 제자도 고통받을 것이다. 제자들은 박해를 예상해야 되고 제자는 주님이 받은 박해처럼 받을 것이다.

**개념 1.**

1) 제자가 선생을 능가하거나 종이 주인을 능가하는 것은 불가능하다. 우리는 주인의 것이며 주인에게 속한다. 주인은 박해받으면 똑같이 그 집 종도 박해받을 것이다.

2) 주의 종에게는 박해의 특권이 있다. 믿는 자들은 예수그리스도의 고통을 서로 나누는 것이다. 하나님은 믿는 자를 그의 아들 예수 그리스도와 같이 우리를 받아들인다. 양자도 아버지가 박해받았던 것처럼 박해받을 것이다. 우리가 박해를 받을 때 우리는 가장 높은 경지의 하나님과 동행하는 삶이 된다. 우리는 우주 만물의 창조주 하나님의 아들에 의해서 부름을 받았다. 하나님의 아들이 된다는 것은 가장 큰 특권이다. 그래서 우리도 아버지가 받은 박해가 세상을 살린 것처럼 우리가 받는 박해는 믿는 자의 특권이다.

하나님은 의가 없는 세상에 우리가 의롭게 살기를 원하신다. 세상이 우리의 소명을 더욱 가치 있게 해준다(행 5:14; 롬 8:17; 히 11:25). 의롭지 않은 세상에 의롭게 사는 것은 박해를 불러온다. 어떤 믿는 자들에게는 예수 그리스도가 고통받은 것처럼 심한 고통이 예상된다. 믿는 자들은 예수님의 가족이기 때문이다. 주인이 박해받으면 그 집 종은 더 고통받는 이다. 그들(세상의 관리들)은 예수를 바알세불의 힘을 빌려 귀신을 몰아냈다고 비난했다.

선은 때때로 악마라고 낙인 찍혀진다. 완전한 예수님이 악마라고 불려지면 그를 따르는 사람도 비슷한 비난이 그들에게 오는 것을 예상할 수 있다(히 2:17~18).

**26-27절 : 그런즉 그들을 두려워하지 말라 감추인 것이 드러나지 않을 것이 없고 숨은 것이 알려지지 않을 것이 없느니라 내가 너희에게 어두운 데서 이르는 것을 광명한 데서 말하며 너희가 귓속말로 듣는 것을 집 위에서 전파하라**

이것은 예수님의 격려의 말씀이다. 진실은 언젠가 드러나게 되어 있다. 하나님은 심판날에 진실을 드러낼 것이다. 박해자들이 입고 있는 거짓의 옷이 언젠가 벗겨지게 될 것이다. 더 이상 거짓은 숨길 수가 없고 자연히 드러나기 마련이다. 진실은 하나님에 의해서 밝혀질 것이다. 세상 사람들이 믿는 자에게 입히는 그 옷이 심판날에 벗겨질 것이다. 하나님은 증인의 진실을 밝혀 줄 것이다. 예수님에 대한 증인은 진실로 여겨질 것이며 박해는 있을 것이나 그것은 순간적인 고통일 뿐이며 결국 심판 날에 영원한 영광으로 드러날 것이다.

복음이 진실이라는 것이 밝혀질 것이며 온 세상에 널리 알려질 것이다. 믿는 자들은 박해자의 말을 너무 두려워할 필요가 없다. 진실이 밝혀질 때가 반드시 올 것이기 때문이다. 모든 사람의 비밀이 심판날에 전부 밝혀질 것이다(롬 2:2).

우리가 알아야 할 교훈은,

1) 믿는 자는 보호받을 것이다. 믿는 자에게 가해지는 모든 고통은 예수님에 의해서 해결될 것이다. 이웃에 의해 동료, 직장인, 친구에 의해 조롱를 받고 고립되고 냉담과 무시당하는 것은 예수님이 보상해 줄 것이다.

2) 사람에 의해 받는 인격의 손상과 불명예를 두려워할 필요가 없다.

3) 많은 믿는 자들은 교회 내에서나 세상 사람들에 의해 구경거리가 되고

웃음거리가 된다. 그러나 진실이 밝혀질 때가 올 것이다.

⑴ 참으로 믿는 자들은 영원한 영광을 덧입게 될 것이다(고후 4:17).

⑵ 참 믿는 자는 하나님으로부터 칭찬받는 자가 될 것이다.

⑶ 참 믿는 자는 아버지의 왕국에서 태양처럼 빛날 것이다.

**개념 1.** 복음 전파는 성령의 도움을 필요로 한다.

1) 하나님의 메시지는 반드시 전파되어야 하고 그 메시지에는 예수 그리스
도의 복음이 가득 차 있어야 한다.

2) 그리스도께서는 기도를 통해, 말씀을 통해 주님께 가까이 갈 때 예수님
이 임재하시고 고요함 속에서 그의 메시지를 주신다.

3) 메신저는 가정에서부터 먼저 복음이 선포되어야 한다.

⑴ 메신저는 급하다. 모든 사람이 듣도록 크게 선포되어야 한다.

⑵ 메신저는 항상 서로 나누고 대화와 병행하여 선포되어야 한다(막
16:15; 눅 9:60)

## 28절 : 몸은 죽여도 영혼은 능히 죽이지 못하는 자들을 두려워하지 말고 오직 몸과 영혼을 능히 지옥에 멸하실 수 있는 이를 두려워하라

몸을 죽이는 자를 두려워하지 마라. 즉 우리는 사람을 두려워하지 말고 하나
님을 두려워하라. 사람은 육체만 죽일 수 있지만 하나님은 지옥에서 "영혼과 육
체" 모두를 죽일 수 있다.

1. 사람을 두려워 말아야 할 몇 가지 이유

1) 사람들은 육체만 죽일 수 있지 영혼을 죽일 수 없다. 사람의 힘은 제한되
어 있고 그들은 사람의 영혼을 터치할 수 없다.

2) 사람들은 이 세상 밖으로 우리를 보낼 수 있지만 하나님의 문으로 들여
보낼 수 없다.

3) 사람들은 이 세상으로부터 우리를 단절시킬 수 있지만, 삶으로부터는 단
절시킬 수 없다.

4) 사람들은 영생을 가지지 못하며 믿는 자는 죽음을 맛보지 않고 이미 죽음에서 생명으로 옮겨 갔으며 영원한 삶의 과정에 있다. 사람들은 세상적인 것으로부터 우리를 단절시킬 수 있지만 하나님의 사랑과 영광으로부터 우리를 단절시킬 수 없다(잠 29:28).

2. 사람을 두려워하는 것은 몇 가지 문제를 야기시킨다.

1) 두려움은 우리의 마음과 정신 속에 혼란을 일으킨다.

2) 열정과 헌신된 감정을 못 가지도록 한다.

3) 사람으로 하여금 하나님의 의지를 알고 싶은 호기심을 잃게 하고 탈선하게 만든다.

3. 사람과 박해를 두려워하지 말아야 할 이유

1) 하나님은 크고도 영광된 명분을 주었다.

2) 하나님은 우리에게 큰 희망을 주었다.

4. 하나님을 두려워해야지 사람을 두려워하지 말아야 하는 이유

1) 하나님은 우리의 영혼과 육체를 파괴시킬 수 있기 때문에 지옥에서 두 가지 모두 파괴시킨다.

2) 인간의 공포는 하나님의 공포와 비교할 때 보잘것없다. 하나님이 인간에게 내리는 공포는 끝이 없고 영원히 계속된다.

3) 영혼의 파괴는 하나님으로부터 오고 사람으로부터 오지 않는다. 영혼을 파괴하는 힘은 하나님만 가지고 있지 사람은 가지고 있지 않다.

**29-31절 : 참새 두 마리가 한 앗사리온에 팔리지 않느냐 그러나 너희 아버지께서 허락하지 아니하시면 그 하나도 땅에 떨어지지 아니하리라 너희에게는 머리털까지 다 세신 바 되었나니 두려워하지 말라 너희는 많은 참새보다 귀하니라**

예수님이 말씀하시기를 보잘것없는 참새에게조차 일어나는 모든 일을 알고 계시며 너희들은 참새보다 더 귀한 존재이다. 왜냐하면 하나님의 아들을 너희들을 위해 죽이기까지 사랑하여 보내셨다. 하나님이 너희들에게 그렇게 가치를 부여했기 때문에 너희들은 사탄의 협박이나 시련을 두려워하지 말라. 어려움과

고통에도 불구하고 예수님을 의지하는 사람은 영원한 가치를 얻게 되고 하늘로 부터 큰 상급을 받으리라.

그리고 예수님은 5가지를 강력히 지적하신다.

1) 하나님은 지구상에서 일어나는 모든 사건을 알고 관심을 갖고 감찰하신다. 심지어 평범하고 흔한 조그만 참새에 관해서도 다 알고 있다.

2) 하나님은 가장 세밀한 부분까지도 알고 계시며 전지전능하시다.

3) 하나님의 권능은 모든 박해와 믿는 자에게 일어나는 사건이 아무리 작은 것이라도 믿는 자들이 두려워하지 않도록 최선을 다하신다.

4) 하나님의 사랑과 관심은 너무나 크다. 하나님은 박해로 말미암아 고통받는 성도를 돌보신다. 믿는 자는 두려워할 것이 아니라 하나님의 권능을 믿어야 한다.

5) 하나님은 인간의 죄와 수치로 받는 고통과 상처를 치료하신다.

그러므로 믿는 자는 참새보다 더 가치가 있고 인간은 하나님의 양자된 아들이다. 하나님이 참새에게도 시선을 돌린 것처럼 하물며 그의 사랑하는 아들에게 얼마나 관심있는 시선을 가지고 눈여겨 보시겠는가!

**32-33절 : 누구든지 사람 앞에서 나를 시인하면 나도 하늘에 계신 내 아버지 앞에서 그를 시인할 것이요 누구든지 사람 앞에서 나를 부인하면 나도 하늘에 계신 내 아버지 앞에서 그를 부인하리라**

하나님은 가장 어려운 순간에 예수님께 고백할 것을 권면한다. 우리는 때때로 비난하고 조소하고 저주하고 헐뜯고 조롱하는 사람들에 의해서 예수님은 거짓 선지라라고 시인하도록 강요받는다. 예수님의 증인이 되었기 때문에 고백을 강요받는다(막 8:38; 롬 10:9).

그리고 우리는 이중적 고백이 있다.

1) 사람 앞에서 예수님에 대한 우리의 고백과 하나님 아버지 앞에서 우리의 고백 두 가지가 있다.

2) 두 가지 영광의 날: 사람들 앞에서 우리가 고백하는 것을 들을 때의 주님

의 영광의 날과 우리가 하나님 아버지 앞에서 우리의 죄를 고백하는 것을 들을 때의 영광의 날 두 가지가 있다.

3) 두 가지 특권: 사람들 앞에서 주님께 고백하는 우리의 특권, 하나님 아버지 앞에서 고백할 때 주님으로부터 받는 우리의 특권 두 가지가 있다.

**개념 1.** 예수 그리스도는 세 가지 방법으로 부인될 수 있다.

1) 우리는 하나님을 말로 부인한다. 우리는 말로써 하나님을 시인하거나 부인한다. 우리의 일상적인 대화는 하나님과 의를 위한 증인이거나 악과 불의에 의한 것이다. 우리는 말로써 그리스도가 우리의 주시라는 것을 부인하거나 시인한다.

2) 우리는 행동으로 그리스도를 부인한다. 우리는 새로운 피조물이 되었다는 것을 행동으로 보여 주지 못한다.

3) 우리는 침묵으로 예수그리스도를 부인할 수 있다. 침묵은 아마도 믿는 자들이 저지르는 가장 크게 예수를 부인하는 것이다. 예수를 부인하는 것은 우리가 하는 가장 큰 위험이다. 왜 그런가?

　⑴ 우리가 하나님 앞에서 예수가 우리를 시인할 때가 오기 때문이다.

　⑵ 우리가 그를 부인하면 그도 우리를 부인할 것이라고 예언했기 때문이다.

**┃ 34절 : 내가 세상에 화평을 주러 온 줄로 생각하지 말라 화평이 아니요 검을 주러 왔노라**

유대인들은 메시아가 오면 평화의 시기가 올 것이라고 믿었다. 피상적인 화목을 위하여 깊은 갈등을 봉합하는 평화를 주러 온 것이 아니다. 갈등과 불화는 예수를 따르는 사람과 따르지 않는 사람 사이에 일어난다. 우리는 모든 갈등이 해결되는 날을 기대할 수 있는데, 바로 예수님이 오시는 것이다. 예수님은 peace-maker로 오신 것이며 trouble-maker로 온 것이 아니다.

1) 예수님은 이 세상이 썩고 부패한 것을 묵인하기 위해 오신 것이 아니다. 예수님은 썩어 가는 이 세상에 하나님의 축복을 주기 위해 오시지 않고

부패하고 병들고 죽어 가는 세상에 대항하여 싸우러 오셨다.

2) 이 세상의 악과 죄를 인정하러 오신 것도 아니고, 하나님에 대한 저주와 반역으로 가득 찬 이 세상에 평화를 주기 위해 오신 것도 아니며, 이 세상에 검을 주러 왔다. 그 뜻은 사람의 내면 속에 있는 모든 죄악을 물리치기 위해 오셨다는 뜻이다. 예수가 이 세상에 나타난 것은 자연적으로 분열을 가져왔다. 이것은 믿는 자의 거룩하고 성결함이 타락한 아담의 죄성과 정반대되기 때문이다.

(1) 인간 내면에 옛날 아담의 타락한 죄성과 새롭게 중생한 새로운 피조물과의 다툼이 생겨났다.

(2) 세속적인 인간은 하나님과 예수님을 거부하고 어둠의 세력을 따르는 사람이 되며 어떤 사람은 예수를 받아들이고 어떤 사람은 받아들이지 않는다. 가정 안에서도 서로 분열이 일어나고 있다. 구원받은 사람은 새로운 의를 가진 하나님으로부터 태어난 새로운 피조물이 된다.

**개념 1.** 예수님은 이 세상에 하나님 말씀의 검을 주러 왔다. 하나님의 검은 양날의 검이며 사람의 정신과 영혼을 쪼개어 그의 마음속을 감찰하시고 그의 의를 덧입혀 하나님을 따르는 자로 입증한다(요 16:33) 이 세상은 평화가 아니라 아픔과 고통과 갈등으로 가득 차 있다. 예수님이 이 세상의 죄악을 극복했기 때문에 우리는 즐거워해야 할 것이다.

**35-37절 : 내가 온 것은 사람이 그 아버지와, 딸이 어머니와, 며느리가 시어머니와 불화하게 하려 함이니 사람의 원수가 자기 집안 식구리라 아버지나 어머니를 나보다 더 사랑하는 자는 내게 합당하지 아니하고 아들이나 딸을 나보다 더 사랑하는 자도 내게 합당하지 아니하며**

크리스천이 되는 것은 사랑하는 사람과 친구를 헤어지게 할 수 있다. 예수님은 부모에게 불복종하고 가정에 갈등을 불러일으키는 것이 아니라 오히려 그가 나타남은 단합이 필요하다는 것을 보여 주고 있다. 갈등은 필연적으로 일어나며 가족 중에 어떤 사람은 예수를 따르고 어떤 사람은 따르지 않기 때문이다.

우리가 자기를 부인하고 십자가를 지고 예수님을 따를 때 우리의 가치관이 다른 사람들의 가치관과 충돌한다. 예수님은 너희 가족을 소홀히 여기지 말라고 하신다. 그러나 하나님을 믿는 것이 더 중요하다는 것을 명심하라. 하나님에게 무엇보다 우선권이 더 주어져야 한다.

그리고 믿는 사람은 세 가지를 명심하리.

1) 예수님은 죄악의 세상을 벗어날 수 있도록 세상 밖으로 불러 부패된 세상으로부터 믿는 자를 분리시킨다. 가속 중에 계속 죄인으로 살고 지옥 무덤으로 향하여 걸어가고 있다면 두 가지가 일어날 것이다.

 (1) 믿는 자는 아무리 반대가 일어나도 사랑하는 사람을 구원하기 위해 온갖 노력을 다 할 것이다.

 (2) 가족 중에는 의를 부정하고 믿는 자의 노력에 계속해서 반기를 들 것이다(눅 12:51-52).

**개념 1.** 믿는 자는 죄와 악의 세력에 대항해 싸울 것이고 의의 삶을 요구받는다. 가족 중에 죄와 악의 편에 서 있다면 믿는 자와 가족 사이에 자연적 갈등이 일어날 것이다. 가족 중에 아직도 세상의 쾌락과 많은 소유를 추구하고 있기 때문이다. 그들은 이 세상의 욕망을 채우기 위해 살고 있기 때문이다. 믿는 자는 땅 위에 있지만 그러나 하늘로부터 태어났다. 그는 육체적, 정신적인 존재이지만 그는 하나님의 의와 하나님을 위해 살고 있으며 하나님의 영광스러운 복음을 가지고 살아야 한다. 하나님을 위한 삶과 세상을 위한 삶은 정반대된다. 세상을 위해 사는 사람은 먼저 세상에 관심을 가지고 있으며 하나님 나라를 위해 사는 사람은 첫째 관심이 하나님께 있다. 그래서 정반대의 갈등과 투쟁이 생긴다. 영의 사람은 하나님 말씀을 자기 삶의 목표로 삼는다.

**개념 2.** 가정 내에서 분열이 일어난다 할지라도 하나님의 목표를 성취하는 것이 하나님이 원하시는 구원의 사명이다. 구원받고 의에 우뚝 서는 사람은 가족의 단결이 희생되더라도 하나님에 의해 구원받는다.

**개념 3.** 하나님의 메신저에 대한 가장 나쁜 경험은 그의 적들이 가족 안에 있다는 것이다. 가족이 박해자가 되고 자기 가족이 반대하는 것만큼 쓰라린 경험은 없다.

예수님은 최고의 사랑을 요구하시는데, 믿는 사람은 가족을 사랑해야 한다. 그러나 하나님을 더 사랑해야 한다. 하나님이 없으면 가정도 존재할 수 없기 때문이다. 왜냐하면 하나님이 인간을 창조하셨기 때문에 하나님이 없으면 가정은 영적 성장이 결핍될 것이며 영생의 희망과 삶의 의미가 없을 것이다. 그리고 하늘나라의 소망에 대한 확신감을 잃게 될 것이다. 그리고 가정 안에 하나님의 의가 없으면 하나님의 보살핌이 없어지고 가정은 황폐해질 것이고 모두가 물질의 욕심에 빠져 하나님은 옆으로 밀려날 것이다. 그래서 일생 동안 가정이 직면하게 되는 위기와 시련을 극복하는 영적 능력이 없어 항상 문제가 일어날 것이다. 결론으로, 우리는 하나님을 우선 가정의 주인으로 모시고 우리의 가족보다 먼저 순위에 놓아야 될 것이다. 우리가 그렇게 할 때 하나님의 돌보심을 받고 만사가 형통해질 것이다(마 6:33). 어떤 희생이 따르더라도 예수님을 따르는 결정이 가장 현명한 결정일 것이다(롬 12:1; 마 22:37-38).

**개념 4.** 가끔 사람들은 가족을 너무 사랑하여 예수님을 멀리하고 예수님보다 가정을 중요시 한다. 이런 결정은 두 가지 중에 한 가지 이유 때문이다.

1) 예수를 반대하는 것이 너무 강하기 때문이며 가정 내에서 분열도 강하기 때문이다.

2) 희생이 너무 크다. 하나님은 그의 사역에 교회 봉사로 부르고 있으며 가정에 재정적, 시간적 희생을 너무 가져와서 가정에 너무 많은 부담을 요구할지도 모른다. 우리가 우리의 가정을 우선 제일로 놓을 때 우리는 우리의 가정이 우상이 되게 한다. 예수님은 차든지 뜨겁든지 선택하라고 경고하신다.

   (1) 예수님을 최우선으로 사랑하는 사람은 큰 보상을 받게 될 것이다. 우리가 그를 우리의 첫사랑으로 여기면 그도 우리를 가장 가치 있게 여길 것이다. 우리는 반드시 하나님으로부터 큰 구원의 영광을 받을 것이다.

   (2) 하나님을 우선적으로 사랑하지 않기 때문에 큰 손실이 있다. 우리가 그리스도보다 우리의 가족을 더 사랑하면 그는 우리를 가치 없는 사람으로 간주하며 하나님 안에서 큰 구원을 얻지 못할 것이다 (마 6:32-33; 막 8:38; 딤후 2:12).

**개념 5.** 가정은 인간 존재에 있어서 가장 강하고 가장 가치 있는 관계로 형성되어 있다. 사람은 가정을 지구상 어떤 것보다 사랑해야 한다. 그러나 그 가족의 한계를 뛰어넘는 관계가 있는데, 바로 하나님과의 관계이다.

그리고 왜 예수가 더 가치가 있는가? 그 세 가지 이유는,

1) 예수는 우주의 초월적 존재이다. 그는 창조주이며 우리의 이 땅의 삶을 통하여 삶을 유지시키는 존재이다. 우리 가족은 아주 짧은 기간 동안만 우리를 보호하고 사랑한다. 하나님은 이 세상과 저 세상에서도 돌보시고 사랑하신다. 우리의 시간과 보살핌은 그의 손에 달려있다. 가족은 우리의 인생을 컨트롤할 수 없지만 하나님은 우리의 인생을 컨트롤할 수 있다.

2) 예수 그리스도는 구원자이시다. 그는 우리에게 영생을 주시는 분이며 우리에게 생명을 주신 분이다. 우리의 가족은 행복과 즐거움을 우리의 삶에 가져온다. 가족은 어느 정도 우리를 보호한다. 그러나 궁극적이고 영원하지 않다. 사고와 질병은 가족이 통제할 수 없지만 하나님은 질병과 사망을 다스리신다. 하나님은 주권자이시고 구원자이기 때문에 그만이 우리의 찬양의 대상이다.

## 38절 : 또 자기 십자가를 지고 나를 따르지 않는 자도 내게 합당하지 아니하니라

나를 부인하고 십자가를 지고 예수를 따르라는 것은 어떤 빈대와 고통이 따르더라노 기꺼이 예수님의 고통과 같은 고통을 감내하라는 뜻이다. 이것은 예수님의 가장 강력한 요구이다. 모든 사람은 각자가 자기의 십자가가 있다. 십자가는 죽음과 고통의 상징이다. 모든 사람은 날마다 자기를 죽여야 된다(눅 14:26, 33). 우리는 우리 자신을 죽이지 않으면 예수님의 십자가의 죽음이 헛될 것이다.

**개념 1.** 사람은 자기 자신을 죽여야 하고 자기 의지를 희생해야 하며 야망과 욕망을 희생해야 한다. 부와 명예, 권력, 가정은 모두가 예수 그리스도 뒤에 놓여져야 한다.

## 39절 : 자기 목숨을 얻는 자는 잃을 것이요 나를 위하여 자기 목숨을 잃는 자는 얻으리라

이 구절은 똑같은 사실에 대하여 긍정적인 면과 부정적인 면을 가지고 있다. 이 세상 삶에 얽매이는 것은 이 세상과 다음 세상에서 예수님으로부터 가장 좋은 것을 빼앗길 것이다. 이 세상의 보상 즉 권력, 명성, 인기, 부를 더 사랑하면 우리는 그것들이 생의 마지막에 얼마나 허무한지를 발견하게 될 것이다. 우리의 삶을 가장 즐기는 방법은 우리가 예수를 따르는데 자유로울 수 있도록 이 땅의 것을 욕심스럽게 놓지 않으려고 하지 말고 이 세상 것을 느슨하게 하라. 그렇게 함으로써 우리는 영생을 유산으로 받을 것이다. "누구든지 자기 목숨을 얻는 자는 잃을 것이요" 이 구절 "find his life"의 뜻은 사람이 인생에서 자기 자신의 열정과 즐거움을 추구한다는 뜻이다. 그것은 이기적이 삶이며, 자기 의지대로 행동하고 재산을 축적한다는 뜻이다.

그러나 여기에 잘못된 것이 있다. 그것은 이기주의이다. 우리는 죄악으로 가득찬 세상에 살고 있다. 즉 굶주림, 질병, 상처, 죄악, 고통으로 가득찬 세상을 말한다. 우리 모두가 필요한 것은 자기 자신을 부인하는 것이며 우리의 삶을 예수 안에서 사는 것이며 즉 악과 싸우며 썩어 가는 이 세상을 영생으로 옮겨 가는 것이다. 즉 누구나 생명을 잃으면 생명을 얻는다는 뜻은 하나님 나라를 위해 절제하고 욕심을 버리면 하나님 나라를 얻는다는 것이다. 결과는 생명을 잃느냐 얻느냐이다. 사람이 구하는 생명은 오직 예수 안에만 있다. 사람이 예수를 찾지 않거나 발견하지 못하면 그는 죽은 생명이며 예수를 발견하면 그는 생명을 얻게 되는 것이다.

**개념 1.** 사람은 이 세상에서 자기 생명을 찾지 말아야 하며 이 세상에서 생명을 찾으면 그는 생명을 잃게 될 것이다. 자기 자신을 부인하고 예수를 따르면 그는 생명을 얻게 된다. 왜냐하면 이 세상에 있는 모든 것은 부패하고 낡아 빠지고 점점 나빠지고 죽어 가는 것들이기 때문이다. 이 세상에는 어떤 것도 영구적인 것은 없다. 이 세상에서는 생명을 얻을 수 없고 단지 죽음만 발견될 뿐이다.

◎ **사람이 생명이라고 부르는 것은 진실된 생명이 아니다.**
  1) 육체는 숨을 쉬지만 진정한 생명이 아니다.

2) 부는 모든 것을 살 수 있지만 생명은 살 수 없다.

3) 명성과 존경은 이기심을 가지고 얻을 수 있지만 진정한 생명은 아니다.

4) 자만심은 자신의 이미지를 높여주는 것 같지만 진정한 생명은 아니다.

이 세상 모든 것은 사라지고 다 지나가 버린다. 오래가지 못한다면 어떻게 진정한 생명이라고 말할 수 있겠는가? 결론은 자기 자신의 즐거움과 욕망을 추구하면 진정한 삶이 아니며 자기 자신의 생명과 가족의 생명만을 구하려고 하면 자기 생명을 잃어버릴 것이다.

> **40-42절 : 너희를 영접하는 자는 나를 영접하는 것이요 나를 영접하는 자는 나를 보내신 이를 영접하는 것이니라 선지자의 이름으로 선지자를 영접하는 자는 선지자의 상을 받을 것이요 의인의 이름으로 의인을 영접하는 자는 의인의 상을 받을 것이요 또 누구든지 제자의 이름으로 이 작은 자 중 하나에게 냉수 한 그릇이라도 주는 자는 내가 진실로 너희에게 이르노니 그 사람이 결단코 상을 잃지 아니하리라 하시니라**

우리가 하나님을 얼마나 사랑하느냐의 척도는 우리가 남을 얼마나 사랑하느냐의 척도이다. 목마른 아이에게 찬물 한 잔을 주는 것은 예수님의 좋은 본보기이다. 오늘날 당신이 남을 위하는 비이기적인 봉사는 어떤 것이 있는가? 하나님의 일을 하는 것은 아무도 보는 사람이 없지만 하나님은 감찰하시며 하나님은 볼 것이다(마 25:40; 눅 10:16).

1) 하나님의 종을 환영하며 대접하는 자는 하나님으로부터 똑같은 보상을 받으리라.

2) 하나님의 사역을 하고 하나님을 환영하는 사람은 하나님의 임재를 받을 것이다.

3) 어떤 사람이 아마도 예언자나 훌륭한 의로운 사람이 될 수 없지만 그는 두 가지 보상을 받을 것이다. 어떻게? 하나님의 종을 후원하고 돌봐줌으로써 보상을 받는 것은 놀라운 사실이다. 그 사람은 하나님의 일에 동참했기 때문에 하나님은 엄청난 가치를 그 사람에게 덧입힌다. 하나님 말씀 선포자가 환영받고 도움 받을 때 예수님은 그 메신저에게 베푼 것과 똑같이 그에게 친절과 보상을 베푼다.

3) 예수님은 가장 작은 베풂도 그 보답이 클 것이라고 말씀하신다. 하나님 말씀 증거자에게 찬물 한 잔 주는 것도 하나님에게는 그 의미가 아주 클 것이라고 말씀하신다. 예수님은 그의 메신저들을 "little one(작은자)"이라고 하는데 그 말씀은 사랑스럽다는 뜻이 들어있다(요 12:26; 롬 2:10; 엡 6:8; 골 3:24).

**개념 1.** 하나님 일꾼을 위한 도움과 보살핌이 필요하다. 작은 자(little one)이기 때문이다. 이 작은 자에게 사랑의 문을 활짝 여는 가정이 하나님의 메시지를 받아들이는 가정이다.

# 마태복음 11장

**1절 : 예수께서 열두 제자에게 명하기를 마치시고 이에 그들의 여러 동네에서 가르치시며 전도하시려고 거기를 떠나 가시니라**

예수님은 제자들에게 모든 것을 위임하시고 그곳을 떠나셨다. 제자들은 어떻게 사역하는지 방법을 듣고 실질적 경험을 하고 떠나게 된다. 그 다음은 예수님 혼자 전도하기 시작했다.

**2-3절 : 요한이 옥에서 그리스도께서 하신 일을 듣고 제자들을 보내어 예수께 여짜오되 오실 그이가 당신이오니이까 우리가 다른 이를 기다리오리이까**

요한은 헤롯왕에 의해 감옥에 갇혀 있었다. 왜냐하면 동생의 부인과 결혼한 사실에 대해 요한이 비난했기 때문이다. 요한은 사람들이 보는 데서 헤로디아의 악명 높은 죄를 신랄하게 비난했기 때문이다.

요한이 혼란을 일으킨 것은 옥중에서 거룩한 메시아에 대한 상상을 함으로써 일어났다. 요한은 감옥에 갇혀 있었고 그는 예수님 사역에 대해서 듣기만 하였다. 그는 메시아는 성령과 불로 세례를 준다고 알고 있었다. 예수님은 성령의 역사를 행하시는 분이고 무리들이 수없이 모여든다는 것을 들었다. 그러나 그는 메시아의 심판의 불에 대해서는 듣지 못했다. 이것이 예수가 메시아인지 요한이 의심하게 된 것이다. 그는 당황하고 의문점이 생겨 그 해답을 위해 예수님께 그 사람의 사자(특사)를 보냈다.

그리고 요한은 당황스럽고 의문점이 있었지만 그는 여전히 진실을 믿었다.

1) 그는 메시아에 관한 성경의 약속(Are you the one?)을 믿었다.

2) 그는 하나님, 메시아가 누군지 계속 찾아보도록 위임을 받았다.

3) 그는 진정한 메시아로서 예수님이라는 것을 기꺼이 믿고 있었다.

요한은 예수가 진정한 메시아인가를 물어보기 위해 두 사람을 보냈는데 예수가 메시아라는 사실이 요한에게 전달되었다. 그가 예수를 의심하게 하는 몇 가지 이유가 있다.

1) 그가 메시아라고 생각하고 있는 것과 예수님이 하시는 일이 일치하지 않았기 때문이다. 예수님이 로마로부터 이스라엘 민족을 해방시키기 위해 사람들을 큰 군대 집단을 만드는 데 동원하지 않았기 때문이다.

2) 요한이 감옥에 있을 때 그는 로마 정복자들을 쳐부수고 이스라엘을 자유로운 국가로 세우기를 기대하고 있었기 때문이다.

3) 요한은 의심이 아니라 확신이 필요했다.

믿는 성도들은 우리가 경험하는 것처럼 열정에 가득 찬 사람들이다. 그들은 주님을 보고 그들의 믿음을 굳건히 하고 싶었다. 아무리 강한 자라도 특별한 방법으로 주님의 임재와 하나님 말씀이 필요하다. 메시아에 대한 요한의 몸과 마음이 감옥에서 쇠약해져서 마음의 혼란이 생겨 메시아가 누군지 분명히 이해할 필요가 있었다(고전 10:13; 히 4:15-16; 약 1:5). 그리고 그의 의심은 예수님이 눈먼 자, 절름발이, 귀머거리를 고치시며 죽은 자를 살리시고 병자를 고치시는 것을 듣고 의문이 풀리게 된 것이다.

**개념 1.** 요한은 예수님을 완전히 이해하지는 못했다. 우리도 완전히 이해하지 못한다. 우리도 요한이 한 행동을 똑같이 하고 있다.

1) 그는 어떻든 간에 예수님을 믿었다.

2) 그는 예수님이 메시아라는 것을 선포하는 데 자기의 삶을 헌신했고 완전히는 이해하지 못했지만 메시지를 계속 선포했다.

3) 그가 예수를 완전히는 이해하지 못하고 의문점이 있었지만 두려워하거

나 창피하게 느끼지 않았다. 우리도 우리의 구원에 대해서 확신을 갖는 것이 필요하다.

4) 요한은 메시아를 찾는 데 지치거나 싫증 내지 않았다. 그는 예수가 메시아가 아닌지 맞는지 계속 추구해 볼 것이라고 했다. 우리는 예수님이 이 땅에 다시 돌아오지 않는다고 해서 의심하거나 지쳐서도 안 된다.

5) 요한의 의심은 감옥에서 큰 시련과 고통을 받을 때 시작되었다. 우리도 가끔 시련을 겪을 때 예수를 의심할 때가 있다.

6) 심각한 고통과 시련이 우리의 믿음에 큰 의심을 생기게 할 때가 있다. 이럴 때 우리는 하나님의 특별한 임재를 필요로 하며 하나님의 주권과 권세를 필요로 한다(벧전 4:12-13; 5:7, 10; 고후 1:3-4; 딤후 1:7)

**4-6절 : 예수께서 대답하여 이르시되 너희가 가서 듣고 보는 것을 요한에게 알리되 맹인이 보며 못 걷는 사람이 걸으며 나병환자가 깨끗함을 받으며 못 듣는 자가 들으며 죽은 자가 살아나며 가난한 자에게 복음이 전파된다 하라 누구든지 나로 말미암아 실족하지 아니하는 자는 복이 있도다 하시니라**

요한이 감옥에 앉아 있을 때 예수님이 진짜 메시아인지 의심이 자꾸 들었다. 요한의 목적은 오는 메시아를 사람들에게 준비시키는 것이었으며 예수가 진짜 메시아라면 무리들에게 메시아가 온다고 마음속에 준비하고 있으라고 선포하고 다닐 텐데 왜 감옥에 갇혀 있어야 하는가?

예수님은 장님을 눈 뜨게 하고 절름발이와 귀머거리를 고치고 죽은 자를 살리고 문둥병자를 고치는 것을 보여 줌으로써 요한의 의심에 답을 했다. 그리고 가난한 자에게 복음을 전파함으로써 메시아의 권능을 보여 주었다. 너무나 많은 증거를 보임으로써 예수님의 정체성이 분명해졌다. 당신도 당신의 구원이 의심스럽다면 당신의 죄 용서와 당신의 삶에 하나님이 하신일이 분명 증거가 되며 당신의 삶의 변화가 바로 그 증거가 된다.

1. 예수님은 요한에게 다섯 가지를 확신시켜 주었다.

예수님의 말씀과 그의 권능이 그가 메시아라는 확실한 증거가 되었다. 예수님이 가르친 교훈과 말씀보다 더 큰 교훈은 이 세상에는 없다. 그는 지금도 가장 위대한 사람으로 인정되며 시대의 스승이다. 이것이 우리가 의심할 수 없는 증거이다(요 3:34; 12:48). 성경은 이 세상에서 가장 많이 팔리는 베스트셀러이며 세계 각국의 호텔마다 비치되어 있다.

2. 예수님은 메시아의 권능과 모든 것을 역사하심을 보여 주었다.

　　1) 그는 눈 먼 자를 영적, 육체적으로 보게 했다. 눈 먼 자들은 이 세상의 진실과 하나님의 진실을 알게 되었다.

　　2) 그는 절름발이를 걷게 했다. 그는 육체적, 영적으로 그를 걷게 했다. 그들은 하나님과 사람에게 봉사하면서 여러 곳을 다닐 수 있었다.

　　3) 그는 문둥병자를 깨끗하게 했다. 그는 그들의 몸과 마음을 깨끗하게 했고 영적으로 깨끗함을 받았다. 그들은 문둥병자라고 피하던 사람들과 하나님으로부터 받아들여져 인정받게 되었다.

　　4) 그는 귀머거리의 귀를 열어 주어 그들은 하나님과 사람의 소리를 들을 수 있었다.

　　5) 그는 죽은 자를 살리셨다. 그들은 육체적, 영적 생명을 얻었다. 그는 사람과 하나님 앞에서 새로운 피조물이 되었다(요 9:4; 10:38; 14:11; 행 2:22).

**개념 1.** 예수님은 메시아라고 스스로 말씀하지 않고 몸소 그것을 증명시켰다. 하나님의 권능으로 사람들에게 가르치고 병 고치고 말씀을 선포함으로써 그는 메시아라는 것이 증명되었다.

　　1) 그는 모든 만물 위에 있는 자이며 그는 자연의 법칙을 능가하는 권능을 갖고 있다.

　　2) 하나님은 인간을 사랑하고 구원과 영생을 주는 권능을 가지셨다.

**개념 2.** 예수 그리스도의 기적은 하나님의 표상이며 하나님의 아들이고 메시아이다. 예수 그리스도의 사역이 바로 하나님의 사역이라는 것은 의심할 여지가 없다. 예수님은 메시아의 예언을 다 이루셨다. 예수님의 사역은 메시아에 대한 예언된 사역과 일치한다.

**개념 3.** 예수님은 메시아의 복음을 전파하셨다. 예수님은 가난한 자에게 먼저 찾아가셨고 신분에 관계없이 사랑하셨다. 이것은 하나님의 긍휼과 자비의 표시이다. 필요(부족함)를 느끼는 사람은 느끼지 못하는 사람보다 훨씬 빨리 예수님을 의지한다. 자급자족하며 풍부하고 독립적으로 일어설 수 있다고 자만하는 자는 목표를 성취하는 데 좋을 수도 있지만 하나님과 대면할 때면 그들은 하나님의 환영을 받지 못하고 어둠의 세계로 빠진다. 하나님의 보살핌이 필요하다고 느낀다고 고백하는 사람만이 하나님의 보살핌과 구원을 기대할 수 있다. 이것은 예언의 완성이며 메시아는 특히 가난한 사람(물질적, 영적)에게 가깝게 다가가신다(마 4:23).

**개념 4.** 예수님은 메시아의 축복과 심판 두 가지를 약속하셨다.

1) 사람에 내한 축복과 영석 삶의 구원 영역: 구원의 영역, 사랑과 보살핌에 대한 엉역이며 오늘날이 구원과 축복의 날이다(마 11:4-5).

2) 불의 심판과 분노의 영역: 메시아는 다시 돌아오는 날에 불의 심판을 내릴 것이다(롬 9:31-32; 벧전 2:8; 벧후 3:7).

그리고 예수님은 요한에게

1) 자기 때문에 괴로워하지 말라고 하시고 그를 격려하셨다. 예수님은 우리 모두에게 자기 때문에 괴로워하지 말라고 격려해 주신다.

2) 많은 사람들은 예수님 때문에 화를 당한다.

⑴ 기적을 믿고 기적에 대한 환상을 갖고 있기 때문이다(기적이 안 일어날 경우).

⑵ 그의 성육신과 동정녀 탄생 때문에

⑶ 그가 자기 부인과 십자가를 주장하기 때문에 화를 당한다. 많은 사람들은 예수님의 요구를 이해할 수 없고 그들도 요한처럼 의심을 가지고 있다.

⑷ 예수님은 2가지 심판 중 1가지가 우리를 기다리고 있다고 말씀하신다. 축복의 심판이냐 아니면 저주의 심판이냐이다. 예수님은 두 가지를 수행하는 진정한 메시아이다. 지금 우리는 이 세상에서 심판과 축복의 날에 서 있다. 그러나 그가 이 세상에 다시 돌아올 때 우리는 두 가지 중 한 가지의 심판에 직면할 것이다.

**7절 : 그들이 떠나매 예수께서 무리에게 요한에 대하여 말씀하시되 너희가 무엇을 보려고 광야에 나갔더냐 바람에 흔들리는 갈대냐**

사람들은 변하기 쉽고 사람의 장점과 행위도 쉽게 잊어버리게 되며 요한의 경험이 사람의 변덕스러움을 말해 준다(요 5:35). 요한은 흔들리는 갈대가 아니라 신념이 확고한 사람이다. 바람에 흔들리는 갈대 같은 사람이 아니다. 그는 헤롯에 대한 두려움 때문에 흔들리거나 마음이 약한 사람이 아니다. 사람의 박수갈채를 받을 때 기분에 들뜨는 사람도 아니고 사람들이 무슨 말을 해도 약해지는 사람이 아니다. 그는 하나님의 종이며 예수가 메시아라는 의문을 갖고 있음에도 불구하고 하나님 소명에 충실한 사람이다. 의심이 있지만 요한은 여전히 메사아를 믿고 있으며 의지가 강하며 행동이 일관성이 있는 사람이다. 요한은 자기 삶에서 일어나는 문제들과 유혹에 흔들림이 없는 사람이다. 그는 두가지 일에 확고하다. 첫째, 그는 하나님을 확실히 믿고 예수님이 메시아라는 확신을 갖고 있다. 둘째, 그는 확고한 소명 의식을 갖고 있다(요 1:20; 3:28).

**개념 1.** 요한은 어떤 시련이나 반대나 군중의 흔들림에도 그는 흔들리지 않았다. 칭찬, 비난, 감사, 남을 인정하고 무시하는 행동들은 우리 삶에 많은 영향을 끼친다. 우리는 어떤 일이 있더라도 진리를 배워야 되고 그리스도를 계속 의지해야 한다(엡 4:14; 히 13:9; 약 1:6).

## 8절 : 그러면 너희가 무엇을 보려고 나갔더냐 부드러운 옷 입은 사람이냐 부드러운 옷을 입은 사람들은 왕궁에 있느니라

요한은 좋은 옷을 입는 사람이 아니라 잘 훈련된 사람이며 자기를 부인하는 사람이다. 그는 세상적인 사람도 아니고 성격이 부드러운 사람도 아니다. 그는 재산을 가지려거나 자기 자신을 위한 이기심을 가진 사람도 아니다. 그는 타협을 잘하는 사람이 아니며 요한은 진리를 선포하도록 하나님께 부름받은 사람이다. 예수님 말씀에 너희들이 요한을 볼 때 세상 사람들이 입는 좋은 옷을 입는 세상적인 사람이 아니라 하나님의 특사(사자)라는 것을 알아야 한다.

**개념 1.** 반대와 핍박에 직면해서 자기 부인과 확고한 믿음은 어떤 교훈을 주는가? 훈련과 자기 부인의 생활은 모든 시련을 이겨 나갈 수 있도록 우리를 준비시켜 준다. 우리가 하나님을 위한 삶을 살기 위하여 자기 자신을 부인하면 환난은 인내를 인내는 연단을 연단은 소망을 소망은 우리를 부끄럽게 하지 않을 것이다(롬 5:3-5; 눅 9:23; 롬 8:13; 갈 5:24).

**9절 : 그러면 너희가 어찌하여 나갔더냐 선지자를 보기 위함이었더냐 옳다 내가 너희에게 이르노니 선지자보다 더 나은 자니라**

요한은 예언자 그 이상이며 하나님 메시지 선포자이다. 예언자는 현재, 과거, 미래를 대변하는 사람이다.

예언자는 어떤 사람인가?

　1) 하나님에 의해 선택된 자

　2) 하나님 메시지를 선포하도록 선택된 자

　3) 믿을 만한 가치있는 사람, 즉 용기와 그가 맡은 임무에 충실한 사람

　4) 사람의 말이 아니라 하나님 말씀만 선포하는 하나님의 대변자

예수님은 요한을 예언자 이상인 사람이라고 하셨다. 이것은 무슨 뜻인가? 그의 메시지는 다른 예언자 그 이상의 메시지를 선한다. 그의 메시지는 메시아가 왔다고 선포하고 있다. 이점에서 다른 예언자보다 뛰어났다. 다른 예언자는 메시아가 올 것이라고 예언했지만 그는 실제로 왔다고 예언했다. 메시아를 선포하는 것은 그의 의무이며 책임이다(사 40:3; 마 3:1-3).

**10절 : 기록된 바 보라 내가 내 사자를 네 앞에 보내노니 그가 네 길을 네 앞에 준비하리라 하신 것이 이 사람에 대한 말씀이니라**

요한은 메시아의 선구자적 선포자이며 왕 중의 왕이 왔다고 전한다(말 3:1; 마 3:1-3). 하나님이 메시아가 온다고 전하는 사람을 선택할 때 하나님은 왕이나 어떤 다른 권세나 명망 있는 사람을 뽑지 않았다. 그는 단순한 사람을 뽑았고 메시아가 온다고 전파하도록 그를 불렀다. 이것은 강력한 메시지인데 하나님 나라는 이 세상의 풍요로움이나 권세에 있는 것이 아니라 그것은 하나님의 영광과 하나님 권세에 대한 말씀의 선포이다.

하나님 나라는 영원한 나라이며 일시적인 나라가 아니다. 하나님 나라는 사람에 의해서 이루어지는 나라가 아니라 하나님 손에 의해서 이루어진다.

그리고 우리가 생각할 두가지 사실은,

　1) 예수님과 요한은 예언의 완성자이다. 예수님은 메시아이고 요한은 그가

온다는 것을 선포하여 길을 예비하는 선구자이다.

  2) 모든 성도, 설교자는 다같이 주님 오시는 날을 예비해야 한다. 그리고 이
     미 왔다 그리고 그는 다시 재림할 것이라는 것을 선포함으로써 우리의
     소망을 이루게 된다.

## 11절 : 내가 진실로 너희에게 말하노니 여자가 낳은 자 중에 세례 요한보다 큰 이가 일어남이 없도다 그러나 천국에서는 극히 작은 자라도 그보다 크니라

요한은 자연인 중에서 가장 큰 자이다. 그러나 천국에서는 가장 작은 자만큼도 되지 못한다. 어떤 사람도 요한보다 하나님 목적을 행한 자는 결코 없다. 그러나 하나님이 오시는 천국의 날에 모든 성도는 요한보다 더 큰 영적 유산을 받게 될 것이다. 왜냐하면 그들은 예수님을 볼 것이고 십자가의 마지막 이 땅의 완성을 보게 될 것이다. 즉 요한은 오늘날 성도들이 믿는 믿음을 가지지 못했다. 그는 하나님이 주 예수 그리스도 안에서 믿는 자에게 주신 구원의 완전한 계시를 갖지 못했다. 그는 신약의 성도들이 경험하는 성령의 임재를 체험하지 못했다.

1. 지금 믿는 자들은 요한이 가지고 있었던 지식보다 하나님에 대해서 더 많은 지식을 갖고 있다. 하나님이 이루어 가시는 천국에서는 예수 믿는 사람들이 하나님의 완전한 계시를 깨닫게 된다. 믿는 자는 완전한 구원을 알고 있으며 하나님의 위대한 상징인 십자가를 알고 있다. 지금 성도들은 요한과 요한 앞 사람들이 모르고 있었던 방법으로 하나님의 사랑을 알고 있다.

겸손한 성도는 구약의 가장 위대한 성도보다도 더 하나님에 관해서 알고 있다. 오늘날 믿는 성도는 아브라함, 모세, 엘리야, 이사야보다 더 많이 하나님에 대해서 알고 있다. 이것은 편견된 생각이 아니며 그래서 오늘날 예수를 믿는 사람들이 더 무거운 책임을 가져야 한다는 뜻이기도 하다.

2. 믿는 사람들은 요한보다 더 많은 하나님과 동행하는 삶을 가지고 있다. 예수 전에 믿었던 사람과 예수 후에 믿는 사람의 차이는 후에 믿는 사람이 하나님을 더 완전하게 경험하는 기회를 가지고 있다. 앞뒤 전후로 비추어 보아 구약과

신약을 통해서 믿는 자들은 모두 하나님 앞에 의로운 사람들이다.

예수 전 믿는 자, 아브라함은 하나님을 철저히 믿었으며 의로운 사람이라고 간주되었다. 예수님 후에 믿는 자, 즉 빌립보 감옥에 갇힌 자들도 하나님을 믿었고 구원받고 의로워졌다. 오늘날 믿는 성도가 예수님 태어나기 전에 믿었던 사람보다 더 의로운 것은 아니다. 구원의 완전한 계시를 알고 경험할 기회를 가졌기 때문에 오늘날 믿는 성도가 특권이 더 많다는 뜻이 아니고 예수님을 보고 알았기 때문에 모든 사역, 즉 전도, 훈련, 교육 등 책임이 더 많다(눅 7:28).

**개념 1.** 하나님이 평가할 때 요한은 여자 몸에서 태어난 자 중에 가장 큰 자라고 말씀하셨다. 요한은 왕자도 임금도 부자도 권력자도 아니다. 그는 단순히 메시아를 믿는 사람이었고 그는 전적으로 그의 삶을 메시아 믿음에 바쳤다. 하나님은 인간의 출생이나 신분에 의해서 가치를 두지 않고 메시아에 대한 헌신과 그의 계시에 대해 더 가치를 둔다.

3. 요한의 특출한 점은 두 가지 때문이다.

　1) 그의 하나님에 대한 헌신은 특별했다. 그는 메시아에 대한 헌신에 있어 완전히 자기를 부정하고 있으며 하나님을 섬기는 여러 훈련된 사람들이 있지만 요한의 마음은 어떤 다른 사람보다 진정한 자기 부인을 보여 주고 있다. 여하튼 예수님은 모든 사람보다 요한이 뛰어난 사람이라고 말씀하셨다.

　2) 그의 설교는 회개와 예수님이 오시는 것 두 가지였다. 많은 사람도 똑같은 메시지를 선포하지만 요한의 가슴은 더 강렬하고 하나님 임재가 가까워졌다고 선포하면서 하나님 소명에 강력한 헌신을 한 사람 중에 한 사람이다(눅 1:15; 마 5:19; 20:26; 23:11)

**개념 2.** 오늘날 설교자는 십자가와 부활을 선포하는 특권이 있다. 요한은 그러한 특권을 갖지 못했다. 그는 단지 메시아가 왔다는 것과 길을 예비하는 것에 치중했다. 그래서 우리는 요한보다 훨씬 책임이 클 수 있다(고전 1:30; 2:2, 9~10, 12).

❙ **12절 : 세례 요한의 때부터 지금까지 천국은 침노를 당하나니 침노하는 자는 빼앗느니라**

이 구절에는 세 가지 뜻이 있다.

1) 예수님은 하나님 아버지에 대해서 많은 언급을 하고 있는데, 이것은 요한의 설교가 시작할 때 궁극적인 계기가 되었다.

2) 그는 하나님 천국은 로마를 넘어뜨림으로써 천국을 기대할 수 있다는 유대인들의 기대를 반영하고 있을지도 모른다.

3) 혹은 그는 천국에 들어가는 것은 용기와 흔들림 없는 믿음, 결단이 필요하다고 의미하고 있을지도 모른다.

   (1) 요한은 사람들을 천국에 들어가도록 강하게 충동했으며 그것은 군대가 도시를 침략할 때 들어가는 것처럼 강하게 침투해야 한다(눅 16:16).

   (2) 사람은 천국에 들어가기 위해 천국을 침노해야 한다. 그것은 도시를 점령하는 군대 정신을 가져야 하며 우물쭈물 영적 에너지가 부족해서는 천국에 들어갈 수 없다. 천국에 들어가고자 하는 자는 자기만족, 태만, 편안한 마음으로는 들어갈 수 없다. 진정한 관심과 욕구와 끊임없는 투쟁과 부지런히 하늘나라를 들어가려고 애쓰는 사람만이 들어갈 수 있다(히 11:6; 딤후 2:3-4)

   (3) 진실로 하늘나라에 들어가고 하는 자는 침노해야 할 것이다. 그것은 많은 인내가 필요하다는 뜻이다. 자기 자신을 부인하고 행동이 변화되고 새로운 피조물이 되어야 하며, 죄로부터 돌아서서 하나님 나라로 향해야 할 것이다. 그는 자기의 욕망을 하나님 의지에 복종시켜야 하며 그의 마음과 정신을 바꾸어 나가야 할 것이다(눅 9:23; 롬 12:2; 엡 4:23).

## 13절 : 모든 선지자와 율법이 예언한 것은 요한까지니

요한은 메시아가 온다는 마지막 예언자이다. 요한은 구약 시대에 메시아에 대한 예언을 마무리하였다. 그는 메시아에 대한 예언으로부터 메시아가 오기까지 이어 주는 다리 역할을 했다. 구약과 신약의 다리 역할이었다. 그는 한 시대가 끝나고 새로운 시대가 시작하게 하는 하나님의 대변자이다. 메시아를 소개하는 예언자들의 마지막 예언자이다(히 9:15).

## 14절 : 만일 너희가 즐겨 받을진대 오리라 한 엘리야가 곧 이 사람이니라

요한은 부활한 엘리야가 아니다. 그러나 그는 엘리야적 예언의 역할을 했다. 까간히게 죄와 내석하고 사람을 하늘나라로 들어가도록 권면하는 사람이었다. 요한은 메시아보다 먼저 앞서 약속받은 예언자 엘리야와 같은 사람이있으며 선지자였나. 그는 구약의 엘리야 같은 사람으로 구약의 마지막 예언을 성취한 사람이다(말 3:1; 4:5). 요한은 진짜 엘리야는 아니다. 그러나 영적 권능에 있어 엘리야와 같았다. 어떤 사람은 다시 온다고 약속 받은 엘리야라고 하고 어떤 사람은 아니라고 하였다. 그것은 믿음의 문제인 것이다. 이것은 예수님이 밀씀한 것이다. 당신이 그것을 기꺼이 받아들이면 예수를 메시아로 영접하는 것이며 요한이 예언한 그 사람을 메시아로 인정하는 것이다.

## 15절 : 귀 있는 자는 들을지어다

사람은 듣기 위해 귀를 가지고 있다(잠 18:15).

**개념 1.** 하나님은 그의 메시지를 받아들이기 위해서는 우리의 재능을 사용하기를 권고하신다. 우리는 하나님의 역사하심을 보는 눈을 가지고 있고 그의 메시지를 듣는 귀를 갖고 있다. 진실을 추리하는 능력과 그가 원하는 곳을 가는 발을 갖고 있다. 우리는 요한처럼 메시아에게 헌신하는 존재가 되어야 한다. 눈을 가지고 있는 사람도 잘 보지 못하고 귀를 가지고 있어도 듣지 못한다고 경고의 말씀을 하신다. 결국 사람은 옳게 듣는 귀를 가져야 되고 옳게 보는 눈을 가져야 되며 세상적인 눈을 가지지 말고 영적 눈을 가지라는 뜻이다.

## 16절-19절 : 이 세대를 무엇으로 비유할까 비유하건대 아이들이 장터에 앉아 제 동무를 불러 이르되 우리가 너희를 향하여 피리를 불어도 너희가 춤추지 않고 우리가 슬피 울어도 너희가 가슴을 치지 아니하였다 함과 같도다 요한이 와서 먹지도 않고 마시지도 아니하매 그들이 말하기를 귀신이 들렸다 하더니 인자는 와서 먹고 마시매 말하기를 보라 먹기를 탐하고 포도주를 즐기는 사람이요 세리와 죄인의 친구로다 하니 지혜는 그 행한 일

## ▎ 로 인하여 옳다 함을 얻느니라

1. 이 세대는 아이들보다 못한 유치한 세대이다. 옛날 이스라엘 아이들은 시장터에서 주로 놀았다. 몇몇은 그들의 퉁소로 결혼 음악을 연주하기도 하고 다른 아이들에게 시끄럽게 고함도 쳤다. 어떤 아이들은 결혼식 놀이를 하자고 다른 아이들은 하지 말자고 시장터에서 시끄럽게 놀았다. 장례식 놀이를 하는 아이도 있고 반대하는 아이도 있으며 서로 싸우고 고함치는 아이도 있었다. 그들의 놀이에 제재를 가하면 반항하곤 했다. 그때 세대들도 복음에 대해 개인적인 접근에 트집을 잡고 또는 사회적인 접근에도 반대를 했다.

1) 그들은 요한을 분리주의자라고 비난했으며, 요한은 먹지도 않고 마시지도 않았다. 금식했다. – 금욕주의자이며 메뚜기와 석청을 먹었다. 그는 광야 출신이며 아주 금욕적인 생활을 했고 매우 훈련되어 있는 사람이었다. 그는 남과 어울리지 않았고 친구도 없었다. 그는 사회와 거의 단절하며 살았으며 그의 복음의 핵심은 회개와 세상과의 분리였다. 그러므로 사람들로부터 그는 악마라고 비난을 받았고 미쳤다고 놀림을 당하기도 했다.

2) 그들은 예수를 세속적이라고 비난했다. 예수는 요한과 정반대되는 삶을 살았다. 예수는 자유의 복음을 선포했다. 예수님은 먹고 다른 사람들과 교제를 가지며 그들의 사회생활에 적극 참여했다. 그는 모든 사람과 어울리며 그 사람들이 아무리 형편없는 사람이라도 친구가 되어 주었다. 예수님은 죄인이라고 비난받았다. 즉 대식가, 포도주를 잘 먹는 사람, 죄인 친구가 많다고 비난 받았다. 그가 사회속에서 어울리는 것은 그들에게 하나님을 전하기 위한 것이며 세상 교제를 위한 것이 아니었다.

2. 유치한 세대는 그 모순된 것을 정당화하려고 한다. 요한은 회개와 세상과 분리되라고 선포하고 진리의 복음을 선포했다. 그때 사람들은 아이들과 같이 유치했다. 그들은 복음을 헐뜯고 자기 자신들이 하고 싶은 일만 하기를 원했다. 유치한 그들의 행동은 그들의 모순을 정당화시키려고 했다(렘 4:22; 엡 4:14; 고전

3:1-2; 13:11; 히 5:12).

**개념 1.** 나는 긍정적인 사람인가? 부정적인 사람인가?

요한의 분리적 접근과는 달리 예수님의 사회적(어울림) 접근은 함께하는 접근법이다. 대부분 사람들은 두 가지 방법 모두 거절한다. 그들은 어린아이같이 유치하고 메시아가 온 것을 기뻐할 줄 모르고 비판만 하는 자들이다.

어떤 사람이 유치한 사람인가?

1) 어떤 사람은 놀기를 좋아하고 그들은 자기 시간을 즐기며 남에게 방해받는 것을 원하지 않는다. 그들은 자기 자신의 일만하는 사람이다.

2) 어떤 사람은 줏대가 없고 생각없는 사람이 있다. 그들은 메시아에 대한 하나님이 영광스러운 계획에 대해 논리석이고 이성적으로 생각하지 않는다. 그들은 진실의 현실을 직면하기를 거절한다. 즉 악행, 죄악, 세상에서의 일탈 행동을 하며 하나님의 존재를 거부한다.

3) 어떤 사람은 무엇이든지 항상 반대한다. 그들은 다른 사라의 견해를 들으려고 하지 않는다. 그들은 세상과 도덕에 대하여 자기 자신의 생각만 가지고 있다. 그들은 자기가 원하는대로 안락한 삶을 추구한다. 그러므로 그들은 어떤 합리적인 문제라도 다른 견해에는 완강히 거부한다. 예수는 그들 세대의 태도를 비난했다. 예수님이 무슨 말을 해도 무조건 반대만 했다. 그들은 냉소적이며 회의적이었다. 이것은 예수님이 그들의 안락함과 자기중심적인 삶에 도전했기 때문이다. 우리도 종종 우리의 모순을 합리화시키려고 할지 모른다. 왜냐하면 하나님 말씀을 듣는 것이 우리가 사는 삶의 방식에 변화를 요구하기 때문이다.

**20-24절 :** 예수께서 권능을 가장 많이 행하신 고을들이 회개하지 아니하므로 그 때에 책망하시되 화 있을진저 고라신아 화 있을진저 벳새다야 너희에게 행한 모든 권능을 두로와 시돈에서 행하였더라면 그들이 벌써 베옷을 입고 재에 앉아 회개하였으리라 내가 너희에게 이르노니 심판 날에 두로와 시돈이 너희보다 견디기 쉬우리라 가버나움아 네가 하늘에까지 높아지겠느냐 음부에까지 낮아지리라 네게 행한 모든 권능을 소돔에서 행

**하였더라면 그 성이 오늘까지 있었으리라 내가 너희에게 이르노니 심판 날에 소돔 땅이 너보다 견디기 쉬우리라 하시니라**

두로, 시돈, 소돔은 사악한 도시로 오랫동안 소문난 옛날 도시들이다. 모두 각각 도시가 범죄 때문에 하나님에 의해서 파괴된 도시들이다. 뱃세다, 고라신, 가버나움 사람들은 예수님을 직접 보았지만 그들은 죄에 대해 회개하지 않고 믿지도 않았다. 고라, 시돈은 페니키아 땅이며 이사벨이 출생한 곳이며 바알신을 믿는 나라이다. 뱃세다, 고라신, 가버나움은 예수를 보고도 믿지 않았기 때문에 예수를 보지 못해서 안 믿는 도시보다 훨씬 더 큰 벌을 받을 것이다. 비슷하게 교회가 있는 도시나 국가나 가정에 성경이 있음에도 믿지 않는 사람들이 회개하고 믿지 않으면 예수를 모르고 안 믿는 사람보다 심판 날에 변명할 수 없을 것이다. 특권을 받은 두 도시 고라신과 뱃세다에 심판이 있었다.

1. 왜 그들은 심판받았는가?
  1) 그들은 복음을 받아들일 수 있는 특권이 부여되었다. 그곳은 예수 그리스도 임재가 나타난 곳이다. 복음이 들어간 도시이다. 그들은 하나님의 복음의 기회를 가졌는데도 반응이 없었기 때문이다.
  2) 그들은 회개를 거부했다. 하나님께 의지하지 않고 자기 의지대로 사는 사람들이었다.
  3) 그들은 예수를 무시하고 소홀히 했다. 심판은 회개하지 않고 나쁜 일을 계속하는 곳에 내려진다. 아무 일도 하지 않고 그냥 앉아 있는 것도 심판에 자유롭지 못하다.
  4) 두 도시에 대한 심판의 정도는 어떤 다른 것보다 심하게 내린다. 두 도시에 내리는 심판은 두로와 시돈보다 훨씬 크다. 두로와 시돈은 예수 그리스도의 복음의 기회를 갖지 못한 도시다. 고라신과 뱃세다는 많은 권능이 행해지고 복음의 기회가 있었으나 그들은 예수 그리스도를 소홀히 하고 거부했다. 그러므로 심판은 훨씬 클 것이다.

2. 가장 특혜를 받은 도시 가버나움의 심판이 있겠다. 가버나움에 대한 심판은 소돔에 내려진 심판보다 더 크다. 왜냐하면 그것은 주 예수 그리스도의 사역

의 중심지인데도 예수 그리스도를 거부했기 때문이다(막 8:38; 행 3:14; 살후 1:7-8; 요일 2:22).

3. 심판에 대한 4가지 교훈

1) 심판의 날이 있다. 예수님은 어떤 심판은 다른 심판보다 더 크게 심판받는다고 말씀하시는데, 그 심판은 견딜 수 없는 심판이라고 말한다.

   (1) 특권의 정도가 있는데 어떤 지역에는 다른 지역보다 예수님에 대한 증인이 훨씬 많다.

   (2) 어떤 지역에 사는 사람들은 훨씬 많은 특권을 가지며 책임도 더 클 것이다.

   (3) 심판의 정도가 있다. 예수그리스도의 메시지에 대한 우리의 반응에 따라 우리가 어떻게 심하게 심판받을지가 결정된다.

2) 심한 심판은 예수님을 영접할 기회가 있는데도 받아들이지 않는 모든 사람에게 심판이 내려질 것이다.

3) 우리의 영원한 신분은 예수그리스도에 대한 우리의 반응에 의해 결정된다. 우리의 신분은 바뀔 수 없다. 두로와 시돈의 멸망의 운명은 바뀌지 않는다. 그들의 운명은 정해져 있고 이 세상에 사는 동안 이미 결정되었다. 시돈은 심판의 날에 훨씬 많은 책임이 있지만 예수님을 소홀히 했기 때문에 책임이 있는 것이 아니라 회개를 하지 않았기 때문이다.

4) 하나님은 아무리 죄가 흉악하더라도 용서하신다. 소돔의 죄는 그들이 회개했더라면 용서받을 수 있었다. 심판은 죄를 회개함으로써 피할 수 있다. 그리고 교회 안에 말씀과 이적이 많아도 자랑하지 말라. 삶의 태도와 회개가 없으면 심판이 더 무섭기 때문이다. 고라신, 뱃세다, 가버나움은 오랫동안 폐허가 되어 발굴 지역으로 남아 있다.

**25-26절 : 그때에 예수께서 대답하여 이르시되 천지의 주재이신 아버지여 이것을 지혜롭고 슬기 있는 자들에게는 숨기시고 어린아이들에게는 나타내심을 감사하나이다 옳소이다 이렇게 된 것이 아버지의 뜻이니이다**

예수님은 자기의 기도 속에 두 종류의 사람에 대하여 언급했다. 첫째, 자기 자신의 눈으로 지혜로운 자는 자기 자신의 지식을 가지고 오만한 자이다. 둘째, 어린아이 같은 자는 하나님 말씀의 진실을 겸손히 받아들이고 하나님 앞에 천진난만한 사람이다. 당신은 자신이 현명하다고 생각하는가? 아니면 어린아이 같은 순수한 믿음을 가지고 하나님만이 모든 해답을 가지고 있다고 믿는가?

이 세상 사람들은 세 가지 진실을 모르고 있다.

1) 사람들은 하나님의 진실을 전혀 모르고 있다.

2) 사람들은 하나님의 의지에 대해서 전혀 모르고 있다. 하나님의 거룩한 목적에도 무식하다. 하나님은 그의 아들 예수 그리스도를 통해 이 세상을 구원하는 것이 목적이다. 그는 자기 자신의 눈으로 현명한 자, 자만심이 있는 자는 진리를 보지 못하고 어린아이와 같은(엄마의 사랑이 필요하고 순진한) 자만이 진리를 볼 수 있다고 했다(고후 3:14; 4:4; 엡 4:18).

3) 사람들은 메시아가 누군지 모른다(메시아에 대해서 네 가지 사실을 모른다).

　(1) 예수가 하나님으로부터 왔다는 것을 모른다. 예수님은 그는 하나님의 아들이라고 힘주어 선포하시고 하나님을 아버지라고 부른다.

　(2) 사람들은 예수님이 하나님으로부터 모든 것을 물려받았다는 것을 모른다. 모든 것들이 예수님의 권세의 손에 쥐어졌으며 그는 우주를 다스리시고 감찰하신다. 만물이 하나님 아들을 위해 창조되었다는 것을 모른다(마 28:18; 엡 1:22; 골 1:16-19; 히 1:1-3).

　(3) 사람들은 예수님이 중보자라는 것을 모른다. 예수님만이 하나님을 알고, 하나님에 의해서만이 예수는 이 세상에 알려졌다. 하나님이 없으면 예수님이 없고, 예수님을 통하지 않고는 하나님을 알 수 없다(요 14:6; 행 4:12; 딤전 2:5; 히 7:25).

　(4) 사람들은 예수 그리스도를 통해서만 아버지를 보게 될 수 있다는 것을 모른다. 아버지를 보고자 하는 자 아버지가 어떤 존재인지 알고자 하는 자는 반드시 예수께로 다가가야 한다(요 10:38; 12:49; 14:9-11).

영적인 지혜는 보이지 않으며 어디에 있느냐? 그것은 하나님 안에 있다. 하나님은 영적인 지혜를 가지고 자기 안에 가두어 놓고 있다. 열고자 하는 자에게 보여 주신다. 진리에 도달하는 유일한 방법은 하나님께 나아가는 것, 즉 믿는 것뿐이다. 하나님 없이도 자기 자신이 현명하고 지적이라고 자만하는 자는 하나님께 다가갈 수 없다. 예수님이 저주하는 것은 지식과 지혜가 아니라 지적인 자만과 충분한 지혜를 가지고 있다고 자만하는 자이다. 하나님은 사람을 생기게 하고 추리하고 이성으로 판단하게끔 창조하셨다. 그러나 자기 자신이 하나님보다 더 지혜가 많다고 생각하도록 창조하지 않았다. 사람은 짧은 기간 이 세상에 사는 동안 겸손하게 살아야 하며 누구에게로부터 왔으며 앞으로 어디로 갈 것이라는 것을 알아야 한다. 즉 그는 하나님을 믿고 그의 시간과 운명을 하나님 손에 맡겨 드려야 한다(빌 2:3-4). 현명한 자, 즉 합리주의자들은 그들의 능력과 업적을 믿는다. 그래서 그들에게는 하나님의 도움은 필요가 없으며 자기가 살아가는데 하나님은 아무런 가치가 없다고 생각한다. 어린아이와 같은 자는 겸손하고 가르침을 잘 따르는 순수한 마음을 가진 존재이기 때문에 어린이 같은 사람만이 예수님의 가족이 될 수 있다.

**27절 : 내 아버지께서 모든 것을 내게 주셨으니 아버지 외에는 아들을 아는 자가 없고 아들과 또 아들의 소원대로 계시를 받는 자 외에는 아버지를 아는 자가 없느니라**

구약에서 "know"는 "knowledge"보다 더 이상의 뜻을 가지고 있다. know(히브리어)는 밀접한 관계를 의미한다. 하나님 아버지와 하나님 아들의 영적 교류가 그 관계의 핵심이다. 하나님을 알고자 하는 사람에게는 하나님은 자기를 하나님 아들에 의해서 사람에게 나타내 보여 주신다. 예수를 통해서 하나님을 우리에게 보여 주는 것이 얼마나 행운인가? 하나님을 볼 수 없고 구약의 말씀에는 보면 죽는다. 모세는 하나님의 뒷모습만 보았다고 전한다.

**28-30절 : 수고하고 무거운 짐 진 자들아 다 내게로 오라 내가 너희를 쉬게 하리라 나는 마음이 온유하고 겸손하니 나의 멍에를 메고 내게 배우라 그리하면 너희 마음이 쉼을 얻으리니 이는 내 멍에는 쉽고 내 짐은 가벼움이라 하시니라**

멍에는 소의 어깨에 메여진 나무로 만든 무거운 도구이다. 사람은 무거운 죄의 짐을 지거나 종교 지도자들의 과도한 요구를 지고 압박과 박해, 생활고의 피곤함으로 힘든 짐을 지고 살아가는 것을 상징적으로 말한다. 예수님은 이 모든 무거운 짐을 벗겨 주어 해방시켜 주러 오신 분이다. 예수님이 약속한 쉼은 사랑, 힐링, 평화이다. 모두 노동을 하지 말라는 뜻이 아니다. 하나님과의 밀접한 관계를 가지는 것은 의미 없고 지치고 힘든 일들을 영적 생산성과 가치 있는 목적으로 바꾸어 줄 것이다.

1. 어떤 것들이 우리를 지치게 하고 무거운 짐을 지게 하는가?

　1) 일: 너무 과도한 중노동

　2) 세상적인 것과 육욕적이고 지나친 육체적 쾌락

　3) 죄(하나님으로부터 짓는 죄)와 죄책감(인간이 생활에서 짓는 죄)

　4) 돈과 물질적인 소유에서 만족할 줄 모르는 욕구에서 오는 짐

　5) 권력과 외로움에서 오는 무거운 짐

　6) 규칙과 율법을 지키는 데서 오는 무거운 짐

삶의 진실을 모르는 것이 삶을 지치게 하는 가장 큰 원인 중의 하나이다. 진실을 찾으나 진실을 찾지 못하는 것이 우리를 노하게 하고 지치게 하고 무거운 짐이 된다. 그러한 것이 우리의 의식 속에 남아 있어 우리에게 부담감을 주고 우리의 미래를 공허하게 하고 불안하게 만든다.

2. 왜 지치고 무거운 짐진 자들이 예수께 나아가야 하는가? 예수님은 그들에게 안식을 줄 것이기 때문이다. 아무리 실망스럽고 괴롭고 외롭고 공허하더라도 예수님은 그들에게 휴식과 쉼을 줄 것이기 때문이다. 예수님을 의지하고 부르기만 하면 하나님의 휴식과 평화가 주사 바늘을 꼽아 주입시키듯 그의 몸과 마음에 퍼져 힐링시켜 줄 것이다.

3. 하나님의 쉼을 받을 수 있는 조건은 무엇인가? 단지 한 조건뿐이다. 예수님께 단순히 나아가는 것이다. 쉼에 대한 답변: 종교를 통해서 진리를 찾지 못하며 믿음을 통해서 찾는다. 긍정적인 생각이 아니라 믿음이다. 쉼에 대한 답변은 예수 그리스도에게 나아가는 것이며 하나님을 믿고 의지하면 쉼은 찾아온다

(사 1:18; 55:1; 계 22:17).

4. 예수가 주는 두 가지의 쉼이 있다.

　1) 구원과 의로움을 가지게 되는 쉼: 죄의 굴레와 영적 노예 상태에서 벗어
　　　나는 것. 예수님의 권능으로 인간의 육체와 영혼을 파괴시키고 인간을
　　　노예로 만드는 생활 습관을 극복하게 하는 쉼. 죄의 광야에서 허더이는
　　　것을 멈추게 힐 때 인간의 영혼에 다가오는 인간 정신에 주는 쉼, 예수님
　　　의 권능으로 인간의 죄악을 정복할 때 인간이 겪게 되는 승리감에시 오
　　　는 쉼을 준나. 이것은 힘들고 어려운 폭풍우 같은 삶을 통해서 극복해 나
　　　가는 인생 승리의 쉼을 말한다.

　2) 당신은 영혼의 쉼을 믿음을 통해서 찾을 것이다. 이것은 즐거움과 만족
　　　감, 확신감, 완성감이나 의로움에 대한 쉬가 안도깁이나. 일하지 않고
　　　잠지며 게으름을 피우는 것은 쉼이 아니다.

5. 예수가 주는 세 가지의 쉼이 있다.

　1) 몸과 마음과 정신을 신선하게 만드는 쉼

　2) 진리의 목적과 의미를 가진 사람으로 부터 생기를 불어넣을 때 생기는 쉼

　3) 열정과 활력, 인내를 가지고 하나님이 주신 일을 잘 할 수 있도록 활기를
　　　불어 주는 쉼(마 11:29; 딤후 1:7; 계 14:13; 사 14:3; 57:2).

그리고 예수님은 온유하고 겸손하다.

어떤 소의 주인은 그들을 훈련시키거나 일을 시킬 때 혹독하고 까다롭다. 그
러나 예수님은 그렇지 않다. 예수님은 온순하고 겸손하며 사려 깊고 이해력이
깊고 오래 참고 그에게 다가오는 모든 사람에게 격려하고 사랑해 주신다. 우리
는 휴식을 찾아야 할 것이다(히 4:1-13). 가만히 일하지 않고 게으름 피우며 잠을
잔다고 쉼이 오는 것이 아니다. 예수님께 다가갈 때 몸과 영혼의 쉼이 올 것이
다.

예수의 멍에는 쉽고 가볍다. 그의 짐은 빛이다. 멍에는 소의 멍에를 언급하
고 있으며 그것은 짐을 싣거나 논과 밭을 갈 때 소의 어깨에 메어 놓은 나무로
된 목을 옥죄는 도구이다. 보통 소들은 처음에 멍에를 채우게 되면 벗어나려고

몸부림치며 날뛰다가 나중에는 오히려 밭을 갈거나 짐을 나를 때 짊어지고 있는 것이 더 편하다는 것을 느낀다. 멍에는 이 땅에 사는 사람들의 삶과 과업을 뜻한다. 예수님이 말씀하시기를 그의 멍에와 그의 삶은 사람에게 가장 잘 맞다고 언급하신다. 그것은 가장 쉬운 삶이며 과업이다(히 2:17-18; 4:15; 벧전 5:7).

**개념 1.** 예수님은 온순하고 겸손하다. 그는 우리를 돌보시고 관심을 가지고 계신다.

**개념 2.** 하나님은 우리를 창조하셨다. 그러므로 하나님은 우리에게 알맞는 멍에(삶과 일)를 주신다. 휴식을 발견함에 있어 가장 쉬운 조건은 무엇인가? 그것은 단순히 예수님의 멍에를 지고 예수님에 대해 배우기 시작하는 것이다. 이 말은 하나님의 리더십과 지침과 안내와 관심 아래서 어떻게 살아가야 하며 어떻게 노력해야 하는가를 배우는 것이다. 모든 사람은 자기의 멍에를 가지고 있다. 그것은 이 땅에 사는 동안 해야 할 일과 삶을 말한다. 대부분의 인생 전 과정을 무거운 짐을 지고 힘겹게 살아간다. 예수님만이 몸과 마음과 정신의 진정한 휴식을 보장해 준다. 그리고 우리에게 꼭 맞고 쉬운 멍에는 예수그리스도의 멍에(쉼과 평화를 주는 멍에)이다. 즉 예수의 가치관과 인생관을 따르는 멍에가 가장 행복한 쉼과 편안함을 주는 멍에이다(요 10:10; 15:5; 눅 9:23; 요일 5:3-5).

# 마태복음 12장

**1-2절 : 그 때에 예수께서 안식일에 밀밭 사이로 가실새 제자들이 시장하여 이삭을 잘라 먹으니 바리새인들이 보고 예수께 말하되 보시오 당신의 제자들이 안식일에 하지 못할 일을 하나이다**

하나님 율법과 유대인들의 관습에 의하면 안식일날 39가지가 금지된 행동과 활동들이 있다. 수확을 거두는 것도 금지되는 카테고리 중의 하나이다. 밀 이삭을 줍거나 손으로 비벼 먹는 것도 수확의 일종이기 때문에 금지되어 있다. 예수님과 그 제자들은 배가 고프기 때문에 곡식 낱알을 따서 손으로 비벼 먹었다. 바리새인들은 그들이 율법에 어긋난 행동을 한다고 비난했다. 옥수수 밭골 옆으로 이어진 사잇길로 지나갈 때 배가 고파서 옥수수를 꺾어 먹었다. 율법에 의하면 배고픈 여행자(나그네)에게는 허락되었으나 특히 유대인에게는 안식일에 옥수수를 꺾는 것이 금지되어 있다.

바리새인들은 예수님 제자들이 율법을 어겼기 때문에 비난했다.

　1) 종교 지도자들은 하나님 말씀을 왜곡시키고 있다.

　　(1) 어떤 사람은 성경말씀을 자기 마음대로 해석함으로 왜곡시킨다.

　　(2) 성경 말씀에 자기의 생각을 덧붙임으로 하나님 말씀을 왜곡한다.

훈련과 자제력은 칭찬받을 만하고 하나님이 강조하는 중요한 말씀이다(요일 5:3). 사두개인들은 하나님 말씀에 따라 행동하지 않으므로 비난받고 바리새인들은 하나님 말씀에 자기들의 말을 더함으로 비난받는다. 하나님 말씀은 지켜야 되지만 그러나 그것은 목적 자체는 아니다.

### ◎ 두 가지 이해해야 할 사실은?

1) 하나님으로부터 생겨나지 않은 믿음, 종교 행사, 전통 등이 있다. 사람이 하나님 말씀에 자기의 생각을 덧붙이고 하나님의 도가 아닌 것을 사람에게 제한을 가한다.

2) 종교 지도자들은 그들의 믿음과 어긋날 때 그들의 마음속에 비판적이고 비난하는 마음이 있다. 예수님은 자기 자신과 제자들을 방어했다. 예수님은 두 가지 중요한 일을 하기 위해 종교 지도자에게 질문을 사용했다. 인간의 기본적 필요와 욕구는 안식일보다 우선한다. 종교적 행사나 전통과 의식은 사람만큼 중요하지 않다. 사람에게 비성경적인 종교적인 압박은 옳지 않다. 안식일은 하나님이 인간을 창조하시고 하루 뒤 칠 일째 거룩한 날을 정하여 안식일이 생겼다. 창조 이래 모세 때까지는 안식일이 없었다. 우리가 알고 있는 한 안식일은 모세가 이스라엘 민족을 이끌고 있는 모세의 리더십하에서 처음 생겼다. 그러므로 그것이 이스라엘의 법의 일부가 되었다. 안식일은 하나님이 특별히 선택한 백성으로 구별 짓기 위한 표시로 생기게 된 것이다. 그날은 사람이나 동물도 완전히 쉬게 했다. 예수님은 안식일에 지켜야 할 인간이 만든 규율을 어겼다고 비난받았다. 유대 사람과 다른 사람이 지키는 안식일은 차이가 있다. 크리스천들은 일요일을 안식일이라 하고 유대인들은 주 마지막 날 토요일을 안식일이라고 한다. 그때는 예수님이 무덤에 있을 때이다. 크리스천에게는 그날(토요일)이 가장 슬픈 날이다. 일요일은 주의 첫째 날, 그날은 예수님이 부활하신 가장 기쁜 날이다. 그래서 이날을 '주의 날'이라고 부르며 휴식과 즐거움의 날이며 영광스러운 날이다. 안식일에 경배드리는 것은 예수님의 관습이었다. 그러나 "일요일에 예배를 드리는 것은 바울의 관습"이다. 안식일에 사고팔고 하는 것은 인정되지 않으나 불쌍한 사람을 돕는 것은 허락되어 있었다. 초대 교회 교인들은 예수님이 죽음

에서 살아나신 그날에 예배를 드렸다.

**3-4절 : 예수께서 이르시되 다윗이 자기와 그 함께 한 자들이 시장할 때에 한 일을 읽지 못하였느냐 그가 하나님의 전에 들어가서 제사장 외에는 자기나 그 함께 한 자들이 먹어서는 안 되는 진설병을 먹지 아니하였느냐**

이 이야기는 사무엘상 21:1-6에 기록되어 있다. 제사에 쓰이는 빵은 매주 번갈아 새로운 빵으로 바뀌었지만, 다윗에게 드리는 빵은 매일 신선한 빵이 공급되었다. 제사장들만이 제사에 드리고 난 빵을 먹을 수 있었다. 하나님은 다윗을 벌주지 않았다. 왜냐하면 그의 음식의 필요성이 제사의 규칙보다 더 중요하기 때문이다.

예수님이 말하기를 나를 비난하려면 다윗도 비난 받아야 한다고 하셨다. 종교 지도자들은 다윗왕을 절대 비난할 수 없었다. 비난하면 소동이 일어나기 때문이다. 예수님은 하나님법에 불복종을 묵인하는 것이 아니라 법을 준수하는데 분별력과 자비를 더 강조하고 있다. 예수님과의 논쟁은 사람의 자연적 욕구(배고픔)는 종교나 전통보다 우선한다는 것인데 다윗은 배고플 때 성소 안에 있는 제사지낸 빵을 먹었다. 제사장이 종교적인 법에 어긋남에도 불구하고 그에게 주었으며 다윗은 아무런 잘못이 없었다. 왜냐하면 그는 배가 고팠기 때문에 인간의 배고픔은 종교적인 의식이나 전통보다 더 우선하기 때문이다.

1. 두 가지 주목 할 사실은?

  1) 다윗은 욕심으로 빵을 먹은 것이 아니라 생리적 욕구(필요한 음식)를 충족시키기 위해 먹었다. 하나님의 부르심과 관심은 인간의 필요를 채워 주는 것이지 종교나 종교적인 믿음, 의식, 전통이 아니다.

  2) 다윗의 욕구를 충족시키기 위해 깨뜨린 법은 지금도 존재한다. 인간의 기본적 욕구와 자비가 법보다 우선한다. 즉 양심(내재율)은 법보다 우선한다. 이것은 엠블란스가 속도 제한에 걸리지 않는 것과 같은 것이다(마 20:28; 요 20:21; 행 20:35; 롬 15:1; 갈 6:2).

제사에 바치는 빵은 하나님께 드리는 상징으로서 하나님의 집(성소)에 가져오는 열두 덩어리를 말한다. 그 빵은 하나님과 백성 사이에 영원한 언약을 상징하는데 주일마다 바꿔 놓는다. 제사를 지내고 난 후 그 빵은 제사장의 몫이다.

십계명은 안식일에 일하는 것을 금하고 있다. 그러나 안식일의 목적은 쉬고 하나님을 경배하는 것이기 때문에 제사장들은 제사를 드리고 하나님을 경배하기 위해 준비하는 활동은 허락되어 있다. 예수님은 항상 법의 의도와 그 글자 뒤에 있는 숨어 있는 뜻을 강조했다. 바리새인들은 법의 근본 정신을 깨닫지 못하고 그 글자 자체를 엄격히 지키려고 고집하였다.

## 5절 : 또 안식일에 제사장들이 성전 안에서 안식을 범하여도 죄가 없음을 너희가 율법에서 읽지 못하였느냐

성전에서 항상 하는 일들이 있다. 동물을 다루는 일, 재물 드리기, 사람을 다스리는 일, 경배 드리는 것들이 있다. 하나님께 경배는 종교적인 율법이나 규칙보다 앞선다.

'The sabbath', 즉 안식일은 두 가지 목적을 가지고 있는데 쉼과 경배이다. 쉼과 경배를 수행하는 데 필요한 일이 두 가지 있다. 첫째, 삶을 유지하기 위해 쉬는 것과 경배에 필요한 일을 하는 것이다. 둘째, 안식일은 하나님의 경배를 방해하는 것이 아니라 경배를 위해 시간을 허락하고 경배를 더 뜻 있게 하기 위해서이다(히 10:25; 출 20:8; 느 10:31; 13:15).

## 6절 : 내가 너희에게 이르노니 성전보다 더 큰 이가 여기 있느니라

바리새인들은 그들이 성전의 목적, 즉 사람들을 하나님께로 불러오는 것을 놓치거나 실수할까 너무 염려하고 걱정한다. 왜냐하면 예수 그리스도는 성전보다 더 위대하기 때문에 예수님이 하나님께 사람들을 훨씬 더 많이 데리고 올 수 있을 것이다. 하나님은 창조주이기 때문에 경배에 쓰이는 창조된 건물, 즉 성전보다 더 중요하다. 우리는 종종 경배받는 분, 즉 하나님보다 경배의 수단, 성전에 더 관심을 갖는다. 메시아가 성전보다 훨씬 위대하고 중요하다.

예수님은 그의 제자들이 옥수수를 꺾어 먹도록 허락하셨다. 그것은 예수님을 위한 일이었기 때문이다. 즉 예수님이 바로 하나님의 아들 메시아이시기 때문이며, 바로 그가 성전의 주인이며 경배의 주인이기 때문이다. 예수님은 성전보다 더 큰 이가 여기에 있다고 말할 때 그는 옥수수 밭에 서 있었다. 성전은 단지 하나님의 임재를 상징적으로 나타낼 뿐이지 메시아 본인이 나타나 서 있는 곳은 아니다(눅 11:31; 요 3:31; 빌 2:9, 10; 골 1:18; 히 1:4; 3:3).

### 7절 : 나는 자비를 원하고 제사를 원하지 아니하노라 하신 뜻을 너희가 알았더라면 무죄한 자를 정죄하지 아니하였으리라

메시아는 자비가 있는 종교를 선포하지 제사가 목적인 종교를 선포하지 않는다. 가장 최고의 법률은 사랑이며 종교적인 제사가 아니다. 종교적인 의식과 행사는 도움이 될지 모르나 무엇보다 사랑과 자비가 우선이다.

**개념 1.** 종교 지도자들은 가장 심각한 죄를 짓고 있다.

1) 그들은 자비로운 따뜻한 사랑이 없으며 인간에 대한 이해와 동정심이 부족하다.
2) 그들은 하나님의 마음과 말씀의 진정한 의미를 모르고 있다. 그들은 하나님 말씀은 알지만 그 숨은 뜻은 모르고 있었다.
3) 그들은 하나님의 마음과 말씀의 뜻을 모르기 때문에 다른 사람을 정죄하고 비난했다(롬 14:4, 13; 고전 4:5; 약 4:12).

### 8절 : 인자는 안식일의 주인이니라 하시니라

예수님이 안식일의 주인이라고 말했을 때 그는 율법보다 위대하고 그 위에 있는 자라고 주장하였다. 바리새인에게 이 말은 이단자라는 뜻이며 그들에게는 마귀처럼 들렸다. 그들은 예수님이 하나님의 아들이며 안식일을 만들었다는 것을 깨닫지 못했다. 창조주는 언제나 창조물보다 중요하고 위대하다. 그래서 예수님이 전통과 규율을 다스리는 권세를 가지고 있기 때문에 훨씬 중요하다(마 28:18; 행 3:36; 행 5:31; 고전 8:6; 벧전 3:22).

**| 9절 : 거기에서 떠나 그들의 회당에 들어가시니**

예수는 그곳을 떠났다. 이것은 바리새인들과 심하게 격론을 벌였던 옥수수 밭을 떠난 언급이 아니라 그곳을 떠나 다른 마을로 갔다는 뜻이다. 그가 회당에 들어간 날은 다른 안식일이었다. 논쟁이나 반대가 예수님이 안식일에 하나님께 경배하는 것을 막지는 못했다.

**개념 1.** 당신은 반드시 주일을 지키는가?

1) 예수님은 안식일에 경배하신다.
2) 갈등과 불협화음이 있어도 우리는 주일은 지켜야 한다. 우리의 첫째 임무는 소소한 문제는 제쳐 두고 주일에 주님께 경배 드리는 것이다.

**| 10절 : 한쪽 손 마른 사람이 있는지라 사람들이 예수를 고발하려 하여 물어 이르되 안식 | 일에 병 고치는 것이 옳으니이까**

예수님은 한쪽 손 마른 사람과 마주쳤는데 그 사람을 즉시 고쳐 준 것은 아니었다. 바리새인들은 예수님이 그 사람을 긍휼히 보고 그 사람에게 동정심을 가지고 고쳐 주려고 하는 느낌을 알아차린 것이다. 바리새인들은 자존심에 크게 상처를 받았다. 왜냐하면 예수님이 안식일 규칙을 지키지 않고 그들의 안식일에 대한 율법을 무시했기 때문이다.

사람은 육체적인 장애가 있어도 놀라울 정도로 강할 수 있다. 그는 영적으로 정신적으로 강하며 하나님 임재 안에서 더욱 강해진다. 사실은 정신적 영적 강함이 없으면 육체적인 강함은 아무런 쓸모가 없게 된다. 이 손 마른 사람은 분명히 하나님은 강하시다는 것을 믿고 있다.

그리고 육체적인 장애도 하나님께 쓰임받을 수 있다.

1) 하나님은 하나님 됨을 알리기 위해 육체적 결함을 사용하신다.
2) 하나님은 사랑하는 사람, 이웃, 친지 앞에 믿음의 결과가 어떤 것인지 본보기를 보이신다.
3) 하나님은 구원의 은혜를 극적으로 나타내 보이신다.

4) 아주 특별한 방법으로 사람을 하나님께 다가오도록 이끄신다.

5) 사람을 기도 용사로 만들고 길을 잃고 불안을 가지고 사는 사람을 하나님 사람을 위한 중보 기도자로 만드신다.

그리고 진실이 의문을 받고 있다. 사람이 종교나 안식일보다 중요한가? 율법에 의하면 생명 자체가 위협받지 않으면 안식일에 치료할 수도 없고 도움을 받을 수도 없다. 예수님은 그를 도울 권능을 가지고 계시는데 예수님이 안식일에 그를 고쳐 주면 예수님은 율법을 어기는 사람이 될 것이다(마 22:36-39; 롬 13:10; 요일 3:16-19; 미 6:8).

1. 몇 가지 교훈: 왜 우리가 종교적인 관습과 현재의 규칙을 사람보다 우선시하는가? 그 이유는?

1) 우리가 관습대로 그 일을 계속하는 것이 더 편안함을 느끼기 때문이다.

2) 우리가 어떤 사람이나 그 사람의 지지를 잃지 않도록 변화를 두려워하기 때문이다.

3) 우리는 직위나 안전을 잃을까 두려워하기 때문이다.

4) 우리는 실패를 두려워하고 다른 사람들이 종교 행사를 충실히 지키지 않을까 봐 두려워하기 때문이다.

2. 모든 사람은 욕구를 가지고 있다. 사람은 구원과 진정한 예배 경험을 필요로 하며 하나님과 날마다 교감을 원하고 날마다 영적 임재를 맛보고 싶어 한다. 사람은 하나님으로부터 멀어지는 속된 세상에 어떻게 살까를 걱정한다. 모든 것이 가끔은 사람보다 우선한다. 즉 종교의 조직을 유지하는 일, 종교 의식, 우리의 습관, 봉사, 질서, 예배, 규칙 등 이런 것들이 사람의 필요보다 더 중요하게 여겨진다.

1) 욕구를 충족시키는 것이 사람을 만족시키는 유일한 방법이다.

2) 교회가 쓸데없는 종교 행사 때문에 성도를 잃어버리는 경우가 있다. 우리는 용기가 필요하고 우리의 모든 간구를 주님 앞으로 가져와야 한다.

3) 사람이 기본적으로 알아야 될 것은 특히 개인적인 방법으로 하나님을 경배하고 하나님을 알아야 한다. 우리는 너무 자주 경배, 형식, 질서, 예배

의식, 교회 규칙을 사람보다 우선시함으로써 하나님께 나아가지 못하고 교회가 실패한다.

(1) 종교가 사람을 위해서 존재하지 않고 종교를 위해서 사람이 존재한다.

(2) 사람을 위해 예배가 있는 것이 아니고 예배를 위해 사람이 존재한다.

(3) 종교 조직이 사람을 위해서 존재하는 것이 아니고 종교 조직을 위해서 사람이 존재한다.

예수님과 종교 지도자와의 갈등은 요즘 우리에게는 사소한 것으로 보일 수도 있고 심각하다고 볼 수도 있다. 이러한 갈등을 우리는 이해하지 못한다. 세 가지 사실은 왜 갈등이 일어나며 생명을 위협하고 예수님을 죽이기까지 하는가를 이해하게 될 것이다.

1) 유대인들은 그들의 믿음에 의해서 단결된 민족이다. 수세기를 통해서 유대인들은 여러 군대(앗시리아, 바벨론) 많은 이웃 국가에게 정복당했다. 수백만 명이 세계 각지로 흩어져 디아스포라가 되었다. 예수님이 살아 계시는 시절에도 로마에 점령당하였으며 그들의 종교가 특히 유대인을 함께 단결시키는 힘이 되었다.

(1) 하나님이 그들을 선민으로 불렀다고 믿고 있었다.

(2) 안식일을 지키는 것과 성전에서 예배, 국제 결혼 금지, 청결, 음식 먹기 전 손 씻는 것을 지키게 했다.

이런 규칙들이 그들이 이방인이 되지 않고 그들을 보호해 준다고 믿고 있었으며 국제 결혼을 통해서 다른 민족에 의해서 그들 민족이 흡수되어 버린다고 믿고 있었다.

2) 종교 지도자들은 깊은 믿음과 확신을 갖고 있었다. 그들은 그들의 율법이나 종교 관행을 깨뜨리면 심각한 범법 행위라고 믿고 있었다. 느슨한 규칙은 그들의 종교를 약하게 하고 나라가 망한다고 믿고 있었다.

3) 종교 지도자들은 직위와 존경이 생업에 안전이 보장되는 대상이었다. 그래서 종교 지도자들은 의심할 여지없이 예수가 그들의 위협의 대상이라고 생각했다.

◎ 종교 지도자들은 네 가지 잘못을 저질렀다.

1) 그들은 하나님 말씀을 왜곡시키고 잘못 해석했다.

2) 그들은 하나님의 눈으로 볼 때 심각한 죄를 저질렀다(롬 2:17-29).

3) 그들은 하나님의 의로운 방법을 거절했다(롬 11:28).

4) 그들은 인간의 기본적 욕구보다 전통과 종교 행사를 더 중요하게 여겼다.

그래서 예수님과 종교 지도자 간에 깊은 갈등이 생기게 되었으며 메시아이신 예수님은 그러한 노예적인 행동으로부터 사람들을 해방시켜야 되겠다고 느꼈다. 사람들이 자유롭게 하나님을 경배할 수 있도록 구원하고 싶었다. 종교 지도자들은 예수가 그들의 직위와 안전, 국가, 그들의 명예에 위협이 되기 때문에 예수님을 적극적으로 반대해야 된다고 느끼고 있었다(눅 6:7; 마 22:15-16). 그리고 그들은 처음에는 예수님께 망신을 주려고 계획 했으나 실패하고 다음은 죽이기로 결심하게 된 것이다(눅 22:2; 요 5:18; 19:20, 25).

**| 11절 : 예수께서 이르시되 너희 중에 어떤 사람이 양 한 마리가 있어 안식일에 구덩이에 빠졌으면 끌어내지 않겠느냐**

이 구절은 사실 종교보다 사람이 더 중요하다고 나타내는 구절이다. 어떤 사람이 양 한 마리만을 갖고 있는데 안식일에 그 양이 구덩이에 빠지면 구하지 않겠는가? 이 질문은 바리새인에게는 비이성적이고 비합리적인 질문일지도 모른다. 그들은 영적 진실에는 무지하고 눈이 멀었다는 것을 나타내 주고 있다.

◎ 예수님의 질문의 두 가지 요점

1) 하나님의 창조물인 동물의 생존이 종교적인 규칙보다 우선하지 않는가?

2) 사람이 동물보다 더 가치 있는 존재가 아닌가?(요 7:3; 히 13:16; 약 2:15).

**개념 1.** 우리는 현재 사람의 필요나 사람보다 우선하는 동물(애완동물)을 갖고 있다. 사람은 동물보다 더 이성적인 창조물이며 하나님과 영원히 교감하고 경배하는 능력을 갖고 있다. 동물은 영적인 존재가 아니다. 오늘날 얼마나 많은 사람들이 사람들의 필요보다 종교적인 행사와 의식을 더 중요시하며 사람보다 애완동물을 더 중요시하는가?

**12절 : 사람이 양보다 얼마나 더 귀하냐 그러므로 안식일에 선을 행하는 것이 옳으니라 하시고**

예수님은 사람을 위해 선을 행하는 것이 종교적인 행사와 안식일보다 더 중요하다고 말씀하신다. 우리는 종교 행사나 종교 규칙을 지키는 것에 염려를 하기 전에 도움이 필요한 사람을 도와야 한다.

그리고 우리가 주일에 가치 있다고 생각하는 일은 무엇인가?

1) 예배

2) 길 잃은 자, 궁핍한 자 방문하기

3) 배고픈 자에게 음식 나누어 주기

4) 사람들을 예배 장소에 데려오기

5) 예기치 않게 곤경에 처한 사람 도와주기

6) 병들고 상처받은 자 돌보기(마 25:35-36; 요 20:21; 행 20:35; 롬 15:1; 갈 6:2)

**13절 : 이에 그 사람에게 이르시되 손을 내밀라 하시니 그가 내밀매 다른 손과 같이 회복되어 성하더라**

사람의 필요가 안식과 종교적인 규칙보다 우선한다. 사람은 하나님의 위대한 창조물이다. 예수님이 하나님 아버지께 중요한 존재이며 사람과 하나님의 관계도 주요하다고 말씀하셨다(눅 19:10). 사람은 하나님의 도움을 받을 존재이며 가능한 풍부한 삶을 누려야 한다(눅 10:10; 19:10; 고전 9:22; 딤전 5:14).

**개념 1.**

1) 우리의 이 세상의 생애는 짧다. 그래서 우리는 하나님 나라에 들어가려고 영생을 구한다.

2) 우리가 이 세상에서 주의 일을 하는 날도 대단히 짧다.

3) 예수님은 우리에게 중요한 교훈을 주었는데 우리는 사람의 필요가 종교적인 활동이나 개인적인 안락보다 우선해야 된다고 하셨다.

## ▌ 14절 : 바리새인들이 나가서 어떻게 하여 예수를 죽일까 의논하거늘

바리새인들은 너무나 분하고 화가 나서 예수를 죽일 음모를 꾸몄다. 예수님은 그들의 권위를 인정하지 않고 회당에서 전 군중이 모인 앞에서 그들의 악한 행동을 신랄하게 비판하고 폭로했다. 바리새인들은 하나님보다 그들의 종교적인 시스템에 더 충실했다. 그들의 마음속에 가득 찬 분노로 예수를 죽일 기회를 닐나나 노리고 있다는 것을 아신 예수님은 그들을 피해야만 했다.

**개념 1.** 예수님은 그를 진정으로 따르는 자들의 병을 고쳐 주셨다. 예수님은 소문을 퍼뜨리지 말라고 요구했다. 은밀히 병을 고쳐 주어 바리새인들의 분노를 피하고 싶었다.

## ▌ 15절 : 예수께서 아시고 거기를 떠나가시니 많은 사람이 따르는지라 예수께서 그들의 병을 다 고치시고

예수님은 공격적으로 바리새인들의 위선적인 행동과 정면으로 맞섰다. 여기서 그는 크게 다툼이 일어날 것을 예상하고 회당으로부터 피했다. 왜냐하면 그는 지금 죽을 때가 아니라고 믿고 있었다. 예수님은 그의 제자와 군중들에게 가르쳐야 할 많은 교훈과 사역들이 남아 있었다.

## ▌ 16절 : 자기를 나타내지 말라 경고하셨으니.

예수님은 병 고치는 기적에 대해서 다른 사람에게 말하지 말라고 하셨다. 왜냐하면 사람들이 잘못된 동기로 그에게 모여드는 것을 원하지 않았기 때문이다. 그런 것은 예수님의 가르치시는 사역을 방해하고 세속적인 세상에 그릇된 희망을 가지게끔 하기 때문이다. 그러나 예수님의 병 고치는 소문은 퍼져 나갔고 그래서 많은 사람들이 모여 들었다(막 3:7-8).

## ▌ 17절 : 이는 선지자 이사야를 통하여 말씀하신 바

예수님의 인성이 이 두 구절에서 분명하게 설명해 주고 있다. 이것은 메시아의 인성에 관한 이사야 예언의 인용구절이다(사 42:1-4).

1. 예수 그리스도는 하나님의 택하신 종이다. 예수 그리스도는 하나님의 뜻을 이루기 위해 자기 자신을 지극히 낮추어 인간으로 오셨고 그는 하나님의 뜻을 완전히 수행하러 오셨다(히 4:15). 그러므로 그는 하나님의 가장 이상적인 종이며 그는 구속의 큰 사역을 맡은 선택된 종이다(벧전 2:4; 빌 2:6-7; 히 10:7; 요 6:38-40).

이 구절이 우리에게 주는 교훈은?

1) 예수님은 하나님의 뜻을 이루기 위해 자기 목숨을 바쳤다.

2) 그에게 인간 구원의 큰 사명이 주어졌다.

3) 그는 하나님을 확고하게 믿는 경험을 했다.

예수 그리스도는 하나님의 사랑하는 아들이다.

우리가 알아야 할 두 가지 값진 사실은?

⑴ 예수 그리스도는 영원히 하나님 아버지 가슴 안에 있다. 이 땅에서 그가 행하시는 미션과 인간에게 주는 그의 구원은 영원히 하나님 소망 안에 있으며, 하나님은 예수님을 항상 자기의 사랑하는 아들이라고 말씀하시고 가장 귀하다고 하신다.

⑵ 예수님은 날마다 기쁨으로 충만하시며 하나님 임재를 항상 즐거워하신다. 항상 아들과 아버지의 관계는 상상을 뛰어넘고 나눔의 관계를 가지는 사랑하는 아버지와 아들의 관계이다(막 1:7, 9, 11; 눅 3:22; 9:35; 요 10:17; 골 1:13-14; 벧후 1:17).

2. 하나님 아버지의 영이 충분히 예수님께 유산으로 전달되었으며 예수 그리스도는 하나님의 구원 사역을 감당할 자격을 가진 분이다(요 3:34; 히 1:9; 사 11:2-4).

**개념 1.** 하나님은 그가 선택한 모든 사람에게 성령을 불어넣어 주신다.

1) 하나님은 성령을 주시고 그가 가진 권능을 주신다.

2) 하나님은 그의 형상을 유산으로 모든 선택된 사람에게 하나님과 닮은 성품을 주신다.

**18-21절** : 보라 내가 택한 종 곧 내 마음에 기뻐하는 바 내가 사랑하는 자로다 내가 내 영을 그에게 줄 터이니 그가 심판을 이방에 알게 하리라 그는 다투지도 아니하며 들레지도 아니하리니 아무도 길에서 그 소리를 듣지 못하리라 상한 갈대를 꺾지 아니하며 꺼져가는 심지를 끄지 아니하기를 심판하여 이길 때까지 하리니 또한 이방들이 그의 이름을 바라리라 함을 이루려 하심이니라

예수 그리스도는 모든 사람에게 징의의 실현을 선포하셨다. 정의란 하나님과 사람을 향하여 올바른 일을 하는 것을 말하는데, 예수 그리스도는 하나님과 인간에게 어떻게 행동해야 하고 어떻게 살아야 되는가를 유대인과 이방인 모두에게 보여 주었다.

**개념 1.** 예수님은 사람을 차별하지 않으시며 사람들 스스로가 피하고 자기 자신의 마음의 문을 닫아 버린다. 그는 이 땅에서 어떻게 정의롭고 이롭게 살지를 신보하기 위해서 왔다(요 14:6).

예수는 겸손함을 보여 주었으며, 이것은 다음과 같은 사실에서 알 수 있다.

1) 예수 그리스도는 이 세상을 시끄럽게 하기 위해 오지 않았다. 투쟁, 다툼, 큰소리 치기, 소리 높여 울기, 도전적 행동, 반대를 위한 반대, 입다툼, 길거리에서 소리 지르기

2) 예수 그리스도는 사람들이 메시아임을 기대했던 화려함과 축하받는 사람으로 오지 않았다. 사람들이 다윗의 자손이라고 기대했던 권력을 가진 자로 오지 않았다. 그는 평화와 겸손으로 왔으며 자기를 부정하고 이 기적이든 사악하든지 간에 모든 사람에게 평화를 주러 오셨다. 이것이 모든 성도에게 강한 교훈을 주었다. 요즘 너무나 많은 사람들의 사역과 삶이 예수님의 사역, 삶과는 너무 다르다(시 1131:2; 사 32:17; 53:7; 고후 10:1; 살전 4:11; 벧전 2:23; 3:4).

3) 예수 그리스도는 사람을 사랑했으며 용기를 북돋아 주었다.

  (1) 그는 상처받고 실망하고 낙담하고 불안하고 짓눌려진 상처 입은 갈대 같은 사람을 파괴시키러 온 것이 아니라 마음과 영혼을 고쳐 주러 오셨다.

(2) 그는 꺼져 가는 심지를 가진 사람을 저주하려고 온 것이 아니라 그들을 사랑하고 격려하러 오셨다(행 20:35; 히 4:15; 13:3; 시 103:13; 사 40:11; 63:9).

4) 예수님은 정의를 실현하여 승리의 길로 이끌도록 왔다. 그는 세상을 통해서 정의가 실현되도록 하기 위해 왔다. 사람들의 마음과 삶이 하나님과 점점 가까워져 갈 때 그리고 사람들이 하나님을 향할 때 올바르고 정의로운 삶을 살 수가 있다. 구원의 영광스러운 날이 오고 인간 역사에 길이 빛날 극적인 날(모든 성도가 정의와 하나님 영광 안에서 완벽해졌을 때)이 올 것이다(고전 15:24; 롬 3:6-7; 고후 2:14; 딛 2:11-14).

5) 예수 그리스도는 모든 사람에게 희망을 주려고 오셨다. AD 50~70년경 쓰인 이 구절은 예언이며 역사가들의 예언의 이행을 증명시켜 보였다. 예수를 믿는 사람들은 주로 이방인들이었다. 하나님의 큰 목적은 사람들이 그를 믿고 이름을 부르는 것이며 사람의 큰 희망은 그의 이름 예수이다(엡 3:6; 시 22:27; 86:9; 사 9:2).

예수님은 깨끗하거나 더럽거나 오염되었을지라도 모두에게 희망을 주신다. 그는 항상 믿으라고 요구하신다(눅 19:10; 롬 10:9, 13; 요일 3:23).

**22-23절 : 그 때에 귀신 들려 눈 멀고 말 못하는 사람을 데리고 왔거늘 예수께서 고쳐 주시매 그 말 못하는 사람이 말하며 보게 된지라 무리가 다 놀라 이르되 이는 다윗의 자손이 아니냐 하니**

그가 메시아의 권능을 보여 주었다(마 8:28-34; 계 12:9). 그 증거는 귀신 들린 자, 눈먼 자, 벙어리들이 고침을 받았다. 그리고

1) 그들의 가족과 친지들이 그를 돌봐 주었으며 병자들은 그들이 아프거나 힘들 때 얼마나 가족이나 친척이 필요하겠는가?

2) 예수님은 귀신 들릴 정도로 약하다고 생각되는 사람에게도 동정심을 가지고 있었다.

3) 예수님은 즉시 치료하고 구원하는 권능을 가지고 계신 분이다. 한 가지

필요한 사실은 예수님께 스스로 오거나 데려가는 것이다.

**개념 1.** 이 세상에 예수님이 오신 목적은 사탄을 정복하고 악이 지배하는 인간의 쇠사슬을 끊어 버리는 것이다. 인간이 어떤 것에 의해 쇠사슬에 구속되어 있을 때 예수 그리스도는 인간에게 관심을 가지고 그 사람을 구원시키는 일을 한다. 예수가 없는 사람은 하나님 자체에 대해 눈먼 벙어리이다.

예수가 메시아 권능을 가지고 있다는 사실에 사람들이 보인 두 가지 반응
 1) 사람들은 기적을 일으키는 권능에 놀라운 반응을 보이며 다윗의 자손, 즉 예언된 메시아가 이 사람일까? 그들이 짐작했을 뿐이지 확신을 갖지 못하고 있었다. 왜냐하면 예수님은 정치적인 일이나 국가에 대해서는 관심을 보이지 않고 있었기 때문이다.
 2) 그는 다윗의 자손으로 로마군대에 대항해서 소요를 일으키거나 군대를 조직하거나 동원하지 않고 있다. 그는 심령이 메마르고 육체가 병든 가난한 사람에게 사랑과 동정심을 나타내 보여 주고 있으며 그는 이스라엘 국가의 구원대신에 각 사람 개인의 구원의 메시지를 선포하고 있다. 이러한 행동은 사람들이 기대했던 행동과는 너무 달랐다. 그래도 그는 메시아라고 주장하고 하나님 아들이라고 주장하고 있다.
 3) 종교 지도자들(바리새인들)은 예수를 메시아라고 인정하지 않고 사람들이 예수에게 모여드는 것을 보았을 때 그들은 두가지를 했다.
    (1) 그들은 그들 자신의 직위와 권위를 잃지 않도록 사람들의 희망과 믿음을 산산조각 나도록 일을 착수했다.
    (2) 그들은 예수님이 악마의 권능을 소유하고 귀신 들린 자라고 비난했다.

**개념 2.** 사람들은 예수님이 메시아일 가능성이 있다고 믿었지만 바리새인들은 결코 믿지 않았다. 그러면 왜 어떤 사람들은 예수님께 마음과 가슴을 열고 다가가고 어떤 사람은 예수님께 마음을 닫아버리는가? 그 차이는 종종 명성, 자존심, 부, 소유물, 권력, 존경심, 직위, 정치 성향에 따라 다르다(요일 2:15-16).
**개념 3.** 각 세대에 걸쳐 예수님이 확실히 존재한다는 명백함에도 불구하고 절대 믿지 않는 사

람들이 있다. 우리의 삶 가운데 주님의 임재가 확실함에도 그를 믿지 않는다. 그들은 인간 생활에서 변화를 정신력이나 심리적 암시 능력이나 인간의 신념 탓으로 돌린다. 예수님이 우리의 삶을 변화시킬 수 있다는 것을 깨닫지 못하고 있다.

### 24절 : 바리새인들은 듣고 이르되 이가 귀신의 왕 바알세불을 힘입지 않고는 귀신을 쫓아내지 못하느니라 하거늘

바리새인들은 이미 예수를 악마의 왕과 결탁하여 뭉쳐진 존재로 비난했다. 그들은 감정적인 논쟁과 논리를 펴서 예수님을 폄하하려고 하고 있었다. 그들은 예수님이 하늘로부터 왔다는 사실을 부인하고 사람을 속이기 위해 마귀가 보낸 사람이라고 비난했다. 예수님은 그들의 논쟁이 어리석고 거짓이라고 군중들에게 폭로하고 있다.

바리새인들은, 인간의 구원은 하나님에게서 부터가 아니라 마귀의 도움을 받아서 구원한다고 비난하고 있다(계 12:9). 그들은, 예수님은 마귀에 의해서 사람을 속이도록 보내졌고 사람을 미혹한다고 주장하고 있다.

우리가 두 가지 주목할 점은?

1) 초자연적인 권능의 증거는 적그리스도에 의해서도 분명히 밝혀졌고 인정되었다. 인간의 힘이 아닌 어떤 다른 힘이 사람을 치유하고 기적을 일으키고 있다고 한다. 예수님의 적들은 해답을 다른 곳에서 억지로 찾으려고 하고 있다.

2) 예수님을 심리적으로 상처 입히고 악의적으로 가득 찬 뿌리 깊은 불신과 비난으로 가득 차 있다는 것을 이 구절에서 보여 주고 있다. 뚜렷한 증거에도 불구하고 예수님의 주장에 동의하지 않는 것은 그들의 불신 때문이다. 우리 삶 가운데 예수를 믿고 난 후 우리의 삶이 변화되고 기적이 일어나는 것을 보았지만 어떤 사람은 여전히 믿지 않으며 그들은 불신으로 가득 차 있다. 그들은 예수님의 기적의 권능에 대해 다른 해답을 찾아내었다. 그들이 예수님께 그들 자신의 삶을 의지하고 그에게 고백하는 것은 예수님의 권능 때문이 아니라 그들 스스로의 의지 때문이라고 생각하

고 있다.

**25-26절 : 예수께서 그들의 생각을 아시고 이르시되 스스로 분쟁하는 나라마다 황폐하여질 것이요 스스로 분쟁하는 동네나 집마다 서지 못하리라 만일 사탄이 사탄을 쫓아내면 스스로 분쟁하는 것이니 그리하고야 어떻게 그의 나라가 서겠느냐**

예수님은 성육신으로 말미암아 그의 초월적 능력을 포기하였다. 그러나 그는 여전히 인간 내면에 깊은 통찰력을 가지고 있는 사람으로 오셨다. 그의 분별력이 바리새인들이 그를 해치려는 음모를 멈추게 했다. 부활하신 예수님은 우리의 모든 생각을 아시고 계신다. 우리가 예수님께 말할 때 예수님은 우리가 무슨 뜻으로 이야기하는지 진심이 무엇인지 알고 있기 때문에 우리는 항상 위로를 받을 수 있다. 우리는 예수님으로부터 숨길 수 없고 우리의 이기적인 동기를 알고 있기 때문에 우리는 더욱 괴로울 수 있다.

첫 번째 논쟁은 내부적으로 분열되면 멸망을 초래한다는 것이다. 이것은 우주적인 진리이다. 분열은 단절과 파괴를 의미한다. 즉 내부적 분열이 멸망을 초래하고 사탄의 왕국도 마찬가지이다. 분열된 왕국, 도시, 가정은 지탱할 수가 없다. 사탄은 사람을 구원하는 능력이 전혀 없다. 사탄은 하나님 나라를 파괴하고 우리의 삶을 파괴하려고 한다. 예수님은 하나님으로부터 왔으며 다른 어떤 곳으로부터 오지 않았다는 것을 철저히 주장하고 있다. 믿지 않는 사람과 같이 멍에를 지지 말라고 말씀하신다. 의로움과 사악함이 공통점이 있느냐? 빛과 어두움이 함께 공존할 수 있는가? 믿는 자와 불신자가 공통점이 있는가? 어떻게 예수와 악마가 조화를 이룰 수 있겠는가? 예수님은 자신의 사역과 권능이 '하나님께로부터'라고 주장하고 있다. 이러한 것들은 '사탄으로부터'도 아니며 하나님 이외의 어떤 것으로부터도 불가능하다(고후 6:14-15).

우리가 알고 있는 세 가지 사실은?

  1) 그의 사역은 너무나 많아서 이루 헤아릴 수 없다(요 21:25).

  2) 그의 사역은 너무나 초자연적이고 너무나 무한하고 하나님에 의하지 않고는 어떤 것에 의해서도 설명할 수 없으며 인간의 능력으로는 도저히

설명이 불가능하다.

3) 그의 사역은 너무나 선하고 미덕적이고 하나님 이외에 어떤 것에서부터도 인간을 구원할 수 없다(히 2:14-15). 예수 그리스도는 사탄과 흑암의 왕국을 세우기 위해 오지 않았다. 그가 사탄과 대적한 것은 두 가지이다.

1) 예수 그리스도는 우리 생활을 지배하고 있는 사탄의 권세와 두려움을 깨뜨렸다(요 12:31; 요일 3:8).

2) 예수 그리스도는 하나님을 대적하는 사탄을 쳐부수었다(계 12:9).

**개념 1.** 어떤 사람도 분열이 심한 곳에는 살아남을 수 없다. 교회 내에도 너무나 많은 사람들이 이 교훈을 무시하고 분열되어 가고 있다. 당신들이 계속해서 서로 헐뜯고 서로 공격 한다면 당신은 스스로에 의해서 멸망될 것이다(고전 1:10; 갈 5:15).

> **27-28절 : 또 내가 바알세불을 힘입어 귀신을 쫓아내면 너희의 아들들은 누구를 힘입어 쫓아내느냐 그러므로 그들이 너희의 재판관이 되리라 그러나 내가 하나님의 성령을 힘입어 귀신을 쫓아내는 것이면 하나님의 나라가 이미 너희에게 임하였느니라**

모순되고 비논리적인 다른 사람의 사역과 주장은 받아들여지고, 왜 예수님의 사역과 주장은 받아들여지지 않는가? 예수님 당시에도 귀신을 쫓아내는 사람들이 있었다. 귀신을 쫓아내는 점쟁이들이 있었다.

1) 예수님 이름으로 귀신을 쫓아내는 사람들이 있었지만 사람들은 귀신을 따르지는 않았다(막 9:38). 마법을 써서 예수의 이름을 사용하여 이 마을 저 마을로 다니면서 귀신을 쫓아내는 유대 점쟁이들이 있었다(행 19:13). 예수를 믿지 않으면서 예수 이름을 빌어 귀신을 쫓아내는 무당들도 있었다(마 7:22). 예수님이 말씀하시기를 다른 사람들의 선한 일은 인정하고 받아들여졌으나 그의 선한 일은 거부되고 악한 일로 받아들여졌다. 예수님의 사역은 인간에게 가장 위대한 사역이었으며 다른 사람보다 많은 기적과 이적을 행하였다. 예수님의 사역이 하나님의 선한 사역이라면 메시아라는 그의 주장도 진실된 것이다. 왜냐하면 하나님은 거짓말쟁이나 속이는 자에게는 그의 권능을 주지 않는 분이다. 단지 하나의 논리적

이고 일치된 결론이 있는데, 그것은 예수님의 사역은 성령으로부터 나
오는 사역이었다.

2) 예수 그리스도의 사역은 메시아적 사역이며, 성령이 그에게 임하여 천국
이 사람에게 임하는 사역이다.

**개념 1.** 그리스도는 이러한 논쟁에 있어서는 사정없이 단호하게 주장한다. 그의 주장은 선명
하고 요점이 있으며 하나님의 축복을 받았다고 말하면서, 왜 우리는 그가 이루어 낸 많은 기
적적인 일에도 불구하고 그를 인정하지 않으며 다른 사람들이 하나님으로부터 축복받았던 것
처럼 우리도 축복받았다고 말하지 않는가? 하나님은 거짓말쟁이와 속이는 자에게는 축복하
지 않으신다(요 5:36; 9:4; 10:25, 37-38; 14:10-11; 15:24).

## 29절 : 사람이 먼저 강한 자를 결박하지 않고서야 어떻게 그 강한 자의 집에 들어가 그 세간을 상탈하겠느냐 결박한 후에야 그 집을 강탈하리라

예수님의 생일에 사탄의 권능에 대해(trouble) 논쟁이 일어났다. 광야에서 예
수님은 마귀의 유혹을 이겨 내었고 부활절에는 사탄의 강력한 무기를 쳐부수었
다(계 20:10). 그리고 악마는 세상에 더 이상 발붙일 곳을 찾지 못할 것이다. 예수
님은 사탄을 이기는 완전한 힘과 권능을 갖고 있었다.

세 번째 논쟁은 강한 사람으로부터 그의 재산을 빼앗기 전에 강하게 묶어 놓
아야 된다고 주장한다. 사탄은 강하며 예수님은 사탄에 의해서 갇혀 있는 사람
들을 해방시키기 위해 사탄의 집에 들어가는 침략자이다. 예수님은 사탄과 항
상 대적하고 반대 입장에 서 있다. 그는 사탄의 집에 들어가서 사탄을 다스리고
멸망시킨다. 예수님은 죄 용서 받기 위해 어두움에서 빛으로 사탄의 권세를 하
나님 권세로 물리쳐 변화를 가져오는 사람이다. 하나님은 우리를 어둠의 세력
에서 해방시켰으며 우리의 억눌린 생활을 해방시켜 주었다(행 26:18; 골 1:13).

예수 그리스도가 사탄의 집을 침입하여 그를 묶었을 때,

1) 사탄은 광야에서 예수를 유혹하는 동안 어느 정도 결박되어 있었다. 처
음으로 사탄은 하나님으로부터 멀어져 길 잃어버린 사람을 대적했다.
광야의 경험이 있고 난 후 사탄은 약해지고 그의 힘은 빠졌다. 인성을 가

진 예수님은 유혹을 물리쳤으며 사탄은 예수님이 그들을 결박하러 온다는 것을 느끼고 있었다(요일 3:8).

2) 사탄은 모든 유혹을 통해서 예수와 대적할 때 더욱더 밧줄에 꽉 결박되어 있어 움직이지도 못했다. 예수님은 사탄을 대적하기 위해 금식하고 저항하여 유혹을 극복하였으며 사탄은 정복되어 더욱더 강하게 결박되었다(막 12:41-42; 요 8:46; 14:30; 히 4:15; 7:26).

3) 사탄은 겟세마네 동산에서 경험하고 난 후 더욱 결박되었다. 예수님은 십자가 길로 가지 않고 다른 길로 가도록 유혹받았다(히 12:3-4).

4) 사탄은 십자가에 의해 완전히 결박당하고, 그 후 예수님은 완전히 의로운 자의 지위를 획득했다. 그는 죄를 지어 본 적이 없었다(고후 5:21).

그러므로 예수님은 이상적이고 완전한 사람이었다. 이성적인 사람으로서 예수님의 의와 죽음이 사람들의 삶을 바꾸었으며 예수께 인생을 맡긴 모든 사람을 끝까지 지켜 주실 것이다. 죄와 악으로 가득 찬 사탄의 집은 완전히 부서지고 흔적도 없이 사라지게 되었다(요 14:30; 고후 5:21).

5) 사탄이 결박당하고 하늘과 땅이 새롭게 만들어져 완성될 때 우리는 완전히 구원받은 사람이 될 것이다(살후 2:8; 계 20:10).

## 30절 : 나와 함께 아니하는 자는 나를 반대하는 자요 나와 함께 모으지 아니하는 자는 해치는 자니라

예수 그리스도에게는 중립을 지키는 것은 불가능하다 예수님을 적극적으로 따르지 아니하는 자는 그를 거절하는 자이다. 악과 선의 대적에 중립적인 사람은 예수를 떠난 사람이며 예수를 거절하는 사람은 사탄에 속한 사람이다. 사람은 누구나 예수를 반대하든지 함께 하든지 한 가지를 택해야 한다.

예수 그리스도는 우리에게 두 가지를 말씀하고 있다.

1) 사람은 그와 함께 하여 믿든지, 아니면 불신으로 반기를 들든지 한다. 중립을 지키는 것은 어렵다.

2) 악을 피하는 것만으로는 충분하지 않다. 사람은 그리스도와 함께 있어야

한다 사람은 항상 선을 행하여야 하며 그리스도와 함께 모이지 않으면 우리는 흩어지게 된다(막 9:40; 눅 11:23; 16:13).

**31-32절 : 그러므로 내가 너희에게 이르노니 사람에 대한 모든 죄와 모독은 사하심을 얻되 성령을 모독하는 것은 사하심을 얻지 못하겠고 또 누구든지 말로 인자를 거역하면 사하심을 얻되 누구든지 말로 성령을 거역하면 이 세상과 오는 세상에서도 사하심을 얻지 못하리라**

바리새인들은 예수님은 성령 대신 사단으로부터 권능을 받아 기적을 행하였다고 주장하였으며 이것은 하나님을 모욕하고 거역한 죄에 속한다. 용서받을 수 없는 죄는 그리스도 안에 하나님 권능을 의도적으로 인정하지 않는 것이다. 때때로 믿는 사람들도 우연히 돌이킬 수 없는 죄를 짓게 되는 것이 아닌가? 모두가 죄를 짓는 것을 두려워한다. 그러니 하나님께 등을 돌리고 믿음을 거절하는 사람은 용서받을 수 없다고 말씀하신다. 그들의 죄가 어떤 죄보다 무거운 것은 용서를 구하지 않고 회개를 하지 않았기 때문이다. 누구나 성령을 거스르는 자는 죄용서와 하나님께로부터 회복할 수 있는 유일한 기회를 잃게 된다. 용서받을 수 없는 죄는 예수를 반대하는 죄가 아니고 성령을 욕되게 하는 죄이다. 성령은 사람의 마음속에서 일하시는 인성을 가진 하나님이며 이 세상의 죄를 심판하는 하나님이다(요 16:8–11).

**33절 : 나무도 좋고 열매도 좋다 하든지 나무도 좋지 않고 열매도 좋지 않다 하든지 하라 그 열매로 나무를 아느니라**

예수를 말로 고백하거나 아니면 거절하게 되는데, 예수는 이 구절에서 나무 비유를 하고 있다. 예수님이 말씀하시는 것은 두 가지이다.

예수님은 주장하기를 그리스도(메시아)가 선하냐 악하냐를 결정해야 한다고 주장하셨다. 바람에 날리는 갈대처럼 이리갔다 저리갔다 하지 말라는 뜻이다. 내가 선하고 내 열매가 좋은지 아니면 내가 부패되었거나 그 열매가 썩었는지 판단하라. 나는 내가 메시아 세상의 구세주이든지 아니면 나쁜 사람이고 속이는 자요 거짓말쟁이인지 하나님의 길에서 벗어나 인간의 이성을 쫓아가게 하는 사람인지 결정하라. 나무가 그 열매를 보고 알 수 있듯 나는 나의 사역에 의해서 알려진다. 예수 그리스도는 그 열매로 알려지며 중간 지대는 없다(고전 10:21; 눅 16:13; 엡 4:14).

**34-35절 : 독사의 자식들아 너희는 악하니 어떻게 선한 말을 할 수 있느냐 이는 마음에 가득한 것을 입으로 말함이라 선한 사람은 그 쌓은 선에서 선한 것을 내고 악한 사람은 그 쌓은 악에서 악한 것을 내느니라**

예수님은 우리가 말하는 것은 우리가 마음속에 품었던 것을 나타내 준다고 말씀하신다. 너의 입에서 어떤 종류의 말이 나오는가? 그것은 네 마음 상태 그대로 나타난다. 너는 너의 마음의 문제를 너의 힘으로 해결할 수 없다. 해결책은 새로운 태도와 동기로써 성령이 충만할 때 해결할 수 있다. 그렇게 되면 너의 말도 깨끗해진다. 예수님은 말씀하시기를 인간의 말이 그의 마음 상태를 나타낸다고 말씀하신다. 독사의 마음, 선한 마음, 악한 마음 이 세가지 마음을 말씀하신다(히 3:12). 우리가 행동하는 것은 우리의 마음 상태에서 나온다. 우리의 내면 속에 있는 것을 나타내기 위해 행동한다. 겉으로 변하는 것은 변하는 것이 아니고 마음이 바뀌고 인간 내면 세계가 바뀌어야 진정한 변화이다. 인간 본성은 선하게 만들어져 있지 않다. 마음이 변화되어야 하고 거듭나야 변한다. 하나님만이 인간의 정신적 내면 세계를 바꿀 수 있다. 노력으로는 일시적이며 완전히 바꿀 수 없다(눅 8:15; 10:27-28).

**36절 : 내가 너희에게 이르노니 사람이 무슨 무익한 말을 하든지 심판 날에 이에 대하여 심문을 받으리니**

모든 부주의한 말은 심판 날에 계산될 것이다.

그리고 우리에게 주는 몇 가지 교훈은,

1) 우리가 하는 말을 하나님이 듣고 기록할 것이다.

2) 부적합한 말은 우리를 노예로 만들 것이다.

3) 우리의 부주의한 말은 하나님께 고백해서 용서받아야 한다.

4) 성경은 혀를 다스리라고 계속 말씀하고 계신다(롬 14:19; 고전 14:26).

## 37절 : 네 말로 의롭다 함을 받고 네 말로 정죄함을 받으리라

말은 사람의 운명을 결정한다. 우리가 하는 말은 우리를 정당화시키거나 아니면 그 말 때문에 비난받게 된다(잠 13:3; 18:21; 21:23).

**개념 1.** 혀를 제갈 물리지 못하는 사람에 대하여 두 가시 사실이 있다.

1) 그의 종교는 헛되고 거짓이고 공허하고 위선적이다.
2) 그는 자기 자신의 마음을 속이는 자가 된다(약 1:26). 말은 적게 하고 듣기를 좋아하는 사람이 행복한 삶을 살 수 있다.

## 38-40절 : 그때에 서기관과 바리새인 중 몇 사람이 말하되 선생님이여 우리에게 표적 보여 주시기를 원하나이다 예수께서 대답하여 이르시되 악하고 음란한 세대가 표적을 구하나 선지자 요나의 표적 밖에는 보일 표적이 없느니라 요나가 밤낮 사흘 동안 큰 물고기 배 속에 있었던 것같이 인자도 밤낮 사흘 동안 땅 속에 있으리라

바리새인들은 기적적인 표적을 요구하지만 그들은 예수가 누구인지 진정으로 알기를 원하지 않았다. 만약에 그들이 가슴을 열고 알려고 했더라면 충분히 그들은 예수의 기적을 보고 메시아인 줄 알았을 것이다. 그들이 아예 예수님이 메시아인 것을 믿지 않으려고 마음속에 결심을 하고 있었으며 예수님이 다른 기적을 그들에게 보여 주었더라도 믿지 않았을 것이다. 많은 사람들은 예수님의 기적을 보았더라면 믿었을 거라고 말하고 있으나 우리는 예수님의 탄생, 죽음, 부활, 승천, 그의 여러 사역을 통한 분명한 증거가 있음에도 믿지 않고 있다. 다른 기적의 증거를 찾으려고 하는 대신에 하나님이 우리에게 베푸신 은혜를 먼저 생각해 보라. 하나님은 너의 삶의 변화를 그 증거로 삼을 것이다 바울은 유대인들은 항상 기적의 증거만 요구한다고 말씀하신다. 그들은 항상 하나님께로부터 왔다는 메시아에게 초자연적인 기적을 요구해 왔다.

여기서 주목해야 하는 6가지 사실이 있다.

1) 이것은 예수님이 광야에서 마귀로부터 두 번째 경험한 것과 똑같은 제2의 유혹이다(마 4:5-7).

2) 유대인들은 기적의 표시 그 이상을 요구했다. 그들은 하늘에서 일어나는 표적을 요구했다. 즉 예수님이 약속된 메시아임을 의심하는 그 이상의 하늘에서 일어나는 표적을 요구했다(마 16:1; 막 8:11; 눅 11:16).

3) 유대인들이 표적을 요구하는 두 가지 이유가 있다.

   (1) 그들의 종교는 표적과 기적의 종교였다. 그리고 그들의 종교는 하나님에 의해서 주어졌고 예언자들의 기적적인 행동에 의해서 세워졌기 때문이다.

   (2) 예수님은 초자연적인 기적 위에 이루어진 종교를 완성하기 위해 이 땅에 왔다(눅 11:16; 요 2:18; 4:48; 고전 1:22).

4) 유대인들이 예수님으로부터 또 다른 표적을 요구하는 것은 전혀 합당하지 않다. 예수님이 가는 곳에는 항상 표적과 기적이 일어났고 사역에도 기적이 일어나 그것만으로도 사람들이 믿기에 충분했다. 확실히 그는 하나님의 아들이며 표적이 나타나지 않는 것은 그들이 관여할 문제가 아니라 하나님의 결정에 달려 있다. 그들은 두 가지 문제를 가지고 있다.

   (1) 그들은 믿지도 않았고 믿고 싶지도 않았다.

   (2) 그들은 하나님의 사랑과 믿음을 이해하지 못했다.

믿음과 사랑은 표적과 기적이 아니다. 하나님은 사람들이 단순히 하나님 됨을 믿기를 원했던 것이지 그들을 위해서 하나님이 하신 일, 기적 때문에 그들이 믿는 것을 원하지 않았다. 진정한 믿음은 표적이나 기적이 아니고 예수 안에 있는 사랑과 신실함과 진실에 있는 것이다.

5) 표적을 찾았던 사람들은 악독하고 타락한 세대들이다. 그들은 사랑과 신실한 하나님을 찾는 대신에 표적만 행하는 거짓된 하나님들을 원하고 있다. 기적과 이적을 구하면서 그들은 영적 간음을 저지르게 되고 진정한 메시아 즉 하나님을 배반하고 거짓 하나님의 표적, 이적, 증거를 원하고 있다. 하나님의 영은 사랑과 믿음을 구하는 것이며 삶을 윤택하고 삶을

가치 있게 만드는 것이지 기적을 바라는 것이 아니다.

  6) 요나에게 준 표적 이외에는 어떤 세대에게도 이적을 주지 않았다(눅 11:29-30). 부활은 예수님이 메시아임을 충분히 증거한다. 죽음에서 부활한 것만으로도 충분한 이적이 증명된 것이다(롬 1:4).

**개념 1.** 당신은 입술로 "주여, 주여" 하는가? 가슴으로 '주여~' 하고 부르짖는가?

  1) 예수님은 우리의 기도를 듣고 응답할 것이며 자기 백성들의 필요를 충족시켜 줄 것이다. 예수님은 사람의 이기심을 충족시켜 주지 않으며 육체적인 호기심도 충족시켜 주지 않는 분이다. 그는 특별한 이적을 보여 주고 믿지 않는 사람의 주장은 듣지 않는다(행 2:23-24; 3:14-15; 4:33; 17:2-3; 롬 10:9; 엡 1:20)

  2) "주여 주여"라고 부르는 자마다 천국에 들어가지 못한다고 말씀하신다. 많은 사람들이 입으로 말하나 천국에 들어가는 사람은 적다. 많은 사람은 초대되나 선택되는 사람은 적다(마 7:21-23).

**개념 2.** 많은 사람들은 하나님이 이적 행해 주기를 간청하고 보여 주기를 주장하지만 만약 하나님이 그렇게 하면 그들의 믿음은 적어지고 내내 이적만 행해 주기를 바랄 것이다.

  1) 하나님은 이적으로 일하시지 않는다. 하나님은 믿음과 사랑으로 일하신다. 하나님은 가끔 성도들이 믿음이 약하기 때문에 이적을 행하신다. 그러나 이적은 사람을 다루는 하나님의 방법이 아니다.

  2) 하나님은 우리의 요구를 충족시켰던 그 이상으로 세 가지 엄청난 도움을 주었다. 그것은 기도, 말씀, 성령이다.

  3) 많은 사람들은 이적을 받았다고 주장한다. 그러나 하나님은 분명히 말씀하신다. 어떤 이적도 준 것이 없으며 최고의 이적인 부활이 주어졌다.

**41절 : 심판 때에 니느웨 사람들이 일어나 이 세대 사람을 정죄하리니 이는 그들이 요나의 전도를 듣고 회개하였음이거니와 요나보다 더 큰 이가 여기 있으며**

요나는 앗시리아의 수도 니느웨에 보내진 예언자이었다. 앗시리아는 전쟁을 좋아하고 잔인한 국가였다. 요나는 그가 받은 사명 즉 니느웨 전도를 피해서 도망가려고 했으나 큰 물고기 배에서 삼일 머물다가 나와서 마지못해 니느웨로 가서 하나님의 메시지를 전했더니 그 도시들이 회개하는 것을 보았다. 여기서 예수님은 분명히 말씀하고 계신다. 부활이 그가 메시아임을 증거하는 것이라고 말씀 하신다. 요나가 물고기 배에서 삼일간 있은 후에 새로운 생명을 얻었던 것처럼 예수님도 3일 후 새 생명으로 돌아간다는 것을 의미하고 있다.

1. 악한 세대는 회개하지 않기 때문에 저주를 받는다.

2. 니느웨 사람들은 왜 회개가 필요한지 회개의 모범을 보여 준 도시이다. 우리도 회개하지 않으면 저주를 받을 것이다.

3. 미래에는 심판 날이 놓여 있다.

4. 니느웨 사람의 회개는 심판 날에 그 증거로 이용될 것이다. 니느웨 사람들은 죄의 사망으로부터 벗어나 하나님을 의지하는 제일 좋은 본보기가 되었다. 니느웨 사람들은 죄의 구렁텅이에 빠졌으나 요나의 설교를 듣고 회개함으로써 새로운 삶을 맞이하게 되었다.

5. 그들은 죄가 아무리 크고 무겁더라도 회개하고 하나님을 의지하면 구원을 얻는다는 것을 보여 주고 있다.

6. 예수님은 요나보다 더 위대하다. 그는 자기 자신이 메시아로 가장 위대한 메신저라고 선포하고 있다. 이 세상에서 가장 나쁜 죄인도 회개하면 니느웨 사람처럼 구원을 얻을 수 있다(눅 13:3; 행 2:38; 8:22; 17:30).

**개념 1.** 반성은 쉽지만 회개는 어렵다.

1) 니느웨는 가장 세상적이고 사악한 도시였다.

2) 하나님은 요나를 보내 니느웨에 경고하고 있다.

3) 요나가 말씀을 선포할 때 니느웨 사람들은 모두 회개하고 하나님을 믿었으며, 예수 그리스도는 니느웨 경험을 이 세상에 적용하고 있다.

**개념 2.**

1) 니느웨 사람들은 요나가 말씀을 선포했을 때 그 메시지를 인정하고 받아들였다. 그래서 믿고 회개했다.

2) 사람들은 예수님을 누군지 인식하지 못하고 있으며 그들은 장님이며 악하고 간사스러워 요나보다 더 큰 이를 볼 수 없었다. 예수님은 자신이 메시아이시며 부활이라는 더 큰 이적을 보여 주셨다. 그럼에도 믿지 못하는 사람이 많았다.

**개념 3.** 우리는 부패한 세상에 살고 있기 때문에 빛과 소금이 되어야 한다.

1) 요나는 단지 사람이며 그는 예언자이나 우리처럼 죄성으로 가득 찬 사람이다.

2) 니느웨의 회개는 심판의 날에 언급될 것이다. 니느웨 사람들은 어떻게 해서 큰 죄악에서 하나님께 의지하였는가를 그 증거로서 나타낼 것이다. 니느웨 사람들은 약한 증언자 요나를 가지고 있지만 우리는 가장 위대한 증언자 예수 그리스도 자체를 가지고 있다.

**42절 : 심판 때에 남방 여왕이 일어나 이 세대 사람을 정죄하리니 이는 그가 솔로몬의 지혜로운 말을 들으려고 땅 끝에서 왔음이거니와 솔로몬보다 더 큰 이가 여기 있느니라**

남방의 여왕(시바의 여왕)은 솔로몬을 보기 위해 멀리까지 왔으며 지혜를 배우기 원했다. 이러한 이방인들도 소문을 듣고 그 진실을 받아들이고 인정했으나 유대인들은 예수님의 얼굴을 직접 보고도 진실을 무시하는 눈먼 장님과 같은 사람들이다.

1. 시바의 여왕은 사람의 지혜를 구하는 개인적인 본보기이다. 그녀는 진실을 공유할 수 있는 사람을 찾는다는 것이 매우 중요하다는 것을 나타낸다.

1) 그녀는 멀고도 위험한 긴 여행을 하고 있다. 그녀는 지혜를 찾기 위해 지구의 끝으로부터 먼 거리까지 찾아왔다.

2) 그녀는 엄청난 무거운 책임과 바쁜 일정을 가진 여왕이었다.

3) 그녀가 추구하는 것은 확실하지도 않았다. 그녀가 추구하는 것은 하나의 도박이며 두 가지 면에서 불확실하다.

　(1) 그녀는 솔로몬이 소문처럼 실제로 현명한지 확실하지도 않았다. 입소문만 들으며 과장되었을 수도 있다.

　(2) 그녀는 솔로몬을 방문하겠다는 개인적인 초청도 받은 적이 없다. 그녀는 솔로몬이 그녀를 만나 줄지 확신을 하지 못했다.

4) 그녀는 무시무시한 편견을 감당해야만 했다. 그녀는 남자가 군림하는 세계에서 사는 한 여인으로 남자에 의해서 성의 대상으로 이용되기 쉬웠다.

2. 시바 여왕이 지혜를 구한 사건은 심판의 날에 하나의 증언으로 이용될 것이다. 그녀가 지혜를 가진 사람을 찾기 위해 극복한 어려움과 믿을 수 없는 용기는 한 증언으로 사용될 것이다. 이것은 미지의 진리를 추구하다가 실패한 모든 사람에 대한 성공한 사례의 증언으로 이용될 것이다.

3. 시바 여왕의 행동은 예수를 믿는 데 모든 변명을 없애 준다(눅 11:9-10; 신 4:29; 잠 2:3-5).

4. 예수님은 솔로몬보다 위대하고 뛰어나다. 그는 길이요 진리요 생명이다. 예수님이 이 세상에 온 후로 모든 사람들은 확실히 자기 자신의 변명이 없어졌다. 시바 여왕은 가장 멀리서 와서 솔로몬의 지혜를 구하고 있다. 그러나 우리는 지금 진리요 생명 그 자체이신 메시아가 이 땅에 와서 진리 그 자체를 보여 주고 있으며 모든 사람들은 예수님 자체가 진리이심은 의심할 여지가 없다고(요 14:6, 9-11) 믿고 있다.

**개념 4.** 시바 여왕은 진리를 찾기 위해 어떤 노력, 시간, 에너지, 고생도 마다하지 않는 감당하기 힘든 인물의 표상이다. 결론적으로 우리가 하나님을 알려면 엄청난 고통과 시간과 에너지가 요구된다(히 11:6; 잠 8:17).

**43-45절 : 더러운 귀신이 사람에게서 나갔을 때에 물 없는 곳으로 다니며 쉬기를 구하되 쉴 곳을 얻지 못하고 이에 이르되 내가 나온 내 집으로 돌아가리라 하고 와 보니 그 집이 비고 청소되고 수리되었거늘 이에 가서 저보다 더 악한 귀신 일곱을 데리고 들어가서 거**

**하니 그 사람의 나중 형편이 전보다 더욱 심하게 되느니라 이 악한 세대가 또한 이렇게 되리라**

1. 예수님은 이스라엘의 태도와 특별히 종교 지도자에 대하여 언급하고 있다. 하나님 없이 사람의 삶을 깨끗하게 한다는 것은 사탄이 들어올 수 있는 공간만 넓혀 주는 꼴이 된다. 에스라서는 사람이 그들 자신으로부터 우상을 어떻게 없앨 것인가를 기록하고 있다. 그러나 하나님께 사랑과 순종을 하지 않고는 우상을 없앨 수 없다고 기록하고 있다. 첫 단계로 죄짓는 삶을 억눌러야 되며 두 번째 단계는 하나님 말씀과 성령으로 우리의 삶을 가득 채워야 한다. 성령 충만하지 않고 편안한 태도는 쉽게 사탄의 타깃이 된다.

악한 세대는 거짓 종교를 따른다. 우리의 삶 속에서 악한 영을 쫓아내면 어떤 일이 일어날까?

1) 많은 사람들은 마른 땅을 경험하게 된다. 사람이 어디를 가든지 무엇을 하든지 많은 건조한 땅의 순간이 있다. 즉 실패로 끝나는 순간이 있다. 아무리 부지런히 사람들이 노력하고 추구해도 사람의 생명으로부터 악령이 빠져나가지 않는다.

2) 사람 안에 있다가 잠시 나간 악령은 다른 곳에서 쉼을 찾으려고 하나 찾지 못하고 다시 돌아온다. 사람의 악령은 그것이 정복당할 때 쉴 곳을 잃게 되나 쉬지 않고 방황하다가 다시 돌아온다.

3) 사람은 항상 지나간 악의 세력이 다시 돌아오기를 바랄지도 모른다. 아령은 "I will return."(나는 돌아올 것이다.)이라고 말한다. 그의 집은 너무나 안락한 집이어서 그(악령)이 안전하고 편안함을 느끼게 해주는 장소이다.

2. 이 모든 것은 사람이 그의 삶을 고쳐 나가고 그의 삶을 깨끗하게 하는 것과 관계가 있다. 악령이 돌아와서 그의 생각의 문을 두드리고 그의 욕망의 창문을 엿보고 침입한다.

1) 그는 그 집이 비어 있고 아무도 없다는 것을 발견한다.

2) 그는 그 집이 청소해지고 잘 정돈되었다는 것을 발견한다. 그 사람은 모든 부스러기와 더러운 것을 깨끗이 청소했다. 그는 그의 삶의 집을 깨끗

이 청소했다. 그러나 그는 아직 예수 그리스도를 그 집에 초대하지 않아 집이 비어 있다.

3. 악령은 집이 비고 아무도 차지하지 않고 있는 것을 발견했을 때 무슨 일이 일어날까?

1) 그는 전보다 더 강한 힘으로 밀려들어 와 사람을 이전보다 더 타락하게 만든다.

2) 그는 더 많은 악령을 데리고 와 이전보다 더 많은 악행을 저지른다.

3) 악령은 사람이 자기 자신의 마음을 고쳐 먹겠다고 계획하고 있는 사람 마음 안에 남아 있다.

독자들은 예수님이 이 진실의 비유를 개인뿐 아니라 전 세대와 사회에 적용시키고 있다는 것을 주목해야 한다. 사회의 잘못된 것과 악에 대한 해답은 외부의 변화가 아니라 인간 마음의 재건과 변화이다. 즉 그것은 예수의 심장과 크리스천의 사랑과 진실을 우리의 마음에 채워 넣는 것이다(갈 4:8-10; 딤후 3:13; 벧후 2:20-21).

우리에게 주는 교훈은?

1) 악령은 예수 그리스도를 통해서 정복될 수 있다. 그것은 우리의 삶에서 쫓겨났다가 다시 들어왔다가 반복한다. 그것은 완전히 제거될 수 없다. 그것은 삶으로부터 나갈 수 있지만 항상 다시 돌아와 공격할 것이다. 우리가 필요한 것은 초자연적인 힘, 예수 그리스도뿐이다.

2) 예수 그리스도의 사랑과 그의 구원의 임무는 사람의 마음과 삶에 악령을 몰아내고 그리스도로 채워 넣어야 한다.

3) 교회가 사람을 전도 못하는 이유는 진정한 크리스천의 사랑과 행동이 없기 때문이다.

**46-47절 : 예수께서 무리에게 말씀하실 때에 그의 어머니와 동생들이 예수께 말하려고 밖에 섰더니 한 사람이 예수께 여짜오되 보소서 당신의 어머니와 동생들이 당신께 말하려고 밖에 서 있나이다 하니**

예수님은 그의 가족에 의해서 오해되어지고 있다. 그의 가족은 예수님의 주장에 의해서 혼란이 일어났고 지역 사회 전체에 이리저리 들리는 소문을 함께 듣고 있었다. 그의 가족이 그에 대한 반응은 이해를 높이는 데 중요한 도움이 된다. 예수는 자기의 가족을 부인하지 않는다. 예수님은 그가 모든 영혼과 모든 가정에 행했던 것과 똑같이 자기의 가슴에 자기 가정을 가까이 하고 있다.

1) 그의 생각은 그가 십자가에 죽는 동안 그의 어머니를 보살펴 줄 것을 부탁하는 데서 잘 나타나고 있다.

2) 그는 가족의 보살핌과 그리움을 간절히 갈망하고 있다.

3) 그는 하나님 아버지를 언급함으로써 가족과의 관계를 끊임없이 이야기하고 있다.

4) 그는 하나님 아들로서 여자의 육체를 빌러 이 세상에 내어났고 일반 가정의 환경에서 자라났다.

그래서 하나님은 인간이 이해할 수 없을 정도로 가정과 가족을 귀중하게 여기시고 사랑하신다. 이 구절에서 예수님은 자기 가족을 부인하거나 가정을 덜 중요하게 여기는 것이 아니라 그는 영적인 가족의 존재를 강조하고 계신다(딤전 5:8).

**개념 1.**

1) 그의 가족이 그를 방해할 때는 그가 설교 중이었다. 예수님의 모든 하인과 제자들이 그가 설교 중일 때 방해를 했다. 우리도 남에게 방해받을 때 짜증을 내며 방해를 받을 때 상황을 잘 컨트롤해야 한다.

2) 예수님의 가족은 그를 방해할 정도로 가깝게 지내고 있다는 것을 말해 준다. 즉 쉽게 접근하고 친숙한 관계는 존경심을 떨어지게 만든다.

3) 예수는 더 큰 교훈을 가르치기 위해서 영적인 가족이 세상적인 가족보다 더 중요하다는 것을 강조한다. 우리도 가끔 바쁠 때 가족, 즉 부모나 배우자나 아이들에게 소홀히 할 때가 있다.

**개념 2.**

  1) 가족이 우리의 소명과 미션을 방해해서는 안 된다.

  2) 우리의 사역에 방해를 받는 것은 가끔 가족과 친구로부터 일어난다. 그
    들은 인간적인 관계를 중요하게 여기기 때문에 영적인 관계를 모르고 등
    한시한다.

**48-50절 : 말하던 사람에게 대답하여 이르시되 누가 내 어머니이며 내 동생들이냐 하시고
손을 내밀어 제자들을 가리켜 이르시되 나의 어머니와 나의 동생들을 보라**

영적 가족은 혈연에 기초하지 않는다. 인간의 가족은 과소평가해서는 안 되
지만, 인간 가족의 관계는 영적인 관계(하나님 아버지와 의 관계)처럼 영원하지 않고
깨어지기 쉽다. 영적 관계는 육체적이고 일시적인 관계가 아니다. 육체적 관계
에 있을 때 아이들은 부모에게 돌아서고 부모는 아이들을 억압하고 반대하다.
배우자는 서로 돌아서서 둘 사이에 장벽이 생긴다.

인간의 가정은 일시적이며 연약하다. 이기심과 인간의 죄성 때문이다. 인간
의 가정이 중요하지만 진실된 가정의 종류는 하나님의 가족이 되어 가정을 이
루는 것이다 물론 하나님의 큰 소망은 인간의 가정이 하나님 가정 안으로 들어
오게 하는 것이다. 우리의 주 예수 그리스도와 영적으로 연합하는 가정보다 더
강력한 결합체는 없다.

  1. 예수 그리스도의 제자가 되기 위해서는 사람은 하나님을 가정보다 우선
시 해야 한다(눅 14:26).

  2. 예수 그리스도의 제자가 되기 위해서는 죽음의 십자가를 스스로 져야 한
다(눅 14:27).

  3. 예수 그리스도의 제자가 되기 위해서는 자기가 가지고 있는 모든 것을 포
기해야 한다(눅 14:33).

  4. 예수 그리스도의 제자가 되기 위해서는 다른 사람에게 사랑을 베풀어야
한다(요 13:34-35).

  5. 예수 그리스도의 제자가 되기 위해서는 예수 그리스도께 꾸준히 충성해

야 한다(요 8:31).

6. 예수 그리스도의 제자가 되기 위해서는 하나님을 섬기는 종이 되어야 한다(요 15:8).

즉 하나님의 가족이 되는 것이 그리스도의 제자가 되는 길이다. 하나님의 가족은 예수 그리스도의 진정한 제자가 되는 기초 위에 선 영적 가정이다. 그리고 영적 가정은 하나님의 뜻을 행하는 것이다. 하나님의 뜻을 행하는 가정은 아버지(하나님)와 아들(예수님)의 관계처럼 순종과 사랑으로 이루어진 가정이나. 하나님의 의지를 행하는 것은 하나님과 그의 백성과의 'fellowship'을 가지는 것이다. 즉 하나님 아버지와 우리 모두가 영적 관계를 가지는 것이다(요 14:23-24).

하나님의 의지를 행하는 것은 사람이 하나님 가족의 일원이 되어 천국에 들어가는 것이다, 즉 영적 세계로 들어가는 것이다(새 22:14). 영적 가정은 하나님을 아버지로 모시는 가정을 말한다. 예수님은 하나님 아버지의 의지를 행하는 자를 형제, 자매, 어머니라고 말씀하신다. 그런 사람이 하나님 가정에서 양자로 택함받아 형제 자매가 되고 하나님께 아들 딸이 된다.

1. 영적 가정은 하나님의 영에 의해 새로 탄생된 가정이다(요 3:3-5; 벧전 1:23; 롬 8:15-17).

2. 영적 가정은 성경에 의해서 창조된 가정이다.

3. 영적 가정은 날마다 하나님께 봉사하고 예배하는 독특한 경험에 의해서 만들어진 가정이다(고전 6:19-20).

**개념 1.**

1) 예수 그리스도는 하나님과 하나님 가정에게 최고의 충성심의 본보기를 보였다.
2) 하나님은 영적인 가정에 보호와 격려를 하신다.
3) 하나님은 영적인 가정을 소홀히 하지 않고 항상 눈동자같이 지켜보신다.

# 마태복음 13장

## 1절 : 그날 예수께서 집에서 나가사 바닷가에 앉으시매

예수께서 집에서 나가 바닷가에 앉으시매 비유를 사용하여 설교하신다. 씨 뿌리는 사람은 들에 나가서 씨를 뿌리는데, 많은 사람들 특히 유대인들은 하나님 말씀을 들으려고도 하지 않고 씨가 땅에 뿌리내리는 것을 원치 않았다. 단지 몇 사람만이 하나님 말씀이 뿌리 내리기를 원했다. 하나님의 말씀 선포는 항상 바닷가 어촌에서 먼저 시작되었다. 그래서 물고기가 하나님의 말씀을 의미한다.

## 2절 : 큰 무리가 그에게로 모여 들거늘 예수께서 배에 올라가 앉으시고 온 무리는 해변에 서 있더니

예수님은 많은 사람들에게 말씀을 선포할 때 비유를 들어 설명을 하였으며 비유는 귀에 익숙한 것과 귀에 익숙하지 않는 말과의 비유이다. 그것은 사물과 관계를 사용하여 영적 진리를 우리가 이해하는 데 도움을 주기 위해서다. 그것은 진리를 발견하는 데 도움을 주지만 바리새인들이 듣고도 모르게 하는 데 도움을 준다. 부지런히 진리를 찾는 사람에게 진리는 분명해진다. 우리는 비유를 알기 위해 너무 깊이 파고들지 말아야 하고 그 뜻이 무엇인지 말해 보라고 강요해서는 안 된다. 예수님은 안식일에 비유를 선포하시고 바닷가 배 안에서도 하시고 많은 사람들이 모여 있을 때도 비유로 설교하셨다.

**3절 : 예수께서 비유로 여러 가지를 그들에게 말씀하여 이르시되 씨를 뿌리는 자가 뿌리러 나가서**

예수님은 농부가 들에 나가 씨 뿌리는 비유로 말씀을 선포하셨다. 씨 뿌리는 비유에서 농부는 예수님을 뜻하고 땅은 이스라엘을 나타내고 씨는 천국의 선포를 뜻한다.

**4절 : 뿌릴 새 너러는 길가에 떨어지매 새들이 와서 먹어 버렸고**

많은 군중들은 하나님 말씀이 영구적으로 뿌리 내리는 것을 원치 않았다. 이들은 하나님 말씀을 듣지 않았으며 그들은 오늘날 교회에서 예배에 참석하지만 하나님 말씀을 선포해도 말씀이 그들의 마음에 와닿도록 마음을 열지 않고 있다. 오늘날도 예수님 말씀을 받아들이는 사람보다 거절하는 사람이 더 많다. 즉 복음을 순수히 받아들이는 사람보다 거부하는 사람이 더 많다.

예수님 당시에는 울타리가 없었으며 대신에 긴 좁은 통로가 있어 일반 사람들이 다닐 수 있도록 사용하고 있었다. 이러한 길은 사람들이 너무 많이 다녀 도로가 오늘날 아스팔트처럼 단단하게 되었다. 이러한 길을 예수님에 의해서 길가나 자갈밭으로 언급되고 있다. 사람들은 하나님 말씀을 들어도 이해를 하지 못했다. 즉 하나님 말씀이 그들에게 떨어져 많은 사람들 앞에서 믿음을 결심하지만 마음속으로 진정으로 믿지 않고 길가로 비켜서서 말씀에 주의를 집중하지 않는다. 믿겠다고 결심을 이미 한 사람도 진정으로 믿지 않고 그들은 열린 마음으로 받아들이지 않고 마음을 닫아버려 콘크리트보다 더 단단하게 닫혀 있다고 했다. 그들의 마음은 다른 것에 있고 흥미도 없고 말씀이 자기 삶에 얼마나 중요한지 깨닫지 못하고 있다. 그들은 하나님 말씀이 없어도 만족하며 잘 살 수 있다고 생각하고 있다. 예수님이 말씀하시기를 악한 자가 와서 뿌려놓은 하나님 말씀을 낚아채어 가버린다고 말씀하고 있는데 이것은 마음과 가슴 표면에 잠시 머물다가 마귀가 낚아채기 원하는 곳에 놓아둔다고 한다. 왜 복음에 대하여 마음을 열지 않고 닫아 두는가?

1) 그들은 옛날에 일어난 어떤 비극이나 어떤 환경 때문에 하나님을 비난하

고 거절한다.

2) 그들은 깨어 있지 않아서 복음이 얼마나 중요한지 깨닫지 못하고 있다. 그들의 마음속에는 복음보다 다른 것들이 더 중요하다고 여기고 있다.

3) 그들은 복음이 삶 자체가 아니라 한 인생의 부수물로 여기고 있다. 그들은 시간이 있을 때, 필요할 때, 늦게 믿어도 된다고 생각한다.

4) 예배에 참석하는 것이 복음을 받아들이는 것이며 하나님과 교류하는 것이라고 여기고 있으며 삶의 변화나 마음의 변화는 아무런 의미가 없고 그들에게 종교는 그들의 삶 자체가 아니라 하나의 행사처럼 여기고 있다 (행 28:27; 엡 4:19; 히 3:13; 잠 28:14; 롬 2:5).

결론적으로 우리는 하나님 말씀을 듣고 마음 판에 새겨야 한다.

**5-6절 : 더러는 흙이 얕은 돌밭에 떨어지매 흙이 깊지 아니하므로 곧 싹이 나오나 해가 돋은 후에 타서 뿌리가 없으므로 말랐고**

어떤 사람들은 바위, 자갈밭에서 하나님 말씀을 받아들인다. 옛 팔레스타인 지역의 땅 밑에는 석회석 층이 있었다. 씨앗이 땅에 떨어질 때 어떤 극적인 것이 일어나는데 석회석은 비를 머금고 있다가 표면에 햇빛이 비쳐 온도가 올라가면 싹이 나오는데 뿌리는 없다. 이 비유는 명백하다. 이런 사람은 극적인 변화로 믿게 되지만 그 변화는 오래 가지 못하고 한 계절도 가지 못해서 결국 믿지 않는다. 그런 사람의 특징은,

1) 하나님 말씀을 잘 듣는다.

2) 말씀을 즉시 받아들인다.

3) 하나님 말씀을 기쁨으로 받아들인다.

4) 잠시 동안은 잘 참는다.

이런 사람은 왜 실패할까?

1) 그는 그 자신 안에 뿌리가 없다. 그는 뿌리 없이 말씀과 기도에 임한다. 그는 크리스천의 교리를 배우지 못하고 깨닫지 못했다. 그는 말씀을 감정적인 충동에서 받아들여서 삶의 변화를 맛보지 못했다. 그는 부지런

하고 엄격한 훈련을 통해서, 인내와 고난을 통해서 예수님의 제자가 된다는 것을 깨닫지 못하고 있다. 그리고 희생적인 복종을 배우지 못했다 (딤후 2:15).

2) 그는 시련과 인생의 고난을 이겨 내는 영적인 힘을 갖지 못했다. 환경에서 오는 압박과 세상 친구들과 주위 사람들의 비난과 놀림과 박해 때문에 스스로 동굴에서 빠져나오지 못한다(마 22:14; 눅 6:49; 9:62; 갈 4:9; 히 10:38).

**개념 1. 끝까지 남는 자가 구원받는다.**

1) 말씀 선포와 가르침을 듣는 것만으로는 천국에 들어갈 수 없다. 사람은 말씀을 가슴속에 받아들여 변화되어야 하다.

2) 큰 실수는 가끔 극적으로 믿게 되는 사람에게 일어난다. 즉 그들은 진정으로 믿기 전에 다른 사람에게 떠 밀려서 예수의 증언자로 나오게 된다.

3) 끝까지 견디는 자는 구원을 받으리라(마 10:22). 끝까지 견디지 못하고 중간에 환경에 의해서, 가족에 의해서 그만두게 된다.

**┃ 7절 : 더러는 가시떨기 위에 떨어지매 가시가 자라서 기운을 막았고**

어떤 사람들은 가시넝쿨 속에서 말씀을 받아들인다. 가시넝쿨의 땅은 잘 속이는 땅인데 보기에는 깨끗하고 좋게 보이며 넝쿨로 덮여 있다. 그러나 흙 표면 바로 아래는 뿌리가 양 사방으로 얽혀 있으며 뿌리에서 새싹이 나오려고 준비하고 있다. 그것은 좋은 씨앗이 싹트는 것보다 가시가 더 강하고 빨리 자라난다는 것을 의미한다. 그들은 좋은 씨앗에서 올라오는 생명을 숨 막히도록 질식시킬 것이다. 가시는 하나님 말씀을 그들의 삶에 부수적인 일로 받아들이는 것을 의미한다. 그들은 하나님을 받아들이되 그것을 그들 삶의 부속물로 생각한다. 그들은 하나님을 그들의 삶의 한 조그마한 부분이라고 생각하며 결과적으로 그 말씀이 그를 숨 막히게 한다(요일 2:15-16).

**개념 1.**

1) 가시는 삶의 근심거리를 나타낸다. 가시는 항상 찌른다. 가시는 세상 안에 사람과 물건을 뒤엉키게 한다. 가시넝쿨은 사명을 추구해 나가는 데 고통을 주고 방해가 된다. 사람의 마음이 근심에 차 있을 때 그의 마음은 하나님께 있는 것이 아니고 세상에 매달려 있는 것이다. 그는 육적인 마음에 사로잡혀 있으며 영적 마음에 있는 것이 아니다.

2) 가시는 부의 허세를 나타낸다. 세상적인 것이며 부 자체는 자만이 된다. 부는 몇 가지 방법으로 우리를 속인다.

    (1) 부는 사람을 자만과 자기 의존을 하게끔 만든다. 그것은 그를 편안하도록 느끼게 하고 이 세상에서 안전하다고 느끼게끔 만든다. 그러한 느낌이 하나님을 멀리하게 한다.

    (2) 부는 사람을 지나치게 사치스럽게 만들고 태만하게 만든다. 그것이 필요 이상으로 삶을 사치스럽게 살게 되어 인생의 의미를 모르고 살게 된다.

    (3) 부는 사람의 마음과 정신을 헛되게 소비하게 만든다. 부자들은 가끔 자기 자신이 부에 집중하게 되어 하나님과 하나님 말씀에는 등한시하게 된다.

    ① 부는 하나님의 축복을 잘못 해석하게 해준다.

    ② 부를 갖게 된 것이 하나님의 축복이라고 잘못 생각한다.

    ③ 가난한 것이 하나님의 축복을 받지 못한 것이라고 생각한다. 이것은 태초부터 잘못된 개념이다. 이 세상에서 어떤 것을 소유하고 받는 것은 하나님의 은혜이며 하나님께서는 이 세상의 삶에 있어 필요한 것을 공급해 주신다고 약속하셨지만, 무엇보다 하나님의 크나큰 축복은 영적인 축복인 것이다.

위의 세 가지가 부자가 천국에 들어가기 어렵다는 것을 분명히 설명해 주고 있다(막 4:19; 딤전 6:9; 약 5:3; 잠 23:5; 렘 17:11).

**8절 : 더러는 좋은 땅에 떨어지매 어떤 것은 백 배, 어떤 것은 육십 배, 어떤 것은 삼십 배의 결실을 하였느니라**

이 비유는 영적인 씨 뿌리는 자, 즉 가르치고 설교하고 다른 사람을 이끄는 영적인 지도자를 격려하는 말이다. 농부가 좋은 씨앗을 뿌리지만 모든 씨앗이 싹이 나는 것은 아니다. 자라나는 식물이 모두다 좋은 수확을 거두는 것은 아니다. 당신이 하나님의 말씀을 충실히 전했을 때 좋은 결과가 없더라도 실망하지 마라. 믿음은 수학 공식처럼 따라가도록 강요할 수 없다. 하나님이 당신의 전도를 사용하여 하나님께 인도해 갈 때 그것은 성령의 역사이다. 하나님 말씀을 듣고 영원한 뿌리를 내리는 것은 신실하고 선한 가슴을 가졌다는 것을 나타낸다. 그래서 그는 귀 기울여 듣고 묵상하며 생각을 집중한다. 육체적으로 예배에 참석하나 마음과 정신은 텅빈 상태에 있으며 하나님 말씀을 선포할 때 그의 생각은 방황하고 있는 사람이 있다.

그리고 진정한 리더는 어떤 사람인가?

1) 그는 책임감이 있고 지성적으로 행동한다. 그는 하나님 말씀을 듣고 공부하고 받아들인다.

2) 그는 열매를 많이 맺는다. 그는 자신의 삶속에 하나님 말씀과 성령의 열매를 맺는다(갈 5:22–23).

3) 잘못을 인정하고 회개하며 하나님 안에서 진리를 찾는다.

요한복음 15장에서 4가지 "no fruit(열매 맺지 못함), fruit(열매 맺음), more fruit(더 많은 열매 맺음), much fruit(훨씬 많은 열매 맺음)"으로 구분하고 있는 것은 주목해 볼 만하다(고후 5:17; 요 12:24; 15:5; 빌 1:11).

**개념 1.** 열매는 진실로 믿는 자와 위선자를 구별 짓는 잣대가 된다. 모든 믿는 자들이 똑같지는 않다. 어떤 사람은 30배의 열매를 맺고 어떤 사람은 60배, 어떤 사람은 100배의 열매를 맺는다. 100배의 열매를 맺는 사람은 별로 많지 않다. 대부분 사람이 그들의 에너지, 노력, 시간, 소유물을 100% 하나님께 드리기 원하지 않는다. 100% 하나님께 드리지 않으면 100배 열매를 맺는다는 것을 기대할 수 없다.

## █ 9절 : 귀 있는 자는 들으라 하시니라

인간의 귀는 많은 소리를 듣는다. 영적인 이해를 가져오는 깊은 종류의 경청이 있다. 당신이 하나님의 뜻을 구하면 당신은 영적인 들음을 가지게 되며 이러한 비유가 당신에게 새로운 생각을 줄 것이다. 귀로 하나님의 메시지를 듣는 것보다 더 가치 있는 것은 없다(마 7:21). 예수님 말씀은 영적인 이해를 가져오는 하나님 말씀을 경청하는 귀를 가져야 된다고 말씀하신다.

## █ 10-11절 : 제자들이 예수께 나아와 이르되 어찌하여 그들에게 비유로 말씀하시나이까 대답하여 이르시되 천국의 비밀을 아는 것이 너희에게는 허락되었으나 그들에게는 아니 되었나니

예수님이 비유로 말씀하실 때 성실히 예수님을 찾는 자에게는 진실을 숨기지 않으신다. 영적인 진실을 잘 받아들이는 사람은 그 비유들을 잘 이해하기 때문이다. 믿지 않는 사람에게는 그 비유가 단지 뜻이 없는 이야기처럼 들릴 것이다. 비유를 들어 말하는 것은 적들이 그를 함정에 빠뜨리지 못하게 해주며 말씀을 갈망하는 사람에게는 영적 양식을 주는 것이다.

**개념 1.** 우리는 말씀이 선포되고 사람들이 말씀을 받아들이는 방법에 관심을 갖고 있다. 사람들이 말씀을 듣고 성장하는가? 아니면 그들이 흥미를 잃고 침체에 빠지는가? 똑같은 설교도 어떤 사람은 잘 들리고 어떤 사람은 잘 들리지 않는다. 이 구절은 설교자, 교사에게 격려를 해주시는 구절이며 듣지 않고 믿지 않는 사람에게 경고의 메시지가 담겨 있다.

하나님은 믿는 자에게 영적인 이해를 할 수 있도록 도와주어 천국의 비밀을 알게하며 믿지 않는 자에게는 천국의 비밀을 가르쳐 주지 않는다. 상식적으로 말하면 하나님을 믿고 그에게 가까이 다가오는 사람에게 천국의 비밀을 가르쳐 주며 믿지 않는 자들에게는 무시하고 가르쳐 주지 않는다. 하나님은 믿는 자에게 반드시 상급을 주시고 믿지 않는 자에게는 상급을 주시지 않는다.

천국에는 비밀이 있다.

　1) 예수님의 성육신과 처녀 몸에서 성령으로 태어나심(마 1:16).

2) 예수님이 이 땅에 계시는 동안 죄 없는 삶을 사심으로써 완전한 의로운 자로 보여 준 것.

3) 우리 인류의 죄를 위해 십자가에 못박힌 것.

4) 지금도 행하시는 우리를 위한 예수님의 중보 기도.

5) 믿는 자에게 주시는 성령과 그의 임재.

6) 부활(미래의 부활).

7) 천국과 지상을 허물어 다시 개조하여 완전한 새로운 우주를 창조하는 것.

천국의 비밀은 하나님만이 아는 것이지 우리 인간의 이성으로는 알 수 없다. 천국의 비밀은 믿는 자에게만 깨닫게 되는 것이다. 믿는 자만이 하나님이 무엇을 나타내시는지 이해할 수 있다(요 14:26; 고전 2:12-13; 요일 2:27).

## ▌ 12절 : 무릇 있는 자는 받아 넉넉하게 되되 없는 자는 그 있는 것도 빼앗기리라

예수님이 비유로 말씀하신 첫째 이유는 예수님을 찾는 자, 그 말씀을 듣고 하나님 뜻을 이루는 자가 더 많은 것을 얻는 것이다. 그러므로 예수님은 모든 사람들이 예수님을 찾아서 더 많은 것을 얻기를 원하고 계신다.

꿈꾸지 않는 자, 그리고 자기만족에 취한 사람은 얻지 못하고 얻어도 적게 얻는다. 이것은 모든 영역의 법칙이다.

1) 자연의 법칙- 일찍 일어나는 새가 벌레를 많이 잡는다.

2) 인간의 법칙- 노력과 에너지를 많이 쓰면 결과가 좋게 나온다. 이런 좋은 결과물은 게으른 사람, 비활동적인 사람에게는 위협이 되고 결과물을 빼앗기는 결과를 가져온다. 노력하고 연습하고 부지런하고 꾸준한 사람이 잘 보고, 잘 듣고, 많은 것을 얻는다. 그러나 게으르고 어떤 일이든 소홀히 하는 사람, 충실하지 못한 사람은 잃는 것이 많다. 인생 전체를 통해서 어떤 사람은 얻는 것이 많고 어떤 사람은 잃는 것이 많다. 그것은 꿈과 노력과 그가 행하는 에너지에 달려 있다.

3) 하나님의 법칙(마 5:6; 6:33; 7:7-8) - 여기에는 공식이 있다.

(1) 장래 비전 + 일 착수 = 성공

(2) 장래 비전 + 일 착수 안 함 = 기회를 잃는다.

(3) 장래 비전 없음 + 일 착수 안 함 = 아무것도 없다.

여기서 미래 비전은 보는 능력, 미래를 상상하고 계획하고 그 꿈을 실천해 나가는 능력을 말한다.

주도적 행동의 뜻은 적재적소에 행동하는 것을 말하며 제때에 행동에 착수하는 것을 말한다. 행동을 하되 제때에 행동해야 한다.

성공한 사람은 하나님이 계획한 일을 하나님의 영적 에너지와 하나님의 비전을 가지고 하나님 목적을 성취한 사람이다. 어떤 것을 성취하기 위하여 또 찾아보고 노력하는 사람은 더 많은 것을 성취할 것이다. 이 구절은 큰 격려도 되지만 위협도 된다.

1) 어떤 사람에게 격려해 주는가? 충실한 자, 부지런한 자, 꾸준한 자, 애쓰는 자, 인내하는 자, 한결같은 자, 열심히 일하는 자, 시작하면 끝을 보는 자, 주도적인 자. 이런 사람은 30배, 60배, 100배를 얻는다.

2) 어떤 사람에게 위협이 되는가? 선ㆍ후천적으로 게으른 자, 자기만족에 빠진 자, 언행이 일치하지 않는 자, 폐쇄적인 자, 닫힌 눈을 가진 자, 닫힌 귀를 가진 자, 행동이 느린 자, 불안한 자, 목적이 없는 자, 늦잠 자는 자, 늦게 출발하는 자, 시간을 낭비하는 자이다.

**13-15절 : 그러므로 내가 그들에게 비유로 말하는 것은 그들이 보아도 보지 못하며 들어도 듣지 못하며 깨닫지 못함이니라 이사야의 예언이 그들에게 이루어졌으니 일렀으되 너희가 듣기는 들어도 깨닫지 못할 것이요 보기는 보아도 알지 못하리라 이 백성들의 마음이 완악하여져서 그 귀는 듣기에 둔하고 눈은 감았으니 이는 눈으로 보고 귀로 듣고 마음으로 깨달아 돌이켜 내게 고침을 받을까 두려워함이라 하였느니라**

예수님께서 비유로 말씀하시는 두 번째 이유는 믿지 않는 사람은 거부당하며 더 많은 것을 잃는다는 것을 의미한다. 그리고 우리가 주목해야 할 사실은?

1. 믿지 않는 자들이 예수님 말씀을 거절하는 것은 외고집 때문에 혹은 고의적으로 거절한다. 그는 보고 듣지만 실제로 그의 눈과 귀를 열지 않는다. 왜 이런 사람들은 예수님을 이해하지 못하는가? 이런 사람들의 마음은 완고하여 굳

어져 있는 상태이기 때문이다. 희랍어로는 이런 사람의 가슴은 살이 쪄서 과체중이라고 한다. 살이 쪘다는 것은 음란의 욕심과 분별 없음을 나타낸다. 먹고 또 먹고 살이 계속 찐다는 것은 육욕을 탐하고 지각이 없다는 것을 나타낸다. 그러므로 예수님은 이렇게 말씀하신다. 믿지 않는 자는 너무 탐욕적이고 분별력이 없어 그들은 천국의 비밀에 반기를 들고 거부한다. 그들의 탐욕은 세속적이고 세상 물질을 지나치게 길망하기 때문이다.

2. 믿지 않는 자의 거절은 구약에 예언되어 있다(사 6:9-10). 고의적으로 하나님을 거절하는 시림은 하나님에 의해서 심판을 받고 하나님에 의해 거절당하는 경험을 하게 된다. 사람들이 고집스럽게 믿지 않고 계속 죄를 지으면 심판 날에 반드시 하나님으로부터 거절당한다(롬 1:24-26; 시 81:11-12; 잠 29:1).

3. 믿지 않는 자는 모질게 마음을 먹고 인정이 없으며 남의 말을 듣지 않고 눈을 딱고 못 본 체하고 본 것을 부인하며 하나님에 대한 이해를 부인하는 특징을 가지고 있다.

**개념 1.** 왜 그들은 예수를 거절할까?(시 52:3; 살후 2:12) 왜 그들은 마음을 닫고 귀와 눈을 닫을까?

이 세상에서 가장 비극적인 광경 중에 하나는 가장 영광스러운 메시지를 전하는 주의 말씀에 졸거나 불안으로 가득 차 있거나 흥미를 잃고 주의가 산만하거나 고의적으로 마음을 닫고 열지 않고 앉아 있는 사람을 보는 것이다.

4. 사람들이 하나님 말씀에 귀 기울여 받아들이면 그의 삶이 바뀌는데, 어떤 사람은 계속 부인하고 거절한다. 그런 사람은 어둠에서 빛으로 나오기를 원하지 않는 사람이다. 그런 사람은 어둠 속에서 계속 죄를 짓고 살기를 원하는 사람이다. 하나님은 그런 사람을 포기하고 절망에서 헤매도록 방관하고 도와주지 않을 것이다.

**16-17절 : 그러나 너희 눈은 봄으로, 너희 귀는 들음으로 복이 있도다 내가 진실로 너희에게 이르노니 많은 선지자와 의인이 너희가 보는 것들을 보고자 하여도 보지 못하였고 너희가 듣는 것들을 듣고자 하여도 듣지 못하였느니라**

예수님이 비유로 말씀하시는 세 번째 이유는 믿는 사람이 말씀을 받아들여 축복을 더 많이 받아들이게 하는 것에 목적이 있다. 하나님의 축복은 상상이 안 되는 가장 큰 축복 즉 사랑, 기쁨, 화평, 자신감, 확신감, 영원한 평강이다. 그리고 하나님의 축복은 인간이 갈망하는 물질로부터 오는 것이 아닌 삶의 변화와 영적 치유로 오는 것이며 이것은 보고 들음으로 일어난다(시 19:7; 행 3:19).

신약에 와서 믿는 자는 구약에서 믿는 자보다 예수 때문에 훨씬 특권이 더 많다(고전 2:9-10; 골 1:26-27; 요일 2:20).

## ▌ 18절 : 그런즉 씨 뿌리는 비유를 들으라

길가에 떨어진 씨앗은 마음이 굳어져 마음을 열지 않는 사람을 말한다. 문제점은 그의 가슴은 부드럽지 않다. 그 결과 씨앗이 가슴 안으로 파고들어 갈 수가 없다. 그 결과 사탄이 그 씨앗을 낚아채 가버린다. 귀 있는 자들은 씨 뿌리는 비유가 무엇을 뜻하는지 잘 들으라.

## ▌ 19절 : 아무나 천국 말씀을 듣고 깨닫지 못할 때는 악한 자가 와서 그 마음에 뿌려진 것을 빼앗나니 이는 곧 길 가에 뿌려진 자요

어떤 사람이든지 천국 복음에 관해서 듣고 이해하지 못할 때 악한 자가 와서 그의 가슴에 뿌려진 씨앗을 낚아채 간다. 이것은 길가에 뿌려진 씨앗이다.

## ▌ 20절 : 돌밭에 뿌려졌다는 것은 말씀을 듣고 즉시 기쁨으로 받되

자갈밭에 떨어진 씨앗을 받은 사람은 그 말씀을 듣고 즉시 받아들이는 사람이다. 신속하게 극적으로 받아들이는데 문제는 뿌리가 없어 작은 시련이 오면 견디지 못하고 하나님 곁을 떠난다.

## ▌ 21절 : 그 속에 뿌리가 없어 잠시 견디다가 말씀으로 말미암아 환난이나 박해가 일어날 때에는 곧 넘어지는 자요

그는 뿌리가 없기 때문에 잠시 견디다가 복음 때문에 박해나 고통이 오면 곧 떨어져 나간다. 그런 사람은 겉으로는 신앙심이 깊은 것 같으나 세속적인 마음을 가진 사람이며 세상 문제가 마음에 얽혀 있어서 하나님 말씀은 질식되어 열매를 맺지 못한다.

## 22절 : 가시떨기에 뿌려졌다는 것은 말씀을 들으나 세상의 염려와 재물의 유혹에 말씀이 막혀 결실하지 못하는 자요

가시떨기에 뿌려진 씨앗을 받은 사람은 복음을 들었지만 삶에 대한 여러 근심과 부에 대한 자만심이 그 말씀을 질식시켜 열매를 맺지 못하게 한다. 즉 100% 순종하지 않고 예수님 말씀에 동의하는 것은 아주 쉽다. 삶의 걱정거리와 부의 유혹을 비난하면서도 자기의 삶의 방식을 바꾸지 않고 있다. 하나님과 영원히 함께한다면서 현재 걱정거리를 계속 가지는 것이 합당한 일인가? 너희들은 원하는 모든 것을 가지고 있지만 영생을 빼앗기면 그런 것들이 무슨 소용이 있는가?

## 23절 : 좋은 땅에 뿌려졌다는 것은 말씀을 듣고 깨닫는 자니 결실하여 어떤 것은 백 배, 어떤 것은 육십 배, 어떤 것은 삼십 배가 되느니라 하시더라

좋은 땅에 떨어진 씨앗을 받은 사람은 말씀을 듣고 잘 이해한 사람이다. 그는 수확을 많이 거두어들인 사람이며 뿌린 씨앗의 30배, 60배, 100배를 거두어들인 사람이다. 4가지 유형의 땅은 하나님의 메시지에 대한 다른 4가지 반응을 일으키는 것을 나타낸다. 사람들은 제 각각 다른 마음의 준비 상태 때문에 다르게 반응한다. 어떤 사람은 단단한 땅 같은 사람도 있고 어떤 사람은 얕은 땅의 마음을 가지고 있으며 어떤 사람은 여러 근심거리와 마음이 오염된 사람도 있다. 그리고 어떤 사람은 마음에 잘 받아들여 하나님 말씀이 우리의 삶에 뿌리를 내려 삶이 부유해지고 축복을 받게 된다. 그러면 당신은 어떤 땅을 가지고 있는가?

## 24절 : 예수께서 그들 앞에 또 비유를 들어 이르시되 천국은 좋은 씨를 제 밭에 뿌린 사람과 같으니

예수님이 풀이해 주시는 이 모든 비유는 하나님과 천국에 관하여 설명해 주는 것이다. 이 비유는 우리의 기대와 정반대로 천국이 어떤 것인지 설명해 주고 있다. 천국은 지리적인 위치를 뜻하는 것이 아니고 하나님이 통치하시고 우리가 영생에 참가하는 영적인 삶의 영역이다. 우리가 예수 그리스도를 구주로 믿을 때 그 영역, 즉 천국의 영역에 들어갈 수 있다.

어떤 사람이 좋은 씨앗을 뿌리는데 바로 그 사람이 하나님의 아들, 예수님이다. 좋은 씨앗은 의로운 사람이며 천국의 자녀들을 말한다. 밭은 이 세상을 말한다. 예수님이 하시는 일은 이 세상에 의로운 사람이 태어나도록 씨앗을 뿌리는 것이다. 예수님이 좋은 씨앗을 뿌리지 않고는 의로운 사람이 생겨나지 않는다. 예수님이 의로운 씨를 뿌리는 바로 그 농부이다.

## ▌ 25절 : 사람들이 잘 때에 그 원수가 와서 곡식 가운데 가라지를 덧뿌리고 갔더니

여기서 원수는 마귀를 말한다. 즉 진리에 대항하여 싸우는 거짓말쟁이, 속이는 사람을 말한다. 잡초는 마귀나 악한 자의 자녀를 말한다. 마귀가 하는 일은 이 세상에 악과 불법의 씨앗을 뿌리는 것이다. 그들은 그것을 은밀히 모르도록 뿌리는 특징을 가지고 있다. 마귀들은 잠잘 때 몰래 들어온다. 여기서 잠잔다는 뜻은 무의식, 너무 바쁨, 지나친 무관심, 지나치게 몰두함, 즐거움과 다른 일에 빠져 있는 상태를 말한다. 마귀는 어둠을 틈타서 일을 행하고 속임수를 써서 행한다(요 8:43-45; 행 5:3; 13:10; 고후 4:3-4; 엡 2:2).

마귀는 예수님과 똑같은 밭에서 씨를 뿌린다. 마귀는 나쁜 씨앗을 좋은 밭에 뿌린다. 마귀의 방법은 가짜와 모방의 씨앗을 뿌린다. 어떤 것들은 세상 안에서, 어떤 것들은 교회 안에서, 주님에 의해서 뿌려지지 않고 가짜 믿음을 가진 사람에 의해서 뿌려진다. 그들은 하나님께 속한 것 같이 보이지만 사실은 그렇지 않다(고후 11:13-15).

**개념 1.** 여기서 마귀는 예수 그리스도에게 믿겠다고 맹세한 적그리스도이다. 세상적이고 이익만 추구하는 자이다. 그는 자기 안락과 자기 평강, 이 땅에서 자기 삶과 목적을 이루는 데 중점을 둔다.

**개념 2.** 너무나 많은 잡초의 씨앗이 뿌려지는 한 가지 이유는 그들이 들판을 지켜보고 있어야 하는데도 불구하고 잠자고 있기 때문이다. 사탄은 절대 자지 않고 모든 기회를 이용하려고 깨어 있다. 그래서 예수님은 깨어 있으라고 말씀하신다(벧전 5:8).

사탄은 악한 씨를 뿌리는 자로 여러 사람에게 알려지기를 원치 않는다. 항상 몰래 악의 씨앗을 뿌린다. 사실에 있어 그들이 하나님 밭에 속한다고 말하면서 실제로는 속하지 않는다(고후 11:13-14; 딛 1:16).

## ▌ 26절 · 싹이 나고 결실할 때에 가라지도 보이거늘

결실할 날은 항상 오며 그것은 예수님 말씀을 선포할 때마다 온다. 그 잡초 자체는 호밀풀 또는 독풀이라고 불리는데, 어떤 것들은 식물의 일종의 형태이기도 하며, 약간 독이 있고 마약 성분이 있는 야생 옥수수를 말한다. 그것을 먹으면 현기증이 나기도 하고 메스껍다. 그것은 'bastard wheat'(가짜 밀)이라고 불려진다. 그 뿌리는 밀의 뿌리와 엉키게 된다. 그것을 뽑으면 밀알이 성숙되기 전에 밀의 뿌리를 파괴시킬 수 있다. 없애는 방법은 다 자라나 밀과 함께 수확할 때 밀과 분리하여 단으로 묶어 불에 던져 넣는다. 잡초는 씨를 뿌리고 자라날 때는 똑같이 보인다. 모든 사람들은 모든 종교 행사에 똑같이 모인다. 다르게 보일 때는 열매 맺을 때 모습을 보면 알 수 있다. 거듭나지 않는 사람은 오랫동안 진심으로 믿는 사람의 흉내를 내지만 결과적으로 마지막에 가서 그들의 본성을 드러내기 시작한다(마 7:17; 갈 5:19; 딛 1:15; 요일 3:10).

**개념 1.** 사람의 본성은 항상 마지막에 나타난다. 사악한 사람은 자기는 의롭다고 하지만 이기적인 삶과 거짓의 삶은 뿌리가 깊어져 없어지지 않고 계속되게 될 것이다.
**개념 2.** 밀밭에 난 잡초는 밀 생산에 해로움을 준다.

1) 잡초들은 세상 사람들이 선과 악으로 구별하는 데 어렵도록 만들 것이다. 그러므로 그들은 교회를 방해하는 위선자들이다.
2) 그들은 밀의 성장을 방해한다. 그들의 행동, 대화, 생각은 세상일에 집중되어 있지 하나님께 집중되어 있지 않다. 그러므로 잡초가 그들과 함

께 매달려 붙어 있으면 의로움이 생기지 않는다.

3) 잡초는 밀에 위협이 된다. 그들이 밀로부터 영양분을 빨아들이고 잡초의 말을 전파하는 것은 사람을 유혹하고 하나님의 의로부터 올바른 길을 가도록 하는 의로운 사람을 탈선시켜 세상일과 세상 즐거움에 빠지게 한다.

4) 그들은 밀을 말라 죽게 한다. 잡초를 전파해 밀을 질식시키고 죽이기까지 한다.

**27-28절 : 집 주인의 종들이 와서 말하되 주여 밭에 좋은 씨를 뿌리지 아니하였나이까 그런데 가라지가 어디서 생겼나이까 주인이 이르되 원수가 이렇게 하였구나 종들이 말하되 그러면 우리가 가서 이것을 뽑기를 원하시나이까**

이 세상의 악과 잡초에 관한 질문이 있다. 악은 어디에서 오며 하나님이 계시다면 왜 악이 계속 자라도록 허락하는가?

제자들을 특별히 양육하는 시기에 예수님은 악한 사람이 나타나 가라지(잡초)를 심는다고 말씀하신다. 예수님은 긴 설명 없이 현재는 단순하게 말씀하지만, 악인의 질문에 대답하실 때는 성경에 있는 하나님의 완전한 계시의 말씀을 참고하신다. 성경은 하나님의 아들이신 예수님이 씨 뿌리는 자, 즉 창조주라고 말하고 있다. 그는 그 들판의 주인이며 오너이다. 그는 인간을 그의 형상대로 완전하게 창조하시고 올바른 일을 하는 정신을 가슴속에 심어 주었다. 창조직후 또 다른 씨 뿌리는 자, 즉 마귀가 일하러 들에 나가서 아담과 하와와 함께 하나님의 좋은 씨앗 가운데 잡초와 부패한 씨앗을 뿌렸다. 왜 악행이 세상에서 계속 되도록 허락되고 위선자가 추방되는 대신에 교회에서 악행을 계속 하도록 허락되는가? 이 문제는 다른 사람을 심판하는 문제와 관계가 있다. 이 질문에 대한 예수의 답은 주목을 받을 만하다. 이 세상에 사는 사람은 다른 사람을 심판할 수 없다. 밀과 잡초를 구분하기 어려우며 위선자와 의로운 자를 구별하기 어렵다. 어떤 사람이 심판을 하려면 잡초와 밀을 분리할 수 있어야 한다. 심판의 날이 다가오지만 그것은 사람에 의해서 행해지는 것이 아니라 예수님이 돌아오실 때 예수님에 의해서 심판받는다.

1. 악행은 의로운 자에게 큰 관심사가 된다. 우리는 항상 악행에 대한 우리의 책임을 다루시는 주님 앞에 서야 될 것이다.

2. 하나님 나라와 교회에서 교활한 사람에 대해 누가 책임을 져야 하나? 그것은 하나님 책임이 아니라 마귀에게 책임이 있다. 하나님의 종은 교회에서 위선자에 대한 책임이 있는 것은 아니다.

**개념 1.** 항상 깊은 주의와 인내가 인간의 죄를 다룰 때 필요하다(막 2:17; 눅 19:10; 요 20:21; 벧후 3 ⑨). 어딜 때 잡초의 밀의 잎사귀는 그들이 사라나 수확할 때까지는 똑같이 보여 구분할 수 없다. 잡초(믿지 않는 자)와 밀(믿는 자) 이 세상에서 공존하고 있다. 하나님은 농부들이 밀이 잡초와 함께 뽑히지 않도록 밭에 그대로 남겨 둔다. 수확 때가 되면 뽑혀져 불속에 던져진다. 모든 사람에 대한 심판이 다가오며 우리도 신실한 믿음을 가지고 준비하고 있어야 한다.

**29-30절 : 주인이 이르되 가만 두라 가라지를 뽑다가 곡식까지 뽑을까 염려하노라 둘 다 추수 때까지 함께 자라게 두라 추수 때에 내가 추수꾼들에게 말하기를 가라지는 먼저 거두어 불사르게 단으로 묶고 곡식은 모아 내 곳간에 넣으라 하리라**

어떤 사람도 다른 사람을 정죄할 수 없는 3가지 이유가 있다.
  1) 사람은 인생 전체에 대하여 심판받아야 한다. 사람은 일부 행동이나 인생의 특별한 기간 동안에만 심판받는 것이 아니다. 아무도 다른 사람의 전 인생을 알지 못한다.
  2) 사람은 심각한 실수도 할 수 있고 무시무시한 죄를 지을 수도 있다. 하나님의 영원한 자비와 긍휼에 의하여 그는 그리스도에게 돌아와 나머지 인생을 하나님께 회개하고 봉사하는 삶을 살 수 있다.
  3) 오늘 의롭다고 여겨지는 사람이 훗날 죄에 빠질지도 모른다. 오직 하나님만이 전체 인생을 알 수 있으며 그 사람의 삶의 모든 행동과 생각을 정확하게 알 수 있다(롬 2:1; 14:4, 13; 고전 4:5).

**31절 : 또 비유를 들어 이르시되 천국은 마치 사람이 자기 밭에 갖다 심은 겨자씨 한 알 같으니**

겨자씨는 가장 작은 씨앗이다. 이것은 천국은 시작은 미약하나 마지막은 창대한 결과를 가져온다는 것을 보여 주기 위해 이 비유를 들고 있다. 겨자씨는 심는데 이 씨앗은 예수님 당시에 가장 작다는 것을 나타내는 격언을 말할 때 쓰이는 말이다. 이 작은 씨앗은 큰 수풀로 자라나고 이 수풀은 나무 높이와 키가 같게 자란다. 이 씨앗의 특징은 높이 자라고 넓게 퍼져 나가고 다른 것을 지배할 정도로 우수하다는 특징을 갖고 있다. 예수님은 세상이라는 그의 밭에 씨를 뿌린다. 이 씨앗은 우연히 땅에서 나거나 저절로 자라나는 것이 아니다. 예수 그리스도가 의도적으로 이 씨앗을 심고 관목으로 자라도록 영양분을 주고 보살핀다.

**개념 1.** 사람은 활동적이어야 하며 게으르지 않아야 한다. 이것은 우리가 우리의 삶의 겨자씨를 심을 때 큰 교훈이 된다. 우리는 하나님이 보살피는 들판에 겨자씨를 심는다면 다른 사람과 얼마나 엄청난 차이가 나게 될까?

**32절 : 이는 모든 씨보다 작은 것이로되 자란 후에는 풀보다 커서 나무가 되매 공중의 새들이 와서 그 가지에 깃들이느니라**

겨자씨는 자라나 가장 큰 관목(수풀)이 된다. 이 큰 관목이 처음에는 작은 씨앗으로 시작된다. 기독교(천국)이 시작할 때 아주 작은 겨자씨로 시작되었다.

1. 기독교는 한 사람의 영혼에서 시작되었다.

  1) 예수 그리스도가 모든 운동력을 일으킨다. 그 신념과 꿈이 주님의 영혼 속에서, 하나님 권능 안에서 그 사람의 영혼을 운동시켜 그의 영혼이 병들지 않고 튼튼하게 자라나게 된다(히 2:14-15).

  2) 기독교는 나사렛과 갈릴리 가버나움 작은 마을, 목수의 영혼 속에서 태어났다(요 1:45-46). 세계로 뻗어나가 성장했다(막 6:3).

  3) 기독교는 직위도 없고 권위도 없는 보잘것없는 사람에 의해서 전파되었으며, 그들은 권세도 없고 귀족 가문도 아니었다. 가난한 어부이거나 세리에 지나지 않았다(고전 1:26-29).

  4) 기독교는 처음에 별로 믿음이 없는 소수의 사람으로부터 성장했다(마

6:30; 8:24−26).

5) 기독교는 처음에 단지 약 100명 정도 되었으며 예수님이 이 세상을 하직하실 때(십자가에 못 박히실 때)는 20명 정도 되었다(행 1:15).

2. 이 작은 씨앗이 가장 큰 관목으로 자라났다. 예수님이 분명히 말씀하시기를 천국, 즉 기독교가 완전히 자라날 때 그것은 이 세상을 움직이는 운동 중에서 가장 큰 운동력이 될 것이다.

1) 기독교는 사회적으로 가장 큰 운동력을 가지고 있다. 이것은 이 세상의 모습을 바꾸어 놓았다. 자유, 정의 법률, 자비, 긍휼, 사랑 모두가 기독교의 진화로부터 생겼다.

2) 기독교는 개인에게도 큰 운동력을 가져왔다. 이것은 나무들이 새를 위해 한 것처럼 예수님이 우리를 위해 한 것과 같다.

　(1) 나무가 새에게 안식을 준 것처럼 개인에게 안식을 주었다.

　(2) 나무가 새에게 보금자릴 제공해 준 것처럼 우리에게 보금자릴 주었다.

　(3) 예수님이 나무가 새에게 먹이를 준 것처럼 우리에게 육체적 영적 양식을 제공해 주었다.

**개념 1.** 우리의 삶 속에 절망과 소망은 공존한다.

1) 이 비유는 모든 믿는 성도에게 가장 큰 격려를 주는 구절이다. 처음에는 미약하지만 끝까지 인내하고 계속하면 우리는 이 세상에서는 미약하더라도 천국에서는 상급이 클 것이다(요 4:35−36; 갈 6:8; 시 126:5−6).

2) 이것은 영생을 바라는 우리의 소망을 격려해 준다. 천국은 언젠가 올 것이며 우리는 그 보답을 받을 것이다(마 25:34−36; 고전 15:58).

3) 새가 와서 가지에 보금자리를 지을 것이다. 사람에게는 필요한 두 단계가 있다.

　(1) 예수께 나아가야 한다(마 11:28; 계 22:17; 사 55:1).

　(2) 그리스도 안에서 살아야 되며 예수님과 동행해야 한다(요 15:4−6; 롬

6:4; 엡 4:1; 요일 1:7).

**33절 : 또 비유로 말씀하시되 천국은 마치 여자가 가루 서 말 속에 갖다 넣어 전부 부풀게 한 누룩과 같으니라**

다른 성경 구절에는 누룩은 악행과 부정과 부패의 상징으로 사용된다. 여기서는 긍정적으로 성장 확장해 가는 상징으로 쓰이고 있다. 효소는 아주 작은 음식을 만드는 재료로 쓰이지만 그것은 빵 전체 덩어리로 퍼져 나간다. 천국은 시작은 작고 거의 보이지 않지만 그것은 곧 성장, 발전하여 세상에 큰 영향을 끼칠 것이다. 효소는 사회와 세상을 조용히 변화시키는 천국을 상징한다. 밀가루는 세상에서 하나님을 모르는 사람을 나타낸다(요 1:12; 롬 10:13; 고후 5:17; 엡 4:24; 골 3:10; 막 16:15). 교회는 사회 전체에 누룩을 넣어 사회가 변할 때까지 복음을 사회에 전파시켜야 한다(마 28:19-20).

**34절 : 예수께서 이 모든 것을 무리에게 비유로 말씀하시고 비유가 아니면 아무것도 말씀하지 아니하셨으니**

겨자씨 비유와 누룩 비유는 모두 작은 시작에 대한 비유다. 겨자씨는 아주 작은 것을 가리킬 때 쓰이는 속담 같은 것이다. 충분히 자라면 3미터까지 자란다. 누룩 한 줌은 많은 양의 밀가루 반죽으로 백 명분의 빵을 만들 수 있는 양에 스며든다. 그렇듯 하나님이 이룩한 천국은 처음에는 하찮아 보일지 모르지만 나중에는 창대해진다. 결국 아무도 하나님의 역사하심을 무시하지 못할 것이다. 여기에서 제자들은 인내하면서 기다릴 때 하나님이 역사하시면 아무리 보잘것없는 것이라도 크게 될 것이다.

**35절 : 이는 선지자를 통하여 말씀하신 바 내가 입을 열어 비유로 말하고 창세부터 감추인 것들을 드러내리라 함을 이루려 하심이라**

다시 마태는 시편 78:2 말씀을 인용하여 이 구절의 완성을 소개하고 있다. 무슨 의미로 예수님의 사역이 아삽의 시편 완성을 비유로 말해 줄 수 있을까?

특히 시편 78편은 이스라엘의 잘 알려진 역사이다. 마태는 예수님을 숨겨진 비밀로 소개하고 있다. 그리고 시편 작가는 출애굽에서 하나님의 권능을 극대화시키고 있으며 다른 때에는 국민을 위하여 힘을 발휘하고 있다. 시편 작가는 비유로 그의 입을 통해서 모든 것을 가르쳤으며 예수님도 이와 비슷한 패턴으로 채택했다. 그는 인용문의 두 번째줄, 즉 "창세부터 감추어진 것을 드러내리라"리는 표현을 사기 자신에게 적용시키고 있다. 그리고 예수님이 폭로하고 있는 감추어진 것은 무엇인가? 그것은 그의 가르침과 기적, 죽음과 부활에서 일어나고 있는 하나님의 의로운 행동이다. 마태는 구약은 이런 것들을 예언했다고 주장하고 있다.

> **36절 : 이에 예수께서 무리를 떠나사 집에 들어가시니 제자들이 나아와 이르되 밭의 가라지의 비유를 우리에게 설명하여 주소서**

여기에 언급된 집은 군중들에게 설교하기 위하여 예수님이 머물다가 떠났던 집이다. 아마 그 집은 가버나움에 위치해 있을 가능성이 있다. 마태의 해설에서 그 집에 들어가서 예수님의 사적인 설명과 제자들에게 가르칠 비유 두 가지를 위한 배경을 제공해 준다. 제자들은 설명을 필요로 하며 그들은 순발력이나 직관적 능력에 있어서 군중들과 구별되지 않으나 설명을 끈기 있게 듣는 것이 다른 점이다.

> **37-39절 : 대답하여 이르시되 좋은 씨를 뿌리는 이는 인자요 밭은 세상이요 좋은 씨는 천국의 아들들이요 가라지는 악한 자의 아들들이요 가라지를 뿌린 원수는 마귀요 추수 때는 세상 끝이요 추수꾼은 천사들이니**

예수님은 좋은 씨앗을 뿌리고 수확을 감독하는 사람이다. 이 비유에서 가장 중요한 것 중의 하나는 구약에서 유일하게 하나님께 적용시키고 가끔 하나님 메시아에게 적용시키는 중심 이미지이며 지금은 예수님 자신을 의미한다. 이러한 이미지는 씨 뿌리는 자, 수확 감독자, 바위, 목자, 신랑, 아버지 용서하는 자, 포도밭 주인 주님, 왕등을 내포하고 있다. 밭은 이 세상이며 (교회가 아님) 이스라엘을 넘어 미션을 예표한다. 좋은 씨앗은 천국의 아들들을 나타낸다. 그들을 위하여 잡초는 지금은 보존되고 있지만, 추수 때가 되면 잡초는 제거될 것이다. 잡초는 악의 자녀들이고 마귀는 적이며 수확은 세상 종말이고 수확자들은 천사들을 나타낸다.

**40-41절 : 그런즉 가라지를 거두어 불에 사르는 것 같이 세상 끝에도 그러하리라 인자가 그 천사들을 보내리니 그들이 그 나라에서 모든 넘어지게 하는 것과 또 불법을 행하는 자들을 거두어 내어**

세상 끝날에 천사가 선과 악을 구별할 것이다. 오늘날 교회에도 참 믿는 자와 거짓 믿는 자들이 있다. 단지 예수 그리스도만이 참 믿는 사람과 거짓 믿는 사람을 구별할 수 있기 때문에 우리가 성도들을 판단하는 것은 위험하다. 우리가 판단을 하게 되면 다른 좋은 나무(좋은 사람)에게 상처를 줄 것이다. 다른 사람을 판단하는 것보다 먼저 자지 자신을 살펴보아야 한다. 남을 판단하기는 쉬우나 자기를 판단하기는 쉽지 않기 때문이다.

**42절 : 풀무 불에 던져 넣으리니 거기서 울며 이를 갈게 되리라**

예수님은 앞으로 다가오는 심판에 대하여 세 가지를 언급하고 있다. 우는 것은 슬픔과 원통함을 나타내고 이를 가는 것은 극도의 아픔을 나타낸다. 죽고 난 후 그들에게 무슨 일이 일어나는지 상관하지 않는다고 하는 사람은 이 말들(우는 것, 원통함, 이를 가는 것)과 같은 말이 무엇을 뜻하는지 깨닫지 못하는 사람이다. 그들은 하나님께 무관심하고 이기적으로 살았기 때문에 심판과 벌을 받을 것이다. 결국 이 구절은 다가오는 심판이 얼마나 무서운가를 나타낸다.

**43절 : 그 때에 의인들은 자기 아버지 나라에서 해와 같이 빛나리라 귀 있는 자는 들으라**

하나님 아버지의 사랑을 받는 사람은 심판을 받는 사람과 대조하여 어둠 속에서 빛과 같은 느낌을 받을 것이다. 의로운 자는 영광을 받을 것이며 천국에서 해처럼 빛날 것이다. (단 12:3)

1) 영광을 받는 사람은 어떤 사람인지는 알려지지 않았다(요일 3:2).

2) 그것은 영광스러운 육체도 포함될 것이다(롬 8:17; 고전 15:41-44, 48, 50, 53; 빌 3:21)

3) 하나님의 영광을 반사받아서 해처럼 빛날 것이다(롬 3:23).

## 44절 : 천국은 마치 밭에 감추인 보화와 같으니 사람이 이를 발견한 후 숨겨 두고 기뻐하며 돌아가서 자기의 소유를 다 팔아 그 밭을 사느니라

천국은 우리가 가지고 있는 어떤 것보다 가치가 있을 것이다. 그것을 획득하기 위해서는 모든 것을 기꺼이 포기해야 할 것이다. 밭에서 보물을 발견한 사람은 우연히 발견했지만 그 가치는 엄청나게 크다. 상인들은 가장 큰 가치를 가진 진주를 찾고 있는 중인데, 그것을 찾았을 때 그는 그것을 사기 위해 그가 가졌던 모든 것을 팔 것이다. 이 비유는 두 가지 중요한 의미를 가지고 있다. 밭의 보물은 앞으로 믿을 가능성이 있는 잠재적 신앙인을 나타낸다. 예수님은 이 세상에 있는 이런 사람들을 보물로 생각하고 있다. 그는 그들을 찾고 있다.

1. 예수님이 이 세상의 네 가지 보물을 보고 하신 일

1) 예수님은 보물을 숨겨 놓는다. 하나님 아버지가 그에게 주었던 것을 받아서 그의 가슴속에 감춰 놓는다. 하나님이 구원의 역사를 마칠 때까지 그들을 선택하여 보호한다(요 10:14-16; 27-30).

2) 예수님은 그들을 찾기 위해 세상에 오셨다(눅 19:10; 요 10:10; 12:47; 18:37; 딤전 1:15).

3) 그는 모든 것을 판다. 그 뜻은 그는 이 땅의 진주를 찾기 위해 하늘에 있는 모든 영광과 화려함을 포기하였다(롬 5:8; 고전 15:3-4; 고후 5:21; 갈 1:4; 벧전 2:24; 3:18).

4) 하나님이 그의 밭의 모든 보물을 소유하게 될 때 영광의 날이 성취될 것이다(히 12:2).

2. 어떤 사람들은 보물을 복음이라고 말하는 사람도 있다. 이 복음은 아주 값어치가 있다고 생각하기 때문이다. 예수님은 구원의 무한한 가치를 깨닫고 이

해시키려고 한다.

사람이 보물을 발견하면 다섯 가지를 한다

  1) 그는 보물을 숨기고 보호한다 – 예수님의 가치를 깨닫는 사람은 보물을 그의 가슴속에 숨긴다.

  2) 그는 가서(He goes)– 예수님께 나아가서 결정한다.

  3) 그는 모든 것을 판다(sell)– 회개하고 옛날 생활을 청산한다.

  4) 그는 산다(He buys)– 구원의 보물을 소유하기 위해 모든 것을 주고 헌신한다.

  5) 그는 기뻐한다(He joys)– 그는 보물의 귀중함과 만족감을 경험하고 더욱더 영생의 희망을 가진다.

이 구절의 요점은,

  1) 이 비유는 천국을 설명하고 있다.

  2) 보물은 밭(마음 밭)에 숨겨져 있다.

  3) 어떤 사람들은 보물을 찾는다.

예수님은 이 구절에서 제자들에게만 이야기하고 있다. 그는 다른 사람은 돌려보내고 제자들에게 비유를 들어 말씀을 나누고 있다. 숨겨진 보물과 진주의 값진 가치를 함께 선포하고 가르쳤을 것이다. 보물은 들판에 숨겨져 있고, 거기에서 예수님이 가장 가치 있는 보물이다라는 뜻이다. 예수 그리스도를 믿는 것이 가장 큰 가치다(막 8:36; 행 4:12; 고전 1:30; 골 1:19; 빌 3:8).

예수님이 살아 계실 당시 보물을 숨기는 것이 일상적인 상식이며 보물들을 아무도 모르는 곳에 묻어 두었다. 땅이 보물을 숨기기에 가장 안전한 장소이기 때문이다. 예를 들면, 달란트 비유에서 이익을 남기지 못한 종은 땅에 달란트를 그냥 파묻어 놓았다(마 25:25). 들판은 복음을 나타내고 예수님은 들판 속에 숨어 있는 복음을 나타낸다. 어떤 사람도 땅 표면을 겉으로 긁어서는 보물을 찾을 수 없고 깊이 파야 발견할 수 있다. 복음도 깊이 파야 보물을 발견할 수 있다.

**┃ 45절 : 또 천국은 마치 좋은 진주를 구하는 장사와 같으니**

진주는 고통에서 나온다. 즉 조개가 모래알을 머금고 인내와 고통의 세월을 기다린 끝에 나온다. 그것은 조개가 고통 속에서 아픔을 견디며 흘리는 침이 굳어져 된 것이다. 즉 믿는 자도 고통과 불편을 겪고서 탄생되며 특히 예수님의 죽음을 통해서 믿는 자가 됐었다(요 3:15-16; 고후 5:21; 갈 3:13; 벧전 2:24). 진주는 천국의 왕관을 만드는 데 귀중한 장식물이 된다. 진주는 우리의 삶 속에서 만들어지지민 씩어질 육제 속에서 아름답게 보물로 만들어진다(마 19:21; 눅 12:33; 빌 3:8; 딤전 6:17-19).

진주는 아름다운 미적 가치를 가지고 있다. 이것은 금전적인 가치뿐 아니라 마음속에 만족감과 기쁨 때문에 소유하게 된다(요 15:11; 행 8:5-8; 롬 5:10-11; 갈 5:22; 시 16:11; 사 12:2).

### 46절 : 극히 값진 진주 하나를 발견하매 가서 자기의 소유를 다 팔아 그 진주를 사느니라

진주를 찾고 있는 동안에 진주의 가치를 발견한다. 여러 가지 진주들이 있으며 어떤 것들은 훌륭한 진주에 속한다. 진주는 삶과 진리의 상징이다. 사람들은 철학, 과학, 예술, 음악, 명성, 부 기술 등에서 삶의 진주를 찾고 있으나 가치 있는 진주는 오직 하나 예수 그리스도 그 자체이다(행 4:12; 고전 3:11; 빌 3:8; 골 1:19; 2:3).

### 47-48절 : 또 천국은 마치 바다에 치고 각종 물고기를 모는 그물과 같으니 그물에 가득하매 물 가로 끌어 내고 앉아서 좋은 것은 그릇에 담고 못된 것은 내버리느니라

고기 그물의 비유는 잡초와 밀의 비유와 똑같다. 우리는 하나님께 순종해야 하며 하나님의 선함과 은혜를 다른 사람에게 전해야 한다. 우리는 누가 천국에 들어갈지 못 들어가는지 알 수 없다. 이것은 마지막 심판의 날에 우리보다 더 자격있는 사람, 하나님에 의해서 골라 내어질 것이다 .예수님과 그의 진정한 제자들은 복음의 그물을 이 세상에 던질 것이다. 사람 낚는 어부로 열심히 일한다. 그물은 모든 종류의 고기를 건져 올린다. 눈에 보이는 천국, 즉 교회는 나쁜 물고기, 좋은 물고기, 잡동사니들을 건져 올린다. 어떤 나쁜 물고기 즉 비개종자들은 아직 세상 교회에 속한 사람들이지 하나님 천국에 속한 사람이 아니다.

1. 교회의 기본적 특징

1) 교회는 도덕, 가치, 윤리, 정의를 강조한다. 이 메시지에서 교회의 기초가 이루어질 때 사회는 발전하게 된다. 그래서 교회는 사회의 중심이며 기초가 되다.

2) 교회는 사회적인 신분과 기회를 제공해 준다. 어떤 지역 사회에서는 사회적으로 인정받는 사람은 교회 멤버라는 기대를 갖고 있다.

3) 교회는 교제(fellowship)을 제공해 준다. 사람들은 여러 가지 이유로 공허하고 쓸쓸하다. 교회가 그들의 공허함을 이길 수 있는 교제를 하게끔 해준다.

4) 교회는 영적인 안정감을 사람에게 불어넣어 준다. 그들은 교회에 규칙적으로 봉사하고 참가하기 때문에 하나님께서 기뻐하시고 그들을 받아 주어 보호하신다고 느낀다.

5) 교회는 어느 정도 권위와 방향을 제공해 준다. 세상에는 방향을 잡아 주는 사람이 없지만, 교회는 방향을 잡아 주는 예수님이 계신다는 것을 느끼고 있다.

2. 그물은 여러 종류의 고기를 건져 올린다.

1) 그물은 고기가 가득 들어 있을 때 당겨 올린다. 어떤 때는 다른 때보다 더 많은 고기를 잡는다. 어떤 때는 더 빨리 많이 잡고 어떤 때는 적게 잡고 느리게 잡는다. 복음의 결과가 나쁘다고 실망해서는 안 되며 결과가 느리다고 그만두어서는 안 된다.

2) 복음은 효과가 나타나다. 그물(천국)은 채워질 것이다. 하나님 말씀은 공허하게 끝나지 않을 것이다. 결국 그물에 채워질 것이다.

3) 좋은 것은 그릇에 넣어진다. 선한 것(좋은 것)은 항상 천국에 넣어진다(요 10:9, 14, 16; 갈 2:20; 요일 1:3; 계 3:20)

4) 나쁜 것은 던져 버려진다. 어떤 것이 나쁜 물고기인가? 종류가 나쁜 것, 너무 작은 것, 깨끗하지 못한 것, 쓸모없는 것, 죽은 것이다.

**49-50절 : 세상 끝에도 이러하리라 천사들이 와서 의인 중에서 악인을 갈라 내어 풀무 불에 던져 넣으리니 거기서 울며 이를 갈리라**

그물을 땅으로 당기는 것은 세상이 끝나는 것을 상징한다. 천사들이 예수님을 대신해서 심판을 수행하게 될 것이다. 그물은 물에서 완전히 끌어올릴 때까지 나쁜 것과 좋은 것을 구분하지 못할 것이다.

1. 분리는 그물이 가득 차서 완선히 끌어올릴 때 까지는 수확의 결과를 알 수 없다.

2. 하늘의 천사는 분리하는 일을 하는 것이지 교회나 종교적인 권위를 가지고 있지 않다. 사람이 심판할 때 실수를 하게 된다.

천사가 나오는 것은 의인과 악인을 분리하는 데 목적이 있다. 그물 안에 있는 사람 가운데 천국에 있다고 생각하는 사람이 있다. 그러나 그늘은 이직도 깨어나지 못하고 나쁜 상태에 있다. 선한 사람과 어깨를 부딪히고 교제를 나누고 예배를 같이 드려도 나쁜 사람이 좋게 되지 않는다. 예수가 가슴에 없으면 일생을 통해서 내내 나쁜 사람으로 남을 것이다.

**개념 1.** 나쁜 사람이 선한 사람과 함께 있을 시간은 지금이다. 곧 악인과 선한 사람이 분리될 것이다. 어떤 사람이 그의 삶이 나쁘면 교회(그물) 속에 좋은 사람과 섞여 있다 해도 그는 계속해서 선한 사람과 함께 있을 수 없을 것이다. 그는 곧 좋은 사람 가운데서 분리될 것이다(눅 16:26; 17:35).

**개념 2.** 사악한 사람에게는 특별한 목적지가 있는데 그것은 영원한 형벌을 받는 장소, 지옥이다(마 5:22; 마 5:27-30). 이 구절은 나쁘고 사악한 사람이 들어 있는 그물 안에 있는 위선자에 대한 비유를 들고 있다.


**51-52절 : 이 모든 것을 깨달았느냐 하시니 대답하되 그러하오이다 예수께서 이르시되 그러므로 천국의 제자된 서기관마다 마치 새것과 옛것을 그 곳간에서 내오는 집주인과 같으니라**

하나님의 진실된 목적을 이해하는 사람은 진정한 보물을 가진 사람이다. 구약에서도 메시아, 예수께로 나아가는 길을 언급하고 있다. 천국에 대하여 예수님의 가르침을 이해하는 사람에게는 두배의 이익이 있다. 그러나 종교 지도자들은 옛날 것(구약)에 갇혀서 새로운 것(신약)에는 장님이다(전혀 모른다).

51절의 비유는 기억될 만한 진실을 가르쳐 주신다. 예수님의 진정한 제자는 예수님과 똑같은 특권과 책임을 가지고 있다. 그들의 삶을 통해서 그들은 옛 가르침에서 훈련 받았지만 지금은 메시아, 즉 예수님에 의해서 가르침을 받고 있다. 그들은 책임감 있는 제자가 되어야 하고 구약, 신약 전체를 이해해야 한다.

1. 유대인의 서기관은 두 가지 특별한 특징을 가지고 있다.

유대인은 대단히 헌신적이고 항상 일생을 통해서 공부한다. 그러나 예수님은 제자들이 천국에 대해서 공부하기를 바랐다.

2. 가정의 가장은 오래된 음식과 새로운 음식의 보물을 가지고 있다.

그는 음식을 다룰 때 두 가지 의무를 가지고 있다. 서기관은 옛 음식을 곳간에 넣어 그것을 신선하게 간직해야 한다. 옛 음식(구약)과 새 음식(신약)을 골고루 먹어야 한다. 이 구절은 예수님이 제자들에게 비유를 잘 이해하고 있는가를 물어보신다. 예수님의 관심은 제자들이 성경의 내용을 잘 이해하고 있는지를 물어보는 것이다. 결론적으로 악인들은 풀무불에 들어갈 것이고 의인은 천국 그릇에 담아질 것이다.

3. 예수님은 인내를 가지고 가르치고 있다. 예수님은 제자들이 확실히 모르면 비유에 대해서 계속 이해하고 있는지 질문하곤 했다.

그리고 우리가 알아야 할 몇 가지 교훈이 있다.

 1) 예수님은 그의 가르침과 말씀을 이해하기를 바랐다.

 2) 우리는 모를 때 설명을 더 해달라고 부탁해야 한다.

 3) 이해하지 못할 때 남을 비난해서는 안 된다.

 4) 다른 사람이 이해하도록 도와주어야 한다.

[ 참고 ]
1) 모르는 것을 아는 체하는 것도 죄이다(소크라테스).
2) 가슴 두근두근 할 정도로 알지 못하면 아는 것이 아니다(와타나베 쇼이치).

그리고 제자들은 유대 선생님들과 비유되고 있다.

1. 제자들은 유대인 선생님들의 헌신은 모방하지만 큰 차이가 있다. 제자들은 예수님께 헌신하고 봉사해야 하며 종교에 봉사해서는 안 된다. 이것은 3가지를 의미한다.

　1) 제자들은 살아 있는 재물이 되어야 한다(롬 12:1-2).

　2) 세자들은 예수와 함께 십자가에 못 박혀야 한다(갈 2:20).

　3) 제자들은 마음을 다해 하나님을 사랑해야 한다(마 22:37).

우리는 천국에 대해서 공부하고 우리는 천국의 복음을 알아야 한다. 설교할 때 철학, 심리학, 사회 정의가 도움이 되긴 하지만 우리에게 가장 중요한 것은 하나님의 말씀이다. 예수님의 관심은 제자들이 예수님의 가르침을 생활에 적용시킬 수 있도록 이해시키는 것이었다.

**개념 1.** 성경에 관한 두가지 요점

　1) 성경은 사람들이 배우고 성장하는 데 도움을 준다(행 20:32; 딤후 3:16).

　2) 우리는 하나님이 우리를 인정해 주시기를 원한다면 하나님과 동행하는
　　삶을 살아야 한다(살전 2:4; 4:1; 딤후 2:15).

제자들은 집의 주인과 비교된다. 제자들은 책임감이 강하기 때문에 집주인과 같다. 그리고 제자들은 예수님을 통해서 이 보화를 얻었기 때문이다. 그리고

　1) 모든 부와 천국을 나누어 가져야 한다(막 16:15; 눅 19:10; 요 20:21; 행 12:8; 고
　　후 5:19-20)

　2) 제자들은 엄청난 보물(보화), 구약(옛날 가르침)과 신약(새로운 가르침)의 계시
　　를 소유해야 한다(요 1:17-18; 고전 10:11).

　3) 제자들은 신약과 구약의 하나님 메시지를 소유해야 한다(롬 8:3; 히 8:6;
　　9:14-15).

　4) 하나님과 함께한 경험은 중요하며 버리지 말아야 하고 점점 개발하고 발
　　전시켜야 한다(마 5:17).

**53-54절 : 예수께서 이 모든 비유를 마치신 후에 그 곳을 떠나서 고향으로 돌아가사 그들의 회당에서 가르치시니 그들이 놀라 이르되 이 사람의 이 지혜와 이런 능력이 어디서 났느냐**

예수님은 비유의 가르침을 마치시고 그의 사역을 마칠 때까지 고향에 머물렀다. 그는 이러한 비유를 다 가르치고 난 후 그의 고향 나사렛으로 돌아왔다. 나사렛은 언덕으로 둘러싸여 있었고 낙타 대상들이 지나가는 루트였다. 예수님이 어릴 때는 언덕을 기어 올라가며 놀았고 세계 각지에서 오는 대상들과 이야기를 나누기도 했다. 그는 고향을 사랑했다. 그는 어려운 고향 친구들 도와주기를 좋아했다. 예수는 그들을 가르치려고 했으나 그들은 거절했다. 거절할 때는 경멸하고 악감정도 가지고 있었다. 누가복음에서는 심지어 예수를 죽이겠다고까지 말하고 있다(눅 4:29-29).

**개념 1.** 악한 감정과 경멸은 어디에서 생겨났는가?

1) 그들의 열등감으로 상처받았기 때문이다. 나사렛은 로마에 의해 정복당한 식민지였다. 그 도시는 다른 나머지 유대인들에 의해서 업신여김을 받았다. 나사렛 사람들은 다른 사람들의 깊은 편견의 대상이었다.

2) 서로 잘 알고 지내는 것이 가끔 경멸을 불러일으킨다(잘 알기 때문에).

3) 소외당하거나 축복받지 못하면 경멸받고 악의적인 말을 듣게 된다.

예수님이 고향에서 경멸받고 멸시받는 것은 하나님에 대한 잘못된 견해 때문이다. 그들은 같은 동네에서 늘 보고 같이 자란 사람이 어떻게 그러한 지혜와 권위를 가질 수 있는지 신기하게 생각했다(요 9:34; 롬 2:4-6; 딤후 3:1-3).

예수님은 가정과 그 지방의 회당에서 배웠다. 그는 아버지와 어머니의 발치에서 관찰하고 배웠으며 유명한 선생으로부터 배우지 않았다. 목수의 아들이 되어 가정에서 장자로서 그의 아버지 옆에서 목수 일을 배웠고 그는 자기가 하는 일에 최선을 다했으며 최고의 목수가 되었다. 그 당시 집을 많이 지었기 때문에 목수 일만 하면 생계를 유지하는 데 문제가 없었다. 그는 이복형제와 이복누이들이 있었다. 가장으로 여러 해 동안 가장의 역할을 했다. 그들은 똑같은 집에서 자랐고 다른 아이들과 마찬가지로 그들과 어울려 놀았다. 부모가 시키는 대로 일을 하면서 장남으로 가정일을 도왔다.

> **55-56절 : 이는 그 목수의 아들이 아니냐 그 어머니는 마리아, 그 형제들은 야고보, 요셉, 시몬, 유다라 하지 않느냐 그 누이들은 다 우리와 함께 있지 아니하냐 그런즉 이 사람의 이 모든 것이 어디서 났느냐 하고**

예수님은 배척받았다. 왜냐하면 사람들이 그의 지혜와 권능의 근원을 이해하지 못했기 때문이다. 그들은 예수님이 하나님으로부터 왔다는 것을 이해하지 못했다. 예수님은 보잘것없는 집안 출신이며 보통 가정 이하의 가정에서 자랐다. 그의 아버지 요셉은 목수, 어머니 마리아는 가정주부에 지나지 않았다. 부모님도 뛰어난 것이 없었으며 그의 이복형제들도 보잘것없었다. 그런데 어떻게 그가 하나님 메시아라고 주장하는 것이 가능할까?(요 1:10-11; 4:10; 행 13:27)

> **57절 : 예수를 배척한지라 예수께서 그들에게 말씀하시되 선지자가 자기 고향과 자기 집 외에서는 존경을 받지 않음이 없느니라 하시고**

사람들은 예수님의 지혜가 뛰어났기 때문에 시기하고 화가 났다. 그래서 예수님은 배척당했다.

1. 그들은 어릴 때부터 같이 자라고 알고 있던 사람이 '메시아'라고 하니 상상할 수가 없었다.

2. 그들은 같은 마을에서 태어나서 함께 살았던 사람이 '창조주'라고 주장하리라고는 상상할 수도 없었다. 같이 먹고 마시고 같이 일하면서 자란 사람이 '메시아'라고 주장하는 것은 말이 되지 않는다고 생각했다(막 15:31-32; 눅 5:21; 요 10:33).

사람들은 하나님은 우리의 우주가 아닌 다른 차원의 세계에 있다고 믿고 있다. 사람들은 하나님은 먼 곳에 있으며 여기가 아니고 다른 차원의 세상에 살고 있다고 믿었다. 그들은 그들의 삶 속에 있다는 것을 모르고 있었다.

1) 사람들은 하나님이 너무 가까이 있기를 원치 않는다. 하나님이 가까이

있으면 사람은 복종해야 하고 봉사해야 한다.

2) 사람들은 하나님이 하나님 됨을 나타내는 것을 원치 않는다. 왜냐하면 하나님 됨을 나타내면 봉사해야 하고 항상 순종해야 된다고 생각하기 때문이다. 사람들은 단순히 먼 곳에 도달할 수 없는 곳에 자기가 원하는 상상 속에 있기를 원한다. 그러므로 사람들은 자기 자신의 하나님을 만들기를 원하고 자기가 원하는 대로 살 수 있기를 바라고 있다(눅 9:23-24; 롬 8:13; 벧전 4:2).

**개념 1.** 우리는 하나님을 우리 인간의 수준까지 비하하기도 하고 어떤 때는 진정한 구세주라고까지 한다. 만약 그가 단순한 인간이라면 그는 가장 나쁜 사기꾼이며 역사에 가장 비극적인 거짓말쟁이다. 왜냐하면 그는 자기 자신이 하나님 아들이라고 주장하기 때문이다.

## ▎ 58절 : 그들이 믿지 않음으로 말미암아 거기서 많은 능력을 행하지 아니하시니라

예수님은 자기 고향에서는 기적을 일으키는 것이 별로 없었다. 왜냐하면 믿음이 적기 때문에 믿음이 없으면 사람은 진실에 눈이 멀고 희망이 없어진다. 당신이 하나님의 역사하심을 알 수 없다면 아마도 그것은 믿음이 없기 때문이다. 하나님께 너의 인생에 힘을 달라고 간구하고 하나님이 해주신다고 기대해 보라. 믿음의 눈으로 보면 그가 하시는 일을 믿을 것이며 당신의 기도가 믿음대로 이루어질 것이다.

# 마태복음 14장

1. 헤롯은 두 가지 이유 때문에 죄의식을 가지고 있었다.
 1) 그는 이 구절에서 설명된 것과 같이 죄인의 삶을 살고 있었다.
 2) 그는 하나님의 예언자를 옥에 가두고 죽였다.

헤롯은 아랍왕의 딸과 결혼을 했고 로마로 여행 중에 그의 배다른 형제를 만났으며 그곳에서 그의 지금 부인 헤로디아에게 마음이 끌려 자기와 함께 팔레스타인으로 돌아가자고 유혹했다. 헤롯의 본부인은 그 사실을 알고 생명이 두려워서 그녀의 아버지(다메섹왕 이레다)에게로 도망갔다. 그는 두 가지 큰 죄를 지었으며 자기 자신의 아내를 버리고 자기 자신의 배다른 형제의 부인을 훔쳤다. 그래서 요한이 그것은 비도덕적이라고 말씀을 선포하였다.

헤롯은 세상을 사랑했으며 야망이 큰 사람이었다. 그 결과 그는 야망이 큰 사람이 경험하는 것처럼 많은 두려움이 생겼다. 야망이 크면 두려움이 많아진다. 그는 화려한 건설을 많이 하여 돈을 낭비했으며 로마를 기념하기 위해서 갈릴리 남부 해안 도시를 건설했고 이름을 로마 황제 티베리우스의 이름을 따서 Tiberias(디베랴)라고 지었다.

그리고 그의 성격은,

1) 야망이 있고 질투심이 많았다.

그도 역시 왕의 타이틀이 탐이 났으나 그는 그 야망을 이루지 못했으며 예수님의 십자가 사건에서 빌라도와 가까운 우정은 그의 인맥을 이용하려고 한 것이다.

2) 헤롯은 요한을 두 가지 이유 때문에 감옥에 가두었다.

요한은 예언자로서 인지도가 높았기 때문이며 요한이 사람을 충동하여 반란을 일으킬까 염려되었기 때문이다. 그 당시에는 로마가 그의 권한을 박탈하여 그의 명성과 부를 빼앗아갈까 두려웠다(그 당시에는 돈을 많이 주거나 국민 통제를 잘하는 사람이 나타나면 갈아치우는 경향이 있었다).

3) 헤롯은 어리석었고 육욕적이었다.

그는 돈을 들여 화려한 잔치를 여는 것을 좋아했다. 춤추는 자를 불러 연회를 베풀고 춤을 추게 했는데 주로 전문 춤꾼 창녀들이었으며 궁중의 사람은 아니었다.

4) 헤롯은 허세를 부리며 성격상의 약점을 가지고 있었다.

헤롯은 어리석은 약속을 했다. 그는 특히 약속을 어김으로써 궁중 여자들에게 자존심이 상하는 것을 참을 수가 없었다.

5) 헤롯은 야만적인 잔인함을 보여 주었다(목을 쳐 피가 흐르는 것을 접시에 담아오게 하는 일, 쥐와 바퀴벌레가 들끓는 감옥에 요한을 가두는 일 등). 그 당시 유명한 역사가 요하네스는 요한을 죽인 것은 그의 세상적인 야망 때문이라고 적고 있다.

6) 헤롯은 비참한 운명에 처하게 되었다.

헤롯의 첫째 부인이 생명을 유지하기 위하여 아버지에게 도망갔다. 복수를 꿈꾸면서 그의 아버지는 헤롯과 전쟁을 하여 무참히 패배시켰다. 생명이 위험에 처했을 때 로마에게 필사적인 구명 운동을 하였다. 그의 운명은 이삼 년 후 끝이 났다. 헤롯 안티파스가 로마에 대해서 반정부 음모를 꾸미고 있다고 헤롯 아그리파가 로마 정부에게 알려 주었다. 로마 제국의 제3대 황제 칼리굴라가 확인하고 그를 스페인으로 추방시켰으며 거기서 죽었다. 헤롯의 운명은 그가 예수님 재판에서 예수님과 대면했을 때 이미 정해져 있었고 예수님은 그와 침묵으로 대면했다. 그 침묵이 그를 저주와 경멸을 의미하고 있었다. 그는 인류 역사에서 큰 위대한 두 증인을 가지게 되었는데 그것은 요한과 예수님이다(막 6:20).

그리고 요한은 살아 있는 동안 기적을 베푼 적이 없었다. 그러나 그는 하나님을 위해 큰 일을 수행했다. 헤롯이 메시아라고 불리는 사람이 기적을 행한다고 들었을 때 그는 두 가지를 생각했다.

1) 그는 죽은 자에서 살아났을 것이다 – 엘리야일 깃이라고 생각했다.
2) 아니면 하나님이 요한에게 어떤 권능을 주었다고 생각했다.

**개념 1.** 요한이 감옥에 갇혔으나 하나님의 말씀은 계속되었다.

1) 인간은 하나님 말씀을 멈출 수 없다.
2) 세상 사람이 하나님 종의 한 사람을 침묵시켰을 때 하나님은 다른 종을 세우시거나 순교할 수 있는 더 많은 종을 세우신다.

**개념 2.** 그는 요한을 두려워했고 요한이 거룩하고 정의롭다는 것을 알고 있었으며, 당황하고 양심에 가책을 느꼈다.

그는 요한의 인기가 너무 높아 봉기가 일어날까 두려워했으며, 헤롯도 죄의식을 가지고 있는 것 같으나 이것으로는 부족하다. 사람은 누구든지 그런 마음을 가지고 있지만 행하지 않으면 죄인이 되는 것은 아니다. 사람은 양심의 한 가운데서 큰 죄를 짓는다. 인간은 누구나 죄인이 될 수 있으며 회개를 하고 죄를 대적할 수 있는 용기가 필요하다(눅 13:2; 행 17:30; 롬 13:5; 고후 1:12; 딤전 1:19; 히 9:14).

**3-4절 : 전에 헤롯이 그 동생 빌립의 아내 헤로디아의 일로 요한을 잡아 결박하여 옥에 가두었으니 이는 요한이 헤롯에게 말하되 당신이 그 여자를 차지한 것이 옳지 않다 하였음이라**

헤롯의 배다른 형제인 빌립은 팔레스타인 네지역 통치자 중 한 지역의 통치자이다. 그의 영토는 갈릴리 해안 북쪽 지역인 이두레와 두라고닛 지역이었다 (눅 3:1). 빌립의 아내인 헤로디아는 빌립을 버리고 헤롯 안디바와 살았다. 그래서 세례 요한은 그를 비윤리적인 사람이라고 비난했으며 마가복음에서는 이 사건에 대해 더 상세하게 기록하고 있다. 세례 요한은 헤롯이 두렵고 무섭지만 용기를 내어 헤롯의 죄와 하나님의 의를 선포했다. 요한은 헤롯이 잔인하다는 것을 알고 있었지만 하나님의 부르심에 더 순종하는 사람이었다.

**개념 1.** 당신은 정확하게 판단하는 영의 분별력이 있는가?

  1) 사람들은 어느 것이 합법적인지, 불법적인지, 옳은지, 나쁜지 알고 있다.
    (1) 아무도 법 위에 설 수 없다. 법은 모든 사람에게 평등하다.
    (2) 법을 어기는 사람은 벌을 받는 것이 당연하다.
  2) 하나님의 종은 다른 사람을 화나게 하더라도 옳은 것을 선포해야 한다. 하나님의 의를 따라야 하며 인기를 잃더라도 바르게 선포해야 한다(엡 5:11; 딤후 4:2; 딛 2:5; 겔 3:18).

**5절 : 헤롯이 요한을 죽이려 하되 무리가 그를 선지자로 여기므로 그들을 두려워하더니**

헤롯도 요한에 대한 존경심을 가지고 있음에도 불구하고 요한을 민중 선동가로 죽였을 것이다. 그리고 위대한 예언자라는 것을 알고 있었지만 그를 죽였다. 만약 국민들을 선동하여 들고일어나면 그는 로마로부터 직위 해제를 당할 것이라고 두려워했다.

**개념 1.**

  1) 헤롯의 행동은 하나님의 두려움이나 예언자의 두려움에 기초하지 않고

오직 자기 직위나 명성을 보호하기 위해 행동했다.

2) 처음에 그는 요한을 존경했으나 그의 야망과 권력욕이 하나님의 마음으로부터 완전히 멀어지게 했다.

3) 헤롯의 일차적인 야망은 세상 권력이며 영적인 야망이 아니었다. 그는 이 세상의 물질을 소유하는 데 큰 관심을 가졌고 영원한 생명에 대한 영적인 것에는 관심을 가지지 않았다(롬 12:2; 고후 6:17-18; 요일 2:15-16).

4) 헤롯은 두려움에 사로잡혀 있었으며 그는 모든 부와 권력에도 불구하고 여러 가지 두려움을 가지고 있었다.

⑴ 상실감의 두려움 ⑵ 고독감의 두려움 ⑶ 미래의 두려움 ⑷ 죽음의 두려움 ⑸ 공허함의 두려움 ⑹ 다른 사람에 대한 두려움 ⑺사람의 일차적인 두려움은 죽음, 사고, 병, 부의 거절, 신체적 비정상, 파산 등의 두려움을 가지고 있다(히 10:26-27; 사 33:14; 66:4).

## 6-7절 : 마침 헤롯의 생일이 되어 헤로디아의 딸이 연석 가운데서 춤을 추어 헤롯을 기쁘게 하니 헤롯이 맹세로 그에게 무엇이든지 달라는 대로 주겠다고 약속하거늘

헤롯은 요한을 투옥한 것만으로는 헤로디아의 분노를 충족시킬 수 없었다. 요한은 그녀의 죄를 공개적으로 거론했기 때문에 더욱 분노하여 요한을 죽일 때를 기다리고 있었다. 그런데 헤롯의 생일이 다가와 기회가 생겼다. 마가복음에서는 헤롯이 갈릴리의 정부 관리, 군인, 유명 인사들을 초청하여 연회를 베풀었다고 기록하고 있다(막 6:21). 생일 축하 파티는 유대 관습이 아니라 헬라적 관습이었다. 유대 역사가 요세푸스에 의하면 그 딸은 어린 소녀인 살로메였다. 헤로디아는 살로메를 연회석에 보내 손님들을 즐겁게 하기 위해 춤을 추게 했다. 그 춤은 아마 음탕하고 자극적인 춤이었던 것 같다. 일반적인 여성들은 그런 춤을 추지 않는 반면, 살로메 춤은 술먹은 남성들에게 흥분을 주고 칭찬을 받을 것이라고 생각했다. 살로메의 춤이 끝났을 때 왕은 그녀를 불러 무엇이든지 원하는 것을 주겠다고 약속했다. 심지어 맹세까지 했다. 헤롯은 아마도 그녀가 보석이나 다른 귀금속을 요청할 것이라고 기대했을 것이다.

**8절 : 그가 제 어머니의 시킴을 듣고 이르되 세례 요한의 머리를 소반에 얹어 여기서 내게 주소서 하니**

요한은 하나님 사람이며 훈련된 사람이었다. 그는 하나님을 위해 살고 절제된 삶을 살고 있는 사람이었으며, 헤롯은 어리석었고 육신적이며 세속적이었다. 그는 명성, 부, 직위, 권력만을 가지려고 애를 쓰고 그것을 유지하려고 노력하는 자이다. 그것뿐 아니라 특히 자극적인 죄성을 가지고 있었다(육욕적인 즐거움 - 여자의 관계에서 오는 즐거움). 그래서 술 마시고 춤추고 여성들과 연회 베푸는 것을 좋아했다. 더욱더 그의 비윤리적인 행동은,

　　1) 사람들 앞에서 자기의 의붓딸의 몸을 노출시키도록 허락한 점

　　2) 육욕에 빠져 자기 왕국의 반까지도 줄 것이라고 약속

　　3) 살인을 저지르기까지 함

**개념 1.** 헤롯은 사람들이 현란한 광경, 즐거운 시간, 흥분된 감정을 가지기를 원했다. 인간은 방종의 경향이 있어 마음 상태가 느슨해지면 타락한다.

**개념 2.** 헤로디아의 딸 살로메에 대한 그녀의 영향력은 어머니가 자기 딸 앞에서 약행의 가장 나쁜 사례를 보였으며, 그녀는 딸로 하여금 약행을 저지르도록 부추겼다. 여기에 모든 부모에 대한 교훈이 있다(마 5:19; 신 6:5-7).

**9절 : 왕이 근심하나 자기가 맹세한 것과 그 함께 앉은 사람들 때문에 주라 명하고**

헤롯은 요한을 죽이기를 원치 않았다. 그러나 연회에 참석한 손님들 앞에서 자존심과 체면을 살릴 수 있도록 죽임을 명령했다. 우리 자신도 군중들 앞에서 나쁜 짓인 줄 알면서도 그들의 압력에 나쁜 짓을 허락한다.

우리가 배울 수 있는 교훈은 "난처한 일이 발생하는 곳에는 가지 마라." "어떤 난처한 일이 있거나 나쁜 일이 일어나도 올바른 일을 하도록 결심하라." 진실된 크리스천에게는 요한의 죽음은 하나님의 의지이며 하나님은 요한을 하나님 곁에 오도록 준비하고 계셨다. 세상 사람들에게 요한의 죽음은 끔찍하고 부적절하고 낭비적인 운명으로 보인다. 인간 세상의 눈으로 보면 세상일이 옳

을 수 있지만 크리스천의 눈으로 보면 요한의 운명은 하나님이 주신 운명이며 세상이 주는 운명이 아니다. 그의 죽음은 하나님의 영원한 목적에 부합한다(행 20:24; 딤후 4:18; 계 2:10).

**10-11절 : 사람을 보내어 옥에서 요한의 목을 베어 그 머리를 소반에 얹어서 그 소녀에게 주니 그가 자기 어머니에게로 가져가니라**

요한의 용기과 헤롯의 야만성을 나타내는 구절이며 그 당시 많은 사람들은 요한에게 생명의 안전을 보상하기 위해 헤롯에게 도전하지 말고 침묵하라고 충고했었다. 그러나 요한은 하나님 말씀을 대변하는 의무감을 가지고 있었다. 그래서 그는 하나님이 맡겨 준 사명을 다할려고 노력했다. 하나님을 위한 증인으로, 대변자로서 모범을 보였으며 아마도 헤롯 자신도 괴로웠고 후회가 있었을 것이다(고후 7:10; 히 12:16-17; 시 38:4).

**12-14절 : 요한의 제자들이 와서 시체를 가져다가 장사하고 가서 예수께 아뢰니라 예수께서 들으시고 배를 타고 떠나사 따로 빈 들에 가시니 무리가 듣고 여러 고을로부터 걸어서 따라간지라 예수께서 나오사 큰 무리를 보시고 불쌍히 여기사 그 중에 있는 병자를 고쳐 주시니라**

여기에서는 요한의 영광의 기쁨과 헤롯의 운명에 대해서 설명하고 있다. 헤롯과 요한에 대한 설명은 사람은 뿌린 대로 거둔다는 것을 나타내 준다. 죄는 사망을 낳고 의는 생명을 낳는다. 우리에게 교훈을 주는 요한의 죽임에 대한 2가지 결과를 보면,

   1) 예수님은 홀로 사색에 잠겼고 제자들의 죽음으로 마음에 울림이 있었다.
   2) 성숙한 신앙인에게 죽음은 하나님과 만남이 이루어지는 시간이며 요한의 마지막 죽음에 대한 기록은 없다(시 23:4; 딤후 4:6-8; 딤후 4:16-17; 빌 1:21).

예수님은 요한이 죽었다는 소식을 듣고난 후 고독감이 밀려왔다. 때때로 우리는 우리의 슬픔을 홀로 감당할 때가 있다. 예수님은 슬픔에 대해서 말씀하지 않으시고 그가 늘 하는 대로 사역을 다시 시작했다. 예수님은 그의 능력의 표시

로 기적을 나타내셨다. 그러나 우리는 그가 우리를 긍휼히 여기기 때문에 병을 고쳐 주셨다고 생각하고 있다. 예수님은 과거에도 현재에도 사랑과 관심을 우리에게 나타내고 있는 분이다.

**15절 : 저녁이 되매 제자들이 나아와 이르되 이 곳은 빈 들이요 때도 이미 저물었으니 무리를 보내어 마을에 들어가 먹을 것을 사 먹게 하소서**

사역에 있어 첫째 필수적인 것은 사람을 만나고 그 사람에게 동정심을 갖는 것이다. 예수님의 동정심과 제자들의 동정심은 아주 대조적이다. 예수님의 동정심은 군중에게 쏟아붓듯 주시는 동정심이었고 제자들은 적극적이지 않고 소극적인 동정심이었다.

◎ **예수님과 군중들 사이의 두 가지 일을 보면**

1) 예수님은 군중들을 보고 그들에게 도움을 주려고 노력한다. 그는 섬기기 위해 이 세상에 왔으며 섬김을 받으려고 오지 않았다.

2) 사람들의 무기력함이 그의 마음을 아프게 했다. 그는 고통의 무게에 짓눌려 상처받고 있는 영혼을 보았다. 여기서 예수님은 사람을 보면 동정심을 가지라고 제자들을 가르치고 있다. 제자들의 사람에 대한 동정심은 형편없이 작았다. 그들은 사람에게 관심을 가지고 있으나 사람에 대한 동정심이 없이 피동적이었다. 사람들은 자기 자신의 힘만 믿으며 그들은 이 세상일에만 초점이 맞추어져 있으며 자기에게만 초점이 맞추어져 있다. 제자들은 청중들이 모여들면 무시하고 내쫓았다.

**개념 1.** 우리는 우리 자신의 필요한 것만 알고 있으며 다른 사람이 무엇을 필요로 하는지 모른다. 우리는 우리 주위 사람들의 필요와 요구를 무시하고 세계에 흩어져 있는 사람들의 필요함을 못 본 체한다(요 4:35; 갈 6:9).

**16-17절 : 예수께서 이르시되 갈 것 없다 너희가 먹을 것을 주라 제자들이 이르되 여기 우리에게 있는 것은 떡 다섯 개와 물고기 두 마리뿐이니이다**

예수님의 사역은 주는 것이다. 예수님의 명령은 모든 사람에게 주는 것이다 우리는 우리가 필요한 모든 것을 하나님으로부터 받아 절대적으로 필요한 사람에게 주는 것이다. 아무리 보잘것없더라도 우리는 우리가 가지고 있는 것을 주는 책임과 의무가 있다. 사람들은 그들이 가진 재산만 눈여겨보고 그들은 작은 것으로나마 나누는 데는 무관심했다. 그들은 인간이 가진 모두 것이 하나님이 주셨기 때문에 하나님이 자기 것을 사용한다는 것을 모르고 있다(눅 12:33).

**개념 1.** 제자들은 지금 주님에 의해서 필요한 것을 주어야 된다고 깨닫기 시작하고 있다. 그들은 그들이 가지고 있는 것을 기꺼이 나누려고 한다. 우리는 우리의 소유를 하나님께 맡겨야 한다. 왜냐하면 우리의 육체적 욕구는 죄의 욕구, 즉 이기심, 속이는 것, 태만, 사치, 재물 축적 등이다. 인간의 정신이 하나님의 정신으로 바뀌어야 한다.

그러면 하나님의 가르침은 어떤 것인가?
1) 비 이기적으로 행동하는 자유 정신을 가지도록 가르치신다.
2) 이 세상 삶이 풍부하고 완전한 삶 자체를 주시려고 하신다.
3) 이 세상 삶은 영생을 주는 수단을 가지고 있지 않으며 하나님만이 영생을 주신다.
4) 사랑, 자유, 평화를 주신다

**18-21절 : 이르시되 그것을 내게 가져오라 하시고 무리를 명하여 잔디 위에 앉히시고 떡 다섯 개와 물고기 두 마리를 가지사 하늘을 우러러 축사하시고 떡을 떼어 제자들에게 주시매 제자들이 무리에게 주니 다 배불리 먹고 남은 조각을 열두 바구니에 차게 거두었으며 먹은 사람은 여자와 어린이 외에 오천 명이나 되었더라**

제자들의 임무는 그가 사용할 수 있는 모든 것을 예수님께 가져오는 것이다. 물고기 두 마리와 떡 다섯 조각으로 오천 명을 먹이고도 남았다는 것은 우리가 원래 가진 것은 적으나 예수님 손에 들어가면 넘친다는 뜻이다. 우리는 가끔 우리가 예수님께 드리는 것이 적다고 느끼지만 그는 우리가 준 것을 사용하여 몇 배 더 증가시켜 사용한다는 것이다. 제자들은 그들이 필요한 모든 양은 계산할 수 있으나 이 세상 넘어 보이지 않는 세계의 계산 방법을 모르고 있다. 그들은 항상 세상적인 것만 보아왔기 때문이다. 인간이 가진 모든 재화(물질, 시간)를 인간은 숫자대로만 계산하지만 하나님의 계산 방법은 인간과 다르다(눅 12:33).

**개념 1.** 우리가 아무리 적게 가졌더라도 그것은 필요하며 우리는 예수님께 가져가야 하는 책임이 있다. 예수님은 적으나마 모든 것을 가져오는 제자를 원한다. 우리는 예수님과 세상의 의를 위하여 우리의 소유를 가져가서 적절하게 사용하시도록 맡겨야 한다(눅 6:38; 고전 16:2; 신 16:17).

그리고 예수님은 우리가 가진 모든 재화(물질)을 어떻게 사용할까를 가르친다.
  1) 모든 재화를 예수님께 드리고 그의 목적에 맞도록 가져라.
  2) 그를 물질을 주는 원천으로 인정하라. 그것을 사용한다. 그는 항상 우리가 주는 양을 가지고 실패 없이 사용한다.
  3) 우리가 드린 모든 것을 하나님은 배고픈 자, 길 잃은 자, 꼭 필요한 자에게 나누어 주라고 하신다.

**개념 1.** 예수님은 제자들에게 받은 빵을 되돌려 주었다. 그들의 손이 넘치도록 되돌려 주었다.

예수님 사역에 참가하는 제자들은 역시 세 가지 할 일이 있다.
  1) 그들은 모든 것을 나누어야 했다.
  2) 절제하고 절약해야 하며 하나님의 풍성함을 보여야 한다.
  3) 그들은 하나님의 권능의 힘을 보고 그들 자신의 믿음과 능력을 키우고 미래에 더 많은 봉사를 해야 한다.

예수님은 갑자기 빵을 쌓아 올린 것이 아니다. 식량은 나누어 준만큼 늘어난다. 우리는 우리가 가진 것을 예수님께 드리고 그 다음 그가 필요를 몇 배로 늘리도록 그에게 맡겨야 한다. 우리는 가지고 있는 것으로 우리가 할 수 있는 일들을 하고 필요를 충족시키기 위해 몇 배로 불려 주시는 예수님을 믿고 맡겨야 하다. 예수님이 주신 것을 나누면 그는 채워 주시고 충분히 남도록 채워 주신다. 우리가 적게 나누더라도 하나님은 몇 배로 채워 주신다(엡 3:20).

**개념 2.** 많은 것이 들어올 때 사람들은 그것을 너무 자주 자기 자신을 위해 쓴다.

1) 자기 자신이 필요하지 않는 것을 쌓아 둔다(눅 12:19-20).

2) 나머지를 허비한다.

3) 과거를 잊어버린다.

4) 실제 준 사람을 무시하고 남에게는 눈을 감는다(눅 12:19-20; 딤전 6:17-19).

**22절 : 예수께서 즉시 제자들을 재촉하사 자기기 무리를 보내는 동안에 배를 타고 앞서 건너편으로 가게 하시고**

예수님은 제자들을 재촉하니 무리를 보내는 동안에 제자들이 먼저 가게 하시고 무리가 식사를 하고 제자들이 남은 것들을 거두자마자 예수님은 제자들과 무리들을 해산시키고 제자들을 먼저 배를 타고 가게 했다. 이것은 아마도,

1) 그는 홀로 기도하기 원함이며

2) 약간 휴식을 취하기 위함이며

3) 메시아적 권위로 그들의 시끄러움을 길들이기 위함일지도 모른다.

물고기와 떡이 증가한 기적을 보고 거기 있었던 사람들이 억지로 왕으로 삼으려고 했다(요 6:15)

무리들을 다루기 힘들기 전에 제자들을 재촉하여 배를 타고 앞서 건너편으로 가게 하셨다. 무리들의 영광 때문에 사명을 완수하는 데 방해받는 것을 원치 않으셨다.

복음서는 예수님이 향해 가시는 방향을 정확히 밝히지 않고 있으며 누가복음 9:10에서는 오천 명을 먹일 때 마가는 예수님께서 제자들과 벳새다로 가셨다고 하고(막 5:45) 요한복음 6:17에서는 가버나움으로 갔다고 주장하고 있다.

**23-24절 : 무리를 보내신 후에 기도하러 따로 산에 올라가시니라 저물매 거기 혼자 계시더니 배가 이미 육지에서 수 리나 떠나서 바람이 거스르므로 물결로 말미암아 고난을 당하더라**

예수님께서는 무리들을 보내시고 제자들을 배를 타고 먼저 떠나가게 하시고 혼자서 기도하러 산에 올라가서 아버지와 교통할 시간을 갖고 싶었다. 환경이

어떠하든 간에 오랫동안 기도할 시간이 필요할 때가 있다. 예수님이 극도로 에너지가 고갈되고 피곤할 때가 많았다. 미혹하는 자들이 항상 그를 대적하며 사람들의 충성심을 얻는 쉬운 방법을 택하도록 유혹한다. 사람들은 그를 이미 왕이라고 환호하고 있으나 그는 단지 인간이 부르짖고 환호하는 것은 마귀의 방법이라는 것을 알고 있었다. 그는 죽음과 부활을 통해 인간 구원을 이끌려고 했다. 그래서 그는 하나님과 단독으로 보내는 시간이 필요한 것이었다.

> 1) 그는 육체적 피로 때문에 다시 기분을 새롭게 마음을 강하게 먹을 필요가 있었다.
> 2) 그는 자기 사역의 분명한 비젼을 회복시키고 싶었다.
> 3) 그는 정신적으로 피곤하며 몸과 마음이 지쳐 있었다. 긴장된 생각과 심한 노동 다음에 우리도 그와 같은 경험을 하게 된다.
> 4) 그는 하나님의 권능과 하나님의 의지를 행할 수 있는 정신을 재충전하고 싶었다.

그리고 기도에 대한 교훈은 예수님의 이러한 경험으로 얻을 수 있다. 산 위에서 밑으로 내려다 볼 때 놀라운 경치와 광경을 바라보면서 권능과 위엄과 영광을 경험하게 된다. 그래서 믿는자는 하나님의 새로운 비젼을 얻게 된다. 예수님은 밤에 기도한다. 밤은 고요하고 따뜻한 시간이다. 밤은 그날을 다시 반성하고 내일을 기대하는 시간이다. 예수님은 혼자서 기도하며 하나님과 단독으로 만날 필요를 느꼈다. 그는 제 사시까지 기도했으며 아마 일곱시간 이상 기도한 것으로 추측된다. 그는 폭풍 속에서도 기도했으며 예수님의 기도의 중요성은 그가 폭풍우 속에서도 장시간 기도했다는 사실이다.

**개념 1.** 우리는 단순한 인간이며 자주 피곤해지고 몸이 지치게 된다. 이때 많은 유혹과 심한 긴장상태가 된다. 우리는 우리의 마음을 예수님께 집중하고 순간순간 예수님의 임재를 유지하려고 애쓰고 기도해야한다.

**개념 2.** 헌신된 사람도 미친듯이 바쁘게 움직이면 기도할 시간을 빼앗기고 마음이 산만해진다. 기도 없이 새로운 마음가짐 없이 예수님께 헌신하고 건전한 생황을 하는 것은 불가능한 일이다. 우리가 늘 자족하게 지내는 것은 아니다. 우리가 하나님 임재를 확인하고 우리를 이 세상에 보낸 하나님 뜻을 이행하려면 우리는 하나님과 단독으로 만나야 하며 이것이 영적 성장의 기본적 법칙들 중에 하나이다(마 7:7; 눅 18:1; 엡 6:18; 딤전 5:17). 제자들은 일몰 즈음에 떠났고 때가 저물었으매 배는 거슬러 부는 바람 때문에 육지에서 상당한 거리까지 밀려 갔으며, 배에서 파도 때문에 고난을 당했다. 지난번 이런 일이 일어났을 때 예수님과 함께 배에 타고 있었으나, 이번에 예수님은 뭍에 홀로 계셨고 제자들은 자기들 힘으로 파도를 이겨 내도록 남겨졌다.

## ▌ 25절 : 밤 사경에 예수께서 바다 위로 걸어서 제자들에게 오시니

로미 사람들은 일몰부터 해뜰 때까지 넷 부분으로 나누었다. 예수님이 배로 다가간 것은 오전 3시와 6시 사이에 있었다. 제자들은 유령이라고 생각하고 매우 놀랐다. 그런데 예수님께서 바다 위로 걸어서 제자들에게 오셨다. 그리고 구약 성경에서도 하나님은 바다를 지배한다고 실닝하고 있다. 예수님께서 바다 위로 걸어오심은 그분의 권능을 잘 보여 주고 있다(욥 9:8; 시 77:19; 사 43:16).

## ▌ 26-27절 : 제자들이 그가 바다 위로 걸어오심을 보고 놀라 유령이라 하며 무서워하여 소리 지르거늘 예수께서 즉시 이르시되 안심하라 나니 두려워하지 말라

예수님의 임재는 두려움을 극복하게 한다. 폭풍우 속에서 제자들이 경험한 것은,

1) 폭풍우는 호수를 가로질러 건너는 동안 발생했다. 폭풍우는 예수님이 그들에게 시킨 일을 하는 동안 일어났다. 우리 인생의 폭풍우도 정직한 일을 하는 사람이나 악한 일을 하는 사람에게도 일어난다(마 5:45)

2) 예수님은 제자들에게 갔다. 그는 바다 위를 걸어서 갔다. 그러나 그는 즉시 가지는 않았다.

3) 그들에게 어떤일이 일어나든지 간에 그의 명령에 복종하고 그를 믿도록 가르칠 필요가 있었다.

4) 예수님은 그들 자신의 능력과 기능을 사용하여 인생의 파도를 극복하도록 가르칠 필요가 있었다.

제자들은 두려움에 사로잡혀 있었다. 그리고 그들의 육체적 정신적 조건이

이때 중요했으며 그들은 파도와 싸우느라고 지쳐 있었으며 정신적으로도 피폐해 있었다. 그들은 생명의 위협을 받았으며 그들은 생존을 위해 투쟁하고 있었다. 그 때 갑자기 물위로 걸어오는 유령의 모습을 보고 쇼크에 이를 정도로 놀랐다. 그 때 갑자기 "It is I; don't be afraid." (나다. 두려워 하지 말아라.)라는 소리가 들렸다. 제자들은 그때 견딜 수 없는 무서운 경험을 했다.

예수님은 그의 임재를 확신시켜 주었다. 예수님의 갑작스러운 임재는 제자들에게 큰 위안이 되었다. 그러나 그들은 그 유령이 주님이라는 사실을 확신하지 못했다. "Lord, it is you."(주여 그것이 당신입니까?)라는 말은 그들이 아직까지 그 유령이라고 생각했던 분이 주님이라는 사실을 확신하지 못하고 있었다는 뜻이다. 그의 임재는 인생의 폭풍우를 통해서 우리를 구원하는 능력과 놀라운 계시의 말씀을 주신다.

**개념 1.** 우리의 삶에는 폭풍우의 두려움이 있지만 이것들을 그리스도를 통해서 바라본다면 그것을 가장 큰 축복으로 바뀐다는 것을 느끼게 될 것이다.
**개념 2.** 인생의 폭풍우가 가장 무섭게 칠 때 우리는 무기력하게 된다. 예수님 임재만이 폭풍에서 우리를 구원할 수 있으며 예수님만이 우리에게 희망과 위안을 줄 수 있다.

**28-31절 : 베드로가 대답하여 이르되 주여 만일 주님이시거든 나를 명하사 물 위로 오라 하소서 하니 오라 하시니 베드로가 배에서 내려 물 위로 걸어서 예수께로 가되 바람을 보고 무서워 빠져 가는지라 소리 질러 이르되 주여 나를 구원하소서 하니 예수께서 즉시 손을 내밀어 그를 붙잡으시며 이르시되 믿음이 작은 자여 왜 의심하였느냐 하시고**

베드로가 예수님의 목소리를 들었을 때 베드로는 희망이 갑자기 생겼다. 그는 '그리스도의 임재로 생명을 구할 수 있구나.'라고 생각이 들었다. 그는 예수님께 함께할 수 있는지 허락을 구했다. 베드로의 요청은 가장 특별했다. 우리는 이 장면에서 육체적 정신적 피로, 폭풍우에 살아남으려는 투쟁의 시간들, 죽음에 직면한 두려움, 유령을 보았을 때 놀라움, 너무나 많이 다가오는 죽음의 공포감들이 이 배안에서 일어났다. 베드로는 죽는다고 생각하고 있었으며 그러한 상황에 처하면 사람은 누구나 위험으로부터 탈출하고 싶어한다. 그러나 베드로는 배에 있는 사람 가운데서 예수님의 권능과 그의 사랑을 잘 알고 있었으며, 그는 믿음으로 반응한 유일한 사람이었다. 폭풍 가운데 하나님의 임재는 베드로로 하여금 두려움 없는 믿음을 발휘하도록 만들었다. 그는 예수님이 그를 죽음에서 구해줄 유일한 희망이라고 생각했으며, 예수님의 임재가 베드로의 희망을 일깨워 주었다. 그리고 예수님의 명령 "Come"(오라), 이 말씀은 강력한 말이며 베드로에게 오라는 허락의 말이다. 예수님이 어떤 사람을 구원해야 되겠다고 마음먹을 때 그때 명령의 말은 "Come" (오라)이다(마 11:28; 사 1:18; 55:1). 베드로는 예수님이 사랑과 관심을 갖고 있다는 것을 알고 있었다. 그는 예수님께 그의 시선을 고정시켰으며 그의 시선을 예수님께 고정시키지 않고 폭풍우에 고정시켰을 때 그의 믿음은 흔들리기 시작하고 빠지기 시작했다. 그리고 "Lord, help."(주여, 도와주소서)라고 하는 부르짖음 속에 이딴 믿음이 있었다.

**개념 1.** 이 장면에는 구원의 모습이 있다. 예수님의 임재가 그를 구했으며 예수님은 베드로와 함께 하는것을 허락하시고 "Come", 오라고 명령하셨다. 그는 예수님을 향하여 걸어가기 시잘할 때 인생의 휘몰아 치는 파도를 극복할 수 있었다. 그는 필사적으로 "주여 나를 구해 주소서"라고 소리 쳤으며 예수님은 손을 뻗어 그를 구해 주셨다(롬 10:13; 시 34:6).

**개념 2.** 주님의 임재가 인생의 폭풍우에 대한 답이며 절망을 극복하는 포인트이다(벧전 1:5; 딤후 4:18)

## ┃ 32절 : 배에 함께 오르매 바람이 그치는지라

폭풍우가 제자들의 향로를 벗어나게 했다. 그래서 그들은 계획했던 대로 벳새다에 상륙하지 못했다. 원래 계획된 벳새다에서 예수님을 만나는 것이었지만 예수님께서 물 위로 그들에게 오셨다. 폭풍우가 그친후에 그들은 게네사렛 땅(갈릴리 서쪽에 위치한 작은 비옥한 평야)에 이르렀다. 예수님이 배에 오르매 바람이 그쳤다. 그러나 여기서 무엇보다 그는 자연을 정복하는 주권자인 메시아라는 사실을 증명해 보여 주었다. 아무리 심한 시련이 와도 그는 자기를 따르는 자를 도와주러 나타날 것이다. 그를 부르는 어떤 절망적인 영혼에게도 평화를 가져다 줄 것이다(요 14:27; 16:33; 빌 3:6-7).

## 33절 : 배에 있는 사람들이 예수께 절하며 이르되 진실로 하나님의 아들이로소이다 하더라

진실로 하나님의 아들이로소이다라는 제자들의 선언은 그들이 믿음이 생기게 되었다는 것을 뜻한다. 제자들은 지치고 힘든 항해에서 큰 위안을 경험하게 되었다. 그들은 예수님의 권능에 의해서 생명을 위협하는 폭풍으로부터 구원받았다. 이전에는 이런 경험을 목격한 적이 없기 때문에 배를 타고 있던 사람들은 "truly, you are the Son of God."(진실로 당신은 하나님 아들이십니다.)이라고 말하면서 경배하였다(마 10:32; 롬 10:9; 요일 2:23-24; 4:15)

**개념 1.** 그들은 믿음을 진정으로 고백 했을 뿐 아니라 그를 경배했다. 하나님께 고백과 경배는 우리의 삶에 엄청난 차이를 가져온다.

## 34절 : 그들이 건너가 게네사렛 땅에 이르니

예수님은 게네사렛(Gennesaret) 땅에 이르렀다. 이 땅은 갈릴리 바다 서쪽에 위치한 작고 비옥한 평야이며 Chorazin(Korazim) 코라짐과 막달라(Magdala) 마을 사이에 위치해 있으며 길이 3마일, 넓이가 1마일 정도 되는 땅이라고 한다(가버나움에서 약 3.4km 떨어져 있을) 이곳은 파라다이스라고 불리워지기도 하고, 왕자의 정원이라고도 한다.

**개념 1.** 이 땅의 파라다이스와 왕좌의 정원은 육체적 즐거움과 휴식을 가져올 수 있으며, 육체만을 회복시킬 수 있다. 그러나 영혼의 영원한 평화는 줄 수 없다(요 14:27).

단지 예수님만이 영원한 평안과 새로운 생명을 줄 수 있다(요 16:33; 빌 4:6-7)

## 35절 : 그 곳 사람들이 예수이신 줄을 알고 그 근방에 두루 통지하여 모든 병든 자를 예수께 데리고 와서

예수님은 갈릴리 지방에서는 잘 알려져 있었으며 예수님이 배에서 내리자마자 즉시 예수님을 알아보고 사람들이 모여들었다. 예수님께서는 이미 치유자로서 광범위하게 소문이 퍼져 있으므로 병 고치려는 사람들이 모여들었다. 예수님 당시에는 옷술들이 거룩함의 표시로 여겨져 치유를 받고자 하는 사람들이 옷자락만 만져도 나음을 얻었다. 사실에 있어서 그분의 치유는 옷술을 만지는 것이 아니라 예수님에 대한 믿음이다.

**개념 1.** 사람들이 예수님의 구원의 은혜를 진정으로 안다면 많은 사람들은 그들의 삶을 예수님께 빨리 맡겼을 것이다. 예수님에 대하여 모르는 두 가지가 있다. 1) 믿는 자들이 열정적인 증언을 하지 않는다. 2) 믿지 않는 자들은 닫힌 마음을 열지 않고 예수님께 냉담하다.

**개념 2.** 예수님에 대하여 듣지 못했으면 그 사람은 예수님을 모르는 사람이다. 천지 창조주이신 하나님이 이천 년전에 우리를 구원하러 자기 아들을 이 땅에 보냈다는 것을 어떻게 알겠는가? 그리고 마을 사람들은 경배만 참석한 것이 아니고, 그들의 가족, 친구, 이웃들을 예수님께로 데리고 왔다. 그들은 예수님에 대해 듣고 알았으며, 흥분까지 했다. 그들과 그들 친구들이 상상을 뛰어넘어 흥분된 마음을 가지고 와서 치료되었다는 것을 상상해 보라. 이런 기회를 다시는 놓치지 않고 싶을 것이다.

**개념 3.** 괴학과 의학의 발달로 예수님의 치유를 믿지 않는 경향이 있다. 우리는 전문 의사들의 의견을 존중하면서 예수님을 신뢰하고, 건강을 지키기 위하여, 식생활과 운동을 포함하여 주님이 주신 모든 기회를 이용하는 Smart(현명한) 크리스천이 되어야 할 것이다.

## 36절 : 다만 예수의 옷자락에라도 손을 대게 하시기를 간구하니 손을 대는 자는 다 나음을 얻으니라

모든 병자들이 예수님 옷자락에 손을 터치(Touch)하기 위해 간청(beg)하고 간구(ask)한다. 병을 고치기 위해서는 세 가지 태도가 필요하다.

1) 예수님 도움의 필요성을 간절히 느끼고 그에게 간청해야 한다.

2) 절박한 심정으로 겸손하게, 진심으로 간청해야한다.

3) 우리가 그에게 간청하기만 하면 우리를 완전히 고쳐 줄 것이라고 그의 권능을 믿어야 한다(롬 10:13; 시 34:6; 렘 29:13).

그리고 왜 예수님이 병자들을 위해 터치(touch)하지 않고 병자들이 간청하여 터치(touch)하는가?

1) 예수님께 다가가서 터치하면 병을 고칠 수 있다고 들었을 것이다.

2) 하나님을 믿는 경건한 유대인들은 옷자락에 푸른 옷술(tassle)은 믿는 사람

의 믿음의 상징이며 경건의 상징이었다. 그래서 많은 사람들은 예수님이 메시아라는 사실을 믿고 권능의 상징인 tassle(옷술)을 터치(touch)하려고 간청했다.

3) 어떤 사람들은 병이 심하여 절망적이었으며 오랫동안 먼길을 와서 그들은 메시아에게 빨리 접근하려고 서둘렀던것 같다(롬 10:9-10). 그리고 병고침은 완전한 회복을 말하며 사람 내면에 있는 영적 치료와 육체적 병고침이 완전한 회복이다. 병을 고치게 되는것은 예수님을 터치(touch) 때문에 일어나는 것이 아니라 믿음 때문에 일어나는 것이다.

# 마태복음 15장

**1-3절 : 그때에 바리새인과 서기관들이 예루살렘으로부터 예수께 나아와 이르되 당신의 제자들이 어찌하여 장로들의 전통을 범하나이까 떡 먹을 때에 손을 씻지 아니하나이다 대답하여 이르시되 너희는 어찌하여 너희의 전통으로 하나님의 계명을 범하느냐**

바리새인들과 서기관들은 유대인들의 예배중심지인 예루살렘으로부터 파견을 와서 예수의 활동을 확인하고 있었다. 70년간 바벨론 포로로부터 돌아온 후 수세기에 걸쳐 수백 가지의 종교적인 전통이 하나님 율법에 더 추가되었다. 바리새인들과 서기관들은 추가로 지정된 법률을 포함하여 모든 율법이 똑같이 중요하다고 생각했다. 어떤 종교적인 전통은 삶에 풍요로움과 큰 의미는 주지만, 그러나 전통이 오랫동안 전해져 내려왔다고 해서 그 법들이 신성한 수준까지 끌어올릴 필요가 없다고 생각한다. 하나님의 원리는 변하지 않는 것이며 하나님 법에 더 군더더기를 붙일 필요는 없었다. 전통은 하나님의 법을 잘 이해하는데 도움을 주는 것이지 전통 자체가 법이 되어서는 안 된다. 예수님은 각자에게 다른 교훈 3가지를 다른 청중들에게 설명했다.

1) 종교 지도자들은 전통적인 종교가 경건하다고 말하고 있다.
2) 군중들은 더러운 입이 사람을 더럽힌다고 들었다.
3) 제자들은 눈먼 영적 장님과 부패한 마음이 사람을 더럽힌다고 생각하고 있다.

결론적으로 전통은 계명이 될 수 없고 율법이 될 수 없다.

> **4-5절 : 하나님이 이르셨으되 네 부모를 공경하라 하시고 또 아버지나 어머니를 비방하는 자는 반드시 죽임을 당하리라 하셨거늘 너희는 이르되 누구든지 아버지에게나 어머니에게 말하기를 내가 드려 유익하게 할 것이 하나님께 드림이 되었다고 하기만 하면**

사람들은 내적 종교와 외적 종교를 구분한다.

1. 외적 종교 – 외형적으로 깨끗해지면 도덕적으로 깨끗하다고 말한다. 사람이 바깥을 깨끗이 하면 안도 깨끗해질 것이라고 말한다. 내적 종교에서는 안이 깨끗해지면 바깥이 깨끗해질 것이라고 말한다. 외적 종교는 사람이 만든 종교 의식, 종교 행사, 법 등을 말한다.

2. 내적 종교– 사람의 마음을 변화시키고 재충전시키는 그의 아들 예수 그리스도를 기초로 삼는 것이다.

이 두 가지(내적, 외적) 종교의 갈등은 예수와 그 당시 종교 지도자들 사이에 생기는 하나의 갈등이다. 여러 세월을 걸쳐 사람을 영적, 도덕적으로 깨끗하게 하려는 의도에서 사람의 행동을 다스리는 수천 가지의 규율과 규칙 위에 더 많은 것을 증가시켜 지키도록 했다. 사람을 부패시키는 것은 틀에 매인 전통적인 종교이다.

지금 청중들은 서기관과 바리새인으로 구성되어 있으며 그들은 예루살렘으로부터 파견된 특별한 종교 지도자들이었다. 그들은 두 가지 이유 중 하나 때문에 파견되어 왔다. 첫째, 그들은 예수님의 말씀 선포에 너무 당황했으며 그가 진정한 메시아인지 결정할 필요가 있었다. 둘째, 그들은 예수님의 성공적인 삶에 대하여 극도로 괴로워했다. 사람들의 충성심을 잃을까 두려워했기 때문이다.

**개념 1.** 종교 의식도 필요하지만 꾸준한 신앙생활이 중요하다.

  1) 종교인은 가끔 그들의 전통, 의식, 행사, 예배, 규율, 예배 행사, 스케줄이 어긋날까? 신경을 곤두세우고 있다.
  2) 예수에 대한 비난은 그가 전통을 깨뜨렸기 때문이다.
  3) 예수를 비난하는 것은 그들의 전통을 지키기 위해서이며 예수님이 율법

을 깨뜨렸다는 사실이다. 예수님은 우리가 살고 있는 시대에도 이해하기 어려운 말씀을 선포하고 있다. 그래서 귀 있는 자는 들으라고 하신다.

사람들은 교회의 전통을 무시하고 예수님 당시의 신앙심을 포용하고 받아들였다. 예수님은 그 문제에 대해 질문을 받았다. 예수님은 종교적인 전통을 유지하기 위해 하나님 법을 깨뜨렸다고 비난함으로써 그들의 물음에 답을 했다. 그는 율법의 예를 들어서, "부모를 공경하라 그러나 너희 전통은 사람이 성전에 봉헌물을 바친다고 일단 맹세하면 그의 부모를 돌보기 위해 그 봉헌물을 먼지 쓰고 뒤에 필요힐 때 성소에 봉헌할지라도 그 맹세를 취소할 수 없다."라고 전통은 정해져 있다. 예수님이 말씀하시기를 "나는 법을 어기는 자도 아니고 위선자도 아니다. 너희들이 하나님 법을 어기는 자들이다. 너희들은 너 자신의 규칙을 하나님 법 위에 올려놓고 있다."라고 말씀하시다.

**6-9절 : 그 부모를 공경할 것이 없다 하여 너희의 전통으로 하나님의 말씀을 폐하는도다 외식하는 자들아 이사야가 너희에 관하여 잘 예언하였도다 일렀으되 이 백성이 입술로는 나를 공경하되 마음은 내게서 멀도다**

이 구절에서는 예수님은 종교 지도자의 불법 행위와 잘못을 지적하고 있다.

1. 종교 지도자들은 전통 때문에 하나님 법을 무시한다. 종교적 전통은 제도적인 것이나 개인적인 것일 수 있다.

　1) 제도적인 전통- 의식, 규칙, 스케줄, 형식, 예배, 절차, 교회 조직, 예배
　　순서 등을 말한다.

　2) 개인적인 전통- 교회 참석, 기도, 찬양, 행사 참석 등, 예수님은 많은 사람
　　들이 하나님 말씀보다 그들의 전통을 우선시하는 것에 대해 공격하고 있
　　다.

**개념 1.** 하나님의 말씀을 소홀히 해서는 안된다.

　1) 하나님 말씀은 소홀히 하면서 그들의 교회 전통은 지키려고 하고 있다(막
　　7:8, 13; 딤후 3:6; 벧후 1:19-21).

2) 종교 지도자들은 위선자들이다. 그들의 본 마음은 하나님으로부터 멀리 있으며 입술로 찬양한다. 가슴으로 섬기지 않고 입술로 섬긴다.

지금 종교 지도자들은 하나님이 어떤 분인지 알고 예배에 참석하지만 이것이 그들이 하는 전부의 일이다. 그들은 진실로 신앙적으로 속고 있는 사람들이다. 그들은 공부도 열심히 하고 남을 보살피기도 하고 돕기도 한다. 그들은 종교적인 전통을 유지하기 위해 많은 노력을 하고 심지어 투쟁까지 한다. 예수님은 말씀하시기를 그들을 위선자라고 말씀하신다. 왜냐하면 그들의 마음이 하나님을 향하고 있지 않기 때문이다. 그들은 개인적으로 예수님을 하나님 아들, 구원자, 메시아로 받아들이지 않으며 그들은 마음 깊은 곳에 하나님을 알지 못하고 있다(사 29:13).

종교 지도자들은 예배를 드리지만 공허한 마음으로 드린다. 그러나 예수님은 진실된 예배는 신령과 진정으로 드려야 한다고 말씀하신다. 예수님을 부인하고 하나님 말씀을 부인하는 자는 하나님을 경배할 수 없다(요 14:6; 17:17).

사람은 예배를 드릴 수 있지만 그의 예배가 공허하고, 가치 없고, 받으실 수 없는 예배가 될 수 있다. 예수님 당시의 종교 지도자들은 그들의 입술로 그들 자신의 신앙을 고백하고, 그들의 가슴속에는 하나님 아들, 예수 그리스도를 부인하였다(요일 3:23). 종교 지도자들은 하나님의 계명을 전통으로 가르치고 있었다. 전통은 무엇을 해야 되는지, 하지 말아야 되는지의 인간의 신념이다. 어떤 전통은 좋은 것도 있고 나쁜 것도 있다. 아무리 좋은 전통이라도 그들은 하나님 말씀만큼 중요하지 않다(마 5:6; 요 4:14; 7:37; 시 36:8; 사 58:11).

예언자 이사야 역시 위선자들을 비판하였고 예수님도 이사야 말씀을 인용하여 비판하고 있다. 우리가 하나님으로부터 멀리 떨어져 있을 때 하나님을 경배한다고 주장한다면 우리의 예배는 무의미 하며 예배는 우리의 행동과 태도가 신실해야 한다. 바리새인들은 하나님에 관하여 많은 것을 알고 있지만 그들은 진정 하나님을 모르고 있다. 종교나 성경에 관해서 공부하는 것은 충분하지 못하며 우리는 하나님 자체의 부르심에 응답해야 한다(하나님 자체를 알아야 한다).

**10-11절 : 무리를 불러 이르시되 듣고 깨달으라 입으로 들어가는 것이 사람을 더럽게 하는 것이 아니라 입에서 나오는 그것이 사람을 더럽게 하는 것이니라**

사람을 불결하게 하는 것은 더러운 입이다. 청중이 많이 모여 있으며 예수님이 지금 청중들에게 말씀하시는 불경스러운 일은 일반 대중과 군중에게 흔히 있는 일이다. 사람을 더럽게 하는 것은 먹고 마시는 것이 아니다. 천국은 먹고, 마시는 문제가 아니며 사람을 더럽히는 것은 더러운 입, 더러운 말, 비난의 말, 거친 말, 불친절한 말, 관심이 없는 말이 가득한 입이다. 불결한 말이란 서룩하지 못한, 오염되고 더럽혀진 말을 하는 것이다 .사람의 입에서 나오는 말은 그의 생각이 무엇인지 보여 주며 사람의 입은 그의 마음과 생각하는 인생관을 나타내준다(롬 1:21; 창 6:5; 잠 15:26; 23:7; 겔 8:12).

사람의 입은 사람을 오염시키고 불결하게 만들기도 하고 그를 깨끗하고 거룩하게 만들기도 한다. 그의 입은 그리스도를 고백하기도 하고 부인하기도 한다. 그의 말은 하나님을 찬양하기도 하고 저주하기도 한다(마 12:34-37; 롬 3:13-14; 골 3:8; 약 3:6; 벧전 2:1; 시 36:3; 116:11).

예수님은 유대인의 마시는 것과 음식에 관해서 유대인 규칙에 대해서 말씀하고 있다. 너희들은 먹는 음식에 의해서 더러워지지 않는다. 너를 더럽게 하는 것은 입으로 나오는 것이다. 이러한 지적은 말이 많으며 마시는 것에 대단히 관심이 많은 바리새인들을 자극하여 화나게 했다. 그리고 사람의 마음 상태는 그의 말이나 행동에서 드러나게 된다. 죄는 마음에서 시작되며, 만물보다 거짓되고 심히 부패한 것은 마음이다.

**12-14절 : 이에 제자들이 나아와 이르되 바리새인들이 이 말씀을 듣고 걸림이 된 줄 아시나이까 예수께서 대답하여 이르시되 심은 것마다 내 하늘 아버지께서 심으시지 않은 것은 뽑힐 것이니 그냥 두라 그들은 맹인이 되어 맹인을 인도하는 자로다 만일 맹인이 맹인을 인도하면 둘이 다 구덩이에 빠지리라 하시니**

예수님은 제자들에게 바리새인들은 눈먼 사람들이기 때문에 그냥 내버려 두라고 말씀하신다. 그들의 가르침을 듣는 사람은 영적인 장님에 빠질 위험에 처하게 될 것이다. 모든 종교 지도자가 모두 하나님 진실을 아는 것은 아니다. 너희들이 듣고 배우고 하는 사람이 좁은 영적 눈을 가지고 있는지 확인하고 성경 말씀의 진리를 따르라. 그리고 사람을 더럽히면 영적 장님이 된다.

이 말씀을 예수께 듣는 청중은 군중들이 아니라 예수님 제자들이다. 이것이 예수님이 가르치는 요점이다. 제자들은 예루살렘으로부터 파견된 종교 대표자들을 분노케 한 것에 대해서 대단히 걱정을 하고 있었다. 예수님은 종교 지도자도 잘못을 저지를 수 있으며 신앙심이 있든 없든 하나님 아버지가 심지 않은 나무는 뿌리채 뽑힐 것이라고 말씀하신다. 종교 지도자들은 하나님 아버지에 의해서 심은 나무가 아니므로 그냥 내버려 두고 신경 쓰지 말라. 그들이 화내건 말건 그대로 내버려 두라. 그들은 영적으로 부패되어 있고 영적으로 장님이다. 그들은 그들을 따르는 모든 사람 즉 장님들을 잘못 인도하고 있다. 둘(장님+종교 지도자)다 구렁텅이에 빠질 것이다. 예수님의 말씀은 간단하면서도 요점이 있었으며 종교 지도자들은 하나님 말씀으로 태어난 자가 아니기 때문에 저주의 운명에 처할 것이다. 예수님은 잘못 인도되고 더럽혀진 사람들의 특성 6가지를 들고 있다.

1) 그들은 하나님에 의해 심어지지 않았다.
2) 그들의 뿌리는 뽑혀질 것이다.
3) 그들은 내버려두고 신경쓸 필요가 없다.
4) 그들은 영적으로 장님이다.
5) 그들은 장님을 사람들 가운데로 잘못 인도하고 있다.
6) 그들 둘(장님+종교 지도자)다 헤어날 수 없는 구렁텅이에 빠질 것이다.

이 구절은 예수님이 종교 지도자의 잘못된 점을 지적할 뿐 아니라 그들의 교리와 전통을 비판하고 있다. 교회는 유형 교회와 무형 교회가 있다.

**개념 1.** 두 가지 비극적인 일

1) 그들은 유형 교회에 속하여 하나님에 의해 심겨지지 않았다(고후 11:13-15).

2) 그들과 그들 스스로 만든 교리와 전통은 뿌리채 뽑힐 것이다.

종교 지도자들은 하나님의 말씀을 잘못 이해하는 장님이므로 그들 자신도 속임을 당하고 다른 사람들도 잘못된 길로 인도할 것이다.

**개념 2.** 잘못 인도 당하는 사람도 심판 받고 구렁텅이에 빠질 것이다. 사람들은 개인적으로 책임이 있으며 그는 자기가 장님된 것, 잘못된 결정, 무지한 것에 대헤시 책임이 있나(마 6:23; 요 1:5; 3:19; 롬 13:12; 엡 4:18; 잠 4:19).

**15-20절 : 베드로가 대답하여 이르되 이 비유를 우리에게 설명하여 주옵소서 예수께서 이르시되 너희도 아직까지 깨달음이 없느냐 입으로 들어가는 모든 것은 배로 들어가서 뒤로 내버려지는 줄 알지 못하느냐 입에서 나오는 것들은 마음에서 나오나니 이것이야 말로 사람을 더럽게 하느니라 마음에서 나오는 것은 악한 생각과 살인과 간음과 음란과 도둑질과 거짓 증어과 비방이나 이런 깃들이 사람을 너럽게 하는 것이요 씻지 않은 손으로 먹는 것은 사람을 더럽게 하지 못하느니라**

훗날 베드로는 깨끗한 음식과 불결한 음식의 문제에 직면하게 되었다. 그리고 어떠한 것도 복음을 이방인에게 선포하는 것에는 장애가 없다는 것을 알게 되었다. 우리는 우리의 외모를 매력적으로 만들기 위해 열심히 노력한다. 그러나 우리 내면속에 있는 것이 더 중요하다는 것을 모른다(속마음의 매력은 영원하다). 마음속 깊은 매력이 하나님께 뿐 아니라 자기에게도 훨씬 더 중요하다. 사람이 크리스천이 될 때 하나님은 내면 세계를 아름답게 꾸며 변화되도록 만든다. 하나님은 꾸준히 내면의 변화가 일어나도록 계속 일하실 것이다. 하나님은 건강한 음식과 건강한 운동뿐 아니라 우리가 건전한 사고와 동기를 가지기를 원하신다. 사람을 더럽히는 것은 부패한 마음이다. 예수님은 제자들에게 다시 돌아와서 말씀을 선포하고 있으며 베드로가 제일 앞줄에 서 있다. 예수님은 제자들이 예수님의 가르침에 느릿느릿하게 배우는 것을 꾸중하고 계신다. 부패한 마음에서 나오는 행동이 어떤 것인지 잘 이해시켰지만 그들은 아직도 떠들며 시간을 낭비하고 있다. 음식은 좋은 음식이든 나쁜 음식이든 하나님에겐 아무런 관심이 없다. 우리가 먹는 것과 영적성숙은 아무런 상관이 없다. 과식이나 무절제가 나쁘지 않다고 말하는 뜻은 아니며 지나친 욕심과 식탐은 우리의 마음으로부터 나온다. 우리가 우리 입속으로 넣는 음식은 가치 있는 것도 아니고 도덕적이거나 미덕적인 것도 아니다. 우리를 선한 사람이나 나쁜 사람이나 영적인 사람이나 육적인 사람을 만드는 것은 음식이 아니라 그들의 행동이다. 우리가 먹는 음식이 행동을 만드는 것이 아니라 우리의 마음이 행동을 만드는 것이다. 좋은 것이 밖으로 나오면 우리의 마음도 선하다고 보여진다. 입으로부터 나쁜 것이 나오면 우리의 마음도 나쁘다고 보여진다. 바울이 말하는 것처럼 주 안에 있는 사람은 어떤 음식도 깨끗하지 않은 음식은 없다고 말한다. 그러나 사람이 다른 사람을 넘어지게 하는 원인을 제공하는 음식을 먹이는 것은 나쁘다. 사람은 먹는 것에 의해 불결한 것이 아니고 오염된 마음 때문에 불결하게 된다. 어떤 것을 가지고 불결하게 만드는 것은 자기 자신이지 남이 아니다. 사람들이 꼭 알아야 되는 것은 인간의 마음에 변화가 있어야 되며 그의 마음이 거듭나야 한다(벧전 1:23; 엡 4:23-24; 골 3:9-10).

**│ 21절 : 예수께서 거기서 나가사 두로와 시돈 지방으로 들어가시니**

예수님은 이방 지역으로 들어가서 두로와 시돈 북쪽까지 들어갔다. 여기서 지역이라는 단어는 항구 또는 국경 도시를 말한다. 예수님은 의도적으로 이방 국경 지역까지 간 것은 자기 자신과 제자들이 조용한 시간을 가지기 위해서였다. 그가 찾을 수 있는 유일한 장소는 북쪽 이방 국경지였다. 유대인들은 이방 지역에 가는 것을 싫어했으며 막달라 마리아가 사는 마을 근처까지 그의 적들과 군중들을 피해 이방 지역으로 가서 이방인들을 위해 기적을 베풀었다. 불쌍한 여자가 예수께 다가와서 귀신 들린 내 딸을 고쳐 달라는 간청에 고쳐 주었다. 이것은 세계적인 복음의 시작을 알리는 예표이며 하나님이 복음의 장애물을 헐어 버리는 큰 사건이 되었다.

**│ 22절 : 가나안 여자 하나가 그 지경에서 나와서 소리 질러 이르되 주 다윗의 자손이여 나를 불쌍히 여기소서 내 딸이 흉악하게 귀신 들렸나이다 하되**

마태는 그 여자를 가나안 사람이라고 하고 마가는 이방인 수로보니게 여인이라고 말하고 있다. 어떻든 간에 예수님은 자비를 베풀어 달라는 그 절규에 외면할 수가 없었다. 두 가지 부르짖음 즉 자비에 대한 부르짖음과 거짓이 없는 주님께 부르짖음이었다. 많은 사람들은 부르짖지만 주님께 부르짖지 않는다.

  1) 그 여자는 다윗의 자손에게 자기 간청을 들어달라고 부르짖었다.

  2) 그 여자는 자기 자신이 아닌 자기 딸을 위해 부르짖었다. 그녀의 딸은 사탄의 권세에 눌려 예수님의 능력을 필요로 하고 있었다. 그녀는 예수님에 대해서 좋지 않은 생각을 가시고 있었으나 예수님의 관심을 끌었다. 그녀는 예수님이 거절할 수 없는 두 가지 자질을 가지고 있었다. 첫째, 그녀는 다른 사람, 즉 자기 딸을 진정으로 사랑하고 있으며 딸을 너무 사랑하여 딸의 문제를 자기 자신의 문제로 생각하고 있었다. 그녀의 딸에 대한 사랑은 정상적인 관계나 동정심이 아니라 간절함 자체였다. 그녀는 예수님이 주님 됨을 알고 다가가서 그의 자비를 간절히 간구했다.

**개념 1.** 지금도 얼마나 많은 사람들이 그들의 자녀들이 사탄의 영향을 받고 살고 있으며 마귀와 죄 속에 살고 있는가? 부모의 기도가 필요하다.

**개념 2.** 얼마나 많은 사람들이 이 여자가 자녀를 위해 부르짖은 것처럼 그들의 자녀를 위해 중보 기도를 하고 있는가?

그리고 마태복음의 유대 군중들은 이 여자를 도와주는 예수님의 의도를 즉시 이해했다(요 14:13-14; 시 34:6; 사 55:6; 61:2; 암 5:4).

이 구절에서 여자가 다윗의 자손 예수라고 부른 것은 예수님에 대해서는 어렴풋이 예수가 다윗의 후손일 것이라고 기대하고 있었다. 예수님은 단순히 병을 낫게 하는 기적의 일꾼으로 이해하는 것은 부적절하며 확실히 예수가 누군지 아는 것이 필요하다.

**23-24절 : 예수는 한 말씀도 대답하지 아니하시니 제자들이 와서 청하여 말하되 그 여자가 우리 뒤에서 소리를 지르오니 그를 보내소서 예수께서 대답하여 이르시되 나는 이스라엘 집의 잃어버린 양 외에는 다른 데로 보내심을 받지 아니하였노라 하시니**

제자들은 그 여자가 계속해서 성가시게 쫓아오면서 방해하는 일 때문에 그녀를 쫓아보내라고 예수님께 부탁한다. 제자들은 그녀에게 동정심이 없었으며 그녀의 요구에 무관심했다. 우리는 때때로 영적 문제에 깊이 빠져 우리 주위의 현실적인 문제를 외면할 때가 있다. 이것은 우리가 가난한 사람에게 편견을 가지거나 불편을 끼치는 사람에게 그렇게 무관심을 나타낼 수가 있다. 복음에 방해를 받는다고 생각하는 대신에 네 주위에 둘러싸고 있는 환경을 잘 알아야 되며 복음의 아름다운 말씀을 모든 사람에게 활짝 열어야 하며 너와 다른 사람을 배척하지 않도록 노력하라.

그리고 이 여자는 세 가지 장애물을 만났다.

1) 예수님의 침묵이었다. 예수님의 침묵에도 불구하고 그녀는 예수님이 도와줄 때까지 예수님이 가도록 허락하지 않고 계속 따라다녔다.

2) 제자들이 반대했다. 제자들의 반대에도 불구하고 그녀 자신이 하고 있는 일이 부당하다는 것을 알고있음에도 불구하고 끝까지 따라다녔고 그들에게 소리쳐 외침으로써 그들을 당황하게 만들고 있다.

3) 그녀는 이방인이었다. 그들은 그녀가 이방인이기 때문에 예수님이 그녀를 즉시 돌려보내기를 기대했으나 그녀는 상당 기간 동안 그들을 따라다녔다. 예수님은 그녀를 무시했다. 그래서 제자들은 예수님이 그녀를 돕지 않을 것이라고 생각했다. 그리고 제자들은 두 가지 교훈을 배우게 되었다. 믿음은 예수님이 도울 수 있기 전에 사람의 마음에서 바로 깨달아야 한다. 사람은 그때그때 기분대로 변덕스럽게 예수께 다가가서는 도움을 받을 수 없다. 진실되고 간절한 마음과 깨어 있는 믿음이 필요하다. 하나님의 종은 모든 사람에게 동정심이 가득한 마음으로 사역을 해야 한다. 예수님의 이상한 언급 "나는 잃어버린 이스라엘 양에게 보내졌다." 이 말씀은 여자에게 거절하지 않고 도와주시겠다는 의미가 담겨져 있다. 예수님은 그의 목적을 성취시키기 위해 그의 사역에 집중해야만 했다. 왜 이 말씀을 여자에게 하는가? 그 두 가지 이유는,

1) 그 여자는 끈기, 겸손, 믿음을 배울 필요가 있기 때문이다.

2) 그 여자는 진정한 종교와 단지 한 분 메시아를 알 필요가 있기 때문이다.

아마 그 여자는 지금까지 거짓 하나님을 경배해 왔던 것 같다. 그녀는 지금 예수님을 다윗의 자손, 병과 죄에서 구원하는 기적의 능력을 베푸는 일꾼으로 깨닫고 있다. 그녀는 사마리아 우물가의 여인이 배우는 것과 똑같은 교훈을 배워야 했다(요 4:22)

사람늘이 간구하고 기도하는 방법에는 차이가 있다.

1) 아무 기대하지 않고 기도한다. 대부분 사람들이 그렇게 한다. 그를은 하나님은 자기의 기도를 들을 것이라고 생각하기 때문이다.

2) 응답을 얻기 위해 끈기와 인내를 가지고 기도한다.

이 여인은 자기 딸을 진정으로 사랑하고 필사적이다. 이 여인은 예수님이 단지 자기의 희망이며 그녀는 어떤 방해와 반대에도 절내로 절망하여 그만두는 일이 없다. 여기에서 배울 점은 그녀는 이방인이지만 우리들이 배우고 알지 못했던 예수님의 능력을 믿었다(마 7:7-8; 눅 18:1-6; 시 105:4).

▌ **25절 : 여자가 와서 예수께 절하며 이르되 주여 저를 도우소서**

그 여자는 주님께 와서 경배했다. 그 여자는 예수님을 주라고 불렀으며 그녀는 그를 주라고 부르는 것이 그 여자가 취할 수 있는 첫째 단계이다. 그녀는 처음에는 예수님을 단지 위대한 사람으로 알고 있었으며 경배받을 만한 주로 생각하지 않았다. 그녀가 이 구절에서 행한 것은 예수님이 실제 메시아임을 깨달아 믿음이 성장히였으며 주는 보는 사람의 경배 대상이다(롬 10:5-10, 13; 빌 2:11).

▌ **26-27절 : 대답하여 이르시되 자녀의 떡을 취하여 개들에게 던짐이 마땅하지 아니하니라 여자가 이르되 주여 옳소이다마는 개들도 제 주인의 상에서 떨어지는 부스러기를 먹나이다 하니**

여기서 개라는 말은 이방인들이 하나님의 축복을 받는 것은 개에게 축복을 주는 것과 마찬가지이기 때문에 이방인에게 적용되는 말이다. 예수님이 이 말을 사용하는 것은 여자의 품격을 떨어뜨리는 것이 아니다. 자기 자신과 유대인의 태도를 뒤돌아보게 하는 것이다. 그 여자는 논쟁도 하지 않고 예수님의 말씀을 선택하여 그녀가 자기 딸을 위해 하나님의 도움을 받는 한 개라고 불리워지는 데까지 동의한다. 아이러니하게도 많은 유대인들은 그들이 예수님을 거절했기 때문에 하나님의 축복과 구원을 잃어버렸다. 그러나 많은 이방인들은 예수님을 인정하고 받아들였기 때문에 구원을 얻을 수 있었다. 그리고 예수님은 그에게 다가오는 어떤 사람에게도 거절하거나 심한 말을 하지 않았다. 예수님은 어떤 사람이라도 신실하고 그를 주로 믿을 잠재력을 가진 사람은 항상 받아들이며 무슨 일이 있어도 예수님은 그녀를 감동시켜 믿음으로 나아가게 하고 예수님이 누구인지 확실히 이해하고 믿게 했다.

예수님은 다윗의 자손 그 이상의 존재이며 예수님은 그녀에게 하나님을 진정으로 경배하는 경배자에 속한 복음의 빵을 취해서 개 즉 이방인에게 주는 것을 합당하지 않다고 말씀하신다. 그 여자는 그리스 사람이며 유대인을 무시하는 부유한 유산을 가지고 있는 자만심을 가진 사람에 속한다. 그 여자는 거짓 왕을 숭배하였고 죄인이며 배척받는 사람이다. 그런데 예수님은 우리의 모든 생명들의 주인인 메시아이시며 그녀는 자기의 삶의 주인으로 예수님을 기꺼이 받아들여 순종하였다. 그녀는 자기가 영적으로 아무런 존재가 되지 못한다는 것을 겸손하게 고백했다. 그녀는 단지 개이며 그는 이제 가족의 일원이 되었기 때문에 예수님의 상에서 떨어지는 부스러기를 먹을 수 있는 권리를 가지게 되었다(롬 12:3; 빌 2:4-5; 약 4:10).

### 28절 : 이에 예수께서 대답하여 이르시되 여자여 네 믿음이 크도다 네 소원대로 되리라 하시니 그 때로부터 그의 딸이 나으니라

그녀는 큰 믿음을 가지게 되었다. 그녀는 예수님이 그녀의 필요한 요구를 들어 줄 수 있다는 것을 믿었다. 예수님이 그녀의 필요를 들어줄 때까지 그를 보내주지 않았으며 침묵과 짜증, 반대, 퉁명스러운 말투에도 불구하고 요구를 들어줄 때까지 포기하지 않았다. 예수님은 "여자여 네 믿음이 크도다." 이렇게 말씀하셨다. 그녀는 예수님의 권능이 시간과 공간을 초월한다고 믿었다. 그녀의 딸은 병이 나아서 집에 돌아왔다. 그녀의 믿음이 예수로 하여금 기도에 응답하게 하는 것은 아니었다. 예수님이 그녀에게 응답한 것은 그녀의 개인적인 겸손과 순종, 그를 주라고 부르는 경배였다. 예수님은 하나님께 전적으로 순종하고 그를 주라고 경배하는 사람을 위해서 그의 권능을 베푸시는 분이다(마 21:22; 요 6:29; 히 11:6; 요일 3:23).

그러면 근 믿음은 무엇인가?

1) 필요한 것을 위해 필사적으로 부르짖음
2) 멈추지 않고 끈질기게 기도하는 정신
3) 예수를 주라고 경배하는 정신
4) 예수님께 겸손과 순종 하는 정신
5) 응답받는다는 믿음

## ▎29절 : 예수께서 거기서 떠나사 갈릴리 호숫가에 이르러 산에 올라가 거기 앉으시니

예수님은 두로 지방을 떠나 시돈을 지나 갈릴리 해변으로 내려가 데카볼리(Decapolis)(그리스 로마 시대 팔레스티나 북동부에 있는 10개 도시) 지역으로 갔다(막 7:31). 멀리 갈릴리까지 가서 얼마나 머물렀는지는 알려지지 않았다. 그러나 그가 유대땅 지방은 들어가지 않고 이방인 지역으로 바로 가기 전에 5,000명을 먹였을 때 잔디가 파랗다는 것을 알고 있다. 반면에 이번에는 4,000명을 먹이는 동안 풀이 없고 허허벌판, 즉 겨울이었다는 것을 나타내 준다. 이 사실과 여행나간 거리를 생각할 때 그는 약 6개월 동안 이방인 지역에 머물러있었다는 것을 나타내준다. 이것은 두가지를 의미하는데 첫째, 절망적인 여자와 4000명을 먹이는 것 이외에는 6개월 동안 다른 사람에게 사역한 기록은 없다. 둘째, 예수님이 시돈 지역을 떠났을 때 그는 돌아서 남쪽을 향했다. 그리고 분명히 제자들은 예수님 곁에서 강도 높은 6개월간 훈련을 받았다. 이것은 십자가가 바로 예수님 앞에 놓여져 끝(죽음)이 가까워 왔다는 것을 의미한다. 예수님이 주로 사역하는 것은 이방인 땅이며 그가 이방 땅을 바로 떠나기 전에 예수님은 제자들 모두에게 필요한 교육을 강화시키려고 느끼고 있었다. 예수님은 그가 죽고난 후 제자들이 해야 할 일을 그들에게 어렴풋이 깨닫도록 했다. 유대인뿐 아니라 이방인들에게 사역을 어떻게 하는지 가르쳤다.

많은 군중들이 병을 고치려고 모여들었으매 그는 모든 사람을 다 고쳐 주었다. 예수님은 지금도 무너진 인생을 고치고 있으며 우리도 불쌍하고 병든 자가 있으면 예수님께 데려가야 할 것이다. 당신도 복음을 위하여 그들을 예수님께 데려가야 할 것이다.

**30-31절 : 큰 무리가 다리 저는 사람과 장애인과 맹인과 말 못하는 사람과 기타 여럿을 데리고 와서 예수의 발 앞에 앉히매 고쳐 주시니 말 못하는 사람이 말하고 장애인이 온전하게 되고 다리 저는 사람이 걸으며 맹인이 보는 것을 무리가 보고 놀랍게 여겨 이스라엘의 하나님께 영광을 돌리니라**

사역의 첫 단계는 자기 자신이 가난하고 곤경에 처한 사람을 도울 수 있도록 유능한 사람이 되어야 할 것이다. 제자는 유능해야 한다.

1. 예수님은 항상 불행한 사람들 가운데 계시고 이방인 땅에도 앉아 계신다.

2. 예수님은 사람들이 필요한 부탁은 가져오도록 허락했다. 그는 어떤 사람도 버림받은 자로 취급하지 않았다.

3. 예수님은 병자를 치료해 주고 모든 정신적, 신체적 질병을 고쳐 주었다.

4. 사람들은 이스라엘 하나님, 자비의 하나님 여호와를 찬양했으며 이방신들은 예수님이 하신 일을 할 수 없었다. 이방인들은 예수님이 구원을 주는 메시아라는 것을 선포하기 시작했다(행 20:35; 롬 12:13; 딤전 6:17-19). 그리고 "이스라엘의 하나님께 영광을 돌리니라"라는 문구는 이 무리가 가나안 사람임을 나타낸다. 예수님은 이스라엘의 잃어버린 양으로 오셨지만, 자신의 사역을 유대인에게만 제한시키지 않고 이방인에까지 치유의 손길을 뻗으셨다.

**32절 : 예수께서 제자들을 불러 이르시되 내가 무리를 불쌍히 여기노라 그들이 나와 함께 있은 지 이미 사흘이매 먹을 것이 없도다 길에서 기진할까 하여 굶겨 보내지 못하겠노라**

4,000명을 먹인 사건과 5,000명을 먹인 사건은 별도의 사건이다. 이것은 이

방인들에게 예수님의 사역이 점점 넓혀지기 시작했다는 것을 의미한다. 제자들은 이런 사람들(이방인들)은 버려진 자로 간주하고 그들은 하나님의 백성이 아니며 그래서 그들은 이스라엘의 적으로 여겨졌으며 제자들 눈에도 그들에 대해서 매력적이거나 끌리는 마음이 없었다. 제자들은 그들에게 동정심이 없었으며 그들이 무슨 일을 하며 무엇을 가지고 있는지 옆에서 방관자의 자세로 관찰하고 있었다.

예수님은 제자들에게 동정심을 가르쳤으며 잃어버린 자아 버려진 자를 위해 동정심을 가지도록 가르치고 있으며 우리는 어떤 사람에게는 동정심을 가지거나 사랑이 없으며 우리는 그들이 무엇을 하든지 무엇을 가지고 있든지 전혀 신경쓰지 않는다. 이런 사람들이 하나님의 말씀을 갈망하여 예수님과 삼일을 함께 보냈다. 설교자가 20분이나 30분 이상 설교를 길게 하면 우리는 얼마나 불평을 하고 있는가? 하나님 말씀을 갈망하고 의에 목말라하는 사람과 그냥 종교행사에 참석하는 것에는 얼마나 차이가 있는가? 우리들 중에 얼마나 많은 사람들이 하나님 말씀을 음식보다 돈보다 소중하게 여기는가? 이방인들은 하나님 말씀을 갈구하여 음식을 먹지 않고 예수님과 함께 삼일을 보냈다(시 38:9; 마 5:6; 시 42:2; 63:1; 사 26:9; 암 8:11).

**33-36절 : 제자들이 이르되 광야에 있어 우리가 어디서 이런 무리가 배부를 만큼 떡을 얻으리이까 예수께서 이르시되 너희에게 떡이 몇 개나 있느냐 이르되 일곱 개와 작은 생선 두어 마리가 있나이다 하거늘 예수께서 무리에게 명하사 땅에 앉게 하시고 떡 일곱 개와 그 생선을 가지사 축사하시고 떼어 제자들에게 주시니 제자들이 무리에게 주매**

예수님은 물고기 두마리 보리떡 5개로 5,000명을 먹이시고 12 광주리를 남기셨다. 여기서도 비슷하게 4,000명을 먹인 사건에 제자들 역시 당황하였다. 우리는 어려움에 직면했을 때 절망하며 도움의 손길을 쉽게 포기하는가? 제자들처럼 우리도 과거에 하나님이 우리를 돌봐 주었고 지금도 우리를 돌봐 주고 있다는 것을 종종 잊어버리고 있다. 어려움에 처해 있을 때 하나님이 당신을 돌보아 주신다는 것을 기억하고 하나님이 역사하신다는 것을 믿어라. 사역에서 배워야 할 네 번째 단계는 지금 절망에 처해 있는 사람을 도와주는 것이며 사람들의 필요는 계획성 없는 방법으로는 충족되지 않는다. 무엇이 필요한 것인지 확인되어야 하고 그 다음 누가 필요한지 사람이 정해져야 하고 도움을 받도록 준비가 되어야 한다. 사람들은 그들의 필요가 충족되기 전에 주님의 명령에 순종해야 한다(마 6:20; 눅 12:33; 눅 14:33; 행 11:29). 그리고 과거에는 물고기와 보리떡은 꽤 완전한 식사였을것이다.

**37-39절 : 다 배불리 먹고 남은 조각을 일곱 광주리에 차게 거두었으며 먹은 자는 여자와 어린이 외에 사천 명이었더라 예수께서 무리를 흩어 보내시고 배에 오르사 마가단 지경으로 가시니라**

마가단은 갈릴리 해변 서쪽에 위치해 있으며 이 지역은 막달라 마리아의 고향이다. 이 구절의 사역은 주님의 권능과 주님이 주시기 위해 어떻게 준비해 두시는지 직접 목격하는 내용이다. 불쌍한 자들을 예수님께 데려올 때 예수님은 그들의 필요를 충족시켜 주시고 주님은 만족할 만큼 주신다.

**개념 1.** 그들(불쌍한 사람들)은 목마르고 배고프기 때문에 육체적으로 실컷 먹는다. 그러나 중요한 것은 영적 배부름(영적 충족)이 중요하다(시 36:8; 요 10:10; 고후 9:8; 엡 3:20; 빌 4:19).
**개념 2.** 불쌍한 사람을 예수님께 데리고 오는 것에도 큰 보답이 있을 것이다. 우리는 주님의 권능을 직접 눈으로 보게 되며 더 많은 사람을 데려올수록 그의 권능을 더 많이 보게 되며 우리의 믿음이 더욱 강화된다. 불쌍한 사람을 예수님께 데리고 가는 것은 영적 성장을 위한 가장 효과적인 방법이다.

그리고 바스켓(basket)은 큰 버드나무 가지로 만든 이방인들이 사용하는 광주리를 말하며 큰 것은 안에 사람도 들어갈 수 있다. 그러나 5,000명을 먹일 때 사용된 광주리는 유대인들이 여행할 때 음식을 담아 가는 조그마한 광주리를 말한다. 4,000명을 먹이신 후에 남은 광주리는 일곱 광주리이며 이때 광주리는 사람이 들어갈 수 있을만큼 큰 광주리이다. 즉 바울이 이 광주리를 타고 성벽 아래로 달아나려고 했다(행 9:25)

# 마태복음 16장

**1절 : 바리새인과 사두개인들이 와서 예수를 시험하여 하늘로부터 오는 바리새인과 사두개인들이 와서 예수를 시험하여 하늘로부터 오는**

옛날 이스라엘은 바리새인, 사두개인, 에세네파(금욕주의자), 질럿(열심당원) 4개의 종교 집단이 있으며 사두개인과 바리새인이 연합하여 예수를 비난하고 배척한 것은 이상한 일이다. 그들의 믿음과 행동이 달랐다. 사두개인들은 하늘의 표적과 초자연적인 힘을 믿지 않았으나 초자연적인 힘을 믿는 바리새인들과 한 패가 되어 예수를 반대하고 비난하고 있다. 사두개인들은 헤롯당이라고도 불리며 부활을 믿지 않았다.

1. 예수를 반대하는 이유

1) 그들은 로마 정부와 협력하여 부와 높은 직위에 있으며 예수는 가난함 사람을 돕기 위해 희생의 복음을 전하고 예수가 그들에게 위협이 된다고 생각했기 때문이다.

2) 성경이 하나님 감동으로 만들어졌다는 것을 믿지 않고 초자연적인 힘과 부활을 믿지 않았다. 바리새인과 사두개인들은 예수님을 사람들 앞에서 사기꾼으로 몰아붙이며 하늘로부터 표적을 보여 달라고 했다. 왜냐하면 그들은 그러한 표적은 존재하지 않는다고 믿고 있기 때문이다. 사두개인들은 성경 중에서 오직 모세오경만 믿고 있으며 예수님을 죽이려는 공모는 똑같이 했다. 그들은 예수님을 요술과 점을 치는 사람으로 믿고 있

으며 오직 하나님만 하늘의 표적을 행한다고 믿고 있었다. 그들은 예수는 표적을 행하는 권능을 가지고 있지 못한다고 믿고 있었으며 예수님은 그들에게 표적을 보여 줄 수 있지만 거절했다. 왜냐하면 그들에게 하늘의 표적을 보여 주더라도 그를 메시아로 믿지 않는다는 사실을 알고 있었기 때문이다.

**2-4절 : 예수께서 대답하여 이르시되 너희가 저녁에 하늘이 붉으면 날이 좋겠다 하고 아침에 하늘이 붉고 흐리면 오늘은 날이 궂겠다 하나니 너희가 날씨는 분별할 줄 알면서 시대의 표적은 분별할 수 없느냐 악하고 음란한 세대가 표적을 구하나 요나의 표적 밖에는 보여 줄 표적이 없느니라 하시고 그들을 떠나 가시니라**

인간의 자연적인 느낌과 영적인 느낌 사이에는 현격한 차이가 있다. 예수님은 자연계의 경험과 관찰을 보고도 능숙한 결론을 내린다. 그러나 경험과 관찰로는 불충분하며 영적인 분별력이 있어야 정확하게 알 수 있다. 시대의 표적을 예로 들면, 예수님 당시에는 메시아가 올 것이라는 것이 예언되고 있는 시대에 살고 있었다. 사려가 깊고 영적인 사람은 표적을 볼 수 있다. 표적을 볼 수 있는 두 사람의 예를 들면 시므온과 안나(예루살렘 성전에 살고 있었음)였다. 성령께서는 시므온은 예수님이 탄생하기 전에는 죽지 않을 것이라고 예언했다(눅 2:25).

1. 어떤 표적들이 있는가?

  1) 유대 족속에서 예수님이 탄생(다윗의 자손 중에서)할 것이다.

  2) 다니엘의 예언 즉 멸망이 가까워 오고 있다.

  3) 예언자 엘리야가 메시아는 예수라고 예언.

  4) 아기 예수는 베들레헴에서 태어날 것이라고 예언.

예수님의 메시지와 이적은 분명한 증거이며 그것은 하나님이 주신 현상적인 증거이다. 그리고 시대의 표적도 구별해야 한다. 우리의 삶을 근본적으로 변화시키는 표적보다 더 큰 표적이 어디 있는가? 문제는 자기 스스로 표적을 선택하는 것이지 하나님이 주시는 표적이 아니다. 사람들은 항상 하나님이 놀라운 표적을 행하기를 바라고 화려한 광경을 보여 주기를 원한다. 또한 놀라운 진실을 보여 주고 반박할 수 없는 주장을 통해 표적을 행하기를 바란다. 그리고 기적적인 경험을 통해 그들에게 표적을 보여 주고 믿을 수 없는 구원의 손길을 통해 표적을 보여 주기 바란다.

하나님의 큰 관심은 하늘로부터의 표적이거나 인간으로부터 오는 표적도 아니다. 하나님의 관심은 그들의 삶에서 사람들을 만나는 것이다. 정말 그들이 풍요롭고 영원한 삶을 살고 싶다면 그들에게 필요한 도움이 있는 곳은 하나님이 계시는 인간의 마음속이다.

**개념 1.** 유대인에게 주어진 표적에 더하여 이 말세에 주시는 표적은 이것이다.

1) 예수님의 과업(십자가에 돌아가심)의 완성(요 17:4; 19:30; 히 1:3)
2) 하나님이 인간을 감동시켜 만든 신약과 구약 성경의 완성이다(딤후 3:16; 벧후 1:19-21).
3) 맹목적으로 더 많은 표적을 찾는 이유는 인간 마음이 사악하기 때문이다. 인간은 시대의 표적을 보지 못하고 사악하기 때문에 영적 장님이 된다. 사람을 변화시키고 하나님에게 돌아오게 하는 것보다 완전한 표적과 증거는 없다(눅 16:31).
4) 사악한 세대에게 주는 표적은 단지 요나의 표적밖에 없다. 믿지 않는 사람에게 믿음을 촉진시키는 하나의 표적은 예수님의 부활이다. 예수 그리스도께서 죽음에서 부활했다는 사실은 그가 살아 계신 하나님의 아들이라는 확실한 증거가 된다. 그러므로 그를 주로 믿고 순종하는 모든 사람의 삶을 변화시킬 수 있는 분이다(행 2:23; 3:14-15; 4:33; 10:39-41; 17:2-3; 롬 1:4; 10:9; 엡 1:20).

그리고 삼일 동안 큰 물고기의 배속에 있던 표적을 사용하여 예수님은 그의 죽음과 부활을 예언하셨다. 많은 사람들은 유대 지도자처럼 그들이 예수를 믿을 수 있도록 기적을 보기를 원한다. 그러나 예수님은 의심 많은 사람을 확신시키실 수 없다는 것을 알고 계셨다. 예수님은 병을 고치고 죽은 자를 살리고 5,000명을 먹이셨으며 지금도 사람들은 그런 기적을 예수님 스스로 보이라고 요구하고 있다.

당신도 기적을 보지 못했기 때문에 지금도 의심하고 있는가? 당신은 지금도 하나님을 스스로 믿기 전에 개인적으로 기적을 보기를 바라고 있는가? 예수님은 보지 않고 믿는 자가 복이 있다고 말씀하셨다(요 20:29). 우리는 수천 명의 증언과 2천 년 역사의 신, 구약에 기록된 기적을 가지고 있다. 이 모든 증거를 가지고도 믿지 않는 자들은 자만심이 많거나 고집이 센 사람들 중의 하나이다. 진심과 믿음으로 예수께 나아가면 하나님이 우리의 삶을 다스리는 기적을 보게 될 것이다.

> **5-12절 : 제자들이 건너편으로 갈새 떡 가져가기를 잊었더니 예수께서 이르시되 삼가 바리새인과 사두개인들의 누룩을 주의하라 하시니 제자들이 서로 논의하여 이르되 우리가 떡을 가져오지 아니하였도다 하거늘 예수께서 아시고 이르시되 믿음이 작은 자들아 어찌 떡이 없으므로 서로 논의하느냐 너희가 아직도 깨닫지 못하느냐 떡 다섯 개로 오천 명을 먹이고 주운 것이 몇 바구니며 떡 일곱 개로 사천 명을 먹이고 주운 것이 몇 광주리였는지를 기억하지 못하느냐 어찌 내 말한 것이 떡에 관함이 아닌 줄을 깨닫지 못하느냐 오직 바리새인과 사두개인들의 누룩을 주의하라 하시니 그제서야 제자들이 떡의 누룩이 아니요 바리새인과 사두개인들의 교훈을 삼가라고 말씀하신 줄을 깨달으니라**

### 거짓 가르침을 조심하라

예수님은 종교 지도자를 떠나 그의 목적지로 갔다. 예수님이 갈릴리 다른 해안가에 도착했을 때 제자들은 음식 가져오는 것을 잊어버리고 있었다. 그때 예수님은 꼭 필요한 교훈을 가르칠 좋은 기회라는 것을 알았다. 즉 그 교훈은 바리새인들과 사두개인들의 누룩을 조심하라는 것이었다. 누룩은 종교 지도자들의 거짓 가르침을 말하며 제자들도 예수님의 말씀을 잘못 이해하고 있었다. 제자들은 예수님이 빵을 가지고 오지 않았다고 꾸지람을 한다고 오해하고 있었다. 제자들의 생각은 항상 그렇듯 이 세상의 문제와 관심에 사로잡혀 있었다. 예수님은 세상일에 사로잡혀 있는 그들을 책망하시고 그들에게 "믿음이 작은 자들"이라고 하셨다. 그 다음 즉시 두 가지 큰 삶의 교훈을 가르치기 시작했다.

1. 예수님은 믿는 자들의 필요를 돌봐 주신다는 것이다. 그러나 그를 따르는 제자들이 그 사실을 믿지 않고 있는 것에 큰 쇼크를 받았다(마 6:31-33; 눅 12:7; 벧전 5:7; 시 115:12).

2. 제자들과 그를 따르는 자들은 처음에 영적 문제에 관심을 가지지 않고 세상 문제에 관심을 가지고 있었다. 바리새인과 사두개인의 그릇된 가르침, 즉 누룩에 대항하는 영혼과 정신을 갖는 것이 믿는 자의 관심이며 세상일의 관심과 걱정은 믿는 자의 자세가 아니다.

   1) 사람의 생각은 그가 진실의 편에 서 있고 영적으로 잘못 인도되지 않도록 진실에 의해 지배되어야 한다(마 15:19; 롬 8:5-7; 고후 10:3-5).

   2) 종교 지도자들과 세상 지도자들의 그릇된 가르침, 즉 누룩은 인간 생존에 큰 위협이 된다. 위험은 거짓 교사들과 함께 음식을 먹는 것이 아니라 잘못된 가르침에 잘못 인도되는 것이다. 누룩은 빵을 부풀어 오르게 하는데 넣는다. 그것은 실제 빵 전체에 영향을 조금밖에 끼치지 못한다. 그러나 예수님은 이 적은 양의 누룩(사악한 가르침)이 얼마나 많은 사람에게 영향을 끼치는지 누룩을 예를 들어 설명하고 있다. 바리새인가 사두개인의 가르침이 많은 사람들에게 길을 잃도록 인도하기 때문에 항상 조심하라는 뜻이다.

바리새인들은 자기 스스로 생각하는 하나님과 성경을 통해 인간에게 전하는 하나님 말씀을 믿었지만 그들은 하나님의 말씀에 규칙, 의식, 행사 등 다른 것들을 부가하여 지키게 했다. 그리고 인간 행동에 불필요한 제약을 강행했다. 이런 것들은 세 가지 총체적으로 잘못되게 인도한다.

   1) 그들의 선한 행동과 선한의식 종교 행사가 하나님께 가까이 가게 할 수 있다고 생각하게 한다. 하나님께 가까이 가는 것은 하나님의 의를 위해 하나님을 의지하는 것이다.

   2) 규칙을 잘 지키고 종교 행사 참여는 사회적으로 존경심과 외형적인 종교로 이끌어 간다. 사람이 사회적으로 존경받고 옳은 일을 하면 그들은 하나님이 받아들인다고 믿고 있다.

3) 규칙, 의식 등은 자기의 의와 자기만족의 태도로 이끌어 간다. 사람이 규칙과 법칙을 지키면 자연적으로 의로워진다고 생각하게 한다. 사두개인들은 그 당시 자유로운 생각을 갖고 있었다. 그들의 두 가지 그릇된 가르침은 첫째, 하나님을 벗어나 모세오경 이외의 성경은 부인했다. 둘째, 그들은 자유사고자이며 합리주의자, 속물근성을 가진 자, 물질적인 정신을 가진 자들이다. 그들은 유대 문화를 말살하고 로마와 그리스 문화를 숭상했다. 이것 때문에 로마 정부는 그들을 지도자로 세워 주었다. 그들의 세속적인 마음가짐과 세속적인 철학, 그들의 자유 이론은 항상 이스라엘에게 위협이 되었다(마 5:19; 7:15; 행 20:30; 롬 10:3; 16:18; 엡 4:14; 딤전 4:1; 딛 1:10-11; 벧후 2:1; 요일 2:18-19; 요이 1:7).

## 13-14절 : 예수께서 빌립보가이사랴 지방에 이르러 제자들에게 물어 이르시되 사람들이 인자를 누구라 하느냐 이르되 더러는 세례 요한, 더러는 엘리야, 어떤 이는 예레미야나 선지자 중의 하나라 하나이다

빌립보 가이사랴 지방은 갈릴리 호수 북쪽 3-4마일 떨어진 곳에 위치해 있으며 필립에 의해서 다스려지는 영토였다. 그리스 로마 문화의 영향이 곳곳에 퍼져 있었으며 이교도 사원과 우상들이 많았다. 필립이 통치자가 되었을 때 그는 시저 황제와 자기 자신의 이름을 따서 그 도시 이름을 가이사랴 빌립보라고 다시 지었는데, 그 도시는 원래 필립의 형제 헤롯의 영토였다. 예수님은 이 도시에 왔으며 이것은 주님의 핵심적인 질문에 대해서 중요한 극적 배경을 제공하여 주고 있다. 그리고 제자들은 예수님의 질문에 평범하게 대답했다. 즉 예수는 예언자 중 한 사람이 다시 살아나셨다고 전해지고 있다. 그러나 베드로의 고백은 세상적인 고백이 아니었다. 두 가지 중요한 의미는,

1. 예수님의 중요한 질문 - 인자를 사람들은 누구라고 말하더냐?

2. 예수에 대해 거짓 고백이 있었다. 여러 사람들의 의견은 그는 높이 존경받을 만한 사람이라고 말하고 위대한 사람 중의 한 사람이라고 말했다.

1) 어떤 사람은 세례 요한이라고 말하고 믿음을 위해 순교할 수 있는 인격

을 가지고 있는 의를 위한 순교 정신의 소유자라고 말하고 있다. 이러한 의견은 사실이 아닐 수도 있으며 예수님의 놀랄 만한 사역의 기적을 듣자마자 헤롯은 요한이 다시 살아났거나 그의 영혼이 사람 안에 들어가 말하고 있다고 생각하고 있었다. 보통 사람들은 요한과 예수는 비슷한 사람이라고 생각했다. 둘 다 하나님에 의해 선택 받았고 두 분 다 천국이 가까워 왔다고 부르짖고 있었다. 그러므로 어떤 사람들은 예수님과 그의 사역을 보았을 때 그를 메시아로 여기지 아니하고 메시아 앞에 오는 길을 예비하는 자로 보았다(말 4:5).

2) 어떤 사람은 예수를 엘리야라고 생각하며 엘리야는 위대한 예언자 중의 한 사람이라고 생각되었고 오시는 메시아의 선구자로 예언된 사람이었다. 윌리암 바클레이(William Barclay)는 오늘날도 유대인들은 엘리야가 메시아에 앞서 돌아온다고 기대하고 있다. 유월절을 기념하며 그들은 언제나 그가 올 것이라고 빈 의자를 갖다 놓는다. 엘리야는 과부와 아들을 먹이기 위해 하나님에 의해 사용된 사람이며 예수님이 5,000명 군중을 먹인 사건과 엘리야의 기적을 연관시키기도 한다.

3) 어떤 사람은 예레미야라고 생각한다. 그들은 예수가 모든 것을 밝혀 주는 예언자이며 언약궤와 향단을 가지고 온다고 믿었다. 그는 이것을 가지고 와서 그가 죽기 전에 느보산에 숨겨 놨다고 생각했다.

4) 어떤 사람은 예수님이 그의 시대를 대표하는 가장 위대한 예언자이며 그가 다시 살아나 이 세상에 왔다고 믿었다. 예수님에 대한 그릇된 고백은 항상 존재한다. 예수님이 순교한 의로운 사람이라는 의견에는 모두 동의한다. 예수님이 그 당시 위대한 선생님이며 역사의 위대한 예언자 중의 한 사람이라고 대체적으로 생각하고 있었다(막 6:3; 요 1:10-11; 8:19; 요일 2:22-23; 4:3).

**개념 1.** 예수에 대한 세상 사람들의 생각은?

세상은 예수 그리스도에 대하여 여러 인물로 생각하고 있다. 그러나 한 가지 진실된 것은 하나님의 아들이라는 사실이다.

예수님이 하나님의 아들이 아니라면 그를 따르는 모든 크리스천들은 거짓 희망의 헛된 꿈속에 사는 사람이 된다. 예수님이 하나님의 아들이 아니라면 우리는 그를 따르고 믿을 이유가 없다. 성경은 예수님이 하나님의 아들이라고 분명히 밝히고 있다.

그 당시 제자들은 예수님의 질문에 공통적으로 예수님은 위대한 예언자가 다시 살아나 이 세상에 왔다고 대답했다. 이렇게 믿는 이유는 신명기 18:18에서 나왔을 것이며 여기서 하나님은 사람들 가운데서 예언자를 일으킨다고 기록되어 있다. 세례 요한은 요한일서에 나와 있고 엘리야의 프로필은 열왕기상 18장에 있으며 예레미야는 예레미야 1장에 적혀 있다. 그러나 베드로는 예수님을 살아 계신 하나님의 아들 메시아라고 고백하고 있다. 예수님이 당신에게 이런 질문을 한다면 당신은 어떻게 대답하겠는가?

### 15-16절 : 이르시되 너희는 나를 누구라 하느냐 시몬 베드로가 대답하여 이르되 주는 그리스도시요 살아 계신 하나님의 아들이시니이다

1. 예수님은 두 번째 중요한 질문을 하고 있는데 그리스 언어로 더 강조하여 이 질문을 하고 있다. "너는 나를 누구라고 하느냐?" 이 질문의 대답은 매우 중요하며 사람의 영생을 결정하는 질문이며 대답이다.

2. 진정한 고백은 예수님을 믿는 개인적인 믿음을 선포하는 것이다. "주는 그리스도시요 살아 계신 하나님의 아들이시니이다" 이것은 개인적인 신념으로부터 나오는 간단하지만 중요한 고백이다. 교회의 기초를 놓는 고백이며 영혼을 구하는 고백이다. 인간 영혼의 생명과 교회의 존재가 이 간단한 대답에 달려 있다.

    1) 예수님은 하나님의 안수받은 아들이다.
    2) 하나님의 아들은 하나님과 동등하며, 아버지와 함께하는 인격체이다. 살아 계신 하나님의 아들이라는 말은, 생명의 근원이며 그 하나님 자체 속에 권능과 에너지와 삶의 원천을 가지고 있다는 것을 뜻한다.

베드로는 하나님의 아들인 예수님의 존재에 대해서 모든 것을 이해한 것은 아니다. 그러나 그의 고백은 예수님이 살아계신 하나님의 아들이라고 확신하는 신념에서 나온 말이다. 베드로는 단순히 한 가지씩 고백하고 있다. "I believe you are the true messiah 2)not a mere man 3)but the son of God sent by God to fulfill all that the prophets foretold."(예수님은 진정한 메시아이시며, 단순한 인간이 아니며, 예언자들이 예언한 모든 것들을 이루기 위해 하나님에 의해서 보내진 하나님 아들이시다.)

**개념 1.** 이 질문은 개인적이다. "너는 나를 누구라 하느냐?" 모든 사람은 답해야 하며 사람의 영원한 운명이 그의 대답에 달려 있다. 이 질문이 중요한 이유는 예수님이 듣고싶어 하는 예수님에 관한 하나의 고백이 아니라 그의 구원의 은혜를 믿는 것과 하나님의 신성을 고백하는 믿음이기 때문이다. 하나님은 완전한 인성과 신성을 가진 분이시다(막 10:32-33; 롬 10:9-10; 요 1:41, 45; 4:29; 6:69; 행 8:36-37).

## 17절 : 예수께서 대답하여 이르시되 바요나 시몬아 네가 복이 있도다 이를 네게 알게 한 이는 혈육이 아니요 하늘에 계신 내 아버지시니라

베드로의 고백은 하나님 한 분에 의해서 밝혀졌다. 하나님 한 분만이 사람의 영혼을 꿰뚫어 보고 그리스도를 하나님의 아들이라고 믿도록 만든다. 여기에는 두 가지 이유가 있다.

사람은 혈육으로 태어났다. 사람은 다른 사람에게 그리스도를 믿으라고 확신시킬 수 없으며 사람을 회심시키는 능력이 없다. 사람을 거듭나게 하는 것은 하나님의 권능의 일이지 우리가 할 수 없다. 성령이 없는 사람은 하나님의 영으로부터 나오는 것을 받아들이지 않는다. 인간은 세상에서 태어났고 예수님은 하늘에서 하나님으로부터 태어났다. 하나님은 영이시며 신령과 진정으로 예배 받을만한 분이다. 사람은 예수님을 세상적인 지혜나 공부를 통해서 알 수 있는 것이 아니다.

사람은 자기 자신을 재창조시킬 수 없으며 자기 스스로 거듭날 수 없다. 자기 자신 이외에 다른 사람, 능력자(하나님)에 의해서 재창조되어야 한다.

1) 사람은 자기 혼자서 영적 삶을 살 수 없고 하나님에 의해서만 영적 삶을

살 수 있다.

2) 사람은 자기 자신을 변화시킬 수 없다. 하나님만 하실 수 있다.

3) 사람은 자기 자신을 구원할 수 없고 하나님만 하실 수 있다.

4) 사람은 자기 자신이 영생으로 이끌 수 없고 하나님만 하실 수 있다(요 1:13; 3:6; 엡 2:8-9; 딛 3:5; 벧전 1:23; 요일 5:1).

**개념 1.** 자연 인간은 항상 다음과 같은 영에 이끌리기 쉽다.

1) 자만심, 권력, 명성, 부와 영광

2) 편견, 철학, 과학적 방법

3) 불신, 군중을 물리칠 용기 부족

4) 자기 자신과 소유를 하나님께 맡기는 것에 대한 주저함

5) 육신의 사랑, 자극적인 감동을 보는 즐거움, 촉감의 유혹, 경험의 감각, 식욕

6) 악인의 속임수, 인간의 탐욕, 개인적인 행동의 죄

**18절 : 또 내가 네게 이르노니 너는 베드로라 내가 이 반석 위에 내 교회를 세우리니 음부의 권세가 이기지 못하리라**

베드로의 고백이 교회의 기초가 된다. "내가 내 교회를 세우리라" 사람들이 어떤 해석을 하든지 이 말씀은 베드로에게 엄청난 칭찬이다. 그러나 예수님의 뜻은 무엇인가? 아마도 이것은 바위 자체가 바로 베드로 본인이며 그의 고백이다. 단순한 베드로와 그의 고백이 아니다. 즉 바위는 2가지(베드로 자신과 그의 고백)이지만 특별한 의미를 담고 있다.

1. 베드로 자신이 두가지 의미에 있어서 반석이다.

1) 베드로는 예수가 하나님의 아들이라는 것에 완전한 이해를 가지고 고백하는 첫 번째 사람이다. 다른 사람도 전에 비슷하게 고백을 했지만 하나님 아들이 무엇을 의미하는지 완전히 파악할 만큼 예수님과 오래 함께하지는 못했다. 그들의 고백은 단순한 아이 같은 세상적인 고백이었다. 지

금 베드로는 예수님이 누구인지 완전히 이해하게 되었다. 그러므로 첫 번째 사람 즉 첫 번째 바위(반석)가 된 것이다. 그 기초 위에 교회(살아 있는 반석)가 세워질 것이다.

에베소서 2:20에 여기 뜻에 무게가 주어져 있다. 사도와 예언자들이 교회의 기초가 되는데 모든 미래의 믿는 자들 즉 산돌은 그 기초 위에 지어진다. 예수님은 중요한 모퉁잇돌이라고 말하는데 인간의 관점으로 보면 사도와 예언자들이 일하고 교회를 짓는 데 그들의 일과 노력에 교회가 달려 있다. 예수님의 권능과 사역은 교회를 짓는 것이다.

2) 베드로의 고백은 그리스도 자신이 반석이다. 나는 반석위에 나의 교회를 세우겠다(고백의 위대한 진실). 교회가 그리스도의 기초 위에 세운다는 것을 의미한다. 예수님이 교회의 진주인이며 교회를 시탱하는 힘이다. 교회는 예수님에게 달려 있는 것(견고, 실패)이지 다른 사람도 아니고 베드로도 아니다. 교회는 오순절 이후 베드로에 의해서 처음 지어졌다. 그러나 그것은 예수님을 기초로 해서 세워지고 함께 서 있게 되었다.

**개념 1.** 여기에서 "내 교회"라는 뜻은 그리스도의 교회이지 인간의 교회가 아니다. 그리고 "내가 세우리라"– 그리스도가 교회를 짓는다. "음부의 권세가 이기지 못하리라"– 예수님 자신이 교회를 보호하신다(마 7:24; 21:42; 고전 3:11; 엡 2:20; 벧전 2:4-6)는 뜻이다.

## 19절 : 내가 천국 열쇠를 네게 주리니 네가 땅에서 무엇이든지 매면 하늘에서도 매일 것이요 네가 땅에서 무엇이든지 풀면 하늘에서도 풀리리라 하시고

"열쇠를 네게 주리니"는 아마 예수님 부활 이후 베드로가 예수님과 교제를 회복한 이후의 시간을 가리키는 것 같으며, 권세를 "매고 푸는"이라는 말은 베드로 뿐 아니라 모든 제자들에게 적용되었다. 베드로는 그리스도께서 세우실 건물의 기초에 대한 말씀을 들었으며 그리고 그 건물의 열쇠를 받았다.

말씀 선포와 가르침에 의해서 그는 문을 열고 선포하지 않고 가르치지 않음으로 그는 문을 닫는다. 열쇠는 교회의 열쇠가 아니라 천국의 열쇠이다. 요점은 천국으로 들어가는 문이다. 베드로는 복음을 선포하는 첫 번째 사람이며 오순절에 이스라엘로 들어가는 문을 열며 고린도 교회에서 이방인에게 문을 연다(행 10:3–48). 베드로는 복음을 설교하고 불신자들에게 문을 여는 방법이외에는 어떤 권위나 권능을 가지고 있지 않다. 그는 편지(베드로 전·후서)에서 하나님 대신에 인간의 행동에 대해서 어떤 말도 하지 않고 있으며 누구는 들어가고 누구는 들어가지 못한다는 결정을 짓는 것에 대한 언급도 없다. 베드로는 다른 사람이 주장하는바 사도나 장로로서 하나님에 의해서 선물로 주어진 것 외에 자기 자신을 위한 어떤 언급도 없다, 이 사실은 분명히 야고보에게 도움을 주고자 하는 것 같이 보인다. 야고보가 그 당시 예루살렘 교회를 맡아서 사역하고 있었고 베드로가 아니었다.

**개념 1.** 하나님은 사역자 그리고 평신도 다 같이 하나님 종들에게 복음을 주었으며 그것이 천국의 열쇠이다. 열쇠를 사용하는 것은 믿는 자의 책임이다. 적대적으로 복음을 거절하고 믿는 자를 박해하는 박해자는 하나님으로부터 버림을 받는다. 복음을 받아들이고 믿음을 받아들이는 사람에게 천국 문은 열리게 되는 것이다(마 28:19–20; 막 16:15; 요 20:21; 행 1:8; 딤후 2:2; 벧전 3:15).

## 20절 : 이에 제자들에게 경고하사 자기가 그리스도인 것을 아무에게도 이르지 말라 하시니라

베드로의 고백은 다른 사람과 고백을 나누기 전에 이해되어야 한다. 제자들에게 예수님이 하나님의 아들이라는 것을 서로 의견을 나누는 것을 금지하는 몇 가지 이유가 있다.

1. 그들은 더 많은 준비가 필요하다. 그들은 아직도 복음에 대해서 완전히는 알지 못했다. 복음의 핵심인 예수님의 죽음과 부활이 아직도 일어나지 않았다.

2. 제자들은 메시지가 효과가 있으려면 성령의 능력이 필요했으며 아직도 성령이 오지 않았으며 오순절이 아직 일어나지 않았다.

3. 사람들은 메시아적 예언을 오해했다. 제자들이 강력한 힘으로 설교하기 시작하면 사람들은 로마 정복자들에게 대항하여 반기를 들 것이라고 생각했다.

**개념 1.** 복음을 효과적으로 선포하기 전에 2가지 필수 사항이 있다.

　1) 예수님의 죽음과 부활을 이해해야 한다.

　2) 설교자는 성령 충만해야 한다.

**21절 : 이때로부터 예수 그리스도께서 자기가 예루살렘에 올라가 장로들과 대제사장들과 서기관들에게 많은 고난을 받고 죽임을 낭하고 제삼 일에 살아나야 할 것을 제자들에게 비로소 나타내시니**

"이때로부디"는 4장 17절에서 천국 선포를 암시했다. 그때 이후부터라는 뜻이며 여기에서는 그의 죽음과 부활에 대해서 또 다시 새롭게 강조하고 있다. 제자들은 예수님의 진정한 목적을 이해하지 못했으며 메시아에 대한 잘못된 개념을 가지고 있었기 때문이다. 이것은 예수님이 그의 죽음에 대한 세 예언 중에서 이깃은 첫 번째 예언이나(17:22; 20:18).

그리고 제자들이 예수님의 목적을 이해하지 못하는 두 가지 이유는,

　1) 고통받고 죽는다는 메시아는 그들의 생각으로는 꿈도 꿀 수 없는 생각이었다.

　2) 죽는다는 계시는 어렴풋하게 상징적으로 숨겨져 표현되고 있었기 때문이다(요 3:14; 6:51).

지금 예수님은 가장 간단히 직접 표현으로 그들에게 가르치고 있다. 이 세상을 위한 하나님의 계획에 대한 계시의 첫째 단계는 죽어서 이 세상 죄를 위해 죽었다가 다시 사는 것이다. 메시아는 모든 것을 정복하는 메시아가 아니고 고난당하고 죽는 메시아로 이 구절에서 처음 등장한다. 하나님 메시아는 물질 세계를 주는 것이 아니고 영적 세계를 먼저 주는 것이다. 제자들은 지금 예수를 확실히 이해하게 되었고 그가 천국으로 인도하고 그의 제자들은 하나님 임재 속에서 영생을 누리게 된다는 사실을 알게 되었다.

지금 제자들은 예수님이 살아계신 하나님 아들이라는 것을 완전히 이해하게 되었다. 그들은 지금 두 가지를 배울 필요가 있다. 하늘나라에 들어가는 진정한 방법은 죽음을 통해서 희생을 통해서 자기 부인을 통해서이다. 이 고통은 하나

님에게도 주어지지만 하나님을 따르는 사람에게도 주어진다. 베드로의 행동과 제자들도 왜 예수님이 하시는 말씀을 늦게 이해하는지 사람들은 알게 되었으며 제자들도 부활 후에야 예수님을 완전히 이해하게 되었다(막 8:31-33).

하나님의 계획은 이 세상을 구하는 것이며 하나님의 아들의 죽음을 통해서 이루어지게 되며 성도도 개인적인 희생과 자기 부인, 죽음(자아의 죽음)이 필요하다.

> **22-23절 : 베드로가 예수를 붙들고 항변하여 이르되 주여 그리 마옵소서 이 일이 결코 주께 미치지 아니하리이다 예수께서 돌이키시며 베드로에게 이르시되 사탄아 내 뒤로 물러 가라 너는 나를 넘어지게 하는 자로다 네가 하나님의 일을 생각하지 아니하고 도리어 사람의 일을 생각하는도다 하시고**

예수님의 친구인 동시에 가장 헌신적인 제자인 베드로는 진정한 하나님의 아들이라고 고백하고 예수님이 고통받는 것을 막고자 했다. 그러나 예수님이 고통받고 죽지 않으면 베드로와 우리 모두가 죄로 죽을 것이다.

**개념 1.** 가장 큰 유혹은 우리를 사랑하는 사람, 우리를 보호해 주려는 사람으로부터 올 수 있다. 그래서 하나님은 친구의 충고를 조심하라고 말씀하신다. 가끔 우리의 가장 힘든 유혹은 불안으로부터 우리를 보호해 주려는 사람으로부터 온다. 그들이 예수님을 완전히 이해하지 못했다는 사실은 예수님이 죽었을 때 그들의 영이 완전히 망가졌다는 사실을 보면 알 수 있다. 그러나 제자들 중의 일부는 다른 제자보다 부활을 더 잘 이해하는 것 같았다. 그중에 즉시 믿었던 사람은 요한이었다(요 20:8-9). 막달라 마리아가 부활한 것을 처음 보았는데 그녀도 예수를 보고난 후 이해했다. 그러나 다른 사람은 이해하는데 오래 걸렸다(요 2:19; 6:51; 행 26:22-23; 고전 15:3-4; 고후 5:15).

**개념 2.** 예수님은 그의 죽음과 부활을 통해서 제자들께 예수님이 메시아라는 사실을 확실히 보여 주었다.

예수님이 가르치는 방법은 점진적으로 우리가 배울 수 있도록 우리의 마음을 유도해 나가신다. 그는 우리가 견딜 수 없도록 강요하지 않으신다.

**개념 3.** 예수님이 십자가 고통을 견딘 것은 그의 앞에 놓여 있는 즐거움 때문이다. 예수님과 그를 따르는 사람들이 영생을 누린다는 희망과 기쁨이 이 세상에 사는 동안 우리가 어려운 고통을 견디어 나가게 하는 힘이 되고 원동력이 된다.

보통 믿지 않는 사람들은 십자가에 대해서 반감을 가지고 있다. 베드로도 마찬가지이며 하나님의 아들이 죽는다는 것을 그는 상상도 못했다. 베드로는 예수님이 살아있는 하나님의 아들로 받아들여지지만 고통받는 구원자로 받아들여지지 않았다. 베드로는 하나님의 방법 대신, 인간의 방법과 계획을 따르기를 주장하고 있었다. 베드로는 하나님의 아들의 죽음을 통해서 이 세상을 구원하는 하나님 계획을 이해하지 못하고 있었다. 세상 사람들은 세상 죄를 위해 죽어야 되는 고통받는 구원자라는 생각을 받아들이지 않고 있다.

그리고 우리가 다른 한편으로 생각하는 것은

1) 어떤 사람은 삶의 길잡이는 사랑이라고 생각한다. 그래서 그들은 사랑을 다른 사람에게 보인다. 사람들은 예수님을 주는 자, 사랑하는 자, 관대한 할아버지 같은 사람으로 본다. 예수님이 피의 십자가를 고통의 상징으로 보는 것은 아주 잘못된 생각이다. 십자가는 사랑의 표상이지 죄와 수치의 표상이 아니다.

2) 어떤 사람들은 즐거움과 안락이 삶의 길잡이라고 생각한다. 하나님은 좋은 것만 주고 어려울 때 도와주는 할아버지 같은 사람으로 생각한다.

인간에 대한 하나님의 의지는 기쁨과 안락과 풍요, 건강을 준다고 생각된다. 그러나 어떤 때, 성령을 거스를 때는 단호하게 심판한다는 것을 기억하라(눅 8:14).

3) 사람들은 승리, 직위, 권위, 권능을 주는 것이 하나님의 방법이라고 생각한다. 이런 생각은 그리스도가 살아 계실 때 대부분의 유대인들의 생각이다. 이것은 베드로의 메시아에 대한 생각이다(마 20:25-27; 고전 8:2; 요일 2:16; 시 49:12; 잠 26:12).

4) 그의 죽음은 하나님의 사탄 때문이라고 생각하는 사람도 있다. 그 말은 "사탄아 물러가라"에서 알 수 있는데 베드로에게 사탄이라고 부르는 것은 단호한 말인데 그런 단호함이 필요하다. 베드로는 광야 금식을 마치고 난 후 사탄에게 유혹받는 똑같은 유혹으로 그리스도를 유혹하고 있다. 다른 점은 이번에는 예수님이 자기 제자에게 유혹을 받았다는 사실

이다. 사람이 하나님 계획을 거부할 때 그는 하나님의 적이 되는 것이다 (요 8:44; 행 13:10; 엡 2:2).

**개념 4.** 어떤 사람도 하나님을 훈계하거나 하나님께 충고해서는 안 된다. 우리의 일은 우리의 신념을 하나님께 강요하는 것이 아니라 하나님께 아뢰고 의지하고 순종해야 한다(롬 8:34). 베드로의 생각은 세상적인 생각이며 영적인 생각이 아니며 하나님께 기쁨을 주는 생각이 아니다. 예수님은 "네가 하나님의 일을 생각하지 아니하고 도리어 사람의 일을 생각하는도다"라고 말씀하셨다. 즉 너는 하나님 것을 마음에 두지 않고 사람의 것을 마음에 두고 있다고 말씀하시는 것이다(롬 8:5; 엡 4:17; 빌 3:18-19; 골 1:21-22).

그리고 사람들은 세상 죄를 위해 십자가에서 흘린 피를 부인함으로써 더 인간적이고 더 문명화된 사람이라고 여긴다. 여기에 십자가에 대한 두 가지 관점이 있다.

1) 십자가는 죄와 수치의 상징이다. 바로 하나님 아들이 십자가에 매달려 죽는 다는 것은 상상할 수 없는 끔찍한 일이다.

2) 십자가는 영광의 상징이다. 십자가는 생명과 용서의 상징이다. 십자가를 통해 하나님은 인간과 단절된 관계를 화합으로 이루었다.

**24절 : 이에 예수께서 제자들에게 이르시되 누구든지 나를 따라오려거든 자기를 부인하고 자기 십자가를 지고 나를 따를 것이니라**

예수님이 그를 따라오려면 십자가를 지고 따라오라고 했을 때 제자들은 예수님의 뜻을 알고 있었다. 십자가에 못 박힘은 로마의 일반적인 사형 방법이며 선고받는 죄인들은 사형 집행 장소까지 가는 길을 따라서 십자가를 지고 가야만 했다. 그러므로 예수를 따른다는 것은 충성된 헌신과 죽음의 위험까지 감수해야 한다는 의미가 있다. 예수님의 죽음은 인간의 전적인 헌신을 요구한다. 예수님은 네 단계의 전적인 헌신이 필요하다고 말씀하신다.

1. 사람은 예수를 따르기 위해서는 의지가 있어야 한다. 이것은 무심코 따르는 것이 아니라 의도적으로 따라야 한다. 예수를 따르려면,

1) 선택은 자발적이야 한다. 선택은 개인 각자에게 달려 있다.

2) 자기를 부인해야 한다. 즉 자기 자신의 자아와 이익을 버려야 한다. 자기 마음과 삶을 예수 그리스도가 다스리게 허락해야 한다.

3) 십자가를 져야 한다. 자기 희생을 해야 하고 고통을 참고 수치를 참고 인내해야 한다.

4) 그 다음은 따라야 한다. 즉 예수님과 동행해야 된다는 뜻이다. 아무리 힘들더라도 열심과 온힘을 가지고 그리스도를 따른다는 의미이다.

다른 제자들은 높은 자리를 탐하는 요한과 야곱의 행동에 화가 났다. 제자들은 가장 높은 자리를 바랐으나 예수님은 천국에서 가장 위대한 자리는 모든 사람의 종이 되는 것이라고 가르치고 있다. 권위는 자기 존중, 야망, 존경심으로 주어지는 것이 아니라 하나님과 그의 창조물(사람들)에게 봉사와 사랑함으로 주어진다.

## 25절 : 누구든지 제 목숨을 구원하고자 하면 잃을 것이요 누구든지 나를 위하여 제 목숨을 잃으면 찾으리라

예수님은 나를 위하여 생명을 잃는 자는 얻을 것이요 생명을 얻으려고 하는 자는 잃을 것이라고 말씀하셨다. 예수를 위하여 그가 가진 모든 것으로 다른 사람과 하나님을 섬기면 사망에 이르지 않고 천국에 들어갈 것이다. 생명을 잃는 사람들은 어떤 사람들인가?

1) 늙어 가는 자기 몸을 아끼려고 그리스도를 부인하는 사람

2) 자기의 삶의 안락과 행복만 추구하면서 예수를 소홀히 하는 사람

3) 예수그리스도께 순종하지 않고 대충 타협해서 믿는 둥 마는 둥 부와 명성과 권력을 얻으려는 사람

4) 예수를 무시하고 이 세상의 자극적인 것을 추구하는 것. 즉 인생의 스릴 흥분을 추구하는 사람(마 20:28; 눅 19:10; 요 20:21; 롬 15:1).

1. 사람의 영혼은 세상 전체보다 가치가 있다. 예수님은 두 가지 의미로 생명이라는 단어를 사용하고 있다.

1) 이 세상 생명

2) 이 세상 너머 생명

일단 이 세상에 태어나면 영원히 이 세상에 홀로 존재할 수는 없는 것이다. 즉 하나님과 함께 있거나 아니면 하나님과 떨어져 하나님 없는 세계에 존재하게 될 것이다. 어떤 사람도 이 세상 전부를 가질 수는 없다. 모든 쾌락, 부, 권력, 명성은 그의 영혼과 비교하여 아무런 의미가 없다. 영혼이 이 세상 어떤 것보다 귀하다는 네 가지 중요한 이유가 있다.

1) 모든 것은 시들고 죽어 간다. 사람들은 잠깐 동안 어떤 것을 소유할 뿐이다.

2) 한꺼번에 모든 것을 다 사용할 수 없다. 모든 것은 대부분의 다 쓰지 못하고 남아 있다.(옷, 집, 권력, 인기, 명성은 모두 빨리 지나간다)

3) 인간 영혼은 모든 세계보다 더 가치가 있다.

4) 인간 영혼은 영원하다. 영혼은 절대 죽지 않고 없어지지 않는다. 영혼은 하나님과 영원히 존재하거나 아니면 하나님과 영원히 분리 될 것이다. 우리의 영혼(soul)은 똑 같은 뜻으로 생명(life)으로 번역될 수 있다.

일단 영혼을 한 번 잃으면 그것은 영원히 잃는 것이고 회복되지 않는다. 사람들이 이 세상 모든 부를 소유한다 해도 그의 영혼을 살 수는 없다. 그것은 영원히 없어졌기 때문이다. 사람은 이 세상에 다시 돌아올 수 없고 영원히 없어진다(눅 9:25; 마 8:11-12; 요 15:16).

2. 심판의 날이 다가오고 있다. 예수님이 돌아올 때는 희생의 가치는 분명 밝혀질 것이다. 예수를 위해 희생하는 것은 보답을 받을 것이며 자기만족만 추구하는 자는 저주를 받을 것이다. 사람은 그의 평소의 계속된 행동과 봉사에 의해서 보답을 받거나 심판을 받을 것이다(마 25:12; 눅 12:9; 13:27).

3. 여기 서 있는 자는 천국을 보기 전에 죽음을 맛보지 않을 것이다(막 9:1). 오순절 후에 제자들이 꿈꿔왔던 하나님의 권능(성령)이 내려왔다. 성령이 내려와 천국을 맛보게 되고 그 후에 죽을 것이다.

그리고 생명을 잃을 가능성이 예수님과 제자들에게 대단히 현실적으로 다가온다. 우리가 죽음으로부터 육체적인 생명을 구하려고 하면 우리의 진정한 생명, 영생을 잃어버릴 것이다. 우리가 고통으로부터 우리 자신을 우리의 힘으로 보호하려면 우리는 영적으로 죽기 시작할 것이다. 우리가 우리의 삶을 예수님께 드리면 우리는 진정한 삶의 목표를 발견할 것이다.

> **26절 : 사람이 만일 온 천하를 얻고도 제 목숨을 잃으면 무엇이 유익하리요 사람이 무엇을 주고 제 목숨과 바꾸겠느냐**

우리가 예수를 알지 못하면 우리는 이 세상에서 모든 것을 다 가진 것처럼 착각하게 될 것이다. 이 세상의 삶은 영생으로 들어가는 입구에 서 있는 것밖에 되지 않는다. 우리가 이 세상의 물질을 축적하는 것은 영생을 사는 데 아무런 가치가 없다. 이 세상의 아무리 높은 권세와 부를 가진다고 해도 하늘나라에 들어갈 수 없다. 영생의 관점에서 모든 가치를 계산해 보라. 그러면 우리는 그 가치를 어떻게 결정해야 할지 알 것이다. 그리고 무엇이든지 사람이 이 세상에서 가지고 있는 것은 일시적일 뿐이며, 그것을 사람의 생명과 바꿀 수는 없다. 아무리 권력, 돈을 가지고 있다 해도 잃어버린 영혼을 되살 수 없다.

> **27절 : 인자가 아버지의 영광으로 그 천사들과 함께 오리니 그 때에 각 사람이 행한 대로 갚으리라**

예수 그리스도는 이 세상을 심판할 권위를 가지신 분이다. 심판이 우리 삶에서 진행 중이지만 예수님이 올 때 완전한 심판이 이루어질 것이다. 모든 사람의 삶의 결과가 평가받고 보답받을 것이다. 이것은 믿지 않는 자뿐 아니라 크리스천에게도 마찬가지이다. 예수님은 사람들에게 천국의 보답을 결정하기 위해 재능, 기회, 책임감을 볼 것이다. 하나님은 의로운 자를 구원할 것이요, 악한 자는 저주할 것이다. 그리고 우리는 다른 사람을 심판하지 말아야 한다. 그것은 하나님의 몫이다.

> **28절 : 진실로 너희에게 이르노니 여기 서 있는 사람 중에 죽기 전에 인자가 그 왕권을 가지고 오는 것을 볼 자들도 있느니라**

모든 제자는 하나님이 죽기 전에 하나님 나라의 도래를 볼 사람들이 있을 것이라고 한 것은 예수님의 변한 모습을 목격하게 될 베드로, 요한, 야고보가 그의 영광을 보았을 때 예수님의 얼굴이 환하게 변한 모습을 보고 이제는 예수님의 말씀이 다 이루어졌다고 믿었다. 어떤 사람들은 이것이 성령 강림이라고 말하는 사람도 있고 교회의 시작이라고 말하기도 한다. 아무튼 제자들은 예수님의 영광과 능력을 목격하게 되었고 천국이 그들 가운데 있으므로 다른 메시아를 기다리지 말아야 한다는 것이다.

# 마태복음 17장

**1절 : 엿새 후에 예수께서 베드로와 야고보와 그 형제 요한을 데리시고 따로 높은 산에 올라가셨더니**

예수님은 산심에 올라가 있있으며 그가 죽어서 부활한다는 사실을 제자들에게 가르치고 난 6일 후에 일어난 사건이다(가이사랴 빌립보에서 산꼭대기까지 육일 걸렸다). 예수님은 세제자 베드로, 야고보, 요한을 데리고 아무도 방해받지 않는 높은 살에 올라갔다. 이곳은 하나님과 단독으로 만나기에 가장 적합한 장소였다. 네 가지 중요한 사실 때문에 하나님께 기도와 대화가 필요하다.

  1) 십자가의 고통에 대한 압박감
  2) 십자가를 져야 되겠다는 중대한 결심
  3) 강렬한 인내의 훈련
  4) 새로운 능력을 받을 필요성

예수님의 얼굴 모습의 변화는 하나님의 비전이며 왕의 진정한 영광이 비치는 모습이다. 이것은 세 자제들에게 보여 주는 영광의 특별계시다. 우리도 죽어서 하늘나라에 가면 예수님의 얼굴이 이렇다는 것을 미리 보여 주는 것이다. 그리고 엿새 후라는 시간 배경은 아마 모세가 시내산에서 여호와를 만나기 전에 6일동안 기다렸다고 기록된 출애굽기(24:16)를 암시하고 있는 것 같다.

**2절 : 그들 앞에서 변형되사 그 얼굴이 해 같이 빛나며 옷이 빛과 같이 희어졌더라**

예수님의 변화산 사건은 형태가 변한 것, 즉 얼굴 모습이 변한 것을 말하며 (눅 9:29; 막 9:3; 눅 9:29) 하나님의 영광이 예수님의 육체를 통해 옷 위에도 빛나고 있다. 마찬가지로 모세의 얼굴이 환한 것은 하나님의 영광을 반사받았기 때문이다. 바깥이 환하게 변했다는 것은 안의 모습도 변했다는 것을 의미한다. 세상이 시작하기 전에 하나님과 함께 했던 영광이 육체를 통해 옷 위에도 빛나고 있다. 요한계시록에도 태양이 온 천지를 비추고 있는 것처럼 그리스도의 영광이 비추고 있다고 말하고 있다(요일 1:5; 딤전 6:16; 시 104:2).

**개념 1.** 믿는 자들은 주님의 영광을 어느 정도 경험한다(고후 3:18). 하나님의 영광에 대한 우리의 민감함은 하나님이 하신 일을 우리가 본받고 있느냐에 달려 있다. 그것은 헌신과 강렬한 기도에 하나님과 단독으로 대화할 때이다. 우리도 하나님 얼굴처럼 전체가 변해야 한다. 그 변화는 성령과 우리의 간구에 의해서만 이루어진다(롬 12:2).

## ▍3절 : 그때에 모세와 엘리야가 예수와 더불어 말하는 것이 그들에게 보이거늘

왜 모세와 엘리야가 예수와 함께 나타났는가? 모세와 엘리야 둘이서 하나님 영광을 받았지만 여기서 예수님의 영광은 예수님 자신의 영광이다. 그는 하나님의 영광을 스스로 발하는 자이다. 세 가지 이유가 있다.

　　1) 예수의 죽음을 예비하기 위해서이다. 예수님은 십자가 압박과 무게를 질 수 있는 힘이 필요했다(겟세마네 동산의 경험과 십자가의 고통).

　　2) 예수님이 진정한 메시아라는 것을 보여 주기 위해(율법과 예언자보다 우월적 존재인 하나님 아들이다)

여기서 모세는 율법을 대표하고 엘리야는 가장 위대한 예언자를 대표한다. 이 두 사람이 예수의 사역에 도움이 되는 것이다. 그들이 율법과 예언이 예수님 안에서 완성된다는 것을 상징한다. 구약의 예언과 율법이 신약에서 예수님에 의해서 완성되게 된다. 모세와 엘리야가 하던 구약의 예언적 제사장의 일을 신약에 와서 예수님께 맡기고 있다(눅 18:31; 벧전 10:11).

**개념 1.** 중요한 사실은 우리보다 먼저 믿었던 사람들이 우리처럼 살아 있다는 사실이다. 그들은 육체적 세상에서 다른 차원의 세계, 즉 완전하고 죄가 없으며 고통이 없는 영적 세계에 살고 있다(고후 5:8; 빌 1:23).

**4절 : 베드로가 예수께 여쭈어 이르되 주여 우리가 여기 있는 것이 좋사오니 만일 주께서 원하시면 내가 여기서 초막 셋을 짓되 하나는 주님을 위하여, 하나는 모세를 위하여, 하나는 엘리야를 위하여 하리이다**

베드로는 초막절이 왔을 때 천국이 어떻게 이루어지는지 보여 주기 위해 그들이 머무를 장소를 짓기 위해 세개의 초막을 짓기를 원했다. 베드로는 그리스도에 대한 바른 생각을 가졌으나 그의 타이밍이 틀렸다. 베드로는 행동하기를 원했지만 이때는 예배와 기도할 시간이다. 그러나 그는 이 기회를 놓치지 않으려고 했다. 그러나 그는 앞으로 더 많은 것을 배워야 하고 준비해야만 했다. 이 세 제자들은 하나님의 영광을 미리 맛보고 있다. 그들은 하나님 임재 속에서 기쁨, 평강, 안정됨을 맛보고 있다. 그들은 이 성스러운 땅(빛을 받는 장소)을 떠나기 싫었다. 그리고 광야에서 초막을 회상해 볼 때 초막을 짓는다는 것은 초막절을 상징하며 유대인들은 초막을 짓고 거기에 칠 일 동안 머물렀다. 초막절 절기는 예수님이 오셨다는 것을 예표하며 베드로는 예수님의 변화산 사건을 직접 목격하고 메시아가 도래했다는 것을 인식하고 기쁜 마음에서 그는 초막 세 채를 짓겠다고 했다.

1. 베드로가 하고자 하는 일은 예수님과 두 선지자를 위해 초막 셋을 짓는 것이다. 그는 이렇게 함으로써 천국의 손님으로 영광스러운 경험을 더 오래 누리기를 원했다. 이 초막은 나뭇가지와 풀로 빨리 만드는 초가집이며 밤마다 길을 갈 때 여행객들이 임시로 머무는 움막 같은 곳인 것 같다.

2. 그의 "당신이 원하시면"이라는 말은 영광스러운 순간에도 주님의 뜻이라면 하고 아니면 하지 않겠다는 뜻이 포함되어 있다.

3. 하나님과 깊은 영적 체험은 늘 영광스러운 것이다(사 58:7; 행 20:35; 롬 15:1; 갈 6:2; 약 1:27).

우리의 영은 때때로 새로워지지만 그것은 하나님의 목적에 맞게 새로워져야 한다.

<blockquote>**5-8절 :** 말할 때에 홀연히 빛난 구름이 그들을 덮으며 구름 속에서 소리가 나서 이르시되 이는 내 사랑하는 아들이요 내 기뻐하는 자니 너희는 그의 말을 들으라 하시는지라 제자들이 듣고 엎드려 심히 두려워하니 예수께서 나아와 그들에게 손을 대시며 이르시되 일어나라 두려워하지 말라 하시니 제자들이 눈을 들고 보매 오직 예수 외에는 아무도 보이지 아니하더라</blockquote>

예수님은 위대한 지도자이며 선한 영향력을 주며 위대한 예언자이다. 그는 하나님의 아들이며 당신이 이 심오한 진리를 발견할 때 우리는 경배와 순종을 드리게 되는 것이다. 당신이 예수님을 바르게 진실 되게 이해하면 순종하게 된다. 이 구절에는 하나님의 임재가 나타난다. 구름이 제자들을 덮었고 하나님의 목소리가 제자들을 공포에 질리게 했고 얼굴을 땅에 납작 엎드렸기에 볼 수 가 없었다. 제자들은 두려움에 떨었고 몸 전체가 마비되는 것 같았다.

1. 이 구름을 '세키나'라고 하는데 하나님의 임재를 상징한다. 출애굽 할 때도 구름이 인도하였고 성막 위에 덮었다. 하나님은 인간이 바라볼 수 없는 빛 속에 거하시며 세상에 진리의 밝은 빛을 뿜어 내신다. 예수님은 예언자 모세를 이어받아 천국 문을 여는 메시아적 왕으로 인식되고 있다. 구름속에서 들리는 "이는 내 아들이다"라는 뜻은 예수님은 아들인 동시에 고통받은 종이라고 강조한다. 이 글의 요점은 예수님은 모세의 신분이 아니라 모세의 인성이 덧입혀진 새로운 예언자이다. 세키나의 영광은 태양이 필요 없을 정도로 밝아 베드로는 이것을 장엄한 영광이라고 불렀다(벧후 1:17). 예수님을 에워싸고 있는 밝은 구름은 모세에게 구약의 율법을 줄 때의 어둡고 위협적이고 무서운 것과는 대조적이다.

1) 율법은 어둡고 위협적이다.

2) 신약(예수님의 사랑)은 밝으며 구원과 축복을 주며 저주를 주지 않는다.

2. "이는 내 아들이다 사랑하는 아들"이라는 표현은 그리스식 표현 방식이다. 즉 두가지 예수는 오직 하나님의 아들, 하나님이 사랑하는 아들이라는 표현이며 일반적인 의미는 세상을 구원할 독생자라는 뜻이다.

3. 제자들은 하나님의 임재를 경험했다. 하나님이 임재할 때 인간은 두려워진다.

4. 구약의 어둡고 무서운 율법은 없어지고 구약의 장소에 사랑을 가지고 신약이 들어왔다. 즉 어둠과 공포, 속박의 구약에서 빛, 사랑, 자유의 신약이 구약 대신 들어왔다.

제자들의 경험은 믿는 자에게도 적용될 수 있다. 이것은 세 제자 베드로, 야고보, 요한에게 일어났지만 믿는 사람도 예수님의 얼굴을 뵈올 때 틀림없이 세 제자와 같은 경험을 하게 될 것이다.

1. 믿는 사람은 하나님 임재의 영광을 경험하고 예수님이 주시는 계시를 맛보게 될 것이다.

2. 믿는 자들은 예수는 내 아들이라고 선포하는 하나님의 음성을 듣게 될 것이다.

3. 믿는 자는 찬양과 경배할 때 예수님 앞에 땅에 얼굴을 가져다 대고 납작 엎드리게 될 것이다.

4. 믿는 자들은 주님의 중보 기도를 경험하게 될 것이다. 믿는 자는 주님의 손이 뻗어서 자기를 터치하고 들어올리는 것을 느끼게 될 것이다. 믿는 자는 주님의 영광 속에 살면서 그의 의와 완전함에 함께할 것이다.

5. 믿는 자는 주님의 놀라운 역사하심을 경험하게 된다.

**개념 1.** 우리는 진정으로 기도와 묵상을 할 때 자주 우리의 삶 속에 하나님의 강한 임재를 경험하게 된다. 이 임재가 우리 인생에 들어올 때 새로운 희망과 삶의 가치를 깨닫게 된다.

## 9절 : 그들이 산에서 내려올 때에 예수께서 명하여 이르시되 인자가 죽은 자 가운데서 살아나기 전에는 본 것을 아무에게도 이르지 말라 하시니

예수님은 베드로, 요한, 야고보에게 부활할 때까지 그들이 보았던 것을 말하지 말라고 하셨다. 왜냐하면 그들이 그것을 완전히 이해하지 못하고 있고 이해하지 못하는 것을 남에게 설명할 수 없다는 것을 알기 때문이다. 그들의 질문은 그들이 완전히 이해하지 못하고 있다는 것을 나타내 준다. 그들이 예수님이 메시아라는 사실을 알고는 있지만 죽음과 부활의 의미에 대하여 더 많이 알고 배워야 할 점이 많기 때문이다. 부활은 두가지를 보여 주고 있다. 첫째, 부활은 예수님은 하나님의 아들이 틀림없다는 것을 보여 준다. 둘째, 부활은 변화산의 모습처럼 환한 모습으로 변한다는 것을 나타낸다. 이것은 신약의 우월성을 나타내며 믿는 자들의 천국을 경험하게 하는 예표를 보이시고 있다. 그리고 예수님이 제자들에게 침묵을 지키라는 것은 부활한 후에는 모든 것을 말해도 좋다는 뜻이다. 왜 침묵을 지키라고 말하는가?

> 1) 이 말이 피상적이고 정치적인 혼란을 일으켜 위협이 다가올 수 있기 때문이다.
>
> 2) 요나의 표적과 같은 것이 없으면 부활은 잘못된 기대감을 가질 뿐 아니라 제자들에게 헛된 망상을 가지게 할 수도 있기 때문에 부활 때까지 기다리라는 뜻이다.

**10절 : 제자들이 물어 이르되 그러면 어찌하여 서기관들이 엘리야가 먼저 와야 하리라 하나이까**

말라기 4장 5-6절에 근거하여 옛날 율법 학자들은 메시아가 나타나기 전에 엘리야가 먼저 틀림없이 나타난다고 믿었다. 예수님은 신약의 세례 요한을 언급했으며 구약의 엘리야를 언급하지 않았다.

**11-13절 : 예수께서 대답하여 이르시되 엘리야가 과연 먼저 와서 모든 일을 회복하리라 내가 너희에게 말하노니 엘리야가 이미 왔으되 사람들이 알지 못하고 임의로 대우하였도다 인자도 이와 같이 그들에게 고난을 받으리라 하시니 그제서야 제자들이 예수께서 말씀하신 것이 세례 요한인 줄을 깨달으니라**

세례 요한이 구약의 엘리야의 예언적 역할을 대신했다. 즉 담대하게 죄와 대적하여 사람들을 하나님 앞으로 인도하는 것이다. 말라기에서는 엘리야와 같은 예언자가 장차 올 것이라고 예언하고 있다. 예수님은 세 제자들이 그들의 경험을 나누고 이야기하는 것을 허락하지 않았다. 왜냐하면 부활 때까지 침묵을 지키라는 예수님의 말씀이 그들을 좌절시켰다. 왜냐하면 성경에 엘리야가 와서 메시아임을 선포할 것이라고 그들은 배웠기 때문이다. 제자들은 엘리야가 예수님과 함께 있는 것을 보았으며 만약 엘리야가 메시지를 선포하려고 왔다면 왜 제자들에게 예수님이 메시아임을 말하지 말하고 해야만 하는가? 세례 요한은 엘리야와 같은 예언자라고 예수님이 그의 제자들에게 말했다.

**개념 1.** 예수님은 하나님의 아들 메시아이며 그를 믿는 것이 우리 크리스천들에게 절대적으로 필요한 것이다(요 4:35-26; 8:24; 행 0:22; 17:2-3, 요일 5:1).

## ▎14절 : 그들이 무리에게 이르매 한 사람이 예수께 와서 꿇어 엎드려 이르되

예수님과 베드로, 야고보, 요한이 산에서 내려와 다른 아홉 명의 제자에게 돌이왔을 때 간질을 가진 한 사람이 다가왔다. 그 당시 사람들은 간질은 하나님께 저주받고 귀신 들린 사람이었으며 제자들은 고칠 수가 없었다. 예수님이 그들에게 병 고치는 은사를 주고 권능을 주었는데도 고치지 못했다. 이것은 그들의 믿음이 부족하기 때문이었으며 원래 가진 권능이 아니라 하나님에게 받는 권능이기 때문에 전적으로 하나님께 맡기고 믿음으로만 고칠 수 있다. 그리고 변화산 사건이 있고 난 후 두 가지 대조적인 일이 발생하는데, 하늘의 영광과 변화산 상의 체험과 다음날 세상 문제와 산골짜기에서 세상 사람들을 만나게 된다. 그 거룩한 영광은 변화산 꼭대기에 머무는 것이 아니라 세상 밖으로 나와 이 세상 사람들의 필요를 알고 해결해 주는 것이다. 우리 믿는 자는 산꼭대기에 머물러서는 안 되며 이 세상 사람들이 사는 골짜기로 내려와 세상 사람들을 구원해야 한다.

1. 변화산의 변화 그 자체는 끝이 났지만 우리는 세상 밖으로 나와 봉사해야 한다.

2. 변화산의 변화는 수도원 같은 삶을 연상시키지만 우리는 세상 밖으로 나와 부패한 세상을 정화시켜야 한다.

3. 기도는 우리를 새롭게 하지만 혼란한 세상에 나와서 일을 할 때 힘을 준

다.

4. 하나님은 날마다 우리의 영의 양식을 주시고 우리를 세상 밖으로 보내어 힘든 이 세상의 필요를 충족시키는 데 필요한 도구로 사용하시기를 원하신다.

5. 하나님은 우리가 잃어버린 세상에 관심과 유대감을 가지기를 원한다.

**15-16절 : 주여 내 아들을 불쌍히 여기소서 그가 간질로 심히 고생하여 자주 불에도 넘어지며 물에도 넘어지는지라 내가 주의 제자들에게 데리고 왔으나 능히 고치지 못하더이다**

이 아들의 질병은 육체적 영적 질병인 것 같다. 마가복음에서 이 병에 대해서 설명한 것은 오늘날 간질병으로 알려져 있으며 귀신들려 저주받은 병으로 간주되었다(막 9:17-18; 눅 9:39). 이 병이 악화되면 자살 충동까지 일으킨다고 알려져 있다. 이 병의 가장 비극적인 사실은 믿음이 없고 권능이 없으면 어떤 의사도 고칠 수 없다는 것이다. 수많은 주의 종들과 믿는 자들이 고통을 당하나 비극은 예수님께 구해 달라고 간구하지 않는다는 사실이다(약 4:2). 고칠 수 없는 이유는 변화산의 변화의 모습과 하나님의 임재를 경험하지 못했기 때문이다(시 91:15; 사 58:9; 렘 33:3).

**개념 1.** 두 가지 주목할 점은

1) 아버지는 자기 아들을 항상 찾고 있으며 항상 중보 기도 하고 있다.
2) 예수님의 마음은 자기 자녀에 대하여 돌봄과 동정심을 가지고 있으며 예수님은 자녀의 필요를 아시고 아버지께 구하면 하나님은 항상 응답하신다.

**17-18절 : 예수께서 대답하여 이르시되 믿음이 없고 패역한 세대여 내가 얼마나 너희와 함께 있으며 얼마나 너희에게 참으리요 그를 이리로 데려오라 하시니라 이에 예수께서 꾸짖으시니 귀신이 나가고 아이가 그 때부터 나으니라**

제자들에게 병 고치는 권능을 주셨으나 그들은 하나님의 권능을 적절히 사용하는 방법을 모르고 있었다. 하나님의 좌절감은 믿음이 없고 패역한 세대(반응도 별로 없고 모든 일에 흐리멍텅한 사람) 때문이었다. 이 구절에서는 예수님의 제자들의 태도에 대한 지적이다. 예수님의 원래 목적은 제자들을 나무라는 것이 아니고 좀 더 큰 믿음을 가지도록 격려해 주는 것이었다.

권능과 믿음이 작은 사람은 예수님을 슬프게 하고 낙담시킨다. 예수님은 우리에게 소망을 주지만 경고도 함께 하신다.

1) 그의 임재가 항상 있는 것은 아니라는 것을 경고한다.
2) 그의 인내도 한계가 있다는 것을 경고한다.
3) 그의 권능이 사탄의 권능을 물리친다는 것을 명심하라. 마귀의 힘을 물리치는 것은 하나님의 말씀이다.

**개념 1.** 믿음이 없는 사람은

1) 하나님의 축복을 받을 수 없다.
2) 그가 할 수 있는 일도 이루어낼 수 없다.

하나님은 우리가 마땅히 해야할 일을 완수함으로 풍요로운 삶을 살기를 원하신다(요 10:10).

**개념 2.** 우리가 기억해야 할 중요한 포인트

예수님이 우리의 불신과 오염되고 권능 없는 행동을 더욱더 못마땅해 여긴다. 하나님의 임재가 늘 있는 것이 아니며 하나님의 인내에도 한계가 있다. 우리의 믿음과 권능이 실패할 때와 모든 희망과 도움이 없을 때 하나님께 먼저 가서 그의 말씀을 들어야 한다. 그는 동정심을 가지고 우리를 도와주기 위해 그의 권능을 사용할 것이다(행 20:30; 빌 2:15; 딤전 6:5; 잠 11:3).

**19-20절 :** 이 때에 제자들이 조용히 예수께 나아와 이르되 우리는 어찌하여 쫓아내지 못하였나이까 이르시되 너희 믿음이 작은 까닭이니라 진실로 너희에게 이르노니 만일 너희에게 믿음이 겨자씨 한 알 만큼만 있어도 이 산을 명하여 여기서 저기로 옮겨지라 하면 옮겨질 것이요 또 너희가 못할 것이 없으리라

제자들은 귀신 쫓아내는 것을 여러 번 시도해 봤으나 쫓아내지 못했다. 그들은 왜 우리는 쫓아낼 수 없는가를 예수님께 물었다. 예수님의 말씀은 믿음이 없다고 대답하셨다. 제자들은 전에 여러 번 기적을 일으키는 데 성공한 적이 있었다. 지금 그들은 기적을 일으키지 못하는 것에 당황하고 놀라고 있다. 그러나 그들의 믿음은 형편없고 겉치레로 믿는 믿음이었다. 그러나 그들은 하나님이 주신 권능을 마술의 재주꾼처럼 사용하려고 하고 있었다. 작은 믿음으로는 병을 고칠 수 없다. 산도 옮길 수 있다는 믿음이 큰 어려움을 극복할 수 있으며 신실한 믿음과 기도가 천국을 만들기 위한 큰 과업을 완수할 수 있다.

믿음이 적은 것이나 불신은 네가지 의미를 갖는다.

　1) 예수 그리스도를 의심하는 것

　2) 자기 마음속에 주님의 권능을 의심하는 것

　3) 자기 자신의 믿음을 의심하는 것

　4) 모든 것이 하나님 의지에 달렸다는 것을 의심하는 것(막 4:40; 16:14; 눅 24:25; 요 3:18; 8:24; 히 3:12)

적은 믿음의 해결책은 하나님을 사슴이 시냇물을 찾듯 갈망하며 하나님의 임재 속에 오랫동안 기도하면서 말씀을 묵상하는 것이다(눅 22:67; 요 10:24-25; 롬 10:17; 히 11:6).

**개념 1.** 어떤 일이 잘 되지 않고 우리가 인생에 있어 결혼과 사역에 성공하지 못할 때 두 가지 일이 일어난다.

　1) 모두가 상대방 탓으로 돌리는 경향이 있다.

　⑴ 부부는 부부끼리, 동료 노동자는 친구 노동자끼리 탓한다.

　⑵ 성도(교인)는 목사님을 탓하고 목사님은 성도(교인)를 탓한다.

모든 잘못은 언제나 우리 자신에게 있다. 원인은 믿음이 적음에서 오며 하나님께 구하지 않는 데서 온다.

**개념 2.** 하나님의 능력을 부정하는 것과 은혜를 부정하는 것은 겸손한 행동이 아니며 자기의 권능이 아닌 하나님의 권능을 사용하여야 한다.

**20-21절 : 이르시되 너희 믿음이 작은 까닭이니라 진실로 너희에게 이르노니 만일 너희에게 믿음이 겨자씨 한 알 만큼만 있어도 이 산을 명하여 여기서 저기로 옮겨지라 하면 옮겨질 것이요 또 너희가 못할 것이 없으리라**

예수님은 믿음이 적다고 꾸지람하는 것이 아니고 믿음이 그들의 미래 사역에 얼마나 중요한지 깨닫지 못하는 것에 대한 충고이다. 산과 같이 무겁고 큰 문제에 직면한다면 너희들은 산으로부터 눈을 돌려 하나님을 바라보라. 유대인들은 예수님이 산을 옮긴다는 것이 무엇을 뜻하는지 이해하고 있었다. 기도와 믿음은 어떤 일도 해결해 낼 수 있다. 기도와 믿음은 여러 가지 산더미 같은 것들 즉 두려움, 절망, 실망, 질병, 유혹, 죄, 고독, 박해, 마음 아픈 병 같은 것들이 인간에게는 너무 큰 고통거리이며 장애물이다. 그런 것들이 우리의 삶을 파괴할 수 있으며 그러면 그것들을 어떻게 극복할 수 있을까? 오지 믿음과 기도로 금식하면서까지 하나님을 믿으면 산같이 쌓인 어려움도 극복할 수 있다.

**개념 1.** 모든 성도는 두 가지 힘과 두 가지 재능을 세상에 공급해야 한다.

1) 하나님의 권능과 재능이 우리의 재능과 권능 위에 있다.
2) 우리의 소명은 하나님의 권능과 재능을 사용하도록 배우는 것이다. 겨자씨가 우리 손에 있을 때 너무 작지만 앞으로 얼마나 자라고 잠재력이 있고 사용 가치가 있는지 상상해 보라(막 9:23).

**22-23절 : 갈릴리에 모일 때에 예수께서 제자들에게 이르시되 인자가 장차 사람들의 손에 넘겨져 죽임을 당하고 제삼일에 살아나리라 하시니 제자들이 매우 근심하더라 가버나움에 이르니 반 세겔 받는 자들이 베드로에게 나아와 이르되 너의 선생은 반 세겔을 내지 아니하느냐**

변화산 사건이 있고 난 후 곧 바로 두 번째로 제자들에게 가르침을 시작했다. 예수님은 죽음을 피할 수 없을 뿐 아니라 죽음이 아버지의 의지이기 때문에 하나님 계획의 필수적인 부분이라는 것을 인정했다. 죽음은 부활을 가져오며 제자들도 예수님의 죽음의 발표를 깨닫기 시작했다. 그 사실이 제자들을 슬프게 만들고 있다 제자들은 불행하게도 예수님의 말씀의 첫 부분, 죽는다는 말만 듣고 실망하고 왜 예수가 예루살렘으로 가는지 이해하지는 못했다. 오순절 사건이 있을 때까지 예수님의 죽음과 부활을 완전히는 이해하지 못했다. 우리도 예수님에 관하여 천천히 느리게 이해한다고 당황해서는 안 된다. 결국 제자들도 그와 함께 있었고 기적을 직접 보았고 그의 말씀을 들었지만 여전히 완전히는 이해하지 못하고 있었다. 우리 성도들도 마찬가지이며 의문이 생기고 의심이 있음에도 불구하고 그래도 우리는 믿으면 하나님의 은혜를 받게 된다.

제자들 역시 왜 예수님이 죽음에 대해서 계속 이야기 하는지 이해하지 못했다. 우리도 예수님에 관하여 천천히 느리게 이해한다고 당황해서는 안 된다. 결국 제자들도 그와 함께 있었고 기적을 직접 보았고 그의 말씀을 들었지만 여전히 완전히는 이해하지 못하고 있다. 우리 성도도 마찬가지이며 의문이 생기고 의심이 있음에도 불구하고 우리는 그래도 믿으면 하나님의 은혜를 받게 된다. 제자들 역시 왜 예수님이 죽음에 대해서 계속 이야기하는지 이해하지 못했다. 왜냐하면 제자들은 정치적이고 세상적인 왕국을 세우기를 기대하고 있었기 때문이다. 그리고 그의 죽음이 그들의 희망을 송두리째 부셔 버린다고 생각했기 때문이며 예수님의 죽음과 부활이 천국을 만든다는 것을 이해하지 못했다(막 9:31; 눅 9:51; 요 3:14-17; 10:31-33; 행 2:22-23; 살전 2:14-15).

### 24절 : 가버나움에 이르니 반 세겔 받는 자들이 베드로에게 나아와 이르되 너의 선생은 반 세겔을 내지 아니하느냐

모든 유대 남자들은 성전 유지를 위해 성전세를 내야만 했다. 세리들은 정문 앞에 자리를 설치하고 세금을 징수했다. 단지 마태복음에서만 이 사건을 다루고 있는데 왜냐하면 그가 세리이기 때문이다. 그리고 두 드라크마는 로마에게 내는 시민세는 아닌 것 같다. 반 세겔은 유대인 20세 남자에서부터 50세까지 성전 유지비를 위해 내는 세금이다. 예수님 당시에는 두 드라크마가 반 세겔과 같은 가치를 가지고 있다.

산 위에 있는 성전을 유지하는 데 너무 많은 돈이 들었다. 건물이 너무 크고 사제들, 자는 방, 음식, 옷, 동물 준비, 향, 옷, 천, 밀가루, 기름, 제사에 쓰이는 용품, 제물 등을 준비하는데 너무 많은 돈이 들었다. 세금은 성인이 이틀 일하는 삯과 같았다.

**25절 : 이르되 내신다 하고 집에 들어가니 예수께서 먼저 이르시되 시몬아 네 생각은 어떠하냐 세상 임금들이 누구에게 관세와 국세를 받느냐 자기 아들에게냐 타인에게냐**

예수님도 선한 시민 의식을 갖고 있었다. 그래서 세금을 냈고 베드로도 해마다 예수님이 세금을 내고 있다는 것을 알고 있었다. 그러므로 베드로가 "그가 세금을 내신다"라고 대답할 수 있었다. 이 구절의 요점은 교회가 너무 위선적이기 때문에 교회에 다니지 않는다고 말하는 사람들에게 진실로 충격을 주는 말씀을 하고 있다. 예수님 당시에는 성전이 도둑놈 소굴이었으며 예비기 위선적이었고 부패했다. 그러나 예수님은 성전을 지지하고 있었다. 왜냐하면 세 가지 이유가 있었다.

1. 부패했음에도 불구하고 성전은 하나님의 집이고 기도하는 집이다.

2. 예수 그리스도는 성전으로부터 영적 이익을 보고 있다. 그는 성전에 들어갔을 때 그의 영이 하나님과 함께했고 그 속에 많은 위선과 부패에도 불구하고 건물 안에서 예배와 사역을 할 수 있었다.

3. 성전은 하나님 사람들이 모인다고 기대되는 장소이기 때문이다. 그리고 예배시간에 하나님 사람들이 성전에 있다고 기대되기 때문이다. 예수님은 예배시간에 다른 곳에 계시지 않고 성전 안에 계시기 때문이다(히 10:25).

**26절 : 베드로가 이르되 타인에게니이다 예수께서 이르시되 그렇다면 아들들은 세를 면하리라**

베드로가 예수님을 적극 방어하는 것은 잘못된 것이다. 그들이 성전에 둘만 있을 때 예수님은 베드로에게 시민세에 대해서 도전적인 질문을 한다. 이 두 절은 비유에 해당되며 요점은 왕(하나님)의 아들은 아버지에 의해서 징수되는 세금이 면제된다는 것이 요점이다. 예수님도 마찬가지이다. 예수님은 하나님께 성전세를 내는 것이 의무라고 인정하고 있다. 그러나 그는 하나님 아버지의 아들이기 때문에 그는 세금이 면제된다. 예수님은 세금을 내지 않으려는 뜻이 아니고 그의 요점은 세 가지이다.

1) 그는 왕의 아들, 하나님의 아들이라는 의미이다.

2) 그는 천국의 소유자이며 창조자이시다.

3) 그는 지상 나라에서는 자유로운 사람이기 때문에 세금을 낼 의무가 없다. 그는 하나님이기 때문에 자유롭다.

하나님이 사람과 이 세상에 베푸시는 일은 은혜와 자비이다. 하나님이 이 세상을 사랑하기 때문이며 인간에게 봉사할 의무는 없다. 성도가 예수님을 구주로 믿을 때 그는 하나님의 성품을 닮게 된다. 즉 새 사람이 되고 새로운 피조물이 되어 천국 시민이 되는 것이다. 아직도 혈육을 가지고 이 땅에 사는 사람은 세금을 내야 할 의무가 있다. 그러므로 천국의 시민뿐 아니라 이 땅에 살 때도 좋은 땅의 시민이 되어야 한다. 하나님은 순수한 삶을 삶으로써 천국 생활을 기대하며 믿지 않는 세상 사람들과 구원의 복음을 나눔으로써 이 세상을 위한 좋은 삶을 기대하고 있다.

**개념 1.** 눈여겨볼 예수님의 세 가지 주장

1) 예수님이 왕의 아들, 하나님의 아들인 것처럼 믿는 성도는 왕의 양자로 삼아졌다.

2) 예수님이 천국으로부터 온 것처럼 성도는 천국의 시민이 된 것이다.

3) 예수님이 이 세상에서 자유가 주어진 것처럼 성도도 이 세상에서 자유가 주어졌다. 그러나 그 자유는 특별한 의미의 자유이다. 즉 죄와 속박, 사망에서 자유롭다는 것이다. 구원받아 천국 시민이 되었으며 사람들은 아직까지 이 땅에 살고 있기 때문에 이 땅의 시민이다. 천국 시민인 동시에 이 땅의 시민이기 때문에 이 땅을 잘 돌볼 의무를 가지고 있다(롬 13:1; 딛 3:1; 벧전 2:13-14).

**27절 : 그러나 우리가 그들이 실족하지 않게 하기 위하여 네가 바다에 가서 낚시를 던져 먼저 오르는 고기를 가져 입을 열면 돈 한 세겔을 얻을 것이니 가져다가 나와 너를 위하여 주라 하시니라**

예수님은 시민 정신을 위한 기준을 세웠는데,

　1) 다른 사람을 넘어지게 하지 않을 것

　2) 다른 사람에게 편견을 갖지 말 것

　3) 다른 사람을 방해하지 말 것

　4) 다른 사람을 길가 나락까지 떨어지지 말게 할 것

남을 넘어뜨리는 자는 죄를 짓는 자이다.

그리스도는 세금을 내지 않음으로써 나쁜 본보기를 보여서는 안 된다고 말하고 있다. 그가 세금을 내는 것은 의무는 아니지만 그가 거설하면 그는 가난한 시민을 부추겨 세금을 내지 않게 만들 것이다. 그는 다른 사람이 넘어지지 않도록 하려고 애쓰고 있다(롬 14:13-16; 15:1-3).

예수님은 그의 메시아적 시민 정신을 여기에서 보여 주고 있으며, 그는 기적을 이용하여 세금을 내고 있다. 이 기적은 의심할 여지없이 예수님의 세 가지 주장을 보여 주고 있다.

　1) 그가 하나님의 아들이라는 것을 보여 준다.

　2) 이 세상과 이 세상 바다보다 더 훌륭한 천국이 있다는 것을 보여 준다.

　3) 이 땅 사람과 이 땅의 의무로부터 자유롭다는 것을 보여 준다.

왜 예수님은 하나님께 속해 있음에도 세금을 내었는가?

　1) 예수님은 율법의 지배하에 있는 땅에서 태어났기 때문이다(갈 4:4). 그는 베드로의 고백처럼 살아 계신 하나님의 아들이다. 그러나 그의 영광을 뒤로하고 자기 자신을 인간으로 낮추었다. 그래서 기꺼이 인간의 법에 복종하였다.

　2) 예수님은 인간의 죄를 대속하는 대속물이 된다는 것을 미리 보여 주기를 원했다. 대속물은 인간의 죄를 갚는 희생 제물이며 인간과 하나님과의 끊어진 관계를 회복해 주는 대속물이다. 성전세는 인간의 생명을 위한

대속물이라고 불리워지며 죄가 용서될 것이라고 믿고서 믿음의 행동에서 세금을 내주셨다. 예수님의 형상은 죄 많은 인간의 형상으로 만들어졌다(롬 8:3). 그는 우리를 위해 죄를 짊어지셨지만 죄성을 가지고 있지는 않다. 그래서 그는 제자들에게 세금을 내지 않아도 된다고 처음에 말하고 있다. 그는 하나님, 왕의 아들이고 죄가 없기 때문에 내지 않아도 된다. 그가 세금을 낸 것은 전적으로 자발적 행동이다.

3) 예수님은 그가 하나님 아들이라는 것을 제자들에게 주입시키기를 원했다. 그는 아무 논쟁 없이 세금을 낼 수 있었으나 그는 하나님의 아들이기 때문에 세금을 내지 않아도 된다는 것을 강조함으로써 그는 제자들에게 그가 하나님의 아들이라는 것을 계속 주입시키려는 의도가 있었다.

4) 예수님은 사람에게 모범을 보이기를 원했다. 예수님은 선한 시민으로 입증되었기 때문에 그를 따르는 모든 사람도 선한 시민이 되도록 본보기를 보여 주었다.

5) 예수님은 성전과 정부의 권위를 존중하였다. 그는 지금 사람들이 그의 수입의 일부를 성전을 돕기 위해 세금으로 지불해야 된다는 선한 본보기를 사람들에게 보여 주기를 원하신다.

6) 예수님은 어떤 사람도 다른 사람에게 방해가 되거나 짐이 되어서는 안 된다고 생각하고 있다. 그가 세금을 내지 않거나 정부를 돕지 않으면 다른 사람도 따라 성전과 정부를 소홀히 한다고 생각하고 있다. 그러므로 예수님은 건전한 이유로 선한 시민 정신을 모범적으로 보여 주고 있다.

결론적으로 우리는 그를 믿으며 가장 좋은 시민이 되어 이 세상에 선한 영향력을 끼치는 사람이 되어야 한다(요 13:34-35; 갈 5:4; 약 2:8).

# 마태복음 18장

**1-2절 : 그 때에 제자들이 예수께 나아와 이르되 천국에서는 누가 크니이까 예수께서 한 어린 아이를 불러 그들 가운데 세우시고**

마가복음에서 이 문제에 대해서 의논한 것을 제자들에게 질문함으로써 대화를 급진전시켰다(막 9:33-34). 예수님이 고난받고 죽을 것이라고 언급했을 때 제자들의 슬픔은 잠깐 뿐이었다. 그들은 천국에서 가장 큰 자가 누구인지 논쟁하느라 바빴다. 천국에도 구별됨이 있을 것이라고 말하고 있다. 베드로가 계속해서 이야기 하는 동안 특별히 세 제자(베드로, 요한, 야고보)의 야망은 계속되었고 십자가 바로 전까지 그들의 어머니도 아들 편을 들었다. 다른 나머지 열명도 질투를 가지고 있었고 실질적으로 제자들에 의한 오해는 예수님의 초기 사역에서도 예상되어 있었디.

그리고 제자들의 계속된 질문에서 두 가지 생각할 점이 있다.

1) 천국에서 큰 사람은 정말 위대한 사람이다.

2) 위대함의 정도에 대한 질문이다.

예수님은 그들의 질문을 거부하거나 면박을 주는 것이 아니라 반대로 두 가지를 가르치고 있다. 천국에서 크면 그는 위대한 자이고 천국에 있는 모든 것과 사람은 다 위대하다. 요즘은 천국에서 누가 가장 큰 자인가가 아니고 어떻게 하면 천국에서 큰 자가 되는 것인가이다. 제자들이 의미하는 바는 천국에서의 크다는 의미는 인격이나 성품의 위대함을 의미하는 것이 아니라 그들의 명성이나 직위의 높낮음을 의미했다.

그들(제자들)이 예수님께 질문한 이유

1) 그들은 예수님이 천국을 세우고 그가 천국의 왕이 될 것이라고 느꼈기 때문이다.

2) 제자들은 제자 중 세사람이 특별히 명예를 가지게 되며 그 중 베드로가 돋보이는 인물이 될 것이라고 느꼈다. 그들(제자들)은 질투, 야망, 경쟁심에 사로잡혀 있었다.

3) 서로 누가 가장 큰 자가 될 것인가 경쟁하고 있다. 분명히 그들은 죽음에서 일어나는 것과 천국을 세우는 것과 비교하고 있었다. 제자들은 천국이 무엇을 의미하는지 오해하고 있었다. 그들은 땅의 천국, 일시적인 천국을 땅에서 보았기 때문에 영원한 영적인 천국을 이해하지 못했다. 그들이 어린아이같이 되지 못하면 천국에 들어갈 수 없다고 예수님은 말씀하시고 있다. 예수님은 살아 있는 사람 중에 누가 위대한가를 보이기 위해 어린아이를 불러 그들 가운데 세우시고 설명하고 있으며 어린이의 몇 가지 특성을 설명했다. 어린이는 예수님 말씀을 잘 듣고 믿으며 반응을 잘하고 순종, 겸손을 보여 주었다. 이것은 예수님의 성품과 닮은 성품이다.

**개념 1.** 보통 사람의 생각은 용모, 개인 이미지, 자존감, 소유물 ,특권, 직위에 초점을 맞추고 그것들을 성취하기 위해 많은 시간을 허비한다. 예수님이 이런 생각과 야망을 버리라고 권면하신다. 우리의 생각과 마음은 예수님께 집중해야 하며 자기 자신에게 집중하지 말아야 한다. 우리는 이 지상과 육신의 위대함에 대하여 자주 생각하는 반면 하나님 사역과 봉사하는 사람에 대해서는 별로 생각하지 않는다.

**3-6절 :** 이르시되 진실로 너희에게 이르노니 너희가 돌이켜 어린 아이들과 같이 되지 아니하면 결단코 천국에 들어가지 못하리라 그러므로 누구든지 이 어린 아이와 같이 자기를 낮추는 사람이 천국에서 큰 자니라 또 누구든지 내 이름으로 이런 어린 아이 하나를 영접하면 곧 나를 영접함이니 누구든지 나를 믿는 이 작은 자 중 하나를 실족하게 하면 차라리 연자 맷돌이 그 목에 달려서 깊은 바다에 빠뜨려지는 것이 나으니라

제자들은 예수님의 지상 왕국 건설에 사로잡혀 천국의 목적을 깨닫지 못하고 그들은 봉사할 장소를 찾는 대신에 그들은 이익이 되는 직위를 찾고 있었다. 즉 영원한 하나님의 비전을 가지지 못하고 교회 안에서도 직분에 경쟁을 한다.

이 구절의 뜻은 제자들은 돌아서거나 완전히 변해야 된다고 말씀하신다. 우상에서 돌아서서 하나님께로 향해야 한다. 예수님의 경고는 돌아서지 않으면 그들의 죄는 점점 커져 날마다 쇠를 실을 것이리고 말씀하신다.

돌아서는 것과 변화는 성경의 가장 큰 과제이다. 사람이 회개하여 변화하지 않으면 결코 천국에 들어갈 수 없을 것이라고 말씀 하시고 있다.

1. 어떻게 하면 돌아서고 변화될 수 있을까? 어린이처럼 되는 것이다. 예수님이 아이를 불렀을 때 그 아이는 정확히 예수님의 뜻을 보여 주었다.

   1) 아이는 예수를 믿었다. 즉 예수님의 부름에 응답했으며 그는 예수님의 사랑과 관심과 부드러움을 느꼈다. 그래서 예수님의 부르심을 믿고 응답했다.

   2) 아이는 자기 자신을 예수님께 드렸다. 그는 자기가 지금 하고 있는 일을 중지하고 예수님께 나아갔다.

   3) 아이는 예수님께 순종했다. 예수님의 요청에 복종했다. 거기에는 적어도 13명의 성인이 서 있거나 앉아 있었다. 그 아이는 13명 가운데로 오라고 부탁받고 어려움과 주저됨이 있었지만 예수님이 요청했기 때문에 순종했다.

   4) 그 아이는 예수님 앞에 겸손했다. 아이들은 어른들에 의해 종종 무시당한다. 어린 아이들은 자발적으로 앞에 잘 나서지 않는다. 그들은 직위, 명성, 부에 흥미를 가지고 있지 않다. 그들은 어른들의 그룹에 앉기를 싫어한다. 어린이는 어른 앞에 나서기를 좋아하지 않는다. 아이들의 성품은 우리를 둘러싸고 있는 경쟁 세계에 대해서 잘 모른다. 그들은 성인이 될 때까지 순수하다.

2. 왜 변화해야 하는가? 변화하고 회개하지 않으면 천국에 들어갈 수 없다. 예수님은 제자들이 변화되어 어린이처럼 되지 않으면 천국에 들어갈 수 없다고

경고 하신다(행 3:19; 약 5:19-20; 시 19:7; 사 55:7).

**개념 1.** 예수님의 강조점은 완전히 철저한 변화라고 말씀하신다. 이것은 마음, 삶, 생각의 변화이다(행 8:22; 고후 10:5).

**개념 2.** 많은 사람은 겸손을 두려워한다. 그들은 겸손은 약하고 겁쟁이를 나타낸다고 생각하며 겸손이 경멸과 남에게 이용당하는 목적물이 된다고 생각한다. 실제로 정반대이다. 겸손은 잠재력이 있는 사람이라고 깨닫게 하고 그것이 남과의 건전한 관계를 가지게 하고 겸손은 친구를 얻기 쉽게 하고 사람들에게 영향력을 끼친다(눅 22:26; 롬 12:3; 빌 2:3-4; 벧전 5:5).

예수님을 거역하고 사람을 해롭게 하는 것 때문에 죄가 그를 덮치기 전에 바다에 빠져 죽는 것이 영원한 지옥 불에 떨어지는 것보다 낫다. 그리고 예수를 따르는 어린이를 잘못 인도하여 길을 잃게 만드는 것은 상상할 수 없는 큰 죄를 짓는 것이라고 말씀하신다.

1. 예수님이 언급한 맷돌은 소나 당나귀가 곡식을 찧을 때 사용하는 큰 돌을 말한다. 요점은 이 죄가 얼마나 크고 무서운지를 연자 맷돌을 들어 설명하고 있다.

2. 물속에 돌을 매어 빠뜨려 죽이는 것은 로마 군인들이 사용하는 형벌이다. 그러나 유대인들은 그 벌을 사용하지 않았다. 유대인들은 가장 파괴적이고 처참하게 죽이는 상징이 물에 빠뜨려 죽이는 것으로 보았다. 그런 벌은 가장 악질범에게 주로 행하였다.

3. 예수 그리스도는 그의 청중들에게 두려움을 주기 위해 그런 형벌을 인용하고 있다. 다른 사람에게 길을 잃도록 인도하는 죄는 무시무시한 죄를 짓게 되며 범법자는 이러한 운명이 그를 기다릴 것임을 명심해야 한다.

그리고 죄를 짓는 몇 가지 행위

  1) 죄를 짓도록 인도하고 죄를 가르치는 행위

  2) 아이들로 하여금 죄 짓는 것을 본 받도록 하는 행위

  3) 나쁜 일과 잘못된 일을 모른 체하고 그냥 아무렇지 않게 넘어가는 행위

  4) 다른 사람이 옳은 일을 하는 것을 냉소적으로 간섭하거나 방해하는 행위

  5) 사회 통념상 받아들이지만 하나님께는 죄가 되는 것을 아무렇게나 즐겁

게 받아들이는 행위

6) 어린이나 믿는 자를 협박하고 박해하는 행위

4. 어린이들은 예수님 제자들을 나타낸다고 하며 어떤 사람은 예수님 자신을 나타낸다고 주장한다. 어린이를 한 사람의 인격으로 환영하며 아무리 보잘것없고 가난하더라도 사랑과 따뜻함과 관심을 기지고 대접해야 한다. 예수님은 어린이와 가장 큰 사람을 대조시키고 있으며 그것이 제자들의 논쟁거리인 것이다. 어린이를 환영하는 일은 육체적, 물질적으로 어려움에 처해 있을 때 먹이고, 입히고, 재우고, 방문하는 일들이다. 그리고 어린이를 영적으로 환영한다는 의미는 믿음을 갖게 하고 예수님을 따르도록 격려하고 동기를 부여해 주는 것이다.

그러면 왜 우리는 어린이를 환영해야 하는가? 두 가지 이유.

1) 아이들은 예수님을 나타낸다. 아이를 받아들이는 것은 예수님을 받아들이는 것이고 아이를 위해 하는 일은 예수님을 위해 하는 일과 같다.

2) 예수님은 아이들에게 관심이 많다. 어린 아이(a little child)라는 표현은 예수님께 중요하다. 그리고 어린아이를 환영하여 받아들이는 것을 예수님을 환영하여 받아들이는 것과 같다. 사람들을 전도하는 것, 사람들을 도와주고 환영하는 것은 지상세계에서 가장 위대한 것이다.

5. 어린이들은 천성적으로 믿음에 감수성이 강하다. 아이들은 어른들의 말을 잘 들으며 그런 믿음을 통해 하나님을 믿는 능력도 커진다. 하나님을 믿도록 어린이들에게 영향을 끼치는 부모나 사람들을 귀하게 여기신다. 누구든지 어린아이들를 믿음으로부터 멀리하게 하는 자는 큰 벌을 받을 것이라고 경고하고 있다.

**개념 1.** 진실로 믿는 자는 믿음을 가장 값진 것으로 받아들인다. 성숙한 믿음을 가진 자는 믿음이 적은 자를 함부로 다루지 않는다.

**7-9절 : 실족하게 하는 일들이 있음으로 말미암아 세상에 화가 있도다 실족하게 하는 일이 없을 수는 없으나 실족하게 하는 그 사람에게는 화가 있도다 만일 네 손이나 네 발이**

> 너를 범죄하게 하거든 찍어 내버리라 장애인이나 다리 저는 자로 영생에 들어가는 것이
> 두 손과 두 발을 가지고 영원한 불에 던져지는 것보다 나으니라 만일 네 눈이 너를 범죄
> 하게 하거든 빼어 내버리라 한 눈으로 영생에 들어가는 것이 두 눈을 가지고 지옥 불에
> 던져지는 것보다 나으니라

예수님은 이 세상에 대하여 심판을 선포하시고 모든 죄의 근원을 이해하고 계신다. 예수님은 남을 넘어지게 하는 자에게 화가 있을 것이라고 선포하신다. 이것이 두 번째 경고이다.

1. 죄 많은 세상은 죄로 가득 차 있으며 악한 행위로 가득 차 있다. 아무도 유혹받지 않고 이 세상을 살아갈 수 없다. 육체적 만족, 지상의 안위, 개인 욕구로 말미암아 죄를 경험하게 된다. 유혹을 피할 수 없다(롬 3:23; 요일 5:19).

2. 죄인에게 경고를 하고 있다. 모든 사람은 자기 자신의 죄에 대하여 책임이 있다 죄 많은 세상에 사는 우리는 인간으로서 책임감을 갖고 있다.

1) 사람은 자유 의지를 갖고 있다.

2) 선한 행동을 할 의무를 갖고 있다.

3) 항상 선한 모범을 보일 책임을 갖고 있다.

4) 자기의 약점을 극복하기 위해 노력해야 할 책임이 있다.

사람들은 유혹을 막아 주는 하나님을 모시고 살고 있으며 모든 죄는 자기 자신뿐 아니라 다른 사람을 넘어지게 한다. 하나님이 사랑하는 어린아이를 넘어지게 하는 것보다 더 큰 죄는 없다.

⑴ 그래서 죄짓는 손을 잘라 버리라고 하신다. 왜냐하면 손으로 온갖 것을 만지고 사물을 접촉하기 때문이다. 손이 신체 접촉을 가장 많이 한다(고후 6:17-18).

⑵ 죄를 짓는 발을 잘라버리라고 한다. 죄로부터 멀리하도록 하기 위해서이다. 발을 사용하지 않으면 온 몸이 움직일 수 없어 죄를 지으러 가지 못하기 때문이다(엡 5:15; 골 2:6; 요일 2:6).

⑶ 눈을 빼 버리라고 하신다. 죄를 짓는 광경으로부터 보지 말고 멀리하라는 뜻이다(마 5:28 ; 요일 2:16; 잠 10:10).

결국 죄를 건드리는 것은 손이며 죄의 장소로 가는 것은 발이며 죄를 보고 죄의 방향으로 인도하는 것은 눈이다. 죄를 피하는 것은 도덕적으로 가치 있는 일이며 선한 행동은 하나님이 기뻐하신다. 죄를 짓고 영원히 타오르는 유황의 지옥불을 상상해 보라(눅 17:1-2; 롬 14:13, 15, 21; 고전 10:32; 고후 6:3).

이 세상에는 넘어지게 하는 사람들로 가득 차 있다. 어떤 것들이 있는가? 나쁜 본보기를 보이는 자, 상대방을 성적으로 유혹하는 자, 일반적으로 모든 것을 유혹하는 자, 남을 속이는 자, 거짓 인도자, 박해자들이 있다.

3. 몇 가지 논리적인 사실
  1) 의로운 하나님은 어린이를 넘어지게 하는 자가 누구인지 알고 있다.
  2) 의로운 하나님은 어린이의 값진 영혼을 누가 파괴시키는지 정확히 알고 있다.
  3) 의로운 하나님은 어린이를 넘어지게 내미는 발이 누구의 발인지 정확히 알고 있다.
  4) 의로운 하나님은 어린이를 넘어지게 하는 사람을 대적하여 그 죄악에 맞는 벌을 주신다.

결론은 손, 발, 눈은 죄인 자신의 육체의 일부이다. 사람은 자기 자신이 죄를 짓는 것이 다른 사람에게도 영향을 미친다. 그것은 자기 인생을 망치는 것뿐 아니라 다른 사람의 인생도 망치게 한다. 그는 자기 자신뿐 아니라 아이들 또한 지옥으로 빠질 운명으로 이끌어 간다.

예수님의 강한 언어 표현을 성경에서 설명을 잘하고 있지만 정직함과 바른 생각을 예수님이 강조하는 것이 요점이다. 아이를 잘못 인도하여 길을 잃게 하고 구원의 길에 가지 못하도록 넘어지게 하여 지옥 불에 떨어지게 하는 것보다 더 무서운 벌이 어디에 있겠는가?(마 3:12; 계 21:8; 사 33:14; 66:24)

**10-11절 : 삼가 이 작은 자 중의 하나도 업신여기지 말라 너희에게 말하노니 그들의 천사들이 하늘에서 하늘에 계신 내 아버지의 얼굴을 항상 뵈옵느니라**

아이들이나 믿는 자를 업신여기는 몇 가지 예들이 있다.

1) 아이를 보잘것없는 존재로 여김으로써 아이는 소홀히 취급당하고 무시당하고 외면당한다. 그 결과 그의 성장과 그의 잠재력이 갇히게 되어 성장하지 못한다.

2) 아이의 존재를 무시하고 함부로 대하고 농담을 하고 거짓말을 함으로써 죄의 습관을 기르게 한다.

3) 아이의 마음과 몸을 왜곡시켜 죄의 행동을 하게 한다. 결국 이것이 사회의 일탈을 가져오게 한다(행 13:41; 롬 2:4; 딤후 3:1-3; 히 10:28-29; 벧후 2:9-10).

결론은 아이들은 하나님 앞에서 가장 좋은 자리에 앉혀야 한다. 그들의 보호자인 천사는 하나님 얼굴이 비치는 것을 본다. 하나님 앞에 자리를 잡고 하나님 얼굴을 보는 것보다 더 큰 특권은 없다. 어린이들이 하나님께 가장 값진 존재이다.

**12절 : 너희 생각에는 어떠하냐 만일 어떤 사람이 양 백 마리가 있는데 그 중의 하나가 길을 잃었으면 그 아흔아홉 마리를 산에 두고 가서 길 잃은 양을 찾지 않겠느냐**

예수님은 잃은 양을 구원하러 오셨다. 이 작은 자는 참 믿는 자를 뜻하고 잃어버린 양은 구원받지 못한 사람을 말한다. 믿는 사람도 믿음이 약하여 주 안에서 성장하지 못하기도 하고 어떤 사람은 주님 앞에서 냉담하기도 하고 어떤 사람은 완악하여 다른 사람을 죄짓게 만든다. 인자는 죄인을 구하러 왔다고 말씀하시는데 이 말씀이 메시아의 가장 위대한 목적을 가진 메시지이다.

1. 결국 주님은 하늘의 영광을 기꺼이 버리고 하나님과 동등 됨을 포기하고 자기를 보잘것없는 마구간에 태어나는 존재로 이 세상에 오게 되었다.

2. 이 세상 전체와 인간 전체가 길을 잃은 양같이 하나님과 멀리하여 길을 잃고 죄의 광야에서 방황하고 있다는 것을 나타낸다. 결국 인간들이 하나님에 의해 구원받지 못하면 방황하다가 죽을 운명에 처하게 된다.

3. 사람은 길을 잃고도 하나님을 찾지 않으면 영원히 잃은 자가 된다. 길 잃은 사람은 모든 여자, 남자들이며 예수님은 길 잃은 자를 사랑으로 인도하신다.

**개념 1.** 사람이 길을 쉽게 잃을 뿐 아니라 하나님은 길 잃은 사람을 지금 찾고 계신다.

예수님은 잃어버린 한 마리 양도 귀하게 여기신다. 예수님은 세 가지 요점을 강조하신다.

1) 양은 원래 방황한다.

2) 양은 목자에 의해서 찾아진다.

3) 양은 산기슭에서 찾아진다.

4. 목자는 양떼 전체를 돌본다. 특별한 의미의 말로 아흔아홉 마리 양을 놓아두고 잃어버린 한 마리 양을 찾는 동안 풀이 많고 안전한 산기슭에 갖다 놓는다.

5. 목자의 관심은 양 한 마리 한 마리에 대한 것이며 전체가 얼마나 많은가가 아니다. 그는 한 마리 한 마리를 사랑하기 때문에 한 마리라도 잃어버릴까 염려한다.

6. 목자는 양을 찾는 자이다. 양을 잃고 난 후 양을 찾기 위해 다른 사람을 부르거나 사람을 고용하지 않는다. 예수님은 양이 스스로 돌아오기를 기다리지 않는다. 양을 잃어버렸다는 사실은 그에게 너무 중요하기 때문에 어떤 대가를 치루더라도 양을 찾으려고 한다.

7. 목자는 인내심이 강하다. 그는 양을 찾을 때까지 계속 찾는다. 양이 살아 있을 희망이 없다는 것을 발견할 때까지 찾는다.

8. 목자는 모든 길, 봉우리, 바위가 갈라진 틈을 찾고 자기가 할 수 있는 모든 수단을 동원하여 찾으려고 한다.

1) 목자는 어려움, 위험, 시련, 광야를 헤매는 고통을 당한다.

2) 목자는 양을 찾기 위해 자기 자신의 지식에 의존하며 광야의 모든 길과 갈라진 틈이 어디 있는지 알고 있다.

3) 목자는 잃어버린 양의 마음과 귀가 열리도록 자기 자신의 독특한 목소리를 낸다(눅 19:10; 요 9:35).

그리고 양이 방황하는 이유는 무엇인가?

1) 양은 양떼를 벗어나 광야에서 어떤 것에 쉽게 미혹되어 따라가게 된다.

2) 양은 목적이 없고 현재 무엇이 진행되고 있는지 잘 모른다.

3) 양은 목자의 경고를 무시하고 무리에서 이탈을 잘한다.

**개념 1.** 하나님은 무리 가운데서 한 마리 한 마리에 대한 관심이 많아 한 마리라도 길을 잃으면 찾는다. 아흔아홉 마리보다 한 마리 잃어버린 양을 찾으면 더욱 기쁨을 갖는다.

## 13절 : 진실로 너희에게 이르노니 만일 찾으면 길을 잃지 아니한 아흔아홉 마리보다 이것을 더 기뻐하리라

예수님은 길 잃은 양을 찾을 수도 있고 찾지 못할 수도 있다. 양을 찾는다는 것이 확실히 보장된 것은 아니다. 그것은 아래 상황에 달려 있다.

1) 잃어버린 양이 얼마나 멀리까지 갔느냐이다. 주인의 목소리를 들을 수 있는 범위에 있느냐 이다.

2) 잃어버린 양이 주인의 목소리를 듣고 기꺼이 반응하는가이다.

3) 잃어버린 양이 깊은 틈바구니에 빠질 만큼 자기의 안전에 관심이 없고 주의력이 부족한가에 달려 있다.

4) 잃어버린 양이 정신이 마비되어 목자의 임재와 목소리를 의식하지 못하는가에 달려 있다.

5) 잃어버린 양이 광야로부터 벗어나기 위해 길을 찾을 만큼 관심을 가지고 있느냐에 달려 있다.

6) 목자의 인내심의 한계에 달려 있다. 시간이 오래되어 가망성이 없다는 것을 그가 알고 있을 때까지에 달려 있다.

**개념 1.** 어떤 사람은 성령에 저항하며 찾기지 않을 정도로 광야에서 멀리 갈 수 있다(마 12:14-16; 창 6:3; 잠 29:1).

결론은 예수님의 최고의 기쁨은 잃어버린 양이 다른 양보다 숫자가 많기 때문이 아니라 안전한 양이 항상 목자를 기쁨과 평화로 가득 채운다. 그러나 잃어버린 양을 찾을 때 특별한 순간의 기쁨이 있다. 항상 평화롭고 안전한 상태가 목자(예수님)를 기쁘게 하는 것이다(눅 15:6-7; 요 4:36; 살전 2:19-20; 히 12:2).

**14절 : 이와 같이 이 작은 자 중의 하나라도 잃는 것은 하늘에 계신 너희 아버지의 뜻이 아니니라**

목자가 잃어버린 양에 관심이 많은 것처럼 하나님도 자신이 창조한 인간에 대해서 관심이 많다. 당신은 하나님을 집, 학교, 교회 그리고 이웃에 있는 어린이를 찾아 당신의 행동, 말, 친절을 통해서 예수님께 인도하라. 그것이 사명이다. 하나님은 이 작은 어린아이 하나라도 길 잃은 양이 되기를 원하지 않는다. 하나님은 한 마리 한 마리를 사랑하셔서 전체 양의 무리에서 이탈하여 길을 잃는 것을 허락하지 않는다.

구원자이신 하나님이 우리 한 사람 한 사람을 찾을 때 우리는 그의 가족의 구성원이 되어 한 멤버로서 잃어버린 양을 찾는 일에 함께하기를 바라신다. 가족이 된다는 것은 잃어버린 양을 찾는 책임이 있으며 가족의 다른 구성원을 돌볼 책임이 있다(롬 14:15; 고전 8:11; 딤전 2:4; 벧후 3:9).

**15-16절 : 네 형제가 죄를 범하거든 가서 너와 그 사람과만 상대하여 권고하라 만일 들으면 네가 네 형제를 얻은 것이요 만일 듣지 않거든 한두 사람을 데리고 가서 두세 증인의 입으로 말마다 확증하게 하라**

죄를 짓는 형제를 바른길로 인도하는 첫째 일은 형제와 화해하는 것이다. 형제가 우리를 방해하거나 우리를 괴롭힐 때 우리는 그 형제가 우리에게 가까이 오기기를 기다리지 말고 즉시 찾아가서 세 가지 단계를 취할 수 있다.

1. 형제에게 혼자 가서 그의 잘못을 그에게 가르쳐 줘라. 이것은 그가 잘못했다는 것을 모르고 있을 수 있기 때문이다. 모르면 죄를 계속 짓게 된다. 분열이 일어나고 분열이 계속되면 원한은 점점 깊어진다. 우리의 마음에 분개가 싹트고 불평과 복수가 생긴다. 우리는 이 문제를 빨리 해결할 필요가 있다.

1) 우리는 그에게 혼자 접근해야 한다. 다른 사람과 의논해서는 안 되며 공

개적으로 비난해서도 안 된다.

2) 겸손하게 감정을 건드리는 행동이나 말을 삼갈 것

3) 조용히 부드럽게 말할 것

4) 이해를 구하고 솔직하고 그 문제를 해결할 수 있도록 접근할 것(마 5:24; 빌 2:3; 딤후 2:14, 24).

2. 한 형제가 우리에게 도전하여 화를 낼 때 우리의 반응이 예수님께는 중요하다. 인간은 보통 네 가지 반응을 일으키고 우리는 한사코 우리 자신을 방어하려고 한다.

1) 자기중심적 반응: 어린아이같이 행동하거나 순진한 행동, 악한 마음을 품고 해를 끼치려고 하는 행위

2) 반응을 자제하는 행위: 형제를 피하고 항상 염려하고 관계를 하지 않고 대면을 피하는 행위

3) 말을 지어 내어 헐뜯는 행위: 자기 자신을 합리화하고 자기 자신에게 아무런 잘못이 없다고 친한 친구에게 악감정을 나누는 행위

4) 보복을 결심하는 행위: 분열을 조장하고 자기 자신이 잘못된 일에 빠져들어 악한 사람으로 자기 자신이 낙인 찍히는 단계까지 떨어진다.

**개념 1.** 형제가 우리를 화나게 하거나 괴롭힐 때 우리가 할 중요한 반응은 기도 후에 혼자서 형제를 찾아 가는 일이다. 이것은 큰 지혜를 준다.

1) 상처받은 형제에게 주는 지혜: 인간의 본성은 악을 서로 나누거나 보복하는 성품을 갖고 있다(공격하느냐 물러서느냐에 따라서). 예수님은 육을 극복하기 위해 영을 통해서 그 상황을 해결하기를 원한다. 우리는 형제 간에 분쟁이 일어났을 때 조용히 기도해야 한다. 우리는 단독으로 형제를 찾아가 그 문제를 의논하고 화해점을 찾아야 한다.

2) 상처 주는 사람을 위한 지혜: 인간 본성은 잘못을 인정하기를 싫어하고 천천히 인정하려고 한다. 겸손, 사랑, 관심이 있는 방문이 화해를 하게 한다. 잘못을 고백하고 사과하는 것이 화해하는 길이다.

**개념 2.** 주님의 가르침이 얼마나 현명한지 생각해 보라. 엄청난 교훈을 배우게 되고 화해를 찾기 위해 형제와 앉아서 대화 속에서 바로 성령의 열매의 본질을 찾는다(사랑, 희락, 화평, 오래 참음, 자비, 양선, 충성, 온유, 절제)

**개념 3.** 이런 모든 선한 관계가 모든 사람에 의해 실행된다면 이 세상은 얼마나 달라지겠는가? 인간관계, 국제관계, 정신적 육체적 건강도 달라질 것이다.

3. 증인과 함께 형제에게 가라. 어떤 성도는 고집이 세고 어떤 성도는 미성숙하고 여전히 어떤 사람은 이기심에 사로잡혀 있다. 그러므로 화내고 있는 형제는 화해를 원치 않거나 잘못을 인정하지 않을 것이다. 이런 경우에 우리는 한두 사람하고 지혜로운 형제를 데리고 가는 것이 좋을 것이다. 이것은 몇 가지 사실을 나타낸다.

1) 깊은 관심이 있고 많은 사람이 도와주기를 원한다는 것을 형제에게 보여 준다.

2) 이 분쟁은 두 사람 이상이 이미 알고 있다는 것을 보여 주고 있다.

3) 두 다른 당사자 사이에 객관적이고 현명한 상담을 제공해 준다.

4) 편견이나 이기적인 반응, 일방적인 이익을 차단하는 데 도움이 된다.

**개념 4.** 형제가 혼자 접근해 갈 때까지 이 단계를 취해서는 안 된다. 우리는 예수님의 사랑으로 그와 마주 앉을 때까지 다른 사람에게 그 형제의 잘못된 점을 나누거나 이야기해서는 안 된다. 그가 계속 자기 주장을 계속 한다면 이 단계가 필요하다. 이때는 항상 겸손, 사랑, 개인적인 관심으로 행해져야 한다.

**개념 5.** 형제가 화해를 거절할 때 우리는 기피하는 경향이 있다. 그러나 예수님은 계속하고 포기하지 말라고 말씀하신다. 예수님은 죄인 된 형제에게 다가서는 것을 절대 포기하지 않는다. 그러므로 교회도 절대 포기해서는 안 된다. 바울은 항상 불완전하고 항상 실패한 사람에게 다가갔다.

**17-18절 :** 만일 그들의 말도 듣지 않거든 교회에 말하고 교회의 말도 듣지 않거든 이방인과 세리와 같이 여기라 진실로 너희에게 이르노니 무엇이든지 너희가 땅에서 매면 하늘에서도 매일 것이요 무엇이든지 땅에서 풀면 하늘에서도 풀리리라

어떤 사람들이 다른 사람에게 잘못을 저질렀을 때 사람들은 가끔 예수님이

권면하고 추천하는 방향과 정반대 방향으로 간다. 우리는 미움으로 변하거나 분개하거나 복수하거나 험담을 찾는다. 그와 대조적으로 우리는 어렵겠지만 바로 그 당사자에게 먼저 찾아가서 용서를 빌어라. 이것이 관계를 다시 회복시키는 기회를 줄 것이다. 잘못을 저지르는 죄를 짓는 형제의 마음을 바로잡는 길은 훈련과 가르침이 있어야 한다.

1. 이 땅의 가르침 – 잘못을 저지른 형제가 2~3명의 믿는 자의 간청에도 불고하고 화해하기를 거부하면 그 문제를 교회로 가져간다. 그러면 왜 예수님은 그것을 교회로 가져가라고 하시는가?

   1) 잘못한 형제가 겸손하고 사랑을 담은 간절한 간청에도 거절했기 때문이다. 간청은 상처 입힌 사람과 지혜와 사랑을 가진 목격자를 데리고 가는 것이다.

   2) 잘못한 형제의 화해를 거절하는 것은 심각한 위협이며 위험이다. 그것이 해결되지 않고 오래가면 교회 안과 밖에 분열과 해를 끼친다. 다른 사람이 영향을 받고 구원받으려는 관심이 퇴색될 것이다.

   3) 예수님은 두 형제가 서로 화해하기를 바라고 하나님과 화해하기를 바란다. 하나님은 잘못을 저지른 형제가 교회의 친교에 참가하며 다시 회복하기를 바란다.

   4) 예수님은 죄, 분열, 파괴적인 행위가 퍼져 나가는 것을 원치 않으시고 다른 성도들이 길 잃은 양이 되는 것을 바라지 않으신다.

   5) 예수님은 하나님 교회의 사역과 이미지가 손상되는 것을 원치 않는다.

   6) 예수님은 두 형제와 그들의 친구들이 함께 하나님의 증인이 되고 분열된 증인이 되는 것을 바라지 않는다.

   7) 하나님은 그의 교회 안에서 분열이 해결되고 세상 법으로 해결되기를 바라지 않는다. 하나님의 백성 가운데서 두 사람의 분쟁이 해결되기를 바란다.

   8) 예수님은 모든 성도들이 교회를 세워 나가기를 바라며 교회를 파괴시키는 것을 바라지 않는다. 교회 내에서 분열이 일어나서는 안 되고 주님이

주인이 되는 교회로 남아 있어야 한다.

2. 사태를 빠르게 해결해야 하는 이유

1) 그 당사자는 상처를 입고 교회로부터 하나님으로부터 영원히 멀어진다.

2) 당사자의 문제를 교회 내에서 의논하는 것은 대단히 민감한 문제이다. 그것은 쉽게 감정적인 문제가 되어 더 많은 분열을 일으킬 수 있다.

3) 사람의 좋지 못한 소문은 영적인 것이 아니며 사람들은 본성이 남의 소문을 수군대기를 좋아하고 퍼뜨리기를 좋아한다. 그것은 점차 소문으로 만늘어지고 상상력을 자극하여 헛소문이 점점 퍼진다.

4) 비밀은 지킬 수가 없다. 심지어 현명하고 믿음이 있는 사람도 비밀을 지키지 않는다. 비밀을 지키는 사람은 드물고 그런 사람은 보석보다 귀한 사람이다. 분쟁이 일어날 때는 교회 밖으로 반드시 퍼져 나간다는 것을 염두에 두어야 한다.

5) 문제를 교회로 가져가기 전에 마음의 문을 열고 교회 밖에서 개인의 행동이 잘 설명되도록 경청되어야 할 것이다. 분쟁하는 두 형제에게 하나님의 훈련과 가르침은 땅의 교회의 훈련, 가르침과 같다.

어떤 사람이나 어떤 교회도 죄를 용서하거나 용서하지 않을 권한은 없다. 한 형제가 죄를 택하고 화해를 거절 할 때 그는 교회의 잃어버린 자가 된다. 그래서 교회와 그는 관계가 단절된다. 그러므로 그는 땅에 메이게 되고 그는 외부인으로 취급당한다. 하나님도 지상 교회와 마찬가지로 죄에 묶여 있다고 간주할 것이다. 그가 교회 안에서 해결되고 죄의 속박에서 풀리면 하나님도 그를 구속받은 형제로 다시 받아들일 것이다.

**개념 1.** 분열을 일으키는 사람은 그 문제를 피하지 말고 즉시 해결해야 한다. 가정이 분열되면 그 자체가 설 수 없다(마 12:25). 예수님은 분열된 형제는 외부인으로 취급받아야 한다고 주장하지만 우리는 이런 행동은 두세 번 화해를 시도한 후에 결정되어야 한다.

3. 왜 분열은 해결되어야 하는가?

1) 분열은 생존을 위협한다 – 교회 조직과 교회 자체도 통일되고 조화와 평

화속에서 기능을 할 때만 존재할 수 있다.

2) 분열은 순수함을 위협한다 – 교회 안에 분열과 불평이 일어나면 부패하고 교회 기능이 약해진다.

3) 분열은 질서와 전도와 사역을 무너뜨리고 위협한다. 분열은 전도와 사역에 실패를 가져오게 한다. 교회 안에 무질서가 예배의 실패를 가져온다. 분열된 형제를 가르치고 훈련시키는 것은 교회를 유지하고 교회 존립을 위하여 절대적으로 필요한 것이다(막 9:42; 롬 14:13, 15; 고후 6:3; 요일 2:10).

결론적으로 매이고 풀린다는 것은 갈등속에 있는 교회의 해결책을 언급하는 것이다. 믿는 자들 가운데 일어나는 분쟁은 교회 안에서 해결해야 하며 세상 법정에서 해결할 수 없다. 교회의 결정은 하나님이 인도하시는 대로 해결하고 하나님 말씀과 하나님의 인도를 따르는 책임이 있으며 하나님의 방법으로 해결하는 것이 현재와 영원히 선한 영향을 끼칠 것이다.

**┃19-20절 : 진실로 다시 너희에게 이르노니 너희 중의 두 사람이 땅에서 합심하여 무엇이든지 구하면 하늘에 계신 내 아버지께서 그들을 위하여 이루게 하시리라 두세 사람이 내 이름으로 모인 곳에는 나도 그들 중에 있느니라**

예수님은 육체가 아니라 성령을 통하여 믿는 사람에게 나타나게 될 새날을 미리 내다보고 있다. 믿는 사람의 몸(교회)에 두 사람의 헌신된 협력이 수천 명의 형식적인 행동보다 더 강력한 힘을 만든다. 왜냐하면 성령님이 그들 안에 계시기 때문이다. 성령으로 충만한 두세사람이 하나님 뜻에 따라 기도하면 모든 그들의 기도가 이루어질 것이다.

1. 분열을 해결하는 데 기도의 중요성을 강조한다. 그 분열의 문제는 기도에 푹 잠겨야 한다. 그러면 어떻게 기도할 것인가?

1) 한 형제가 마음을 되돌리는 문제에 관해서 기도해야 한다. 그것은 한 사람의 손에 달려 있는 것이 아니라 항상 적어도 두 사람이 필요하다.

2) 우리는 하나님의 뜻과 의지를 구해야 하고 마음을 되돌리는 것이 하나님의 뜻이다. 세상 말로 해서는 안 된다. 잘못한 형제를 바로잡는 것은 하

나님의 사랑과 동정심, 자비로써 해야 한다.

3) 우리는 예수의 이름으로 연합을 구해야 한다. 사람의 생각과 규율이 아니라 하나님 이름으로 한 몸이 되도록 구해야 한다. 한 몸을 이루는 것은 성령과 그의 말씀으로 이루어지는 것이다.

위의 가르침을 따르면 하나님은 그 결정에 하나님 임재가 나타나 불화를 일으킨 형제의 행동이 바로 잡혀진다.

**21-22절 : 그 때에 베드로가 나아와 이르되 주여 형제가 내게 죄를 범하면 몇 번이나 용서하여 주리이까 일곱 번까지 하오리이까 예수께서 이르시되 네게 이르노니 일곱 번뿐 아니라 일곱 번을 일흔 번까지라도 할지니라**

이 구절은 성령과 용서에 관한 문제이며 베드로와 예수님 사이에 일어난 대화이다. 베드로는 뒹세를 용서하는 것에 관해 질문을 했고 베드로의 관심은 다른 형제, 즉 동료 제자들을 용서해 주는 문제를 이야기하고 있다. 예수님 역시 천국 즉 교회 공동체의 입장에서 말씀하고 있다.

베드로는 용서에 대해서 대단히 관대한 생각을 가지고 있으며 사람에게 일곱 번 잘못을 용서하는 것이 자기에게 무엇보다 관대한 일이라고 생각하고 있었다. 그러나 예수님은 용서는 한계가 있는 것이 아니라고 말하고 있으며 예수님은 천국을 언급함으로써 용서의 본질을 설명하고 있다. 현 상태에서 천국은 하나님 종을 포함하지만 그들은 말로만 종이라고 한다. 그러나 말로 종이라고 하는것은 진정한 종이 아니며 하나님 백성 가운데 교회에 머무는 사람에 불과하며 어려운 순간에 하나님은 그를 만나 주시고 자비와 용서를 하시지만 그는 하나님의 자비와 용서를 개인적으로 깨닫지 못하고 있다.

결국 이 질문은 얼마나 우리가 형제를 용서하는가의 문제이며 여기의 쟁점은 교회에 대한 복종이 아니며 교회가 절대적으로 사람을 용서할 수 없으며 하나님만이 죄를 용서할 수 있다. 유대에서는 보통 세 번까지 용서될 수 있으나 그 다음은 용서가 되지 않는다. 베드로는 자신은 아주 관대한 사람이라고 생각하고 자기 자신이 질문해 놓고 자기 자신은 일곱 번이라고 자기가 답변하고 있다. 예수님의 반응은 창세기 4:24을 언급하고 있다. 라멕의 복수가 용서의 원칙으로 되었는데 77번의 용서가 최고의 용서의 한계가 아니라고 말씀하셨다. 용서는 한계를 정해 놓고 몇 번 용서해 주는 것이 아니다. 오히려 교회 공동체에서 지체들에게 용서는 횟수와 양으로 용서하는 것이 아니고 헤아릴 수 없이 용서해야만 한다. 랍비들은 그들에게 해를 입힌 사람을 용서하되 세 번만 용서하라고 가르치고 있다. 베드로는 완전한 숫자 7번이면 충분하지 않겠느냐는 뜻으로 예수님께 질문했으나 예수님은 77번이라고 말씀하고 있는데, 이것은 우리가 얼마나 용서해야 할지 계산할 수 없다는 뜻이다. 우리는 숫자에 관계없이 항상 회개하면 용서해야 한다. 용서의 본질은 한계가 없다. 그 이유가 몇 가지 있다.

1) 용서는 영적인 문제이며 모든 영적 문제 자비, 은혜, 사랑, 기쁨, 용서는 측정할 수 없고 한계를 정할 수 없다. 그래서 무한히 실현되어야 한다. 우리는 매순간 사랑과 용서를 실현해야 한다.

2) 좋은 인간관계는 용서 없이 불가능하다. 다른 사람을 화나게 하는 일은 모든 사람에게 보편적으로 생기는 일이다. 우리 모두 죄인이며 우리 모두 너무 자주 죄를 짓는다. 완전하게 도덕적으로 사는 사람은 아무도 없다. 우리는 건전한 관계를 유지하기 위해 적어도 네 가지를 알 필요가 있다.

(1) 부족하고 죄짓고 잘못을 저지르는 것은 우리 인간 모두가 범하는 일이다.

(2) 다른 사람을 해치는 것은 항상 모르고도 행하고 별 의도 없이 해를 끼친다. 다른 사람에게 해를 끼치는 원인은 너무 많으며 편견을 갖는 일, 미움, 불친절 등 일상생활에 너무 많다.

(3) 다른 사람이 우리에게 해를 입히는 만큼 우리도 남에게 해를 입힌다. 이점을 기억하는 것이 건전한 관계를 유지시키는 데 도움을 줄 수 있다.

(4) 해를 입은 사람의 일반적 반응은 피하거나 복수하거나 자기 연민에 빠지게 된다.

결과적으로 용서하지 않는 사람은 근본적으로 성격이 나쁘거나 자기중심적이거나 미성숙한 사람들이다. 용서를 한다는 것은 인간의 본성과 하나님의 본성인 것이다. 평화와 건강은 용서를 통해서 유지될 수 있다. 용서 못하는 마음은 분열과 혼란을 가져온다(요 14:27; 벧전 4:8).

> **23-27절 : 그러므로 천국은 그 종들과 결산하려 하던 어떤 임금과 같으니 결산할 때에 만 달란트 빚진 자 하나를 데려오매 갚을 것이 없는지라 주인이 명하여 그 몸과 아내와 자식들과 모든 소유를 다 팔아 갚게 하라 하니 그 종이 엎드려 절하며 이르되 내게 참으소서 다 갚으리이다 하거늘 그 종의 주인이 불쌍히 여겨 놓아 보내며 그 빚을 탕감하여 주었더니**

예수님이 그를 따르는 사람에게 용서하라고 요구하기 시작한 후 그는 계속 천국에 관해서 비유를 계속 말씀하시고 있다. 하나님의 통치는 개인적 관계에 기초하여 반복적으로 용서의 문제를 말씀하고 있다. 결국 용서 못하는 사람은 천국에서 배제된다고 말씀하신다.

용서는 하나님의 본질이다. 하나님은 그의 종들을 마지막 결산하는 왕과 같은 분이시다. 그는 정의를 구현하는 왕이며 그는 사랑과 긍휼과 용서하는 왕이며 그는 사랑과 긍휼로 우리의 빚을 갚아 주었으며 우리는 엄청난 빚을 지고 있다. 그는 언제나 우리의 결산을 해결해 주신다. 결산은 하나님이 우리의 삶을 평가할 때 요구된다. 예수님에 의해 언급된 칠 단계 중 이 경우 어느 한 가지에 해당된다.

1) 1단계 – 모든 사람에게 결산이 주어진다. 결산할 때는 결산받는다는 뜻이다. 왕은 장부, 영수증, 소비된 것, 자본 확충 등을 꼼꼼히 확인한다. 왕은 종들이 하나님이 주신 달란트를 통해서 사역에서 그가 사용한 것에 많은 관심을 가지고 있다.

2) 2단계 – 우리는 모두 성령에 의해, 말씀에 의해 왕에게 불려 나간다.

3) 3단계 – 우리는 하나님께 빚지고 있는 죄의 빚과 도움의 빚을 보도록 인도된다. 종들의 빚은 엄청나게 많다. 요점은 하나님은 우리에게 생명을 주셨고 그 생명을 보호해 왔다. 죄를 짓는 것은 그 생명을 잘못 관리한 것이며 하나님께 손실을 입힌 것이다. 그러므로 죄짓는 것은 우리가 하

나님께 빛을 지게 되는 것이다.

  4) 4단계 – 우리는 모두 하나님 앞에서 자복해야 한다. 죄는 사람을 파멸시키고 하나님께 빚을 지게 한다. 우리는 갚을 수 없는 죄로 파산한다.

    (1) 금, 은 어떤 것으로도 갚을 수 없다(딛 3:5-6; 시 49:6-7).

    (2) 선한 일을 해서도 갚을 수 없다.

    (3) 재물을 바치고 헌금을 하는 것으로도 갚을 수 없다(삼상 15:22).

  5) 5단계 – 우리는 정의의 하나님의 심판을 받는다(롬 7:14-20).

  6) 6단계 – 우리는 간절히 하나님께 자비를 구한다. 우리의 유일한 희망은 하나님의 긍휼과 자비로 용서받는 길 외에는 없다(엡 2:4-5).

  7) 7단계 – 우리는 사랑의 하나님으로부터 완전한 용서를 받는다.

**개념 1.** 우리를 하나님께로 데려와서 평가하고 우리의 삶을 결산받는다. 삶 전체를 평가받고 결산받는다. 우리가 죄로부터 돌아서면 우리가 직면한 유혹, 고통, 시련이 얼마나 적어질까?

거짓 종들은 하나님과 대면할 때까지 하나님의 자비를 구하지 않는다. 우리는 하나님 앞에서 청산될 때까지 죄에 대해서 무관심하다.

**28-31절 : 그 종이 나가서 자기에게 백 데나리온 빚진 동료 한 사람을 만나 붙들어 목을 잡고 이르되 빚을 갚으라 하매 그 동료가 엎드려 간구하여 이르되 나에게 참아 주소서 갚으리이다 하되 허락하지 아니하고 이에 가서 그가 빚을 갚도록 옥에 가두거늘 그 동료들이 그것을 보고 몹시 딱하게 여겨 주인에게 가서 그 일을 다 알리니**

초대 교회 시대에는 빚을 지고 있는 사람이 빚을 갚지 못하면 심각한 결과를 가져오게 되어 그나 가족을 빚을 갚을 때까지 잡아 두고 강제 노역을 시킬 수 있었다. 빚을 못 갚으면 감옥에 투옥되거나 가족은 노예로 팔려 가기도 했다. 감옥에 갇혀 있는 동안 전재산을 팔거나 그의 친척들이 대신 갚아 주는 경우도 있었다. 그렇지 못하면 일평생을 감옥에서 보내야 했다. 이 구절에는 용서하지 않는 종의 정신 상태를 다루고 있다.

  1. 빚진 자 즉 어떤 의미에 있어서 그에게 죄를 범한 사람과 대면해서 이야기 하고 있는 것인데 빚, 즉 죄는 그리 크지 않다. 그것은 용서 못하는 종이 지고

있는 빚의 몇만 분의 일에 지나지 않았다. 이것은 형제들에게 우리가 지은 죄와 형제들이 우리에게 지은 죄는 엄청난 차이가 있다는 것을 보여 주고 있다. 우리가 이 사실을 알게 될 때 형제를 용서하지 못하는 마음 상태는 변명이 되지 않으며 우리는 어떤 것도 용서할 수 있는 마음을 가져야 된다.

2. 용서하지 않는 자는 빚진 자를 공격하고 빚진 자의 모든 것을 짜내어 갚으라고 그의 권위로 짓누르려고 시도하고 있었다. 그는 화를 내고 악의를 마음속에 품고 있기까지 했다. 왕이 그에게 베푼 자비를 그는 기억하지 못하고 있다 왕은 빚을 갚지 않는다고 압력을 행사하지 않았고 그의 빚을 탕감해 주었다. 우리는 하나님의 자비와 사랑을 기억할 필요가 있다. 하나님의 사랑과 용서는 모든 우리의 관계를 회복하는 데 중요한 요소가 된다.

3. 그는 자비를 거절하고 용서를 거절했다.

4. 그는 법에 따라 이기적이고 세속적으로 행동했다. 그 사람이 종에게 빚을 진 것은 정당하고 합법적으로 갚아야 할 빚이다. 그 종은 빚을 갚으라고 요구할 권리를 가지고 있다. 그러한 것이 정의이지만 예수님이 말씀하시는 요점을 기억해 보면 왕이신 하나님은 정의를 구현하면서 우리에게 법대로 하지 않고 우리의 모든 빚을 탕감하고 우리에게 자비를 베풀어 용서하셨다. 문제는 우리는 얼마나 우리의 형제를 용서하는가이다. 자비와 긍휼을 가지되 사람에 대해 법으로 해결하려고 하지 말라. 사람을 짓밟지 말라. 잔인한 사람이 되지 말고 사람의 정신을 파괴하지 말라. 예수님이 당신을 용서한 것 같이 사랑하고 그를 용서하라(엡 4:32).

**개념 1.** 이 종이 법정에 가서 정의를 요구한 것은 무엇인가? 그것은 돈이다. 그는 물질적이고 세속적인 마음을 가지고 있었으며 돈과 물질, 세속적인 것이 얼마나 많이 사람을 망가뜨리는가? 생각해 보라.

**개념 2.** 인간적으로 말하면 그는 그에게 빚을 진 사람에게 지불하라고 하는 것은 정당한 권리이다. 그러나 그의 삶과 마음 안에 놓치고 있는 객관적인 사실이 있다. 그는 정확한 사람이지 이해심 있는 사람이 아니다. 그는 정당성을 가지지만 사랑은 가지지 못하고 있다. 그는 하나님과 적대적인 사람이다. 하나님은 사랑, 동정심, 자비심, 용서의 하나님이시다. 하나님은 그의 종도 하나님의 성품을 닮기를 바라신다.

5. 그는 다른 사람을 슬프게 하고 괴롭히는 사람이다. 하나님의 진정한 종은 언제나 다른 사람이 고통받고, 버림받고, 짓밟히는 것을 보고 슬퍼하신다. 잔인하고 악질적인 행동은 항상 하나님을 괴롭게 만든다. 그의 엄격한 정의 실현은 사람을 압박하고 갈등을 준다. 하나님 사람은 대화로써 해결하고(그것이 할 수 있는 유일한 방법이다.) 모든 문제를 하나님께로 가져가서 해결해야 한다. 인간 정신을 파괴하는 압력이나 법적대응을 하나님은 인정하지 않으신다.

> **32-34절 : 이에 주인이 그를 불러다가 말하되 악한 종아 네가 빌기에 내가 네 빚을 전부 탕감하여 주었거늘 내가 너를 불쌍히 여김과 같이 너도 네 동료를 불쌍히 여김이 마땅하지 아니하냐 하고 주인이 노하여 그 빚을 다 갚도록 그를 옥졸들에게 넘기니라**

왕은 지금 그가 용서해 준 사악한 종을 불러 그가 팔려 가는 것을 못 본 체해 버렸고 그가 모든 빚진 것을 갚을 때까지 그는 고통당할 것이다. 이날에는 모든 것을 결산하는 날일 것이다. 이것은 모든 사람에게 미래에 대한 것이 결정되는 날, 죽음 즉 하나님 심판대 앞에 서는 날이 될 것이다. 모든 사람이 죽음의 날에 심판대 앞에 서게 된다.

1. 심판에 대한 두 가지 기준
   1) 심판의 첫째 기준은 하나님의 용서이다. 하나님의 용서는 그리스도 안에서 행해지고 항상 가능하다. 그리스도 예수는 우리의 죄를 위해 속죄 제물이 되었으며 우리 죄뿐 아니라 세상 죄를 위해 속죄 제물이 되었다(요 3:16-18).
   2) 두 번째 심판 기준은 인간의 사악함이다. 사악함과 죄는 하나님이 없는 곳에서 생긴다. 이것은 사악한 종의 이야기에서 잘 설명되고 있다. 그는 정당하고 법을 지키는 사람이다. 그러나 그는 사람과의 관계에서 자비와 사랑, 용서가 없는 사람이다. 이 사악한 종은 하나님의 존재를 믿지 않고 삶의 변화가 없는 사람이다. 이것 때문에 그는 저주 받고 왕의 심판을 받게 될 것이다(롬 2:4).
2. 이러한 사람이 경험하게 되는 저주와 심판

1) 사람은 하나님의 노여움을 경험할 것이다. 그를 믿지 않고 동정심과 자비심이 없고 남을 용서하지 않는 이 두 가지 사실이 하나님께 극도로 미움을 사서 하나님을 분노케 할 것이다(히 10:26-27; 렘 10:10).

2) 사람은 심판을 경험하게 될 것이다. 정의에 대한 두 가지 중요한 것이 집행될 것이다.

 (1) 자비심이 없는 종이 완전한 정의의 심판을 받았다. 그는 정확하게 벌을 받았다. 더 많이도 더 적세노 아니다.

 (2) 하나님 즉 왕은 완선히 정의롭다. 그는 자비로 정의를 실현했다. 하나님은 그 종이 선택한 것, 즉 빚에 대한 알맞은 벌을 내렸다(살후 1:6; 히 2:2-3; 겔 9:10; 11:21).

## 35절 : 너희가 각각 마음으로부터 형제를 용서하지 아니하면 나의 하늘 아버지께서도 너희에게 이와 같이 하시리라

예수님은 자비와 용서가 한이 없고 동시에 무자비하게 벌을 내리시는 하나님 아버지이시다. 우리는 양쪽 모두를 할 수 없다. 그는 자비와 긍휼의 하나님이시기 때문이며 긍휼과 자비가 없는 사람을 그의 백성으로 받아들이지 않는다. 이 종은 하나님의 용서에 의해 자유를 허락받았다. 용서받은 사람은 용서를 받을 자격이 없음에도 용서받았음으로 다른 사람을 용서해야 한다.

# 마태복음 19장

**1-3절 : 예수께서 이 말씀을 마치시고 갈릴리를 떠나 요단 강 건너 유대 지경에 이르시니 큰 무리가 따르거늘 예수께서 거기서 그들의 병을 고치시더라 바리새인들이 예수께 나아와 그를 시험하여 이르되 사람이 어떤 이유가 있으면 그 아내를 버리는 것이 옳으니이까**

이 구절은 결혼과 이혼에 관한 구절이다. 1절에서 갈릴리를 떠나 요단강 건너 유대 지경에까지 갔다고 한다. 예수님은 부활할 때까지는 갈릴리로 돌아가지 않았다. 그리고 예수님의 가르침은 계속해서 앞으로 임할 일에 대해 준비할 수 있도록 재교육에 초점을 맞추고 있다.

이혼과 결혼에 대한 문제는 항상 사회 논쟁 거리가 되고 크리스천의 믿음에도 많은 영향을 끼쳐왔다. 여러 가지 의견이 있고 해석도 다양하다. 특히 이혼에 대해서는 예수님이 절대로 허락하지 않으셨다고 하는 닫힌 견해도 있고, 부부 사이에 불화가 계속되고 상처를 만들면 이혼이 허락되어야 된다는 개방적인 견해도 있다.

인용 저자에 따르면 예수님 당시에는 두 학파 샴마이 학파(보수적 학파)와 힐렐 학파(자유주의 학파)가 있었는데 이 문제가 대두된 것은 바리새인들이 예수님을 궁지에 몰아넣어 품격을 떨어뜨리는 의도로 시작된 것이다. 예수님이 어떤 말을 하든지 많은 사람들의 의견은 다 다르고 예수님의 사역에 장애를 주었다.

1. 몇 가지 주목할 점

  1) 많은 사람들이 특별한 직위를 가지고 있을 때 다른 의견을 표현하기를

주저한다. 예를 들면 흡연, 과식, 혼탕에서 목욕하는 것, 도박, 영화, 텔레비전, 이혼에 대한 이야기를 싫어했다.

2) 여러 의견이 다양하지만 이혼이나 혼인 문제를 그냥 모른 체하는 것은 나쁜 일이다.

　⑴ 그 당시에도 이혼한 사람들이 많았으며 많은 사람들은 이것을 해결하기 위해 도움이 필요했으며 그들의 믿음 생활, 희망, 자녀들 그리고 그들의 삶이 영향을 많이 받기 때문이었다. 즉 하나님의 백성이 그들의 마음을 그들에게 열지 않으면 그리스도 안에서 그들을 성장시킬 수 있도록 도움을 주는 기회를 놓치게 한다.

　⑵ 이 세상에는 어려운 결혼 생활을 하는 사람도 많다. 서로 분리하여 살기도 하고 심지어 육체적 학대까지 겪게 되는 잔인함이 있다. 이런 사실은 한 사람의 잘못일 수도 있고 두 사람 모두의 잘못일 수도 있다. 예수님은 이 문제에 대해 가르침을 주고자 하고 있다. 이 문제는 예수님 당시의 문제이기도 하지만 지금의 문제이기도 한다.

예수님 당시에는 성적 문제가 도덕적으로 느슨했으며 결혼 증서는 단지 종이 조각에 지나지 않다고 생각되었다. 모세는 어떤 남자도 부인이 마음에 들지 않고 그 여자가 불결하면 이혼할 수 있다고 말하고 있다.

2. 두 학파

1) 샴마이 학파는 간음하면 즉시 이혼의 사유가 된다고 설명하고 있다. 부인이 이사벨(Jezbel)처럼 천하고 괴팍스럽더라도 간음이 아니면 이혼이 되지 않는다고 한다.

2) 힐렐 학파는 여자는 남자에게 기쁨과 도움이 되지 못하면 이혼을 할 수 있고 여자를 남자가 소유하는 하나의 재산이라고 생각한다. 그러므로 그리스도 당시에는 이혼이 흔하게 일어났다. 바리새인들의 예수님을 두 학파의 논쟁에 휘말리게 해서 곤란한 입장이 되도록 질문을 계속하고 있다. 양쪽 가운데 어떤 답변을 하더라도 곤란한 논쟁거리에 휘말리게 되어 있었다.

예수님은 그가 죽게 될 예루살렘으로 향하며 생애에 마지막 여행을 하고 있는 중이었다. 그는 부활할 때까지 갈릴리에 돌아오지 않았고 모든 세대에 걸쳐서 예수님에 대하여 두 가지 태도가 널리 알려져 있었다.

> 1) 예수님의 도움을 신실하게 구하는 사람들과 세상 모든 것과 물질적인 것을 소재로 예수님을 시험해 보고 질문하는 사람들이 있었다. 남자가 여자와 이혼하는 것이 정당한 일인가? 라고 하는 질문은 그의 직위가 어떻든간에 그를 천한 논쟁 거리에 휘말리게 한다.

> 2) 쿰란 커뮤니티의 이론에서는 어떤 상황에도 정당하지 못하다고 생각되고 있다. 예수님은 삼마이 학파, 힐렐 학파 어디에도 전적으로 동의하지 않고 있다. 이혼은 천국의 규정과 결혼의 신성함을 깨뜨리는 것이다. 여기서 이혼이 허락되느냐 되지 않느냐는 신학적인 논쟁거리이다.

3. 요한은 결혼과 이혼에 대한 그의 견해 때문에 죽임을 당했다. 그러나 예수님은 이혼보다도 결혼에 대해서 더 강조하고 있다. 결혼은 하나님의 결정이며 하나님의 의도이기 때문에 더 중요하다고 지적하고 있다.

**4-5절 : 예수께서 대답하여 이르시되 사람을 지으신 이가 본래 그들을 남자와 여자로 지으시고 말씀하시기를 그러므로 사람이 그 부모를 떠나서 아내에게 합하여 그 둘이 한 몸이 될지니라 하신 것을 읽지 못하였느냐**

예수님은 결혼에 대해서 새로운 가정의 창조에 대해서 말씀하시며 한 남자가 아버지 집을 떠나 아내와 한 몸이 되는 것이라고 말씀하시고 있으며 창조주는 남자와 여자를 따로 창조하여 결혼하여 한 몸이 된다고 강조하고 계신다. 남자와 여자가 한 몸이 된다는 뜻은 부모와 자식 간의 결합보다 차원이 높은 연합이라고 말씀하고 계신다. 이런 결합은 하나님의 뜻에 의해서 이루어졌다. 그러므로 결혼은 신성한 것이며 자식과 부모가 떨어질 수 없는 것처럼 남편과 아내도 이혼하면 안 된다.

**개념 1.** 아버지, 어머니 자식은 한 연합, 즉 가족을 이룬다. 그러나 예수님의 말씀은 자식들은 성장하여 가정을 떠나더라도 부부는 남는다. 자식들은 자라나 자기 부인과 한 몸이 되기 위해서 가정을 떠난다. 가정의 조직은 사람이 이 땅에서 하나님의 뜻을 이루어 나가는 수단이 되는 것이다. 가정을 파괴시키는 이혼은 하나님의 뜻이 아니다.

## 6절 : 그런즉 이제 둘이 아니요 한 몸이니 그러므로 하나님이 짝지어 주신 것을 사람이 나누지 못할지니라 하시니

예수님은 하나님에 의해서 맺어진 결혼이 사람에 의해서 파괴되어서는 안 된다고 말씀하신다. 두 사람은 하나님에 의해서 한 육체가 되었기 때문에 사람에 의해서 분리될 수 없다고 강조하신다(창 2:23-24; 잠 5:18; 전 9:9; 엡 5:25; 벧전 3:7).

육체적으로 영적으로 그들의 삶속에서 서로 연합하여 하나님께 복종하는 부부는 한 몸이 된 것이다. 보통 시민들의 결혼 서약은 꼭 함께할 수 있도록 구속하지는 않는다. 단지 하나님만이 부부를 영적으로 함께 묶을 수 있게 한다. 부부는 하나님께 순송하기 때문에 하나님이 영적으로 묶어 주신다. 그래서 하나님은 축복해 주시고 은혜를 내리신다.

**개념 1.** 하나님의 권능에 복종하는 부부에게 하나님의 사랑이 스며들어 그들이 한 몸이 되도록 밀접하게 결합시켜 준다.

**개념 2.** 결코 부부는 두 사람이 아니고 하나다. 누구도 자기 자신의 몸을 미워하고 누구도 자기 살을 베어 내지 않는다. 둘이 하나가 된다는 것은 영적인 결합을 말하는 것이며 그러므로 그것은 자식과 부모의 결합보다도 더 강하다. 그것은 성적으로 결합하고 자식을 낳는 것보다 더 강한 의미의 결합이다. 사람을 육체적, 동물적 존재보다 더 위에 놓인 영적 결합이다. 자식을 낳고 함께 사는 것은 동물도 똑같이 한다.

결혼을 하나님의 은혜로 그리고 배우자의 은혜로 만드는 것은 헌신과 만족함과 사랑하며 함께하는 삶이다. 남편과 부인은 그들의 삶에서 하나의 일체가 되기 위해서는 하나님의 뜻에 따라야 하고 순종해야 한다. 그리스도에게 복종하듯이 서로 사랑하고 복종하라(엡 5:21-23).

1. 진정한 결혼에는 세 가지 연합이 있다.
  1) 육체적인 결합 – 서로의 몸을 나누는 것(고전 7:2-5). 육체적으로 나누는 것은 하나님의 온유함과 부드러운 자비를 깨닫지 못하면 완전한 결합에

도달 할 수 없다.

2) 정신적인 결합 – 서로 삶과 꿈을 나누며 그 꿈을 실현시키기 위해 노력해야 한다.

3) 영적인 결합 – 서로 영적으로 나누며 서로의 마음속에 녹아들어가야 되며 이것은 하나님에 의해서만 이루어진다. 영적인 영양분을 받기 위해 하나님과 함께 나누어야 한다(엡 5:25~33).

남자, 여자 둘의 관계만으로는 풍요로운 삶을 경험할 수 없다. 그들은 마음에 영양분을 공급하고 서로 정신적으로 육체적으로 엮어 나가야 한다. 영적으로 함께 공유하기 위해서는 부부는 하나님과 공유하고 그의 구원의 은혜를 나누어야 한다. 부부가 날마다 하나님과 함께할 때 하나님은 그의 영혼에 초자연적으로 임하시며 부부를 재창조하여 하나님의 몸으로 녹아들게 만든다.

희랍말 'joined together'는 멍에를 같이 멘다는 뜻이다. 그것은 하나님과 함께 멍에를 매는 것이며 하나님과 함께 영적으로 연합되는 것이다. 영적으로 결합된다는 것은 두 가지 뜻을 가지고 있다.

1) 부부는 그리스도를 존경하는 것처럼 서로 존경해야 한다는 뜻이다. 그들이 나날이 살면서 그리스도를 경외하고 서로에게 희생하고 자기 자신을 내세우지 않는다. 하나님이 교회를 사랑하듯 상대방을 사랑하라는 뜻이다. 서로를 녹여서 하나의 몸(육체)으로 되게 한 것은 하나님의 목적이며 의도인 것이다.

2) 부부는 하나님의 임재롤 서로 나누고 그의 구원의 은혜를 서로 나누어야 한다. 그 결과 하나님은 그들에게 삶을 통해서 영적인 확신과 힘을 주신다. 하나님 안에서 하나로 결합하는 것이 진정한 결혼이다.

**7-8절 : 여짜오되 그러면 어찌하여 모세는 이혼 증서를 주어서 버리라 명하였나이까 예수께서 이르시되 모세가 너희 마음의 완악함 때문에 아내 버림을 허락하였거니와 본래는 그렇지 아니하니라**

바리새인들은 예수님을 곤란한 처지에 몰아넣을 음해를 꾸미고 있었다. 예수님은 모세의 생각과 정반대의 의견을 가지고 있으며 모세는 이혼을 허락하는 입장인 반면 예수님은 이상적인 결혼에 대하여 세 가지를 설명하고 있다(마 19:8).

**개념 1.** 세 가지 중요한 사실

1) 결혼에 대한 하나님의 의시는 영원히 계속되어야 한다. 모세 시절에는 이혼이 허락되었으나, 그것은 하나님의 뜻이 아니며 하나님의 뜻을 어기는 죄이다.

2) 이혼의 원인은 마음의 완악함에 있으며 그것은 심각한 범죄 행위이다.

3) 결혼은 자연 법칙에 따라 성립된 것이 아니라 하나님의 법칙이다.

하나님의 뜻에 따라 결합된 결혼은 축복이며 하나님의 선물이다. 그것은 하나님께 순종하기 때문에 축복받는 결혼이 된다. 하나님은 영적으로 결합된 결혼을 축복하신다. 각 부부가 영적으로 동행하는 것은 영적인 법칙이며 자연의 법칙이 아니다.

모세의 결혼관과 예수님의 결혼관은 다르다. 예수님은 말씀하시기를 모세는 사람들의 마음이 완악하기 때문에 법을 정했으며 영원히 변하지 않는 결혼이 하나님의 의도이지만 인간의 죄성이 이혼을 불가피하게 만들기 때문에 모세는 그 희생자를 돕기 위해 법을 재정했다. 여자가 혼자 살면 대단히 연약하고 힘들기 때문에 그런 부인들을 구제하기 위해 특별히 민법을 만들었다.

모세의 율법 때문에 남자들은 함부로 부인을 버릴 수가 없게 되었다. 즉 이혼 증서를 써주어야 했으며 그것이 남자에게 이혼에 대해서 다시 한번 생각을 하게하는 계기가 되었으며 민법에 대한 극적인 조치였다. 하나님은 결혼은 서로 분리될 수 없다고 말씀하셨다. 서로가 헤어지는 구실을 찾는 대신 부부는 어떻게 함께할까에 집중해야 한다. 하나님을 믿지 않고도 많은 사람들은 결혼을 하거나 결혼을 하지 않고 함께 사는 사람들이 많이 있다. 이 세상은 부패되어 모두가 죄성을 가지고 이기적인 삶을 살고 있다. 많은 사람들의 마음이 완악해지고, 완악하게 되면 이혼을 하려고 한다.

1. 완악한 마음을 갖는 이유

 1) 많은 사람들이 하나님을 그들의 삶과 결혼 생활에 받아들이지 않기 때문이다(요 1:12; 계 3:20). 그래서 그들은 하나님의 능력을 깨닫지 못하게 된다(엡 3:20).

 2) 어떤 사람들은 융화되지 못한다. 한 사람이나 두 사람 모두가 상대방에 대해 딱딱하게 군다. 자존심과 상처의 장벽이 그들 사이에 커진다. 그래서 서로 피하거나 관계하지 않고 관심을 갖지 않는다. 그리고 날마다 접촉하고 밀접한 관계를 피한다.

 3) 섹스가 결혼의 기초라고 생각한다. 육체적인 접촉이 결혼을 단단하게 하는 독특한 방법이라고 생각한다. 섹스는 물론 중요하다. 그러나 새로운 삶의 경험이 지나가고 삶이 안정되려면 장애물과 마음의 완악함을 방지하기 위해 육체적인 결합 이상의 정신적인 결합이 있어야 한다.

 4) 많은 사람들은 단지 인류적인 삶을 살 뿐이다. 많은 사람들은 동물과 같은 삶을 산다. 즉 함께 살고 육체적 결합, 아기를 낳고 서로를 보호한다. 그들은 영적인 삶을 살지 않으며 하나님을 그들의 삶에 받아들이지 않는다. 그들은 하나님을 향한 마음이 없다. 그러므로 어떤 사람은 동물적인 삶보다 별로 더 나을 것이 없다.

2. 완악하여 이혼하는 경우에 이를 막을 수 있는 방법

 1) 주님께 하듯이 남편에게 복종하라. 예수님이 교회의 머리가 되듯이 남편이 부인의 머리가 되라(엡 5:22-24).

 2) 남편이여 예수님이 교회를 사랑하고 헌신한 것같이 아내를 사랑하라. 남편이여 아내를 자기의 몸처럼 사랑하라 자기 부인을 사랑하는 사람은 자기 몸을 사랑하는 사람이다.

 3) 그러나 각자는 자기가 자기 몸을 사랑한 것같이 남편은 아내를 사랑하고 부인은 남편을 귀하게 여겨라.

 4) 서로 친절하고 동정심을 가져라. 그리스도가 당신을 용서해 준 것 같이 서로 용서하라(엡 4:32).

**9절 : 내가 너희에게 말하노니 누구든지 음행한 이유 외에 아내를 버리고 다른 데 장가 드는 자는 간음함이니라**

이혼의 중요한 사유는 간음이며 아무 이유 없이 이혼하는 것은 간음에 속한다. 예수님이 이 세상에 오시기 전에는 간음은 사형에 속했다. 예수님이 오시고 난 후 그 형벌은 바뀌었다. 이혼 자체는 벌이지만 사형은 되지 않았다. 동정심이 죄에 대한 답이며 결코 분노가 아니었다. 예수님은 결혼에 있어서 성의 중요성도 강조하고 있으며 성범죄를 저지르면 이혼이 허락된다는 것은 이미 있는 뜻이지만 예수님은 이혼해야 된다고는 말씀하지 않으셨다.

부부가 주 안에서 함께 살아왔고 은혜 받았으면 부부는 정서적으로 죄를 짓지 않고 이혼이 성립할 수 없다. 여자가 남자를 용서할 만큼 감정적으로 통제할 수 있다면 용서해야 한다(창 2:24; 미 5:27 28; 막 10:9; 곰 7.2-3, 고선 6:9; 7:10; 벧후 2:13-14).

결국 간음이란? 배우자로부터 돌아서서 다른 배우자에게 가는 것을 말한다. 많은 사람들은 그들의 배우자가 자기를 배반하고 제3자에게 가는 것을 생각조차 못할 것이다. 그러나 사람들은 쉽게 의도적으로 다른 것을 탐내어 돌아선다. 하나님이 이스라엘에게 말한 것처럼 나는 불충한 이스라엘에게 이혼 증서를 주어 그녀(이스라엘)를 간음 때문에 쫓아내었다고 말씀하신다(렘 3:8). 많은 사람들은 오늘날 이스라엘처럼 하나님께 순종하는 것을 거절하고 타락한 삶을 살고 있다. 결론적으로 남편과 아내가 이해와 헌신으로 연합할 때 자녀들에게 안정감을 주며, 삶의 스트레스를 극복 할 수 있다.

**10-11절 : 제자들이 이르되 만일 사람이 아내에게 이같이 할진대 장가 들지 않는 것이 좋겠나이다 예수께서 이르시되 사람마다 이 말을 받지 못하고 오직 타고난 자라야 할지니라**

결혼을 위해서는 하나님의 권능이 필요하다. 이혼은 하나님의 뜻이 아니라고 예수님이 말씀하실 때 제자들은 충격을 받았다. 제자들은 그러면 결혼하지 않는 것이 좋겠다고 억양을 높여 소리쳤다. 예수님의 말씀은 모두에게 이 말이 받아들여지지는 않지만 하나님의 권능만이 정당한 결혼을 만든다. 부부 연합에 있어 하나님이 결혼의 중심에 있어야 한다. 하나님이 그 두 사람(부부)과 함께 해야 한다.

**개념 1.** 어떤 사람들은 예수님의 엄격한 결혼관에 대해 반기를 들고있다. 제자들은 그러면 결혼을 하지 않는 것이 좋겠다고 말하면서 어느 정도 반발하는 말투를 사용하고 있다. 제자들은 예수님이 하시는 말씀의 진의를 파악하지 못하는 것 같다. 결혼은 하나님이 함께 하는 영적 결합이다. 그것은 값지고 따뜻하고 부드럽고 의미 있는 결합이다.

**개념 2.** 믿는 사람을 포함한 얼마나 많은 사람들이 자기 몸처럼 상대방을 진정으로 사랑할 수 있을까? 아무도 이 말을 받아들일 수 없을 것이다. 하나님 안에서 서로에게 복종하는 사람만이 진정한 결혼을 이루어낼 것이다. 결혼은 두 사람이 결합하는 문제가 아니라 하나님께 순종하고 그의 뜻대로 사는 문제이다. 부부는 처음부터 상호 신뢰를 쌓아가는 것이 중요하다.

## 12절 : 어머니의 태로부터 된 고자도 있고 사람이 만든 고자도 있고 천국을 위하여 스스로 된 고자도 있도다 이 말을 받을 만한 자는 받을지어다

천국에 전적으로 헌신하는 것이 이상적인 결혼이다. 사람에게 가장 고상한 이상은 하나님을 중심에 두며 천국을 중심에 두는 일이다. 이것이 결혼을 해야 되느냐 안 해야 되느냐 결정되는 문제이다.

예수님은 결혼을 천하게 생각하는 것도 아니며 결혼하지 않는 것이 결혼하는 것보다 더 좋다고 말하는 것도 아니다. 그는 제자들의 질문에 단순히 대답만 할 뿐이다. 어떤 사람은 결혼하지 않을 것을 작정하고 고자가 되는 것을 선택한다. 또 어떤 사람은 태어날 때부터 고자도 있다. 어떤 사람들은 노예가 되어 고자로 만들어진다. 또 어떤 사람들은 천국에 헌신하기 위해 고자를 선택하는 사람도 있다.

예수님은 결혼에 대해 먼저 말씀하시고 다음에 결혼하지 않는 것에 대해 제자들에게 말씀하시고 있다.

1) 결혼에 대해– 진정한 결혼을 위해서, 부부가 서로 결합하기 위해서는 그 사람의 삶에 하나님을 받아들이는 것이 필요하다고 말한다.

2) 비결혼에 대해– 천국에 자기 삶을 헌신하기 위해서는 고자가 되는 것도 나쁘지 않다고 말씀하신다.

**개념 1.** 어떤 사람들이 독신으로 남으면 하나님을 위해 더 많은 일을 할 수 있기 때문에 독신으로 남아 헌신한다. 반면에 어떤 사람들은 욕망을 채우고 성생활을 즐길 많은 자유를 가지려고 독신으로 남는 사람도 있다.

독신의 상태는 하나님께 더 부지런히 봉사하기 위해 선택되어야 한다. 결혼하지 않는 여러 가지 이유가 있다.

1) 천국을 위해 더 많은 봉사를 하기 위해

2) 독신으로서 더 많은 자유를 갖기 위해

하나님은 모두 다 결혼하기를 원한다고 생각하지 않는 것 같다. 결혼을 성급하게 결정하기 전에 기도로써 하나님의 뜻을 구하는 것이 중요하다. 결혼을 하지 못하는 육체적 한계에 있는 사람도 있지만 성적 자유를 위해 결혼하지 않는 것은 이기적이라고 꾸중하고 있다. 바울은 고린도전서 7장에서 상세히 언급하고 있다.

## 13절 : 그때에 사람들이 예수께서 안수하고 기도해 주심을 바라고 어린아이들을 데리고 오매 제자들이 꾸짖거늘

예수님 당시 부부들은 어린이들을 그들 머리 위에 안수를 받으려고 랍비들이나 장로들에게 데려갔다. 그런데 제자들은 부모들과 아이를 데려온 사람들을 꾸짖었다. 왜냐하면 예수님이 예루살렘으로 올라가는 여행을 지체시키기 때문이다. 예수님과 그들 사이의 중요한 토론에 방해가 된다고 생각했기 때문이다. 그 당시 유대주의에서 어린이들은 대단히 사랑을 받았지만 사회의 어떤 면에서는 소홀히 다루어지는 존재였다. 제자들은 예수님이 어린이에 대한 말씀을 하신 것을 잊었는지 모른다. 예수님은 어린이들이 예수님 앞에 오기를 바랐다. 왜냐하면 예수님은 어린이를 사랑하시고 어린이들이 하나님께 다가가는 가장 필요한 태도와 성품을 가졌기 때문이다. 이것은 천국은 어린이만을 위한 것이라고 말씀하시는 것은 아니다. 그러나 하나님을 믿는 자는 어린이같이 되어야 된다고 말씀하신다. 이 어린이의 수용적인 태도가 예수님을 믿는 데 필요하며, 믿음을 방해하는 위선적이고 완고한 태도를 가진 종교 지도자들과 큰 대조를 이룬다.

그리고 어린이의 특징은 다음과 같다.

1) 어린이는 너무 작아 다른 사람이 데리고 와야 했고 누가는 어린아이(little children) 대신 아기(babies)라고 한다(눅 18:15).

2) 예수님께서 그들의 머리 위에 손을 얹어 안수받기를 바라고 데리고왔다. 머리 위에 손은 얹어 기도한다는 것은 특별한 은혜의 상징이다.

3) 어린이는 위협적인 반대에도 불구하고 데려와졌다. 그 당시 예수님은 종교 지도자들과 정치 지도자들에 의해 아주 심하게 압박을 받고 있었으며 심지어 죽이려고 모함받고 있었다. 아이 부모들도 이 사실을 알았지만 예수님이 아이들을 안수해 주기를 원했으며 예수님의 축복기도가 너무 중요했기 때문에 위험이 있음에도 불구하고 부모들은 아이를 데리고 왔다(신 31:13).

4) 아이들은 너무 어려 무엇이 일어났는지 알지 못했으며 그들은 예수님이 축복 안수를 왜 하는지 이해를 하지 못했다(엡 6:4; 신 6:7; 잠 22:6).

**개념 1.** 예수님께 데리고 오지 않는 아이들을 생각해 보라. 데리고 오지 않았다면 예수님이 누구신지, 삶이 어떤 것인지, 안전한 삶이 무엇인지 영원히 몰랐을 것이다.

**개념 2.** 예수님께 어린아이를 데리고 가는 것은 축복의 이익이 측량할 수 없이 많다는 것을 나타낸다.

1) 예수님께 데리고 가는 아이들은 하나님 사랑을 배우면서 자라고 악한 사람이 어떤 행동을 하는가를 알고 날마다 성숙해 나아간다. 아이들이 땅에 사랑의 씨앗을 심는 것을 배운다.

2) 예수님께 데려오는 아이는 권능과 승리를 배우면서 자란다. 초자연적인 권능을 가지고 모든 것을 할 수 있다는 것을 배운다.

3) 예수께 데려가는 아이들은 믿음과 소망을 배우면서 자란다. 하나님은 인생의 시련을 견딜 수 있도록 특별한 힘을 주신다.

4) 아이들은 인생의 진실과 인내를 배우면서 자라도록 데려간다. 하나님은 인생의 아름다운 삶의 특권과 아름다운 세상에서 살 수 있는 특권을 주

신다. 부지런히 일하고 그가 할 수 있는 한 하나님을 섬기고 이웃을 섬기는 것을 배운다.

  5) 예수님께 데려가는 아이들은 평화를 배우면서 자란다. 이 험한 세상에서 내적 평화를 배우면서 자란다.

1. 어린아이를 가진 부모의 역할은?

  1) 부모는 어린아이를 잘 돌봐야 하고 부모들은 아이들을 돌보는 데 최선을 다해야 한다. 예수님은 하나님의 아들이 바로 메시아라고 이치고 있다. 그레시 부모들은 평범한 종교 지도자 대신에 예수님께 축복받기를 원한다.

  2) 부모들도 예수를 믿어야 한다. 예수님의 축복이 아이들의 건전한 성장에 큰 의미가 있다.

  3) 아이늘에 관힌 부모의 관심은 강하고 지속적이어야한다. 그들은 종교 지도자들의 반대와 제자들의 공공연한 꾸중에도 불구하고 예수님께 데려온다.

**개념 1.** 생명은 하나님에 의해서 주어진다. 그래서 어린이는 하나님께 속한다. 특별한 의미에서 어린이는 하나님께서 잠깐 동안 부모에게 보살피도록 맡겨 놓은 믿음의 보물덩어리이다. 부모들은 하나님의 소유물을 맡은 위탁자에 불과하다. 부모들은 그들 자녀의 축복과 하나님의 권능을 믿도록 잘 돌볼 책임이 있다. 어린이는 하나님의 목적과 관심을 위해 하나님께 산 재물로 드려야 한다(롬 12:1-2).

**개념 2.** 대부분 부모들은 자식들을 위해 진정한 사랑을 가져야 한다. 그들이 보여 줄 수 있는 가장 큰 선물은 아이들을 예수님께 데려가는 것이다. 그들 역시 다른 아이들을 예수님께 데려가도록 노력해야 한다.

2. 그러면 왜 부모들은 예수님께 그 자녀들을 데리고 가지 않는가?

  1) 어떤 부모들은 살아 계신 하나님을 모르기 때문이다. 그들은 눈이 멀어 모르고 있다.

  2) 어떤 부모들은 복음을 들었지만 거절한다. 그들은 불가지론(진위 여부를 알 수 없다.)자이거나 무신론자여서 세상을 더 사랑하고 세상 물건을 더 사랑

하기 때문이며 자기 자신의 안락 외에는 관심이 없기 때문이다.

3) 어떤 부모들은 믿는 부모들도 있다. 그러나 그들의 자기만족감과 게으름 때문에 데려가지 않는다.

4) 어떤 부모들은 믿는 부모들도 있다. 불행히도 그들은 신앙생활에서 미성숙하고 꾸준하지 못하다. 그들의 신앙생활은 약하고 등한시하고 믿음생활의 기복이 심하다.

5) 어떤 부모들은 자유분방한 마음을 가지고 있다. 그들은 아이들에게 어떤 영향을 끼치지 않기를 바라고 아이들의 생각을 영적으로 만드는 것을 원하지 않는다. 그들은 모슨 음식을 먹을까? 무슨 책을 읽힐까? 가르치기를 원하고 물질적으로 어떻게 풍요로워지는가를 가르치길 원한다.

3. 예수님께 아이들을 데려가지 않는 부모의 두 가지 큰 잘못

1) 예수님께 데려가지 않는 부모는 인생과 현실의 거짓 철학을 따르기를 원한다(요 14:6; 딤전 2:5; 히 11:6).

2) 어린이들의 정서는 그들 주위와 관계 있는 환경에 의해서 형성되며, 하나님의 사랑을 깨닫지 못하기 때문이다. 아이들의 건전한 정신은 신앙심 있는 부모에 의해서 형성되지만 반면에 세상적인 부모에 의해서 세상적인 것과 이기심과 부패된 방법으로 형성되기도 한다.

4. 제자들이 부모들을 꾸중한 몇 가지 이유

1) 제자들은 그들이 예수님 마음을 가장 잘 알고 있다고 생각했다. 그들은 선한 사람이며 그들이 예수님을 따르는 사람들 가운데 리더라고 생각하고 있었지만, 예수님의 진실된 마음을 모르고 있었다. 그리고 하나님의 방법들을 완전히 이해하지 못하고서 항상 똑같이 행동하고 있었다.

2) 제자들은 아이들를 데리고 오는 부모님을 꾸중했다.

   ⑴ 그것은 아이들에 대한 경박한 자만심 때문이며 제자들은 부모들이 그들의 자식을 자랑하기 위해 데려오기를 원한다고 생각했다. 예수님이 너무 바쁘고 사역이 너무 중요해 아이들에게 방해 받아서는 안 된다고 생각했다.

(2) 아이들에 대한 중요한 가치를 오해하고 있었다. 제자들은 예수님 같이 중요한 사람에게 아이들은 주의를 끌 만큼 중요하지 않다고 생각했을지도 모른다.

(3) 하나님의 권능과 은혜에 대한 미성숙한 견해를 가지고 있었다. 부모를 꾸중함으로써 제자들은 확실히 부모들이 잘못을 저지르고 있다고 보여 주고 싶었나. 그늘에게는 어린이를 축복하고 기도해 주는 것이 예수님께 중요하지 않다고 생각했다.

**개념 4.** 어린이에 대한 두 가지 중요한 실수가 있다. 때때로 부모나 사회가 어린이에 대한 잘못된 태도를 갖고 있다.

어린이들은 어른만큼 중요하지 않다는 생각을 한다. 그러므로 무시당하고 소홀히 여겨지고 관심을 끌지 못한다. 결국 그것이 어린이들에게 열등감을 가지게 만든다. 어린이들은 필요한 권리를 가진 현실적인 인격자로 다루어져야 한다. 어린이들은 그들 자신의 욕구를 제한받지 않고 발달시켜 나갈 수 있는 자유로운 분위기가 허락되어야 한다.

**개념 5.** 너무나 많은 중요한 사람들이 쓰임받지 못한다. 중요한 사람이 가치 있다고 생각되지만 덜 중요한 사람이 하나님께 쓰임 받는 경우가 많다. 어떤 특정한 사람이 고귀하고 중요하다고 하는 주장은 편견이며 죄성을 가진 주장이다.

**14-15절 : 예수께서 이르시되 어린아이들을 용납하고 내게 오는 것을 금하지 말라 천국이 이런 사람의 것이니라 하시고 그들에게 안수하시고 거기를 떠나시니라**

1. 예수님은 아이들이 예수님께 오는 것을 막는 것을 원하지 않았다. 왜냐하면 천국은 이들과 같은 성품을 가진 사람들의 것이기 때문이다. 예수님은 그들에게 믿음과 겸손을 가르칠 목표를 발견하였고 더구나 그들이 결혼과 가족의 거룩함에 대한 중요한 가르침을 주기 때문이다. 예수님은 어린이를 못 오게 하고 무시하는 사람들을 꾸중했다. 예수님께서 말씀하시기를 그러한 행동은 잘못되었으며 반대로 데려와야 된다고 말씀하고 있다. 예수님은 하나님이며 하나님

은 멀리 보는 선견지명을 가지고 계신 분이다. 그는 누구를 축복할지 결정하는 분이다.

2. 예수님은 어린이를 사랑하시고 관심을 가지고 받아들이신다. 하나님은 항상 어린이가 다가오는 것을 환영했다. 예수님은 전지전능하시며 자기 의지대로 그의 능력을 베푸신다.

3. 예수님은 천국이 어린이에게 속한다고 말씀하신다.

  1) 어린이는 천국의 시민이다. 그들의 마음이 예수님을 거절하거나 선택할 수 있는 성숙함에 이를 때까지 예수님이 관심을 가지고 계신다.

  2) 어린이들은 천국에 들어가는 데 필요한 특징을 가지고 있다.

4. 예수님은 어린이를 안수하시고 누구에게도 방해를 받지 않고 그는 먼저 다가가서 어린이를 축복하셨다. 우리가 와서 하나님을 만지는 것이 아니라 하나님이 가서 우리를 만지신다. 우리가 하나님을 이해하시는 것이 아니라 하나님이 우리를 이해하신다(요 1:12-13; 빌 3:12-13).

하나님이 그에게 데려오는 어린이를 안수하시고 축복하는것은 모든 문제를 초월하여 그의 권능의 축복을 나타내신다(시 127:4-5; 128:3; 잠 17:6).

## 16절 : 어떤 사람이 주께 와서 이르되 선생님이여 내가 무슨 선한 일을 하여야 영생을 얻으리이까

영생의 확신을 구하는 이 청년에게 구원은 하나님을 위한 사랑없이 선행으로 오지 않는다고 지적하신다. 이 사람은 새로운 출발점이 필요하며 선한 행동을 유지하기 위해 다른 계명을 추가로 행하는 대신에 하나님 앞에 겸손히 순종하는 것이 필요하다.

어떤 부자 청년, 누가복음에서는 'Young Ruler'라고 하는 청년이 무슨 일을 해야 영생에 들어갈 수 있는지 질문을 한다. 이 청년은 율법이외에 그가 할 수 있는 선한 일이 있다고 생각하고 있으며 율법으로 구원을 얻을 수 있다고 확신하고 있다. 많은 유대인들이 특별한 선한 행동이 구원을 얻을 수 있다고 믿고 있으며 이 청년도 그렇게 생각하고 있으며 예수님은 이 청년이 선행에 대해 부적절하게 이해를 하고 있어 질문을 해보신다. 영생을 얻는 데 필요한 절대적인 것은 하나님을 의지하는 것 외에는 어떤 것도 없다고 말한다.

그리고 이 청년은 하나님의 선하심의 절대성을 잘못 이해하고 있다. 너희가 영생을 얻기 원하면 율법에 복종하라는 것은 영생은 율법을 지킴으로 얻어지는 것을 뜻하지 않는다. 예수님은 영생을 얻기 위해 어떤 다른 선한 일을 해야 하는지 정확히 말하고 있다. 왜냐하면 순수함 없는 사람은 천국에 들어갈 수 없다는 가르침을 이해하지 못하고 있기 때문이다. 천국에 들어가는 첫째 단계는 영생을 구하는 것이다. 우리도 부자 청년처럼 영생을 구해야 한다. 그러나 구함에 있어 가장 중요한 단계가 있으며 우리는 올바른 본질(예수님)을 이해해야 한다. 우리는 먼저 예수님께 나아가야 한다. 그리고 그의 필요를 고백하고 간구해야 한다.

1. 부자청년이 영생을 구하는 두 가지

  1) 그는 영생이 존재한다고 믿고 있으며 다른 세계에도 영생이 있다고 믿었다. 그리고 신실하고 열정이 있었다. 그래서 예수님 앞에 무릎을 꿇었다.

  2) 그는 영생에 대해 깊은 관심을 공공연히 고백하곤 했다. 어떤 부자도 이 사람처럼 고백하는 사람은 별로 없다. 보통의 젊은이는 젊은 나이에 영생이 중요하다고 생각하는 경우가 별로 없다. 이 청년은 내면적인 평화를 구하고 있으며 그의 부와 직위가 그에게 주지 못하는 다른 만족감을 구하고 있다.

**개념 1.** 어떤 사람도 영생을 구하지 않으면 영생이 주어지지 않는다(행 17:27; 시 34:18; 시 57:1; 145:18; 사 55:6). 삶의 근원, 즉 예수님께 나아갈 때까지 사람은 영생을 얻지 못한다(계 22:17; 사 1:18; 55:1).

  3) 사람은 그의 필요를 고백할 때까지 영생을 얻지 못한다(마 10:32; 눅 12:8; 롬 10:9; 요일 2:23; 4:15).

예수님이 영생의 주제를 다루는 방법은 의미가 깊으며, 세 가지를 나타낸다.

1) 예수님은 인생과 존재 사이에 구별을 짓고 있다. 영생을 얻는다는 것은 삶을 살되 하나님이 뜻하는 삶을 사는 것을 말하며 사랑과 기쁨과 평안으로 가득 찬 삶을 말한다. 예수님이 없는 삶은 사는 것이 아니라 그냥 존재하는 것뿐이다. 그는 죽음의 상태에 있으며 하나님과 분리된 삶을 살고 있다.

2) 예수님은 영원한 존재를 가르치고 있다. 사람은 계속해서 존재하며 단지 문제는 영원히 사는 삶의 상태로 사느냐? 하나님과 분리되어 죽음의 상태로 사느냐이다. 영생을 얻는다는 것은 사람이 삶을 시작하여 삶을 계속한다는 것을 뜻한다. 현재대로 남아 있다는 것은 사람이 이 세상에서 하나님 없이 존재하며 즉 죽음의 상태에서 존재를 계속해 나간다는 것을 뜻한다. 사람에 생명력이 없는 것을 말한다.

3) 예수님은 천국은 다른 세계라는 것을 가르치고 있다 .영원히 구별되는 세계, 즉 이 세상의 물질적이고 일시적인 세계와 완전히 다른 세계의 차원을 말한다.

**17절 : 예수께서 이르시되 어찌하여 선한 일을 내게 묻느냐 선한 이는 오직 한 분이시니라 네가 생명에 들어 가려면 계명들을 지키라**

젊은이의 영생에 들어가는 질문의 응답에서 예수님은 그에게 십계명을 지키라고 말씀하셨으며 그중 여섯 개의 목록을 말하고 다른 사람과의 관계에 대한 말씀을 하셨다. 젊은이가 계명은 다 지켰다고 말하였을 때, 예수님은 더 많은 지킬 일이 있다고 말씀하시면서 모든 것을 팔아서 가난한 사람에게 나누어 주라고 말씀하셨다. 예수님의 말씀이 인간의 약점을 꼬집어 드러나게 하셨다. 사실 그의 부는 그의 신이며 우상이어서 그것을 포기할 수 없었다. 그래서 그는 첫 계명, 가장 큰 계명, 우상을 섬기지 말라는 계명을 어긴 것이다. 천국에 들어가는 두 번째 단계는 하나님만이 선하다는 것을 아는 것이다. 이 부자 청년은 중요한 한 가지를 잊고 있었다. 그는 자기 의로움의 삶을 살고 있다고 믿으며 부자 청년은 하나님만이 선하다는 것을 알지 못했다. 그리고 인간 본성에 대해서 살못된 개념을 가지고 예수님을 단지 인간으로 생각하고 있으며, 인간은 선할 수 있다고 생각하고 있다.

1. 예수님을 '선생님'이라고 불렀다. 예수님이 존경받는 능력이 있는 사람이라고 생각하고 있으며 하나님의 아들이라고 생각하지 않았다. 그는 예수님은 특별한 도덕적인 선함을 가진 분이었고 그래서 하나님을 가르치고 삶의 진실을 가르칠 수 있는 선생이 되었다고 믿었다.

2. "내가 무슨 선한 일을 해야 됩니까?"라고 질문했다. 그는 믿음이 아니라 선한 일을 함으로써 영생을 얻을 수 있다고 생각했다. 그는 계명을 잘 지키고 깨끗한 삶을 살면 하나님이 그를 받아들일 것이라고 믿었다. 예수님은 날카로운 질문을 함으로써 이 청년의 잘못된 점을 고쳐 주려고 했다. "내가 무슨 선한 일을 해야 됩니까?" 선한 것이 무엇인지에 대하여 물을 때 선한 분은 오직 한 분, 즉 하나님만이 선하시다고 말씀하신다.

◎ **예수님의 두 가지 말씀**

1) 예수님은 사람이 사는 방법을 부자 청년에게 이야기 하시며 영생을 얻는 방법을 이야기하신다. 예수님은 부자 청년에게 그가 하나님 아들로 믿도록 이끌어 가고 있다. 부자청년이 영생을 얻을 수 있는 유일한 방법은 바로 그것이다. 예수님을 하나님의 아들로 믿는 것이다.

**개념 1.** 사람들의 가장 큰 잘못된 개념은 사람은 선하다는 것이다. 자기 의는 두 가지 잘못이 있다.

1) 자기 의는 하나님을 낮추고 하나님을 완전하지 못한 존재로 만든다. 이것은 사람을 하나님만큼 높이게 만드는 것이다.

2) 자기 의는 악과 불완전으로 하나님의 영역을 오염시킨다. 우리가 아무리 선한 일을 한다 해도 우리는 우리 자신을 완전하게 만들 수 없다. 나쁜 것과 죄악이 항상 우리 안에 들어와 뿌리를 내리기 때문이다. 그러면 하늘나라는 오염되고 불완전하게 된다. 우리 존재에 대해서 철저한 변화

즉 새로운 피조물이 되어야 한다. 어떤 사람이나 어떤 것도 그의 육체가 완전하고 그의 행동이 선해지도록 사람을 변화시킬 수 없다. 우리가 사는 이 육체에서는 하나님의 영광이 부족하여 우리는 죽게 된다(롬 3:23). 우리는 하나님의 순수한 사랑과 완전한 사랑으로 변화될 수 있다. 우리의 죄, 즉 사망의 벌을 대속하기 위해 아들을 보내셨다. 죄의 값이 대속되면 우리는 죽을 필요가 없다. 이것은 우리가 믿어 하나님이 우리를 받아들여 변화시킨다는 것을 의미한다.

**개념 2.** 하나님만이 완전히 선하시다. 그는 모든 선함의 모형이며 이상이다. 모든 선함은 그에 의해서 측정된다.

**개념 3.** 자기 의는 무서울 정도로 잘못을 저지른다. 자기 의와 동행하는 사람은 하나님의 사랑을 아무런 가치가 없다고 여기게 한다. 하나님은 가장 높은 하늘에서 그의 하나밖에 없는 아들을 내려보내어 하나님을 배반하는 가장 낮은 위치에 있는 인간을 위해 주셨다(고후 5:21; 벧전 2:24).

**개념 4.** 부자 청년은 두 가지 점에서 실패했다.

1) 불완전한 세상 방법과 인간 본성의 본질을 깨닫는 데 실패했다.
2) 그는 예수님이 위대하고 선한 사람 이상의 존재라는 것을 깨닫지 못했다.

**18-20절 : 이르되 어느 계명이오니이까 예수께서 이르시되 살인하지 말라, 간음하지 말라, 도둑질하지 말라, 거짓 증언 하지 말라, 네 부모를 공경하라, 네 이웃을 네 자신과 같이 사랑하라 하신 것이니라 그 청년이 이르되 이 모든 것을 내가 지키었사온대 아직도 무엇이 부족하니이까**

천국에 들어가는 세 번째 단계는 계명에 복종하는 것이다. 예수님이 그 젊은이에게 예수님을 하나님으로 믿게 하고, 그 다음 이웃을 사랑하도록 이끌어야 했다. 이것이 이 사람에겐 중대한 약점이다. 하나님을 잘못 이해하고 인간 본성을 정확하게 깨닫지 못했기 때문에 그는 이웃을 사랑했다고 주장한다. 그러나 예수님은 그의 이웃을 사랑하지 못했다고 밝히곤 했다. 그는 피상적으로 율법을 지켰다 그는 마음 깊이 우러나오는 마음으로 지키지 못했다. 만약 이웃을 진심으로 도와주려고 했으면 훨씬 더 많은 도움을 주었을 것이다. 예수님은 젊은 부자 청년에게 단순하게 율법을 지키라고 말했고, 그는 어느 율법이냐고 되묻는다. 이렇게 되물음으로써 그는 부적절한 개념의 하나님의 법을 언급하고 있다. 그는 어느 율법이 그에게 생명을 주는지 알기를 원했다. 예수님은 인간의 현실적인 문제를 갑자기 야기시켰다. 이 청년은 이웃을 사랑하는 데 실패했다. 그래서 예수님은 십계명 중 다섯 계명을 인용하셨다. 이 다섯 계명은 이웃에 대한 그의 의무와 관련이 있는 것들이다.

1. 살인하지 말라 – 이웃의 생명에 관심
2. 간음하지 말라 – 이웃의 육체를 위한 관심 갖지말라
3. 도적질 하지 말라 – 이웃의 재산에 대한 관심
4. 거짓 증언 하지 말라 – 이웃의 명예와 진실의 이해에 대한 관심
5. 네 부모를 공경하라 – 가장 가까운 이웃, 우리 가족에 대한 관심

예수님은 이 다섯 가지를 요약하며 이웃을 네 몸처럼 사랑하라고 하셨다. 이 것이 야곱이 말하는 바 황금률이다. 이웃을 사랑하는 사람은 모든 사람과 좋은 관계를 가지고 사랑과 기쁨과 화평 즉 인생의 풍요로움을 경험하게 된다. 이 사람은 예수님이 인용한 율법 중에 다섯 가지 모두를 복종했다고 힘주어 주장을 하고 있다(요일 1:1-2; 3:23). 예수님이 네 이웃을 네 자신과 같이 사랑하라는 마지막 권면은 십계명 중 하나가 아니고 뒤의 여섯 계명을 함축한 뜻을 가지고 있다.

**21-22절 : 예수께서 이르시되 네가 온전하고자 할진대 가서 네 소유를 팔아 가난한 자들에게 주라 그리하면 하늘에서 보화가 네게 있으리라 그리고 와서 나를 따르라 하시니 그 청년이 재물이 많으므로 이 말씀을 듣고 근심하며 가니라**

예수님이 이 청년에게 가지고 있는 모든 것을 주면 그는 완전해질 것이라고 말했을 때, 예수님은 일시적이고 인간적인 말을 한 것이 아니고 어떻게 하면 의롭게 되느냐 하나님 보시기에 충성되고 완전함이 이루어지느냐를 설명하고 있다. 모든 믿는 자들은 그가 가진 재산을 모두 팔아 불쌍한 사람에게 나누어 주는가? 아니다. 우리는 다른 사람에게 부담을 주지 않기 위해 우리 자신의 것과

우리 가족의 필요를 돌보기 위해 물질이 필요하다. 그러나 하나님이 그렇게 하라면 기꺼이 우리 것을 포기해야 한다. 그러나 이와 같은 일은 우리와 하나님 사이에서 일어나지 않는다. 하나님이 주신 부를 이기적으로 사용하지 말라는 뜻이다. 예수님이 모든 소유물을 팔지 말라고 해서 위안이 된다면 당신은 가진 것에 지나치게 집착할지 모른다.

하나님 나라에 들어가는 네 번째 단계는 너 자체, 네가 가진 모두를 예수님께 주는 것이다. 예수님은 이 젊은이가 무엇이 필요한지 알고 계신다. 이 젊은이는 나누어 주는 것을 좋아하는 대신에 부를 쌓아 두기를 좋아한다. 이 젊은이가 필요한 것은 바로 예수님이 말씀하신 것처럼 완전해 지기를 원한다는 것이다. 계명에 복종하여 천국에 들어가기를 원한다. 그러면 너는 이웃을 사랑한다고 의심할 여지없이 공공연히 모든 사람에게 말하라. 가서 가진 모든 것을 팔아 불쌍한 사람에게 나누어 주라. 사람은 은혜로만 구원받는다는 진실된 사실을 가끔 잊어버리고 진실을 소홀히 한다.

예수님을 따른다는 것은 우리 이웃을 돕고 사랑하고 봉사하는 것이다. 예수를 따른다는 것은 완전히 자기 자신을 부인하고 우리 삶 전체와 가진 모든 것을 줄 때 우리는 천국의 보물을 가지게 된다. 그리고 가진 모든 것을 준다는 것은 가장 어려운 문제이다.

이 젊은이는 세 가지 이유로 예수님의 제안을 거절했다.

1) 믿지 않는 것 때문 – 그는 자기의 삶을 예수님께 의지하기 싫었다. 예수님이 하나님 아들이라는 믿음이 없었다.

2) 자기 의와 자만심 때문 – 하나님을 받아들이기 위해서는 법을 지키고 선한 일을 하면 된다고 생각했다.

3) 세상 물질을 사랑하기 때문 – 그는 부자이며 그가 가진 소유물과 안락한 생활을 포기하고 싶지 않았다. 그는 부와 권력, 명성이 있으면 모든 것을 할 수 있다는 치명적인 실수를 범했다.

   (1) 그는 사람보다 세상 물질을 더 사랑했다. 그는 물질을 쌓고 사치를 좋아했고 어려운 이웃을 돕기보다 화려하게 사는 것을 더 좋아했다.

(2) 그는 영생의 소망보다 세상물질을 더 사랑했다.

(3) 그는 예수님을 사랑하기보다 이 세상의 권력과 직위를 더 사랑했다
(막 10:28; 눅 9:23; 14:26-27, 33).

**23절 : 예수께서 제자들에게 이르시되 내가 진실로 너희에게 이르노니 부자는 천국에 들어가기가 어려우니라**

부자는 천국에 들어가기 어렵다. 부자 청년이 가버리고 난 후 이 말을 했으며 부는 세상으로 끌어 당기는 힘이 너무 강해 하나님 곁으로 가기 힘들다.

부는 큰 나를 만든다 – 부는 항상 다른 사람으로부터 부러움과 존경을 받는다. 부를 가지면 평안, 직위, 권력, 남의 인정을 받게 된다. 그것은 사람의 자부심을 만들고 사람을 자만하게 하며 이 세상에서 독불장군으로 살게 만든다. 그 결과 그들은 아무런 것도 필요하지 않은 것처럼 독립적이고 자기 충만에 빠져 살기 쉽다. 그래서 하나님을 잊어버린다. 그는 필요한 것이 없고 돈으로 살 수 없는 것이 있다는 사실을 모른다.

사람의 정신 세계에 필요한 평화, 사랑, 기쁨을 살 수 없다는 것을 잊어버리며 돈으로 고통과 질병, 죽음을 구할 수 없다는 것을 깨닫지 못한다. 부는 사람들로 하여금 점점 부를 더 쌓아 두고 싶게 만드는 경향이 있으며 성경에서 모든 사람, 가난한 사람 부자에게 돈을 어떻게 다루어야 되는가를 기록하고 있다(엡 4:28). 사람들은 이 세상에 굶는 사람, 병든 사람, 집이 없고 먹을 것이 없는 사람이 수없이 많다. 이 세상에는 돈은 많아도 하나님을 모르고 영적으로 죽어 가는 사람이 너무 많다.

부는 사람을 이기적으로 만들고 어떤 이유인지 모르지만 사람은 가지면 가질수록 더 가지기를 원한다. 우리가 이 세상 것을 가지고 안락함을 느끼면 우리는 우리의 소유를 잃을까 봐 항상 두려워하는 경향이 있다.

사실상 많은 사람들은 재산과 돈의 일부를 기부하기를 원한다. 그러나 전 재산을 기부하는 사람은 별로 없다. 예수님이 말씀하신 것처럼 부자가 천국에 들어가는 것은 정말 어렵다. 우리가 우리의 이웃형제들을 동정하고 돌보지 않으

면 우리가 어려움에 직면했을 때 어떻게 주님의 도움을 기대할 수 있을까? 우리가 어려운 이웃을 돕지 않으면 우리가 도움이 필요할 때 하나님의 도움을 구하는 것은 불가능하다. 부자들은 남을 도와줄 재산도 있고 복음을 전할 수 있는 물질도 가지고 있다. 사람이 세상 물질에 인생을 집중하면 그는 세상일에 열심히 하고 하나님 일을 소홀히 하게 된다.

그러면 누가 부자인가? 우리가 필요한 그 이상의 것을 가진 사람을 부자라고 한다. 예수님이 요구하는 것은 우리가 가진 것으로 절망 상태에 놓인 불쌍한 사람을 도와주라고 하신다. 이 말씀이 크리스천들이 가장 불평하는 말이며 듣기 싫어하는 말이다. 우리가 믿음이 없다는 증거는 우리가 가진 것을 주라는 예수님의 말씀에 순종하지 않고 주지 않는 것이다(마 6:21; 22:39; 눅 12:31-34; 요 13:35; 15:10; 롬 12:9; 고전 10:33; 고후 8:9; 엡 4:28).

우리는 우리의 돈을 혼자 소유하고 하나님을 진심으로 사랑할 수 없다. 우리가 하나님을 사랑하는 것은 하나님이 기뻐하시는 방법으로 우리의 돈을 사용하는 것을 의미한다.

## 24절 : 다시 너희에게 말하노니 낙타가 바늘귀로 들어가는 것이 부자가 하나님의 나라에 들어가는 것보다 쉬우니라 하시니

낙타가 바늘귀로 통과하는 것이 불가능한 것처럼 부자가 천국에 들어가는 것이 불가능하게 보인다. 예수님은 하나님과 동행하면 모든 것이 가능하다고 설명하고 있다. 부자라도 하나님이 그를 데리고 가면 천국에 들어갈 수 있다. 자기 자신이나 부를 믿지 않고 예수님을 믿는 믿음이 중요하며 이것이 구원에 이르는 길이다. 이 구절에서 'kingdom of God'과 'kingdom of Heaven'은 똑같은 의미를 뜻하며 영생과 구원도 같은 의미를 갖고 있다. 영생이나 구원받는 것이나 천국에 들어가는 것은 부자가 낙타를 타고 바늘귀를 통과하는 것보다 더 어렵다고 성경은 말하고 있다. 천국은 역사를 통해 네 가지 다른 단계에서 보여주고 있다.

1. 지금 가까이에 있는 영적 왕국이 있다(마 4:17).

1) 현재의 하늘나라는 신앙인의 삶에서 하나님의 규율과 통치, 권위를 말한다(엡 1:18-23; 빌 2:5-11; 골 1:13).

2) 현재의 하나님 나라는 예수님의 인격 속에 있는 세상과 사람들을 말한다.

3) 현재의 하나님의 나라는 새로운 중생에 의해서 경험 된다(요 3:3).

4) 현재의 하나님의 나라는 엉석이며 삶이 변하여 축복받는 나라다(롬 14:17).

5) 현재의 히나님의 나라는 믿는 자가 구하는 첫 번째 장소이다(마 6:33).

2. 현재의 하나님의 나라는 모든 세대에 걸쳐 현재의 기독교를 말한다. 기독교를 선포하는 것은 예수님이 처음 오심과 다시 돌아가심과 같은 것이다.

3. 미래에 올 천년 왕국이 있다. 이것은 천년 동안 이 지구상에 오는 그리스도의 현실석인 통치나 그리스도의 나라를 말한다. 천년 왕국은 다니엘이 예언한 왕국이다(단 2:44; 7:18; 22:27).

4. 천년 왕국은 다윗에게 약속한 왕국이다(삼하 7:12-16; 시 12:8; 89:3-4).

5. 천년 왕국은 요한이 상상하는 왕국이다(계 20:4-6).

6. 미레에는 새로운 땅과 새로운 하늘의 완전한 왕국이 온다. 영원한 왕국은 영원 동안 완전한 세상에서 하나님이 통치하는 왕국을 말한다(요 14:1-3; 고전 15:24; 벧후 3:10-13; 계 12:1).

그리고 천년 왕국이란?

1) 그리스도가 최후 심판 이전에 재림하여 1,000년 동안 황금기나 낙원이 지상에 올 것이라고 믿는 것을 말한다(고전 15:50; 계 21:4-5).

2) 영원한 왕국은 미래에 어떤 때 믿는 자가 들어갈 실질적인 장소를 말한다.

3) 영원한 왕국은 미레에 주어질 하나님의 선물이다(눅 12:32).

이 구절에서 부자가 천국에 들어가는 것보다 낙타가 바늘귀에 들어가는 것이 더 쉽다고 말한다. 즉 바늘귀는 예루살렘을 둘러싸고 있는 벽에 조그마한 문이 있는데 큰 문 옆에 조그맣게 뚫려 있는 문을 바늘귀라고 말하며 큰 문은 침입자나 적을 막기 위해 밤에 닫아 놓고 작은 문은 여행객들이 사용하고 있었다.

이 작은 문을 바늘귀라는 별명으로 부르고 있는데 너무 좁아 한 사람도 지나가기가 어렵다. 그리고 낙타는 유대 땅에서 가장 덩치가 큰 동물이다. 이것은 절대 사람이 들어갈 수 없다는 뜻이다. 부는 사람을 이리 얽히고 저리 얽히게 만들고 노예로 만들어 그의 부를 세상의 가난한 사람에게 준다는 것은 극히 어렵다는 것을 나타낸다. 만약 어떤 사람이 부자라면 개인적인 사치와 큰 재산을 모으지 않으려고 하는 사람은 거의 없다.

**개념 1.** 낙타는 너무 덩치가 커서 바늘귀를 통과할 수 없다. 부자도 자기 몸(이기심, 자존심, 재산덩어리)이 너무 커서 천국 문을 들어갈 수 없다(딤전 6:17).

**개념 2.** 낙타는 바늘귀로 통과하려고 절대로 생각하지 않으며 부자도 하늘나라에 들어가는데 대하여 생각하지도 않는다(눅 12:19-20).

**개념 3.** 낙타는 주인을 위해 일하나 사람은 그 주인, 하나님을 위하여 일하지 않는다(마 6:24; 골 3:22-24).

## ▌ 25절 : 제자들이 듣고 몹시 놀라 이르되 그렇다면 누가 구원을 얻을 수 있으리이까

제자들은 구원받으면 부자가 되는 줄 알았는데 그렇지 않다는 것을 깨닫고 몹시 놀랐으며 당황했다. 예수님 생각은 제자들의 생각과 정반대였으며 제자들은 아래와 같다고 배웠다.

1) 재산은 하나님의 축복으로 주어지는 것이라고 배웠다.

2) 재산은 의와 복종의 보답이라고 배웠다.

3) 하나님은 그들이 의롭고 순종하면 이 세상의 재물로 축복한다고 배웠다.

그러나 예수님은 정반대의 말씀을 하고 있다.

부유한 사람이 천국에 들어갈 확률이 낮으며 재산을 가진다는 것이 천국에 들어가는 데 장애물이 된다는 것을 깨닫고 놀랐다. 그들은 세상 사람들을 가장 소중히 여기고 선하면 하나님이 축복할 것이라는 믿음은 공격받고 있다는 것을 알았다. 즉 그들은 항상 물질적인 축복을 생각하고 있었으며 부는 의로움에 대한 보답이 아니며 부자들이나 가난한 사람 역시 믿음이 없이는 천국에 들어가지 못한다는 것을 깨닫지 못하고 있다. 이런 사람들은 모두 부유함만을 구하고 부자가 되는 꿈을 위해 그들의 시간을 모두 허비한다.

    1) 하나님의 관심은 물질적 축복이 아니라 영적 축복에 관심이 있다. 하나님을 제일 먼저 구하면 하나님은 삶의 필수품과 의식주를 약속하신다. 의롭게 되는 것과 부유하게 되는 것은 아무런 관계가 없다.

    2) 부는 좀처럼 선한 것이 못 된다. 부는 사람을 이기적으로 빠지게 하는 위험성을 가져온다.

    3) 사람은 부를 획득하기 위해 하나님을 믿을지 모르지만 그것은 하나님과 아무런 관계가 없다.

대부분 부자들은 그들 자신의 삶을 통제하고 하나님 없이 이 세상에서 보물을 획득하기 위해 노력한다. 하나님이 사람을 축복하는 것은 이웃을 도와주라는 목적으로 축복하는 것이며 필요 이상의 재산을 축적하라고 축복하는 것은 아니다.

**개념 1.** 사람은 물질을 위해서 창조된 것이 아니라 물질이 사람을 위하여 창조되었다(렘 17:5).

### 26절 : 예수께서 그들을 보시며 이르시되 사람으로는 할 수 없으나 하나님으로서는 다 하실 수 있느니라

부자에게 한 가지 희망은 오직 하나님이다.

1. 부자는 사람에게서 돌아서서 하나님을 향해야 하며 어떤 사람도 하나님 이외엔 부자를 구원할 수 없다.

    1) 어떤 사람도 물질을 추구하는 인간의 본성을 깨뜨리는 방법을 가지고 있지 않다. 사람 안에 있는 본능은 더 많은 안락과 편안함과 더 많은 소유물을 갖고 싶은 본능이 있다.

    2) 어떤 사람도 인간의 영혼을 재창조할 수 없고 위에 것을 구하기 위해 영혼을 바꿀 수 없으며 세상 것이 아니라 우리는 위의 것에 마음을 두어야 한다(골 3:1-2). 어떤 정치, 사회, 철학도 인간의 영혼을 바꿀 수는 없다.

2. 부자는 하나님과 하나님 권능에 의지해야 한다. 부자를 위한 단 한 가지

희망은 하나님이다. 단지 하나님만이 이 세상의 노예의 쇠사슬을 끊을 수 있다. 하나님만이 어둠과 위험의 운명으로부터 구해 낼 수 있다.

그리고 부자를 구원하는 하나님의 소리.

1) 그는 인간 내면의 소리에 귀 기울여 들어야 한다. 하나님께 그의 삶과 소유물을 드리려는 양심의 찔림이 있어야 한다.

2) 유혹과 소유의 헛됨으로부터 자유롭기 위해 하나님을 믿고 앞으로 나아갈 방향을 위해 날마다 말씀을 묵상해야 한다.

3) 다른 사람의 절실한 필요를 돕기 위해 그의 부를 사용해야 한다.

4) 부자는 재산을 지나치게 축적하고 사치스럽게 살아서는 안 된다.

5) 부자는 이 세상에 있는 것은 잠깐 있다가 가는 나그네이며 백합처럼 빨리 시든다는 것을 깨닫고 천국을 위한 강한 소망을 가져야 한다(고전 3:11; 딤전 6:17-19; 히 11:24-26).

**27절 : 이에 베드로가 대답하여 이르되 보소서 우리가 모든 것을 버리고 주를 따랐사온 대 그런즉 우리가 무엇을 얻으리이까**

성경에서 하나님은 그의 의로움에 따라 보답을 하신다. 구약에서는 하나님께 복종하는 것이 삶 속에 보답을 가져온다고 한다(신명기 28장). 그러나 순종과 보답이 반드시 연관성이 있는 것은 아니다.

그렇다면 선한 사람이 언제나 부자가 되고 악한것은 죄의 상징이 되는 것이다. 믿는 자로서 우리의 진실된 보답은 성경을 통해서 하나님의 임재와 권능을 느끼는 것이다. 우리는 믿음과 봉사로 보답을 받을 것이다. 믿음의 행위 때문에 우리에게 물질의 보답이 온다면 우리는 잘못된 동기에서 나온 행동과 업적에 관해서 자랑하는 유혹에 빠질 것이다.

베드로와 다른 제자들도 가족이 있고 그들은 가족의 생계를 책임지고 있었다. 그러므로 모든 것을 두고 포기한다는 것이 가족들에게 날마다 지는 책임을 버리라는 것은 아니다. 그것은 친구, 가족보다 먼저 모든 것 앞에 하나님을 올려놓고 봉사한다는 뜻이다. 또 다시 다른 말로 표현하면 삐뚤어진 행동, 저주의 말, 악의적인 행동과 같은 모든 죄와 행동을 뒤로 한다는 뜻이다. 예수님을 먼저 따르고 그를 제일 앞에 둘 때 우리는 놀라운 진리를 발견하고 삶에 균형이 잡혀진다. 예수님을 따르는 사람은 후회할 일이 없어지고 불평을 하지 않게 된다. 즉 그는 새로운 창조물이 되어 옛 것은 지나가고 새 것이 되는 것이다(눅 5:27; 9:23-24; 18:29-30; 고후 5:17; 빌 3:8).

**개념 1.** 우리가 보답의 가치를 떨어뜨리는 두 가지 큰 위험

1) 예수님을 위하여 모든 것을 포기하지 못하고 어떤 물질에 집착하는 것
2) 예수님을 위하여 모든 것을 포기한 후에 자신이 다른 사람보다 더 많이 포기하고 희생을 더 많이 했다고 생각하는 것

**28절 : 예수께서 이르시되 내가 진실로 너희에게 이르노니 세상이 새롭게 되어 인자가 자기 영광의 보좌에 앉을 때에 나를 따르는 너희도 열두 보좌에 앉아 이스라엘 열두 지파를 심판하리라**

베드로는 그의 동료 제자들을 대신해서 예수님의 말씀이 그들에게 불공평하다고 생각하고 있었다. 베드로는 가족도 두고 주를 따랐으나 아무 보답도 없었다. 베드로와 다른 제자들은 하나님의 보답을 받거나 받을 만한 가치가 있다고 아직도 생각하고 있다. 예수님은 그들을 용병이라고 꾸중하는 것은 아니며 제자들은 희생하였으며 보답을 받을 만하다.

그러나 앞으로의 미래 축복, 천국이 완성될 때 열두 제자에게만 오든지 모든 믿는 자에게 오든지 그들의 희생보다 보답이 크게 올 것이라고 말씀하시며 미래의 축복과 보답에 대한 지나친 기대에 예수님은 책망하고 있다. 이 구절의 가장 뚜렷한 특징은 열두 제자들이 열두 보좌에 앉아 하나님의 아들과 심판을 나누어 가질 것이다. 천국이 완성되는 날에 믿는 자들도 심판에 참가할 것이라는 것은 신약에서 흔히 볼 수 있다. 예수님이 강조하시는 것은 열두 제자들이 언젠가 이스라엘 나라를 심판할 것이며 즉 메시아를 거절한 사람들에게 아마 심판이 내릴 것이다.

그리고 몇 가지 주의할 점은?

1) 모든 만물을 새롭게 하는 것은 다가오는 미래에 있을 것이다.

2) 사도들은 열두 보좌에 앉게 될 것이며 한 사람이 한 종족씩 열두 종족을 다스릴 것이다(눅 22:28-30). 이러한 약속의 이행은 메시아 왕국이나 또는 이 땅에 천년 왕국이 도래할 때인 것이다(사 1:26).

3) 유대인과 이방인이 구별된다고 말할 때 대단히 어려움이 있다는 것이다. 어떤 사람들은 예수님이 이 땅의 모든 사람들에게 평화를 주기 위해 왔다고 말한다. 성경은 유대인과 이방인을 구별하는 것을 반대한다. 하나님이 이 세상에 다시 올 때 천년 왕국을 세우고 그 땅을 영원히 다스릴 것이다. 그러므로 사도가 다스린다는 것은 교회를 언급하며 영적 이스라엘을 언급한다.

4) 예수님은 열두 사도들에게 특별한 명예로 보답할 것이라고 말하고 있다. 왜냐하면 그들은 믿음을 견고히 지키고 어떤 박해에도 참아 내었기 때문이다 사도들은 우리보다 더욱더 책임이 클 뿐 아니라 우리가 아는 것보다 예수님을 더욱 많이 알고 있을 것이다. 우리가 상상하는 것보다 더 많은 시련에 직면했었다.

두 가지 보답은,

1) 우리 삶을 다시 새롭게 하는 것과 인간의 성품과 삶의 재창조가 있을 것이다.

2) 우주를 새롭게 하는 것과 하늘과 땅을 새롭게 만들 것이다.

**29절 : 또 내 이름을 위하여 집이나 형제나 자매나 부모나 자식이나 전토를 버린 자마다 여러 배를 받고 또 영생을 상속하리라**

사도뿐 아니라 예수님을 따르는 모든 이들이 보답을 받을 것이다.

예수님은 이 구절에서 믿는 자의 보답에 관하여 세 가지를 말하고 있다.

1) 믿는 자들은 모든 것을 두고 떠났기 때문에 보답을 받을 것이다. 그들은 예수님께 최고의 충성을 했다. 예수님이 지적한 두 가지 버리기 가장 어

려운 것(가족, 재산)을 버렸다. 이것보다 더 예수님께 전적으로 순종하는 것은 어렵다.

  2) 마가복음에서는 예수님이 현재 받은 축복에 대해서 정확하게 말씀하고 계시는데 현재 받은 축복의 보답이 너무 크다고 말씀하시고 있다.

인간적 보답은 믿는 성도들 가운데서 얻는 진정한 교제이다.

물질적 보답으로 생활의 필요品을 충족시켜 주시고 그리고 다른 사람의 필요를 충족시킬 수 있도록 더욱 남도록 주시기를 원하신다.

그리고 보답의 종류는

  1) 인간적 보답: 믿는 자들 가운데서 진정한 유대감 – 우리들의 유대감, 하나님아버지와 그의 아들 예수 그리스도, 함께 믿는 성도들과의 유대감 (요일 1:3, 7; 롬 12:5).

  2) 물질적 보답. 필요를 채워 주시며 우리가 다른 사람을 돕도록 넘치도록 주신다. 우리가 모든 것을 버리고 진정으로 그를 따를 때 가장 큰 평강을 주시고 안전을 주신다. 우리의 필요를 위하여 그 자신과 그의 권능을 사용하도록 허락하신다. 우리는 염려할 필요 없다. 세상에 사는 세상 친구가 가진 어떤 소유보다 더 많은 행복, 기쁨, 만족, 평화, 자신감을 주신다(고후 9:8; 빌 3:20; 빌 4:19; 벧후 1:11).

그리고 미래의 더 큰 보답으로 영생을 얻게 되는 것이다(요 4:36; 5:24; 17:3; 갈 6:8).

## ▌ 30절 : 그러나 먼저 된 자로서 나중 되고 나중 된 자로서 먼저 될 자가 많으니라

예수님은 이 세상의 가치를 거꾸로 돌려 계산한다. 이 세상에서 가장 권위가 있고 잘 알려진 사람을 상상해 보라. 그들이 겸손하고 자기를 낮추고 부드러움으로써 얼마나 얻는 것이 많은가. 다가오는 삶에 있어서는 나중 된 자가 먼저 되고 먼저 된 자가 나중 될 것이다. 예수를 따름으로써 마지막 위치에 오게 된다면 마지막 된 자가 먼저 될 것이다. 일시적 이익 때문에 영원한 보답을 잃지 말라. 늦게 더 크게 오는 보답을 위해 지금 기꺼이 희생하라. 너희들은 하나님의 인정을 받을 것이다. 사람에게 인정을 받는 것은 아무런 가치가 없다는 것을 알라. 우리가 존경하고 가장 가치 있다고 여기는 사람이 가장 천하고 가장 가치 없다고 여기는 사람보다 마지막 자리에 놓이게 될 것이다. 하나님은 우리의 중심을 보시고 우리 믿는 형제, 자매들의 잘못된 판단을 바로 잡을 것이다. 이 땅에서 가장 겸손한 자가 천국에서 확실히 가장 큰 자가 될 것이다(눅 6:25; 고전 3:13-15; 고후 5:10)

# 마태복음 20장

**1-2절 : 천국은 마치 품꾼을 얻어 포도원에 들여보내려고 이른 아침에 나간 집 주인과 같으니 그가 하루 한 데나리온씩 품꾼들과 약속하여 포도원에 들여보내고**

예수님은 천국의 시민권에 대한 규칙을 분명히 밝히고 있으며 하나님의 은혜에 의해서만 천국에 들어갈 수 있다. 이 천국 비유에서 하나님은 땅의 소유주이며 믿는 자들은 일꾼들이다. 하나님이 사람이 일할 수 있도록 일거리를 주며 돌볼 들판을 제공한다. 포도밭이나 들판은 교회나 세상을 의미한다. 교회, 세상 사람 자신들도 하나님 은혜 때문에 존재하고 있다. 하나님이 없으면 이 세상에는 아무것도 없을 것이다. 왜냐하면 하나님이 만물을 창조하셨기 때문이다. 사람을 찾아서 일하라고 부르는 사람도 하나님이요 그에게 스스로 오는 일꾼이 아니다. 사람을 찾아서 밖으로 나간다는 사실은 하나님의 놀라운 은혜이다(눅 19:10; 요 3:16; 15:16). 인간은 세상을 위해 일하기도 하고 하나님과 의를 위해 일을 한다(마 9:37-38; 눅 12:42-43; 19:12-13; 요 4:35-26).

이른 아침 일찍 부르는 것은 하나님이 인간에게 첫 번째로 부르시는 것이며 하나님께 봉사하기 위해 기꺼이 열심이 있는 사람에게 시키시는 일이다. 첫 번째로 부르신다는 것은 사람의 심령에 하나님이 말씀하신다는 뜻이다.

그리고 하나님의 은혜를 재확신시켜야 할 세 신자들에게 말씀하고 있다.

 1) 땅의 주인은 일꾼에게 하루 일당을 약속한다. 자발적으로 기꺼이 일하는 일꾼이 이 약속을 믿는다면 그들은 들판에 나가 일을 할 것이며 이 약속

을 믿지 않으면 가지 않을 것이다. 그들의 믿음이 그 일을 진행되도록 하며 하나님의 부르심은 하나님의 은혜이며 일 때문이 아니다. 예수님이 임금과 일에 대해서 말씀하시는 것은 어떤 의미에서는 구원은 일로부터 얻어진다는 뜻이 아니며 우리는 믿음을 통해 하나님의 은혜로 구원을 받는다(롬 4:3-5; 엡 2:8-10).

봉사하는 시간은 하루 종일이라고 하는데 이것은 일생 동안 봉사해야 한다는 뜻을 품고 있다. 하루가 끝날 때, 즉 삶이 끝날 때 부지런히 성실한 일꾼은 땅주인의 약속의 보답을 받을 것이다. 그들은 하나님이 약속했던 것을 정확하게 받을 것이다. 그 보답은 그들에게 영원한 보답이 될 것이다. 그 날은 그들의 욕구충족과 비교하여 대단히 짧은 기간이다. 그들은 하루 동안에 더위, 무거운 짐, 고생은 견딜 수 있다. 왜냐하면 곧 일이 끝날 수 있기 때문이다. 그들은 단지 하루 동안의 짧은 기간만 일할 수 있다. 그들은 땅 주인의 임재가 있을 때 땅주인은 끊임없이 그들을 격려하고 그들과 유대감을 나누며 그들에게 그의 약속을 상기시켜 준다(마 22:9; 딤전 2:4; 신 30:15).

## 3-4절 : 또 제삼시에 나가 보니 장터에 놀고 서 있는 사람들이 또 있는지라 그들에게 이르되 너희도 포도원에 들어가라 내가 너희에게 상당하게 주리라 하니 그들이 가고

장터에 놀고 있는 일꾼들처럼 늦게 불려온 사람도 있다. 모든 도시에는 노동 시장이 있는데 노동 시장에서 경험 있는 사람들은 낮에 일의 진척 정도에 따라 일꾼이 더 필요할 때는 일꾼을 더 고용한다. 일꾼들에게 일에 참가하라고 요구하는 고용주는 여러 종류의 일꾼들의 반응을 보게 된다.

1) 자발적이고 열심히 일하는 일꾼 – 이들은 항상 일찍 일을 찾는 이들이다. 이들은 그들의 필요를 알고 그들의 필료를 충족하기 위해 그들이 할 수 있는 모든 일을 하는 데 확실한 책임감을 갖고 있다.

2) 예수님이 게으르다고 부르는 일꾼 – 일에 흥미를 갖지 않고 있다. 이들은 노는 친구들을 발견하고 시간을 보낼 수 있는 장소에 모여 있는 사람.

3) 자기 스스로 자발적으로 일을 찾는 일꾼 – 이런 일꾼들은 무슨 일할 거

리가 있는가를 주인에게 물어보는 일꾼이다. 이들은 일이 너무 고되거나 즐겁지 못하면 그들은 그 일을 거절하고 다른 일을 찾아보는 일꾼. 그러나 그날 늦게 와서 주인이 만족할 만한 일을 못해놓고 주인의 눈치를 많이 보는 일꾼.

4) 느릿느릿하고 게으른 일꾼 - 게으르며 하루 종일 일하는 것에는 관심이 없는 일꾼. 힘껏 일하고 노력이 많이 드는 일을 하기보다 오히려 주위를 어슬렁거리며 책임감이 없는 일꾼. 이들은 하루 종일 일하기보다 일을 적게 하기를 택한다. 이들은 일이 필요할 때 노동 시장에 나타난다.

5) 자기 안일에 취해 있는 일꾼 - 천천히 움직이고 늦잠자고 일터에 늦게 도착한다. 이들은 굶어 죽지 않을 만큼만 일한다.

6) 의지가 약하고 실패를 거듭하는 일꾼 - 그들은 끌리는 일터에 가서 일하고 일하는 중에 어렵거나 힘들면 그만두며 그들은 일하겠다고 약속한 시간을 지키지 않고 더 쉬운 일을 찾기 위해 다시 노동 시장으로 돌아가는 일꾼.

하나님의 부르심에 늦게 오는 일꾼의 비유와 일찍 오는 비유의 다른 점

1) 일하라는 부름이 더 강제적인 것 - 즉 너는 일하러 가야 된다. 이런 사람들은 일찍오라는 부름에 거절하거나 부름을 듣고도 나타나지 않는 사람들이다. 이것은 대부분 늦게 오는 사람들을 분발시키기 위해 더 강제적으로 확신시킬 필요가 있다.

2) 임금의 약속은 있었으나 금액은 정해지지 않은 경우 - 하나님은 단순히 말씀하시기를 "내가 너희에게 상당하게 주리라"라고 말하며 늦게 온 사람 즉 인생이 거의 끝날 때까지 하나님께 응답하지 않는 사람은 다른 일꾼과 보조를 맞추기 위해 단순히 하나님을 믿는다. 그럼에도 주인은 정당한 보답을 할 것이라고 약속하고 있다(살후 3:11; 히 6:12; 잠 18:9; 24:3-31).

## ▍5절 : 제육시와 제구시에 또 나가 그와 같이 하고

계속 부른다는 것은 사람의 마음속에 하나님의 영적인 움직임이 끊이지 않

고 있다는 뜻이다. 실업자, 일을 하지 못하는 자 즉 이 세상이나 교회에서 하나님께 봉사하지 않는 사람만큼 슬픈일은 없다. 하나님은 모든 사람들이 일할 수 있는 많은 일거리를 제공해 준다. 그러므로 하나님은 사람의 마음을 움직이기 위해 매 시간마다 부르고 계신다.

그리고 하나님의 계속적인 부르심의 세가지 주목할 점은?

1) 우리를 계속 부르시는 하나님의 크나 큰 긍휼이 있다.

2) 하나님의 부르심은 한계가 있다. 이 부르심은 주기적이다. 비유에서 단지 네 번의 부르심이 원칙인데 하루나 일생에서 한 번 더 부르심이 있어 다섯 번 부르심이 있다.

영의 움직임이 항상 우리를 만족시키는 것은 아니다. 우리는 이런 것을 경험으로 안다. 만족감이 우리의 마음이나 가슴속에 시작할 때 성경을 통해서나 메시지를 들을 때 우리는 그것을 무시하거나 즉시 결정하지 않을 때는 그 힘이 약해지고 마음속에서 떠나가 버린다.

(1) 하나님의 부르심은 점점 희미해지고 각 부름에 거절할 때 힘이 약해진다. 이런 경우 우리의 양심은 무뎌지고 우리의 마음은 헤이해진다.

(2) 우리의 마음은 둔감해지고 우리는 자기중심적이 된다.

(3) 우리의 생각은 세상적이 되고 우리의 삶은 더 많은 장애를 만난다.

(4) 우리의 의지는 나태해진다(요 24:15; 왕상 18:21; 렘 35:15; 겔 33:11).

유대 사람들의 일과는 주로 6시에 일어나 6시에 끝난다. 일찍 부르는 일은 6시 전에 행해지며 덥기 때문에 일찍이 일이 시작된다. 늦게 오는 사람은 9시에 시작될 수도 있으며 그날의 사분의 일이 이미 지나갔다. 인생의 1/4이 지나간 것이다. (6시는 12시, 9시는 오후 3시, 11시는 오후 5시)

**6-7절 : 제십일시에도 나가 보니 서 있는 사람들이 또 있는지라 이르되 너희는 어찌하여 종일토록 놀고 여기 서 있느냐 이르되 우리를 품꾼으로 쓰는 이가 없음이니이다 이르되 너희도 포도원에 들어가라 하니라**

마지막 하나님의 부르심은 11시 부르심이다. 11시까지 기다리는 사람에게 일어나는 일

1) 하나님은 어떤 다른 사람보다 그들을 꾸지람하신다. 왜 아무것도 하지 않고 여기에 하루종일 서 있느냐?

2) 이 일꾼들은 늘 변명한다. 그들은 아무도 고용하지 않는다. 그들은 자신을 속이고 거짓말을 한다.

3) 하나님은 그들의 속이는 변명에도 불구하고 은혜를 베푸신다. 하나님은 강제적으로 부르고 정정당당한 임금을 약속한다. 그러나 한 시간에 얼마를 줄 것이라고 약속하지 않는다.

하나님의 부르심을 받아들이기 위해 11시까지 기다리는 사람들도 있다.

1) 사람은 11시가 되었다는 것을 가끔 모르고 있나. 사람은 죽을 때를 모르고 하나님이 언제 마지막 부를지도 모른다.

2) 11시에 오는 사람은 봉사할 시간이 없다. 이미 지나가 버리고 기회를 잡지 못한 사람은 변명하고 팔자타령을 한다. 그는 자기 자신을 가치 없는 인간이라고 생각하며 하나님의 부르심을 죽음이 올 때까지, 마지막 부르심을 느끼지 못하고 있다.

3) 부르심마다 거절한 사람은 단단한 돌처럼 부르심에 귀를 막고 있다. 아무리 강제적으로 불러도 하나님 부르심에 조금도 반응하지 않는다(마 22:3; 요 5:40; 롬 10:21; 호 9:17).

**8-15절 : 저물매 포도원 주인이 청지기에게 이르되 품꾼들을 불러 나중 온 자로부터 시작하여 먼저 온 자까지 삯을 주라 하니 제십일시에 온 자들이 와서 한 데나리온씩을 받거늘 먼저 온 자들이 와서 더 받을 줄 알았더니 그들도 한 데나리온씩 받은지라 받은 후 집주인을 원망하여 이르되 나중 온 이 사람들은 한 시간밖에 일하지 아니하였거늘 그들을 종일 수고하며 더위를 견딘 우리와 같게 하였나이다 주인이 그 중의 한 사람에게 대답하여 이르되 친구여 내가 네게 잘못한 것이 없노라 네가 나와 한 데나리온의 약속을 하지 아니하였느냐 네 것이나 가지고 가라 나중 온 이 사람에게 너와 같이 주는 것이 내 뜻이니라 내 것을 가지고 내 뜻대로 할 것이 아니냐 내가 선하므로 네가 악하게 보느냐**

하나님의 은혜로 하나님을 위해 일한 사람에게 약속된 임금을 반드시 지불하신다. 그것도 정해진 시간에 지불하신다. 정해진 시간은 언제인가? 모든 일이 끝날 때 저녁 시간 즉 죽을 때 지불한다. 하나님의 종을 위해 두 가지 지정된 시간, 즉 저녁 시간이 있다. 저녁은 하나님의 종이 생명이 다하고 하나님 곁으로 갈 때 즉 저녁 시간, 죽음의 시간이다. 이때 그는 영생의 보답을 받는다. 하나님은 그를 주님 곁으로 옮기고 믿는 자들은 예수 그리스도의 이미지로 변화된다(요일 3:2). 이것이 비유에서 언급된 임금의 보상이다.

1. 하나님은 모든 심판을 하나님 아들, 예수 그리스도에게 위임했다(요 5:22; 고후 5:10).

2. 하나님은 은혜의 마음으로 모든 사람에게 지불한다. 하나님은 사랑이시며 아무리 늙어도 아무리 오랫동안 봉사해도 그는 모든 종들을 사랑하고 보살핀다.

하나님은 모든 일꾼들이 충분히 필요를 충족하도록 필요한 임금을 주신다. 하나님은 빈손으로 종들을 돌려보내지 않는다. 그러므로 하나님은 늦게 온 사람도 하루 임금 전체(영생)를 지불한다. 하나님은 임금에 차별하지 않으신다. 영생을 얻게 될 때 우리 모두는 성품에서 완전한 예수님처럼 될 것이다.

1) 우리는 각자 다른 책임과 다른 영광을 가지지만 우리는 성품에 있어서는 완전해질 것이다.

우리는 하나님의 심판의 자리에 앉게 될 것이다. 우리는 천국에서는 다른 임무를 맡게 될 것이다. 왜냐하면 지상에 있을 때 선한 봉사를 했기 때문이다. 그리고 우리는 우리가 하는 일에 기쁨과 행복을 느낄 것이다.

2) 우리는 이 땅에 있을 때 우리의 하나님에 대한 충성심에 대해 보상이 주어질 것이다. 어떤 사람은 큰 것을, 어떤 사람은 더 작은 것을 받을 것이지만 그러나 우리 모두 믿는 성도는 차고 넘치도록 받을 것이다(딤후 2:20-21).

(1) 우리는 믿음의 정도에 따라 보답을 받을 것이다.

(2) 우리는 이 땅에서 맺은 열매(결과)에 따라 하나님 앞에 서게 될 것이다. 그러나 우리는 완전히 만족하고 결과물을 흡족하게 여길 것이

다(눅 14:23; 마 8:11).

3. 하나님의 상급은 일과 힘든 정도에 근거하지 않는다. 그것은 하나님의 은혜와 하나님의 뜻에 근거한다. 그것은 모든 사람을 위한 하나님의 관심과 사랑에 근거하고 있다.

하나님의 은혜와 보살핌은 하나님의 의를 무시하는 것이 아니다. 하나님은 부당(부정적)하게 주지 않는다(롬 4:5-6).

1) 하나님은 일을 갈망하는 사람에게 일을 주실 때는 항상 은혜와 보살핌이 따른다. 시험의 약점을 이용하지 않는 것은 하나님의 은혜 때문이다. 그날 완전한 상급을 지불하고 사람을 이용하지 않는 것은 하나님의 의롭고 은혜로움 때문이다.

2) 하나님이 무리에게 약속한 것을 준다면 그것은 어떤 것을 다른 사람에게 준다해도 부당하지 않다. 다른 어떤 사람에게 엄청난 큰 선물을 준다해도 우리에게 부당하지 않다. 일찍 도착한 일꾼의 불평은 하나님과 유대인, 이방인 사이의 관계에 대한 비유를 말하는 것이다. 일찍 도착한 일꾼 즉 유대인들은 이방인에게 천국에서의 보답을 똑같이 지불한다고 불평하고 있다.

4. 하나님의 보답은 사람의 시각과 다르게 본다. 하나님의 의지와 판단대로 지불한다. 우리는 악한 세상에 살고 있기 때문에 우리의 눈은 악하고 정확하지 않다. 그러므로 우리는 불완전하고 이기적인 입장에서 이해하고 판단한다. 하나님은 선하시다. 하나님은 사랑이시다. 하나님은 자비와 은혜가 충만한 분이다. 그래서 하나님은 그들이 언제 오든지 간에 오는 모든 사람에게 영생(보답)을 주신다(행 15:11; 롬 3:24; 엡 2:8-9; 딛 2:11). 그리고 하나님 나라에서는 은혜가 권리를 대신하며 은혜는 베푸는 자의 호의에 따라 풍부하게 보상한다.

## ▎ 16절 : 이와 같이 나중 된 자로서 먼저 되고 먼저 된 자로서 나중 되리라

이 구절은 제자들이 그들의 구원의 확신을 필요로 한다는 것이다. 예수님은 그들에게 확신감을 심어 주고 그와 함께 영원히 살고 함께 통치하는 보답을 줄 것이라고 약속을 했다. 그러나 예수님은 그들이 다른 사람을 심판할 수 없다는 것을 그들이 알기를 원했다. 그들은 누가 보답을 받는지 안 받는지 모른다. 예를 들면, 하나님의 부름에 즉각 응답하고 열심이 있는 일꾼이 불평과 질투의 마음을 드러낼 줄 누가 알았겠는가? 그들 가운데 그의 종들이 다른 사람을 심판하고 누가 우선되고 덜 우선시 되는 것처럼 보이지 않도록 예수님은 강한 경고를 하면서 영생과 구원에 대한 토론을 막아 버린다. 마지막이 첫째가 될 수 있다. 즉 이것은 마지막에 온 많은 사람이 우리를 앞지를 수도 있다. 우리가 하나님 일을 열심히 하지 않으면 우리는 다른 사람보다 먼저 수년 전부터 하나님의 일을 했을지라도 늦게 와서 열심히 하는 것보다 적게 할 수도 있다.

그리고 나중 된 자가 먼저 되는 경우가 있다.

  1) 우리는 더 늦게 온 일꾼만큼 꾸준히 날마다 하나님의 일을 하지 않을 경우

  2) 더 늦게 온 일꾼만큼 열심히 하나님을 믿는 믿음이 성장하지 못한 경우

  3) 늦게 온 일꾼만큼 성경을 이해하고 기도를 하지 않을 경우

  4) 늦게 온 일꾼만큼 우리의 달란트를 충실히 사용하지 않을 경우

  5) 늦게 온 일꾼만큼 대담하게 주님의 증인이 되지 못할 경우

  6) 늦게 온 일꾼만큼 희생적, 자발적으로 우리가 가진 모든 것을 드리지 않는 경우

  7) 늦게 온 일꾼만큼 겸손히 남을 사랑하지 않는 경우

  8) 늦게 온 일꾼만큼 친절히 하나님 말씀에 순종하지 못하는 경우

  9) 늦게 온 일꾼만큼 참고 견디는 인내심이 부족할 경우

예수님은 영생의 선물을 논의 하다가 일에 대한 심판이 있을 것이라고 그의 종들에게 갑자기 경고를 하신다. 영광과 직위(위치) 그리고 책임감의 정도를 결정하는 심판의 경고를 하신다(눅 1:52; 6:25; 잠 75:7).

결론은 인간은 가끔 부당함을 가지고 하나님을 원망한다. 그러한 옳지 못한 비난은 잘못된 믿음과 불신앙에 의해서 종교적이고 신학적 토론에서 자주 일어난다. 인생에서 위기가 생길 때 하나님을 비난한다. 하나님이 어떻게 그렇게 할 수 있을까? 이렇게 비난한다. 신약에서는 세 개의 구절에서 하나님의 부당함에

대해서 설명하고 있다(마 20:8-15; 롬 3:5-8; 9:14-33).

## 17절 : 예수께서 예루살렘으로 올라가려 하실 때에 열두 제자를 따로 데리시고 길에서 이르시되

예수님은 제자들을 따로 데리시고, "데리시고"의 뜻은 큰 의미를 가지고 있다.

1. 그 말에는 부느러움, 따뜻함, 친밀감이 있다. 예수님은 제자들이 항상 주님과 가까이 있기를 원했다. 특히 죽으러 예루살렘으로 갈 때는 더욱 그렇다. 제자들도 그의 임재를 원하고 그들 바로 옆에 있기를 원했다. 그런 것들이 그들 앞에 다가오는 시련을 직면했을 때 도움이 될 것이다.

2. 앞으로 엄청난 압박과 긴장감이 있을 것이다. 주님의 머리 위에 무겁고 무서운 가시관이 씌워질 것이다. 제자들이 예수님과 함께 예루살렘으로 가며서 무서운 십자가의 고통을 듣고 너무 놀라고 당황했을 것이다(막 10:32). 그것은 겟세마네 동산에서 겪는 큰 고통, 핏방울이 땀처럼 흐르는 고통이며 그것은 세상 죄를 지는 십자가의 고통이었다.

3. 예수님은 의도적으로 예루살렘으로 올라가고 있다. 그는 올라갈 필요가 없었지만 그는 스스로 그 길을 택했고 앞으로 일어날 일을 알고 있었으나 하나님의 목적을 피하지 않으려고 했다. 예수님은 제자들이 다가오는 그의 죽음을 준비하도록 데리고 갔다. 그들은 그들의 삶에서 가장 크고 충격적인 사건에 직면하게 되고 그들의 삶을 황폐화시킬 수 있는 사건이다. 예수님은 그의 죽음의 충격을 견딜 수 있도록 그들을 준비시켜야만 했다.

예수님이 일반 대중에게 십자가 죽음에 대해서 밝히지 않는 두 가지 이유가 있다.

1) 그를 따르는 많은 사람들이 실망할 것이기 때문이다. 그들은 예수님을 십자가에 못 박는 로마 사람들을 두려워할 것이기 때문이며 일반 군중들의 열렬함이 식어지고 군중들이 예수님을 버리게 될 것이기 때문이다. 제자들이 예수님을 버리고 욕하는 많은 군중들을 보면 큰 실망을 할 것이기 때문이며 그들은 십자가를 질 때를 준비하는 큰 용기가 필요했다.

2) 사람들 중에 어떤 사람들은 예수님의 죽음을 방어할 유혹에 빠지게 되고 그러한 행동을 하다가 잡혀갈 위험성이 있기 때문이다.

**개념 1.** 예수님은 우리 모두를 곁에 두기를 원하신다.

그는 우리와 함께 따뜻하고 부드러운 관계를 가지기를 항상 원하시며 그리고 그의 죽음을 선포하기 위해 더욱 철저히 준비하기를 원하신다. 그는 모욕당하고 수치와 억울하게 당하는 충격에 마음을 굳게 하기를 원했다.

**개념 2.** 군중들은 예수님의 죽음에 대해서 들을 준비가 아직 되어 있지 않았다. 모두가 영적 성장과 영적 성숙함에 이르지 못했다.

1) 어떤 사람은 아직도 초신자이어서 마음의 토대가 없었다.
2) 어떤 사람은 세상적인 삶을 살고 있으며 그들은 영적인 생활을 못하고 있다.
3) 그들은 거듭나지 못했으며 교회는 다니지만 예수님을 따르는 자들이 아니다.

**18절 : 보라 우리가 예루살렘으로 올라가노니 인자가 대제사장들과 서기관들에게 넘겨지매 그들이 죽이기로 결의하고**

예수님은 배신당하고 박해를 당할 것이다.

박해자는 지정되어 있지 않았다. 그리스말로 'turn over', '넘겨질 것이다'로 표현되어 있다. 누가 예수님을 박해하고 사형시킬 것인가? 성경에는 세 부류의 사람들을 나타내고 있다. 특히 유대 지도자들 가운데 대제사장, 서기관, 장로들이다(살전 2:15-16). 그러나 그들은 박해자들이지 사형 집행자들은 아니다. 그들은 법으로 사형 집행이 금지되어 있다. 그들은 예수님을 사형 집행하기 위해 이 방인에게 넘겨야 했다. 그것의 상징성은?

1) 유대인과 이방인은 둘다 예수님의 죽음에 대해서 죄를 짓고 있다.
2) 그리스도 예수는 그의 죽음으로 유대인과 이방인의 죄를 대신 짊어지고

있다. 그는 둘다를 화해시키고 온세상과 하나님을 화해시키려고 하고 있다(엡 2:16; 골 1:20; 요일 2:2).

**개념 1.** 예수님의 죽음에 대해서 우리가 생각해야 할 세 가지 이유가 있다.

1) 생명이 영원한 것처럼 죽음도 영원하다(고후 10:5).
2) 죽음을 두려워하지 않는다(히 2:14-15; 딤후 1:7).
3) 우리는 살면서 날마다 죽고 자기 사신을 부인해야 한다(눅 9:23; 롬 8:36). 예수님은 그의 마음과 얼굴을 십자가에 초점을 맞추고 그리고 십자가에 정신이 집중되어 있었다. 왜 십자가가 영원히 하나님 목적의 초점이었나? 그 이유는,

   (1) 십자가는 그의 아버지 뜻이기 때문에 예수님의 마음에 가장 귀한 것이다.

   (2) 십자가는 그가 많은 형제, 자매를 얻는 수단이기 때문에 그에게 귀하다.

   (3) 십자가는 죽음을 통한 인간 구원의 원천이기 때문에 그에게 귀하다.

   (4) 십자가는 사탄의 권세 즉 죽음을 극복하는 권세를 주기 때문에 그에게 귀하다.

   (5) 십자가는 모든 사람을 화해시키고 사람들과 하나님의 관계를 화해시키기 때문에 그에게 귀하다.

예수님은 그의 죽음과 죽은 후 삼일 만에 부활한다는 것을 예언했다. 그러나 제자들은 아직도 그것이 무슨 뜻인지 이해하지 못하고 있었다. 그들은 예수님의 왕국에서 높은 직위를 차지하기 위해 다투고 있었다.

예수님이 그의 죽음과 고통을 받기 위해 이방인에게 넘겨질 것이다. 예수님은 말할 수 없는 고통을 받으면서 인간의 죄를 짊어졌다. 세 가지 고통을 받았다.

1) 정신적인 고통 – 마음의 고통, 인간의 죄에 대한 생각과 세상의 죄에 대

한 생각에 마음이 찢어지는 고통을 당한다(고후 5:21; 요일 2:2).

2) 영적인 고통 – 가슴이 메어지도록 아픈 고통을 당하며 그가 그렇게 사랑했던 사람들이 상상할 수 없는 무서운 죄를 짓고 예수님을 배반하여 하나님의 아들, 예수님을 죽이고 있다. 예수님은 사람 때문에 저주와 심판의 죄를 짊어지어 영적 고통을 받고 하나님이 인간의 죄에 대한 분노를 예수님께 전가하여 영적으로 고통을 당하고 있다(막 15:34; 눅 22:44; 히 22:10; 히 13:12; 벧전 2:24; 3:18).

3) 육체적 고통 – 영적, 정신적 고통 대문에 육체적 고통은 더욱 심각했다. 가시관, 왕의 긴 옷, 군인들의 멸시와 모욕, 예수님이 하나님의 아들이라는 주장이 그들에게 더욱 화를 불러일으켜 더욱 모멸감을 주고 고통은 못견딜 정도로 심각했다(마 27:29; 사 50:6; 막 15:29).

**개념 1.** 예수님은 말할 수 없는 고통을 우리를 위해 받으셨다. 이 사실이 우리의 가슴을 아프게 하며 예수님의 죽음에 대해 묵상하는 시간을 가지지 않는 것은 가슴 아픈 일이다.

**19절 : 이방인들에게 넘겨 주어 그를 조롱하며 채찍질하며 십자가에 못 박게 할 것이나 제삼일에 살아나리라**

예수님은 삼 일후 죽음에서 살아날 것이라고 말하고 있다.

1. 부활의 예언이 제자들의 마음속에 깊이 들어와 그들은 부활을 영원히 기억해야 된다. 죽음은 마지막이 아니다(딤후 2:8).

2. 부활의 예언은 하나님의 권능을 예표한다. 주님이 부활한 후에 하나님 권능의 영광스러운 사실을 기억하고 제자들의 마음과 가슴속에 강하게 부활이 각인될 것이다.

1) 하나님의 권능은 영광이다(고전 15:55, 57).

2) 하나님의 권능은 승리이다(골 2:15).

3) 하나님의 권능은 모든 악의 세력을 정복한다(롬 8:37-39; 히 2:14-15).

3. 부활의 예언은 하나님의 권능이 그들의 삶에 역사하도록 운동하는 힘을

주시는 것을 예표한다.

1) 용기와 동기를 부여하는 힘을 준다(엡 1:18-19; 딤후 1:7).

2) 자심감과 확신감을 주는 권능을 준다(요 20:26-29).

3) 용기와 담대함을 주는 권능을 준다(행 4:23-24; 딤후 1:1-9).

**20-21절 : 그 때에 세베대의 아들의 어머니가 그 아들들을 데리고 예수께 와서 절하며 무엇을 구하니 예수께서 이르시되 무엇을 원하느냐 이르되 나의 이 두 아들을 주의 나라에서 하나는 주의 우편에, 하나는 주의 좌편에 앉게 명하소서**

야고보와 요한의 어머니가 예수께로 와서 무릎을 꿇고 경배하고 간구하여 부탁하는데 그 동기는 예수님으로부터 어떤 것을 얻어 내려고 했다. 오늘날 우리 교회 안에서도 이런 일이 일어나며 우리 삶속에서도 일어난다. 우리는 하나님이 보답으로 어떤 것을 줄 것이라고 기대하고서 종교석인 게임을 하고 있다. 진정한 경배는 하나님을 찬양하고 이름을 높이는 것이다. 요한과 야곱의 어머니는 천국에서 그의 아들에게 특별한 직위를 줄 것을 부탁했다. 부모들은 일반적으로 그들의 자녀들이 승진하고 명예를 가지기를 원하나 그것이 자녀에 대한 하나님의 특별한 의지를 모른다면 그러한 부모의 욕망은 위험해질 것이다. 하나님은 마음속에 다른 의지를 가지고 있을지 모른다. 즉 자녀의 영광이 아니라 더 중요한 사역이 있을지도 모른다. 그래서 자식에 대한 부모의 바람은 하나님의 의지가 자녀의 삶속에서 이루어지도록 기도해야 한다. 야고보와 요한의 어머니는 예수님이 십자가에 못 박혔을 때 십자가 곁에 있었다. 어떤 사람은 그녀는 예수 어머니 마리아와 자매라고 주장하는 사람도 있고 가까운 친척이기 때문에 아들들을 높은 자리에 앉혀 달라고 부탁했을 것이라고 주장하기도 한다.

그리고 사적인 부탁과 잘못된 야망의 죄를 주목해 보라.

1) 잘못된 야망은 이기적인 추구이며 야고보와 요한은 하나님께 봉사가 아니라 오직 명예가 되는 자리에만 관심이 있다.

2) 잘못된 야망은 위험하며 사람을 이용하는 것이다. 그 아들들은 그들의 어머니를 설득시켜 영향력을 행사하려고 했다. 어머니는 그들의 야망의

도구로 쓰였으며 예수님은 이미 그들의 그릇된 야망에 대하여 책망한 바가 있었다(마18:1-4).

3) 그릇된 야망은 직위와 권리를 행사하는데 잘못된 영향력을 행사한다. 야곱, 요한, 베드로는 주님 중심으로 자기들끼리 내부적 관계를 형성하고 있다. 예수님은 다른 제자에게 허락하지 않는 몇 번의 사건들을 증언할 기회를 그들에게 주었다. 그래서 그 세제자들은 다른 제자들보다 그들이 우월하다고 느끼고 있었다.

4) 그릇된 야망은 자만심으로부터 생긴다. 그들은 더 특별하고 선택받았다고 느꼈으며 그들은 자만심을 가지고 있었다. 그들은 그들의 요구가 완전히 받아들여진다고 기대하고 있었다.

5) 거짓된 야망은 사실들을 오해하게 한다. 야고보와 요한은 예수님의 죽음과 부활을 이해하지 못했다. 그들은 예수님이 죽을 것이라고 말했을 때 아마도 그가 로마 점령군을 뒤엎을 때 일어나는 갈등 같은 것이라고 이해하고 있었다. 그가 'arise(일으키다)'라고 말했을 때 그들은 천국이 세워진다고 생각했다. 그들은 일시적이고 세상적인 권능의 입장에서 생각했으며 그들은 인간을 영적으로 영원히 구원하는 하나님의 아들의 죽음과 부활을 이해하지 못하고 있었다.

**개념 1.** 선하고 건강한 야망도 있고 나쁜 야망도 있다. 좋은 야망은 목적과 의미, 삶에 중요한 의미를 주는 것이며 그것은 더욱더 자존감을 준다. 진정한 내면적 건강한 야망은 다른 사람을 섬기는데서 오는 것이지 직위나 권리로부터 오는 것이 아니다. 나쁜 야망은 거짓된 야망이며 그것은 자기 직위를 상승시키려는 시도이며 사람의 육체와 정신을 파괴시킨다.

**개념 2.** 책임감과 권위를 가진 높은 직위는 잘못된 것이 아니다. 리더십, 조직, 행정, 법은 우리 모두에게 필요하다. 그러나 모든 직위는 사람을 지배하는데 사용되어서는 안 되며 사람에게 봉사하는데 사용해야 한다. 이것이 야고보와 요한의 잘못이다. 가끔 우리도 야고보와 요한의 마음가짐을 갖고 있다. 다른 사람을 리드하려고 하는 것과 섬기는 것은 매우 다르다.

**개념 3.** 야고보와 요한에 관해서 높이 칭찬할 것은 그들은 예수님과 천국에 대한 강한 믿음을 가지고 있었다. 그러나 그들의 야망이 잘못되었다. 예수님은 사람의 인생과 생업을 다스리러 온 진정한 메시아이다. 그들은 예수님의 방법에 대해서 잘못 알고 있으며 예수님은 영적으로 일을 하시려고 하는 것이지 군사적으로 일을 하고자 하지 않는다.

**개념 4.** 야고보와 요한은 예수님을 떠나와서 시골로 가고 있었으며 삼일 동안 예수님과 함께 괴로워했다. 지금 그들은 그 시련이 끝났다고 생각하고 있다. 예수님은 그들의 믿음에 대하고 보답하려고 하고 있었다. 우리 모두 마찬가지로 예수를 따른다는 것이 어떤 의미인지 잘못 이해하고 있다. 예수님은 우리의 시련을 없애지 않고 그 시련을 이겨나가도록 도와주신다. 그는 고통을 통해서 우리를 구원하신다. 야고보와 요한의 어머니는 살로메였다(마27:56). 재미있는 사실은 살로메는 예수의 어머니 마리아와 자매였다고 한다. 이것은 요한과 야곱은 사촌형제 라는 뜻이다.

> **22절 : 예수께서 대답하여 이르시되 너희는 너희가 구하는 것을 알지 못하는도다. 내가 마시려 잔을 너희가 마실 수 있느냐그들이 말하되 할 수 있나이다**

예수님은 천국에서 리더십에 관한 결정을 행하시는 이는 하나님 아버지이 시며 예수님은 아버지 권위 아래에 있다는 것을 보여 주고 있다. 그러한 상급은 아부에게나 허락되는 것이 아니라 어려운 고난의 시련에도 불구하고 예수님께 대한 언약을 계속 지키는 사람들에게 주어진다.

예수님은 요한과 야고보에게 어떻게 하면 천국에서 큰 자가 될 것인가를 네 가지로 설명해주고 있다.

1) 고통과 죽음을 심사숙고하는 가치— 사람이 큰 자가 되는 것은 훈련을 견 디며 복종하고 자아를 죽이는 고통을 포함한다.

2) 고통의 잔을 마시며 참고 견디는 가치— 이것은 날마다 자기 자신을 죽이 는 의지와 주님의 일을 위해 인내하는 삶을 의미한다.

3) 결단의 가치— 야고보와 요한은 예수님의 물음에 기꺼이 할 수 있다고 대 답했다 위대한 것은 주님을 사랑하고 어떤 희생이 따르더라도 주님의 고 통을 기꺼이 나누며 어려운 도전을 받아들이는 것이다.

4) 예수님을 향한 흔들림 없는 충성심의 가치— 위대한 것은 어떤 고통이 따 르더라도 참고 견디는 인내이다. 야곱과 요한은 잔을 마시겠다고 했다 (눅14:33, 눅9:23-24, 롬8:13, 갈5:24, 빌3:8).

**개념 1.** 우리가 위대해지려면 대가를 치러야 한다. 우리가 하나님이 주시는 왕관을 쓰고자 하 면 쓴 잔도 마셔야 한다.

**개념 2.** 우리가 예수님께 '예(yes)'라고 말할 때 우리는 그 뜻을 알아야 한다. 그것은 예수님을 따르겠다는 강한 결심이 있어야 한다. 그리고 우리는 부활의 권능의 힘을 통해서 모든 것을 할 수 있다.

**개념 3.** 예수님은 그들을 포기하지 않고 쓸모없는 사람들이라고 버리지 않으셨다. 예수님은 그들을 바르게 인도하려고 했으며 진실을 가르치고 계속해서 그들을 사용했다. 여기에서 교훈은 예수님은 우리를 믿고 우리를 귀중하게 여기신다는 것이다(딤전1:12).

> **23-28절 :** 이르시되 너희가 과연 내 잔을 마시려니와 내 좌우편에 앉는 것은 내가 주는 것이 아니라 내 아버지께서 누구를 위하여 예비하셨든지 그들이 얻을 것이니라 열 제자가 듣고 그 두 형제에 대하여 분히 여기거늘 예수께서 제자들을 불러다가 이르시되 이방인의 집권자들이 그들을 임의로 주관하고 그 고관들이 그들에게 권세를 부리는 줄을 너희가 알거니와 너희 중에는 그렇지 않아야 하나니 너희 중에 누구든지 크고자 하는 자는 너희를 섬기는 자가 되고 너희 중에 누구든지 으뜸이 되고자 하는 자는 너희의 종이 되어야 하리라 인자가 온 것은 섬김을 받으려 함이 아니라 도리어 섬기려 하고 자기 목숨을 많은 사람의 대속물로 주려 함이니라

1. 진정으로 위대한 것은 무엇인가(4가지)?

 1) 영원히 위대하고 큰 이는 하나님뿐이시다. 사람에 의해서 위대하다는 것은 피상적이며 그것은 직위나 명예가 아니다.

  (1) 예수님은 어떤 사람들은 그의 오른편에, 어떤 사람은 그의 왼편에 앉는다고 말씀하시고 있다. 하나님은 어떤 사람에게 명예를 주기 위해 준비하고 있으며 이것이 천국의 영광을 향하여 나아가는 것과 같다.

  (2) 예수님은 그와 함께 통치하는 권한은 하나님만 결정하는 일이라고 말씀하신다(마10:27, 요12:26, 요13:14, 고전6:20, 고전7:22, 골3:24).

 2) 위대함은 남을 지배하는 것이 아니다. 제자들은 메시아의 왕국은 지상의 권위와 이스라엘 국가를 회복하는 것이라고 아직도 생각하고 있다. 열두 명의 제자 가운데 열명은 요한과 야고보가 가장 높은 자리를 요구하는 것을 듣고 매우 분개하고 있다. 그들은 그런 악하고 이기적인 태도 때문에 성내는 것이 아니라 그들의 미래에 대해 몹시 염려하고 있기 때문

이다. 위대함에 대한 세상의 견해는 두가지이다.

(1) 외부적인 견해 – 권력, 명성, 권위, 지배적 직위에 의해서 측정되는
견해

(2) 내면적인 견해 – 건강, 일하는 능력, 목표 성취와 같은 것에 의해
측정되는 것, 세상 사람들은 세상적으로 위대함을 추구하고 있다
(잠 17:19; 마 23:12; 요 5:44).

3) 큰 자(위대한 것)는 남을 섬기는 자이다– 위대한 자 중에서 가장 큰 자는
사유로운 종이 아닌 매여 있는 하나님의 종으로 사는 사람이다. 여기 표
현에 차이가 있는데 "너희 중에 누구든지 크고자 하는 자는 너희를 섬기
는 자가 되고 너희 중에 누구든지 으뜸이 되고자 하는 자는 너희의 종이
되어야 하리라"라고 말씀하신다.

제자들 가운데 남을 섬기는 자는 크게 되고 종처럼 섬기는 사람은 으뜸이 된
다. 종은 매순간 삶에서 주님께 매여있는 사람이며 섬긴다는 말은 봉사한다는
뜻이다. 모든 성도들이 똑같은 열심을 가지고 봉사하는 것은 아니다(마 10:42; 눅
22:26; 요 13:14; 엡 6:7; 히 12:28).

4) 진실로 큰 자(위대한 자)는 세가지 행동면에서 예수님에 의해서 설명되고
있다.

(1) 하늘에서 이 세상에 내려오는 행동 – 즉 인자가 오는 것, 성육신은
하나님 아들이 사람이 되는 것을 말한다.

(2) 이 세상에 아서 시역하는 행동 – 그는 섬기기 위해 온 것이지 섬김
을 받기 위해 온 것이 아니다. 예수님은 가장 비천한 존재로 취급(말
구유에서 태어나 십자가에서 죽음)되었고 그는 머리 둘 곳이 없는 분이셨
다. 3년간 인간을 구원하시려고 사역하시다가 십자가에서 죽었다.
그는 모든 사람의 종이 되었고 하나님은 그를 가장 높이 칭찬하셨
다(빌 2:8).

(3) 그가 많은 사람을 위해 죄값으로 그의 생명을 내놓는 행동은 가장
위대한 행동이다. 그는 희생 제물이 되었으며 우리를 위해 죄값으

로 자기 생명을 포기했다(고전 5:7; 고후 5:15; 고후 5:21; 갈 3:13; 히 7:27; 히 9:13-14; 벧전 1:18-19; 계 1:5).

결론은 진정한 리더는 섬기는 마음을 가지며 다른 사람의 가치를 높이 평가하고 필요한 일을 보면 주저없이 솔선수범하는 사람이다. 속전(ransom)은 속박되어 있는 노예를 해방시키기 위해 값을 치루고 해방시키는 것을 말하며 예수님은 제자들에게 그는 죽을 것이라고 말하고 인간의 죄를 위해 죽는다는 것을 말한다. 제자들은 예수님이 살아 있는 동안은 그가 그들을 완전히 구해줄 것이라고 생각하고 있었는데 그러나 예수님은 죽음만이 그들을 구하고 세상을 구한다고 밝히고 있다.

> **29-30절 : 그들이 여리고에서 떠나 갈 때에 큰 무리가 예수를 따르더라 맹인 두 사람이 길가에 앉았다가 예수께서 지나가신다 함을 듣고 소리 질러 이르되 주여 우리를 불쌍히 여기소서 다윗의 자손이여 하니**

예수님이 여리고를 떠날 때 유월절을 축하하기 위해 많은 순례자들이 예루살렘으로 가고 있었다. 유명한 유대 역사학자 요세푸스는 해마다 2~3백만이 해마다 이 절기에 참가한다고 추산했다. 이때도 엄청난 군중들이 예수님을 따라갔을 것이다. 예수님의 사역에 왜 그렇게 많은 군중들이 따랐을까? 거기에는 몇 가지 이유가 있다.

1. 그들은 예수님이 필요했기 때문에 따라갔으며 예수님이 그들에게 큰 도움을 줄 것이라고 믿고 따랐다.

2. 그들은 예수님에게로부터 무엇인가 얻을 수 있다고 믿었기 때문에 따랐다. 그를 따른다는 것은 어느 정도 물질적 외향적인 욕망을 채울 수 있었기 때문에 따랐다.

3. 어떤 사람들은 호기심으로 따랐다.

4. 어떤 사람들은 예수님이 유토피아와 개인적, 국가적 성취를 가져다준다고 믿었기 때문에 따랐다. 즉 그는 진정한 메시아이며 영생을 준다고 기대하고 따랐다.

예수님이 그 도시를 걸어서 나올 때 두 맹인이 길가에 앉아 있었다. 그 맹인들은 예수를 다윗의 자손이라고 불렀다. 왜냐하면 메시아는 다윗의 후손이 될 것이라고 유대인들은 믿고 있었다. 마태는 두 맹인이라고 표현하지만 마가복음과 누가복음에서는 단지 한 맹인이라고 표현하고 있다(행 9:6-7). 이들 눈먼 거지들은 예수님이 오랫동안 기다려 왔던 메시아라는 것을 깨닫고 있었던 반면, 예수의 기적을 목격했던 종교 지도사들은 예수님의 정체성에 장님이었다. 진실로 눈을 뜨게할 수 없다고 믿었으며 당신도 눈으로는 보아도 마음으로 보지 못하면 역시 똑같은 맹인이나.

이 맹인에 대하여 세 가지 언급할 점이 있다.

1) 그들은 간절한 심정이었으며 그들은 눈도 멀고 신체적으로 나약함 때문에 고통받고 있었다.
2) 그들은 늘 함께 있으며 그들은 긴밀한 유대감을 가진 동반자이자 친구이다. 그들은 함께 앉아서 서로 이야기하고 함께 행동한다.
3) 그들은 예수님이 지나가는 곳에 함께 앉아 있다.

**개념 1.** 그 두 사람은 함께 고통받고 똑같이 행동하고 있다. 공통적인 어려움에 대하여 슬퍼하지 않고 서로 격려하며 공통 경험을 서로 나눔으로써 이익을 얻고 있다. 크리스천의 우정도 같이 기도하며 같이 예수님께 나아가고 예수님과 유대감을 가져야 한다(마 18:10).

**개념 2.** 궁핍하고 절망적인 사람들은 예수님이 계시는 곳에 늘 함께 있어야 할 필요가 있다. 그들은 예수님의 목소리를 들을 수 있는 곳에 앉아 있을 필요가 있다. 사람은 큰 소망과 희망을 가져야 하나 거기에는 조건이 있다. 그들은 예수님의 목소리가 들리는 곳에 있어야 한다. 그렇지 않으면 그들은 예수님을 놓칠 것이다. 절망적인 사람들은 예수님이 지나갈 때 기회를 잡음으로써 구원받을 수 있다. 그러나 항상 주의를 게을리 하지 않고 민감한 상태가 필수적인 요건이다. 이 두 사람은 군중들의 대화와 발자국 소리를 듣고 있다. 군중들의 발자국 소리를 듣고 민감한 귀를 가지고 무엇이 일어나는가를 다른 사람들의 대화를 듣고 사태를 파악할 수 있었다.

**개념 3.** 간절한 사람은 예수님이 어디로 가며 무슨 말을 하는지 귀를 기울임으로써 예수님이 있는 곳을 알 수 있다. 그 사람에게 가장 중요한 한 가지는 기회를 잡는 것이다. 기회가 지나가도록 해서는 안 된다. 예수님이 계시는 곳을 보거나 들으면 우리는 그곳을 찾아가야 한다. 그가 어디 있는지 정신을 집중하지 않으면 영원히 기회를 놓치게 된다.

1. 우리에게 기회가 좀처럼 오지 않는 이유

 1) 우리가 우둔하고 마음 문을 열지 않고 둔감하고 관심이 없고 수동적이 되면 우리는 있는 현실을 그대로 받아들이기 시작하며 팔자타령을 한다.

 2) 더 편리한 때가 다시 저절로 오지 않으며 의도가 좋으면 즉각적인 결심이 필요하다(행 17:32). 바울이 설교를 많이 했으나 몇 명만이 감동을 받고 우리도 이 주제에 대해서 다시 듣기를 원하나 그들을 다시 듣지 못했다. 예수님은 우리에게 다시 나타나지 않을 것이며 나타난다해도 처음과 똑같은 권능으로 나타나지 않을 것이다(행 17:27; 시 105:4; 사 55:6).

2. 절망적인 사람은 자비를 간구함으로써 구원을 받을 수 있다. 두 장님이 자비를 구함에 있어 주목할 점이 세 가지 있다.

 1) 그들은 예수님을 잘 알지 못하고 있으며 그들은 장님이었다. 그러므로 그들은 예수님을 알고자 여기저기 다닐 수도 없고 알 수도 없었다. 예수님에 대한 지식은 들었음으로 알 수 있었다.

 2) 그들은 그가 메시아이며 다윗의 약속된 자손이라는 것을 믿었다. 그는 그들을 도와줄 것이며 구원할 능력이 있다고 믿었다.

 3) 그들은 활기차게 소리 높여 자비를 구했으며 장애물이 많았다. 많은 군중들, 시끄러운 소리, 맹인의 신분, 예수님께 다가가는 어려움, 그들을 멸시하는 사람들 어려움이 많았다. 그러나 두 가지가 달랐다. 그들은 간절한 마음을 가지고 확고하게 예수님을 믿었다. 그들은 그들이 가지고 있는 믿음과 지식에 따라 결단력 있게 행동했다. 자비를 구하는 중요한 두 가지 요소가 있었다. 그들은 자비 자체를 크게 부르짖었다. 그들은 예수님께 나아가려면 어떻게 나아가는지 다른 사람에게 묻지 않았다. 그들은 단지 자비만 부르짖었다. 그들은 가난하고 거지였으나 그들은 옷이나 음식, 집을 구하지 않고 만나는데 가장 기본적인 것 즉 자비를 부르짖었다(눅 1:50; 18:13-14; 엡 2:4-5; 시 27:7; 엘 2:13; 미 7:8).

**31-32절 : 무리가 꾸짖어 잠잠하라 하되 더욱 소리 질러 이르되 주여 우리를 불쌍히 여기소서 다윗의 자손이여 하는지라 예수께서 머물러 서서 그들을 불러 이르시되 너희에게 무엇을 하여 주기를 원하느냐**

간절한 사람들이 계속 자비를 부르짖음으로써 구원받을 수 있었다.

1. 간절한 사람은 반대를 무릅쓰고 꾸준히 계속해서 부르짖어야 한다. 예수님이 응답할 때까지 상애물과 투쟁해야 한다. 이 두 사람이 우리들에게 참을성을 가르쳐주고 있다. 군중들이 그들을 예수님께 가까이 가지 못하도록 방해하고 꾸숭하곤 했다. 그러나 군중들은 그들을 멈추게 할 수 없었다. 그래서 그들은 더 크게 소리 질렀다. 열렬함과 간절한 감정이 그들 육체를 통해 흘러넘쳤다. 어떤 것도 그들을 멈출 수 없었다. 그들은 너무 간절해서 이 기회가 다시 오지 않을 것 같아 더욱더 목청을 높여 소리치면서 군중들을 밀치고 밀시직으로 예수님께 접근하려고 했다.

> **개념 1.** 우리가 예수님을 따를 때 많은 방해물이 있다. 외적, 내적 방해물이 있다. 때때로 우리 스스로가 방해하고 다른 사람이 방해하고 때때로 환경이 방해한다.
> **개념 2.** 방해는 투쟁으로 극복된다. 우리는 방해에 항복해서는 안 된다. 우리는 그 방해를 극복하고 그 방해를 이용해야 한다. 시련은 우리의 믿음을 강하게 하고 성장시키는 데 사용된다. 우리가 영광의 소망도 즐거워할 뿐 아니라 시련의 기쁨도 함께 즐기는 이유이다(롬 5:2-4).

2. 간절한 사람은 예수님이 응답할 때까지 버텨야 한다. 끝까지 인내함은 주님의 시선을 언제나 잡게 된다. 예수님은 장님이 무엇이 필요한지 알고 있었으며 그는 그들의 외침을 들었을 뿐 아니라 그들이 인내심을 경험하기를 원했다. 왜 예수님은 끝까지 버티는 인내심을 가르치는가?

  1) 인내는 우리의 믿음을 강하게 하고 성장시킨다(롬 5:2-4).

  2) 인내는 우리를 강하게 만들고 우리 자신을 뒤돌아보게 하고 결단력 있게 만든다.

  3) 인내는 더 신중하게 생각하도록 만들고 진실과 필요에 대해 더 묵상하고 탐구하게 만든다.

  4) 인내는 우리를 더 기도하게 하고 하나님을 더 사모하도록 만든다. 우리

힘으로는 아무것도 할 수 없다는 것을 알게하고 하나님의 임재와 도움이 필요하다는 것을 알게 한다.

5) 인내는 그의 사역과 예배의 한 부분이라는 것을 일깨워 준다. 인내심은 우리가 필요한 것이지 하나님이 필요한 것은 아니다. 하나님의 일을 한다는 것은 하나님이 우리에게 허락하신 특권이다.

6) 인내는 더 많은 사람들이 하나님의 권능을 알게하도록 더 많은 시간을 허락한다. 인내는 하나님을 알게하는 더 큰 증언자이다(마 7:7; 신 4:29; 암 5:4).

**개념 3.** 이것은 교회를 위해 중요한 가르침이다. 가끔 가난한 사람과 가장 도움을 받을 사람이 교회 내에서 무시되고 거절되며 교회에 의해서 필요 없는 존재로 여겨진다. 그들은 게으르고 교회에 도움이 안 된다고 여겨지며 가난한 사람들과 도움이 필요한 사람들은 교회 내에서 불안을 느끼게 된다. 우리 주님은 누구든지 사람을 거절하지 않는다.

## ▌ 33절 : 이르되 주여 우리의 눈 뜨기를 원하나이다

예수님은 예루살렘 가까이 오는것에 염려되었지만 그는 멈추어 장님의 눈을 뜨게 해줌으로써 섬김에 대해서 제자들에게 말했던 것을 보여 주었다. 절망적인 사람은 예수님에게 큰 요청을 구함으로써 구원받을 수 있다. 그들은 어떤 사람인가?

1) 그들은 가난한 거지였다. 그들에게는 전혀 끌리는 점이 하나도 없다.

2) 사회도 그들을 외면하고 군중들조차도 그들을 밀쳐내어 예수님께 접근하는 것을 막았다.

3) 그들은 예수님을 따르고 믿은 적이 없었으며 그들은 예수님의 설교를 들어 본 적도 없었다. 그들은 예수님을 전혀 알지 못했다.

## ▌ 34절 : 예수께서 불쌍히 여기사 그들의 눈을 만지시니 곧 보게 되어 그들이 예수를 따르니라

절망한 자들은 예수님의 만지심과 긍휼로 구원될 수 있다. 무슨 일이 있었는가?

    1) 예수님은 긍휼을 가지신 분이며 그들이 도움을 요청하자마자 예수님의 긍휼이 즉시 나타났다.

    2) 예수님은 그들의 눈을 만졌다. 예수님은 동정심과 감정을 표현하는 그 이상의 행동으로 손을 뻗어 직접 만지셨다.

    3) 예수님은 그들을 고치시고 그들은 즉시 하나님의 권능과 사랑을 경험하게 되있다(히 7:25; 히 11:6; 잠 3:5).

**개념 1.** 사람들은 기도하고 부르짖음으로 응답받는다. 그들은 두 가지 이유 때문에 그들의 필요를 얻게 되었다.

    1) 그들은 예수, 즉 메시아를 믿고 그의 권능을 믿었다.

    2) 그들의 믿음이 꾸준했다. 그들은 다른 사람과 환경이 예수님을 못 만나도록 방해하는 것을 스스로 이겨 나갔으며 예수님은 자비를 베풀었고 그들은 그의 제자가 되었다.

그리고 제자가 된다는 의미는,

    1) 예수님을 알려고 따라 다닌다(눅 9:23; 요 10:27; 12:26; 엡 5:1; 골 2:6).

    2) 그들은 예수님의 증인이 되기 위해 따라다닌다(롬 15:6; 고전 6:20; 살후 1:12; 히 13:15; 벧전 2:9).

**개념 1.** 감사에 대한 가르침이 여기에 있다. 그 사람들은 최대한 감사를 표시했으며 예수님의 은혜, 사랑, 자비 그리고 권능의 증인이 되었다. 많은 사람들은 은혜를 입고도 감사하지 않으며 많은 사람은 그들이 원하는 것을 얻고도 하나님의 은혜를 곧 잊어버린다.

# 마태복음 21장

**1절 : 그들이 예루살렘에 가까이 가서 감람 산 벳바게에 이르렀을 때에 예수께서 두 제자를 보내시며**

여리고를 떠나 맹인을 고치신 후 예루살렘 가까이 가서 벳바게와 베다니 마을에 이르렀다. 그리고 예수님은 마지막 주를 예루살렘에서 시작했다. 예수님은 잠잘 곳을 위해 친구들에게 의지해야만 했으며 인자는 머리 둘 곳이 없다고 했다(눅 9:58). 그는 걸어서 예루살렘에 도착했다. 그는 말이나 당나귀, 낙타 등 교통수단이 없었으며 그는 원하는 대로 갈 수 있는 발 밖에 갖지 못했다. 예수님의 관심은 물질에 있는 것이 아니며 그의 얼굴은 세상을 구원하는 것에만 항상 향하고 있었다. 그는 세상 끝까지 세상일에 흔들리지 않고 그의 목적에만 몰두했다.

　　1) 예수님은 벳바게에서 그의 마지막 주간을 시작했다.

　　2) 예수님은 두 제자에게 특별한 임무를 맡겨 보냈다.

**2-5절 : 이르시되 너희는 맞은편 마을로 가라 그리하면 곧 매인 나귀와 나귀 새끼가 함께 있는 것을 보리니 풀어 내게로 끌고 오라 만일 누가 무슨 말을 하거든 주가 쓰시겠다 하라 그리하면 즉시 보내리라 하시니 이는 선지자를 통하여 하신 말씀을 이루려 하심이라 일렀으되 시온 딸에게 이르기를 네 왕이 네게 임하나니 그는 겸손하여 나귀, 곧 멍에 메는 짐승의 새끼를 탔도다 하라 하였느니라**

예수님과 제자들이 감람산 기슭에 위치한 벳바게 근처까지 왔을 때, 두 제자가 예수님의 지시를 받고 나귀와 새끼 나귀를 그 마을에서 가져왔다. 마태는 나귀와 망아지를 언급하고 있지만 다른 복음서에서는 단지 망아지만 언급하고 있다. 이것은 똑같은 사건이었으나 마태는 스가랴 9장 9절 예언의 말씀에 초점을 맞추고 있으며 여기에 나귀와 망아지가 나온다. 그는 예수님의 행위가 예언자의 말씀이 어떻게 현실화 되었는지 보여 주고 있다. 예수가 나귀와 망아지를 타고 예루살렘으로 입성할 때 그는 겸손함과 메시아의 신실함을 보여 주었다. 주님은 어떤 목적을 가지고 예언을 실행에 옮겼다.

1. 예수님은 두 제자에게 나귀와 망아지를 확보하기 위해 마을로 보냈다. 그는 아마도 다른 제자들로부터 두 동물을 빌렸을 것이다. 동물을 빌리러 가게 만드는 세 가지 중의 한 가지 일이 일어났다.

  1) 그 사람은 동물을 빌려 가도록 허락한 제자인것 같다. 주님은 믿지 않는 사람을 사용할 때는 강한 표현을 한다.

  2) 주님은 동물을 빌려 가도록 주인과 사전에 이야기를 해 두었던 것 같다.

  3) 주님은 더욱더 메시아 되심을 보이기 위해 그의 전지전능함을 보였다. 그는 동물이 어디에 있는지 정확하게 알고 있었으며 빌려줄 것이라는 것도 확실히 알고 있었다.

중요한 것은 모든 사건을 통해서 나타난 예수님의 권위와 권능이다.

**개념 1.** 주님의 모든 미션, 즉 작든 크든 모든 사역은 중요하다. 동물을 가지러 가는 것은 작은 일이지만 예수님을 왕으로 선포하는 것은 중요한 일이다.

**개념 2.** 한 제자가 나귀를 빌리려 보내졌다. 예수님은 이 세상 물건은 가진 것이 하나도 없다. 나귀를 타고 메시아가 도시로 들어간다는 예언의 말씀을 이루기 위해 예수님은 나귀를 빌려야만 했다. 우리는 살기 위해 물질을 가져야 된다고 하면서 얼마나 물질적으로 살고 있는가? 우리는 세상 물질 없이 사역을 효과적으로 할 수 없다고 생각한다(고후 8:9).

**개념 3.** 메시아 선포가 위험에 처했을 때 예수님은 어떤 것도 방해 못하도록 하셨다. 그는 예언을 실천하기 위해 나귀 한 마리도 없었으며 그래서 그는 한 마리를 빌리려 했다. 그러한 결심과 흔들림 없는 목적이 그가 메시아라는 것을 선포하는 데 우리를 동요하지 못하도록 하고 있다.

예수님은 예루살렘 입성에 상세히 준비해야 할 이유를 가지고 있으며 스가랴 9:9의 예언을 성취하려고 하고 있었다.

그 예언은 네 가지를 말하고 있다.

1) "시온의 딸들아 기뻐하라"(Rejoice greatly, o daughter of Zion(Jerusalem).)예루살 렘은 세 번이나 경고가 주어지고 있다.

2) "보라, 너희 왕이 네게 임하신다."(See, your king comes to you.) 이것은 첫 번 째 주의이다. 기대된 대로 예루살렘 왕이 오고 있다. 사람들의 기대는 정 확하게 맞았다. 그러나 그 기대 속에 위험이 있었으며 우리 자신의 마음 이 너무 들떠서 실지로 발생하는 사건을 놓친다. 너무 지나친 기대는 기 대하고 있는 것과 다르게 그 일이 발생할 때 그 사건을 놓치게 되고 잘못 이해하게 된다.

3) "겸손하게 오신다."(your king comes gently.) 이것은 두 번째 경고이다. 메시 아는 통치하는 구주로 오지 않고 조용히 온다. 그는 인간의 마음과 영적 삶과 영원한 삶을 위해 오는 것이며 우리가 외형적으로 물질적으로 얻기 위해 오지 않는다(엡 1:3).

4) "너희 왕은 나귀를 타고 오신다." 이것은 세 번째 경고이다. 메시아는 흰 말을 타고 정복자로 오지 않고 나귀를 타고 평화의 왕으로 오신다. 그는 평화를 통해 이 세상을 구원하기 위해 오신다. 전쟁과 보복과 미움이 아 니라 타락한 세상을 회복하게 하기 위하여 오신다(엡 2:13-18).

예언을 성취하기 위해 예수님은 오신다. 이것은 예수님이 오시기 전 수세기 동안 예언된 하나님의 의지인 것이며 하나님은 그의 아들이 메시아임을 분명히 선포하여 사람들이 그가 하는 일을 잘못 받아들이지 않게 하기 위함이다.

**개념 4.** 예수님은 하나님의 아들 메시아임을 주장했다. 그는 계획적으로 하나님의 의지를 실 천하고 있으며 그는 너무나 분명하게 설명하고 있어 사람들은 그의 주장을 잘 알 수 있었다. 우리는 그의 주장을 받아들이기도 하고 받아들이지 않기도 한다. 그는 의도적으로 예언을 성 취시킴으로써 우리는 지금 의도적으로 그를 받아들이거나 또는 의도적으로 그를 배척한다(눅 1:78-79; 2:13-14; 요 14:27; 16:33; 롬 5:1; 14:17; 골 1:20).

**개념 5.** 우리가 알아야 할 두 가지 사실은

1) 예수님은 정의를 실현하기 위해 온 것이 아니라 죄의 용서를 통해서 사람을 영적으로 구원하기 위해 왔다. 십자가에 죽음으로써 하나님과 인간을 화해하는 평화의 메신저로서 왔다.

2) 예수님은 구원받았거나 구원받지 않았거나 모든 사람 가운데 심판관으로 다시 올 것이다.

**6-7절 : 제자들이 가서 예수께서 명하신 대로 하여 나귀와 나귀 새끼를 끌고 와서 자기들의 겉옷을 그 위에 얹으매 예수께서 그 위에 타시니**

제자들은 예수님께 존경의 마음을 표현했으며 상황이 불확실함에도 불구하고 예수님이 부탁한 것을 정확하게 행하였다. 그들은 타고 갈 동물을 사거나 빌릴 돈이 없었다. 그들은 무엇 때문에 그 동물이 필요한지 동물주인에게 질문을 받았으며 그 동물을 탈 수 있는 안장이 없었으며 그들은 예수님이 불편할까 염려했다. 그래서 그들은 자기들의 겉옷을 벗어 동물등에 올렸다. 이것은 존경의 표시이며 예수님을 따라갈 때 그 사람들이 어렵게 살고 있어서 옷이 별로 없는데도 불구하고 나귀 등에 그들의 옷을 벗어 얹어 주는 것은 쉬운 일이 아니었다. 그 옷은 말등 위에서 더럽혀질 것이며 냄새가 날 것이다. 그러나 그들은 이런 행동을 통해서 존경심을 표시했다.

요점은 예수님은 왕의 권리와 위엄을 나타내고 있었다. 왕의 신분으로 나귀를 타고 평화의 왕으로 입성하는 것은 가장 겸손한 행동이다. 정복자의 흰 말을 타는 대신에 어린 망아지를 타는 것은 하나의 큰 상징이며 외형적, 물질적 왕국을 부인하고 있다. 전쟁이 아니라 평화를 통해 예루살렘과 세계를 구원하기 위해 오셨다.

**개념 1.** 여기에 세 가지 분명한 교훈들이 있다.

1) 우리는 그의 명령에 복종함으로써 주님께 경의를 표해야 한다. 제자들은 때때로 이해가 되지 않았으며 때때로 당황하기도 했다. 그러나 우리는 두 제자처럼 믿고 복종해야 한다(요 14:21; 15:10, 14; 요일 3:22; 삼상 15:22).

2) 우리는 우리가 가진 최상의 것을 줌으로써 주님께 경의를 표해야 한다. 예수님은 모든 것을 받을 만한 가치가 있는 분이며 우리는 우리의 최상의 옷일지라도 필요하면 그에게 모두 드려야한다(마 19:21; 막 10:28; 눅 5:27; 14:33; 빌 3:8).

3) 우리는 우리의 옷을 벗어 줄 때 그리스도께 존경을 표시하며 드려야 한다. 그것이 가장 고귀한 사역이며 큰 상급을 확신해 준다(마 25:34-36). 오래되고 쓸모없는 옷을 주는 것과 새 옷을 사서 주는 것에는 차이가 있다. 제자들은 입고 있는 옷을 벗어 주었다. 그것은 고귀한 사역이며 큰 보상을 받게된다(눅 21:1-4).

> **8-9절 : 무리의 대다수는 그들의 겉옷을 길에 펴고 다른 이들은 나뭇가지를 베어 길에 펴고 앞에서 가고 뒤에서 따르는 무리가 소리 높여 이르되 호산나 다윗의 자손이여 찬송하리로다 주의 이름으로 오시는 이여 가장 높은 곳에서 호산나 하더라**

예수의 영광이 온 땅에서 복음으로 퍼져나가고 예수님은 담대히 자기 자신을 왕으로 선포하고 군중들도 기꺼이 그와 함께 따라갔다. 어떤 사람들은 정치적인 압력에 굴복하고 바로 며칠이 안 되어 그를 버렸다. 오늘날 우리는 종려주일에 이 행사를 축하한다. 그날에는 예수님을 위한 피상적인 환호를 하지 말고 우리는 진심으로 주님을 환호해야 한다. 예수님은 의도적으로 군중들의 존경심을 받아들였으며 군중들은 죽은 나사로를 살린 그를 찾아서 이른 아침부터 모여들기 시작했다. 사람들이 너무 많이 모여서 바리새인들도 세계 사람들이 다 모였다고 말하고 있다(요 12:17-19). 예수님과 이미 동행하고 있는 많은 제자들과 마차와 함께 참가하는 유월절에 올라가는 많은 순례자들이었었다. 그의 기적과 그의 임재에 대하여 들었던 베다니와 벳바게 사람도 있었으며 예루살렘에 이미 도착해 있는 사람, 그를 앞 다투어 찾는 시민과 순례자들도 있었다.

1. 유월절에는 해마다 보통 2~3백만 명이 모여들었다(마 26:2). 메시아가 나타날 것이라고 믿고 종교 지도자들 역시 많이 모여들었다.

2. 예수님의 기적 즉 죽은 나사로를 살린 소문을 듣고 예루살렘과 그 도시 주

변 사람과 도시 전체에 예수님의 소문이 퍼졌다(요 11:55~56). 분위기는 예수가 하나님의 약속된 메시아라는 흥분된 소문으로 충격적이었으며 많은 군중들은 그를 만나기 위해 예루살렘 주변에 모여들기 시작했다. 그리고 그가 오고 있다는 소식을 들었을 때 그를 환영하는 인파는 너무 많아서 그보다 앞서가는 사람을 따라가면서 메시아를 외치는 사람들로 가득 찼다. 군중들은 두 가지를 했다.

1) 그들은 그를 왕으로 받아들였고 왕이 입성할 때는 항상 이렇게 사람들이 모여들었다. 그들은 옷을 벗고 나뭇가지를 꺾어 그가 가는 길에 펼쳐놓았다. 그들은 그를 왕으로 존경하고 경의를 표했으며 약속된 이스라엘 왕으로 맞이하고 있었다.

2) 그들은 그를 메시아로 받아들였다. 그들은 호산나로 외치면서 구원자로 받아들였으며 다윗의 자손이라고 불렀다(눅 7:21~23). 그들은 주의 이름으로 오는 이는 복이 있다고 외쳤다. 이것은 자기 국민을 구하기 위해 하나님이 보내는 축복받은 사람이며 하나님의 권위를 가지고 보내어진 사람이라는 뜻이다.

3) "가장 높은 곳에 호산나!"라고 외쳤으며 가장 높은 곳에 있는 그분이 보내신 아들을 통해서 지금 구원하고 있다.

**개념 1.** 우리가 알아야 할 몇 가지 중요한 교훈은?

1) 우리는 예수 그리스도를 왕으로 선포해야 한다. 그는 우리의 삶 속과 마음속에 왕으로서 우리의 삶을 다스리는 분이라고 선포해야 한다. 도대체 왕이 온다는 것은 무슨 의미인가? 그리스도 당시 사람들은 그를 지상의 왕으로 받아들이기를 원했다. 그들은 그가 가진 권위와 권능을 받아들이기를 원했으며 그들의 마음속에는 영적 통치, 삶의 통치에 대해서 전혀 생각하지도 않았다. 그들은 외형적이고 물질적인 이익을 원했다. 우리도 곤궁에 처할 때 그의 왕권을 원하지만 우리의 삶을 다스리는 왕권과는 아무런 관련이 없다고 생각한다. 우리는 영적 구원을 받아들이지 않으면 이 지상의 구원은 생각할 수 없다.

2) 모든 사람이 "호산나, 지금 구원 하소서!"라고 외쳐야 한다(고후 6:2).

3) 우리는 두 가지 고백을 해야 한다.

   (1) 그리스도는 주라는 이름으로 오신 복 있는 분이시다.

   (2) 가장 높은 곳에 호산나: 구원은 하나님이 보내신 그리스도를 통해서 온다(요 1:49; 18:37; 고후 6:2; 딤전 6:15; 딛 2:11-12).

4) 예루살렘에는 사람들의 질문이 많았고 온 도시는 소동이 일어났으며 요한은 온 세계가 그를 추종했다고 말하고 있다(요 12:19).

   (1) 로마 점령자들은 폭동이 일어날 것이라고 느꼈다.

   (2) 헤롯당들은 나라가 전복되어 그들의 권력을 잃어버릴까 두려워했다.

   (3) 바리새인들은 악의와 질투를 심하게 느꼈다.

   (4) 일반 사람들은 자유의 해방된 날이 마침내 이루어졌다고 느꼈다.

## 10-11절 : 예수께서 예루살렘에 들어가시니 온 성이 소동하여 이르되 이는 누구냐 하거늘 무리가 이르되 갈릴리 나사렛에서 나온 선지자 예수라 하니라

예루살렘에 있는 사람들의 질문이 쇄도했으며 도시 전체가 떠들썩 했다. 그리고 온 세상이 그를 따른다고 요한은 말하고 있었다(요한 12:19).

예수께서 태어났을 때 동방박사들이 예루살렘을 방문할 때 소동이 일어났던 것처럼 예수님으로 인하여 또 다시 큰 소동이 일어났다. 예루살렘에 있는 종교 지도자들이 "이는 누구냐?"라고 묻자 군중들은 갈릴리 나사렛에서 온 선지자 예수라고 대답하였다. 하나님 아들 메시아라고 주장하는 분이 자신의 주장을 증거하기 위해 예루살렘에 나타나셨다. 그리고 예수 그리스도의 오심은 우연이 아니라 하나님이 원래 의도하셨던 계획이며 오랫동안 기다려 왔던 그분이었다.

## 12절 : 예수께서 성전에 들어가사 성전 안에서 매매하는 모든 사람들을 내쫓으시며 돈 바꾸는 사람들의 상과 비둘기 파는 사람들의 의자를 둘러 엎으시고

교회, 즉 성전은 상업적으로 이용되는 장소가 되어서는 안 된다. 성전 정화는 예루살렘에 승리로운 입성 후 그 다음 날 즉 월요일에 행해졌다(막 11:11). 예수님이 입성하시는 날에는 길 양편에 수천 명이 줄을 지어 모여 있었으며 군중들로부터 나귀를 타고 가면서 환영을 받을 때 그는 성전 바로 계단 앞에 이르렀다. 그는 성전에 들어가면서 주위를 둘러보고 어떤 일이 일어나는지 눈여겨 보고 있었다. 그는 모든 부패된 광경을 관찰하면서 옆으로 비켜 멈추어서 얼마동안 가슴이 메어지듯이 괴로운 마음이었다. 그는 주일 저녁을 보내기 위해 베다니로 다시 돌아왔다. 그가 월요일 아침에 일어났을 때 그는 성전의 신성함을 더럽힌 사람들을 몰아내기 위해 성전으로 돌아왔다. 우리 주님이 살아 있는 마지막 수 농안 성전에 관해 네 가지 주목할 부분이 있다.

1. 예수님은 성전 안에서 그의 사역을 끝낸다. 즉 그의 아버지 집, 기도하는 집, 주님의 임재가 특별한 방법으로 머무는 곳, 그곳이 성전이다. 그는 지상의 마지막 생을 마감하려고 하며 하나님의 뜻을 완성하는 영광스러운 미지막 사역이었나. 성전에 홀로서서 모든 일이 일어나고 있는 일을 관찰하면서 매우 깊은 사색에 잠겼다. 하나님 아버지에 대한 묵상, 그가 인간의 죄를 위해 치러야할 크나큰 희생, 성전에서 일어나고 있는 모든 부패, 하나님께 드리는 예배와 경배 등 여러 생각에 사로잡혀 있었다. 그의 마음은 하나님께 더욱 가까이 끌려갔으나 마음속에는 가슴이 메어지고 눈물이 나왔다. 그의 앞에는 죄값을 위한 죽음의 그림자가 다가오고 있었다. 사람들이 하나님께 가까이 나아가는 장소 곧 성전은 사람들에 의해 부패되어 더 이상 기도하는 집이 아니었다. 그곳은 사람의 욕심 때문에 상업화되고 있었다.

2. 예수님은 성전을 청소함으로써 그의 존재를 나타내고 있었다. 그는 성전이 어떻게 사용되어야 하며 부패를 어떻게 측결해야 할까를 결정하는 권리를 가졌다는 것을 모든 세대에게 선포하고 있었다. 그는 하나님의 아들로서 성전은 하나님이 거하는 장소이며 하나님 예배가 이루어지는 곳이다.

3. 예수님은 하나님의 성전을 사람들이 어떻게 취급하고 사용해야 되는지 그 방법을 밝히고 있다.

4. 예수님은 성전을 정화함으로써 그의 사역을 시작해서 끝마치신다. 하나님의 기도하는 집과 예배하는 집으로써 성전의 중요성은 지켜져야만 한다. 우

리 주님이 예루살렘에 입성하실 때 왕궁에 올라가지 않았고 통치자들이 있는 궁정에도 가지 않았으니 그는 하나님의 집, 성전에 올라갔다. 그의 왕국은 외형적인 세상의 왕궁이 아니라 영적인 하늘의 천국이다. 그의 권위와 통치는 하나님의 성전 곧, 우리 마음속에 있다. 그러므로 그는 하나님의 성전을 정화하고 성전이 어떻게 사용되는지를 가르치기 위해 성전으로 올라갔다.

그리고 성전은 어떤 장소인가? 그러므로 그는 청결하기위해 하나님 성전으로 올라가서 성전이 어떻게 사용되었으며 앞으로 어떻게 사용해야 하는지를 사람들에게 가르쳤다.

1) 성전은 사람들이 나쁘게 이용해서는 안 되는 장소이다.

2) 성전은 기도하는 집이어야 한다.

3) 성전은 사역을 위한 장소이어야 한다.

4) 성전은 놀라운 일이 역사하는 장소이어야 한다.

5) 성전은 예수님이 찬양받는 장소이어야 한다.

1. 성전은 시온산 꼭대기에 있으며 30에이크에 해당되는 땅 위에 자리잡고 있다. 두 부분으로 나누어져 있는데 성전 건물 전체와 성전 경내 즉 궁전뜰로 되어있다. 성전 건물 자체는 성전 땅의 중앙에 자리 잡고 있는 작게 장식된 구조물이다. 그곳은 성소 또는 지성소라고 불리며 단지 대제사장만이 그 벽을 통해 들어갈 수 있고 희생 제물을 바치는 날, 1년에 한 번씩만 들어갈 수 있다.

2. 성전 경내는 성전 건물을 둘러싸고 있는 네 뜰이 있다. 뜰과 뜰로 분리되는 커다란 벽이 있다는 것을 기억하는 것이 중요하다.

1) 첫째, 제사장들이 거주하는 제사장의 안뜰이 있다. 이 뜰는 제사장들만이 들어갈 수 있다. 그 성소 안에는 예배할 때 쓰이는 공급물로 가득 차 있었는데 번제를 드릴 때 쓰는 놋 제단, 놋 대야, 순금 등잔대, 부삽, 향로, 음식 놓는 상 등이었다.

2) 두 번째 뜰에는 유대 예배자들이 축제날에 합동 예배에 모이는 큰 뜰이다. 여기서는 예배자들이 제사장들에게 제물을 드리는 곳이다.

3) 세 번째 뜰은 여자들이 쓰는 여자들을 위한 뜰이다. 예배를 제외하고는

여성만 들어갈 수 있다. 제물을 드리거나 큰 축제날에 합동 예배에 여자들만 들어갈 수 있다.

4) 네 번째는 이방인의 뜰인데 그것은 제일 마지막 뜰이다. 이것은 제일 큰 뜰이며 다른 모든 뜰을 둘러싸고 있다. 유대교로 개종한 모든 이방인들이 예배하는 장소이다.

그리고 이방인의 뜰에 대한 주목할 점 몇 가지 점은

1) 예배 중심지, 지성소(하나님의 임재를 나타내는 곳)로부터 가장 멀리 떨어져 있다(엡 2:14).

2) 이방인의 뜰은 다른 뜰과 높은 벽으로 분리되어 있고 이방인들은 하나님의 임재가 있는 지성소에 접근하지 못한다. 이방인들이 다른 뜰에 들어가면 죽음을 알리는 표지판이 달려있었다.

3) 가장 많은 상업적인 거래가 일어나는 곳은 이방인의 뜰이다. 하나님의 성전에 어떻게 상업적인 거래가 일어났는가? 그것은 단순히 욕심 때문이었다. 예배자들은 동물들(소, 양, 비둘기), 향, 음식, 포도주, 기름, 소금, 희생재물이 필요했으며 외국에서 온 순례자들은 환전을 해야만 했다. 뜰 바깥에 있는 장사들이 모든 이익을 얻는 대신에 뜰 안에는 제사장들이 장사의 이익을 가져가기로 되어 있었다. 그래서 제사장들은 이방인의 뜰 안에 stand(판매대)들을 설치하고 또한 뜰 바깥 소매상인들에게 공간을 빌려주고 세를 받았다. 이 상점들의 주인은 대제사장 즉 안나스의 것이었다. 성전 뜰은 예배자들이 필요한 물품을 찾을 수 있는 곳들로 가득 찬 공간들이었다. 그 분위기는 상업적 거래와 소동뿐이었고 예배와 기도는 불가능했다.

축제에 참가하는 수천 명을 생각해 볼 때 우리는 시끄러운 소음과 그 장면이 어떨지를 상상할 수 있다. 성전 안에서 동물의 울음소리, 배설물, 냄새를 풍기는 광경을 상상해 보라. 하나님의 예배장소가 왜 이렇게 되었을까? 위에서 말한 바 그것은 돈의 욕심 때문이다. 예수님이 하신 행동은 당연한 행동이었다. 하나님을 진정으로 경배하기 위해 하나님의 아들 메시아로 이 세상에 보내졌기 때문이다. 이방인의 뜰에서는 기도와 경배를 드릴 수가 없었다.

예수님이 하신 행동은 아래의 것을 보여 주기 위해서이다.

1. 그는 하나님의 임재가 있는 곳에 그와 다른 사람들이 조용히 묵상하면서 예배를 드릴 수 있는 성전으로 들어가셨다. 그러나 그 반대로 소동과 상업적 행위, 사고팔고 하는 행위를 보았다.

2. 그는 하나님의 권위와 심판의 권능으로 반응을 했다.

3. 그는 세가지 일을 하면서 성전을 두루 다니고 있다. 그는 물건을 사고파는 모든 사람을 쫓아냈다. 그리고 돈 바꾸는 상을 뒤엎었다. 또한 그는 비둘기 파는 사람들의 의자를 집어던졌다(요 2:16; 고전 11:22; 렘 7:30).

**개념 1.** 여기에 엄중한 경고가 있다. 성전은 돈 때문에 부패하기 쉽다. 예배드리러 오는 사람들은 이용당하며 교회에는 영적 성장과 예배에 도움을 주는 물건은 보잘것 없었다.

영적 예배와 기도하는 데 필요한 물품을 사고팔고 하는 것은 필요하고 좋은 일이지만 성전 안에서는 허락되지 않는다. 이것은 성전 밖에서 해야 될 일이다. 성전 즉 교회는 상업을 하는 장소가 아니다.

**개념 2.** 예배와 영적 성장을 위한 사람들의 욕망은 물질의 이익 때문에 사용되어서는 안 되며 교회 안에서나 교회 자체도 안 된다.

교회의 리더십은 하나님예배와 관계없는 성스러운 땅을 더럽히는 것으로부터 예배자를 보호할 책임이 있다.

**개념 3.** 우리의 영적 성장을 도와주는 물건들을 사고파는 것과 같은 합법적인 것도 잘못 이용될 수 있다. 사고파는 행위는 교회 안에서는 절대로 일어나서는 안 된다. 예배는 교회 안에서 마음을 집중시켜야 한다.

**개념 4.** 예수님은 화가 많이 났다. 그 이유는?

  1) 하나님 성전을 더럽히는 사람들 때문이다.

  2) 다른 사람을 이용해서 착취하는 사람들 때문이다.

  3) 다른 사람들이 진정으로 예배하고자 하는 것을 방해하는 사람 때문이다.

**13질 : 그늘에게 이르시되 기록된 바 내 집은 기도하는 집이라 일컬음을 받으리라 하였거늘 너희는 강도의 소굴을 만드는도다 하시니라**

예수님은 성전은 기도하는 집이라고 선포하셨다(사 56:7; 렘 7:11).

1. 예수님은 두 가지 점을 강조하셨다.

  1) 성전은 모든 사람을 위한 기도하는 집이다. 이것은 이방인과 유대인들을 포함한다. 모든 사람은 성전에서 정숙함과 평안 가운데 예배를 드릴 수 있어야 한다. 성전에서는 예배가 방해 받거나 분리되거나 실망시키는 일이 있어서는 안 된다. 교회는 기도하는 집이지 제물을 드리는 집이나 헌금을 거두는 집이 아니다. 교회 내에서 이루어지는 일은 기도, 예배, 아버지와 영적 교통이다.

  2) 교회는 상업적 행위가 허락되어서는 안 된다. 교회는 기도하는 집이며 하나님의 집이다. 그곳은 거룩해야 하며 세련되고 조용하고 예배드리기에 적합한 장소이어야 한다(시 84:10).

**개념 1.** 성전, 즉 교회는 예배를 위한 구조물이며 땅이다. 이것은 다른 토지와 건물과는 용도가 매우 다르다. 오직 하나님께 예배드리기 위해 특별히 봉헌된 건물이다. 그러므로 그 목적에 맞게 사용되어야 한다. 교회는 장사하는 장소가 아니며 기도하는 집이다. 사람들이 이익을 얻는 장소가 아니며 하나님의 것이며 그곳에서 생각을 흩어지게 하는 것은 아무것도 없어야 한다.

**14절 : 맹인과 저는 자들이 성전에서 예수께 나아오매 고쳐 주시니**

교회는 사역하는 장소가 되어야 한다. 예수님은 성전을 사역의 장소로 사용하셨다. 성전의 부패가 척결 되었을 때 놀라운 두 가지 일이 일어났다.

1. 예배자들 즉 앉은뱅이, 맹인과 같은 절망에 처해 있는 사람들이 예수님께 다가와 그들의 필요를 조용히 응답받았다.

2. 예수님은 성전 안에서 그에게 합당한 위치를 차지할 수 있었다. 그는 전능자로 인정받고 사역할 수 있었다.

**개념 1.** 부패가 교회 안에 일어날 때 교회에는 사람이 모이지 않는다. 교회 분리가 일어나고 불평과 험담이 생기고 많은 죄를 짓는다. 교회가 순수하게 될 때 하나님의 공의가 실현될 수 있다.

**개념 2.** 가난하고 곤경에 처한 사람이 가끔 사회에 의해 환영받지 못하고 종종 금지 당한다. 그러한 것은 교회의 본질이 아니며 교회는 두 팔을 벌려 순수한 가슴을 가지고 가난한 자나 곤경에 처한 자나 누구나 환영해야 한다. 교회는 예배가 중심이 되어야 한다.

> **15-16절 : 대제사장들과 서기관들이 예수께서 하시는 이상한 일과 또 성전에서 소리 질러 호산나다윗의 자손이여 하는 어린이들을 보고 노하여 예수께 말하되 그들이 하는 말을 듣느냐 예수께서 이르시되 그렇다 어린 아기와 젖먹이들의 입에서 나오는 찬미를 온전하게 하셨나이다 함을 너희가 읽어 본 일이 없느냐 하시고**

성전은 예수님이 찬양받는 장소가 되어야 한다. 여기에서 일어나는 세 가지 일.

1. 호산나 다윗의 자손이여! 소리치면서 아이들은 이방인의 뜰에 있었다. 분명히 이 아이들은 예수님 사역을 목격했고 그들 부모들과 함께 예수님의 예루살렘 입성 하루 전에 온 아이들인 것 같다. 그들은 부모님과 함께 노래를 들었거나 그 전날에 노래를 불렀던 함성을 목격했을 것이다. 그 함성은 예수님을 메시아라고 선포하는 찬양이었다. 아이들이 말하는 것에는 두 가지 심각성이 있다. 예수님은 소란과 소동을 중지시키고 그에게 오는 사람들에게 그의 사역의 거룩함을 말씀하고 있다. 예수님은 어린이들이 그 주위에 그룹을 지어 그의 강론을 방해하거나 소리 지르는 것을 허락하지 않았다.

2. 종교 지도자들은 그들이 듣고 목격하고 있는 것들이 불쾌했으며 그것을 반대했다. 그들은 성전 안에서 선한 역사가 이루어지는 것을 좋아하지 않았으며 예수님이 찬양받는 것을 좋아하지 않았다. 그들은 세 가지 이유에서 반대했다.

1) 그들 자신들이 사물을 다루는 절차와 행사가 무시되고 그들 마음속에 그들은 소용이 없다고 생각되었다.

2) 그들은 예수님이 메시아라고 선포되는 것을 좋아하지 않았다.

3) 그들은 앉은뱅이가 걷고 맹인이 눈을 뜨는 이적과 예수님의 가르침을 좋

아하지 않았다.

3. 예수님은 단순히 반대에 대응만 했다. 하나님은 아이들의 입을 빌려 찬양하게 했다. 교회는 하나님의 아들이 찬양받는 장소가 되어야 한다.

**개념 1.** 예수님이 진실로 교회에서 찬양받고 있는가? 정말 하나님의 아들 메시아로 인정되고 있는가?

**개념 2.** 어린이들이 하나님을 잔양하도록 격려해야 한다.

1) 예수님이 사역하고 가르칠 때에 어린이는 격려를 받았다. 그들은 예수님에 의해 환영받고 예수님 옆에서 편안함을 느꼈다.
2) 예수님은 바리새인들과 반대로 어린이들을 사랑하시고 그들의 편을 들었다.

**개념 3.** 어린이들은 그들 부모들의 본을 받는다. 그들은 예수님을 찬양할 때 부모님과 함께 예배에 참여해야 한다.

**개념 4.** 어떤 지도자들은 오늘날 교회에서 똑같은 세 가지 잘못된 편견을 갖고 있다.

1) 어린이들은 옛날 방식을 좋아하지 않는다.
2) 어린이들은 예수님을 메시아로 선포되는 것을 반대한다. 어떤 아이들은 위대한 선생님이라고 인정하기를 좋아한다. 그들은 예수님을 인간의 죄를 위해 죽은 구세주라는 것을 부인한다.
3) 그들은 하나님을 일반대중들이 찬양하는 것을 반대하고 교회에서 가난한 사람을 도와주는 사역에 반대한다.

**개념 5.** 하나님은 아이들이 교회 내에서 그를 찬양하고 그의 사역을 찬양하도록 길러 주셨다. 교회가 하나님 찬양을 중지하면 하나님은 다른 사람을 길러서 하나님 아들의 사역과 찬양을 하도록 할 것이다.

**17절 : 그들을 떠나 성 밖으로 베다니에 가서 거기서 유하시니라**

예수님은 예루살렘 교외 베다니에서 주무셨으며 베다니는 예루살렘으로부터 동쪽으로 2마일 지점에 있는 마을이다. 나사로, 마리아, 마르다의 고향이며 예루살렘에서나 예루살렘 주위에서 사역하실 때 그 가족들과 머물곤 했다. 예수님은 분명히 자기 자신의 집은 없었다. 그 원인 중에 하나는 그의 직계 가족들이 그가 메시아라고 믿지 않았기 때문이다(요 1:1-5). 예수님이 하신 말씀, 여우도 굴이 있고 공중에 나는 새도 보금자리가 있거늘 인자는 머리 둘 곳이 없다고 말씀하셨다. 그가 유일하게 머무르는 곳은 마리아와 마르다의 집처럼 다른 사람의 집이었다.

## ▌ 18절 : 이른 아침에 성으로 들어오실 때에 시장하신지라

이른 아침은 전날 밤의 마지막 시간 새벽 4시를 말하며(막 1:35) 예수님은 일찍이 화요일 사역을 시작했으며 유대 시간으로는 전날의 마지막 시간(새벽 4시)을 뜻한다. 그리고 베다니에서 보내고 날이 밝아지자 제자들과 예루살렘으로 향하셨다. 성의 외곽에서 성으로 돌아오는 길에 시장하시다고 말씀하고 있다. 예수님의 배고픔은 그분의 인성을 나타낸다.

## ▌ 19절 : 길 가에서 한 무화과나무를 보시고 그리로 가사 잎사귀 밖에 아무것도 찾지 못하시고 나무에게 이르시되 이제부터 영원토록 네가 열매를 맺지 못하리라 하시니 무화과나무가 곧 마른지라

예수님은 이 물질 세계를 다스리는 큰 권능을 가지고 있으며 세 가지 행동으로 큰 권능을 보여 주었다. 이같이 똑같은 행동은 인간 생활(우리의 삶)속에도 적용될 수 있다.

1. 그의 기대 – 열매를 기대. 이 나무는 건강하고 잎이 무성했다. 그는 풍성한 열매가 열려 수확할 수 있는 때가 되었다고 생각했다.

2. 예수님의 실망 – 열매가 없다. 나무도 생명력을 갖고 있으며 지금도 살아 있다. 풍성한 잎사귀를 갖는다는 것은 활력이 넘치는 나무며 과일 열매를 많이 맺는다는 것은 당연하다고 여겨진다. 그러나 열매가 하나도 없다. 과일 나무는 열매를 맺어야 하지만 이 나무는 세 가지 점에서 실망을 준다.

1) 이 나무는 공허한 기대감을 준다.

2) 이 나무는 이루지 못한 결과를 갖고 있다.

3) 이 나무는 열매를 주지 않고 사람들을 속이고 있다.

3. 예수님은 그의 의지대로 심판할 권능을 갖고 있는 것을 보여 주었다. 그는 구원 할 수도 있고 멸망시킬 수도 있다. 이 제자들은 이 교훈을 그들의 마음에 새롭게 새길 필요가 있으며 그의 전지전능한 능력이 그들에게 용기를 줄 것이며 그들 자신 앞에 놓여 있는 시련에 직면했을 때 인내하는 힘을 줄 것이다.

**개념 1.** 이 무화과나무는 거짓 위선의 생생한 본보기를 보여 준다.

나무가 살아있다면 열매가 맺는 것은 당연한 이치이다. 나무가 열매를 맺지 않으면 베어서 불을 때는 것 이외의 선택이 없다. 나무가 무성하면 너 많은 열매가 열리기를 기대한다. 우리가 의로운 모습을 보이면 하나님도 우리에게 의로운 열매를 기대한다. 그리고 예수님은 사람의 내면에서 열매를 찾는 때가 특별히 두 번있다.

1) 인생의 큰 시련과 좋은 기회가 올 때 감수성이 민감해질 때가 있다. 이때는 하나님을 생각하고 그의 필요를 느끼며 인생을 선용해야 되겠다는 의무감을 느낀다.

2) 영원한 심판 때가 있다. 믿는자나 믿지 않는 자나 모든 사람을 심판하는 세상 끝 날이 있다. 예수님은 특별한 방법으로 우리가 열매 맺기를 바란다. 시련에 처해 있을 때 그에게 의지하고 큰 기회가 생길 때 증거자로 열매 맺기를 바란다.

**개념 2.** 예수님은 우주를 다스리는 절대 권력을 가지고 있다. 그는 사람 손에서 죽지 않았고 하나님의 의지에 따라 세상의 죄를 위해 죽었다. 그는 죽지 않을 권능을 가지고 있었지만 그는 인류를 위해 죽음을 택했다.

**개념 3.** 무화과나무를 저주한다는 것은 세 가지 엄청난 권능을 보여 주고 있다.

1) 큰 시련으로부터 제자들을 구해 낼 권능을 보여 주고 있다.

2) 제자들이 이 세상 밖으로 나갈 때 제자들에게 예수님의 권능을 보여 준다(딤후 4:6-8).

3) 이것은 심판하고 저주할 수 있는 주님의 권능을 보여 준다. 그의 분노의 날은 아직 오지 않았지만 그날은 반드시 올 것이다. 그날이 올 때 모든 열매 맺지 않는 사람은 절대적인 권능에 의해 심판받을 것이다.

그리고 어떤 것들은 우리의 운명을 결정지을 것이다. 위선, 거짓, 쓸모없는 것들, 목적이 없는 것 즉 열매 맺지 않는 것은 이 저주받은 무화과나무를 상징하고 있다. 무화과나무는 이스라엘을 나타내기도 한다. 이스라엘은 종교적인 신앙심이 있는 것 같이 보이지만 영적인 열매가 열리지 않는다.

무화과나무는 하나님이 이스라엘에 대한 실망 때문에 벌과 정의의 실현을 하겠다는 뜻을 나타낸다. 그리고 왜 예수님은 무화과나무를 저주했는가? 그것은 위선적인 종교에 대하여 화를 내는 하나의 비유이다. 무화과나무는 멀리서 보면 보기 좋지만 자세히 보면 아무런 내용과 가치가 없다. 이 성전도 얼핏 보면 인상적인 것 같이 보이나 그 희생 제물과 신앙 활동들은 형편없다. 왜냐하면 그들은 하나님을 신실하게 경배하지 않기 때문이다.

당신의 삶에 아무런 변화 없이 믿음만 가지고 있는 것 같이 보인다면 그것은 열매 맺지 않고 시들어지는 무화과나무와 같다. 진정한 믿음은 하나님 나라를 위해 열매를 맺는 것이다.

**20-21절 : 제자들이 보고 이상히 여겨 이르되 무화과나무가 어찌하여 곧 말랐나이까 예수께서 대답하여 이르시되 내가 진실로 너희에게 이르노니 만일 너희가 믿음이 있고 의심하지 아니하면 이 무화과나무에게 된 이런 일만 할 뿐 아니라 이 산더러 들려 바다에 던져지라 하여도 될 것이요**

제자들은 예수님이 큰 권능을 보여 주기를 원하셨다. 이것은 제자들을 놀라게 하고 이상한 의심을 가지게 했다. 제자들은 어떻게 무화과나무가 곧 죽게 되는 것인지 물었다. 예수님은 그가 세상을 다스리는 절대적인 권능을 가지고 있다는 것을 그들에게 가르치기를 원했고 앞으로 미래에는 그들도 그런 권능을 이용할 수 있다고 보여 주기를 원했으며 "Here is the source of my power, and the same power source is available to you."(여기에 나의 권능의 근원이 있다. 이런 똑같은 권능이 너희들에게도 임하리라) 그는 제자들이 그의 능력에 대해서 질문할 때 그는 힘의 근원에 대해서 세 가지로 설명해 주고 있다.

1) 믿음(막 11:22–23; 히 11:1)을 통해서

2) 전혀 의심하지 않는 것 – 이것은 주저하지 않고, 궁금하게 여기지 않고, 고려하지 않고, 전혀 근심하지 않는 것이다. 하나님은 예수님을 통해서 모든 것이 가능하다고 우리가 믿기를 바란다. 예수님이 추구하는 것은 우리의 믿음이 자라나게 하는 것이다(마 17:12–16; 막 9:18–19).

3) 하나님의 권능을 인정하는 것 – 예수님의 권능은 하나님의 권위로부터 나온다. 예수님이 말씀하시면 그것은 이루어진다. 우리가 의심하지 않고 믿으면 우리는 하나님 권위 속에 머물러 있게 된다(막 11:23–24; 요 15:7; 히 11:6; 약 2:17).

많은 사람들은 우리가 의심하지 않고 믿으면 우리는 산도 옮길 수 있다는 예수님의 말씀을 의아하게 여긴다. 물론 예수님을 따르는 사람들이 기도를 마술처럼 사용하라는 뜻은 아니며 예측할 수 없는 산을 옮기는 행동을 하라는 뜻이 아니다. 그 대신 예수님은 제자들이 믿음이 부족하다고 강조하고 있다.

## ▎ 22절 : 너희가 기도할 때에 무엇이든지 믿고 구하는 것은 다 받으리라 하시니라

이 구절은 우리가 단순히 예수님께 질문함으로써, 믿음으로써 우리가 원하는 모든 것을 얻을 수 있다고 보장되는 것은 아니다. 하나님은 우리 혹은 다른 사람에게 상처 주는 요청은 허락하지 않는다. 예수님의 말씀은 공수표가 아니다. 우리의 요구는 하나님 나라의 원칙과 조화를 이루어야 한다. 우리의 믿음이 강하면 강할수록 하나님의 의지와 조화가 이루어지고 그 다음 하나님은 기쁘게 그의 기도에 응답할 것이다.

1. 예수님은 두 가지 요점을 강조하신다.

1) 그의 약속은 포괄적이다– 너희들이 기도로 간구하는 무엇이든지 받을 것

이다. 우리가 구하고 생각하는 그 이상의 범위를 훨씬 넘어 받을 것이다.

2) 그의 약속은 조건부적이다 – 당신이 믿고 기도하면 받는다는 것을 명심해야 한다.

  (1) 기도는 꾸준해야한다 – 하나님으로부터 응답받는 사람은 하나님을 개인적으로 알아야 한다. 그는 하나님과 항상 교제하고 나누어야 한다. 사람은 가끔 하나님께 와서는 믿음이 부족하여 받지 못한다 (행 1:14; 롬 12:12; 고전 7:5; 엡 6:18; 골 4:2).

  (2) 믿음은 필수적이다. 마가복음에서 잘 말하고 있다. "내가 진실로 너희에게 이르노니 누구든지 이 산더러 들리어 바다에 던져지라 하며 그 말하는 것이 이루어질 줄 믿고 마음에 의심하지 아니하면 그대로 되리라"(막 11:23)

**개념 1.** 하나님의 초자연적인 힘은 우리에게 이용될 수 있지만 그것은 조건이 있다. 우리는 우리 스스로 안에 초자연적인 능력을 소유하지 못하며 하나님의 능력은 기도와 믿음을 통해서만 온다.

그리고 기도는 어떤 일을 이루는 매개체이며 믿음은 에너지이다. 이 두 가지가 가고자 하는 목적지에 도착하게 한다.

**개념 2.** 믿음은 기도를 하도록 마음을 움직이고 하나님과 영적 교제를 이룬다. 하나님에 대한 참 믿음을 가지고 있는 사람은 기도하도록 마음이 움직이고 하나님과 영적 교류가 이루어진다.

## 23절 : 예수께서 성전에 들어가 가르치실새 대제사장들과 백성의 장로들이 나아와 이르되 네가 무슨 권위로 이런 일을 하느냐 또 누가 이 권위를 주었느냐

이것은 성전 뜰에서 주님의 마지막 사역이며 종교 지도자들의 고집스러운 믿음 없음을 말한다. 여러 지방으로부터 온 순례자들이 지금 예루살렘에 있다. 많은 사람들이 성전에 모여 예수님을 에워싸고 있다. 이때 제사장들과 장로들이 극도로 흥분하여 예수님을 대적하고 있다. 마가복음과 누가복음에서는 서기관도 거기 참석하고 있다고 말하고 있다. 이것은 유대사람들을 대표하는 공식적인 대표단(산헤드린)이 모두 모였다는 것을 나타낸다. 자연 발생적인 모든 사건들이 그들에게는 큰 위기감을 느끼게 했다.

승리에 찬 성전 입성, 사람들의 예수님에 대한 환대, 성전 정화, 사고팔고 하는 제사장들의 이익이 무너짐, 앉은뱅이, 맹인의 병 고침, 어린이들의 경배, 이런 것들이 그들로 하여금 극도의 위기를 느끼게 했다. 예수님이 하고 있는 일이 그들을 분노에 차게 했고 이것이 나사렛 예수가 누구라고 생각하느냐는 질문을 하게 했다. 이 질문은 경멸의 질문이며 진리를 깨닫지 않고 예수님을 깎아 내리려는 시도였다. 이 질문은 그들의 직위, 존경심, 이익이 침해를 받았기 때문에 일어난 것이지 그가 진실로 메시아인지 알고 싶었기 때문이 아니다. 그들은 그가 메시아라는 많은 증거를 가지고 있지만 고의적으로 그의 신성을 부시히고 무인했다. 그들은 진실을 아는 많은 기회를 많이 가졌으나 변하지 않았다.

**개념 1.** 위와 같은 태도는 그의 직위, 존경심, 부 그리고 더 많은 이익을 추구하는 사람에게 자주 일어난다.

1) 그들은 자신들이 가진 재산이 위협받지 않기를 원하기 때문에 진리를 두려워한다.
2) 그들은 불신앙과 부인을 계속한다. 스스로가 잘못하고 있다는 것을 인정하지 않기 위해 그 문제를 정정당당하게 직면하기를 두려워한다.

예수님 당시에도 우리와 같이 사람들은 외향적인 권위 즉 교육 정도, 타이틀, 직위 등을 갈망했다. 그러나 예수님의 권위는 그의 사람 됨됨이에서 나왔으며 외향적이고 피상적인 장식으로부터 나온 것이 아니다. 예수님을 따르는 사람으로서 하나님이 우리에게 권위를 주셨으며 그가 우리에게 권위를 인정했기 때문에 우리는 그를 대신해서 자신있게 말하고 행동할 수 있다. 당신은 당신의 권위를 행사하고 있는가?

믿지 않는 것은 예수님을 경멸하는 것이며 예수님은 사람들을 가르치고 사람들은 예수님을 경배한다. 믿지 않는 자들은 예수님의 가르침과 사람들의 예배를 방해한다.

**개념 2.** 믿지 않는 행위는 예수님이 무슨 말을 하든지 어떻게 하든지 관심을 가지지 않는다. 예수 그리스도, 하나님의 아들을 경멸하는 것이 얼마나 심각한 죄인지 생각해 보라.

1) 예수님은 하늘의 영광을 버리고 땅으로 와서 멸시를 받았다.
2) 하나님의 진리를 밝히면서 세상과 인간에 대해서 진리의 말씀을 하셨다.
3) 인간에게 구원과 영생을 주었다.

그러나 이런 모든 것에도 불구하고 사람은 예수님을 부인했으며 자기를 희생시켜 인간의 존엄성을 지키려했다. 그러므로 하나님의 아들을 부인하는 것보다 더 경멸적인 것은 없다.

**개념 3.** 하나님이 원하는 것은 믿음의 정신이 계속 자유롭게 흐르도록 하는 것이다. 믿지 않는 자가 나타날 때, 그는 정신이 흐려져서 믿음의 영이 자유롭게 흐르지 못한다(마 27:39-40; 막 15:31-32; 눅 23:35; 요 5:18; 요 10:33).

불신앙은 예수 그리스도의 핵심을 파괴한다. 그것은 그의 권위를 의심케 하고 그가 진실로 누구인지를 의심케 만든다. 산헤드린(대제사장, 장로, 서기관)은 국가의 지도자들이며 대제사장은 성전을 다스리고 수호자로서의 역할을 했다. 그들은 누가 예수님께 지금하고 있는 사역의 권한을 주었는지 알기를 원했다. 예수님은 그들의 권위를 인정하지 않았으며 그들은 예수님을 간섭할 권한이 없다고 생각하고 있었다. 그들은 두 가지 질문을 하고 있다. '너는 무슨 권한으로 이렇게 하는가?', '누가 이 권위를 주었는가?' 그들은 그의 사역에 관한 권위와 예수님이 도대체 어떤 정체성을 가지고 있는 사람인지 질문하고 있다.

불신앙은 항상 사역과 예수님의 정체성에 관해 의심을 갖는다. 예수님은 그들의 세 가지 질문을 하나로 답할 수 있다. 즉 자기 자신이 하나님이며 동시에 하나님의 아들이라는 사실을 답할 수 있다. 예수님께 질문하는 자들은 어떤 성전의 권위도 그에게 주어지지 않았다고 생각하고 있다.

그들은 그런 질문을 함으로써 예수님의 권위를 실추시키기를 원했다. 만약 그가 그의 권위가 하나님으로부터 왔다고 하면 그들은 하늘로부터 표적을 요구할 것이며 그를 신성모독이라고 고발할 것이다. 이 질문은 바리새인들이 예수님을 함정에 빠뜨리기 위한 것이다.

**개념 1.** 사람은 예수를 믿는다고 할지 모르지만 그의 삶을 예수님께 맡긴다는 증거를 보여 주지 않는다. 그런 믿음은 성경적이 아니며 그러한 믿음은 단지 역사적인 인물을 정신적으로 받아들일 따름이다. 삶을 헌신하지 않는 믿음은 생각 없이 그 정신을 받아들이는 것에 불과하다. 그리고 예수님이 하나님의 아들이라는 것을 알면 그는 그의 삶을 예수님께 헌신할 것이다. 불신은 예수님이 하나님의 아들이라는 것을 부인하고 의심하는 행위이다.

**개념 2.** 불신은 항상 사람의 진실성과 그가 하는 일을 의심하는 행위이다. 믿지 않는 자들은 믿는 자들이 죄에 빠지게 될 때 그들의 행위를 정당화하기 위한 기회를 엿보고 있다. 그러므로 믿는 자들은 항상 깨어 있어야 한다.

사역지와 회중은 다같이 그들의 행위가 하나님의 권위 밑에서 행동하고 있는지 확인할 필요가 있다. 의로운 삶을 산다는 것은 하나님의 권위 밑에서 행동한다는 뜻이다. 의로움은 불신을 침묵시킬 수 있는 유일한 수단이다.

## 24절 : 예수께서 대답하시되 나도 한 말을 너희에게 물으리니 너희가 대답하면 나도 무슨 권위로 이런 일을 하는지 이르리라

예수님은 불신자들이 그에게 질문하는 것처럼 예수님도 불신자에게 질문할 권한을 갖고 있다. 단 한 가지 질문은 요한의 세례가 하늘로부터 왔느냐? 아니면 사람으로부터 왔느냐? 요한의 세례가 하늘로부터 왔다면 예수님은 하나님의 아들이다. 왜냐하면 요한의 증언 때문이다. "보라 세상 죄를 지고 가는 하나님의 어린 양을 보라, 나는 보았고 이분이 하나님의 아들이라는 것을 나는 증언한다."(요 1:29, 34). 요한의 세례가 사람으로부터라면 어떻게 수많은 변화된 삶과 이적들을 설명할 수 있겠는가? 이 한마디 질문이 예수님 당시에나 우리 시대에 불신의 죄와 어리석음을 나타내게 한다.

**개념 1.** 요한의 세례가 하늘로부터냐? 사람으로 부터냐? 하는 질문은 우리 시대에도 적용될 수 있다. 이 질문은 고백을 하거나 부인을 하게하는 한 가지 선택을 강요하며 하늘로부터를 부인하는 것은 전적으로 어리석고 우스꽝스럽게 여겨진다. 예수님과 동떨어져 어떻게 세계를 통해 역사를 통해 우리의 많은 삶의 변화와 이적들을 설명할 수 있겠는가? 그것에는 너무 많은 증거와 증언이 있다.

> **25-26절 : 요한의 세례가 어디로부터 왔느냐 하늘로부터냐 사람으로부터냐 그들이 서로 의논하여 이르되 만일 하늘로부터라 하면 어찌하여 그를 믿지 아니하였느냐 할 것이요 만일 사람으로부터라 하면 모든 사람이 요한을 선지자로 여기니 백성이 무섭다 하여**

믿음이 없으면 죄를 짓게 된다. 그들 스스로 의논해도 추론할 수 없어서 각자의 생각에 맡겼다. 이것은 예수님에 대한 계획적인 공격이며 거절이다. 주님께 질문한 자들은 즉시 그들이 곤경에 처했다는 것을 알았다. 그들이 요한의 세례가 하늘로부터 왔다고 대답하면 예수님이 메시아에 대한 요한의 증언을 왜 믿지 않는지 그들에게 질문할 것이다. 만약 요한의 세례가 사람에게로부터 라고 대답하면 군중들이 위협할 것이다. 왜냐하면 군중들은 요한이 하나님으로부터 온 진정한 선지자라는 것을 강하게 믿고있기 때문이다. 그들의 관심은 진실을 발견하고자 함이 아니라 그들의 체면을 세우고 그들의 직위와 그들에 대한 존경심을 보호하고자 하는 의도이다.

그리고 그들의 세 가지 죄를 보게 되면

1) 첫째, 그들은 고의적으로 예수님을 부인했다. 요한의 세례가 하늘로부터 왔다고 고백하는 것은 예수님이 그리스도임을 인정하게 되는 것이고 그렇게 되면 그들이 땅에서 누리고 소유하고 있는 직위, 권력, 부, 존경심 모든 것을 잃을까 두려웠다(딤후 2:12; 벧후 2:1; 요일 2:22).

2) 둘째, 그들은 사람들을 두려워했다. 그들은 고의적으로 겁쟁이인 체하고 사람들의 반응을 두려워했다(막 8:38).

3) 셋째, 그들은 일부러 무식한 체하고 편의주의를 택했다. 그들은 창피당하고 웃음거리가 되고 조롱을 받을까 두려워했다. 그리스도에게 고백하는 것은 그들이 처음부터 잘못을 저질러 왔다는 것을 인정하는 것이 된다.

(1) 대부분의 사람들은 원칙보다 편의주의를 택한다.

(2) 진리를 위해 분투하는 것보다 오히려 안전을 선택한다.

(3) 진리를 말하기보다 나는 모른다고 말하기를 선택한다(요 10:25, 36–
38; 14:10).

**개념 1.** 예수 그리스도가 진리인지 아닌지 아는 것은 모든 지각이 있는 사람의 의무이다. 나는 예수를 모른다고 말하는 것은 진리가 아니며 생각이 있는 사람은 알아야 한다. 왜냐하면 그는 일 수 있는 능력을 가졌기 때문이다. 그는 진실과 거짓을 구별할 수 있어야 한다.

**개념 2.** 두 가지가 불합리하다.

1) 진리를 인정하였다가 그 다음 곧 부인하는 것은 불합리한 일이다. 믿지 않는 사람은 요한과 예수님이 하늘로부터 왔다는 것을 인정하지 않는다.

2) 예수님께 잘못을 고백하지 않는 것은 불합리한 일이다.

그리고 적어도 두 가지가 사람이 진리를 서셔하거나 반대하게 한다.

1) 죄: 사람은 죄를 너무 사랑하여 죄를 포기할 수 없다. 그의 죄는 육신, 자만심, 명성, 권력, 건강, 자기의지, 재산, 직위와 같은 것을 남용하는 것이다. 그는 소유한 것이 많아서 주님께 의지하지 않는다.

2) 두려움: 사람은 두 가지를 두려워한다.

(1) 그들은 하나님을 두려워한다. 그들이 예수께 고백하면 그들은 하나님이 그들에게 요구하고, 그들이 어떤 것을 포기해야 하고, 그들이 가지고 있는 것을 잃을까봐 두려워한다.

(2) 그들은 사람을 두려워한다. 그들이 그리스도에게 고백하면 그들은 자신들이 우스꽝스러워지고, 고립되고, 박해당하고, 창피당할까 두려워한다. 이런 것들이 사람들을 믿지 못하게 만든다.

**27절 : 예수께 대답하여 이르되 우리가 알지 못하노라 하니 예수께서 이르시되 나도 무슨 권위로 이런 일을 하는지 너희에게 이르지 아니하리라**

그들은 요한의 세례가 하나님으로부터 왔다는 것을 잘 알고 있다. 그들은 그들의 직위를 잃는 모험을 하고 싶지 않다. 그들은 하나님보다 세상을 더 사랑했으며 하나님이 그들에게 베푸는 소망보다 세상을 더 사랑했다. 그래서 그들은 부인하고 겁쟁이처럼 행동하고 편리한 길을 택한다.

**개념 1.** 믿지 않는 자들은 진리에 대해 확신하지 못하고 있다. 그것은 그들이 확신을 못하는 것이 아니라 확신하지 않으려고 하는 것이다. 완강한 불신은 예수님의 진리를 알지 못하기 때문이다. 예수님이 그들에게 진리를 보여 준다 해도 그들은 그것을 거부할 것이다(눅 16:31).

**개념 2.** 불신의 죄가 지적될 때 사람들은 가끔 도전하고 보복한다. 그들은 악의를 품고 행동하며 사회 규칙 안에서 가끔 합법성과 정당성을 가지고 행동한다. 때때로 그들은 믿는 자들을 비난하고 위신을 실추시키고 가끔 박해까지 한다.

**28-29절 : 그러나 너희 생각에는 어떠하냐 어떤 사람에게 두 아들이 있는데 맏아들에게 가서 이르되 얘 오늘 포도원에 가서 일하라 하니 대답하여 이르되 아버지 가겠나이다 하더니 가지 아니하고**

예수님께서는 두 아들에 대해서 비유로 설명하고 있다. "가서 일하라"고 하는 명령은 급하다는 것을 강조하는 말이다. 이 말은 명령이며 아버지의 마음속에는 다른 선택이 없다. 아들들은 일을 해야 하고 아버지를 섬겨야 한다는 뜻이다.

"Today is the day to go"라는 뜻은 오늘이 바로 일하는 날이며 내일이 아니라는 뜻이다. 내일은 너무 늦을 수도 있다. 수확할 것이 들에서 썩을 것이다. 아무도 일 못할 밤이 올 것이다(요 9:4). 아들들은 이 땅에서 곧 죽을 것이다(히 9:27). 아들들은 아버지를 도울 기회가 있을 때 오늘 도와야 한다(고후 6:2; 시 95:7-8).

둘째 아들은 "나는 가지 않겠습니다."라고 말한다. 안 가겠다고 하는 말은 불순종이다. 인생을 자기 방식대로 살기를 원하는 아들의 불순종이다. 이 아들은 이기적이고 세상적이며 세속적이고 물질적이며 자만심으로 가득차 있다. 이 아들은 자기 자신의 방식대로 살기 원하며 다른 사람과는 상관없이 자기 자신의 일만 추구하는 사람이다. 그러나 그는 뒤에 마음을 바꾸고 일터에 갔다. 마음을 바꿨다는 뜻은 회개하고 아버지 마음으로 향했다는 뜻이다. 둘째 아들은 자기가 택한 세속적이고 배반적인 삶에서 돌아서서 아버지에게로 돌아가 일하기 위해 아버지의 포도밭으로 갔다.

첫째 아들은 "네. 아버지, 가겠습니다."라고 해놓고 가지 않았다. 그는 아버지의 일을 하러 가지 않고 자기 자신의 일을 하러 갔다. 이 아들은 자기 자신을 위해 살고 일하며 자기 자신의 삶만 위할 뿐 아버지를 배려하지 않는다. 두 아들의 차이점은, 첫째 아들은 아버지를 공경하겠다고 공언하고 존경하지 않았고 그는 아버지의 포도밭에 가지 않았다. 즉 그는 날마다 자기 자신의 일만하며 아버지를 무시하고 자기가 하고 싶은 대로 일하면서 사는 아들이다. 그것은 우리가 잘 알고 있는 것처럼 도덕적, 종교적 경직성의 생활이다.

예수님은 두 아들 중 어느 아들이 아버지의 의지를 실천하는지 주위에 서 있는 종교 지도자들에게 질문을 했다. 종교 지도자들은 그 비유의 요점을 아직 파악하지 못하고 있었으며 그들은 둘째 아들이라고 답했다. 결론적으로 그 두 아들은 아버지의 요구에 즉각 반응했었다. 처음한 대답은 아무런 의미가 없으며 둘 다 마음이 달라졌기 때문이다. 중요한 것은 최종 행동이다. 첫째 아들은 포도원에 갈 것이라고 해놓고 가지 않았다. 즉 유대의 경건은 수용하지만 순종하지 않는 유대 종교 지도자들이다. 둘째 아들은 가지 않을 것이라고 말하였지만 나중에 뉘우치고 갔다. 즉 회개하고 순종한 죄인들과 이방인들이다.

**30절 : 둘째 아들에게 가서 또 그와 같이 말하니 대답하여 이르되 싫소이다 하였다가 그 후에 뉘우치고 갔으니**

일터에 가겠다고 해놓고 가지 않는 아들은 예수님 당시 이스라엘을 나타낸다. 그들은 하나님의 뜻을 따르겠다고 말하고 있으나 계속해서 따르지 않는다. 그들은 가짜 백성이며 흉내만 내고 있다. 우리의 마음이 아버지와 동떨어져 있을 때 하나님께 복종하는 척 한다는 것은 위험한 일이다. 왜냐하면 하나님은 우리의 진정성을 알고 있기 때문이며 우리의 행동과 말은 일치해야 한다.

**31절 : 그 둘 중의 누가 아버지의 뜻대로 하였느냐 이르되 둘째 아들이니이다 예수께서 그들에게 이르시되 내가 진실로 너희에게 이르노니 세리들과 창녀들이 너희보다 먼저 하나님의 나라에 들어가리라**

지금 예수님은 비유의 요점을 지적하시고 있다. 종교 지도자보다 죄인이 먼저 천국에 들어갈 수 있다고 지적하고 있다. 예수님은 이 비유에서 두 아들과 한 사람을 지정하여 설명하고 있다.

1) 포도밭을 소유한 사람은 하나님이며 하나님은 천국을 소유한 주인이다 (마 19:23-24).

2) 둘째 아들은 믿지 않고 세속적인 사람을 나타낸다 이 아들은 믿는다고 고백하지 않으며 자기가 길 잃은 자인 것을 모르고 있다. 이 아들은 자기 방식대로 살아가기 원하며 하나님과 관계를 맺기를 원하지 않는 사람이다. 세리들은 세속적인 삶을 사는 대표적인 사람이며 하나님보다 세상 일과 돈에 더 관심을 많이 가지고 있다.

매춘부들은 비도덕적이고 육욕적인 것을 나타내는데 이들은 하나님보다 쾌락에 더 관심을 갖고 있다.

3) 첫째 아들은 세상적인 종교적 신앙심을 나타낸다. 즉 자기 의와 거짓 고백으로 가득 찬 사람을 말한다. 이들은 어릴 적부터 교회에서 자라났거나 혹은 늦은 나이에 교회로 돌아온 사람을 말한다. 이 아들은 사람들 앞에서 의와 신앙심이 있는 것처럼 행동한다.

1. 예수님은 포도밭과 해야 할 일을 밝히고 있는데, 포도밭은 천국을 뜻하며 일은 천국에 들어가는 것을 말한다. 두 가지를 밝히고 있다.

1) 두 아들은 모든 사람을 나타내며 하나님의 명령에 복종하고 책임감이 있어야 한다.

2) 하나님도 두 아들의 뜻을 존중한다. 하나님은 두 아들 중 어느 한 아들도 강제적으로 일터에 가도록 강요하지 않으며 처음부터 불순종하는 아들이나 약속해 놓고 포도밭에 일하러 가지 않는 아들이나 두 아들 모두 다 순종적인 아들이 아니다. 예수님은 두 아들들의 자유 의지는 존중하며 그들은 자기가 원할 때 언제든지 일하러 갈 수 있도록 허락하신다.

2. 예수님은 비유의 요점을 강조했다.

1) 예수님은 "진실로 너희에게 말하노니"라고 강조하면서 그 뜻은 자기 자신이 하나님의 아들인 사실을 강조하며 자기 자신이 메시아라는 진실을

밝히고 있다.

2) 그는 단호히 자칭 의로운 자, 거짓 종교 지도자, 거짓 교사들보다 죄인이 먼저 천국에 들어갈 수 있다고 말한다. 즉 하나님 말씀에 귀 기울려 듣는 것이 중요한 일이다. 하나님은 종교 지도자들에게 영원히 천국 문을 닫는 것이 아니라 그들에게 현재 상태로는 천국에 들어갈 수 없다고 말씀하시고 있나. 예수님이 다음 장에서 말씀한 것처럼 그들은 부족한 것이 있으며 천국에 들어가기 위해서는 그중에 한 가지를 해야 한다.

3. 예수님은 그의 청중들에게 깜짝 놀라도록 종교에 대한 사람의 생각이 잘못 되었다고 말하고 있다. 종교와 의로움이 있다고 천국에 들어가는 데 충분하지 않다. 예배, 의식, 고백 등 종교 행사나 도덕심, 미덕, 율법을 지키는 것, 일반 규칙을 지키고 선한 일을 하는 것 그리고 의로움으로도 충분하지 않나.

예수님은 종교 지도자와 의로운 자들에게 죄인들이 너희들보다 먼저 천국에 들어간다고 선포하고 있다. 그들이 행하는 것은 영생에 들어가기에 충분하지 않으며 어떤 다른 것이 더 필요하다고 말씀하고 있다(마 5:20; 롬 10:3; 고전 15:34). 그리고 세리와 창녀들은 하나님으로부터 버림받고 포도원에 가지 않겠다고 거절한 자이다. 그러나 경건한 유대인 대신에 죄를 회개하는 자들이 하나님 나라에 들어가게 될 것이라고 말하고 있다.

**32절 : 요한이 의의 도로 너희에게 왔거늘 너희는 그를 믿지 아니하였으되 세리와 창녀는 믿었으며 너희는 이것을 보고도 끝내 뉘우쳐 믿지 아니하였도다**

죄인은 천국에 들어가고 종교 지도자들은 들어가지 못하는 이유를 분명히 말씀하고 있다. 종교 지도자들은 예수가 하나님의 아들 메시아라는 사실을 믿지 않았기 때문이다.

예수님이 말씀하시는 세 가지는 첫째, 요한은 의로운 사람이며 그는 의로운 방법을 보여 주기 위해 이 세상에 왔다. 종교 지도자들이 뜻하는 의로움은 하나님을 위한 의로움이 아니라 자기의 의로움을 내세우며 살고 있다. 종교 지도자들은 요한을 믿지 않았으며 그들은 요한의 사역과 예수님이 메시아, 하나님의 아들이라는 증언을 믿지 않았다.

예수님은 주위에 서있는 종교 지도자들에게 그들의 주장은 모순되며 요한은 그들에게 의의 모형을 보여 주기 위해 왔다고 말씀하셨다. 요한은 영적이고 하나님 사람이었으나 그들은 그의 사역과 증언을 받아들이지 않았다(요 1:29-34; 눅 7:30).

**개념 1.** 하나님의 포도밭에서 일하지 않고 항상 자신의 포도밭에서 일하고 있는 사람은 없는가?

1) 종교 지도자들의 큰 비극은 그들이 사람들과 어울리지 않으며 하나님의 말씀을 거절하고 하나님의 포도밭에 일하러 가지 않는다는 것이다.

2) 죄인들 세리와 창녀들은 요한의 증언을 믿었다. 둘째 아들은 일하러 가라고 한 말을 정확하게 이해했으며 그는 그의 느슨한 생활을 회개하고 예수가 하나님의 아들이라는 것을 믿었다.

3) 종교 지도자들은 증거를 보았으나 그들은 그 사실을 부인했다. 그들은 요한의 의의 증거를 보았으며 죄인의 변화된 삶의 증거를 보았음에도 불구하고 아직도 그 사실을 부인하고 있었다. 종교 지도자들은 이 구절에서 보이는 두 가지 총체적인 잘못을 인정하고 있다.

(1) 종교 지도자들은 엄격한 종교 생활을 하지만 그들이 잘못하고 있는 점에 대해 회개하지 않는다. 그들은 자신들의 포도밭에 가서 일하는 것이지 하나님의 포도밭에는 가지 않는다. 사실 그들은 자기들의 일에는 열심히, 엄격하게 하며 자기 자신의 종교, 의로움, 규칙의 포도밭에서 일한다. 그들은 아버지께 봉사하기 위해 아버지 포도원에 절대 들어가서 일하지 않는다. 종교 지도자들은 요한의 사역과 증언으로 시작된 성경적 증언을 거절했다. 예수님과 요한의 증인들만이 하나님의 포도원에 들어갈 수 있으며 그 유일한 방법은 예수님을 믿는 믿음을 통해서 들어갈 수 있다. 그리고 하나님을 섬기는 유일한 방법은 예수님의 은혜와 권능을 통해서 사는 것이다(요 15:5; 엡 3:20).

(2) 종교 지도자들은 요한의 증언, 즉 예수님이 메시아, 하나님의 아들이라

는 사실을 믿지 않는다. 종교 지도자들은 예수님을 위대한 스승으로 받아들인다. 그러나 이 세상 죄를 위해 자기 자신을 희생하는 하나님의 어린양으로 받아들여지지는 않았다(요 10:18; 벧전 2:24; 3:18).

**개념 2.** 요한의 증언은 예수님이 종교 지도자들을 평가하는 척도이다. 신앙적이고 의로운 사람이 되는 것만으로는 충분하지 않고 더 많은 일을 해야 한다.

1) 하나님 포도밭에 가지 않는 것에 대해 회개해야 한다. 종교 지도자들은 자기의 종교와 자기 의에 따라자기 자신의 포도밭을 만들고 있다. 그러나 그의 포도밭은 하나님의 포도밭이 아니며 하나님의 포도밭은 믿음의 포도밭이다.

2) 하나님의 아들 예수를 믿어야 한다. 우리는 믿유의 포도밭에 가서 일해야 한다(엡 2:8-10).

> **33절 : 다른 한 비유를 들으라 한 집 주인이 포도원을 만들어 산울타리로 두르고 거기에 즙 짜는 틀을 만들고 망대를 짓고 농부들에게 세로 주고 타국에 갔더니**

이 구절의 비유는 예수님이 말씀하신 비유 중 가장 흥미있는 것 중에 하나이다. 이것은 역사적이고 예언적인 것이기 때문에 더 흥미롭다. 예수님은 하나님의 관점에서 이스라엘 역사를 다루고 있다. 그는 이스라엘에 앞으로 무슨 일이 일어날 것인가를 정확히 예측하고 있다. 그들은 하나님의 아들을 부인하고 거절할 것이다. 하나님은 천국을 다른 사람(이방인)에게 줌으로써 그들을 거절하고 하나님은 교회와 세계의 포도밭을 이방인들에게 맡길 것이다(마 28:19-20).

여기서 포도밭 주인은 하나님이며 포도밭은 하나님 백성의 나라, 이스라엘이다. 소작인들은 이스라엘의 종교 지도자들이며 종들은 예언자이며, 하나님의 아들은 예수 그리스도를 일컫는다. 하나님이 포도밭을 만들고 포도밭을 소작농에게 맡기고 난 후, 과일 수확을 거두어들이기 위해 메시지를 보냈으나 그 소작인은 하나님의 메신저에게 반기를 들고 거절한다. 하나님은 인내심을 가지고 계속 심부름꾼을 보냈으나 거절당하고 마침내 자기 아들 예수 그리스도를 보낸다. 그들은 그를 죽일 음모를 꾸미고 그의 모든 유산을 가로채고 아들을 살해한다. 하나님은 천국 또는 교회(vineyard)를 우리들 손에 맡겨 경작해 주기를 기대하고 있다.

포도밭은 이방 나라와 이스라엘이 해야 할 사역에도 적용될 수 있다. 하나님이 포도밭을 위해 하시는 경이로운 일이 세 가지가 있는데, 그는 포도밭과 소작인을 돌보는 데 필요한 모든 것을 제공한다. 포도밭이 기름지고 무성하도록 모든 것을 제공하고 소작인들이 포도 열매가 적게 열린다고 변명할 수 없게 모든 필요를 제공한다.

1. 하나님은 포도밭 주위에 울타리를 두른다. 이것은 동물로부터 포도를 지키기 위함이다. 그 울타리가 풍성한 과일을 보장시켜 준다 (요 15:16; 빌 1:11; 골 1:10-11).

2. 하나님은 즙 짜는 틀을 만들고, 이 즙을 담는 통은 간혹 큰 돌에 구멍을 뚫어 만들기도 하고 나무로 만들기도 한다. 이 통은 하나님이 그의 사역을 잘하도록 각자에게 제공하는 도구를 나타낸다(마 25:15; 행 1:8; 롬 12:6; 고전 12:4).

3. 하나님은 망대를 만들었다. 이것은 도둑들이 들어오는 것을 지키기 위해 감시초소를 지어 수확을 보장한다. 그리고 이 망대는 하나님이 소작인들에게 제공하는 하나님이 보살피시는 안전과 확신을 나타낸다(마 6:31-21; 눅 12:7; 벧전 5:7; 빌 4:19).

그리고 모든 사람은 국가를 보살필 책임이 있으며 모든 국민의 복지와 안녕에 이바지할 책임이 있다. 교회와 성도들은 포도밭에서 일할 책임을 갖고 있다. 2가지를 주목해야 한다.

1. 하나님은 사람들에게 믿고 맡긴다. 하나님이 우리에게 맡기는 것은 얼마나 영광스러운 일인가! 하나님이 가장 힘들게 만든 값진 포도밭을 우리에게 맡긴다는 것은 얼마나 경이롭고 특권을 주는 일인가!

2. 하나님은 사람에게 자유를 주신다. 하나님은 사람들이 원하기 때문에 포도밭을 돌보도록 그들에게 맡긴다. 그들은 포도원을 돌볼 때 그들의 의지와 에너지를 자유롭게 행사 하도록 한다. 사람들은 자유의 영광스러운 특권을 가지

며 그들 자신들의 재능과 아이디어를 자유롭게 사용하도록 하시며, 사람을 시켜 감독하게 하지 않으며 각자 재능과 아이디어를 사용하게 한다(창 1:27-28; 시 8:6; 마 25:14; 눅 19:13; 고전 4:2; 딤전 6:20).

## 34-35절 : 열매 거둘 때가 가까우매 그 열매를 받으려고 자기 종들을 농부들에게 보내니 농부들이 종들을 잡아 하나는 심히 때리고 하나는 죽이고 하나는 돌로 쳤거늘

하나님이 포도 수확철에 그 수확물을 받으러 심부름꾼을 보낸다. 그 심부름꾼은 예언자, 선한 사람, 하나님을 섬기는 지도자들일 것이다.

1. 모든 사람은 포도밭을 돌볼 책임을 갖고 있다.

2. 수확의 계절이 다가올 때 모든 사람들은 아름다운 포도원에 살면서 은혜와 특권을 누리며 사는 데 대해 마땅히 지불해야 하는 몫의 돈을 지불해야 한다(눅 13:6; 요 15:2, 5-6).

3. 소작인들은 반기를 들고 주인에게 지불하는 것을 거절하고 그들의 지불 거절은 하나님의 분노를 가져온다.

> 1) 사람들은 하나님을 고의적으로 대적한다. 사람들은 포도원을 자기들 스스로 다스리기를 원한다. 그들은 천국의 왕이 되기를 원하고 이 땅의 통치자가 되기를 원한다. 그들은 교회의 우두머리가 되기를 원하고 모든 것들을 자기 방식대로 다스리기를 원하며 자기 욕심과 의지대로 다스리기를 원한다. 그들은 포도밭의 포도를 자기의 소유라고 주장한다.

> 2) 그들은 그들 자신의 방법을 너무 원하여서 진실된 하나님의 종을 우습게 여기고 중상모략하고 박해하며 죽이기까지 한다(행 7:52; 히 11:36-38).

## 36절 : 다시 다른 종들을 처음보다 많이 보내니 그들에게도 그렇게 하였는지라

하나님은 인내심을 가지고 계속해서 심부름꾼을 보냈다. 이스라엘 역사를 통해 하나님은 이스라엘이 거부함에도 변함없이 그의 백성들에게 그의 사랑을 보여 주었다. 하나님은 우리들에게도 회개할 여러 번의 기회를 주시고 때때로 우리에게 험한 길을 건너서 심부름꾼을 보내신다. 그는 우리가 우리의 몫을 자기 능력대로 지불하는 것을 원하신다. 비극적이게도 대부분의 소작인들은 항상 계속하여 반기를 들고 포도밭에 대한 자기 권리만 주장한다. 그래서 그들은 하나님의 심부름꾼을 계속해서 핍박하고 거절한다.

**개념 1.** 얼마나 많은 믿는 자, 평신도 그리고 사역자들이 세상에서 다른 사람들에 의해 잘못된 오해를 받고 있는가! (빌1:29, 딤후3:12, 벧전4:12-13) 하나님의 포도밭을 자기 것이라고 주장하고 있기 때문이다.

> **37-39절 : 후에 자기 아들을 보내며 이르되 그들이 내 아들은 존대하리라 하였더니 농부들이 그 아들을 보고 서로 말하되 이는 상속자니 자 죽이고 그의 유산을 차지하자 하고 이에 잡아 포도원 밖에 내쫓아 죽였느니라**

마침내 하나님은 자기 아들을 보낸다. 아마도 그들이 하나님의 말씀을 경청하고 그의 권능에 순종할 것이라고 생각했다.

하나님은 자기 아들을 하늘의 영광을 버리고 그의 복음을 세상으로 가져가 전하라고 하신다.

그리고 우리가 알아야 할 몇가지 사실은,

1. 예수님은 자기 스스로 하나님의 아들이라고 주장한다. 그는 전에 보냈던 모든 종과는 다르다. 그는 바로 하나님의 아들 심부름꾼이다. 예수님이 자기 스스로 하나님의 아들 메시아라고 독특한 주장을 한다.

2. 이 소작인들은 하나님의 아들을 보았다. 구약의 예언자들, 세례 요한의 증언, 예수 자신의 주장, 그리고 이적과 표적 등을 보여 주어 메시아임을 보여 주었으며 이것 또한 유대인들이 예수를 박해하고 고발하는 원인이 되었다. 그들도 마음 깊이 예수님이 진실로 하나님의 아들 메시아라는 것을 느끼고 있으며 심지어 반기를 드는 사람도 그 사실을 알고 있다. 그러나 죄, 직위, 권력, 부에 대한 욕심이 그가 메시아라는 사실을 인정하지 못하게 하고 있다.

3. 소작인들은 그의 죽음을 음모했다(요 11:53).

4. 소작인들은 그의 유산을 가로채기 위한 계획을 세웠다. 사람은 재산, 권력, 직위, 존경, 명성, 부를 소유하고 싶어 한다. 어떤 소유물이든 사람은 그 소

유물을 독차지하려고 한다. 그리고 그를 부인하고 속이고 거짓말하고 훔치며 소유물을 가지기 위해 주인을 죽이기도 한다.

5. 소작인들은 주인의 아들을 죽였다. 그들은 인간 역사에서 가장 나쁜 죄를 저질렀다. 그들은 하나님의 아들을 죽였으며 그는 죽음이 그의 앞에 놓여 있다는 것을 알고 있었으며 그 죽음을 피할 수도 있었지만 그는 아버지의 정해진 목적에 따라 죽음을 선택했다(요 3:16; 행 2:23; 롬 5:8; 엡 2:4-5).

**40-41절 : 그러면 포도원 주인이 올 때에 그 농부들을 어떻게 하겠느냐 그들이 말하되 그 악한 자들을 진멸하고 포도원은 제 때에 열매를 바칠 만한 다른 농부들에게 세로 줄지니이다**

하나님은 소작인을 심판할 것이며 세 가지 중요한 요점이 있다.

1. 포도밭 주인이 오고 있으며 그 주인은 하나밖에 없는 아늘의 죽음에 대한 극도의 분노를 느끼고 그들을 진멸할 것이다.

2. 하나님은 악한 자들을 진멸할 것이며 그 진멸은 참혹하고 처참할 것이다. 심판이 실행될 대상은 백성과 통치자 둘 다일 것이다. 사람은 본질적으로 정직하지 못한 일을 하면 벌을 받는다는 것을 예상하고 있다.

3. 하나님은 이제 그 포도밭을 다른 이에게 맡기게 될 것이며 이렇게 말한 사람들은 군중들이며 모든 사람들은 포도밭이 그대로 방치되지 않고 어떤 사람에 의해서 경작될 것이다. 하나님은 그 포도밭을 돌볼 새로운 사람을 찾아낼 것이다(마 3:10; 요 15:6; 엡 2:11-18; 히 6:8).

**42절 : 예수께서 이르시되 너희가 성경에 건축자들이 버린 돌이 모퉁이의 머릿돌이 되었나니 이것은 주로 말미암아 된 것이요 우리 눈에 기이하도다 함을 읽어 본 일이 없느냐**

예수님은 자기 자신을 건축주들이 버린 돌이라고 언급하고 있다. 예수님은 수많은 그의 백성들에 의해 배척받았지만 새로운 건축물, 즉 교회를 짓는 데 모퉁이의 머릿돌이 될 것이다(행 4:11; 벧전 2:7). 이것은 메시아적 예언으로 알려진 시편 118:22-23에서 인용된 말이다. 메시아는 천국을 건설할 때 쓰이는 모퉁이의 머릿돌이 될 것이며 훗날 오게 되는 모든 다른 돌(지도자)들을 뒷받침해 주는 머릿돌이 될 것이다. 예수님 주위에 서있는 종교 지도자들은 그가 메시아를 언급하고 있다는 것을 알고 있다. 예언적으로 주목할 점은 돌은 처음에는 배척될 것이다. 건축하는데 적당하지 않아 쓸모없어서 건축자들은 그 돌이 건축물의 일부 구조물이 되는 것을 허락하지 않고 쓸모없이 옆으로 제쳐 놓을 것이다. 그러나 위대한 건축가가 나타나 버려진 돌더미에서 그 돌을 집어 올려 머릿돌의 위치까지 옮겨 다른 돌을 지탱해주는 돌이 되고 천국건설에 함께 하는데 사용되는 돌이 된다(엡 2:20; 빌 2:9-11).

머릿돌의 상징은 중요한 두 가지를 의미한다.

1. 모퉁잇돌은 첫째로 놓여지는 돌이며 다른 돌은 그 후에 놓여진다. 이 돌은 적절한 시기에 놓는 가장 우수한 질의 돌이며 예수님과 늘 함께 있는데, 하나님이 제일 먼저 사용하시는 첫 번째 돌이다. 예수님은 구원의 주체이며 모든 다른 사람들은 그 이야기의 독자이다(히 2:10). 예수님은 영원한 구원의 근원이며 믿음의 원천이다. 예수님을 믿고 순종하는 모든 이들은 그 근원을 공유하는 참여자들이다(히 5:9; 12:2).

예수님은 알파와 오메가 즉 시작과 마지막이다. 모든 다른 것들은 그의 뒤에 존재하고 그의 사이에 존재한다(히 1:8). 예수님은 선구자이며 우리보다 먼저 하나님의 임재 속으로 들어왔으며 모든 다른 사람들은 그 뒤에 하나님 임재 속으로 들어간다(히 6:19-20).

2. 모퉁잇돌은 건축물을 지탱해 주는 돌이며 모든 다른 돌은 그 위에 놓여져 그것에 의해 지탱되고 있다. 모퉁잇돌은 위치와 힘에 있어서 가장 탁월한 돌이며 예수님께 함께 있고, 예수님은 그 건물을 지탱해 주는 힘의 원천이며 하나님을 움직이는 기초가 된다. 예수님은 머릿돌이며 건축물은 그 기초 위에 튼튼히 세워질 수 있고 이 위에 세워지지 않은 건축물들은 무너질 것이다(고전 3:11). 예수님은 가장 중심이 되는 머릿돌이며 모든 다른 것들은 그와 함께 적절하게 섞여 조립되어야 한다. 조화롭게 건축되기를 원하는 모든 것들은 예수님의 기초 위에 놓여져야 한다(엡 2:20-22).

예수님은 살아 숨 쉬는 돌이며 모든 다른 돌은 그 위에 쌓여 올려진다. 예수님 위에 영적인 집이 지어진다. 사람들이 살아가면서 하나님이 받으시는 영적 제물을 가지고자 하는 사람은 예수님 위에 그를 토대로 하여 지어져야 한다(벧전 2:4-5).

**43절 : 그러므로 내가 너희에게 이르노니 하나님의 나라를 너희는 빼앗기고 그 나라의 열매 맺는 백성이 받으리라**

하나님은 ㄱ이 왕국을 빼앗아 나른 사람에게 줄 것이다. 예수님은 극적으로 세계 역사에 영향을 주는 예언을 주셨는데 그의 포도밭, 즉 천국은 이스라엘로부터 이방인에게 주어진다.

주님의 예언의 중요성을 파악하기 위하여 필요한 중요한 몇 가지 사실은,

1. 이스라엘은 하나님의 증인이 되도록 하나님이 세우신 국가이다.

  1) 이스라엘은 이 세상에서 하나님의 이름을 간직하고 있다(시 76:1-2).

  2) 이스라엘에게 하나님의 말씀이 주어졌고 그리고 하나님의 말씀과 하나님의 계시가 온 세계에 주어졌다(롬 3:1-2).

  3) 이스라엘은 영적인 것에 가장 특권을 받은 민족이다(롬 9:4-5).

  4) 이스라엘은 구원의 영광스러운 계획이 주어졌다(요 4:22).

2. 이스라엘은 하나님의 사명을 수행하는 데 실패했고 하나님을 실망시켰다. 그러므로 하나님은 그의 왕국을 이스라엘로부터 빼앗았다. 예수님이 비유에서 지적한 것처럼 사람들은 하나님의 종을 잡아서 죽이고 돌로 쳐 죽였다. 그들은 인간 역사에서 가장 악독한 죄를 저질렀다. 즉 그들은 하나님의 아들을 배척하고 죽였다. 인류 역사를 통해서 이스라엘은 몇 가지 긍정적인 면을 제외하고 비생산적인 나리이다. 그들은 그들의 삶에 하나님의 통치를 거부하고 예수님의 복음을 배척하고 받아들이지 않았다. 그러므로 그들은 하나님의 특권을 몰수당하고 천국은 빼앗겨 이방인에게 주어졌다.

3. 이스라엘은 구원받지 못한 국가가 되었다. 하나님이 이스라엘을 그의 백성으로 선택했을 때 그는 국가적인 구원의 의도가 아니었다. 하나님은 모든 이

스라엘 백성이 모두 믿을 것이라고는 생각하지 않았으며 어떤 국가이든 모든 국민이 다 믿지는 않는다. 하나님이 뜻하신 이스라엘은 하나님 왕국의 첫 번째 선택 받은 국가이며 그의 천국과 복음의 전달자였다. 구원은 국가적인 문제가 아니며 인종이나 유산의 문제도 아니다. 그것은 항상 개인적인 믿음의 문제이다. 모든 유대인들이 하나님의 약속을 믿는 때는 이스라엘 역사에서 한 순간도 없었다(롬 2:28-29, 4:3-8; 롬 9:6-8, 27, 29).

4. 이스라엘은 항상 남은 자, 소수만이 진실된 믿음을 가지고 있었다(롬 9:27, 29; 11:1-5).

5. 하나님은 새로운 국가로 향하고 그의 왕국을 다른 이방인들에게 주었다 (마 21:43; 롬 9:30-33; 10:20; 11:30).

6. 하나님의 새로운 백성이나 국가는 새로운 피조물이라는 뜻이며 현재 존재하고 있는 백성이나 국가가 아니다. 하나님은 이스라엘을 아브라함 한 사람을 통해서 새로운 국가가 되도록 창조한 것처럼 하나님은 한 사람, 예수 그리스도를 통해서 다른 새로운 사람을 창조하게 하셨다. 하나님의 새로운 백성이나 새로운 국가에 대해서 주목할 두 가지 필요성이 있다.

　1) 새로운 국가의 유산이나 땅은 지구의 땅이 아니라 하늘의 유산이다. 하늘의 유산은 영적 존재이며 영원성의 존재이다. 이것은 형상적 존재가 아니며 세상적이고 일시적인 존재가 아니다.

　2) 새롭게 창조된 국가의 시민은 주님을 진실로 믿는 모든 이 세상 사람들이다. 그리고 이 땅의 백성이 예수 그리스도를 믿을 때 하나님은 그 사람을 선택하여 그에게 새로운 영적 사람으로 탄생을 시킨다. 그 사람은 새로운 피조물이 되고 새 사람이 된다(고후 5:17; 엡 4:24; 골 3:10).

7. 하나님은 이스라엘을 회복시키시고 이스라엘에 자비를 베풀고 그들을 세속적인 것으로부터 하나님을 향하여 돌아서게 했다. 왜냐하면 하나님은 모든 이들이 유대인이나 이방인에게도 자비를 베푸시는 분이시다. 하나님의 역사에서 이방인과 유대인의 관계는 로마서 9~11장에 잘 나타나 있다.

## 44절 : 이 돌 위에 떨어지는 자는 깨지겠고 이 돌이 사람 위에 떨어지면 그를 가루로 만들어 흩으리라 하시니

예수님은 두 가지 종류의 사람들이 어둠의 세력에 떨어질 것이라고 말하고 있다.

1. 예수 그리스도 즉 머릿돌을 무너뜨리는 자, 그 당시 예수님 주위에 서있던 많은 사람들과 오늘날 머릿돌을 넘어뜨리는 사람들. 하나님이 아들, 예수 그리스도를 이 세상에 보냈다는 것을 믿지 않으며 하나님의 가장 희생적인 겸손을 이해하지 못하고 믿음을 거절한 자 예수님이 가장 위대한 스승이라는 사실은 받아들이면서 그가 세상 죄를 위해 죽게 되었다는 사실을 인정하지 않는 자 그러므로 사람들은 인간의 구원을 위해 하나님이 놓으시는 기초, 즉 모퉁잇돌을 넘어뜨린다.

2. 하나님의 존재, 즉 머릿돌인 예수님을 배척하는 사람들은 어두움의 세력에 빠진다. 어떤 사람은 적극적으로 배척하고 천국을 부인하며 예수님이 하나님의 아들이 아니라고 말을 퍼뜨린다. 그들은 예수님이나 어떤 사람도 하나님의 아들이 될 수 없다고 말하고 있다. 예수님은 선한 사람이지만 하나님 우편에 앉아 찬양받기에 합당한 아들이 아니라고 말하고 있으며, 자기를 배척하고 다른 사람으로 하여금 믿지 못하도록 방해하는 자들을 멸망시킬 것이라고 말하고 있다. 심판과 거룩한 보복이 죄인들과 거짓 증인들을 바로 세워 나갈 것이다.

예수님이 성경에서 머릿돌로 일컬어지는 네 가지 사실을 언급하고 있다.

1) 예수님은 기초가 되는 중심된 모퉁잇돌이다. 모든 사람의 삶은 그 기초 위에 세워져야 한다. 사람이 지을 수 있는 어떤 건축물보다 튼튼하고 안전하며 예수님은 교회의 모퉁잇돌이며 기초이다.

2) 예수님은 넘어져 파괴되는 돌이며 공격의 대상이 되는 돌이기도 하다. 어떤 사람들은 십자가와 그의 피를 무시한다. 사람들은 그의 신성과 그가 우리의 죄 때문에 죽었다는 사실을 공격적으로 부인한다. 이스라엘 백성들이 첫 번째 넘어진 국민이며 그 이후 많은 사람들이 죄 때문에 넘어졌다(사 8:14-15; 롬 9:32-33; 고전 1:23; 벧전 2:8).

3) 예수님은 무서운 파괴력을 가진 돌이다. 예수님은 하나님 우편에서 통치하시고 지금도 다스리신다. 이 세상에는 너무나 악행과 파괴적인 행위가 많아서 그가 다스리지 않는 것처럼 보인다. 그는 더 많은 사람이 믿을 때까지 기다리시며 어떤 사람도 멸망하기를 바라시지 않는다. 그러나 믿는 자들의 구속의 날과 믿지 않는 자들의 심판의 날이 다가오고 있다. 그는 그를 배척하는 모든 사람을 멸망시키고 때려 부수는 파괴의 돌이 될 것이다. 이것은 분명히 그를 배척하는 이 세상 세력과 개인 모두를 언급하고 있다(단 2:34; 계 16:13; 19:17).

4) 예수님은 살아 숨 쉬는 돌이다(벧전 2:4-5). 그는 사람에 의해서 배척받지만 건축주 하나님에 의해서 선택되고 가장 가치 있는 돌로 여겨지고 있다. 그에게 오는 모든 사람들은 예수님 돌 위에 지어지고 영적 집으로 입주하게 된다.

예수님은 돌이 여러 다른 방법으로 사람에게 영향을 줄 수 있다는 것을 보여주기 위해 은유적 방법을 사용하고 있다(사 8:14-15; 단 2:34, 44-45). 사람들은 믿음이 아니라 이성적인 생각으로 모퉁잇돌 위에 집을 지을 것이다. 그러나 많은 사람들은 그것에 걸려 넘어질 것이다. 마지막 심판 날에 하나님의 적들은 그것에 의해서 멸절될 것이다. 결국 머릿돌인 예수님이 부서져 희생되는 돌이 될 때 우리는 부활의 영적 집을 짓게 될 것이다. 예수님은 자비와 용서는 지금 하시고 심판은 뒤로 미루어 훗날에 있을 것이라고 약속하셨다. 우리는 지금 그를 선택해야 할 때이다.

## ▌ 45-46절 : 대제사장들과 바리새인들이 예수의 비유를 듣고 자기들을 가리켜 말씀하심인 줄 알고 잡고자 하나 무리를 무서워하니 이는 그들이 예수를 선지자로 앎이었더라

여기 이 구절에서 비유의 결과를 세 가지로 가르친다.

1. 예수님은 종교 지도자들에게 직접 말하고 있으나 그들의 양심은 완악한 불신에 의해 마음의 눈을 뜨지 못하고 있다. 그들은 예수님의 경고에 둔감하다.

2. 종교 지도자들은 회개하는 대신에 자기 방어적 반응을 하고 있으며 예수

님의 경고에 주의를 해야 함에도 귀를 기울이지 않는다. 그의 주장을 침묵시키고 파괴를 일삼으며 그를 대항했다.

3. 그들은 예수님을 단지 예언자로 생각하고 메시아로 인정하지 않았다. 이 사실이 비극적이지만 하나님은 예수님의 예정된 죽음의 때까지 예수님을 보호하기 위해 그들을 관대하게 대할 수 있었다.

# 마태복음 22장

**1-2절 : 예수께서 다시 비유로 대답하여 이르시되 천국은 마치 자기 아들을 위하여 혼인
잔치를 베푼 어떤 임금과 같으니**

예수님은 천국에 대한 비유를 다시 말씀하시고 있다. 하나님은 그의 아들과
그의 진정한 백성을 위해 큰 혼인 잔치를 준비했다. 예수님과 교회와의 관계가
가끔 결혼의 관계로 비유된다(요 3:29; 고후 11:2; 엡 5:12-32; 계 19:7). 믿음의 언약
은 결혼의 언약과 같으며 사람이 믿음을 가질 때 예수님은 영원한 자기와의 관
계를 약속하신다. 이 관계나 결합은 영원하다. 이 비유는 하나님이 자기 왕국에
참여할 수 있는 사람들을 폭 넓게 받아들인다는 메시지이다.

**3-7절 : 그 종들을 보내어 그 청한 사람들을 혼인 잔치에 오라 하였더니 오기를 싫어하거
늘 다시 다른 종들을 보내며 이르되 청한 사람들에게 이르기를 내가 오찬을 준비하되 나
의 소와 살진 짐승을 잡고 모든 것을 갖추었으니 혼인 잔치에 오소서 하라 하였더니 그
들이 돌아 보지도 않고 한 사람은 자기 밭으로, 한 사람은 자기 사업하러 가고 그 남은 자
들은 종들을 잡아 모욕하고 죽이니 임금이 노하여 군대를 보내어 그 살인한 자들을 진멸
하고 그 동네를 불사르고**

하나님이 이스라엘에게 보내는 초청장은 역사적인 것과 예언자적인 것이다.
이것은 3~7절에서 예수님에 의해서 행해진 여러 사건에서 보는 것처럼 명백히
알 수 있다. 왕이 보내는 여러 번의 초청장은 유대 관행이며 왕은 다가오는 행
사를 발표하고 다시 한번 그날이 다가올 때 상기시켜 주려고 초청장을 보낸다

(에 5:8; 6:14). 여기에서 네 가지 주목할 점이 있다.

1. 하나님은 이스라엘을 초청했으나 그들은 거절했다.

  1) 초청되었다는 말은 이스라엘이 이미 이전에 초청되었다는 것을 언급하고있다. 최초에 아브라함으로부터 시작하여(창 12:19) 하나님은 그의 아들의 큰 혼인 잔치에 이스라엘을 초청했다.

  2) 이 **특별한** 초정에 보내진 하인들은 그리스도가 살아 있을 동안 사람들이다. 이때에 관하여 이 비유는 그리스도가 살아있는 동안 이스라엘과 관계를 맺고 있는 하나님의 이야기를 끄집어 낸 것이다. 그러므로 이때의 하인은 세례 요한, 열두 제자 그리고 예수님의 오심을 위하여 사람을 준비시키러 여러 마을로 보내졌던 70인들일 수 있다.

  3) 이스라엘은 메시아가 오심을 거절하고 오지 않을 것이라고 했다. 이 말은 단순히 표현되었지만 그 사실은 엄청난 비극이다. 이것은 첫 번째 초청인 것이며 그들은 그 초청을 받아들이지 않았다. 왜 하나밖에 없는 하나님의 아들의 혼인 잔치에 초청을 아무도 받아들이지 않았을까?(눅 13:34-35) 그 가능성은 다음과 같다.

    (1) 사람들이 너무 바쁠 수 있다. (2) 좀 더 후에 받아들이기 위해 잠시 미룰 수 있다. (3) 어떤 다른 일에 약속이 있을 수 있다. (4) 왕을 별로 좋아하지 않을 수 있다. (5) 어떤 다른 잔치를 더 좋아했다. (6) 사적으로 가기 싫어했다. (7) 왕이 실지로 잔치를 열 것이라고 믿지 않았다. (8) 아들을 믿을 수가 없었다. (9) 아들을 싫어했다(롬 10:2-3, 21; 시 81:11; 렘 7:13).

2. 하나님은 크나큰 자비를 보이셨다. 하나님은 상상할 수 없을 정도로 치욕과 모든 멸시와 배척당하고 모멸감을 받으셨다. 사람들이 왕의 초청장을 무시함에도 불구하고 하나님은 아무런 반응을 하지 않았다. 하나밖에 없는 아들의 혼인 잔치에 참석하라고 지금도 초청, 부탁을 하면서 은혜와 자비를 베푸신다.

  1) 하나님은 두 번째 초청도 연기하셨다. 이 초청장을 가지고 갔던 하인들은 주님이 부활하시고 성령님이 오고 난 후 즉시 나타났던 증인들이다.

지금은 저녁이 준비되었다고 말하는 것은 모든 것이 지금 준비되었다는 뜻이다. 식사를 준비하는 데는 큰 노력과 시간이 필요하다. 사람들은 지금 와야 되며 결혼보다 먼저 행하는 초청에 즉시 와야 한다. 모든 우리의 삶에 여전히 지금도 초청되고 있다(고후 5:11, 20; 6:1).

2) 하나님은 잔치를 풍성하게 준비했다. 왕의 아들의 혼인날이 다가왔으며 기뻐할 때다. 왕의 아들의 결혼식이 막 시작되어 그 잔치는 여태까지 있던 어떤 잔치보다 성대한 잔치였으며 가장 즐거운 잔치였다.

**개념 1.** 하나님이 부르시고 그 부르심이 그의 가슴속에 우리를 받아들일 준비가 되었다는 것을 나타내 준다.

3. 하나님은 그의 두 번째 초청장이 거절되는 것을 보았다. 사람들은 그것을 가볍게 취급했다. "돌아보지도 않고"라는 말은 어떤 일이 있어도 전혀 관심이 없다는 뜻이다. 그들은 성대한 혼인 잔치에 참석하지 않겠다는 확고한 결정을 했으며 그들은 너무 바빠 왕의 초청에 관심을 갖지 않았으며 쾌락과 안락을 즐기면서 세상일이 너무 바쁘게 살고 있어 초청에 응할 수 없다.

1) 어떤 사람들은 바쁜 농부들이며 농토와 수확물을 돌보느라고 너무 바쁘다. "자기 밭"이라는 말은 자기 자신이 가진 농장이나 자기 소유의 땅을 말한다. 그러한 것은 이기적인 생각이며 그는 세상일에 사로잡혀 있다는 뜻이다(마 16:26; 눅 8:14; 시 39:6; 전 2:20).

2) 어떤 사람들은 바쁜 사업가이다. 그들은 상업, 무역, 사업에 종사하는 사람들이며 세상 돈벌이에 사로잡혀 있다(눅 14:18-19; 딤후 2:4; 약 4:13).

3) 어떤 사람들은 세상적인 마인드와 종교적인 사람들이다. 그들은 세상일에 너무 밀착되어 있어서 왕과 관계하기를 원하지 않는다. 왕은 그들의 이익과 그들의 생활을 방해하고 그들의 직위, 특권, 부, 안전을 위협한다고 생각한다. 그러므로 그들은 왕에게 적대적이며 그들은 그의 왕국을 뒤엎고 빼앗으려고 했다. 그들은 왕의 혼인 잔치를 유지해야 된다는 의무감을 일깨워 주는 사람들과 하인들을 죽이고 박해했다(행 4:3; 5:30;

7:58; 14:19; 16:23; 고후 11:23-25).

**개념 2.** 사람들은 항상 하나님의 초청을 거부하고 있다. 그 이유는 그들이 반드시 거부해야 하는 당위성 때문이 아니라 거부를 원하기 때문이다(요 5:40).

그리고 이것은 얼마나 역설적인가! 어떤 사람이 두 팔을 벌려서 환영받을 일이 있다면 그것은 왕의 혼인 잔치 초청장을 가져오는 메신저이다. 그러나 그 반대 사실이 일어나고 있다. 왕의 메신저는 환영받지 못하고, 비판받으며, 저주받고, 박해받고, 가끔 죽임을 당한다(고전 4:13).

4. 하나님은 그의 초청을 거절한 이스라엘을 심판했다. 어떤 사람들은 초청 거절에 대한 심판을 A.D. 70년에 예루살렘 파괴를 언급하는 사람들도 있다. 아마 그렇게 적용할 수 있으나 여기에서 말하는 죽음은 단지 육체적인 죽음과 파괴를 의미한다. 이러한 위의 해석은 예수님이 뜻하는 바의 설명이 아닌 것 같으며 예수님은 미래에 일어날 영원한 심판에 대해 언급하고 있다. 분노는 모든 배척자들에게 극도로 심하게 내려질 것이다(살전 2:15-16). 이것은 하나의 비유이며 그래서 군대나 불탄 도시에 대한 언급을 비유적으로 표현하고 있다. 이스라엘은 하나님의 아들의 혼인 잔치에 참가할 특권을 가지고 있으나 초청을 거절하고 왕의 심부름꾼을 죽임으로써 그들의 특권을 남용했다. 그들은 하나님의 백성으로서 증인의 직위를 잃고 하나님의 초청을 거절한 모든 사람들이 심판받는 것처럼 영원히 심판받게 될 것이다.

### 하나님의 심판을 가져오는 두 가지 죄

1) 하나님의 종을 능멸하는 죄 – 하나님은 그의 심부름꾼을 박해하고 살인하는 사람을 멸절시킬 것이다.

2) 하나님의 초청을 거부하는 죄 – 가장 가치 없는 인간이 되는 것은 하나님의 가장 은혜로운 초청을 거절하는 것이다. 우리는 하나님의 초청을 거절할 때 심판을 받게 될 것이다(눅 3:9; 요 3:18; 살후 1:7-9).

**8-10절**: 이에 종들에게 이르되 혼인 잔치는 준비되었으나 청한 사람들은 합당하지 아니하니 네거리 길에 가서 사람을 만나는 대로 혼인 잔치에 청하여 오라 한대 종들이 길에 나가 악한 자나 선한 자나 만나는 대로 모두 데려오니 혼인 잔치에 손님들이 가득한지라

지금 하나님은 누구든지 모든 사람을 초청한다. 이것은 "네거리 길"이라는 말에서 알 수 있다. 하나님의 종들이 그의 아들 혼인 잔치에 모든 사람들 초청하러 세계 곳곳으로 나가고 있다.

그리고 우리가 몇 가지 주목할 점은

1) 하나님의 종은 그들이 발견하는 대로 많은 사람을 초청해야 한다. 이 초청은 몇몇 선택된 자가 아니고 범세계적이며 가난한 자나 부자, 지위가 높거나 낮은 자, 이방인이나 유대인 모두를 포함한다. 어쩌면 길거리 모퉁이에 있는 몇몇 소수의 사람은 왕의 혼인 잔치 초청을 기대조차 하지 않았을지도 모른다(행 10:34-35; 롬 10:12; 딤전 2:4).

2) 하나님의 종은 선하거나 악하거나 도덕적이거나 비도덕적이거나 신앙심이 있거나 없거나 모두를 초청해야 한다(고전 6:9-11).

3) 하나님의 종은 길거리 모퉁이로부터 혼인 잔치에 손님을 채워 넣어야 한다. 하나님 아버지는 그의 아들에게 아들의 혼인 잔치에는 손님이 많을 것이라고 확신시켜 준다(마 11:28; 계 22:17; 사 55:1).

**11-14절**: 임금이 손님들을 보러 들어올새 거기서 예복을 입지 않은 한 사람을 보고 이르되 친구여 어찌하여 예복을 입지 않고 여기 들어왔느냐 하니 그가 아무 말도 못하거늘 임금이 사환들에게 말하되 그 손발을 묶어 바깥 어두운 데에 내던지라 거기서 슬피 울며 이를 갈게 되리라 하니라 청함을 받은 자는 많되 택함을 입은 자는 적으니라

이스라엘 습관에는 결혼예식에 입을 옷을 초대받은 손님에게 빌려주는 관습이 있었다. 이 옷을 입지 않고 거절하는 것은 상상할 수 없는 일이며 이런 것은 혼주를 모욕하는 일이다. 초대받은 손님이 이 옷을 필요없다고 생각하거나 본 결혼 예식에 참가하기를 원하지 않는 사람은 무례하다고 여겨질 것이다. 결혼식에 갖추어 입는 예복은 천국에 들어가는데 필요한 의를 예표한다. 예수님

은 모든 사람을 위해 의의 옷을 제공하지만 각 사람들은 왕의 연회에 들어가기 위해 입을 옷을 선택해야 한다. 초청은 항상 열려 있지만 우리는 준비해 있어야 한다. 의와 구원의 옷을 좀 더 상상해 보면 시편 132:16, 이사야 61:10, 요한계시록 3:4~5에서 알 수 있다.

하나님과 초대받는 손님과의 정면으로 부딪히는 것은 순간적인 일이지만 이 비유에서 강조한 점은 혼인 잔치의 축제 분위기에 있는 것이 아니라 혼인 잔치에 적합한 예복을 입느냐 또는 입지 않느냐를 말하고 있다. 어떤 사람들은 적합한 예복을 입지 않고 참가하려고 하고 있다. 사람들은 예수님의 의의 옷을 입지 않는 사람도 있었다.

예수님은 세 가지를 언급하고 있다.

1. 하나님은 손님들을 보기 위해 잔치 축제에 들어온다. 들어오자마자 결혼예식에 맞지 않은 옷을 입은 사람을 보았다. 그리고 주의 깊게 살펴보고 가까이 가서 보고, 조사해 보고, 곰곰이 생각해 본다. 여기에서 강조점은 하나님은 손님을 면밀히 조사하기 위해 연회 잔치에 들어갔다. 하나님은 이 아들의 성대한 혼인 잔치를 위하여 모든 사람과 모든 것이 질서 있게 진행되는가를 확인하기를 원한다. 누구든지 부적합한 옷을 입음으로써 아들의 명예를 실추시키는 것을 허락하지 않는다(롬 4:22; 롬 13:14; 고후 5:21).

1) 사람은 자기가 합당한 예복을 입었는지 모르지만 하나님은 알고 계신다. 사람은 다른 손님을 속일 수 있지만 하나님을 속일 수 없다. 하나님은 모든 초청받은 손님이 입은 예복을 일일이 점검해 보신다. 사람들은 적당한 예복을 입으라는 왕의 요청을 받아들이지 않음으로써 왕의 명예를 실추시키고 불순종하고 있다.

2) 하나님은 잔치가 시작되기 전에 단 한 가지 질문만 했다. "친구여 어찌하여 예복을 입지 않고 여기 들어왔느냐" 하나님은 즐거운 잔칫날을 망치는 눈에 거슬리는 행동을 허락하지 않았다. 사람은 혼인 잔치에 초대되었다. 그러면 그는 합당한 옷과 깨끗한 옷을 입을 책임이 있다(마 5:20; 엡 4:1, 24; 빌 1:11; 골 3:10).

3) 하나님은 격식에 맞지 않는 옷을 입은 사람을 심판한다. 하나님은 그의 하인을 불렀다. 그 하인들은 초청장을 전달하는 똑같은 종들은 아니다. 그들은 제자들도 있고 설교자들도 있다. 그리고 하나님을 수종드는 천국의 천사들도 있다(마 13:41-43, 49-50).

4) 사람의 손과 발은 죄를 지을 때 묶는다. 손을 묶으면 저항을 하지 못하고 발을 묶으면 도망을 가지 못한다. 왕이 무슨 말을 하든지 큰 잔칫날에는 어떤 사람도 저항하거나 도망갈 수 없다.

5) 그 사람은 왕과 그 아들 그리고 여러 초대받은 손님들로부터 쫓겨나고 그는 풍성하고 즐거운 잔치에 참가할 수 없게 된다.

6) 그는 다른 사람들과 멀리 떨어진 어두운 곳에 던져진다. 그는 그 잔치에 참가 못하는 것은 물론 그 잔치를 구경도 못하게 된다. 그 잔치에는 화려함과 찬란하지만 그는 어두운 곳에 던져져 빛을 볼 수 없게 된다.

2. 하나님은 많은 사람을 부르고 초청하지만 극소수만 선택을 받는다. 이 비유의 문맥상 뜻은 왕의 아들의 혼인 잔치에 세네 번의 왕의 부름이 있었다.

1) 유대인들에게 부름이 있었으나 별로 반응이 없었다.

2) 이방인을 불렀으나 역시 별로 반응이 없었다.

3) 들어오는 모든 사람을 불렀으나 결혼예복을 입지 않았다. 그들이 입은 옷은 단지 위선의 옷과 거짓 증언뿐이었다.

예수님의 말씀은 우리가 교회를 보고 교회를 다니는 모든 사람들을 고려해 보면 명백해진다. 교회를 위하는 것보다 세상의 소유물을 위해 더 많은 관심을 가지는 교인들이 교회 안에 많이 있다.

1) 자기 자신을 부인하지 않고 희생하지도 않으며 예수를 따르는 사람이 교회 안에 존재한다(눅 9:23).

2) 아직도 세상일에 빠져 있는 사람이 교회 안에 존재한다(롬 12:2).

3) 사려 깊지 않게 아무렇게나 지각없이 말하는 사람이 교회 안에 존재한다 (엡 5:4; 딤후 2:16-18; 약 3:2, 5-9).

4) 사랑의 감정을 표현하는 것보다 다른 감정을 표현하는 사람이 교회 안에

많이 존재한다(요 13:33-34).

5) 예수님을 위해 사는 대신 죄성과 육신의 정욕을 추구하는 사람이 교회 안에 존재한다(요일 2:15-16).

6) 예수님을 믿는다고 말하지만 위선적인 삶을 사는 사람이 교회 안에 존재한다(마 6:2).

예수님의 경고는 이러한 비유를 통해 명백하게 밝히며 믿음을 가지고 천국 잔치에 들어가려는 사람은 시작이 중요한 것이 아니라 끝이 중요하다(마 7:14, 21; 눅 13:24).

**개념 1.** 주님은 교회와 동행하면서 우리가 얼마나 노력하며, 참고 견디며, 사랑하는가를 알고 계신다(계 2:1-2).

특히 하나님은 위선자들을 주목한다. 하나님의 눈에 위선자들은 암에 걸려 고통받고 있는 사람처럼 눈에 띈다. 하나님은 유명한 내과 의사가 암의 아픈 곳을 치료하듯이 위선자를 강제로 치료할 것이다.

**개념 2.** 성대한 혼인 잔칫날은 무엇보다 천국 입학 자격을 심사하는 날이다. 하나님이 우리를 예수님께 소개하기 전에 의의 옷을 입지 않은 사람을 쫓아 낼 것이다.

**개념 3.** 사람이 결혼 예복을 입지 않는다는 것은 의가 부족하다는 뜻이거나 의로운 삶을 살지 않는다는 뜻이다.

1) 그런 사람은 예수님의 의를 믿지 않아서 그를 하나님께 데리고 갈 수 없다(롬 10:3-4; 고후 5:21).

2) 그런 사람은 도덕적이고 자기 부인의 삶을 살지 않아서 하나님께 데리고 갈 수 없다(눅 9:23).

그리고 여기서 "어두운 데"(darkness, 마 8:12)의 뜻은 빛이 없는 곳, 희망과 소망이 없는 곳, 외계의 어둡고 비참한 곳, 영혼이 없는 절망적인 상태를 뜻한다.

"슬피 움"(weeping)의 뜻은 슬픔, 울부짖음, 신음하여 부르짖음, 눈물이 홍수같이 흐름을 나타내며 "이를 갊"(gnashing)의 뜻은 적개심으로 이를 갈고 입술을 물어뜯는 것, 극도로 분개하는 것, 아무것도 이루어지지 않아 크게 실망하며 분노하는 것을 말한다.

다음 세 차례의 대적은 예수님을 자극해서 말의 올무에 걸리게 하고 예수님을 공격하기 위해 대적자들이 시작한 일이다. 첫째 대결에서 인두세는 유대인에게는 굴종의 상징으로써 유대인을 분개시키고 있다. 유대인들은 로마 식민지하에서 이 세금에 대항하는 큰 봉기를 일으켰다. 이 봉기는 갈릴리 민중 지도자, 열심당(zealot, 질럿) 유다에 의해 자극을 받아 일어났다. 이 질문에는 함정이 있으며 세금을 지지하는 것은 비애국적인 행위이며 세금 징수를 반대하면 정치적인 위험에 빠진다. 예수님은 그들에게 한 데나리온을 보여 달라고 요청함으로써 그들이 외식하는 자들임을 폭로하셨다. 왜냐하면 애국적인 유대인은 그 동전을 가지고 다녀서는 안 되기 때문이다.

그리스도는 하나님의 아들 메시아시며 그러므로 그는 음모를 알고 있었다. 예수님은 천국 시민권에 관한 진리를 가르치기 위해 사람들이 모이는 회당에서 바리새인들과 헤롯당들이 모여 있는 가운데 그 당시 사람들에게 놀랍고 땅이 요동할 진리를 가르쳤다. 천국 백성의 충성은 오직 하나님만 섬기고 나머지 세상 사람들은 그들의 영토를 다스리는 귀족에게 속한다고 믿었다. 예수님은 그 당시 세속적이고 외형적인 시민권이 아니라 천국의 시민권을 말하고 있다. 바리새인들은 종교가 최고 기관이라고 주장하고 헤롯당은 국가가 최고 기관이라고 주장한다. 그러나 종교가 최고의 위치라는 것은 산업 사회와 교육받은 사회에서는 인정되기 어렵다(벧전 1:24; 시 49:17; 사 5:14; 66:5; 겔 24:25; 호 4:7).

종교 그룹인 바리새인들은 로마의 팔레스타인 지방 정복을 반대하였고 헤롯당은 헤롯 안디바를 찬성하였다. 정상적으로 악명 높은 이 두 그룹은 연합하여 예수님을 공격했다. 그들 대표자들이 예수님께 정복자 로마 황제에게 세금을 내는 것이 옳은 일이냐고 질문했다. 예수님이 가이사에게 세금을 내야 한다고 하면 바리새인들은 그것은 하나님을 대적하는 일이라고 여길 것이며 세금을 내지 않는다고 주장하면 헤롯당들은 그를 국가 반란 혐의로 헤롯에게 넘길 것이다. 이 경우에 바리새인들은 하나님의 율법을 지키려는 동기에서가 아니며 헤롯당들도 로마의 정의 실현을 위한 동기가 아니다. 예수님의 답변은 그들의 악한 동기를 밝혀 내어 그들 두 그룹들을 당황하게 만들었다. 그리고 헤롯당들은 갈릴리 왕, 헤롯의 정치 집단이며 그들의 권력과 영향력을 유지하기 위해 로마와 타협하고 지지하는 집단이었다. 종교적으로는 사두개파에 속한다. 그리고 이들은 하나님께 세금을 내는 것보다 가이사에게 세금을 내는 것에 동의하는 집단들이다.

> **16-17절 : 자기 제자들을 헤롯 당원들과 함께 예수께 보내어 말하되 선생님이여 우리가 아노니 당신은 참되시고 진리로 하나님의 도를 가르치시며 아무도 꺼리는 일이 없으시니 이는 사람을 외모로 보지 아니하심이니이다 그러면 당신의 생각에는 어떠한지 우리에게 이르소서 가이사에게 세금을 바치는 것이 옳으니이까 옳지 아니하니이까 하니**

잘못된 시민권 개념으로 가끔 죄를 저지르는 사람들은 바리새인과 헤롯당들이며 그것은 그들이 예수님을 대적하여 음모를 꾸미는 것에서 볼 수 있다.

1. 가끔 타협과 음모를 꾸미게 만드는 것은 이기적인 야망이며 헤롯당들과 바리새인들이 협력하는 것은 놀라운 일이다. 그들은 악의적으로 반대하는 입장을 취해 왔으며 바리새인들은 헤롯당들이 이단들보다 지옥에 먼저 떨어질 운명에 처할 것이라고 생각해 왔다. 그러나 그들은 예수님을 대항하여 협조하고 있다. 그 이유는 이기적인 야망 때문이다. 그들은 직위, 부, 영향력, 권력을 잃어버릴까 두려워했다. 이 세상을 위해 사는 사람은 그가 누리는 것을 보호하기 위해 어떤 사람과도 협력자가 된다. 어느 정도 타협하는가 하는 문제는 중요하지 않다. 이기적인 야망으로 짓는 죄의 깊이는 여기에서 찾아볼 수 있는데 일차적인 음모꾼들은 종교 지도자들이며 그들은 단지 사악한 음모를 꾸미는 것이 아니라 그들은 한 사람 즉 예수 그리스도를 죽음으로 몰아가는 음모를 꾸미고 있다. 그들의 야망으로 말미암아 사악한 로마정부와 종교 지도자들이 어떤 속임수를 쓰는지 다음 구절에서 알 수 있다.

2. 아첨과 파괴를 가져오는 거짓이 있다. 그 거짓은 두 가지 사실에서 나타난다.

1) 바리새인들은 자기 자신들은 예수님의 곁에도 가지 않았다고 말한다. 그들은 그들의 제자들을 헤롯당들과 함께 보냈다. 제자들은 그 질문(참 메시아가 누구인가?) 자체의 답을 찾으러 보냈겼던 사람들은 배우는 제자들이었으며 헤롯당들은 그 제자들이 질문한 것에 답을 해줬으나 제자들은 만족하지 못했다. 바리새인들의 제자들은 메시아라고 주장하는 한 사람, 그리스도 예수가 답변해 주기를 바랐다. 그래서 예수님은 그를 올무에 넣으려는 음모를 알고 있었다.

2) 속임수 중에서 가장 저급한 속임수는 예수님께 접근할 때 사용하는 아첨의 말이다. 즉 "선생님이여 우리는 당신이 진실한 사람인 것을 알고 있습니다. 당신은 진실에 근거하여 하나님의 방법을 가르치고 계십니다. 당신은 사람의 말에 흔들리지 않습니다." 그들이 예수님에 관하여 하는 말은 모두가 진실인 것이다.

　(1) 그는 랍비 즉 선생님이다. 그는 선생님 그 이상의 존재인 우주의 주인이다.

　(2) 그는 신실한 사람이다. 그는 하나님으로부터 온 선생이다. 니고데모의 신실함과 그들의 위선적인 접근 방법을 대조해 보라(요 3:2).

　(3) 그는 하나님의 방법을 가르쳤다. 하나님을 기쁘게 하려면 사람은 어떻게 살고 행동해야 하는지를 가르쳤다.

　(4) 그는 사람이 그에 관하여 무엇을 말하든지 개의치 않았다. 어떤 것도 그의 행동이나 말에 영향을 미치지 못했다.

　(5) 예수님은 그 사람이 누구든 편견이나 선입견을 가지고 있지 않았다.

문제는 그들이 가슴속에 있는 진실을 말하지 않는다는 사실이며 그들은 악의적인 동기로 예수님에 대해서 말을 퍼뜨린다는 것이다. 그들은 이기적인 목적으로 예수님을 이용하려고 했으며 결국 그들은 성공을 거두고 음모를 꾸며 그를 죽이기까지 했다. 항상 그랬듯 속임수는 항상 진실을 파괴한다(욥 15:5; 시 5:9; 잠 12:3; 29:5)

3. 진실을 거절하게 하고 자기 자신을 저주하게 만드는 것은 닫힌 마음과

완악한 불신이다. 예수님께는 단순한 질문이지만 가이사에게 세금을 내는 것이 옳은 것이냐? 혹은 아니냐? 라는 질문에 바리새인들은 절대적으로 아니라고 대답했을 것이다. 헤롯당들은 "Yea"라고 답했을 것이다. 거기 서있는 질문자들은 이번에는 예수님을 올무에 갇히게 할 것이라고 생각했다. 예수님이 만약 "No"라고 대답했다면 그는 체포되어 처형되었을 것이다. 그리고 사람들은 그가 메시아라는 주장은 서짓이라고 생각했을 것이다. 그러면 하나님의 주권을 거부하는 것이 되며 로마의 통지와 세금을 완강히 저항하든 이스라엘 사람들은 그를 대항하여 반기를 들 것이다. 바리새인들과 헤롯당들은 닫힌 마음을 가지고 자기 자신 이외에는 아무것도 보지 못하고 자기들의 직위와 부가 위협받는다고 생각했을 것이다. 그래서 그들은 진실을 거절하고 그 결과 그들은 저주를 받게 되었다(요 3:18-21).

**개념 1.** 이기적인 야망은 봉사로 부름 받은 사람의 가슴에도 파고들어갈 수 있다. 정부 권력과 종교의 거룩함에 파고들어가 부패하게 만들 수 있고 그 사람이 어떤 종류의 사람이든지 그는 직위, 영향력, 권력을 갈망하여 부패될 수 있다.

**개념 2.** 이 세상 물질을 사랑하는 사람은 예수님을 멀리하고, 예수님의 주장이 그들을 위협한다고 느끼는 사람은 예수를 거절하는 반응을 일으킨다(요일 2:15-16).

**개념 3.** 예수님이 심지어 그의 적들에게서 들은 증언들 가운데서도 예수님은 진실이며 하나님의 방법을 가르치고 자기를 부인하고 용기 있고 다른 사람에 대하여 편견이 없는 분이다라고 말하고 있다. 예수님에 대하여 진실을 말하고 아는 것만으로는 충분하지 않다. 예수를 반대하는 사람도 그가 진실하다는 것을 안다. 문제는 사람들은 그 진실에 복종하기 싫어하는 데 있다.

참고적으로 인두세는 여자는 18살부터 남자는 14살부터 65살까지 내야 하며 그 당시 하루 임금에 해당하는 돈(한 데나리온)이다.

**18-22절 : 예수께서 그들의 악함을 아시고 이르시되 외식하는 자들아 어찌하여 나를 시험하느냐 세금 낼 돈을 내게 보이라 하시니 데나리온 하나를 가져왔거늘 예수께서 말씀하시되 이 형상과 이 글이 누구의 것이냐 이르되 가이사의 것이니이다 이에 이르시되 그런즉 가이사의 것은 가이사에게, 하나님의 것은 하나님께 바치라 하시니 그들이 이 말씀을 듣고 놀랍게 여겨 예수를 떠나가니라**

믿는 사람은 두 개의 시민권을 가지고 있다. 하나는 이 세상의 시민권이고 다른 하나는 천국의 시민권이다. 그래서 지상의 권력에 복종해야 되는 것과 천국의 시민권 즉 하나님께 속한 영적 세계의 시민권을 가지게 되며 천국 시민권자는 하나님의 권능에 복종해야 한다.

세 가지 주목할 점이 있다.

1. 예수님은 사람들의 거짓된 생각을 꿰뚫어 보고 계신다. 그래서 그는 사람들이 시민권에 대한 거짓된 생각을 가지고 있다는 것을 알고 있다. 더구나 하나님의 아들로서 그들이 악한 동기를 가지고 있다는 것을 알고 있다. 예수님은 "외식하는 자들아"라고 강력히 지적하고 있다. 왜 너희들은 나를 올무에 가두려고 하느냐? 예수님은 그들의 마음 상태를 알고 계신다.

　1) 그들은 타협과 음모를 꾸며 이기적인 야심을 충족시킨다.

　2) 아첨과 파괴적인 혀로 거짓말하고 속인다.

　3) 예수님을 배척하고 그들이 저주 받을 수 있는 닫힌 마음과 완악한 불신을 가지고 있다.

"그들의 악함을 아시고", "외식하는 자들아"라는 말은 그들이 사실을 왜곡하고 악한 의도를 가지고 있다는 것을 지적하는 것이다.

그리고 위선자들은,

　1) 그들은 실제의 인물보다 대단한 인물인 체한다.

　2) 그들은 진리를 추구하지 않으면서 진리를 추구하는 체한다.

　3) 그들은 실지로 예수님을 존경하지 않으면서 존경하는 체한다.

2. 가이사에게 속한 것이 있는데 그것은 이 세상의 시민권이다. 예수님은 바리새인들과 거짓된 시민권의 개념을 이야기할 때 간결하고 지혜가 뛰어났다. "세금 낼 돈을 내게 보이라", "이 형상과 이 글이 누구의 것이냐" 그는 단순히 두 가지만 물어보았다.

　1) 예수님은 바리새인들에게 어떤 것들은 지상 권력에 속하다는 것을 인정했다. 그 초상화도 가이사의 것이며 새겨진 얼굴도 가이사였다. 그 동전은 가이사의 정부에 의해서 주조되었다. 그러므로 그 동전은 가이사의

것이다. 요점은 시민으로서 종교 지도자들이 가이사에 의해서 혜택과 권력을 가지게 되었다. 그래서 그들은 가이사에게 빚진 자들이다. 예수님은 단호하게 "가이사의 것은 가이사에게"라고 말씀하신다.

2) 그는 항상 믿는 자를 위한 두 개의 시민권을 가지고 있다고 말한다. 하나는 천국의 시민권이여 다른 하나는 지상의 시민권이다. 그러므로 그들은 지금 살고있는 정부에게도 세금을 내야하는 의무가 있으며 천국시민으로서 하나님을 섬기고 순종할 의무가 있다(마 17:27; 롬 13:1; 딛 3:1, 벧전 2:17; 스 7:26).

3. 하나님께 속한 천국 시민권이 있다. 예수님은 바리새인들과 헤롯당들과 함께 있을 때 그들의 거짓된 시민권의 개념을 현명하고 간결하게 지적하고 있다. 헤롯당들은 국가에 복종할 뿐 아니라 세상적인 마음을 가지니 무활과 초자연적인 영직 존새를 부인하고 있다. 예수님은 두 가지를 밝히고 있다.

1) 예수님은 헤롯당들에게 영적 세계가 있다고 단호하게 선포하고 있다. 즉 하나님의 존재와 하나님께 속한 것들을 설명하고 있다. "하나님께 속한 것은 하나님께 바치라" 명백히 말하면 헤롯당들은 이 세상의 시민권자로서 하나님이 창조한 것을 제공받았기 때문에 그들도 하나님의 은혜를 입고 있다고 생각한다.

2) 예수님은 모든 사람에게 매우 중요한 진리를 밝히고 있다. 그들은 이 세상의 존재이며 마찬가지로 하나님의 존재이며 영적인 존재인 동시에 육적인 존재이다. 그러므로 그들은 천국의 시민과 이 세상의 시민으로 살아가기 위해 책임감을 가지고 있다. 모든 사람이 하나님으로부터 많은 것을 받았다.

   ⑴ 하나님과 함께 영원히 공존하는 생명을 받았다. 그러므로 사람은 하나님께 생명의 빚을 지고 있다.

   ⑵ 중생과 자기 자신을 부인하고 사랑과 희락과 모든 사람과 평강을 누리며 살 수 있는 영을 물려받았다(갈 5:22-23).

   ⑶ 이 세상의 미적 아름다움을 즐길 수 있는 육체와 정신을 물려받았

으며 모든 인류에게 봉사하고 이 세상을 변화시키기 위해 생산 활동을 하고 이성적으로 행동하는 것을 배우는 마음과 정신을 물려받았다. 모든 사람들은 이러한 혜택을 받고 많은 사람들은 하나님으로부터 더 많은 것을 받았다. 그러므로 사람들은 하나님께 그들이 누리는 적당한 몫을 지불해야 한다(마 6:33; 눅 9:23; 롬 12:1-2; 고전 6:19-20; 신 8:18; 11:13-15).

**23-28절 : 부활이 없다 하는 사두개인들이 그 날 예수께 와서 물어 이르되 선생님이여 모세가 일렀으되 사람이 만일 자식이 없이 죽으면 그 동생이 그 아내에게 장가 들어 형을 위하여 상속자를 세울지니라 하였나이다 우리 중에 칠 형제가 있었는데 맏이가 장가 들었다가 죽어 상속자가 없으므로 그 아내를 그 동생에게 물려 주고 그 둘째와 셋째로 일곱째까지 그렇게 하다가 최후에 그 여자도 죽었나이다 그런즉 그들이 다 그를 취하였으니 부활 때에 일곱 중의 누구의 아내가 되리이까**

첫째, 제사장과 장로들이 예수님의 권위에 도전하였으며 예수님은 그들과 정면충돌하여 그들을 물리쳤다. 그러는 동안에 예수님은 그의 죽음과 이스라엘에 대해 초점을 맞추었다. 하나님이 너무나 사랑하여 선택한 이스라엘이 하나님의 아들을 죽음으로 몰아넣어 하나님을 실망시킨다는 바로 그 생각이 더욱 예수님의 마음을 찢어지게 했다. 둘째, 바리새인과 헤롯당이 그를 정부와 국민으로부터 불신을 받도록 시도했고 그는 그들의 도전을 물리쳤으나 그들과의 투쟁은 너무 힘든 싸움이었다. 셋째, 사두개인들이 주님을 대적하고 도전했다. 사두개인들은 종교적이고 자유주의 정치 집단들이며, 부활도 없고 천사도 없고 성령도 없다고 말하고 있다. 그들의 마음속에는 예수님의 가르침은 철학적 과학적 근거가 없다고 주장하고 있다. 그들의 자유로운 직위가 사람들로 하여금 예수님을 배척하고 위협을 느끼도록 부추겼다. 사람들이 예수님께 모여들어 가르침을 흥미롭게 여겼기 때문이다. 사두개인들이 사람을 통제할 수 없기 때문에 그들의 직위나 부가 위협받는다고 생각하여 사람들 앞에서 예수님을 공격하고 명예를 실추시켰다.

1. 사두개인들은 그들의 논쟁의 근거로 모세의 율법을 사용하였다. 아들이

없이 남편이 죽으면 형사 취수제(The Levirate Law, 그 당시 중앙아시아에 유행하던 혼인 관습) 관습으로 남편이 사망한 후 죽은 남편의 형제와 결혼하는 풍습이 있었다. 그 법에 의하면 아들은 죽은 형제의 첫째 아들로 간주된다. 이 제도는 두 가지를 확신시켜 준다.

1) 가족의 이름이 유지된다.

2) 새산소유가 그 가족 안에서 지켜진다.

이 제도는 이스라엘 국가를 유지하고 확장시키는 데 큰 도움을 주는 제도였다.

사두개인들은 논리적 근거로 "칠 형제가 있었는데 맏이가 장가 들었다가 죽어 상속자가 없으므로 그 아내를 그 동생에게 물려주고 그 둘째와 셋째로 일곱째까지 그렇게 하다가 최후에 그 여자도 죽었나이다. 그런즉 그들이 나 *l*를 취하였으니 부활 때에 일곱 중의 누구의 아내가 되리이까" 이것은 논리적인 질문이나 사두개인들의 마음속에는 부활의 불합리성으로 지적하며 비꼬고 있다.

23~28절을 통해 세 가지 주목할 점이 있다.

1) 그들의 입장은 논리적이다. 그러나 질문 자체가 냉정하고 조잡하며 이기적이고 불신이 가득한 질문이다. 믿지 않는 사람의 정신 세계는 자기가 스스로 죄를 짓고 스스로 저주를 받는다.

2) 그 논쟁에서 사두개인들은 절대로 패할 수 없다고 생각한다. 그들은 영적인 세계의 생각은 어리석은 생각이라고 믿고 있다

3) 사두개인들은 영적 세계는 현실 세계와 같으며 그 세계는 이 세상의 성격과 관계에 있어서 현실 세계에의 계속적인 것에 불과하다고 생각한다. 성경은 영이 없는 사람은 하나님의 영으로부터 오는 것들을 받아들이지 않는다고 지적하고 있다(고전 2:14).

**개념 1.** 모든 세대는 그 자체의 사두개인들을 가지고 있다. 즉 자유로운 마음과 부활과 영적 세계를 무시하는 사람들은 어느 세대에도 존재한다(고전 15:12; 벧후 3:3-4).

**개념 2.** 오늘날에도 영적 세계와 부활에 대한 논쟁은 항상 있다. 항상 논쟁이 생기는 원인은?

(1) 논리적이고 합리적인 생각으로부터 생긴다

(2) 철학적이고 과학적인 가설에서 생긴다.

(3) 인간적인 사고에서 생긴다.

(4) 생활습관을 바꾸는 것을 싫어하는 데서 생긴다.

(5) 동료들에게 배척당하고 조롱받을까 두려워서 생긴다.

**개념 3.** 대부분 영적 세계를 믿지 않는 사람들은 사상의 관점에서가 아니라 세상적인 관점으로부터 생긴다. 대부분 사라들은 세상을 사랑하고 세상 물건을 너무 사랑하여 그들에게 부담이 되는 영적 세계를 받아들이지 않는다.

## 29절 : 예수께서 대답하여 이르시되 너희가 성경도, 하나님의 능력도 알지 못하는 고로 오해하였도다

예수님은 사두개인들과 자유 사상을 따르는 모든 사람에게 지적하듯이 말씀하는바 "너희가 오해하였도다(you are in error).", "너희가 하나님의 성경도 하나님의 능력도 알지 못하는 구나" 이들이 부활에 대해 오해한 것을 두 가지 이유를 들어 설명하고 있다.

1. "너희들은 하나님의 성경을 모르는구나" 성경은 쉽게 분명하게 영적 세계와 영적 존재가 있다고 말하며 부활은 영적 세계에 들어가는 출입문의 존재이다(욥 19:25-27; 사 26:19; 단 12:2; 요 5:25, 28-29; 행 24:15; 롬 8:11; 고전 15:22; 고후 4:14; 살전 4:16).

**개념 1.** 사람들이 성경을 모르는 세 가지 이유가 있다.

1) 성경을 공부하지 않기 때문이다.

2) 성경말씀을 믿지 않기 때문이다. 하나님의 말씀으로 생각하지 않는다.

3) 성경이 뜻하는 바를 받아들이지 않고 성경을 우화적이고 귀신의 영으로 받아들인다.

2. "하나님의 능력도 알지 못하는구나" 당신은 하나님의 권능을 모르고 있

다. 하나님의 권능을 모르는 세 가지 이유가 있다.

1) 하나님에 관하여 모르고 안다고 해도 하나님의 권능에 대한 생각을 하지 않는다.

2) 하나님을 믿지 않는다. 하나님의 영원한 권능을 인정하지 않고 창조주라는 것을 믿지 않는다. 부활을 설명해 주는 분명한 자연 현상을 인정하지 않는다(고전 15:36-38).

3) 믿기는 하지만 하나님과 하나님의 권능을 믿는 믿음이 약하다. 물질적 세계와 자연 법칙을 넘어서 일어나는 일을 생각 못하는 사람이다.

**개념 2.** 영적 세계에 대한 생각은 일반 자연인에게는 황당하게까지 여겨진다.

1) 여기 우리가 보는 모든 보이는 세계에 둘러싸여 있는 동안 보이지 않는 영적 세계가 있다는 것을 생각해 보라.

2) 우리의 육체 안에, 실질적인 삶 속에, 영이 존재한다고 상상해 보라.

3) 세월이 흘러 무덤 속에서 부패하여 흩어지는 모든 육체의 부활이 있다고 상상해 보라. 하나님은 썩은 모든 육체의 부분들을 다시 결합시켜 완벽하게 다시 만들어 삶과 일 가운데 영광을 나타낸다.

**개념 3.** 우리가 부활의 사실에 관하여 진실로 생각할 때 믿거나 믿지 않는 사람도 두 가지 고백을 하게 된다.

1) 자연인 즉 자기와 자기 세계 안에 갇힌 사람은 영적 세계를 전혀 알 수 없다. 그는 물질 세계와 현실 세계에 속박되어 있다는 것을 모른다. 그는 영적 세계가 존재하고 부활과 같은 사건에 단지 상상하고 추측만 할 수 있다. 사람은 이 세상에 사는 동안에는 영적 세계의 존재를 과학적으로 증명하기 위해 육체의 몸을 가지고 영적 세계를 꿰뚫어 볼 수 없다.

2) 하나님만이 영적 세계의 실체를 밝힐 수 있고 부활이 일어난다는 사실을 밝힐 수 있다. 그러한 것은 하나님의 권능에 의해서만 알려지고 경험될 수 있다. 어떤 사람도 부활을 발생하게 하는 능력이 없다.

**개념 4.** 영원 불변성에 있어서 영적 세계는 물질 세계보다 더 중요한다. 그러므로 우리 인간은 영적 세계에 더 우선권을 두어야 한다. 영적 세계에 둔감하면 모든 일에 실패할 수 있다.

## ▌ 30절 : 부활 때에는 장가도 아니 가고 시집도 아니 가고 하늘에 있는 천사들과 같으니라

예수님의 말씀은 부활은 지상의 관계를 초월하며 사두개인들은 성경이나 예수님의 권능을 알지 못했다. 그들은 죽어서 다른 세상으로 들어간다고 생각했을 때 삶은 지금처럼 계속된다고 생각했다. 그들은 천국을 이 세상의 계속적인 존재로 믿었다. 그들은 삶의 질이 변하고 사람이 완전히 새로운 환경에서 살 것이라고 상상조차 하지 않았다.

그리고 예수님은 미래의 삶과 관계는 이 땅의 관계를 뛰어넘어 심지어 결혼의 관계도 초월할 것이며 결혼의 강한 결합과 관계는 줄어들지 않고 더 강해지는 결합 형태가 될 것이라고 말씀하고 있다. 이것은 적어도 두 가지를 의미하고 있는데 자유분방한 마음 상태를 가진 사두개인들의 불신을 반박하면서 천사의 존재를 인정하였다.

(1) 천국의 삶과 우리의 관계는 완벽하며 천국에서 우리들의 관계가 중지되지 않을 것이며 이기심과 죄가 우리의 사랑과 삶에 영향을 미치지 못하도록 변화될 것이다. 우리의 사랑은 완벽하게 될 것이며 그래서 우리는 모든 사람을 사랑하게 될 것이다. 이 지상의 부인은 지상에서 사랑받는 만큼 받지 않고 더욱 완전한 사랑을 받을 것이다. 천사와 하나님의 관계처럼 모든 사람은 서로 사랑하는 관계가 될 것이다. 하나님은 모든 관계를 완전한 관계로 변화시킬 것이다.

(2) 천국의 삶과 관계는 영원할 것이다. 그 관계는 영원하며 부부 관계는 항상 상대방을 사랑하는 관계로 변화될 것이다. 지금처럼 한 상대방이 죽기 전에 죽는 일이 없이 부부의 사랑은 영원히 계속될 것이다. 하나님은 우리가 가지고 있는 이 짧은 시간을 영원한 관계로 변화시킬 것이다. 천사와 하나님의 관계가 영원히 즐거운 관계인 것처럼 우리도 서로 이런 관계가 영원히 즐거울 것이다.

**개념 1.** 우리가 천국과 영생을 생각할 때 두 가지 경고가 주어진다.

1) 사람은 천국을 물질화하고 영생을 인간적인 입장에서 생각한다. 즉 우리는 천국을 물질적인 삶보다 약간 더 나은 영광된 세계에 지나지 않는다고 생각한다. 이것이 사두개인들의 잘못이며 그들이 부활에 대하여 자유주의 사상가들이 흔히 말하는 생각과 같다.

2) 사람은 천국을 이상화시키고 영생을 우화적으로 만들 수 있다. 우리는 천국을 우리가 추구하고 우리의 삶이 빙향으로 나이가는 이상석인 땅에 지나지 않는다고 생각할 수 있다. 우리는 영생을 시련과 고통이 없는 유토피아 같은 존재로 생각한다. 성경의 가르침이나 하나님의 계시는 천국과 영생에 대해서 생각할 때 명심해야 할 것은 모든 만물은 변한다는 것이다.

천국은 영적인 공간, 즉 실질적으로 존재하는 세계라고도 말한다. 그리고 성경은 천국과 지상 세계는 언젠가는 변화되어 영적 공간의 세계로 변화될 것이라고 선포하고 있다. 이것이 새로운 하늘과 새 땅이며 즉 완벽하고 영원한 천상과 지상의 세계를 말한다(벧후 3:3-13; 계 21:1, 5).

영생은 영적 공간의 세계에 영원히 존재하는 삶을 말한다(고전 15:42-44; 살전 5:13-18; 골 15:49-54).

**31-32절 : 죽은 자의 부활을 논할진대 하나님이 너희에게 말씀하신 바 나는 아브라함의 하나님이요 이삭의 하나님이요 야곱의 하나님이로라 하신 것을 읽어 보지 못하였느냐 하나님은 죽은 자의 하나님이 아니요 살아 있는 자의 하나님이시니라 하시니 무리가 듣고 그의 가르치심에 놀라더라**

예수님은 부활은 네 가지 기본적인 증거를 가지고 있다고 말씀하고 있다.

1. 하나님은 그의 말씀에서 부활의 진실을 밝혔다(욥 19:26; 단 12:2). 사두개인들은 모세오경만을 하나님의 말씀으로 받아들였다. 그러므로 예수님은 부활을 증명하기 위해 성경말씀을 사용하였다. 예수님이 말씀하신 세 가지 사실은 "하나님이 너희에게 말씀하신 바" 이렇게 질문하셨다.

1) 예수님은 하나님이 인간에게 이렇게 말씀하셨다. 즉 하나님은 성경에서 진실을 인간에게 밝혔다.

2) 성경은 하나님 말씀이라고 했다.

3) 하나님이 말한 것을 왜 너희들은 읽지 않느냐고 물으셨다. 왜 읽지 않았느냐 는 질문은 사람들이 변명할 수 없다는 것을 은근히 나타낸다. 그들은 성경을 읽고 이해해서 부활의 진실을 알았어야 된다는 뜻이다.

2. 하나님은 존재한다. 하나님이 부활의 존재를 증명한다. 희랍어로 'ego eimi'는 스스로 존재하는 자, 영원한 존재를 뜻한다(히 11:6). 하나님은 전지전능하시며 완전하시고 영원한 권능을 가지신 분이다. 하나님은 썩은 인간의 육체의 부분들을 다시 결합하여 완전히 영원히 영적 세계에 다시 살 수 있도록 일으켜 세우신다. 하나님의 존재에 대한 논쟁은 논쟁 거리가 되지 않는다. 그리스도 안에서 우리에게 주는 영적 축복을 제시해 주는 에베소서의 위대한 구절을 주의깊게 읽어 보라(엡 1:11-12).

부활은 사실이며 하나님 존재 때문에 모든 세대의 사람들에 의하여 경험될 것이다. 하나님은 그와 함께 영원히 살 수 있는 유산을 우리에게 주기를 원하셨다. 우리는 우리의 성품의 변화를 가져오게 되고 영원하고 완벽한 변화를 가져올 것이다. 이런 이유 때문에 우리는 성경이 말하는 것에 주의 깊게 경청해야 할 것이다. 그리고 믿음이 없이는 하나님을 기쁘시게 하지 못할 것이다. 그리고 그를 열심히 찾는 사람에게 보답을 줄것이다(빌 3:11; 히 11:6).

3. 하나님은 아브라함, 이삭, 야곱의 하나님이시다. 여기에 예수님은 적어도 두 가지 의미를 나타내고 있다.

1) 하나님의 관계는 적극적인 관계이며 수동적인 관계가 아니다. 그 백성과의 관계는 영원한 능동적인 관계를 유지하고 있다. 하나님의 백성은 영적인 그의 임재속에 들어가 능동적으로 그와 관계를 이룬다. 부활은 그 하나의 사실이다.

2) 하나님과의 관계는 선하고 보답이 따른다. 옛 족장들은 약속된 보답을 받았다(히 11:13-16). 우리의 하나님과의 관계가 선하고 보답이 따른다면

부활이 있어야 한다. 죽어 썩어질 육체로 남는 것은 선한 것도 아니고 보답도 아니다. 아브라함, 이삭, 야곱은 하나님과의 선하고 보답이 주어지는 관계를 가지고 있었다. 그들은 살아 있고 이 지상에서 그들이 살았던 것보다 그들의 영이 더욱 살아 있다. 그들은 지금 완전하고 영원한 존재로 남아 있다. 그들은 하나님과 함께 존재하며 우리도 그렇게 될 것이며 부활은 하나의 사실이다.

4. 하나님은 죽은 자의 하나님이 아니며 살아 있는 자의 하나님이다. 하나님은 아브라함, 이삭, 야곱의 하나님이며 죽어 썩어진 시체의 하나님이 아니다. 모세가 이 말을 기록했을 때 이 족장들은 죽은 지가 오래되었다. 만약 그들이 죽었다면 하나님은 그들의 하나님이 아니다. 그가 그들의 하나님이기 때문에 그들은 하나님의 임재 속에 살며 하나님과이 관계 안에서 영원히 완벽하게 살고 있다. 부활이 존재함이 틀림없다(롬 14:7-9). 예수님은 한 가지를 분명히 지적하고 있는데, 하나님이 존재하기 때문에 죽은 자의 하나님이 아니고 산 자의 하나님이시라는 사실이다(행 24:15).

그리고 부활에 대하여 성경이 말하는 내용은,

1) 예수님이 강조하는 진술(요 5:29; 6:39-40, 44, 54; 11:25-26).
2) 바울의 개인적인 진술의 부활(행 23:6; 24:14-15, 21).
3) 성경의 절대적인 가르침의 부활(롬 8:11; 고전 6:14; 15:12-14; 고후 4:14; 빌 3:11; 살전 4:16-18; 히 11:35; 계 20:5-6).
4) 부활에 대한 사람들의 반응(행 4:1-2; 17:18; 고전 15:12; 빌 3:7, 11)은 하나님은 아브라함, 이삭, 야곱이 죽었다고 생각했다면 나는 아브라함, 이삭, 야곱의 하나님이라고 말하지 않았을 것이다. 하나님의 관점에서 볼 때 그들은 살아 있으며 예수님이 현제 시제를 사용하는 것은 모든 믿는 자들이 예수님 안에서 기쁨을 누리게 되는 부활과 영생을 지적하는 것이다.

## ▮ 33절 : 무리가 듣고 그의 가르치심에 놀라더라

부활의 영광스러운 소망은 예수님 당시에 놀라운 일이었을 뿐 아니라 지금도 놀라운 일이다.

1. 믿는 자는 하나님이 그들을 너무나 사랑하고 있다는 것에 놀란다.

2. 믿지 않는 자는 부활과 같은 그러한 생각 자체에 놀란다.

바리새인, 헤롯당원, 사두개인들과의 논쟁에서 이들의 까다로운 질문에 예수님의 답변과 그 가르치심에 놀라지 않을 수 없었다.

**34-36절 : 예수께서 사두개인들로 대답할 수 없게 하셨다 함을 바리새인들이 듣고 모였는데 그 중의 한 율법사가 예수를 시험하여 묻되 선생님 율법 중에서 어느 계명이 크니이까**

예수님이 사두개인들의 주장을 침묵시켰다는 것을 듣고 바리새인들은 모임을 가졌다. 바리새인들은 예수님에 대항하여 음모를 꾸몄다. 그들은 산헤드린에 모여 다음에 어떤 조치를 취해야 될지 의논했다. 유대 율법의 실질적인 문제를 다루고 가르치고 해설하고 연구하는 일반학자들인 서기관들이 있다. 그들은 회당과 뜰에서 가르치고 연구하고 있었다. 그중에 한 율법사가 예수님께 율법 중에서 어느 율법이 제일 크냐고 질문을 하였는데 그 당시 바리새인들은 600개 이상을 덜 중요한 것에서부터 중요한 것, 가장 중요한 것을 분류해 놓고 있었는데 그들 중에 한 사람이 예수님께 가장 중요한 율법이 무엇인지 밝혀 보라고 했다. 예수님은 신명기 6:5 말씀을 인용하고 레위기 19:8을 인용하여 대답하셨다. 사람은 이 두 가지 계명을 실천함으로써 다른 계명도 지켜 나가게 된다. 이들은 십계명과 다른 구약의 도덕률을 요약해 놓았다. 그리고 이러한 600개 이상의 계명을 어떤 사람도 모두를 지킬 수는 없다. 그래서 이러한 질문을 가끔 하고 토론도 하게 된다. 하나님의 법이 어떤 것은 중요하고 어떤 것은 중요하지 않다고 여겨지는 두 가지 종류가 있는데, 이것은 야고보서에서 지적했던 죄이다(약 2:10). 그리고 어떤 율법은 포괄적이며 다른 율법보다 더 광범위하다고 예수님은 가르치고 있다(마 23:23).

바리새인들은 사람들이 예수님께 반기를 들도록 충동하고 있었으며 사람들은 가장 중요한 율법이 무엇이냐 라는 질문에 의견이 각각 달랐다. 어떤 사람은 주위 환경과 관계가 있다고 믿고 있으며 어떤 사람은 재물과 관계가 있다고 하고 또 다른 사람들은 안식일을 지키는 것과 관계가 있다고 믿고 있었다. 바리새인들은 예수님의 대답을 듣고 사람들이 혼란에 빠지기를 바랐다. 그렇게 하여 예수님을 따라다니는 사람들을 예수님과 분리시키려고 했다. 어떤 사람의 판단에 의해서 어떤 것이 더 중요하다고 말함으로써 다른 것은 중요하지 않다고 여겨질 가능성이 있다.

**개념 1.** 하나님이 율법은 모두 중요하다. 중요한 한 가지는 그것이 다른 율법을 내포하고 있기 때문에 더 중요하다고 여겨진다.

1. 이것은 몇 가지 뜻을 가지고 있다.

　1) 우리는 최상급의 율법과 차상급의 율법의 관점에서 생각할지도 모른다. 우리는 최상급의 율법을 지키면 차상급의 율법을 지킬 필요가 없을지도 모른다. 우리가 차상급의 율법을 어긴다 해도 변명할 수 있다고 생각하지만 그러한 것은 잘못된 생각이다(약 2:10).

　2) 우리가 어떤 법의 중요성을 인정하지 않기 때문에 그 법이 중요하지 않은 것은 아니다. 우리의 불신과 부인이 그 법을 피하지는 못한다. 모든 법은 그 법을 공포하는 순간에 우리가 법을 어기면 제재를 받는다. 우리가 법에 대해 가치를 어떻게 생각 하든지 우리는 법의 통제를 받는다. 이것은 인간의 공통적인 관행이다. 즉 믿음이 없으면 사실을 더 악화시키고 그 법을 피하려고 한다. 내가 어떤 것을 부인하고 무시하고 그것을 거절하고 마음속에서 지워 버리면 그런 일은 발생하지 않을 것이고 지나가 버린다고 생각한다. 특별히 그들이 어떤 육욕적이고 자극적인 즐거움을 원한다면 너무나 많은 사람들은 그의 종교와 그들의 원칙과 그들의 믿음과 지켜야 할 법을 하나로 일치시키려고 하고 있다. 그들은 자기가 원하는 대로 행할 권리가 있다고 생각한다. 그래서 그들은 모든 것을 자기가 원하는 것에 초점을 맞추어 나가려고 한다. 그들은 그들의 욕망을 충족시키는 율법만 따른다. 그들은 정해진 표준을 따르기 때문에 안전하다

고 느낀다.

## 37-38절 : 예수께서 이르시되 네 마음을 다하고 목숨을 다하고 뜻을 다하여 주 너의 하나님을 사랑하라 하셨으니 이것이 크고 첫째 되는 계명이요

예수님은 우리가 진심으로 하나님을 사랑하고 이웃을 사랑하면, 우리는 자연적으로 중요한 율법들을 지키는 것이라고 말하고 있다. 이것은 하나님의 법을 긍정적으로 바라보는 견해이며 우리는 모든 것에 관하여 근심하는 대신에 하나님과 다른 사람에 대한 우리의 사랑을 보여 주기 위해 우리가 할 수 있는 모든 일에 집중해야 한다. '율법 중에서 가장 큰 계명이 무엇인가?'라는 질문에 예수님의 대답은 권능이 있는 대답이었으며 사람이 만든 종교에 깊이 빠져 있는 사람들의 눈을 뜨게 하는 대답이다.

1. 주 너의 하나님을 사랑하라. "너의"라는 말은 먼 관계가 아닌 개인적인 가까운 관계를 말한다. 하나님은 먼 우주 어떤 공간에 사는 비인간적인 존재가 아니다. 하나님은 인격적이며 우리는 얼굴을 맞대고 하나님과 개인적으로 교류한다. 또 다른 사실은 주 너의 하나님을 사랑하라는 명령이다. 하나님을 사랑한다는 것은 살아 있고 능동적이며 죽지 않고 소극적이 아니라는 뜻이다. 그러므로 우리는 살아서 움직이시는 하나님과 개인적인 관계를 유지해야 한다.

2. 온 몸 전체로 온전히 하나님을 사랑하라. 즉 예수님은 우리의 존재를 마음, 영혼, 정신 세 부분으로 나눈다. 마태복음 22:27에서는 마음, 목숨, 뜻으로 나누기도 한다.

3. 사랑은 인간이 행하는 가장 중요한 임무이다. 인간은 하나님과 사랑하는 관계를 유지할 책임이 있다. 실질적으로 하나님을 사랑하라는 계명은 사람을 사랑하라는 것과 같은 의미를 내포하고 있다.

　1) 사랑의 관계는 약속과 충성심을 내포하고 있다. 진정한 사랑은 다른 사리사욕의 행동을 취하지 않는다. 진정한 사랑은 탐욕을 가지지 않으며 다른 사람과의 육체적 행위와 자극적인 관계를 허락하는 육체적인 사랑이 아니다. 첫째 계명은 약속과 충성심을 다루고 있다. 하나님은 인간의

육욕적인 행동의 핵심을 지적하고 있다. 하나님은 "너는 나 외에는 다른 신들을 네게 두지 말라"(출 10:3)라고 단호하게 말하고 있는데, 하나님은 우리의 전적인 헌신과 충성을 요구하고 있다.

2) 사랑의 관계는 상대방에 대한 믿음과 존경을 내포하고 있다.

　　(1) 우리는 하나님을 사랑할 때 사람을 사랑하게 된다. 우리는 그가 창조주이며 삶을 유지해 주는 근본이시기 때문에 사랑한다.

　　(2) 그는 구세주이며 우리 영혼의 구속자이기 때문에 사랑한다.

　　(3) 그는 우리의 주님이며 우리 삶의 주인이기 때문에 사랑한다.

3) 사랑의 관계는 자기 자신을 내어 주는 것을 의미한다. 다른 사람의 것을 취하거나 빼앗지 않고 자기 자신을 내어 주는 것을 의미한다. 함께 친절하게 서로 섬기고 협력하고 배우고 나누는 것이다. 우리도 하나님과 함께 나누고 배우며 협력하고 그와 더불어 봉사해야 한다.

**개념 1.** 하나님과 개인적인 관계의 중요성은 아무리 강조해도 지나치지 않다.

1) 이것은 모든 계명 가운데 가장 크고 총체적이며 본질적인 것이다.

2) 하나님은 사랑받아야 된다고 요구하고 있다. 그것이 그의 첫째 계명이다. 사랑한다는 것은 인격적이며 행동적인 것이다.

3) 하나님을 사랑하라는 계명은 하나님의 아들 예수그리스도에 의해 주어진 말씀이다.

**개념 2.** 개인적인 관계는 대화을 통해서만 유지되며 우리는 기도를 통해서, 그의 말씀을 통해서, 그의 영적 임재를 통해서, 하나님은 우리와 대화하신다.

**개념 3.** 사람의 마음, 영혼, 정신은 어떤 것에 집중하게 하는 요소이다. 우리는 우리의 전체 존재를 하나님께 집중할 것을 하나님은 요구하고 있다.

그리고 참고적으로, 'Heart'는 인간의 애정과 의지의 바탕이 되는 것이며 'The Heart'는 우리 자신을 선과 악 둘 중 하나에 집중하도록 한다. 그러므로 예수님은 우리는 "with all our heart(온 마음을 다하여)"로 하나님을 사랑하라고 하신다(마 6:21; 12:34-35).

Soul(영혼)은 인간의 숨결과 생명이나 의식의 바탕이 되는 것이며 인간 존재 그 자체이다. 영혼은 동물과 인간을 구별하는 의식이다. 예수님은 "with all soul"(온 목숨을 다하여)로써 하나님을 사랑하라고 하신다. 이 말은 우리의 모든 생명과 숨결과 모든 의식을 가지고 사랑하라는 뜻이다.

마지막으로 'Mind'는 추리하고 이해하는 밑바탕이 되는 것. 하나님은 사람에게 지적인 힘을 주었다. 인간은 생각하고 추리하고 이해한다. 예수님은 우리의 마음과 생각의 중심을 하나님께 두어야 된다고 말씀하신다. "We are to love God with all our mind." 우리는 온 마음으로 하나님을 사랑하라고 말씀하시고 있다(롬 12:2; 엡 4:24; 빌 4:8; 골 3:10, 고후 10:5).

## 39절 : 둘째도 그와 같으니 네 이웃을 네 자신 같이 사랑하라 하셨으니

예수님은 두 번째 계명을 말하면서 네 이웃을 네 몸과 같이 사랑하라고 말씀하시고 있다(레 19:18). 그 율법사는 두 번째 큰 계명을 질문하지 않았다. 그러나 첫째 계명은 좀 추상적이다. 그 자체적으로는 이해될 수 없다. 사랑이 보여지기 위해서는 행동이 따라야 하고 어떤 보이는 것이 있어야 한다. 보이는 것 없이 사랑한다고 말하는 것은 허황되며 그것은 단지 말에 지나지 않는다. 이 점에 있어서 몇 가지 사랑에 관해 말할 필요가 있다.

1. 사랑은 행동하는 경험이며 수동적이고 남을 지배하는 행위가 아니다. 하나님을 말로만 사랑한다고 하는 것은 어리석고 허황된 것이다. 하나님을 진정으로 사랑하면 하나님을 위해 어떤 일을 해야 될 것이다. 사랑하는 사람은 상대방을 위해 어떤 일을 해야 한다.

2. 하나님이 우리에게 원하는 일차적인 것은 종교적인 일이 아니라 행동으로 이웃을 사랑하라는 것이다. 종교적인 일을 하는 것은 좋은 것이나 하나님이 원하는 첫 번째 중요한 일은 아니다. 종교적인 행사의 일은 예배 의식이나 종교 행사의 절차를 준수하는 것이다 .그러한 것은 생명력이 없고 느낌이 없으며 반응을 불러일으키지 못한다. 그런 것들은 우리를 기분 좋게 하고 우리의 성장에

도움은 주지만 하나님을 위한 사랑을 나타내 주는 것은 아니다. 이웃을 사랑한다는 것은 하나님에 대한 사랑을 증명해 보이는 것이다. 어떤 사람이 하나님을 사랑한다고 말하지만 그가 이웃에 대해서 불친절하고 미워한다면 그의 종교는 말뿐이라는 것을 의미한다(요 13:34-35; 요일 4:20-21).

3. 하나님을 사랑하라는 큰 계명은 더 하위 계명으로 이동하고 있는데, 네 이웃을 네 몸과 같이 사랑하라는 말씀이다(롬 5:8). 사람이 하나님의 사랑을 진정으로 깨닫게 된다면 그는 하나님을 사랑하지 않을 수 없고 필연적으로 이웃 사랑이 나타난다. 우리를 위한 그리스도의 사랑 즉 그의 십자가의 죽음과 희생이 우리가 모든 나라에 가서 모든 사람에게 그 사랑을 전하게 하신다(요일 4:19, 요일 1:21; 고후 5:14-15).

4. 우리는 서로서로 사랑해야 한다.

1) 세상 사람들이 자기 자신에게 사랑을 집중해야만 된다고 느끼고 있는 이기적이고 부패된 사랑도 있다.

(1) 이기적은 사랑은 모든 주의가 자기 자신에게 집중하기를 바란다.

(2) 자기 자신의 방법만 주장한다.

(3) 요구하는 것이 많고 남을 인정하지 않는다.

(4) 자만심이 강하고 남을 무시한다.

2) 그러나 자연스럽게 하나님을 즐겁게 하는 선한 사람이 있다. 남에게 이런 사람은 긍정적이며 확신을 불러일으키는 사람이며 긴장감이나 고혈압 같은 질병을 예방하는 데 도움을 주는 사람이다. 선한 사람은 다음 세 가지로부터 온다.

(1) 그 사람은 하나님의 창조물이다 – 가장 고상한 창조물이라고 인정한다.

(2) 그 사람은 하나님 사랑의 대상물이다 – 가장 최고의 가치를 가진 사람으로 인정한다.

(3) 그 사람은 하나님의 큰 선물을 위탁받은 사람이다 – 가장 큰 선물을 받은 사람이다(빌 2:3).

이런 사람은 다른 사람의 이익을 위하여 하나님의 선물을 받은 위탁자로서 자기 자신의 이익을 기대하지만 다른 사람의 이익도 동시에 기대한다(빌 2:4). 그는 다른 사람보다 앞서 겸손히 행동한다(마 23:11-12; 벧전 5:5).

5. 우리는 우리의 이웃을 우리 자신처럼 사랑해야 한다. 두 번째 중요한 계명에 대한 특별한 세 가지 주목할 점이 있다.

1) 이웃을 사랑하라는 것은 명령이지 의견이 아니다. 이 계명을 복종하지 않으면 하나님도 기뻐하지 않으시고 우리 스스로 하나님의 법을 깨뜨리는 죄를 짓게 된다.

2) 이웃을 사랑하라는 명령은 의문을 일으킨다. 누가 이웃인가? 예수님은 선한 사마리아 사람의 비유에서 그 사람이 선한 사람이라고 답변하고 있다. 좋은 이웃은 자비가 필요한 사람에게 자비를 베푸는 사람이다(눅 10:25-37). 그러므로 우리의 이웃은 그의 신분, 조건, 환경이 어떠하든지 세계의 모든 사람이다. 모든 사람은 그가 누구든지 존경받아야 되고 도움을 받아야 된다(빌 2:3).

3) 이웃을 사랑한다는 것은 매우 실질적인 명령이다. 성경에서 밝히고 있는 실질적인 행동을 내포하고 있다. 사랑은 오래참고, 친절하고, 시기하지 않고, 자랑하지 않고, 무례하지 않으며, 자기 이익을 구하지 않고, 쉽게 성내지 않고, 잘못을 오래 기억에 남기지 않고, 악을 즐거워하지 않으며, 진실을 즐거워하는 것이다. 사랑은 언제나 보호해 주며, 믿어 주며, 희망을 주는 것이다.

**개념 1.** 종교적인 행사는 사람을 노예화할 수 있다. 사람은 종교적인 행사, 좋은 건물, 의식적 행사, 축하 행사, 규칙 등에 매료될 수 있고 특별히 가난하고 소외된 자가 무시되고 소홀히 다루어질 수 있다.

**개념 2.** 사람은 그가 이웃을 사랑할 때 하나님을 사랑한다. 사람이 이웃을 진정으로 사랑하게 되면 하나님을 진정으로 사랑하게 된다(요일 4:20-21).

## ▎ 40절 : 이 두 계명이 온 율법과 선지자의 강령이니라

예수님은 사랑은 모든 계명을 포함한다고 말씀하신다. 사실상 "The law and prophet(율법과 예언자)"은 모든 성경에서 자주 언급되는 용어이다. 예수님이 실제로 말하고자하는 것은 하나님 사랑과 이웃 사랑에 대한 이야기이다. 하나님이 말씀하시고 행한 모든 총체적인 본질은 사랑이다. 즉 하나님 사랑과 이웃 사랑이다(롬 13:10; 딤전 1:5; 마 7:12).

### ▌ 41절 : 바리새인들이 모였을 때에 예수께서 그들에게 물으시되

예수님은 사람들에게 계속 질문을 했으며 거기에는 이유가 있다. 이것은 이 사람들과의 대화에서 명백히 볼 수 있다.

1. 예수 그리스도는 오랜 고통을 겪어왔다. 바리새인들은 예수님께 도전하고 다시 군중 앞에서 그의 명예를 실추시키고 당황하게 만들려고 시도하고 있었다. 그러나 그는 한 번도 반응하지 않았다. 예수님은 그들의 질문에 정확하게 대답했으며 그들이 절실히 알고자하는 새로운 진실을 밝혀 주었다. 예수님은 그들에게 진실을 밝혀 주기를 원했으며 그들이 메시아를 알고 그 권위에 복종하기를 바랐다.

2. 예수님은 진리로써 그들에게 다가가기 위해 계속 질문을 하고 있었다. 예수님은 그들에게 마지막 노력과 마지막 호소를 했다. 그들은 계속 거절하고 마지막 희망이 없을 때까지 거절했다. 그러나 예수님은 여전히 희망을 가지고 사람들에게 다가가고 있다. 그는 자신이 하나님의 아들이라는 것을 알리기 위해 계속 질문을 하고 있었다. 예수님의 계속된 질문을 고려해 보면 다른 중요한 사실이 있다. 사람들이 회개하고 믿는 희망과 가능성이 사라졌다는 것을 알았을 때 그의 질문은 끝이 났다. 이때는 그가 심판을 선포할 때이다. 예수님은 이러한 사람들과 진리를 토의하고 질문해 보았으나 사람들은 계속해서 그것을 거절하고 불신으로 깊이 빠지게 된 후, 예수님은 토론을 중단하고 심판을 선포하기 시작했다(마 23:1-39).

**개념 1.** 대부분 사람들은 때때로 그리스도가 누구인지 궁금하게 생각하기 시작한다. 예수님은 우리가 믿음으로 나아가도록 우리를 격려하며 그와 함께 나아가도록 한다.

**개념 2.** 사람은 너무 강퍅하여 믿지 않으며 끝까지 완악하여 거절하는 사람이 많다(창 6:3). 가문의 전통(제사), 직장 분위기 때문에 믿지 않는 사람도 있다.

## 42절 : 너희는 그리스도에 대하여 어떻게 생각하느냐 누구의 자손이냐 대답하되 다윗의 자손이니이다

예수님은 중요한 질문을 했다. "너희는 메시아에 대하여 어떻게 생각하느냐"라는 질문에 대하여 두 가지 주목할 만한 것이 있다.

1. 희랍 사람들은 정관사를 사용 즉 "The christ or Messiah"를 사용하는데 예수님은 이 사람들에게 메시아에 대하여 알도록 자극을 주려고 하고 있었다. 예수님은 그들이 자기에 대하여 어떻게 생각하는지 물어보았다. 사람의 운명은 메시아에 대하여 어떻게 생각하느냐에 의해서 결정된다.

2. 예수님은 바리새인들에게 메시아에 관하여 특별한 질문을 했다. 그는 누구의 아들인가? 그의 출생의 기원은 무엇인가? 누가 그를 낳았는가? 일상적인 용어로 예수님은 세 가지를 물어보고 있다.

　　1) 너희들의 구원은 어디로부터 오는가? 그 메시아가 모든 죄악과 노예 상태로부터 사람을 구원하신다.

　　2) 너희들의 주님은 어디로부터 오는가? 그 메시아는 완전한 정의와 사랑을 구현하면서 우리의 삶 전체를 다스리시는 주님이시다. 그 메시아로부터 온다. 그는 지상의 아버지로부터 왔는가? 아니면 하나님으로부터 왔는가?

　　3) 너희들의 유토피아는 어디로부터 오는가? 선하고 이익을 가져다 주는 모든 것과 완벽한 세계를 가져오는 것은 예수님으로부터 온다.

**개념 1.** 메시아에 대하여 너희들은 어떻게 생각하는가? 이런 질문은 충분하지 않다. 그 질문은 사람을 진리로 인도하지 못한다. 이것은 종교 지도자들의 경험에서 명백히 보여진다. 예수님은 그들에게 중요한 질문을 했으나 그들은 진실된 답을 하지 못했다. 질문에 답하기 전에 두 가지 필요한 사실이 있다.

1) 사람은 메시아의 질문을 통해 기꺼이 연구하고 생각해야 한다.

2) 사람은 정직해야 하며 편견과 미리 예측하는 것이 없어야 한다. 기꺼이 진실을 고백함으로써 메시아라는 주제에 접근해야 한다.

**개념 2.** 사실대로 말하면 아들을 낳을 수 있는 부모는 어느 곳에나 있다.

1) 우리를 구원할 수 있는 아들이 누구인가?

2) 우리에게 진정한 주님이 될 수 있는 이들이 누구인가?

3) 우리 모두에게 선하고 은혜가 가득한 세상을 가져오는 아들이 누구인가?

바리새인, 헤롯당, 사두개인들이 질문을 했다. 예수님은 돌아서서 그들에게 심장을 꿰뚫는 질문을 했다. 메시아가 누구라고 생각하느냐? 바리새인들은 다윗의 자손일 것이라는 것을 알고 있었다. 그러나 그들은 그가 예수님 자신이라는 사실을 이해하지 못했다. 예수님은 메시아가 다윗보다 더 위대하다는 것을 시편 110:1부터 인용하고 있다. 그리고 메시아의 공통적 타이틀은 다윗의 자손이었다. 구약에서 메시아는 다윗의 혈통으로부터 올 것이라고 확실히 예언하고 있다. 메시아가 다윗의 자손으로 알려지게 된 것은 이러한 구약의 예언에 기인한다(시 89:35-36; 사 9:6-7; 11:1-5).

메시아는 네 가지 특별한 일을 하기로 예정되어 있다.

1) 그는 모든 노예 상태로부터 이스라엘을 해방시킨다. 모든 노예는 없어지고 모든 사람은 하나님의 통치하에 자유롭게 된다.

2) 그는 모든 적들을 쳐부숴 승리한다. 이스라엘은 그의 통치하에 수립된다. 이것은 이스라엘이 세계의 선도적인 국가가 되는 것을 의미한다.

3) 그는 이 땅에 평화를 가져온다. 모든 사람은 메시아가 설립한 통치하에서 하나님을 섬긴다.

4) 그는 모든 사람에게 풍요로움을 제공한다. 메시아는 모든 사람이 하나님의 통치와 보살핌의 은혜를 받는 것을 보기 원한다(빌 2:10-11).

3. 메시아의 기원에 대한 공통적인 생각은 그는 인간에게서 태어난 사람이

라는 사실이다. 하나님, 신으로부터 태어났다는 생각은 우리 인간에게는 받아들일 수 없었다.

**개념 3.** 메시아에 대한 가장 뚜렷한 인간의 공통적인 개념

  1) 인간은 권리의 측면에서 구원과 풍요로움에 대해 생각한다 – 국가적인 권력, 정치적인 권력, 군사적인 권력, 제도적인 권력, 개인적이 권력, 돈의 권력을 가진 자.
  2) 사람은 인간의 능력과 명성으로부터 오는 구원과 풍요를 생각한다 – 국가 지도자. 정치 지도자, 군사 지도자, 제도적 지도자, 사업의 지도자.

**43-45절 : 이르시되 그러면 다윗이 성령에 감동되어 어찌 그리스도를 주라 칭하여 말하되 주께서 내 주께 이르시되 내가 네 원수를 네 발 아래에 둘 때까지 내 우편에 앉아 있으라 하셨도다 하였느냐 다윗이 그리스도를 주라 칭하였은즉 어찌 그의 자손이 되겠느냐 하시니**

예수님은 그때 성경의 주장을 지적하며 메시아는 주님이며 다윗의 주님이다. 성경은 메시아는 다윗의 자손이라고 말하고 있을 뿐 아니라 그는 다윗의 주님이라고도 언급하고 있다.

1. 다윗은 메시아를 주님이라고 불렀다. 즉 다윗의 말은 성령으로 한 말이다.

2. 다윗은 주님, 야훼가 메시아 주님께 말했다고 말하고 있었다.

3. 다윗은 나의 주님은 하나님 우편에 앉아 계신다고 말하였다. 메시아는 주님이다. 왜냐하면 그는 하나님에 의해서 높임을 받았기 때문이다(엡 1:20; 빌 2:9; 히 8:1).

4. 다윗은 나의 주님의 적은 그의 발아래 놓여야 한다고 말했다. 메시아는 주님이시다. 왜냐하면 그의 적들이 그의 발 아래서 복종하기 때문이다.

성경을 인용하여 예수님은 날카로운 질문을 했다. 메시아, 다윗의 주님이 되고 어떻게 아들이 되느냐? 예수님은 이 질문에 적어도 두 가지 말씀을 하고 있다.

1. 단지 인간존재로서의 메시아적 개념은 부적절하다. 그것은 지상의 권력,

국가적, 정치적 권력, 제도적 리더십의 관점에서 생각하기에는 충분치 않다. 단순한 인간이 이 땅에 완전한 구원과 리더십과 유토피아를 절대 가져올 수 없다. 메시아는 단순히 사람이 아니라 하늘로부터 온 주님이다.

2. 예수님은 하나님의 아들이라고 주장한다. 인간이 가지고 있는 하나님에 대한 개념은 단순한 인간, 육체적인 인간을 초월한다. 하나님은 이 땅을 사랑한다. 그러므로 하나님은 자기 아들을 이 땅에 보내어 이 땅과 이 땅에 사는 모든 사람을 구원하기 위해 희생 제물이 되셨다(요 4:25–26; 6:67–69; 8:24, 28; 행 17:2–3).

**개념 1.** 예수님이 성경에 대한 영감을 강조한 것은 매우 중요하다. 그는 구약의 권위를 확고하게 선포하고 있으며 우리는 예수님이 성경에 대한 존중과 주의 깊음을 주목해야 한다.

**개념 2.** 메시아는 다윗의 자손이다. 그는 인간이다. 그러나 그는 인간을 초월한다. 그는 하나님의 아들인 동시에 하늘로부터 온 주님이며 동시에 인간이다.

**개념 3.** 이 땅의 구원자, 즉 메시아라는 인간의 개념은 어리석다. 하나님 없이는 영원한 평화와 완전한 유토피아를 부패한 이 세상에 가져올 수 없다. 영원한 평화는 영원히 불변하신 하나님을 통해서 온다(요 8:21–22; 롬 10:6–7).

## ▌ 46절 : 한 마디도 능히 대답하는 자가 없고 그 날부터 감히 그에게 묻는 자도 없더라

예수의 질문은 그의 비판자들을 침묵시켰다. 진실로 정직한 가슴으로 즐거이 연구하고 생각하는 사람은 진실을 고백해야 한다. 정직한 가슴과 사고하는 정신, 어느 하나라도 없으면 인간은 예수님으로부터 돌아서서 침묵하고 믿지 않는 행동을 할 것이다.

# 마태복음 23장

**▎ 1절 : 이에 예수께서 무리와 제자들에게 말씀하여 이르시되**

이 구절에서는 예수님은 바리새인, 율법 교사, 종교 지도자들이 아니라 군중들과 제자들에게 말씀하고 있다. 여기에서 제자들과 군중들에게 적어도 네 가지를 경고하고 있다. 그 이유는 모든 세대에게 적용할 수 있도록 하는 것이다.

1. 모든 사람은 종교에서 무엇이 진실인지 무엇이 거짓인지 알 필요가 있다. 사람이 만든 종교는 항상 진실과 오해를 포함하고 있다. 불행하게도 하나님이 계시하는 진실된 종교조차도 때때로 사람에 의해서 진리가 삭제되거나 진리에 인공적인 것이 가미되어진다. 이것은 예수님 당시 종교 지도자, 바리새인, 율법 교사들에게 일어났던 일이다. 이들은 하나님 말씀과 구약을 성실히 따르는 자들이지만 그들이 성경에 진리가 아닌 군더더기를 덧붙여 넣었다. 그러므로 그리스도께서는 현재 종교에서 무엇이 진실인지 아닌지를 가르칠 필요가 있었다.

2. 모든 사람은 위선을 어느 정도 가지며 종교가 죄를 짓기도 한다. 사람들이 만들어 내고 계시하는 진리를 더하거나 뺄 때 그것은 위선을 만들어 내고 종교 안에 죄를 만들어 낸다. 사람들이 성경에 법규와 규칙을 첨가하면 자기 훈련이 필요하고 영적 능력이 요구된다. 사람들이 성경의 어떤 부분을 받아들이지 않거나 어떤 부분을 생략하면 그것은 인간을 찬양하고 인간의 합리성을 높이게 되는 것이다.

3. 모든 사람에게 종교의 잘못을 따르지 않도록 경고할 필요가 있다. 신앙심

만으로는 불충분하며 진리를 따라야 하고 거짓을 따르면 어두운 운명에 처하게 된다.

4. 모든 사람은 예수님에 대한 거짓된 생각을 바르게 고칠 필요가 있다. 거짓 가르침과 거짓 종교 지도자들의 공격은 사람들에게 나쁜 영향을 주었다. 메시아에 대한 불신과 거짓된 생각이 만연하고 있으므로 그리스도께서는 진리를 선포할 필요가 있었다.

**개념 1.** 거짓 종교에 대한 경고는 1차적으로는 제자들과 군중들에게 했다. 왜냐하면 항상 잘못을 가르치는 종교 지도자가 회개하고 마음을 변화시키는 것은 어렵기 때문이다.

1) 종교 지도자는 잘못을 가르치고 잘못을 인정하는 것을 두려워한다.
2) 종교 지도자는 자기 동료들의 배척과 조롱을 두려워한다.
3) 종교 지도는 직위, 권력, 안정된 위치를 잃을까 두려워한다.

## ▎2절 : 서기관들과 바리새인들이 모세의 자리에 앉았으니

거짓된 종교가 진리에 근거하고 있다고 주장하고 있다. 모세는 위대한 선생이며 하나님의 말씀과 계명을 잘 해설하는 해설자이다. 예수님은 율법사와 바리새인들이 모세의 자리에 앉아 있다고 말씀하고 계신다. 그들은 모세처럼 하나님의 말씀을 가르치고 해설하는 책임이 있다고 생각하고 있다. 그리고 모든 종교는 하나님의 말씀의 진리를 가르칠 책임이 있다(눅 6:46; 롬 2:1, 23-24).

바리새인들의 전통과 법규의 해석과 법규의 적용은 하나님의 법 자체만큼 그들에게는 중요하게 여겨졌다. 그들의 법규들이 모두 잘못된 것은 아니며 어떤 것은 유익하다. 문제는 종교 지도자들이 사람이 만든 규칙을 하나님의 법보다 중요하게 받아들인다는 것이며 사람들에게 이 규칙에 복종하도록 주장하나 정작 자기 자신들은 지키지 않는다는 사실이다. 예수님은 바리새인들의 가르침을 항상 비난하지는 않았지만 그들이 위선자라고 항상 비난하셨다.

**개념 2.** 이 세상에서 종교의 위치는 이미 하나님에 의해서 확고히 정해져 있다. 나쁜 사람이 리더십의 자리에 앉아있기 때문에 모든 종교가 나쁘거나 모든 종교가 무시되거나 무효화되어야 된다는 뜻은 아니다. 우리는 영적 능력을 가져야하고 진리와 거짓을 분별하고 하나님을 경배하며 사람들이 진리를 따르도록 교화시켜 나가야 한다.

5. 거짓 종교는 위선의 종교이다. 그러나 여기에서 주목할 사실은 거짓 선생에 의해서 가르쳐진다고 해서 모든 종교가 거짓은 아닌 것이다. 예수님은 하나님의 말씀을 잘 경청하고 그 진리에 복종하라. 그러나 거짓된 종교 지도자들의 행위를 따르지 말라고 말씀하신다.

**3절 : 그러므로 무엇이든지 그들이 말하는 바는 행하고 지키되 그들이 하는 행위는 본받지 말라 그들은 말만 하고 행하지 아니하며**

1) 예수님은 거짓 종교와 선생을 비난하고 있으나 진리를 비난하는 것은 아니다. 거짓 교사들도 진리를 가르친다. 그 진리 차체는 따라야 한다. 그 진리를 위선자가 가르친다고 해서 진리를 무시해서는 안 된다.

2) 예수님은 진리를 가르친다는 것은 사람의 말을 하나님이 받아들일 만하다는 뜻은 아니라고 말씀하신다. 받아들일 만하다는 것은 진실된 삶을 말한다. 그 사람이 위선자이며 주님께 복종하지 않기 때문에 받아들일 수 없는 것이다. 그는 진리대로 살지 않으면서 진리를 선포하고 고백한다고 해서 받아들일 수 있는 것은 아니다. 날마다 진리와 동행하기 때문에 받아들일 수 있다(롬 2:21-23).

3) 우리는 사무실과 사무 요원을 구별해야 하며 목사와 목회를 구별하고 사람과 교회, 가르침과 진리, 교리와 실천을 구별해야 한다(요일 4:1).

4) 예수님이 말씀하시기를 종교와 사람의 주장은 우리를 바로 이끌지 못한다. 윤리, 도덕 그리고 종교의 훈련은 칭찬받을 만하나 반대로 종교와 사람들은 거짓이 될 수 있다(딛1:16; 요일 3:18).

**개념 3.** 가르치고 실천하는 것은 항상 분리되어 생각해야 한다. 항상 차이가 있으며 모든 사람이 인간이기 때문에 사람은 부족한 점이 있으며 하나님 말씀만이 완전하다.

**4절 : 또 무거운 짐을 묶어 사람의 어깨에 지우되 자기는 이것을 한 손가락으로도 움직이**

**| 려 하지 아니하며**

거짓 종교는 무거운 부담감을 주는 종교이다. 거짓 종교와 거짓 선생들은 사람에게 무거운 부담감을 준다. 그리고 사람에게 주는 네 가지 부담감을 준다.

1) 하나님 말씀과 계명은 자비가 없는 엄격하고 심각한 방법으로 사람에게 책임을 부과한다.

2) 종교와 사람은 규칙(의식, 전통, 종교행사)을 통해서 하나님 말씀과 더불어 행해진다.

3) 종교와 사람은 하나님의 말씀을 부인하고 왜곡시키며 사람들에게 그들 스스로 진리를 잘못 인도하여 연약하고 불완전한 사람에게 나쁜 영향을 끼친다.

4) 종교와 사람들은 부당한 권위를 행사하고 사람에게 짐을 지우고 전통과 종교행사와 사람이 만든 짐을 지도록 강요한다. 규칙과 법규를 토의할 때는 많은 사람들이 다른 사람에게 규칙들을 부과하기를 좋아한다. 그러나 그들 자신은 그 규칙들을 지키기를 좋아하지 않는다. 그러한 위선은 특별히 두 가지 실패할 확률이 있다.

　(1) 어떤 교사들과 평신도들은 그들 스스로 약자를 위해 그 짐을 덜어 주는데 있어 손가락 하나 까딱하지 않는다. 그들은 다른 사람에게 짐을 지우는데 엄격하지만 자기 자신이 그 무게를 지는 데는 느슨하다. 그들은 그러한 규칙에 매이려고 하지 않으면서 그 규칙을 다른 사람에게 설교하고 가르치고 얽매이도록 강요한다.

　(2) 어떤 자들은 자비가 전혀 없고 그 짐(책임)을 실천할 때 도움이 필요함에도 전혀 도와주지 않는다. 어떤 교사들은 너무 엄격하고 잘난 체하며 하나님의 사랑과 자비에 대하여 전혀 깨닫지 못하고 있다. 이들은 기독교의 자유 사상에 대하여 전혀 알지 못하고 있다(행 15:28; 롬 14:1-23; 갈 4:9; 5:1; 2:20).

**개념 4.** 사람들에게 무거운 짐을 지울 때 부당한 자만심이 있을 가능성이 있다. 물론 하나님의 말씀을 선포하고 행할 때 권위가 있어야 한다. 그러나 인간이 만든 규칙을 지나치게 부과해서는 안 된다. 사람은 자신의 능력을 통해서 규율을 지킴으로써 하나님께 인정을 받는다. 하나님의 말씀은 믿음과 말씀을 실천할 때 중요하다. 그리고 하나님의 말씀은 삶을 영위하는 데 있어서 사람이 꼭 필요한 것이다. 우리는 하나님의 말씀을 축소시키거나 확대시켜서는 안 된다.

**5-7절 : 그들의 모든 행위를 사람에게 보이고자 하나니 곧 그 경문 띠를 넓게 하며 옷술을 길게 하고 잔치의 윗자리와 회당의 높은 자리와 시장에서 문안 받는 것과 사람에게 랍비라 칭함을 받는 것을 좋아하느니라**

가짜 종교는 남에게 보이려고 하며 겉으로 나타내려고 하는 종교이다. 예수님은 사람에게 보이도록 겉으로 나타내는 행위의 종교를 가짜 종교라고 지적하고 있다.

1. 그들은 그들 외모, 옷 등으로 다른 사람의 시선을 끌려고 옷을 자주 바꾸어 입는다.

　1) 그들은 성구함을 항상 가지고 다니며 그것은 네 개의 성경 구절이 적혀 있는 조그마한 가죽으로 된 상자이다. 그 성경 위에 적힌 구절은 출애굽기 13:1-10; 13:11-16; 신명기 6:4-9; 11:13-21이다. 이 성구의 사용은 출애굽기 13:9과 잠언 7:3의 번역으로부터 생겨난 것 같다. 이 두 구절의 진정한 의미는 이것을 보이는 곳에 두는 것처럼 우리의 마음속에 하나님의 말씀을 두어야 된다는 것이다. 종교 지도자들의 큰 결점은 이 구절을 글자대로 해석하고 그들 자신들이 신앙심이 깊은 것처럼 그들 자신들에게 주의를 끌도록 이 작은 가죽 상자를 크게 만들었다.

　2) 그들은 그들의 긴 옷에 장식물(옷술)을 붙이고 다녔으며 하나님은 유대인들에게 그들의 바깥에 입는 옷 끝자락 언저리에 옷술을 달라고 명령하셨다. 사람이 그것을 보았을 때 하나님의 계명을 지키도록 기억나게 했으며 잘못은 종교 지도자들이 그들의 겉모습을 바꾸었다는 것이다. 그들은 장식물을 규정보다 길게 달고 다른 사람보다 신앙심이 더 깊다는 사실에 주의를 끌며 예수님은 종교 지도자들의 위선적인 태도를 이 장에서

폭로하고 있다. 그들은 성경을 알고 있지만 성경대로 살지 않았다. 그들은 사람의 존경심과 칭찬을 받기 위해 거룩하게 보이려고 하면서 자신들이 거룩하게 되는 것에는 관심이 없었다. 오늘날 바리새인처럼 성경을 아는 많은 사람들 중 그들의 삶을 바꾸어 나가는 사람은 별로 없다. 그들은 예수님을 따르지만 사랑과 헌신의 삶을 살지 않는다. 우리는 우리의 행동과 믿음을 일치시켜 나가야 한다. 사람들은 교회에서나 사회에서 리더십의 위치에 있기를 갈망하고 있으며 하나님께 충성하는 것보다 직위에 대한 사랑이 더 강해질 때는 위험하다. 이것은 바리새인들과 율법교사들에게 해당될 뿐 아니라 현재 교회 리더십에도 해당된다. 예수님은 리더십 자체에는 반대하지 않으며 다른 사람에게 봉사하지 않고 자신에게 봉사하는 사람을 비판하고 있다.

**개념 1.** 몸을 노출시키고 몸의 어떤 부분에 관심을 끌도록 옷을 입는 사람이 있을 수 있다. 어떤 사람은 꽉 끼는 옷, 너무 낮게 파거나 너무 높게 올리거나 너무 얇은 옷을 입을 수 있다. 어떤 사람은 너무 작은 옷이나 몸 전체가 덮이지 않는 옷을 입을 수 있다. 예수님은 남의 시선을 끌기위해 옷을 입는 것을 조심하라고 말씀하신다. 종교 지도자들은 신앙심이 있는 것 같은 옷을 입기 좋아하고 일반 사람들은 세상적으로 매력 있게 보이기 위해 옷을 입기를 좋아한다(롬 6:13; 딤전 2:9–10; 벧전 3:3–5).

2. 그들은 명예와 특별한 자리를 좋아했으며 남에게 인정받는 자리를 좋아했다. 특별한 이웃과 특별한 리스트에 올라 있는 사람을 좋아하는 사람도 있으며 그들은 권위와 남에게 인정받기를 좋아하는 사람들이다. 어떤 사람들은 상석을 좋아하고 책임감 있는 중요한 자리를 원하는 자들도 있다(요 5:44; 시 49:12)

3. 그들은 칭찬을 받고 존경받는 직위를 좋아한다. 그 직위는 선생이나 마스터를 의미하는 랍비를 말한다. 그것은 현대적인 의미에서 박사와 같으며 하나님의 메신저로 여겨지는 타이틀이다. 주님을 존경하지 않고 사람을 존경하는 사람은 직위나 명예를 좋아하는 사람이다(마 23:12; 시 49:17).

**개념 2.** 가끔 사람들은 옷을 바꿔 입고 그들의 능력과 그들에게 주의를 끌도록 직위나 계급 상층의 위치를 추구하는 사람들이 있다. 그들은 사람에게 존경받으나 하나님께 사랑받지 못한다(마 6:16-18).

**개념 3.** 신앙심을 가지고 거룩한 삶을 사는 것은 아무런 잘못이 없다. 잘못은 하나님 대신에 자기 자신에게 주의를 끌게 하는 것이다. 우리는 우리 자신에게 시선을 끌도록 우리의 외형적인 모습을 지나치게 과장하거나 다시 새롭게 변화시켜서는 안 된다. 우리는 사람 가운데서 겸손히 행동하며 그들 가운데 한 사람으로 우리의 삶을 통해 예수님께로 그들과 함께 나아가야 한다.

**개념 4.** 하나님은 사람에 대한 편견이 없다. 왜 우리는 편견을 가지고 사람을 보려고 하는가? 왜 우리는 겉모습, 직위, 명예를 추구하는가? 그것은 예수님이 바라는 바가 아니다.

**개념 5.** 사람들 앞에서 겸손하고 사람을 하나님께 인도하는 어떤 사람이 있다면 그 사람은 하나님을 섬기는 사람이다. 모든 사람들 가운데서 겉모습, 직위, 명예를 사랑하는 사람은 사람들을 하나님께 인도하지 않고 사람에게 향하게 하는 사람이다.

> **8-12절 : 그러나 너희는 랍비라 칭함을 받지 말라 너희 선생은 하나요 너희는 다 형제니라 땅에 있는 자를 아버지라 하지 말라 너희의 아버지는 한 분이시니 곧 하늘에 계신 이시니라 또한 지도자라 칭함을 받지 말라 너희의 지도자는 한 분이시니 곧 그리스도시니라 너희 중에 큰 자는 너희를 섬기는 자가 되어야 하리라 누구든지 자기를 높이는 자는 낮아지고 누구든지 자기를 낮추는 자는 높아지리라**

우리는 거짓 종교에 속하지 않도록 주의해야 한다. 왜 우리가 거짓 종교에 속지 말아야 하는지 세 가지 이유가 있다.

1. 모든 직위와 그 관계는 이미 천국에서 정해져 있다.

 1) 하나님은 믿음의 아버지이며 진정한 진실의 아버지이다. 이 땅의 어떤 교사나 지도자도 아버지가 아니다. 그러므로 어떤 사람도 아버지로 인정되지 않으며 하나님만이 아버지로 인정된다(약 1:17). 예수님은 우리의 선생이다.

 2) 예수님 한 분만이 우리의 선생이다. 우리는 선생으로 불릴 자격이 없다.

 3) 믿는 자들은 다 형제들이다. 어떤 사람이나 다른 사람보다 위에서 군림하거 더 찬양받지 말아야 한다. 각자는 하나님 앞에서 평등하다. 각자는 상대방을 서로 도와주어야 한다.

2. 위대한 일은 이웃 섬김과 하나님 사랑에 의해서 측정되는 것이지 이 땅

의 명예에 의해서 측정되지 않는다. 이것은 위대함의 가치에 대한 좋은 설명이다. 종교가 사람에 의해서 의식화되고 영향을 받으면 그 종교는 의식, 교회 행사, 규범, 규칙, 명예, 직위에 초점을 맞추게 된다(마 20:26-27; 눅 22:26; 롬 12:3; 벧전 5:5).

3. 심판이 다가오고 있다. 운명을 결정하는 것은 사기 사신이며 사람은 자기를 높이기도 하고 낮추어 겸손하기노 한나. 어떤 사람이 섬김을 위한 것이 아닌 직분을 위하여 섬기면 그는 하나님의 심판을 받을 섯이나. 우리는 심기려고 부름을 받은 것이지 다스리라고 부름을 받지 않았다(마 5:19; 눅 1:52; 욥 40:12; 시 6:7; 잠 29:23; 사 2:12; 말 4:1).

**13절 : 화 있을진저 외식하는 서기관들과 바리새인들이여 너희는 천국 문을 사람들 앞에서 닫고 너희도 들어가지 않고 들어가려 하는 자도 들어가지 못하게 하는도다**

거짓 종교 지도자들은 문안으로 들어가지 못하도록 방해를한다. 그러한 상황은 필사적으로 들어가기 위하여 천국 문에 사람이 서서 기다리고 있으나 거짓 교사들이 천국 문에 들어가지 못하도록 문을 닫아 버린다. 예수님은 여기에서 두 가지를 말씀하고 있다.

1. 거짓 종교 지도자들은 천국 문에 들어가지 못했다. 그들이 들어가지 못한 세가지 이유가 있다.

1) 그들은 하나님을 메시아로 인정하지 않았으며 주님이 천국에서 내려온 존재라는 것을 부인했다.

2) 그들은 하나님의 생각보다 종교에 대한 자기 자신들의 생각을 더 좋아했다. 인간에 대한 하나님의 자비를 존경하는 것보다 종교 행사를 할 수 있는 인간의 능력을 높게 평가했다.

3) 그들은 자기 자신을 부인하라는 하나님의 말씀보다 세상 말을 더 중요시했다. 그들은 직위, 명예, 부, 권력, 권위 그리고 안정된 삶과 같은 세상의 것을 선택했다.

2. 거짓 종교 지도자들은 그들 자신도 천국에 들어갈 수 없었으며 천국에 들

어가고자 하는 사람들도 못 들어가게 막았다. 그들은 사람을 잘못 인도하여 천국 문을 닫게 했으며 그 결과 그들은 하나님으로부터 영원히 분리되는 운명에 빠지게 되었다.

1) 그들은 예수님이 인간의 몸으로 성육신하신 하나님의 아들이라는 사실을 부인하며 예수님의 권위를 인정하지 않았다.

2) 그들은 성경을 왜곡하고 성경을 거짓되게 해석했다(마 22:29; 고후 2:17; 4:2; 벧후 3:16).

3) 그들은 예수님께 고백했던 사람들을 조롱하고 위협했다(눅 11:52; 말 2:7-8)

**개념 1.** 그 들판은 곡식이 무르익어 하얗게 되어 추수할 때이다. 많은 사람들이 천국에 들어가려고 애쓰고 있으나 그 문은 그의 면전에서 가끔 닫힌다. 누구에 의해서인가? 거짓 종교 지도자들에 의해서이다.

1) 거짓 종교 지도자들은 예수님이 하나님의 아들이며 구원자라는 사실을 가르치거나 거기에 대한 설교를 하지 않는다. 그러므로 하나님을 찾는 자들이 하나님의 구원을 알지 못하여 예수님이 인간의 죄 때문에 죽고 그를 믿으면 구원받는다는 것을 깨닫지 못하고 있다(벧후 2:1; 요일 2:22).

2) 거짓 종교 지도자들은 종교에 대한 자기 자신의 생각을 가지며 그들 자신의 생각을 의롭다고 가르치고 있다. 그러므로 하나님을 찾는 자는 하나님의 진실된 의와 진리의 종교를 알지 못한다(마 5:20; 롬 3:20; 10:3-4).

3. 거짓 종교 지도자들은 자기 자신들을 부인하지 않고 세상을 선택한다. 그들은 봉사와 희생을 구하지 않고 명예, 직위, 부를 선택하고 있다(벧전 1:18-19).

**개념 2.** 많은 종교 지도자들은 사람을 잘못 인도할 뿐 아니라 하나님의 생각보다 종교에 대한 자기 자신의 생각을 더 중요시한다. 그들은 자기 자신의 아이디어를 더 좋아하고 자기 자신과 자신의 능력을 더 높인다.

**개념 3.** 사람들은 개인적인 자기 자신의 생각과 편견을 경계해야 한다. 사람의 생각과 편견은 하나님이 밝히는 진실을 대신할 수 없다. 개인적인 생각과 편견은 종교 지도자들을 받아들이고 믿는 모든 사람에게 천국 문을 닫게 만든다.

종교 지도자들과 율법 교사, 바리새인들은 위선자들이었다. 그들은 하나님을 믿고 사랑하는 것처럼 행동했다. 그들은 하나님을 찾는 척했으나 그들은 실제로 권력과 직위, 명예를 찾았다. 그들은 하나님께 관심을 보였으나 실제로 세상일에 더 많은 관심을 가지고 있었다. 그들은 겸손한 척했으나 실제로 자만심과 시기와 소유물에 관심이 많았다. 그들은 하나님 종교의 성식사라고 주장했으나 그들은 사람이 만든 종교의 성직자였다. 그들은 하나님의 말씀을 선포했으나 하나님의 말씀을 생략해 버리거나 쓸데없는 군더더기를 더 붙였다. 예수님이 그들을 위선자라고 말하는 것은 아주 심각한 것이다. 예수님은 거짓으로 속이는 자, 모든 것을 왜곡하는 자들에게 경고하고 있다. 예수님의 경고는 위선자는 큰 저주를 받을 것이라는 것이다. 어떻게 경고하고 있는가?

1) 위선자는 지옥의 아들이 될 것이다.

2) 위선자는 어리석은 자이며 눈 먼 자이다.

3) 위선자는 욕심과 이기심으로 가득 찬 자들이다.

4) 위선자는 더러운 것으로 가득 찬 사람들이다.

5) 위선자는 독사의 새끼들이며 간사한 사람들이다.

6) 위선자는 지옥으로 가는 저주를 피할 수 없을 것이다.

예루살렘에서 종교 지도자가 된다는 것은 오늘날 세속적인 사회에서 목사가 되는 것과는 매우 다르다. 이스라엘 역사에서 문화와 일상생활은 하나님과의 관계에 집중되어 있다. 종교 지도자들은 가장 잘 알려져 있으며 모든 지도자 가운데서 가장 존경받고 권위가 인정된 사람이다. 예수님은 이 사람들을 신랄하게 비난했다. 왜냐하면 이 지도자들은 돈과 직위와 권력만 탐하고 다른 사람으로 하여금 하나님을 보지 못하도록 만들고 그들의 맹목적인 종교관이 온 세상으로 퍼져 나가게 하고 있기 때문이다.

**14절 : 없음**

**15절 : 화 있을진저 외식하는 서기관들과 바리새인들이여 너희는 교인 한 사람을 얻기 위하여 바다와 육지를 두루 다니다가 생기면 너희보다 배나 더 지옥 자식이 되게 하는도다**

거짓 종교 지도자들은 새로운 신자들의 부패를 더욱 조장시키는 선교사들이다. 예수님은 두 가지 의미심장한 말씀을 하시고 있다.

1) 거짓 종교 지도자들은 선교 대상자를 물색하면서 여러 곳을 찾아다닌다.

2) 거짓 종교 지도자들은 그들 자신의 복음을 전파하는 데 열정적이며 그들은 단 한 사람이라도 개종자를 만들기 위해 도시를 두루 다닌다. 그러나 이들 거짓 종교의 열심에는 문제가 심각하게 일어났다.

　(1) 그들은 거짓 종교를 전하는 선교사들이며 사람을 하나님께 인도하지 않고 사람이 만든 종교로 인도한다. 그들은 하나님과의 개인적인 관계로 나아가게 하지 않고 그들 자신이 가진 신념으로 고안된 종교로 나아가게 한다.

　(2) 그들이 적극적으로 선교하는 많은 사람들은 하나님을 두려워하고 유대 종교 즉 유대주의에 이미 흥미를 가지고 있는 신앙심 깊은 사람들이었다. 이 사람들은 유대주의에 빠져 그들 중에서 어떤 사람은 개종 후 유대주의에 적극적인 신봉자가 되었다. 그들는 이 교리에 푹 빠져 보통 유대인들보다 더 열광적이고 헌신된 종교인이 되었다. 그래서 이 거짓 교사들은 이 개종자들이 자신들 보다 더욱 다른 종교를 저주하도록 만들었다. 그리고 이 위선적인 교사들은 그들을 더욱 위선적인 학생으로 만들었다. 우리는 내면의 새로운 변화가 일어나도록 돕지 않고 복종을 강조하는 과오를 범함으로써 새로운 바리새인들을 만들어 내지 않아야 한다.

**개념 1.** 율법 교사와 바리새인들로부터 배울 점 하나는 복음 전파에 대한 열심이다.

1) 그들은 가서 열심히 거짓 종교를 전하는데 우리는 진리가 무엇인지 알고 있으면서 왜 가서 사람들에게 열심히 전하지 않는가?

2) 그들은 어떤 장소에도 기꺼이 가기를 좋아한다. 그들은 한 사람을 전도하기 위해 세계 곳곳으로 다니는데 우리는 왜 선교사로 기꺼이 나가지 않는가? 하나님의 증언자로서 세계 어디든지 가야 할 것이다(막 16:15; 눅

19:10; 요 20:21; 행 1:8).

**개념 2.** 바리새인들은 우리의 종교와 우리의 마음을 탐구하고 평가한다. 우리는 진리를 가르치고 있는가? 우리는 하나님 계시의 말씀을 더하거나 감하고 있는가? 우리는 실제로 하나님의 소명대로 행동하고 있는가? 하나님의 메신저로서, 종으로서 헌신하며 살고 있는가?

그리고 유대주의는 유일신의 개념이며 도덕적 개념을 가지고 있다. 옛날에는 비도덕적이고 부정직한 종교가 판을 치고 있었기 때문에 특히 도덕성을 강조했다. 유대 이름의 순수성과 정직성이 많은 사람들에게 호감을 가지게 했다. 여성들은 남자를 즐겁게 하기 위한 소유물의 일부로 여겨졌으며 남자들은 특별히 유대주의에 이끌리게 되었다. 특히 이방인들 중 개종자들도 여러 도시에 흩어진 회당에 나니고 있으니 완전한 개종자가 아닌 사람도 있었으며 할례를 받지 않는 사람도 있었고 예배 행사에 참석하지 않는 사람도 있었다.

> **16-22절 : 화 있을진저 눈 먼 인도자여 너희가 말하되 누구든지 성전으로 맹세하면 아무 일 없거니와 성전의 금으로 맹세하면 지킬지라 하는도다 어리석은 맹인들이여 어느 것이 크냐 그 금이나 그 금을 거룩하게 하는 성전이냐 너희가 또 이르되 누구든지 제단으로 맹세하면 아무 일 없거니와 그 위에 있는 예물로 맹세하면 지킬지라 하는도다 맹인들이여 어느 것이 크냐 그 예물이냐 그 예물을 거룩하게 하는 제단이냐 그러므로 제단으로 맹세하는 자는 제단과 그 위에 있는 모든 것으로 맹세함이요 또 성전으로 맹세하는 자는 성전과 그 안에 계신 이로 맹세함이요 또 하늘로 맹세하는 자는 하나님의 보좌와 그 위에 앉으신 이로 맹세함이니라**

거짓 종교 지도자들이 사람들을 잘못 인도하고 있었다. 그들은 맹세와 약속으로 사람을 잘못 인도하고 있었다. 그들은 일차적인 것(더 중요한 것)보다 이차적인 것(덜 중요한 것)을 강조하고 있다. 그들은 덜 중요한 것을 선택하며 필수적인 것보다 더 큰 의미를 부여한다. 예수님은 두 가지 예를 들고 있다.

1. 그들은 성전 자체보다 성전의 금을 더 강조했다. 성전으로 맹세한 어떤 사람은 약속을 지킬 필요가 없었으며 그가 한 맹세에도 책임을 질 필요가 없었다. 그러나 성전의 금으로 맹세하면 그는 책임을 져야 하고 그의 약속을 지킬 필요가 있었다.

2. 그들은 선물을 올려놓는 제단보다 선물을 강조했다. 반면에 선물로 맹세를 하거나 약속을 한 것은 의무적으로 지켜야 했다. 예수님은 이 점에 있어 종교 지도자들에 대한 강한 질책의 말씀을 하셨다. 그들은 눈먼 바보들이라고 말씀하시고 이것은 두 가지 의미를 가지고 있다.

  1) 그들이 말하고 행동하는 것은 어리석음과 죄로 가득 차 있다. 그들은 단순히 맹세에 대한 책임과 약속을 피하려고 하고 있다. 그들은 맹세하고 약속하는 권리를 가지고 있을 뿐 아니라 뒷날 그것(약속을 깨뜨리는 것)이 이익이 되면 약속을 깨뜨리는 권리를 가지기를 원했다.

예수님은 약속과 맹세에 대하여 불변의 사실을 지적하고 있다.

    (1) 모든 약속과 맹세는 하나님이 듣고 계시며 서원하거나 이미 약속한 것은 지키지 않고 피할 길이 없다.

    ① 하나님은 제물을 제단 위에 올려놓도록 한 장본인이다.

    ② 하나님은 성전 안에 거하신다.

    ③ 하나님은 하늘의 보좌에 앉아 계신다.

    (2) 모든 약속과 맹세는 의무적으로 지켜야하고 하나님께 책임져야 한다(마 5:33-37).

**개념 1.** 종교 지도자들이 말하고 행동하는 것에는 적어도 네 가지 죄가 보인다.

  1) 일차적인 책임(더 중요한 것)보다 이차적인 책임(덜 중요한 것)을 더 강조한다.

  2) 약속을 피해 가는 죄

  3) 욕심의 죄 – 성전보다 금을 더 강조함으로써 그들은 사람의 마음을 금과 부에 더 집중하게 하고 제물이 올려지는 하나님의 제단보다 사람의 예물이 본질적으로 더 중요하다고 말하고 있다.

  4) 자기 의를 나타내는 죄 제단보다 인간의 예물을 더 강조함으로써 인간의 제물이 하나님 제단보다 더 중요하다고 말하고 있다. 어떤 예물도 하나님보다 더 중요하지 않다.

**개념 2. 똑같은 죄를 오늘날도 짓는다.**

1) 의식, 종교 행사, 프로그램 등 실제 교회 생활의 모든 것이 하나님보다 더 강조되고 있다.
2) 예물이 제단보다 강조되고 있으며 제물이 제단보다 더 우선권을 가진다. 예물과 금, 즉 돈의 관리가 하나님께 헌신하는 삶과 똑같다고 말하고 있다.
3) 삶을 하나님께 헌신함으로써 사람을 강하게 만드는 대신에 제도를 강하게 만들려고 하고 있다.

일반적으로 맹세, 서원, 저주는 세 가지 잘못이 있다.

1) 맹세는 악한 성격과 믿음이 부족하다는 것을 나타내 주는 것이다. 맹세가 필요하다는 것은 사람의 말과 성격이 때때로 의심스럽거나 의문점이 많기 때문이다. 그러므로 그는 맹세로써 그의 말을 강조해야 되겠다고 느낀다. 믿을 수 있는 사람은 '예', '아니요'만 필요하다.
2) 모든 맹세와 서원 그리고 저주는 똑같은 정서와 감정으로부터 생긴다. 어떤 말이 사회에서 받아들일 수 있다고 해서 하나님께서 받아들일 수 있다는 것은 결코 아니다. 입으로 말을 하는 것은 감정과 정서의 원천인 가슴에서 나온다. 하나님은 사람의 마음을 심판하는 것이지 말이 온순하거나, 거칠거나, 비호감이 가는 것을 심판하지 않는다. 하나님이 저주하는 것은 인간의 내면 세계에 있는 것을 저주한다.
3) 모든 맹세와 저주는 사람을 자기 자신의 신으로 만든다. 그것은 하나님의 자리에 사람을 갖다놓는다. 그 사실은 어떤 것을 저주하고 월권적인 행동을 특권이라고 주장한다. 어떤 사람도 그런 권리는 없다. 오직 하나님만이 사람을 저주할 권리를 가지고 있다.

**23-24절 : 화 있을진저 외식하는 서기관들과 바리새인들이여 너희가 박하와 회향과 근채의 십일조는 드리되 율법의 더 중한 바 정의와 긍휼과 믿음은 버렸도다 그러나 이것도 행하고 저것도 버리지 말아야 할지니라 맹인 된 인도자여 하루살이는 걸러 내고 낙타는**

## 삼키는도다

거짓 종교 지도자들은 가벼운 법은 중요시하고 중요한 법은 소홀히 했다.

1. 예수님은 두 가지를 지적하고 있다.

  1) 종교 지도자들은 가벼운 책임을 강조하고 지켜야할 무거운 책임은 소홀히 다룬다고 책망하신다. 그들은 그들이 원하는 것을 골라서 하고 싶어 하고 나머지는 생략해 버린다. 그들은 십일조, 교회 행사, 의식, 기념일 같은 외형적인 것을 강조하고 삶의 변화와 내면적 변화를 소홀히 한다. 예수님은 세 가지 내면적 임무를 언급하고 있다.

    ① 정의로워야 한다. 우리의 이웃을 마땅히 사랑해야 한다. 다른 사람을 해롭게 하는 행동이나 말을 해서는 안 된다. 모든 사람을 존경하고 부당한 행동을 해서는 안 된다.

    ② 자비로워야 한다. 연약하고 힘들고 곤경에 처한 모든 사람에게 친절과 관심과 보살핌을 보여야 한다. 잔인하며 남과 거리를 두고 딱딱하게 대하지 말아야한다

    ③ 믿음이 있어야 한다. 하나님의 약속을 성취하기 위해 그를 믿고 의지해야 한다.

예수님은 법규 가운데 더욱 중요한 것들은 정의, 자비, 믿음이라고 말씀하시고 있다. 그러나 거짓 종교 지도자들은 이런 문제들을 소홀히 하거나 생략해 버린다. 그들은 십일조와 같은 외형적이고 가벼운 문제를 강조하고 있다. 교회 행사, 기념일, 의식과 같은 외형적인 행사는 내면세계가 가지는 무게만큼 중요하지 않다. 왜냐하면 내면 세계가 바른 방향으로 가면 그 다음 외형적인 행동은 따라오기 마련이다. 모든 외형적인 행동도 변할 것이다. 예수님이 말씀하는 것은 더 중요한 것을 하며 덜 중요한 것도 하지 않고 그냥 내버려 두지 말고 가벼운 일도 하라. 그러나 더 중요한 것에 중점을 두라고 말씀하신다.

  2) 종교 지도자들은 더 작은 죄는 피하지만 더 큰 죄는 짓고 있다. 그들은 하루살이는 걸러 내고 낙타는 삼킨다. 이것은 예수님 당시 유머스러운

격언이다. 포도주는 마시기 전에 하루살이와 다른 불순물을 걸러 내기 위해 면포 조각을 통해 조심스럽게 걸러낸다. 이것은 순수한 법을 어기지 않는 것이다. 거짓 종교 지도자들은 종교의 가벼운 문제는 지키려고 하나 더 중요한 문제들은 지키지 않았다. 그들은 가벼운 문제를 지키려다가 죄를 짓는 것이 아니나 더 중요한 문제를 소홀히 함으로써 죄를 짓게 된다(슥 7:9-10; 마 22:39; 롬 12:9; 13:8).

그리고 바리새인들은 하루살이 같은 곤충을 우연히 삼키지 않도록 물을 조심스럽게 우물에서 당겨 올린다. 즉 하루살이는 법규에 의하면 부정한 곤충이다. 그들은 종교 행사와 의식은 깨끗하고 세밀하게 하나 그들의 내면 세계의 순수'성에 대한 관점은 잃어버리고 있다. 의식적으로 외적인 것은 깨끗하나 내면 세계는 썩어 있다.

**개념 1.** 많은 사람들은 종교의 형식은 지키나 본질적인 하나님에 대해서는 중요하지 않다고 생각한다. 오늘날 얼마나 많은 사람들이 규칙적으로 교회에 다니면서 헌금을 하고, 기도하고, 교회 행사에 참석하지만 그들의 고용주, 하나님께 정직하게 일하지 않는다.

오늘날 사람들은,

1) 겸손하지 않으며 연약하고 덜 훈련된 초신자에게 자비를 보이지 않는다.

2) 희생하지 않으며 가난하고 불쌍한 사람에게 자비를 베풀지 않는다.

3) 다른 사람을 사랑하고 책임 있는 행동을 하지 않는다. 즉 그들 자신과 가족에게만 책임있는 행동을 하고 사랑한다(딤후 3:5)

**개념 2.** 종교의 외형적인 모습은 얼마나 잘 지키는가? 그러나 내면 속에 있는 하나님의 모습을 닮는 것은 얼마나 어려운가? 예수님이 강조하는 것은 내면적인 하나님의 모습이다. 우리는 모든 사람과 순수한 정의와 자비를 가지고 교제해야 하고 모든 일에 있어서 하나님을 믿어야 한다.

**개념 3.** 거짓 종교 지도자의 가장 큰 실패의 하나는 그들이 잘못된 사실들을 강조하고 시시한 일을 중하게 여기면서 중요한 일은 하지 않는다는 사실이다.

**개념 4.** 예수님은 거짓 종교 지도자들을 "눈먼 안내자"라고 부른다.

1) 어떤 사람들은 예수님이 무슨 말을 하는지 모른다. 그들은 더 가벼운 문

제를 강조하고 있다. 그래서 그들은 가벼운 문제들을 잘 알고 있으며 배워왔다. 그러므로 가벼운 문제에 깊숙하게 발을 들여놓아서 종교의 중요한 문제에 대해서는 전혀 모르고 있다.

2) 어떤 사람은 그들이 가벼운 문제를 강조하고 있다는 사실조차도 모른다. 그래서 그들은 그들의 잘못을 계속하며 그들의 직위, 안전, 그들이 이 세상에서 귀중하게 여기는 것을 잃지 않도록 삶의 변화를 거부한다.

3) 종교 지도자들은 종교의 더 가벼운 문제를 가르치고 인도하며 더 중요한 문제는 생략해 버린다.

**25-26절 : 화 있을진저 외식하는 서기관들과 바리새인들이여 잔과 대접의 겉은 깨끗이 하되 그 안에는 탐욕과 방탕으로 가득하게 하는도다 눈 먼 바리새인이여 너는 먼저 안을 깨끗이 하라 그리하면 겉도 깨끗하리라**

종교 지도자들은 실질적으로 깨끗한 것에는 장님과 같다. 예수님은 종교 지도자들이 얼마나 눈이 멀었나를 보여 주기 위해 예를 들어 설명하고 있다. 종교 지도자들은 밖은 깨끗하게 보이나 안은 더러움이 묻어 있는 잔과 대접과 같다. 예수님은 세 가지 예를 들어 설명하고 있다.

1. 잔과 대접의 바깥은 깨끗하게 보인다. 그들이 관심을 갖는 것은 외형적인 모습이다. 왜냐하면 보이는 것은 바깥쪽이기 때문이다. 그들은 바깥쪽을 씻고 닦는다. 이웃으로부터 이미지와 평판을 손상시키지 않도록 한다. 사람들이 보기에 그들은 마땅히 바르게 걸어가는 것 같다. 그들의 관심은 사람들이 그들에 관하여 어떻게 생각할까이며 하나님이 어떻게 생각할까 하는 것이 아니다.

2. 잔과 대접의 안쪽은 더러워져 있다. 안쪽은 사람에게 보이지 않는다. 그래서 별로 관심을 가지지 않는다. 그들은 자기들이 원하는 것을 택하며 그들이 원하는 대로 살아간다. 그들은 태만과 방종으로 가득 차 있으며 욕심과 이기심, 탐욕과 소비 성향이 강하며 나눌 줄 모르며 남에게 베풀지 않는다. 이런 것들이 종교 지도자들의 내면 세계이다. 종교 지도자들은 절대로 눈에 보이는 죄는 짓지 않는다. 그러나 그들은 자기중심적인 삶과 태만한 삶을 살면서 내면에 지나

친 욕망과 사적인 욕심을 가지고 있었다.

3. 종교 지도자들은 그들의 내면 세계를 깨끗하게 할 필요가 있다. 안쪽이 한 번 깨끗해지면 바깥쪽은 자동적으로 깨끗해질 것이다. 그들의 내면적 정신이 깨끗해지면 그들의 바깥 행동도 깨끗해질 것이다. 깨끗한 마음은 깨끗한 삶으로 옮겨 간다. 예수님은 사람의 행동을 결정짓는 것은 사람의 내면 세계라고 강조하신다. 사람의 행동을 결정하는 것은 마음이다(잠 4:23; 마 12:35; 15:19-20).

그리고 주목할 점은 예수님은 거짓 종교 지도자들을 눈먼 장님이라고 불렀다. 거짓 종교 지도자들은 사람의 내면 세계가 깨끗하게 될 수 있다는 것을 모르고 있으며 행동을 변화시키는 것은 깨끗한 마음이라는 것을 모르고 있었다.

**개념 1.** 사람과 사회의 전체적인 접근 방법은 사람의 내면 세계를 변화시키기 위해 사람이 바깥 면을 깨끗이 해야 한다. 환경, 교육, 주택, 직업, 믿음, 철학, 자기 이미지, 자기 조건을 변화시켜 보라. 그러면 그는 선하고 은혜로운 사람이 될 것이다. 예수님의 요점은 위의 모든 것은 사람의 마음에 의해서 결정된다고 지적하고 있다. 나쁜 환경은 사람 속에 있는 악에서 기인한다고 말씀하고 있다. 사람이 가장 좋은 환경과 교육을 받아도 악할 수가 있다. 사람 속에 있는 악을 변화시키는 것은 교육과 환경이 어느 정도 영향을 주지만 본질의 변화는 하나님이다. 그러면 사람은 바깥도 깨끗해지고 안도 깨끗해질 것이다. 하나님은 모든 사람에게 자비와 정의를 베풀 것이다.

**27-28절 : 화 있을진저 외식하는 서기관들과 바리새인들이여 회칠한 무덤 같으니 겉으로는 아름답게 보이나 그 안에는 죽은 사람의 뼈와 모든 더러운 것이 가득하도다 이와 같이 너희도 겉으로는 사람에게 옳게 보이되 안으로는 외식과 불법이 가득하도다**

서기관과 바리새인들은 내면적인 더러움은 숨기고 있으며 예수님은 다시 한 번 회칠한 무덤을 예를 들어 설명하고 있다. 서기관과 바리새인들은 깨끗하게 하얗게 새롭게 회칠한 무덤과 같다고 말씀하고 있다. 겉모습은 깨끗하고 하얗게 보이나 안은 죽은 사람의 뼈로 가득 차 있다고 말씀하고 있다. 깨끗하게 씻어 하얗게 된 무덤은 예수님 당시 마을 변두리나 길 가에서 흔히 볼 수 있는 광경에서 인용하였다. 길가와 마을 변두리 지역에는 무덤들이 흔히 눈에 띄었다. 유대법에 의하면 죽은 시체와 접촉하는 사람은 부정하다고 여겨졌으며(민 19:16)

가족과 죽은 사람을 존경하기 위해, 종교적으로 부정한 것을 방지하기 위해 무덤은 깨끗이 유지되고 표시가 되어 있어야 했다. 그리고 유월절 절기에는 예루살렘으로 가는 길은 수천 명의 순례자들이 북새통을 이루어 길가의 무덤은 사람들이 접촉할 심각한 위험이 되었다. 유월절 절기 동안 준비 행사 중 하나는 무덤을 선명하게 보이기 위해 무덤을 물로 씻거나 깨끗하게 했다. 예수님이 예를 들어 설명하는 것은 길가나 마을 변두리 지역에 산재해 있는 무덤이 햇빛을 받아서 반짝이게 된 하얀 무덤일 가능성이 있다.

서기관과 바리새인들의 잘못은 겉으로는 의로운 체하지만 안으로는 위선과 사악한 마음으로 가득 차 있다는 것을 말하고 있다. 주님이 지적한 외향적인 모습과 내면적인 진실과의 대조가 도전적인 질문을 던져 준다.

1) 외형적으로 우리는 교회에 규칙적으로 다니지만 한 주 동안의 내면적 진실은 무엇인가?

2) 외형적으로 우리는 신앙심을 고백하지만 우리의 내면적 진실은 무엇인가?

3) 외형적으로 우리는 식사 시간에 감사의 기도를 드리지만 이 세상의 굶주린 사람을 위한 내면적 진실은 무엇인가?

4) 외형적으로 우리는 정의와 자비를 베풀어야 한다고 말하지만 돈에 대한 내면적 진실은 무엇인가?

5) 외향적으로 우리는 감사의 기도에서 고개를 숙이지만 다른 죄인들을 향한 내면적인 진실은 무엇인가?

6) 외형적으로 우리는 동료 앞에서 겸손한 체 하지만 버림받았거나 자기보다 못한 사람에 대해서 내면적인 진실은 무엇인가?

예수님은 보통 사람들이 범하는 외형적인 죄에 대해서는 심한 질책의 설교를 하지 않고 자만과 욕심과 같은 내면적 죄에 대해서는 심하게 질책하신다. 죄인들과 창녀들이 서기관과 바리새인들보다 훨씬 먼저 천국에 들어갈 것이라고 말씀하고 있다(마 21:31-32). 이 세상 사람들의 생각은 일반적인 죄를 짓지 않으면 하나님께 가까이 나아갈 수 있다고 생각한다. 바리새인들에게는 무슨 생각을 품고 있느냐는 중요하지 않으며 그가 존경받을 만하거나 성공했거나 부유하거나 돈에 민감하거나 잘생기거나 유명하거나 권력이 있거나 하면 그는 인정받을 만한 지역 사회의 구성원이 될 수 있다고 생각한다. 예수님은 서기관과 바리새인들에게 죽은 사람의 뼈로 가득 차 있다고 말씀하고 있다. 이것은 영적인 죽음을 은유적으로 지적하는 말이다.

종교 지도자들은 사람에게 잘 보이도록 그들의 삶을 살아가지만 하나님께 그들은 영적으로 죽은 자들이다. 그들의 행위는 인간이 만든 도덕성과 종교 행위이며 하나님의 계시에 의해서 보여 주는 진정한 도덕성과 종교의 행위가 아니다(눅 11:44; 12:1-2; 엡 5:12; 딤전 4:1-2; 딛 1:16).

**개념 1.** 거짓 종교는 사람들에게 가장 아름답게 보이지만 죽은 자의 무덤과 같다. 그것은 영원한 사망으로 인도할 뿐이며 사람을 영원한 시망의 위험에 노출되게 만든다.

**개념 2.** 다른 사람들은 그 진실을 모른다. 즉 마음에 숨겨진 죄성을 모르지만 하나님은 알고 계신다. 사람의 마음은 비밀과 죄로 가득 찰 수 있다. 하나님은 마음 속에 무엇이 가득 차 있는지 알고 계신다. 하나님은 사람의 비밀을 판단하시고 죄성으로 가득 찬 마음을 가진 사람은 지옥으로 갈 것이라고 말씀하신다. 사람에게 겉으로 존경받을 만하다고 보이는 사람도 마음에 평안이 없을 수 있다(롬 2:16; 눅 16:23).

**29-33절 : 화 있을진저 외식하는 서기관들과 바리새인들이여 너희는 선지자들의 무덤을 만들고 의인들의 비석을 꾸미며 이르되 만일 우리가 조상 때에 있었더라면 우리는 그들이 선지자의 피를 흘리는 데 참여하지 아니하였으리라 하니 그러면 너희가 선지자를 죽인 자의 자손임을 스스로 증명함이로다 너희가 너희 조상의 분량을 채우라 뱀들아 독사의 새끼들아 너희가 어떻게 지옥의 판결을 피하겠느냐**

거짓 종교 지도자들은 하나님의 유산을 자랑하고 있다. 예수님은 이 점에 있어 의미심장한 네 가지 중요한 것을 지적하고 있다.

1. 거짓 종교 지도자들은 과거의 유물과 유산을 자랑한다. 그들은 옛날 선지자들을 대단히 존경한다는 것을 보여 주고 있다. 그들은 옛날 위대한 사람들의 무덤을 돌보고 꾸미고 새롭게 고치고 잘 만든다. 그러나 예수님은 말씀하시기를 그들의 무덤과 그 기억에 존경심을 표하지만 그들의 가르침대로 그들과 닮

은 삶을 살지는 않는다.

2. 거짓 종교 지도자들은 옛날의 잘못된 관행을 비난한다. 그들의 선조들은 많은 선지자들을 배척했고 죽였다. 거짓 종교 지도자들은 그러한 악행을 비난했으며 살인하지 말라고 설교도 하고 가르쳤다.

3. 거짓 종교 지도자들은 옛날 신앙심 깊은 사람들 보다 그들이 더 낫다고 주장하면서 자만심으로 가득 차 있었다. 그들은 그러한 죄를 지을 사람이 결코 아니며 하나님의 예언자들을 배척하고 권리 남용을 하지 않을 것이라고 주장하고 있다. 4. 거짓 종교 지도자들은 그들과 정반대의 증언을 하고 있다. 그들은 과거의 선지자들을 존경하지만 현재 살고 있는 예언자는 배척한다. 그들은 아브라함, 모세, 예레미야, 스가랴를 존경하지만 하나님의 하나뿐인 아들은 배척한다. 하나님의 아들을 배척함에 있어서 그들은 그들의 선조들이 살인자였던 것처럼 그들도 살인자라는 것을 스스로 밝히고 있는 셈이다. 그들은 하나님의 메시지는 사실상 부인하면서 선조의 발자취를 따라가는 그들 조상의 후손들인가? 즉 그 아버지에 그 아들이다. 예수님이 말씀하는 것은 그들 선조에 의해서 시작된 살인의 잔을 그들이 채우고 있다. 예수님은 아마도 그의 죽음은 그 마지막 핏방울의 떨어짐이라고 말하고 있다. 그 잔은 핏방울이 가장 자리까지 차서 다른 핏방울을 담을 수 없을 것이다. 그들이 예언자, 예수님을 죽인 후에 하나님께 돌아갈 기회가 그들에게 주어지지 않을 것이다(롬 2:5-6; 계 20:12; 22:12; 시 62:12; 잠 24:12; 렘 17:10).

**개념 1.** 과거 위대한 사람을 존경하기는 쉬운 일이다. 그들은 진실을 말하기 위해 현재는 없으며 우리가 그 진실을 따라야 한다고 주장할 뿐이다. 죽은 사람은 우리에게 경고하며 깨우치게 할 수는 없다.

**개념 2.** 모든 세대는 그 자체의 하나의 큰 잘못된 관행을 가지고 있다. 그들은 더 교육받았고 기술적으로 선진화되었기 때문에 이전 세대보다 더 강하고 더 유능하다고 생각한다. 그들은 과거의 기회가 그들에게 주어졌더라면 더 잘했을 것이라고 생각한다. 그리고 그들은 과거의 유혹에 직면했더라면 더 잘 저항해 나갈 수 있었을 것이라고 생각하고 있다.

**34-36절 :** 그러므로 내가 너희에게 선지자들과 지혜 있는 자들과 서기관들을 보내매 너희가 그 중에서 더러는 죽이거나 십자가에 못 박고 그 중에서 더러는 너희 회당에서 채찍질하고 이 동네에서 저 동네로 따라다니며 박해하리라 그러므로 의인 아벨의 피로부터 성전과 제단 사이에서 너희가 죽인 바라갸의 아들 사가랴의 피까지 땅 위에서 흘린 의로운 피가 다 너희에게 돌아가리라 내가 진실로 너희에게 이르노니 이것이 다 이 세대에 돌아가리라

거짓 종교 지도자들은 하나님과 함께 하는 현재의 선지자들을 배척하고 핍박한다. 예수님의 말씀은 하나님의 메시지를 가지고 메신저들을 파송하고 있다고 말하고 있다. 그러나 거짓 종교 지도자들은 그들을 때리고 박해하고 죽이기까지 하고 있다. 그들은 이 마을과 저 마을로 하나님의 메신저들을 추적하면서 박해를 하고 있다. 예수님은 거짓 종교 지도자에게 무시무시한 결과를 말씀하고 있는데 인간 역사를 통해 모든 이로운 피는 거짓 종교 지도자들에게 책임이 있다. 왜 그런가? 모든 사람들 가운데 그들이 가장 큰 특권과 기회를 갖고 있었기 때문이다(롬 9:4).

**개념 1.** 모든 사람들이 직면하는 한 가지 문제가 있다. 내가 이 지상에서 사라질 때 무슨 심판이 내려질까? 내가 어떤 유산을 남길까? 내가 하나님께 도움이 될까? 방해가 될까?(계 20:12)

이들 선지자들과 현명한 자, 교사들은 예수님이 예언한 것처럼 초대 교회에서 아마도 지도자들이었으며 박해와 무서운 채찍으로 맞기도 하고 죽임을 당하기도 했다. 예수님 당시 사람들은 하나님이 보낸 옛 선지자들을 죽인 것처럼 그들은 그렇게 행동하지는 않았을 것이라고 말하고 있다. 그러나 그들은 메시아 자신과 그를 따르는 충실한 성도들을 죽이려고 했다. 그래서 그들은 수세기를 통해 의로운 피를 흘리게 하는 죄를 짓게 된 것이다. 예수님은 구약 성경에 나오는 순교자의 간단한 역사를 설명하고 있다. 아벨은 첫 순교자이며 스가랴는 역대하로 끝나는 히브리 성경에 언급된 마지막 순교자였다. 스가랴는 하나님의 사람이라고 주장하는 사람에 의해서 의로운 피를 흘려 죽은 하나님의 사람 중의 한 예를 든 것이다.

**37절 : 예루살렘아 예루살렘아 선지자들을 죽이고 네게 파송된 자들을 돌로 치는 자여 암탉이 그 새끼를 날개 아래에 모음 같이 내가 네 자녀를 모으려 한 일이 몇 번이더냐 그러나 너희가 원하지 아니하였도다**

예루살렘은 하나님이 선택한 백성의 수도였으며 이스라엘의 위대한 왕, 다윗 선조의 본고장이며 성전이 위치해 있는 곳이며 하나님이 거하는 곳이다. 모든 백성들이 하나님께 경배하는 경배의 중심지요, 정의의 상징이기도 하다. 그러나 예루살렘은 하나님께 장님이 되었으며 인간의 필요를 채워 주지 못했다. 여기에서 우리는 잃어버린 백성에 대한 예수님의 깊은 연민의 심정을 볼 수 있고 곧 허물어지게 될 사랑하는 그 도시에 대한 예수님의 안타까운 심정을 엿볼 수 있다. 그리고 예루살렘의 큰 죄는 하나님의 메신저를 박해했다는 사실이며 그들은 하나님의 메신저를 조롱하고 죽였다. 예수님은 물론 믿지 않는 이스라엘 사람들에게 말하고 있지만 그곳은 수도이며 산헤드린이 있는 장소이기 때문에 예루살렘을 특별히 언급하고 있다. 이스라엘이 하나님의 메신저를 배척하고 핍박하는 몇 가지 예가 있다.

1) 스가랴를 돌로 쳐 죽임(마 23:35)(아마 구약의 예언자 스가랴가 아니고 주님의 궁정에서 돌로 맞아 죽은 스가랴이다.)

2) 미가야의 투옥과 그에 대한 증오(왕상 22:7-27)

3) 예레미야를 웅덩이에 빠뜨림(렘 38:6)

4) 아모스가 말 못하도록 강제로 침묵시키는 일(암 7:11-13)

그리고 예수님 이후 산헤드린에 의한 박해의 예를 들어 보면,

1) 초대 교회 신도들을 체포하기 위한 공문발부(행 9:2)

2) 초대 교회 신도들을 박해하고 검거하라는 명령(행 8:1)

3) 스데반을 돌로 쳐 죽임(행 7:57-60)

하나님의 메신저들을 박해하고 조롱하는 일이 수세기 동안에 걸쳐 내려왔고, 예수님은 또 다른 예를 들어 선지자가 예루살렘 밖에서는 죽는 법이 없다고 말씀하신다(눅 13:33).

하나님은 선지자들을 너무 귀하게 여기고 그들을 끝까지 보호하려고 했다.

하나님의 종을 조롱하고 박해하는 것은 매우 심각한 분노를 일으키게 하는 것이었다. 예루살렘과 이스라엘 사람들이 많은 죄를 지었지만 가장 비난받을 죄는 선지자들을 조롱하고 박해하는 죄이다. 이 사실과 연관지어 하나님께 반기를 든 광야에서의 이스라엘 사람들의 불평을 심판한 것과 같다(롬 14:4).

**개념 1.** 하나님의 메신저들은 가끔 조롱받고 핍박빋는다. 여기에 두 가지 사실을 주목할 필요가 있다.

1) 그들이 박해하는 이유는 하나님의 관심이 불공정한 세상을 바르게 고쳐 나가고자 하는 것 때문이며 욕심으로 가득 찬 그들의 마음을 정화시키고 이기적인 삶을 살지 못하도록 하기 때문에 박해를 하고 있다. 사람들이 올바른 생각과 삶의 변화를 요구하는 하나님의 주장을 거부하는 이유이다. 사람들은 자기의 희생을 싫어할 뿐 아니라 원래부터 제한과 통제를 거부해 왔다. 그러므로 사람들은 하나님의 말씀을 선포하는 메신저를 배척하고 있다.

2) 박해를 하는 종교 지도자들은 자기들 세계에 둘러쌓인 채 제도적 종교에 갇혀 있는 거짓 종교 지도자들이다. 그들은 인간을 초월하여 진리가 존재한다고 선포하는 메신저들에 의해서 위협을 받고 있다고 느끼고 있다. 그러한 메신저가 그들이 가진 인간적인 신념을 위협하고 그들의 안전, 생계, 특권을 위협한다고 생각하고 있었다.

이 구절에 예수님의 더 큰 사랑이 강하게 투사되어 있다. 그리고 선지자들을 보호하고 사랑하는 그의 간절함과 인내가 나타나 있다.

1) 예수님의 인내는 그의 말씀에서 볼 수 있다. "내가 네 자녀를 모으려 한 일이 몇 번이더냐" 그는 개인적으로 사람들을 구원할 수도 있었다. 그는 그들에게 저주가 아니라 구원을 소망했다(요 3:17). 예루살렘은 많은 메신저들을 핍박하고 죽였다. 그러나 하나님은 그들을 버리지 않으시고 계속해서 메신저들을 보냈고 마지막으로 그의 하나뿐인 아들까지 보냈다. 예루살렘이 거절하고 핍박하고 때로는 그의 종을 죽게 함에도 불구하고

하나님은 사람들을 통해서 열방으로 복음을 진파했다. 하나님의 인내는 사람들이 언젠가는 구원될 것이라고 믿고 있기 때문에 인간의 죄와 함께 계속되고 있다.

2) 예수님의 관심과 보호하심은 "모으려"라는 단어에서 알 수 있다. 암탉이 병아리를 날개 아래 모으는 설명이 보호와 사랑을 나타내 준다. 예수님의 목적은 사람을 모아서 방황하지 않도록 지키며 이 세상의 위험으로부터 보호하는 것이다(시 91:4).

**개념 2.** 사람들은 다음과 같은 이유로 예수님을 배척했다.

1) 사람들은 하나님의 계시를 사람에게 전하는 것을 거부했다(롬 5:8)

2) 사람들은 예수님의 주장이 하나님의 계시라는 사실을 부인하고 예수님이 하나님의 아들이라는 사실을 부인했다(요 9:35-37; 10:33, 36; 12:44-45; 14:9).

3) 사람들은 하나님의 의를 거부하고 그들 자신의 의를 믿었다(롬 10:3-4; 잠 30:12).

**38-39절 : 보라 너희 집이 황폐하여 버려진 바 되리라 내가 너희에게 이르노니 이제부터 너희는 찬송하리로다 주의 이름으로 오시는 이여 할 때까지 나를 보지 못하리라 하시니라**

예루살렘에 무서운 심판이 내릴 것이다(3가지 심판).

"보라 너희 집이 황폐하여 버려진 바 되리라." 여기에서 집은 그들의 성전과 국가, 그들의 삶을 의미한다. 그들은 그들 뜻대로 모든 것을 통제하고 싶어 했다. 즉 그들의 삶과 소유물을 마음대로 통제하고 싶어 했으며 예수님은 하나님이 그들의 소원을 허락할 것이라고 말했다. 하나님의 임재가 그들 성전과 국가를 떠날 것이며 모든 것을 그들의 손아귀에 남겨 두고 떠날 것이다.

그들의 집은 황폐화되었다. 이것은 A.D. 70년 티투스에 의해서 예루살렘이 파괴되었을 때 이 땅의 심판을 언급하고 있다. 옛날 어떤 경전에서도 "황폐하다"는 단어는 없다는 것을 주목해 볼 일이다.

그들은 이후에는 예수님을 볼 수 없을 것이다. 이것은 두 가지 의미를 갖는다.

1) 그들은 예수님을 당분간 보지 못할 것이다. 그는 이 세상을 떠나서 죽어 하나님의 임재 속으로 올라갈 것이다. 그가 돌아올 때까지 보지 못하게 될 것이다.

2) 그들은 계속해서 불신속에서 장님으로 고집스럽게 살게 될 것이다. 그들은 예수님을 메시아, 곧 하나님의 아들로서 인정하지 않을 것이다. 그러므로 그들은 하나님의 심판의 일종으로 장님으로 살아가게 될 것이다(롬 11:7 10, 25).

**개념 1.** 똑같은 세 가지 심판은 고집스러울 정도로 믿지 않는 모든 사람에게 적용될 수 있다.

1) 하나님은 그들을 버릴 것이다(롬 1:24, 26-28)

2) 하나님은 그들을 파괴할 것이다(눅 3:9; 살후 1:7-9; 벧후 2:9; 유 1:14-15).

3) 그들은 예수님을 보지 못할 것이다(마 25:41; 눅 13:27; 롬 6:23; 히 9:27).

예수님은 예루살렘과 이스라엘이 메시아를 선포할 것이라는 영광의 예언을 사람들과 함께 나누고 있다. 이스라엘은 영원히 진정한 메시아로 예수님을 인정하게 될 것이며 이스라엘은 예수님을 메시아로 선포하게 될 것이다.

그리고 두 가지 사실,

1) "할 때까지"는 미래를 기대한다. 이스라엘은 영원히 눈멀지 않을 것이다. 이스라엘은 예수님을 메시아로 선포할 것이며 그날이 오고 있다.

2) "주의 이름으로 오시는 이여"는 예수님이 다시 돌아오심을 기대한다. 이스라엘은 그가 주님의 이름으로 큰 영광으로 돌아올 때 예수님을 메시아로 선포하게 될 것이다(롬 11:25-27; 호 3:4-5; 슥 12:10)

**개념 2.** 생애에서 가장 큰 영광의 순간 중에 하나는 사람들이 예수님께 다가가서 그를 메시아로 선포할 때인 것이다. 이것은 모든 사람들이 경험하는 인생의 전환점이 될 것이며 이스라엘은 언젠가 이런 경험을 하게 될 것이다.

# 마태복음 24장

**1절 : 예수께서 성전에서 나와서 가실 때에 제자들이 성전 건물들을 가리켜 보이려고 나아오니**

이장은 성전을 떠나 베다니로 돌아가고 있는 예수님과 제자들의 내용이다. 제자들이 무심코 성전의 웅장함을 이야기할 때 예수님의 충격적인 성전의 운명에 대한 예언을 이야기하고 있다. 성전이 정확히 어떤 모습인지 잘 모르지만 아름다운 것은 틀림없는 것으로 추측된다. 헤롯왕이 유대인들을 시켜 개조하고 아름답게 꾸몄다. 성전 안쪽 옆에는 비밀의 물품들이 보관되어 있고 희생 재물이 드려지는 곳이 있다. 그 성전 안뜰 옆에는 이방인의 뜰이라고 부르는 넓은 정원이 있었다. 이곳은 돈을 바꾸는 사람과 상인들 간이 판매소가 있었다. 이 성전 뜰 바깥쪽에는 긴 행각이 있으며 특히 솔로몬의 성전 행각은 1562피트(약 473m) 길이를 가지고 있으며 궁전 행각은 그 길이가 921피트(279m)로 뻗어있는 160개의 기둥으로 장식되어 있었다. 이 아름답고 웅장한 건물을 보면서 제자들은 예수님이 이 건물들을 파괴하겠다고 하는 말을 믿기 어려웠다. 그러나 로마가 A.D. 70년에 예루살렘을 멸망시켰을 때부터 단지 40년이 지난 후에 일어났던 것이다.

**개념 1.** 성전을 아름답게 만드는 것은 외향적인 모습이 아니고 그 안에 존재하는 것에 달려 있다. 이 성전은 아름답고 웅장하게 보이지만 그 건물의 참된 영광의 모습은 그 안에서 진행되는 내용에 의해서 퇴색될 수 있다. 성전 안에 있는 사제들의 부패가 그 영광을 더럽혔다.

**개념 2.** 인간의 시각은 바르게 유지되어야 하며 두 가지를 기억하는 것이 대단히 도움이 될 것이다.

1) 건물의 모든 영광과 화려함은 그 후 얼마 되지 않아서 먼지가 쌓이게 될 것이며 그 건물들이 전쟁이나 재난으로 파괴되지 않으면 그 건물들은 썩고 낡아질 것이다.

2) 짧은 기간 동안 우리의 육체도 아름답지만 썩어지고 흙의 존재가 될 것이다.

**개념 3.** 예수님의 말씀 중에 주목할 점은 "내가 진실로 너희에게 이르노니"이다. 그래서 아홉 가지 징조가 반드시 일어날 것이라고 말씀하신다. 그 징조는 하나님이 인간에게 지우는 운명 때문이 아니라 인간의 죄 때문에 일어난다고 말씀하시고 있다. 인간 내면 속에 있는 사악함고 헛된 욕망의 감정 때문에 일어난다고 말씀하신다.

**개념 4.** 모든 세상 사람들은 예수님이 지금 말하고 있는 것을 깨달아야 한다. 하나님의 방법은 단지 한 가지 즉 하나님 없이 자기 자신의 방법대로 행하는 모든 사람은 실패할 운명에 처하게 된다는 것이다(롬 6:23; 히 9:27).

**개념 5.** 우리는 하나님의 비밀을 면밀히 살펴보고 말세의 예언을 주의 깊게 생각해야 한다. 예수님은 우리에게 특별히 "아무도 너희를 속이지 못하도록 하라"고 경고하신다. 그리고 아홉 가지 징조는 다음과 같다.

1) 거짓 메시아 2) 세상의 혼란 3) 자연재해 4) 심한 종교적인 박해 5) 무서운 배교-서로 배반하고 분열이 일어남 6) 많은 거짓 지도자들이 일어나 거짓 소망을 줌 7) 죄가 증가하고 사람이 냉랭해짐 8) 참고 견디는 자는 구원을 받음 9) 세상으로 퍼져 나가는 복음 전도

**2절 : 대답하여 이르시되 너희가 이 모든 것을 보지 못하느냐 내가 진실로 너희에게 이르노니 돌 하나도 돌 위에 남지 않고 다 무너뜨려지리라**

예수님의 예언은 생생하게 성취되었다. 예수님의 예언이 있고난 2-3년 후에 로마 통치에 불복종하는 유대인들의 반란이 일어났으며 더 이상 기다리지 않고 A.D. 70년에 로마 티투스 장군을 보내어 예루살렘과 그 성전은 완전히 파괴하였다. 유대의 위대한 역사 학자 요세푸스는 그곳을 지나가는 사람들이 사

람이 살았다는 증거는 찾아볼 수 없었고 심지어 돌멩이 하나도 남지 않았다고 말하고 있다.

**3절 : 예수께서 감람 산 위에 앉으셨을 때에 제자들이 조용히 와서 이르되 우리에게 이르소서 어느 때에 이런 일이 있겠사오며 또 주의 임하심과 세상 끝에는 무슨 징조가 있사오리이까**

예수님은 예언자 스가랴가 메시아가 나타나 왕국을 세울 것이라고 예언한 바로 그 장소 감람산 위에 앉아있었다(슥 14:4). 그곳은 제자들이 예수님께 질문하기 좋은 장소였다. 즉 메시아가 권능으로 오시는지와 제자들이 기대하고 있는 것들을 물어보았다. 예수님의 답변은 이 시대가 끝나기 전에 그런일이 일어날 것이라고 말씀하셨다. 예수님은 제자들에게 오시는 날짜에 관심을 가지지 말고 항상 준비하고 있으라고 말씀하고 있다.

**4절 : 예수께서 대답하여 이르시되 너희가 사람의 미혹을 받지 않도록 주의하라**

제자들은 그가 오는 징조와 말세의 징조에 대하여 물었다. 예수님의 첫 번째 대답은 "너희가 사람의 미혹을 받지 않도록 주의하라"고 말씀하셨다. 사실상 우리가 징조를 찾으려고 할 때 마다 우리는 미혹되기 쉽다. 거짓 영의 권위와 권능으로 속이는 거짓 선지자들이 많이 있다. 미혹되지 않도록 하는 유일한 방법은 예수님과 그 말씀에 초점을 맞추고 특별한 징조를 구하지 말고 다른 사람을 찾는데 시간을 허비하지 말고 오직 예수만 보아야 한다.

**5절 : 많은 사람이 내 이름으로 와서 이르되 나는 그리스도라 하여 많은 사람을 미혹하리라**

마지막 날의 첫째 징조는 거짓 메시아에 관한 것이다.

  1) 많은 사람들이 와서 자기가 메시아임을 자칭할 것이다.

  2) 거짓 선지자는 자신이 그리스도이며 진짜 메시아라고 말할 것이다.

  3) 거짓 메시아는 많은 사람을 미혹할 것이다. 많은 사람들이 거짓 메시아

를 따르고 믿으며 그들은 그가 길이요, 진리요, 생명이라고 믿을 것이다. 예수님이 죽고 난 후 몇몇 사람이 일어나 자기가 메시아라고 주장하였다. 유대 역사 학자는 많은 사람들이 그들에 의해서 길을 잃고 방황하였다고 말하고 있다. 성경은 메시아 즉 유대인의 구원자라고 분명히 주장하는 드다와 갈릴리의 유다(행 5:36-37), 시몬(행 8:9-10, 하나님의 전능자라고 주장)을 언급하고 있다. 모든 시대에 걸쳐 거짓 메시아가 있으며 그들은 하나님의 특별한 메신저이며 인류의 구원자라고 주장한다. 모든 거짓 종교와 모든 세내의 이단들은 거짓 메시아를 가지고 있다.

**개념 1.** 인간은 유토피아와 내면의 평강과 외적인 안전을 갈구한다. 불행하게도 많은 교회와 믿는 자들은 평강과 안전이 예수님 안에 있다는 것을 충분히 알지 못하며 그래서 다른 메시아를 믿는다.

> **6-8절 : 난리와 난리 소문을 듣겠으나 너희는 삼가 두려워하지 말라 이런 일이 있어야 하되 아직 끝은 아니니라 민족이 민족을, 나라가 나라를 대적하여 일어나겠고 곳곳에 기근과 지진이 있으리니 이 모든 것은 재난의 시작이니라**

말세의 두 번째 징조는 이 세상 사람들의 반란이 있을 것이다.

  1) 믿는 자들은 이 세상이 찢기어 나가는 것처럼 많은 반란에 대해서 듣게 될 것이며 믿는 자들은 그 소식을 듣고 극도로 괴로워할 것이다.

  2) 예수님은 너무 놀라지 않도록 주의하라고 말씀하신다.

동요하거나 소동에 휩쓸리지 않도록 히리. 예수님은 그런 일이 제자의 경우에만 국한된 것이 아니고 믿는 모든 사람들에게 해당된다고 말씀하신다. 하나님께 초점을 맞추고 그의 임재를 영원히 믿어야 한다(마 10:28).

  3) 세상 반란은 반드시 일어난다. 그것은 하나님의 의지나 운명적으로 일어나는 것이 아니라 인간의 사악함과 헛된 열정 때문에 일어난다.

  4) 세상 반란은 말세가 가까이 왔다고 믿는 소문을 넓게 퍼져 나가게 하고 있었다. 그러나 예수님은 지금 말세가 오고 있다고 경고하고 있었다. 현혹되지 않도록 주의하라고 말씀하고 있다.

주목할 점은 여태까지 언급된 모든 반란은 사람들이 소문으로 듣는 반란을 다루고 있다. 7절에서 주어진 반란은 민족이 민족을 나라가 나라를 대적할 것이며 우리가 주님을 따르는 그날 동안 세상을 휩쓰는 반란은 계속되며 이러한 사실은 로마 역사 학자 타키투스(Tacitus)에 의해서 기록되었다.

**개념 1.** 중요한 요점은 하나님이 반란을 일으키는 것이 아니라 그것은 인간의 사악함과 헛된 열정 때문에 일어난다.

**개념 2.** 믿는 자의 소망은 이 세상에 있거나 시민권에 있는 것이 아니라 천국에 있다(빌 3:21). 그러므로 우리는 이 세상과 사람을 두려워할 필요가 없다. 사람과 세상일은 우리의 삶을 빼앗아 갈 수 있으나 영혼을 빼앗아갈 수 없다. 우리의 삶은 하나님의 손에 있으며 이 세상의 마지막 날조차도 하나님의 손에 있다.

마지막 날의 세 번째 징조는 자연 재난이며, 특별히 세 가지 큰 재난을 언급하고 있다.

1) 반란 – 민족과 민족, 나라와 나라 간의 대적

2) 기근 – 글라우디오(Claudius, 로마 제국의 제 4대 황제, 로마에 있는 유대인들을 추방) 통치 기간 동안 모든 세계에서 일어나는 엄청난 흉년에 대해서 말하고 있다(행 11:28-30). 유대 역사 학자 요세푸스는 기록하기를 그 흉년은 너무나 끔찍하여 성전에 받치는 밀가루는 성직자 한 사람이 부스러기 한 줌도 겨우 먹을 수 없을 정도이고 그들의 땅에 엄청난 재난을 가져왔다고 전하고 있다. 그 기근이 예루살렘에 살고 있는 사람들을 압박하였으며 많은 사람들이 먹을 것이 없어 굶어 죽었다고 기록하고 있다. 예루살렘이 정복당하기 전 마지막 날에 역사 학자 요세푸스는 또 하나의 끔찍한 기근을 말하고 있다. 그 광경은 너무나 비참했으며 눈물이 날 정도이며 권력을 가진 사람들은 더 많이 가지려고 했으며 약한 자들은 굶주려 발로 설 수 없을 정도로 몸이 허약했다고 말하고 있다. 다락방에는 죽어가는 여자들과 아이들로 가득 찼었다고 기록하고 있으며 예루살렘의 거리는 늙은 사람의 시체로 가득 찼으며 어린이들과 젊은이들은 사람의 그림자처럼 시장터를 방황하며 기근으로 몸이 부은 채 죽어 넘어져 있었

다고 전한다. 묵시 문학(계시록)의 네 마리 말 중 검은 말은 끔찍한 기근을 나타낸다(계 6:5-6). 굶주림이 가져오는 참을 수 없는 고통과 끔찍한 네 악행이 생생하게 성경에 기록되어 있다(애 4:9-10).

  3) 지진 – 믿지 못할 정도의 파괴와 죽음은 때때로 지진에 의해서 일어난다. 요세푸스는 예수님의 예언의 성취를 기록하고 있다. 도처에서 일어나고 있는 사연재해는 다가오는 파괴의 징조라고 말하고 있다. 밤에는 심한 천둥과 더불어 무시무시한 폭풍우가 치고 큰 홍수가 일어나고 계속해서 놀랄 정도로 땅이 흔들리고 땅에서는 연기가 피어오르는 이런 징조는 사람들에게 완전한 파멸이 다가오고 있다는 것을 명백히 나타내고 있다. 지진들은 지구의 종말동안 세계 여러 곳에서 일어날 것이다(계 6:12; 11:12-13, 19; 16:17-19).

**9절 : 그 때에 사람들이 너희를 환난에 넘겨 주겠으며 너희를 죽이리니 너희가 내 이름 때문에 모든 민족에게 미움을 받으리라**

마지막 날의 네 번째 징조는 극심한 종교적인 박해이다. 예수님은 두 가지를 말씀하고 있다.

  1. 어떤 박해가 있을 것인가?

  1) 고통을 받는 박해(행 4:3; 8:1; 12:4; 13:50; 14:19; 고후 11:23-25)

  2) 죽임 당하는 박해(행 7:59; 12:2)

  3) 모든 사람들에 의해서 미움을 받는 박해(마 10:16-23; 행 28:22)

  2. 왜 믿는 자들은 박해를 받는가?

"내 이름 때문에"는 적어도 세 가지를 의미한다. 다른 말로 표현하면 왜 세상 사람들은 믿는 자를 침묵시키고 죽이려고 하는가?

  1) 세상 사람들은 진실한 하나님을 믿는 자의 기준을 반대한다. 믿는 자들은 세상 사람들과 다른 기준으로 살아간다. 세상 기준은 하나님이 정한 기준과 다르다. 그러므로 세상을 위해서 살고 그의 행동을 바꾸지 않는 사람은 믿는 자들을 미워한다(요일 2:14-15).

2) 세상 사람들은 믿는 자의 순수함과 정의를 반대한다. 진실된 성도는 마음을 통제하고 수수하게 옷을 입고 존경스러운 대화를 하고 정직하게 행동한다. 세상 사람들은 욕망을 성취하기 위해 살고 자기가 원하는 것을 가지기 위해 산다. 그러므로 순수하고 정직하게 살려고 하는 믿는 자는 세상 사람에 의해 배척당한다(갈 5:19-21).

3) 세상 사람들은 믿는 자의 회개와 자기 부인의 메시지를 반대한다. 진실된 성도는 회개와 자기 부인의 메시지를 선포하며 세상에는 자기를 완전히 부인할 정도로 회개하여 변화되는 사람은 극히 드물다. 대부분 신앙심이 깊은 사람도 굶주려 죽어 가는 사람을 구하기 위해 자기가 가진 모든 것을 준다는 생각을 하지 않는다(마 19:21-22).

"모든 민족에게 미움을 받으리라"의 뜻은 세상 가운데서 모두에게 미움을 받는다는 뜻을 나타낸다. 예수님은 예루살렘 멸망 전 마지막 날을 뛰어넘어서 미래를 잘 예견하고 있다. 예수님은 그를 따르는 사람은 수세기 동안 박해가 있을 것이며 마지막 때에는 박해가 더욱 심해질 것이라고 말씀하고 있다. 예수님은 그 이전에도 그러한 박해를 여러 번 예언하셨다(마 10:17-18).

## ▌ 10절 : 그 때에 많은 사람이 실족하게 되어 서로 잡아 주고 서로 미워하겠으며

다섯 번째 징조는 무서운 배교, 즉 배반과 분열이다. 예수님은 배교에 대하여 세 가지를 말씀하고 있다.

1. 많은 사람들은 믿음으로부터 돌아서게 될 것이며 박해가 예수님의 말씀으로부터 돌아서게 할 것이다. 그들은 예수님을 개인적으로 마음으로부터 알수 없게 된다. 그들은 단지 입술로 예수님을 믿는다고 할 뿐이며 가슴으로 믿지 않고 자기 부인도 하지 않는다. 회생적으로 삶을 살거나 가난하고 죽어 가는 이 세상의 필요를 위해 봉사하지 않는다. 그들은 교회에서 예배 참석과 진실된 성도와 교제에서 생기는 이익과 위안만을 알고 있다. 그들은 예수님의 고통에 동참하라는 하나님의 소명을 깨닫지 못하고 있다(빌 1:29; 고후 4:11). 결과적으로 시험이 다가올 때 자기 자신을 부인하지 않으며 예수님을 위해 날마다 죽지 않는

다. 그들은 내면적인 강함이 없으며 하나님 앞에 확고히 서겠다는 욕망도 없다. 그러므로 그들은 하나님의 진노를 받아 멸망하게 된다(마 13:21).

어떤 사람은 예수님을 믿는다고 말한 후 곧 돌아서 배신한다(딤후 4:10; 요일 2:18-19). 예수님은 배교는 증가할 것이며 마지막 때는 더 심해질 것이라고 말씀하신다.

2. 많은 사람들은 시로 배신할 것이다. 말세에는 그 강도가 세며 이웃과 이웃이 배반하고 친구와 친구 사이, 가족과 가족 사이에도 배반할 것이다.

유대 역시 힉자 요세푸스에 의해서 기록된 『유대 전쟁사』(The war of Jews)를 읽어보면 그들의 생명이 위협받을 때 그들은 얼마나 비인간적인가를 생생하게 그리고 있다. 물론 복음서에서도 이기심과 권력욕 때문에 다른 사람들을 핍박하고 음모를 꾸미고 죽이는 것을 생생하게 보여 주고 있다(마 12:1-8).

생존 경쟁과 이기심은 로마 장군 티투스가 예루살렘을 포위했던 마지막 날에 극에 달했다. 부유한 자는 그들 욕심만을 추구하고 가난한 자를 업신여기고 권력을 가진 자는 권력을 남용하고 원하는 대로 남의 것을 빼앗았다. 강한 자는 약한 자를 갈취하고 약한 자는 강한 자로부터 한 움큼의 먹을 것을 위하여 그 이웃이 비밀리에 숨겨 놓은 물품의 장소를 그에게 알려 주었다. 성 안에는 생존을 위한 배신과 살인이 만연했다. 사람들은 노골적으로 자기 조국을 배반하고 생존을 위해 로마 점령군의 편이 되었다. 로마의 위대한 역사가인 타키투스(Tacitus)는 초대 교회에서도 배신이 있었다고 말하고 있다.

예수님은 그를 따르는 사람들에게 심한 박해가 있을 것이라고 경고했으며 심지어 자기 가족에게서 박해를 받을 것이라고 경고하고 있다(마 10:21). 지금 그가 말하고자 하는 것과 다른 말씀과의 차이점은 말세에 대해서 더 강조하고 있다는 점이다. 박해와 배신은 말세에 더 증가하고 강화될 것이다. 사람들이 이웃 사람을 배신하고 모든 일이 예루살렘의 마지막 날처럼 말세에 분명히 그런 일들이 일어날 것이다.

3. 많은 사람들은 서로 미워할 것이다. 친절, 사랑, 겸손한 사람은 별로 없을 것이다. 마지막 날에는 분열과 불화가 일어날 것이다. 대부분의 사람들은 다

른 사람이 가진 재산, 하고 있는 일, 하고 있지 않는 일에 대하여 불평을 할 것이다. 그러한 일은 수세기에 걸쳐서 일어나며 가끔 교회는 한사람을 미워하고 다른 사람을 배척하는 경험을 하게 될 것이다. 시기, 욕심, 인정받고 싶은 욕망 등 모든 이기심의 죄가 많은 사람에게 능력, 직위, 믿음, 리더십의 반대 입장에 서도록 할 것이다. 불행하게도 비판과 심판, 분열과 불화가 믿는 사람 가운데에서도 일어나며 오늘날 개교회와 세계 교회에서 볼 수 있는 가장 두드러진 특징 중의 하나이다. 예수님은 그러한 미움은 말세에는 더욱더 증가하고 강화될 것이라고 말씀하신다.

**개념 1.** 하나님과 예수님이 믿는 성도로부터 우선적으로 바라는 것은 사랑과 연합이다.

  1) 사랑은 삶의 기초이다(요 13:34-35; 15:12, 17; 요일 3:23).
  2) 연합은 성도와 하나님, 성도와 성도 간의 기초이다(요 17:11, 20-23).

## ▌ 11절 : 거짓 선지자가 많이 일어나 많은 사람을 미혹하겠으며

여섯 번째 징조는 거짓 소망을 주는 거짓 선지자가 일어난다는 사실이다. 구약에서도 자주 거짓 예언자들을 언급하고 있다(왕하 3:13; 렘 23:16). 거짓 예언자들은 그들의 메시지를 하나님으로부터 받았다고 주장한다. 그러나 그들은 사람의 부에대한 메시지를 선포했다. 예수님 당시에도 거짓 예언자가 있었으며 오늘날도 있다. 그들은 사람들이 듣고싶은 말만 선포하는 인기를 쫓는 종교 지도자들이다. 즉 하나님은 당신을 부자로 만들어 주기를 원한다고 말하는 것처럼 네가 하고 싶은 대로 하라. 그것은 죄가 되지 않는다고 말하고 있다. 예수님은 그런 위험한 말에 미혹되지 않도록 제자들에게 경고하고 있다.

  1. 많은 거짓 예언자가 나타날 것이다. 그들은 하나님의 말씀을 선포한다고 주장한다. 말세에 직면하여 예루살렘은 많은 거짓 예언자들이 생겨났고 예언자들은 사람들을 어떻게 하면 구원할 수 있을까에 대하여 선포하지 않고 자기 자신의 메시지를 전했다. 거짓 교사들은 예수님을 길과 진리, 생명으로 따르는 것보다 오히려 자기 자신이 길, 진리, 생명이라고 따르도록 하는 사람이었다. 오

늘날 교회에도 항상 거짓 교사들이 있다. 예수님의 진리의 말씀 대신에 자기 자신의 신념을 가르치는 교사들이 많이 있다. 예수님께 사람들을 인도하는 대신에 사람들을 자기 자신에게 이끌리게 하려고 애쓰는 거짓 교사들이 있다.

2. 많은 사람들은 미혹될 것이다. 사람이 미혹되는 몇 가지 이유들이 있다.

   1) 구원을 위한 지나친 소망이 구원자를 찾게 만들고 자기에게 도움을 주려고 다가오는 누구든지 구원자로 여긴다.

   2) 자기 자신을 강하게 하고 더 잘 되게 하고 운명을 바르게 이끌어 주는 인간적인 사람이 더 좋은 세계를 만드는 지도자라고 여긴다.

   3) 사람들은 징조를 보여 주고 이적과 권능과 이성적 판단, 논리, 지식을 가진 특별한 능력을 보여 주는 지도자를 예수님보다 더 따른다.

거짓 교사들은 교회 밖이나 교회 안에도 있으며 세상 마지막 날이 나아올 때 더욱 증가할 것이다(고후 11:13; 딤전 6:3; 요일 2:18-19; 4:1-3).

**개념 1.** 진실된 성도는 어떻게 기도할 것인가? 어떻게 하나님과 대화할 것인가를 알고 있다. 그들은 어떻게 하나님으로부터 힘을 얻고 어려움을 극복하는지 안다(빌 4:4; 행 16:25; 고전 10:13).

**개념 2.** 절망은 가장 무서운 적이다. 그것은 삶을 무너지게 한다. 그러나 절망에서 이기는 확실한 한 가지 방법은 매일 하나님과 동행하는 삶이다. 예수님의 약속을 믿고 쉬지 말고 기도하고 그의 말씀을 묵상하라(사 26:3; 빌 4:6-9).

## | 12절 : 불법이 성하므로 많은 사람의 사랑이 식어지리라

일곱 번째 징조는 큰 파멸이다. 거짓 가르침과 느슨한 도덕성은 특별히 파괴적인 질병을 가져오는데, 하나님에 대한 사랑을 잃어버리며 다른 사람을 사랑하지 않는다. 초점을 자기 자신에게 고정시킴으로써 하나님을 향한 사랑을 식게 만드는 죄를 짓게 된다. 자기 자신만을 사랑하면 하나님을 사랑할 수 없다. 그리고 죄가 증가하고 사랑은 식어 가며 사악한 일이 증가하고 무질서가 판을 친다. 그런 것은 요세푸스가 기록한 인용문에서 보여 주고 있다. 예루살렘이 멸망하는 마지막 날에 더욱 폭력과 반란이 만연했다. 세계 역사의 종말에도 마찬가지로 그런 일이 일어날 것이다. 적어도 다섯 가지가 하나님에 대한 사랑을 식어 가게 한다.

1) 자기 추구와 세속적인 것 – 사람들은 자기 자신을 희생하는 대신에 세상이 제공하는 것을 추구할 것이다. 그들은 하나님을 부지런히 찾는 대신에 자기 자신의 욕망을 부지런히 찾을 것이다.

2) 분열과 불화 – 절망과 좌절이 혼란을 가져오고 현실을 도피하고 싶은 마음을 가지게 한다. 많은 사람들은 냉담해지고 솔선수범하지 않는다. 진실이 공격받을지라도 사람들은 진실을 위해 당당하게 맞서는 것보다 뒤로 물러선다.

3) 박해 – 사람이 예수님을 진실로 믿지 않으면 그가 가지고 있는 어떤 애정도 박해를 받으면 곧 식어진다. 단지 진실한 믿음과 신념만이 조롱과 죽음의 협박에 당당히 설 수 있다.

4) 무지와 약한 믿음 – 어떤 사람들은 하나님이 왜 그러한 시련이 일어나도록 허락하는지 이해를 할 수 없기 때문에 사랑과 영이 약해지는 것을 겪게 된다. 인간의 죄와 죽음, 세상의 부패와 종말, 하나님의 의와 생명의 약속을 이해하지 못한다. 그러므로 사태가 악화되고 세상이 어려워질 때 하나님에 대한 열렬한 사랑을 불러일으킬 수 없게 되고 식어진다.

5) 무법과 비도덕성, 법을 지키지 않고 비도덕적인 삶을 사는 사람들 속에 함께 있는 것이 예수님의 사랑을 잃어버리고 세상과 연합하게 된다(딤전 4:1-2; 계 3:16).

## | 13절 : 그러나 끝까지 견디는 자는 구원을 얻으리라

인내와 구원; 여덟 번째 징조는 참고 오래 견디면 구원을 받는다는 것이다. 이 말은 예수님이 그의 제자들에게 말씀하고 있으며 하나님의 약속, 즉 구원은 마지막 날에 영혼 구원을 뜻한다. 그래서 핍박과 박해, 배신과 분열, 거짓 가르침과 미혹에 당당하게 맞서는 성도는 구원을 받을 것이다(롬 2:7-9; 계 2:10).

**개념 1.** 믿는 성도는 참고 견디는 큰 인내와 용기가 필요하다(빌 1:12). 박해를 받을 때 구원이 자기의 것이 될 것이라는 것을 깨닫고 희망을 가질 수 있다. 시련의 시간들은 거짓 크리스천에서 진실된 크리스천으로 바뀌게 한다. 모든 것을 포기하고 하나님으로부터 돌아서라고 압력을 받을 때 결코 그 말을 따르지 않고 굳게 대적하고 계속해서 그리스도를 사랑하면 상급이 크다는 것을 기억하라(히 12:3; 벧전 4:11-12).

## 14절 : 이 천국 복음이 모든 민족에게 증언되기 위하여 온 세상에 전파되리니 그제야 끝이 오리라

아홉 번째 징조는 세계 복음이다. 예수님은 다섯 가지 의미심장한 말씀을 하고 있다.

1. 예수님의 복음은 천국 복음이다. 무엇이 천국인가? 그것은 영적이며 영원한 하나님 나라이다(엡 1:3).

2. 예수님의 복음은 멈출 수 없다. 천국 복음은 계속 선포될 것이며 어떤 실패와 좌절이 있어도 복음은 계속될 것이다. 하나님의 은혜로운 말씀은 온 세계로 뻗어 나갈 것이다.

3. 예수님의 복음은 승리할 것이다. 복음은 분명히 온 세계로 퍼져 나갈 것이다(롬 10:18; 골 1:6, 23). 하나님의 말씀의 본질은 세상 끝으로 나아가는 세계 복음화이다. 이 지상의 모든 장소는 예수님이 마지막 오시기 전에 복음을 들을 수 있는 특권이 있다(마 28:19-20; 행 1:8).

4. 복음은 증언이다. 복음은 모든 열방에게 증언으로 선포될 것이다. 증언으로써 복음은 두 가지 뜻을 가지고 있다.

   1) 하나님의 의지와 진실을 인간에게 선포하는 것이다. 그것은 세상과 인간에 대한 진실을 나타낸다. 인간은 어디에서 왔는지, 왜 지금 여기 있는지, 미래에는 어디로 갈 것인지를 말해 주고 있다. 사람이 해온 일과 현재 하고 있는 일과 왜 해야 하는지 그 이유와 하나님이 말씀하시는 대로 왜 해야 되는가를 말해 준다.

   2) 복음은 사람을 위한 증언이다. 즉 그가 믿으면 구원받는다. 또는 믿지 않

으면 구원받지 못한다는 사실을 증언한다(막 16:16).

5. 복음은 종말이 오기 전에 모든 열방에 선포될 것이다. 종말, "The end"라는 뜻은 예루살렘의 종말과 모든 세계의 종말을 뜻한다. 성경이 말하는 것처럼 복음은 예루살렘의 멸망 바로 전에 잘 알려진 이웃나라에 전파되었으며(롬 10:18; 골 1:6, 23) 종말 이전에 세계 모든 곳에 전파될 것이다. 그러나 예수님은 복음이 세상을 변화시킬 것이라고는 말씀하지 않고 모든 열방이 복음에 응답하지는 않지만 복음을 들을 것이라고 말씀하신다. 예수님은 복음 선포로부터 기대되는 결과를 지적하고 있다(마 20:16; 22:14; 눅 13:24; 18:8).

복음 전파는 제자들의 미션이었으며 오늘날 우리들의 미션이다. 예수님은 모든 사람에게 구원의 좋은 소식을 속히 전해야 된다는 것을 예수님을 믿는 성도들에게 가르쳐 주기 위해 종말과 마지막 심판에 관하여 말씀하고 있다.

**15절 : 그러므로 너희가 선지자 다니엘이 말한 바 멸망의 가증한 것이 거룩한 곳에 선 것을 보거든 (읽는 자는 깨달을진저)**

종말에는 멸망을 가져오는 적그리스도의 가증한 일이 있다. 여기서 예수님은 네가지 징조에 대하여 말씀하고 있다.

1. 믿는 성도는 가증한 일이 일어나는 것을 볼 수 있을 것이고 곧바로 뒤따라 무서운 환난을 준비해야 할 것이다.

2. 선지자 다니엘이 그 예언을 하였다.

3. 그 징조는 거룩한 곳, 성전에서 일어날 것이다. 어떤 사람은 그 징조가 종말에 되풀이 될 것이며 시리아왕 안티오쿠스와 로마장군 티투스가 과거에 성전을 두 번이나 처참하게 파괴한 것처럼 성전 안에서 일어날 것이라고 말한다. 다른 사람들은 성전은 모두 종교를 대표한다고 주장하며, 그들은 가증한 일이 종교를 파괴하고 특히 기독교의 파멸을 가져올 것이라고 말한다.

4. 예수님이 밝힌 것처럼 그 징조에 대하여 읽어 보는 사람은 그 사실을 철저히 이해해야 한다. 다니엘은 깨달아 알고 이해하라고 말하고 있다(단 9:25). 믿는 성도는 그 징조를 연구하고 이해해야 한다. 그래야 종말에 견딜 수 있으며 더

잘 준비할 수 있다. 사람은 때를 깨닫고 이해하고 그가 살고 있는 시대에 일어나는 일들을 눈여겨 관찰할 수 있는 아이디어가 있어야 된다.

**개념 1.** 예루살렘과 세계에서 일어나는 무시무시한 종말은 죄 때문에 일어난다. 예루살렘은 메시아를 배척하고 그를 죽였다. 그들은 가장 무서운 죄를 지었으며 여러 세기동안 하나님을 거절하고 결국 하나밖에 없는 아들을 죽였다. 그러므로 예루살렘은 파괴되었으며 여기에는 믿는 자들에게 큰 경고가 주어지는데, 죄는 멸망을 가져온다는 것이다.

**개념 2.** 두 가지 중요한 사실

**1) 예수**님은 예루살렘의 철저한 파괴를 예언하셨디. 그의 밀씀은 A.D. 30년경에 어떤 곳에서 예언했다고 전해지고 있는데, 파괴는 그의 예언이 있고난 후 40년이 지나 A.D. 70년에 일어났다.

**2) 예수**님은 세계의 종말에는 멸망을 가져오는 것은 가증한 일 때문이라고 예언하셨다.

우리가 멸망을 가져오는 그 가증한 것을 단지 역사적인 사건이라고 해석하고 그리고 미래에도 일어난다고 뜻한다면 우리는 그 징조의 중요한 부분을 놓치게 될 것이다. 우리가 미래를 이해하는 데 도움을 주는 과거를 알아야 한다. 우리는 그 징조를 정확하게 이해하고 있는가를 확인해야 한다. 그것은 주님의 말씀과 하나님 사람들의 증언이 필요하다. 징조에 대하여 여러 해석이 있을 수 있지만 우리 각자는 겸손히 하나님의 말씀을 알고 이해해야 한다.

**개념 3.** 하나님의 말씀은 새로운 비밀이 아니며 계시이다. 이것은 철저히 이해해야 한다. 멸망을 가져오는 가증한 일에 대하여 다니엘서에 세 구절에 기록되어 있다(단 9:24–27; 11:31; 12:11). 예수님과 다니엘이 말한 멸망을 가져오는 가증한 일에 대하여 논의해야 하는 몇 가지가 있다.

1) 그것은 B.C 약 170년경에 예수님 이전에 일어났던 사건이 있는데 시리아왕 안티오쿠스 에피파네스(알렉산더 대왕이 죽고 난 후 예루살렘을 정복한 시리아왕, 유대 문화를 철저히 파괴하고 헬레니즘 사상을 전파하였다.)는 유대인들이 종교와 습관에서 완전히 그리스의 제도를 따르도록 강요받았다. 자기의 정복을 완전히 성취하기 위해 유대 종교를 철저히 파괴해야 된다는 것을 알고 있었다.

2) 예수님은 미래에는 멸망이 있을 것이라고 예언하고 있다. 다니엘이 말한 "멸망의 가증한 것이 거룩한 곳에 선 것을 보거든"이라는 예언에 대한 네 가지 중요한 견해가 있다.

　(1) 미래에는 파멸이 실현되지 않을 것이다. 모든 징조들은 A.D. 70년 이미 예루살렘이 완전히 파괴됨으로 이루어졌다.

　(2) 예수님은 교회가 예수님이 오시기 전에 겪어야 하는 환난에 대해 말씀하고 있다.

　(3) A.D. 70년의 예루살렘 파괴와는 아무런 관계가 없는 종말에 관해서 언급하고 있다.

　(4) 그것은 예수님이 제자들의 질문에 답변하는 것이다. 그는 예루살렘 파괴와 세계 종말 두 가지를 예언하는 것이다.

3) 예수님이 말씀하시는 것을 볼 때 그의 말을 가감없이 그 자체를 말하는 것이 가장 좋다. 이 구절의 결론적 요점은 그의 예언, 예루살렘의 파괴와 세계 종말이 실현되었다는 사실이다. 사실 예수님은 성전이 완전히 파괴되어 돌 하나도 남지 않을 것이라고 예언하셨으며 그의 예언대로 A.D. 70년에 티투스 장군에 의해서 예루살렘은 완전히 파괴되었다. 뿐만 아니라 예수님은 예루살렘이 언제 파괴될 것인가? 그리고 예수님이 언제 돌아오며 세계 종말이 언제 올 것인가에 대하여 답하여 주었다. 예수님은 다니엘이 예언한 것을 더욱 상세히 설명하였으며 그 예언이 실현되었다. 예루살렘의 죄는 가장 극악한 죄, 곧 하나님의 아들을 죽이는 죄를 저질렀다. 그 결과 이 세상이 지금까지 경험해 보지 못한 가장 큰 환난을 겪게 되었다.

4) 멸망을 가져오는 가증한 일에 관해 토론해 볼 이차적인 문제는 예수님과 다니엘이 설명하고 있는 것처럼 보이는 시간의 분기점이다. 예수님은 가증한 것이 이 세상이 경험하지 못한 가장 심한 환난을 가져올 것이라고 말씀하고 있다. 예수님이 하신 말씀에서 멸망을 가져오는 가증한 일이 있을 때 그 징조가 산고의 고통의 시작이라고 불리며 그것은 지금껏

역사에서 보지 못한 끔찍한 고통이 될 것이다. 다니엘 역시 예수님처럼 시간의 분기점을 말하고 있다(단 9:7).

그리고 멸망을 초래하는 가증스러운 것은 누구와 무엇을 뜻하는 것인가? 많은 성서 해석 학자들은 티투스 장군(A.D. 70년)과 안티오쿠스 에피파네스(B.C. 170년) 두 사람에 의한 예루살렘의 파괴라고 언급하고 있다. 세상의 종말에 멸망을 가져오는 가증스러운 것은 무엇인가?

1) 어떤 사람은 구약에서 가증스러운 것은 우상 숭배나 신성모독과 관련을 짓는다. 이 경우에 그것이 멸망을 가져오는 가증스러운 것이며 개인적인 멸망도 포함된다. 안티오쿠스와 티투스처럼 미래에도 그런 예언이 실현될 것이다.

2) 마가복음 13:14은 멸망을 초래하는 가증스러운 것은 사람일 것이라고 강력히 시사하고 있다.

3) 다니엘 9:27에서는 멸망을 가져오는 어떤 왕자에 대해서 말하고 있다. 루터교의 신학자 류폴드(Leupold)는 왕자를 '파괴자'라고 번역하고 있다.

**16-20절 : 그 때에 유대에 있는 자들은 산으로 도망할지어다 지붕 위에 있는 자는 집 안에 있는 물건을 가지러 내려 가지 말며 밭에 있는 자는 겉옷을 가지러 뒤로 돌이키지 말지어다 그 날에는 아이 밴 자들과 젖 먹이는 자들에게 화가 있으리로다 너희가 도망하는 일이 겨울에나 안식일에 되지 않도록 기도하라**

파괴를 가져오는 가증스러운 적그리스도가 일어나는데 가증스러운 것으로부터 일어나는 환난으로부터 도망가라고 경고를 하고 있다. 그것도 즉시 도망가라고 한다. 믿지 않는 자들은 가증스러운 것에 대항할 수 없으며 가장 강한 자라도 피할 길이 없다. 다가오고 있는 위험과 긴급함을 네 가지 점에서 예수님은 강조하고 있다.

1. 사람은 가정의 모든 안락함을 잊어야 한다. 이 표현은 지붕 위에 있는 자는 집안에 있는 물건을 가지러 가지 말고 즉시 도망가라고 말씀하고 있다.

2. 사람은 모든 개인 소유물을 잊어야 한다. 옷을 가지러 일터로부터 집으로

돌아가지 말하고 하고 있다.

3. 사람은 빨리 도망갈 수 없는 사람을 위해 슬퍼해야 한다. 이것은 어린 아이를 돌보아야 하는 임신한 부인을 언급한다.

4. 사람은 도망갈 때 좋은 조건을 위해 기도해야 한다. 이것은 안식일과 겨울에 일어나지 않도록 기도해야 한다는 뜻이다. 안식일은 여행(도망포함)을 금지하는 유대교의 종교적인 율법이 있으며 겨울에는 길을 가는 것이 불가능하기 때문이다.

**개념 1.** 위험은 곧 닥쳐온다고 예수님은 "롯의 처를 기억하라"(눅 17:32)고 말씀하고 있다. 이는 롯의 아내처럼 뒤를 돌아보지 말고 급히 떠나라는 의미이다.
**개념 2.** 무시무시한 스트레스가 여기에 있다. 즉 생명이 위협받을 때 우리의 마음은 우리의 생명을 구하기 위해 무엇을 해야 할까에 초점을 맞춘다. 우리가 날마다 생활 가운데서 정말 감사해야 할 것은 우리의 삶이며 다른 것은 없다.
**개념 3.** 예수님이 말씀하시는 것은 누구에게 언급하는 말일까? 가정의 안락과 세상적인 소유물을 잊고 사는 사람 즉 제자들과 그를 따르는 자들이다.

그리고 참고적으로 이스라엘의 옛날 지붕은 평평했다. 그래서 사람들이 휴식을 위해, 명상을 할 때, 이웃 사람들이 방문할 때 이용하는 공간이 되었다. 대부분 집들은 지붕으로 이어지는 안쪽과 바깥쪽에 계단이 있었다. 가증한 일이 일어날 때 그 위험은 너무 급해서 바깥 계단을 이용하여 즉시 지붕으로부터 탈출해야 한다. 그뿐 아니라 가장 가증스러운 것은 하나님의 존재를 고의적으로 부인하고 모독하는 것이다. 다니엘의 예언은 안티오쿠스 에피파네스가 성전의 제우스신에게 돼지를 제물로 받치는 것이며, 예수님의 말씀은 티투스 장군이 예루살렘이 파괴되고 난 후 불탄 성전터에 우상을 갖다 놓은 것이다.

말세에는 적그리스도들이 자기 자신의 형상을 만들어 모든 사람에게 그것을 섬기라고 명령할 것이다. 이런 것들이 하나님을 능멸하는 모든 가증한 것들이다.

**21절 : 이는 그 때에 큰 환난이 있겠음이라 창세로부터 지금까지 이런 환난이 없었고 후에도 없으리라**

역사에서 유례없는 큰 환난이 있을 것이라고 말하고 있다.

1. A.D. 66-70년경에 예루살렘은 모든 역사에서 가장 끔찍한 포위를 당했다. A.D 66년에 유대인들은 반란을 일으켰고 로마 군인들은 포위에서 공격으로 전환했다. 그러나 그 도시를 두 가지 이유 때문에 점령하기 어려웠다. 이 도시는 언덕 위에 있기 때문에 지형적으로 잘 보호가 되었다. 반란의 지도자들은 종교적인 광신도들이었다. 백만 명 이상의 사람들이 보호가 잘 되고 있는 성벽 뒤에 있는 도시로 도망갔다. 포위 기간이 길어짐에 따라 성벽 안에서는 사람들 사이에 기근과 질병, 거짓 구원자, 살인, 반란, 증오심이 판을 치고 있었다. 역사 학자 요세푸스에 의하면 백만 명이 죽고 97,000명이 포로로 잡혀갔다고 기록하고 있다.

2. 종말에 세계는 역사에 유례없는 환난을 겪을 것이다. 계시록에 기록된 환난의 시간과 똑같은 시련의 시간이 될 것이다.

　1) 천둥과 번개, 지진이 일어남(계 12:1-2)

　2) 자연재해(계 8:6-12)

　3) 무서운 메뚜기 떼와 역병(계 8:13-9:11)

　4) 악마 같은 군대(계 9:12-21)

　5) 지구를 파괴하는 성난 백성들(계 11:14-19)

　6) 사악한 정치 지도자들(계 13:1-10)

　7) 사람과 국가에 가해지는 무시무시한 파괴와 고통(계 16:1-21)

　8) 사악하고 속이는 세계의 강대국들(계 17:1-18)

예수님은 종말에 대해서 이야기 하면서 가까운 미래와 훨씬 먼 미래의 사건을 옛날 선지자처럼, 망원경을 사용하여 보는 것처럼 멀리 떨어져있는 것을 보고 있다. 많은 박해가 있었고 앞으로도 있을 것이다. 그러나 하나님이 이 박해의 기간을 통제하고 고통받는 그의 백성을 잊지 않을 것이며 이것은 지금 우리가 정의롭게 살 동기를 부여하기 위해 말씀하고 있다.

**22절 : 그 날들을 감하지 아니하면 모든 육체가 구원을 얻지 못할 것이나 그러나 택하신**

## ▎ 자들을 위하여 그 날들을 감하시리라

예수님은 구약의 선지자처럼 종말에 대하여 가까운 미래와 먼 미래를 원근법적으로 조명하고 있다.

1. 큰 환난의 날에 택한 자를 위하여 그날은 짧게 끝날 것이라는 약속이 있다. 짧아진다는 것은 무슨 의미인가?

   1) 하나님이 큰 죄악에 대하여 항상 내리는 죄의 기간보다 짧을 것이다.

   2) 적들이 기대하는 것보다 그 기간이 짧을 것이다.

   3) 반란을 일으키는 광신자들에게 내리는 권력자의 박해가 짧을 것이다.

예루살렘을 하나님은 그의 섭리로 이스라엘을 위하여 그 환난 날을 짧게 하기 위해 그의 권능을 사용할 것이다. 심판 가운데 그는 자비를 베푸셨으며 이스라엘은 완전히 멸망당한 것은 아니었다. 포위 기간은 기대보다 짧았으며 많은 사람들은 짧은 포위 기간을 가져오는 자연적인 원인들을 열거하고 있다.

   1) 분열과 여러 파벌 – 유대지도자들은 처음부터 파벌로 나뉘어져 있었다. 그들은 일치된 정책을 갖지 못했다.

   2) 파멸적인 화재 – 화재가 계속해서 일어나 싸울 수 있는 무기와 식량은 불탔다.

   3) 난폭하게 날뛰는 갱단들 – 도둑질과 공격, 살인을 일삼으며 자기 생존에만 집착했다.

   4) 배신과 배반 – 어떤 사람들은 싸우지도 않고 그가 지키는 진지를 적에게 내어 주었다.

   5) 로마 군대의 빠른 공격 – 로마는 티투스 장군을 보내어 빠르게 공격했다.

   6) 허약한 진지 – 헤롯 아그리파왕은 예루살렘 벽을 튼튼하게 만들려는 의도는 있었지만 결코 그는 튼튼하게 만들지 못했다. 믿는 자들은 이런 자연적인 원인에서 하나님의 손(도움)을 볼 수 있었다. 하나님은 그의 말을 성취하고 환난의 날을 짧게 하기 위해 모든 것을 선하게 역사하신다. 무시무시한 재난과 환난에도 불구하고 어떤 사람들은 하나님의 자비로 생

명이 구해졌다(벧후 3:9). 종말이 다가왔을 때, 이 지상의 재난과 환난은 그 기간이 짧아질 것이다(살후 2:8; 계 12:12; 17:10).

　2. 하나님은 선택된 자를 위해 환난 날을 짧게 할 것이다. 역사적 맥락에서 보면 어떤 크리스천들은 주님의 경고를 기억하고 A.D. 66년경에 예루살렘이 공격받기 전에 도망갔다. 그들은 데가볼리(로마 점령지의 팔레스틴에 있는 10개 도시 연합체의 한 도시) 지역에 있는 벨라(Pella)라고 하는 조그만 도시로 도망갔다. 이들 믿는 자들은 그들 이웃 들과 예루살렘을 위해 기도했으며 하나님은 그들의 중보 기도에 응답하여 잃어버린 자를 구하려는 예수님의 간절함이 성경에 분명히 상세히 서술되어 있다. 소돔과 고모라를 위한 아브라함의 기도가 그 한 예이다. 단지 열 사람의 의인만 있으면 그들의 무시무시한 죄악에도 불구하고 그 도시는 구해질 수 있었다. 소알(Zoar)을 구하기 위한 롯의 기도도 그 한 예이다(창 19:20-22; 렘 5:1, 행27:23-24, 43-44; 약 5:16).

**개념 1.** 하나님은 믿는 자를 귀하게 여기신다. 하나님의 백성이 정말로 중보 기도를 믿고 부패한 세상을 위해 실제적인 중보 기도자가 되면 사람과 자연재해와 사악한 세상에 얼마나 많은 변화를 가져올까?

**개념 2.** 많은 사람들은 불평자들이지 중보 기도자들이 아니다. 우리의 고통의 시간과 고통에 대해서 불평하고 있을 뿐이지 중보 기도하는 사람은 적다. 고통을 허락하는 것은 하나님의 영역이지 우리의 영역이 아니다. 우리는 세 가지를 기억할 필요가 있다.

　1) 하나님은 우리에게 죄악과 고통을 주지 않는다. 하나님은 구원자이기 때문이다.

　2) 우리는 마땅히 받아야할 만큼 고통을 받지 않는다. 우리는 너무 많은 죄를 지으며 가장 심한 벌을 받을 만한 악행으로 이 세상을 오염시켰다.

　3) 하나님은 자비롭다는 것을 알아야 한다. 필요한 것은 불평이 아니라 기도이다. 즉 중보 기도이다. 죄악으로, 나쁜 나락으로 떨어지지 않는 것에 하나님께 감사하면서 기도해야 한다. 우리는 쉬지 말고 기도하고 하나님께 죄악에 물들지 않고 환난의 시간도 짧게 해달라고 기도해야 한다.

**23-24절 : 그때에 사람이 너희에게 말하되 보라 그리스도가 여기 있다 혹은 저기 있다 하여도 믿지 말라 거짓 그리스도들과 거짓 선지자들이 일어나 큰 표적과 기사를 보여 할 수만 있으면 택하신 자들도 미혹하리라**

예수님은 세 가지 말씀을 하고 있다.

1. 거짓 메시아와 거짓 선지자가 나타날 것이다. 기근과 질병, 살인, 전쟁을 목격하면서 그들은 울며 구원을 외칠 것이다. 어떤 사람은 항상 울부짖는 사람을 위해 기꺼이 리더십을 발휘할 것이다. 예루살렘이 포위되고 난 후 초기에는 로마 군인들의 압제와 자연재해로부터 구원을 약속하는 구원자들이 여기저기서 일어났다. 메시아가 다시 오셨다는 헛소문이 떠돌았다. 그가 광야에 있다거나 또는 도시안의 비밀의 방에 있다고 소문이 났다. 그 당시 예루살렘의 광경은 예레미야 시대와 다소 비슷했으며(렘 14:13-14) 그와 똑같은 장면이 마지막 날에 되풀이 될 것이다. 적그리스도와 거짓 구원자들이 세상을 현혹시키기 위해 나타날 것이다. 예수님은 소문을 믿지 말고 거짓 구원자도 믿지 말라고 하신다.

2. 거짓 구원자들은 표적과 이적을 보일 것이다. 이런 일은 모든 시대를 통해 일어날 것이다. 말세에는 전 세계적으로 기적과 표적이 많아지는 것을 보게 될 것이다(살후 2:8-10; 계 13:13-14).

3. 거짓 구원자들은 큰 확신에 차서 선택 받은 자들을 위협할 것이다. 선택 받은 자들은 유혹, 시련, 위협과 위험에도 불구하고 예수와 함께하는 진정한 성도들이다. 선택된 자가 참고 이겨 나갈 수 있는 방법은 분명히 성경에서 언급되고 있다(살후 2:15-17).

**25-28절 : 보라 내가 너희에게 미리 말하였노라 그러면 사람들이 너희에게 말하되 보라 그리스도가 광야에 있다 하여도 나가지 말고 보라 골방에 있다 하여도 믿지 말라 번개가 동편에서 나서 서편까지 번쩍임 같이 인자의 임함도 그러하리라 주검이 있는 곳에는 독수리들이 모일 것이니라**

환난 날에는 아무리 믿음이 강한 성도일지라도 믿음을 끝까지 지키기는 어려울 것이다. 거짓 메시아에게 현혹되지 않기 위해서 예수님이 틀림없이 다시 오실 것이라는 것을 믿어야 한다(막 13:26). 거짓 선지자들이 메시아가 다시 오셨다고 말한다면 사실 그는 다시 오시지 않았다. 그리고 예수님이 오시는 것은 모든 사람에게 분명해 질 것이다. 그리고 메시아가 오는 것과 구원에 과한 진실이 있다. 예수님은 그의 오심에 대하여 네 가지 말하고 있다.

1. 그는 광야, 어떤 알려지지 않은 먼 곳으로부터 오지 않을 것이다. 사람들이 위대한 구원자가 어떤 장소에 나타났다고 선포할 때 그 메시지나 소문은 믿지 말아야 한다.

2. 그는 안방으로부터 즉 비밀스럽고 보이지 않고 조용한 안방으로부터 오지 않을 것이다.

3. 그는 번개처럼 올 것이다.

  1) 그는 하늘로부터 번개처럼 올 것이다

  2) 그는 번개처럼 놀라울 정도로 갑작스럽게 올 것이다.

  3) 그가 오는 것이 모든 사람에게 보일 것이며 동에서부터 서에까지 번개처럼 올 것이다(마 24:30; 행 1:9-11; 살전 4:16-18; 계 1:7; 19:11-19).

4. 그는 심판하러 올 것이다. 독수리는 시체가 있는 곳에 모일 것이다.

  1) 시체는 이스라엘 사람들이며 독수리는 미끼를 먹기 위해 예루살렘 주위에 모여 있는 로마의 티투스 군대들이다.

  2) 그 시체는 세계 사람들, 즉 영적으로 죽은 사람들이며 독수리는 예수님과 거룩한 천사와 거룩한 성도들이다. 이 구절의 요점은 예수님이 영적으로 죽은 자를 심판하기 위해 올 것이며 그리고 예수님은 온 세상을 심판할 것이다(히 9:27; 벧후 2:9; 3:7; 유 1:14-15; 계 19:17-18).

**│ 29절 : 그날 환난 후에 즉시 해가 어두워지며 달이 빛을 내지 아니하며 별들이 하늘에서**
**│ 떨어지며 하늘의 권능들이 흔들리리라**

예루살렘이 파괴되고 바로 후에 예수님이 오신 것은 아니다. 예루살렘의 몰락은 유대인에게는 환난의 시작에 불과하며 이방인에게 하나님의 말씀이 모두 전파될 때까지 환난은 계속된다. 주님의 말씀의 정확성은 누가복음의 구절과 예수님 이후 세계 역사를 통해 분명히 밝혀지고 있다. 그러므로 그가 뜻하는 바는 무엇인가? 누가복음이 설명하고 있다(눅 21:23-24).

1) 이스라엘 땅에 큰 환난이 아직도 있다.

2) 이 백성에 대한 큰 분노가 아직도 있다.

3) 많은 유대인들은 칼에 의해 아직도 쓰러지고 있다. 많은 유대인들은 온 열방으로 아직도 흩어지고 있다. 예루살렘은 아직도 이방인들에 의해서 아직도 짓밟히고 있다.

어떤 민족도 유대인만큼 큰 환난을 겪은 민족은 없다. 예를 들면 그들은 제2차 세계 대전 동안 이방인들의 손에 아직도 고통받고 있으며 오백만 명 이상이 처참하게 죽었다.

**개념 1.** 환난 후 환난을 통해서 예수님을 따르는 사람과 믿는 성도들을 위한 몇 가지 교훈이 있다.

1) 하나님이 통제하신다. 하나님은 환난을 주기도 하고 환난을 끝내기도 한다.

2) 하나님 백성은 그에게만 의지해야 한다. 의지할 때 모든 환난이 빠르게 끝난다.

3) 모든 주의 백성은 주님이 돌아오는 것을 기다리며 깨어 있어야 한다.

예수님이 영광으로 다시 오실 때 처음 일어나는 사건은 천체에서 일어날 것이다. 즉 해, 달, 별과 천체 전체가 영향을 받을 것이다. 해가 어두워지고 달은 빛을 내지 못하며 별들은 땅에 떨어질 것이다. 그리고 천체가 흔들릴 것이다. 사실상 그러한 사건은 지금도 일어나고 있다. 지구는 가끔 화산 폭발과 폭풍우 거대한 화재 때 생기는 연기와 먼지에 의해서 하늘이 어두워진다. 별들과 여러 가지 크기의 혜성들이 우주에 떨어진다. 예수님이 다시 오시면 세상과 우주에 큰 변화가 일어나고 온 우주는 큰 영향을 받을 것이다. 온 우주는 마음을 열고 그를 맞을 것이며 그가 하나님의 권능과 영광으로 오신다고 어떤 의심도 없이 믿게 될 것이다. 예수의 이름으로 오는 이에게 모든 사람들은 무릎을 꿇고 주님이라고 시인하고 하나님 아버지의 영광으로 오신다고 고백해야 할 것이다(빌

2:10-11).

이 땅의 모든 족속들은 인자의 징조가 하늘에서 나타나는 것을 보겠고 땅의 모든 백성들은 통곡할 것이다. 왜냐하면 그들의 잘못된 선택으로 회개하기에 너무 늦었기 때문이다. 인자가 구름을 타고 큰 능력과 영광으로 오는 것을 보게 될 것이다. 영광과 큰 권능이란 말은 모든 족속과 우주를 통치하러 온다는 것을 뜻한다. 성경은 천체의 움직임이 진행되고 동시에 주님이 올 것이라고 밝히고 있다(사 13:10-13; 24:17-22; 엘 3:15-16; 막 13:24-25; 눅 17:29-30; 21:25-26; 행 2:19-20; 계 6:12-17).

사람들은 하늘에서 천체의 움직임과 지진이 일어날 때 공포에 질려 숨게 되며 에수님을 대면하는 대신에 다가오는 죽음에 울부짖을 것이다. 왜 그런가? 그들은 하나님의 분노의 날이 온다는 것을 알고 있기 때문이다. 제자들은 예수님이 오시는 때와 종말에 어떤 징조가 나타나는가를 물어보았을 때, 예수님은 무서운 천체의 움직임이 있을 것이라고 대답하였다.

**개념 2.** 천체의 움직임은 우리의 주의를 하나님께 향하도록 만든다. 이 천체의 움직임은 종말에 일어나는 환난을 상기시켜 준다. 예수님이 말씀하신 것처럼 이런 일이 발생하면 고개를 들어라. 왜냐하면 우리의 구원이 가까이 오고 있다(눅 21:28). 우리가 지금 고개를 들고 예수님을 믿으면 고난과 환경은 더 좋게 변할 것이다. 그의 임재가 인내, 승리를 우리에게 가져다 줄 것이다(고전 10:13; 히 12:3; 13:5-6).

**30절 : 그 때에 인자의 징조가 하늘에서 보이겠고 그 때에 땅의 모든 족속들이 통곡하며 그들이 인자가 구름을 타고 능력과 큰 영광으로 오는 것을 보리라**

예수님이 돌아올 때는 하늘에서 나타나는 징조가 있을 것이다. 무슨 징조인가? 예수님은 특별히 구체적으로 말하지는 않았지만 네 가지 다른 견해가 있다.

1. 어떤 사람들은 그 징조는 별이며 그의 출생을 나타냈던 별과 같은 것이다라고 말한다.

2. 다른 사람들은 그것은 세키나(Shekinah)의 영광이며 그 영광은 하나님 자신

의 영광이며 화려한 빛과 밝은 빛을 발산한다.

3. 어떤 사람들은 초대 교회 많은 교부들을 포함하여 그 징조는 예수님의 십자가 일 것이라고 믿는다. 즉 하늘에서 십자가를 보는 것은 우주적으로 주의를 끌 것이며 어떤 일이 곧 일어날 것이라는 징조가 틀림없다고 주장한다. 십자가는 기독교의 상징이며 어떤 다른 것보다 이 세상에 오신 하나님의 목적을 나타낸다.

4. 많은 사람들은 그 징조는 단순히 인자 그 자체의 모습이라고 믿는다.

그리고 주목해야 할 3가지 요점

  1) 징조가 나타날 때 이 지구상의 모든 족속은 통곡할 것이다. 그들은 그 징조가 무엇이며 무엇을 뜻하는지 알게 될 것이다. 즉 그것은 그리스도의 심판과 통치이며 모든 족속들은 그것이 무엇을 뜻하는지 추측과 해석할 필요가 없다. 그리고 믿지 않는 자들이 잘못 선택하여 회개해도 늦어서 회복할 수 없게 되어 통곡할 것이다. 인자가 하늘의 구름을 타고 오는 것을 볼 것이다.

  2) 주님은 말씀하기를 그는 번개같이 갑자기 빠르게 올 것이라고 말씀하신다.

  3) 예수님이 다시 오시면 어떤 징조가 있을지 제자들은 그 징조에 대하여 질문한다. 그때에는 인자의 징조가 나타날 것이라고 예수님은 단순히 말씀하신다. 이것은 인자에 대하여 그리고 그가 오시는 것에 대하여 다니엘서에서 기록된 징조가 실현되는 것일 것이다(단 7:13-14).

어떤 징조이든 주목해야 할 한 가지 중요한 것이 있다. 모든 사람들은 그것이 무슨 뜻인지 확실히 알아야 할 것은 하나님의 아들이 심판하러 오실 것이며 오셔서 이 모든 세상을 다스리신다는 것이다(마 25:31-32; 벧후 2:9; 유 1:14-15; 계 20:11-15).

**개념 1.** 인자가 오실 때, 네 가지의 징조가 있을 것이다.

  1) 지금 별들이 하나님의 영원한 권세와 지존하신 하나님과 하나님의 사랑

을 향하여 가리키고 있으며, 또 하나님의 진노를 향해서 가리킬 것이다.

2) 지금 세키나의 영광 즉 하나님의 영광이 사람들 앞에서 빛나며 사람들을 의로움을 향해 부르고 있으며, 또 그들의 불의 때문에 인간들을 소멸시키기 위해 그들 앞에서 기다리고 있을 것이다.

3) 지금 십자가는 세상 사람들을 하나님 앞으로 인도하기 위해 세상 사람들 앞에 서있으며, 또 세상을 저주하는 세상 사람들 앞에 서있다.

4) 지금 예수님은 구원자로서 세상 앞에 서있으며, 또 심판자로서 세상 앞에 서 있을 것이다.

**개념 2.** 지금 예수님의 임재의 징조가 있으며 예수님이 다시 오실 때가 멀지 않다는 징조가 있다. 아무것도 하지 않고 있는 것보다 지금 통곡하며 회개하는 것이 얼마나 좋겠는가? 때가 너무 늦어 예수님을 의지하지 못할 때가 올 것이다.

**개념 3.** 오늘날 모든 사람이 번명할 여지없이 예수님은 구원자이시며 하나님 아들이라는 증거가 있다. 믿음으로 사람의 가슴과 삶에 지금 오시는 것이 심판자로서 하늘에 나타나는 것보다 훨씬 좋을 것이다(히9:27, 요3:18).

주님이 다시 오시는 세 번째 사건은 모든 사람에게 보이게 될 것이다. 모든 나라의 족속들이 권능과 큰 영광으로 구름을 타고 오는 것을 보게 될 것이다. 그것을 네 가지 간단한 예언으로 표현했다.

1) 그는 인간의 육체를 입은 하나님의 아들로 가장 이상적이고 완전한 인간으로 이 세상에 올 것이다. 지금은 단지 믿는 성도에 의해서만 하나님의 아들로 인정되지만 후에는 모든 사람들이 그를 하나님의 아들로 인정할 것이다.

2) 모든 민족들은 그가 오는 것을 보게 될 것이다. 그리고 이 땅의 모든 사람들은 그가 갑자기 오시는 것을 볼 것이다. 그리고 그가 인자임을 인정하게 될 것이다. 주님의 영광의 광채가 온 우주에 가득할 것이다.

3) 예수님은 구름을 타고 올 것이다. 성경에서는 구름은 가끔 하나님으로 연상된다(시 18:10-12; 사 19:1; 단 7:13).

4) 예수님은 권능과 큰 영광으로 올 것이다. 이 사실에는 두 가지 중요한 점

을 지적하고 있다.

(1) 예수님은 전인격적이고 존귀한 분으로 오실 것이다. 그는 인간을 구원하기 위한 마구간의 아기로 오지 않고 전지전능한 영광의 하나님으로 올 것이다.

(2) 예수님은 이 땅에 정의를 실현하기 위해 심판자로 올 것이다. 이 땅을 다스리는 주권자로서 통치하기 위해 올 것이다.

**개념 4.** 모든 사람들은 예수님을 인자라고 인정할 것이다. 거기에는 단 한 가지의 예외도 없을 것이다.

1) 지금은 자발적으로 인자라고 인정하지만 이후에는 비자발적인 인정이 있을 것이다.

2) 지금은 계획적인 고백이 있을 것이지만 이후에는 강요된 고백이 있을 것이다.

3) 지금은 사랑으로 호소하지만 이후에는 저주의 심판이 있을 것이다(행 12:13; 롬 2:16; 빌 2:9-11; 벧전 1:17).

## 31절 : 그가 큰 나팔소리와 함께 천사들을 보내리니 그들이 그의 택하신 자들을 하늘 이 끝에서 저 끝까지 사방에서 모으리라

주님이 오시는 다섯 번째 사건은 선택 받은 자를 불러 모으기 위해 천사들이 보내질 것이다. 여기에 네 가지 요점이 있다.

1. 예수님은 천사들을 보낼 것이다. 예수님은 하나님이시며 천사들의 주이시다. 예수님은 그들을 다스리며 그들은 그의 신호에 따라 움직이며 그의 주권적 의지를 실천하도록 부름을 받는다.

2. 예수님은 큰 나팔소리와 함께 천사들을 보낸다(고전 15:52; 살전 4:16).

3. 천사들은 주님이 선택한 사람들을 불러 모은다. 사람은 많지만 선택받은 사람은 소수일 것이다. 선택받은 사람 중에 세계 열방으로 흩어진 진짜 믿음을 가진 남은 자들과 끝까지 인내하며 남은 자들이 있다(눅 17:34-35).

4. 선택받은 자들은 사방으로 하늘 한쪽 끝에서 다른 끝까지 불러 모아질 것이다. 열방으로 흩어져 그들은 세계 곳곳에 있을 것이다(마 24:14).

**개념 1.** 그 세대와 세대 간의 시련이 어떻든지 모든 믿는 성도들에게는 영광스러운 소망이 있다(딛 2:13-14).

**개념 2.** 천사들은 예수님께 복종한다. 우리도 복종해야 한다. 천사들은 그의 주권이 의지를 행하고 우리도 그의 주권의 의지를 행해야 한다. 우리가 지금 그의 의지를 행하면 우리는 영광의 날에 선택된 사람과 함께할 것이다.

**개념 3.** 예수님이 다시 오실 때 믿는 자는 어디에 있든지 한 사람도 빠짐없이 그와 함께할 것이며 그는 우리를 위해 다시 오시는 것이라고 느끼게 될 것이다. 대환란에 대한 세가지 중요한 이론을 주장하는데 1)환란 전 휴거주의자들(택하신 자들을 모으신다는 것. 즉 유대인 성도들을 모은다는 것) 2) 환란 중 휴거주의자들(교회와 유대 성도들 모두 해당) 3) 환란 후 휴거주의자들은 휴거와 계시가 단일 사건이며 대환란 마지막에 그리스도께서 재림하신다.

**32-35절 : 무화과나무의 비유를 배우라 그 가지가 연하여지고 잎사귀를 내면 여름이 가까운 줄을 아나니 이와 같이 너희도 이 모든 일을 보거든 인자가 가까이 곧 문 앞에 이른 줄 알라 내가 진실로 너희에게 말하노니 이 세대가 지나가기 전에 이 일이 다 일어나리라 천지는 없어질지언정 내 말은 없어지지 아니하리라**

일반적으로 예수님이 다시 오실 때는 구별될 수 있다.

1. 그가 다시 오신다는 징조는 무화과나무에 비유될 수 있다. 무화과나무에 잎이 올라오기 시작하면 여름이 가까이 왔다는 것을 알게 되며 우리가 이런 모든 현상을 보게 될 때 그가 바로 문 앞에 계신다는 것을 알게된다. 예수님이 말씀하시는 것을 주목해 보면 무화과나무 잎이 보일 때는 아직 여름은 아니며 여름이 가까이 왔다는 것을 안다. 우리가 이런 모든 현상을 보게 될 때 그의 천국이 가까이 왔다는 것을 알게 될 것이다.

2. 한 세대에 의해서 증언이 되는 징조가 있는데 제자들은 두 가지 질문을 한다. 하나는 예루살렘 파괴와 다른 하나는 이 세상 종말에 관한 질문이다. 예수님은 그들의 질문에 답하면서 그 질문에 명확한 선을 긋지 않았다. 예루살렘 파괴와 표적이 한 세대 안에 일어난 것처럼 이 세상의 파괴와 표적도 한 세대안에

일어날 것이다.

3. 그 징조는 확실하다. 즉 예수님이 언급한 것에 대해서는 확고하다. "천지
는 없어질지언정 내 말은 없어지지 아니하리라"고 단호하게 말씀하신다.

**개념 1.** 기대감은 주님이 다시 오실 것이라고 하는 것이며 이것이 키워드이다. 우리가 무화과
나무에 잎이 돋아나오는 것을 보면 여름이 가까이 온다는 것을 기대한다(벧후 3:3-4; 8:13). 재
림 시기를 숨기심으로 우리가 긴장 가운데 주님의 오심을 예비하게 하셨다.

**개념 2.** 세 번째 사건은 인간 역사에서 확실히 일어난다. 즉 산고의 고통의 시작과 세상에 유
례없는 환난이 있을 것이며 인자는 권능과 큰 영광으로 하늘의 구름을 타고 오실 것이다. 하
늘과 땅은 없어져도 그가 한 말은 없어지지 않으며 앞으로 일어날 것이라고 하는 말도 절대
없어지지 않을 것이다. 그리고 그가 일어날 것이라고 하신 말씀은 반드시 이루어질 것이다.

**36절 : 그러나 그 날과 그 때는 아무도 모르나니 하늘의 천사들도, 아들도 모르고 오직 아
버지만 아시느니라**

예수님이 다시 오실 실제적인 날과 시간은 아무도 모르며 하나님만이 아신
다. 여기에 두 가지 주목할 점이 있다.

1. 예수님이 다시 오신다는 것은 앞으로 일어나게 될 실질적인 사건이다. 우
리는 모르지만 예수님이 다시 오시는 정해진 날짜와 시간이 있다.

2. 예수님이 다시 오신다는 것은 비밀이다. 아무도 모른다. 그러나 하나님
아버지만 아신다(살후 2:1-2)

**개념 1.** 어떤 것들은 전적으로 하나님 손에 달려 있다. 예수님이 다시 오시는 정확한 날짜와
시간에 대하여 깨어 있는 성도는 계절에 민감하여 그 세대를 알게 될 것이지만 정확한 날짜와
시간은 알지 못하며 심지어 가장 현명하고 영적인 사람도 모른다. 단지 하나님만이 아신다. 어
떤 사람이 그 시간과 날짜를 안다고 주장하면 그는 우리가 피해야 될 사람이며 하나님의 말과
모순된다. 우리에게는 정확한 시기를 모르는 것이 유익하다. 정확한 날짜를 안다면 그를 섬기
는 일에 나태해질 위험성이 있다.

**37-39절 : 노아의 때와 같이 인자의 임함도 그러하리라 홍수 전에 노아가 방주에 들어가
던 날까지 사람들이 먹고 마시고 장가 들고 시집 가고 있으면서 홍수가 나서 그들을 다**

## ▌멸하기까지 깨닫지 못하였으니 인자의 임함도 이와 같으리라

예수님이 다시 오시는 것은 예고 없이 갑작스러운 일이 될 것이다. 예수님은 세가지를 말씀하고 있다.

1. 예수님은 언제 다시 오실 것인가? 그가 다시 오시는 것은 노아 때와 비슷하다. 노아 때 사는 것처럼 이 세상 사람들이 정욕적으로 살며, 믹고, 마시고, 결혼하고, 이혼하고, 때때로 재혼하는 삶이다(눅 17:26-30).

　　1) 먹고 마시고 결혼 생활은 삶을 유지하는 데 필요하니. 그러나 시나치게 많은 욕심과 사치는 죄이다. 육체의 쾌락과 세속적인 쾌락, 더욱더 많은 욕심에 마음을 쏟는 것은 죄이다(롬 1:24).

　　2) 예수님이 말씀하시는 바 그 시대를 특징 짓는 것은 무엇인가? 도둑질하지 않는 것, 살인하지 않는 것, 비노더적인 사람이 되지 않는 것이며 그러나 때때로 마시고, 먹고, 결혼하는 시대이다. 이 지구가 처음으로 파괴되었을 때는 이 세상이 부패되었었기 때문이었다. 그러나 이 지구에 두 번째 파괴를 가져오는 죄는 때때로 마시고, 먹고 결혼하는 세상이다. 이런 세상에서 일어나는 죄를 예수님은 강조하셨다.

　　3) 노아가 방주를 만들고 있는 동안 하나님의 의와 다가오는 심판을 설교했다. 사람들은 한 경고의 말씀으로써 노아의 삶과 그의 믿음에 대한 증언을 했다. 즉 사람은 의롭게 살 책임이 있으며 심판이 다가오고 있다는 경고를 듣고 그들은 노아가 방주를 만드는 것을 보았다. 그들은 방주가 있는 것을 보았으나 그들은 노아의 메시지와 증언을 받아들이지 않았다. 그들은 노아가 방주 안으로 들어오는 바로 그날까지 계속해서 세속적인 삶을 살며 먹고, 마시고, 자신의 탐욕스러운 욕망을 계속하며 살고 있었다. 그런데 갑자기 예기지 않게 그들의 세상은 산산조각이 났다.

2. 예수님은 언제 올 것인가? 그는 노아 시대에 오신 것처럼 올 것이다. 종말이 언제 오는지 아무도 모르는 것처럼 세상 사람들이 모를 때 그는 다시 오실 것이다(살전 5:3).

1) "깨닫지 못하였으니"의 뜻은 그들은 다가오는 심판을 기대하지 않았다고 하는 말과 같다. 그들은 그 사실과 말과 메시지를 믿지 않았다. 그들은 닫힌 마음을 가지고 있었으며 그 문제를 연구하고 귀를 기울이지 않았다. 그러므로 그들은 진실을 모르고 하나님 말씀도 알지 못했다.

2) 그들이 깨닫지 못하였다는 말은 그들은 스스로 그들 세계에 갇혀서 안락함을 느꼈다는 것이다.

3) 그들이 깨닫지 못하였다는 말은 그들이 깨끗한 마음으로 민감하게 하나님께 귀 기울여 듣고 의지해야 할 때 먹고, 마시고, 세속적이고 물질적인 삶을 산다는 것을 뜻한다.

4) 그들이 깨닫지 못하였다는 말은 "내일 죽으리니 먹고 마시자"(사 22:13)라는 이사야 말씀처럼 그들의 관심이 의로움에는 없고 안락함에만 있었다.

3. 언제 예수님이 오실 것인가? 그들이 노아 때처럼 삶을 살 때 그가 올 것이다(눅 21:34; 약 4:4; 딛 2:12-13; 요일 2:15-16).

**개념 1.** 모른다는 말은 그들이 정욕적인 삶에 깊숙이 빠졌기 때문에 그들은 아무것도 모른다는 뜻이다. 사람은 붙들려 노예 상태가 될 때까지 먹고 마시고 비도덕적인 삶을 계속 살고 구체적으로 이런 삶을 살면 아무것도 모른다(롬 1:24).

1) 양심이 무디어지고 옳은 것에 둔감해지는 삶

2) 영이 더욱 이기적이 되는 삶

3) 삶이 더 세속적이 되는 삶

4) 희망이 더 물질적으로 되는 삶

5) 죽으면 마지막이라고 생각하는 삶

**개념 2.** 이 세상에는 많은 진실된 성도가 있다. 노아 시대 앞에 의로움이 있었던 것처럼 오늘날도 대부분 사람들 앞에 의로움의 증언이 있어야 한다. 우리는 변명할 여지없이 예수님이 오시는 것을 준비해야 한다. 그가 갑자기 예고없이 와서 이 세상을 놀라게 하거나 흩어지게 하도록 해서는 안 된다.

**개념 3.** 사람은 자기 자신을 세속적인 것에 빠지도록 허락해서는 안 된다(롬 12:1-2; 고후

6:17-18; 요일 2:15-16). 노아 시대에는 노아 자신과 노아 가족만이 의로웠다는 것을 기억해야 한다. 예수님은 예고 없이 갑작스럽게 오신다는 것은 믿지 않는 세상 사람들에게 해당되는 것이다. 진실된 성도는 항상 축복이 있는 소망을 찾는다. 그날이 다가올 때 믿는 자는 성령의 능력을 통해서 그때를 구별할 것이다. 성령은 그날을 위해 믿는 자의 마음을 준비시킬 것이다. 믿지 않는 세상 사람들은 믿음 생활은 어리석은 것이라고 조롱할 것이다. 여기서 먹고 마시고, 씹는다는 것은 굶주린 개처럼 욕심 많게 움켜잡고 놓지 않는 것을 뜻한다.

**40-41절 : 그 때에 두 사람이 밭에 있으매 한 사람은 데려가고 한 사람은 버려둠을 당할 것이요 두 여자가 맷돌질을 하고 있으매 한 사람은 데려가고 한 사람은 버려둠을 당할 것이니라**

주님이 다시 오신다는 것은 심판과 분리의 때가 올 것이라는 것이다. 이 두 구절에서 몇 가지 살펴보면,

1. 예수님이 오시는 날에 대하여 아무도 모른다. 그는 오실 것이며 믿는 사람조차 모른다. 모든 사람은 그들의 일상생활에 종사하며 평소와 다름없이 그들의 직업에 종사한다.

2. 예수님이 오시는 날에 그들의 일에 종사하는 동안 갑자기 한 사람은 들려 올라가고 한 사람은 남게 될 것이다.

3. 예수님이 오실 때 우리와 가장 가까운 사람과 분리, 이별이 있을 것이다. 믿는 자는 주님과 함께 들려 올라가고 믿지 않는 자는 심판받기 위해 남을 것이다(마 13:30, 49; 마 25:32, 46; 눅 16:26; 17:34; 살후 1:7-10).

**개념 1.** 이별과 심판의 기준은 믿음이다. 노아 때에 아무도 의의 메시지를 믿지 않았으며 의의 메시지를 믿는 자만이 들려올라갈 것이다(마 24:13; 요 3:16; 고후 5:21). 당신은 영적 준비가 되어 있는가? 안전하고 유일한 선택은 그 분께 순종하는 것이다(마 24:46).

**42절 : 그러므로 깨어 있으라 어느 날에 너희 주가 임할는지 너희가 알지 못함이니라**

"그러므로 깨어있으라" 예수님의 두 번째 오시는 것은 빨리 갑자기 올 것이다. 회개할 시간이 없으며 우리가 이미 선택한 결정이 우리의 영원한 운명을 좌

우할 것이다. 정말 도둑이 들어오는 것을 지키기 위해 밤에 깨어 있을 필요가 있는 밤일지도 모른다(살전 5:4-9). 주님이 말씀하시는 깨어 있으라는 말은 믿는 자들에게는 무슨 뜻일까?(막 13:33-34, 36; 14:38; 고전 16:13; 살전 5:6; 딤후 4:5; 벧전 4:7).

1. 믿는 자들은 주님이 다시 오신다는 것을 깨어서 준비하고 있어야 한다. 믿는 자들은 항상 깨어서 주님이 다시 오시는 징조를 향해서 눈을 뜨고 있어야 한다.

2. 믿는 자들은 하나님에 대한 의무를 다하고 사역에 관심을 가지며 신실하고 현명하게 봉사하도록 항상 주의를 기울여야 한다.

3. 믿는 자들은 그들의 행동과 태도를 잘 관리해야 한다. 항상 예수님이 다시 오시는 것에 관심을 가지고 다른 성도들과 함께 하나님의 마음으로 함께 동행해야 한다(고후 10:3-5; 딛 2:12-13).

4. 믿는 자들은 죽어서 주님을 기꺼이 만나는 준비를 하고 깨어 있어야 한다(히 9:27; 딛 2:12-13). 예수님은 이점에 대해서는 언급이 없었지만 성숙한 성도는 이 사실을 분명히 알아야 한다.

**43-44절 : 너희도 아는 바니 만일 집 주인이 도둑이 어느 시각에 올 줄을 알았더라면 깨어 있어 그 집을 뚫지 못하게 하였으리라 이러므로 너희도 준비하고 있으라 생각하지 않은 때에 인자가 오리라 충성되고 지혜 있는 종이 되어 주인에게 그 집 사람들을 맡아 때를 따라 양식을 나눠 줄 자가 누구냐**

예수님이 말씀하신 첫째 비유는 집주인에 대한 비유이며 집주인은 믿는 성도를 나타내며 예수님은 네 가지를 말씀하고 있다.

1. 집주인은 집을 잘 돌봐야 한다. 그는 집을 소유했기 때문에 복을 받았다. 집에는 소유물이 가득 차 있기 때문이며 도둑들이 탐낼 만큼 가치 있는 것들이다.

2. 그 집주인은 경계심 없이 살고 있다.

   1) 그 집주인은 도둑이 온다는 것을 알고 있으며 밤에 온다는 것도 알고 있다. 그러나 몇 시에 오는지는 모르고 있다.

2) 집주인은 깨어서 지키기 시작했다. 그는 그의 집을 보호하려고 시도했으며 그는 문을 걸어 잠그고 유리창들도 닫았다. 그는 모든 소리에 귀를 기울이면서 깨어 있으며 자기 집을 지키려고 만반의 준비를 하고 있다.

3) 그러나 그 주인은 그 집을 지키는 데 실패했고 전혀 기대하지 않은 장소에서 도둑이 나타났다. 그는 시간이 지루하게 흘러감에 따라 점점 졸음이 와서 고개를 떨구고 졸기 시작했다. 주인은 집을 지키는 것에 실패했다. 도둑이 오는 순간 그는 깨어있지 못했기 때문이다. 그의 마음은 계속해서 깨어있지 못했으며 도둑이 오는 소리에 귀 기울이지 못했다. 그리고 그는 능동적으로 지속적으로 관심을 가지고 경계하지 못했다.

3. 집주인은 잃어버린 재산으로 고통 받았다. 자는 동안 도둑이 들었으며 그는 집을 지키고 있었으나 집을 부수고 들어와 대부분이 값진 물건을 가져갔다.

4. 예수님의 요점은 항상 깨어 준비하라는 말씀이다. 준비한다는 것은 부지런하다는 것을 의미한다. 우리는 그가 다시 오신다는 것을 기대하면서 부지런하고 의롭게 살아야 할 것이다(벧후 3:11, 13). 예수님은 우리가 왜 준비가 되어야 하는지 두 가지 이유를 말씀하고 있다.

1) 예수님은 틀림없이 오신다.

2) 준비하지 않고 기대하지 않을 때 오신다(눅 12:39; 요 14:2-3; 살전 5:42; 벧후 3:10; 계 3:3; 16:5).

**45-47절 : 충성되고 지혜 있는 종이 되어 주인에게 그 집 사람들을 맡아 때를 따라 양식을 나눠 줄 자가 누구냐 주인이 올 때에 그 종이 이렇게 하는 것을 보면 그 종이 복이 있으리로다 내가 진실로 너희에게 이르노니 주인이 그의 모든 소유를 그에게 맡기리라**

예수님은 교회에서나 교회 밖에서 자기 백성을 돌보면서 이 땅에서 자기 일을 열심히 하며 시간을 보내라고 말씀하신다. 이것이 예수님이 이 땅에 다시 오실 때 준비하는 가장 좋은 방법이다. 그리고 예수님의 두 번째 비유는 신실하고 현명한 종의 비유이다. 종은 진정으로 믿는 성도를 말하며 예수 그리스도를 선포하는 사람일 뿐 아니라 예수님을 위해 사는 사람을 말한다.

진심으로 믿는 자는 목사나 교사, 어릴 때부터 예수님의 말씀을 따르는 사람일지도 모른다. 그러나 요점은 믿는 성도의 직위가 아니라 그의 성실함과 지혜로움이다. 가장 순수한 성도는 그가 누구이든 그의 직업이 무엇이든 충실하고 현명한 사람이다. 예수님은 이 비유를 질문의 형태로 물어보신다. "충성되고 지혜 있는 종이 되어 주인에게 그 집 사람들을 맡아 때를 따라 양식을 나눠 줄 자가 누구냐?" 그는 현재 직면한 문제에 대하여 더 많은 생각을 이끌어 내기 위해 이렇게 질문을 하고 더 개인적으로 맡은 일을 감당하도록 질문을 한다. 예수님은 충성되고 지혜로운 종에 대하여 세 가지 요점을 강조한다.

1. 그의 책임은 이중적이다. 주인의 식구들을 보살피고 주인의 가족들을 부양해야 한다.

  1) 그는 주인의 식구들을 보살펴야 한다. 주인의 가족을 돌보도록 책임을 맡기는 사람은 주인이다. 종은 자기 자신을 종으로 임명하지 않으며 그 집주인만이 가족을 돌보도록 종을 임명한다. 주인의 가족과 식구들을 돌보고, 감독하고 다스릴 책임이 주어진다. 그러나 그는 주인의 통제를 받는 종이며 모범을 보이면서 가족을 보살펴야 한다(히 13:17; 벧전 5:2-3).

  2) 그는 주인의 가족을 위해 양식을 준비하고 철에 따라 그 일을 행해야 한다. 가족들에게 양식을 제공하는 것은 종의 임무이다. 종은 베푸는 것이 그의 임무이지 받는 것이 아니다. 그는 주인 가족의 영양을 위하여 음식을 준비하고 적당한 때에 알맞은 음식을 준비해야 한다(요 21:15-17; 벧전 5:2).

2. 종의 책임이 분명히 언급되었으며 주님은 다시 오실 것이며 그가 오실 때 충실한 종이 하고 있는 일을 심판할 것이다. 종은 자기가 맡은 가계를 잘 관리하고 가족들에게 충성스럽고 지혜롭게 양식을 제공하는지 관찰되고 평가되어 질 것이다(고전 4:2; 15:58; 딤전 4:16; 벧전 4:10).

3. 그의 보답은 믿을 수 없이 클 것이다. 주인은 충성된 종에게 그의 모든 재산을 맡길 것이다. 그는 제일 높은 위치에 자리 잡고, 사랑받고, 유일한 사람으로 귀하게 여겨질 것이다. 그는 주인을 위해 작은 부분의 일을 돌보면서 나이가

들어가고 있다. 그에게는 주인을 위한 더 큰 책임이 주어질 것이다(눅 16:10; 롬 8:32; 고전 2:9; 계 2:26; 3:21).

**개념 1.** 누가 지혜롭고 충성된 종인가? 이 말은 참고 인내하는 자, 주님이 맡겨 주신 일을 잘 돌보는 자를 말한다. 그리고 좋은 종은 충실하고 신중하며 그에게 맡겨진 일을 성실히 수행하는 자이다. 예수님이 다시 오실 때 그는 큰 축복을 받게 될 것이다. 그러나 항상 경계하면서 계속 눈을 뜨고 사는 것은 불가능하나. 비유에서 말씀하시는 것처럼 주인의 부재동안 주인이 돌아오기까지 문 앞에서 기다리고 있는 것을 바라지 않고 오히려 종에게 맡겨진 일에 발전이 있기를 기대한다. 종들은 주인이 언제 올지 모르며 종들에 대한 주인의 평가는 그들이 행한 것에 따라 달라질 것이며 신실한 청지기로서 직분을 다해야 할 것이다.

> **48-51절 : 만일 그 악한 종이 마음에 생각하기를 주인이 더디 오리라 하여 동료들을 때리며 술친구들과 더불어 먹고 마시게 되면 생각하지 않은 날 알기 못하는 시각에 그 종의 주인이 이르러 엄히 때리고 외식하는 자가 받는 벌에 처하리니 거기서 슬피 울며 이를 갈리라**

예수님이 말씀하시는 세 번째 비유는 악한 종의 비유이다. 악한 종은 말만 믿는다고 하는 성도이다. 어떤 사람은 말만 성직자라고 하는 사람도 있다. 그가 성직자의 권위를 가지고 성도들에게 말하지만 그는 진정한 성직자가 아니며 그는 믿음이 부족하고 믿을 만한 가치가 없는 사람이다(딤전 1:12). 그의 삶은 비극적이며 예수님은 그의 태도와 행동에 대해 마지막 날 심판할 것이다.

1. 그의 태도는 마음의 태도이며 마음의 문제이다. 우리 주인은 멀리 떠나 오랫동안 머물며 돌아오려면 오랜 시간이 걸릴 것이라는 그의 마음의 문제이다. 이런 태도를 생기게 하는 몇 가지 원인을 살펴보면 다음과 같다.

   1) 주님이 곧 오실 것이라는 말을 의심하는 행위
   2) 그것을 문자적으로 받아들이는 대신에 단지 상징적으로 주님이 온다고 잘못 해석하는 행위. 여기에서 상징적이라는 말은 사람이 죽으면 주님을 만나는 것과 같은 것을 뜻한다.
   3) 사람이 자기 욕심을 가지고 원하는 대로 살기 위해 주님이 다시 오신다는 것을 무시하는 행위

4) 주님이 다시 오신다는 생각은 너무 먼 이야기이기 때문에 오늘날 아무런 의미가 없다고 생각하는 행위

2. 그의 행동은 악한 종이 말하는 것처럼 아직도 돌아오려면 시간이 많이 남아 있으므로 자기 욕망대로 살면 된다고 하는 행동. 그의 마음이 결국 태도를 결정한다.

1) 그는 부당하게 행동하며 심지어 동료를 때리기까지 한다. 그는 물질을 더욱 추구하며 권력욕을 가지고 그에게 방해가 되는 사람을 심하게 다루며 사람보다 돈을 더 추구한다(벧전 5:2-3).

2) 그는 정욕적으로 살고 있으며 그는 술주정뱅이와 함께 먹고 마신다. 즉 그들과 함께 동행하는 삶을 산다. 그는 죄를 짓는 자와 동반자가 되며 육체를 즐기기 위해 살며 태만하다.

3. 그에게는 심판이 올 것이며 그 심판을 피할 수 없다.

1) 주님은 예고 없이 오셔서 악한 종을 벌하실 것이다. 어떤 사람들은 주님이 그들을 심판하러 오신다는 것을 부인하고 어떤 사람은 그가 오신다는 것을 무시하고 그의 마음속에서 그러한 생각을 지워 버린다. 어떤 것도 주님이 오시는 것을 막을 수 없다. 사악한 종이 그가 오리라고 기대하지 않을 때 그의 주인은 오실 것이다. 모든 악한 사람에게 주님이 다시 오신다는 것은 인류 역사에서 가장 공포의 경험이 될 것이다. 주님을 만나는 것에 관하여 이야기할 때 모든 사람은 죽을 때 주님을 만난다는 것을 의미한다. 사람이 한 번은 죽는 것처럼 죽은 후 반드시 심판을 받는다(히 9:27). 예수님의 말씀의 요점은 악한 사람은 종말에 영원한 지옥의 운명을 만난다는 사실이다.

2) 주님은 악한 종은 외식하는 자와 함께 저주를 받아 죽게 될 것이라고 말씀하신다. 그는 그리고 가장 비극적인 것은 하나님의 임재 앞에서 죽임을 당할 것이다. 예수님은 외식하는 자가 지금 어디에 있느냐고 물으시며 그는 그곳에서 울며 이를 갈게 될 것이라고 말씀하신다(마 8:12). 악한 종의 죄와 거짓 고백의 죄는 몇 가지 무서운 일을 저지른다.

⑴ 그는 자기 자신을 속이고 다른 사람을 속인다. 그는 사람들에게 주님이 다시 오셔서 심판하지 않을 것이라고 미혹한다. 그리고 그들이 심판을 받더라도 그 심판은 별것 아니라고 생각하게 한다.

⑵ 그는 영원한 삶, 천국, 심판, 하나님의 진실을 과소평가한다.

⑶ 그는 복음의 메시지와 복음의 능력을 믿지 않는다.

⑷ 그는 사람들이 진리를 듣지 못하게 하며 그는 주님이 오시는 것에 초점을 맞추어 준비하고 깨어서 하나님의 인도와 보호를 받지 못하도록 방해한다(눅 21:28; 요 14:2-3).

**개념 1.** 예수님은 어떤 종에 대한 이야기를 하고 있다. 이 사람은 악한 종이다. 즉 그 사람은 목사, 교사, 평신도 중에도 있다. 예수님은 그는 악한 종이며 그를 악하게 만드는 것이 무엇인지 상세하게 설명하고 있다.

**개념 2.** 나는 사람 기운데 가장 나쁜 사람은 믿는다고 거짓 고백하는 사람이며 그는 고백하면서 죄 속에서 살고 있다. 예수님은 그런 사람을 외식하는 자라고 말씀하고 있다. 그가 해야 할 일은 그의 죄를 고백하고 회개하고 하나님께 돌아가서 하나님의 놀라운 은혜와 자비를 경험하는 것이다(요일 1:9).

**개념 3.** 주님의 다시 오심을 부인하고 왜곡하고 무시하는 사람은 하나님이 보여 준 계시에 따라 사는 사람이 아니라 자기의 욕망에 따라 사는 사람이다. 그리고 하나님의 심판은 예수님이 이 땅에 돌아오실 때 확실히 있을 것이다. 하나님이 예기치 않게 갑작스럽게 오신다는 것은 우리가 항상 준비해 있으라는 동기를 부여해 준다. 우리가 아무 일도 하지 않고 앉아서 기다리면서 책임감 없이 살라는 뜻이 아니다. 종말에 대한 우리의 호기심이 하나님의 사명으로부터 우리의 마음을 다른 곳으로 돌리게 해서는 안 된다. 그리고 하나님의 나라를 건설하지 않고 자기의 천국을 건설해서는 안 된다.

# 마태복음 25장

**1-5절 : 그때에 천국은 마치 등을 들고 신랑을 맞으러 나간 열 처녀와 같다 하리니 그 중의 다섯은 미련하고 다섯은 슬기 있는 자라 미련한 자들은 등을 가지되 기름을 가지지 아니하고 슬기 있는 자들은 그릇에 기름을 담아 등과 함께 가져갔더니 신랑이 더디 오므로 다 졸며 잘새**

예수님은 신랑으로 묘사되며 교회와 믿는 자들은 신부로, 주님이 돌아오는 것은 큰 혼인 잔치로 비유되고 있다.

1. 예수님은 그가 다시 오실 때까지 어떻게 살아야하며 그가 다시 오실 때 무엇을 준비해야 되는가를 더욱 명확하게 밝히기 위해 다음과 같은 비유들을 말씀하고 있다.

　　1) 열 처녀 비유에서 모든 사람은 자기 자신의 영적 상태에 대한 책임이 있다.

　　2) 달란트 비유는 하나님이 우리에게 맡긴 달란트를 잘 사용할 필요성을 말해 주고 있다.

　　3) 염소와 양의 비유는 곤경에 처한 사람을 도와주어야 된다는 중요성을 강조하고 있다.

열 처녀의 비유에서 신랑은 의식에 따라 신부의 집으로 간다. 그 다음 신랑과 신부는 결혼 행렬에 함께 참여하고 잔치가 열리는 신랑의 집으로 돌아오며 가끔은 일주일 내내 계속된다. 주님이 다시 오실 때 천국은 열 처녀와 같다고 말하고 있다. 다섯 명은 미련하고 다섯 명은 슬기롭다고 한다. 천국은 미래 존재의 완전한 상태를 언급할 뿐 아니라 하나님의 주권이 미치는 곳을 말한다. 주님이 다시 오실 때 미련한 사람과 슬기로운 사람은 구분될 것이다. 예수님이 다시 오실 때 천국 안에서 미련한 자 즉 교회 안에서 거짓 고백하는 자는 슬기로운 성도로부터 분리될 것이다.

열 처녀(모든 성도)는 그들의 등불을 들고 신랑을 만나러 간다. 모든 성도는 예수님을 위해 살고 예수님을 의지한다고 고백하면서 신앙생활을 하고 있나. 그리나 그 중에 어떤 사람은 슬기롭고 어떤 사람은 미련하다. 미련한 처녀(성도)는 그들이 그들의 등에 이미 들어있는 기름 이외에는 기름을 준비하지 않았다. 그들은 그들 자신의 의를 제외하면 의로움에 대한 준비를 하지 않고 있다. 즉 성령의 공급이 없다(막 7:21; 롬 3:10). 슬기로운 처녀(성도)들은 기름을 가지고 있으며 그들은 그의 등에 이미 들어있는 것에 의존하지 않고 신랑(예수님)을 만나러 가기 위해 여분의 기름 즉 의로움과 성령의 공급을 미리 준비한다(고후 5:21; 고후 11:2; 계 14:4).

**개념 1.** 성도의 중요한 임무는 신랑을 만나는 것이며 그 길을 밝히는 것이다.

**개념 2.** 처녀들(믿는 성도들)의 차이는 눈에 보이지 않으며 그들 모두가 등불을 들고 있다. 그들 모두 혼인 잔치에 참여하도록 부름을 받는다. 미련함 때문에 준비가 되지 않아 신랑이 실제로 올 때 그 혼인 잔치에 들어갈 수 없다.

**개념 3.** 등(삶)에 들어 있는 기름만 의지하는 것은 얼마나 어리석은 일인가? 어떤 사람도 자기 자신을 하나님께 가까이 갈 만큼 충분한 기름(의로움)을 가지고 있지는 않다.

**개념 4.** 예수님이 다시 오실 때 그 사람이 하나님의 임재에 있도록 허락받으면 그 사람 안에 의로움이 있는지 반드시 밝혀질 것이다. 사람은 믿음으로 하나님 안으로 들어가야 한다.

예수님은 흥미 있는 이야기를 말씀하고 있다. 신랑이 더디 오므로 모든 처녀들은 졸면서 자는데 미련한 처녀뿐 아니라 슬기로운 처녀들도 졸면서 잔다. 신랑을 예상보다 훨씬 오래 기다린다는 사실이다. 처녀들은 신랑이 오기를 기대하면서 등불을 켜놓고 있었지만 그는 오지 않았다. 그들이 기다리고 또 기다릴 때 밤은 점점 깊어간다. 많은 사람의 눈에는 주님이 오시는 때가 자신이 생각하는 것보다 훨씬 느리게 오신다. 모든 처녀들이 신랑을 기다리면서 졸면서 자고 있다.

2. 슬기로운 사람조차도 점점 지루하게 생각하고 예수님이 오시는 그 시간에 맞추어 깨어 있기는 어렵다는 것을 안다. 어떤 성도일지라도 그가 마땅히 해야 하는 일을 다 할 수는 없다. 세상은 너무 어둡고 그 어두움은 믿는 자에게 너무 무겁다. 그가 무거운 눈꺼풀을 당겨 올리는데 항상 승리할 수 있을 만큼 충분한 영적 에너지가 있는 것은 아니다.

1) 사람의 육체는 너무 연약하여 항상 땀 흘려 일할 수는 없다.
2) 사람의 마음은 너무 미성숙하여 항상 집중할 수는 없다.
3) 사람의 에너지는 너무 제한적이어서 항상 추진력을 발휘할 수 있는 것은 아니다.
4) 사람의 정신력은 너무 연약하여 항상 희생할 수는 없다.
5) 사람의 동기는 너무 자기중심적이어서 항상 이타적으로 행할 수는 없다
(막 13:35-37; 요 4:35; 롬 13:11; 고전 15:58; 골 3:23; 살전 5:6; 딤후 1:6; 전 9:10).

**개념 5.** 예수님은 많은 사람들이 오실 것이라고 생각하는 것보다 훨씬 오래 걸릴 것이다. 왜 그런가? 그것은 하나님만 알고 있으며 그러나 성경은 거기에 대하여 언급하고 있다.

1) 하나님의 목적이 완전히 이루어져야 한다.
2) 이방인의 때가 완전히 이루어져야 한다.
3) 하나님의 사랑이 어느 정도의 사람에게 충분히 선포되어야 한다. 즉 어느 정도 사람들이 예수님이 오시기 전에 구원되어야 한다.
4) 복음이 모든 열방에 선포되어야 한다(마 24:14).
5) 복음의 수확이 익어서 그 열매를 거두어 들여야 한다.
6) 예수님의 고통이 완전히 채워져야 한다(골 1:24).
7) 하나님은 어떤 사람도 멸망하기를 원치 않으시며 인내하신다(벧후 3:9).

**개념 6.** 핵심적인 질문은 답변이 필요하다. 우리가 처음 구원받았을 때 우리가 가졌던 그 뜨거운 열정을 기억하라. 시간이 지나감에 따라 왜 그 열정이 식어 가는가?

1) 우리는 예수님을 위한 모든 사랑을 잃어버렸고 우리의 첫사랑을 버렸다 (계 2:4).

2) 우리는 하나님에 대한 모든 경배를 중지하지는 않았지만 우리는 경배의 첫째 임무를 잃어버렸다.

3) 우리는 예수님을 위한 모든 증언을 계속하고 있지만 우리의 열정이 식어 버렸다.

4) 우리는 모든 의로움으로부터 돌아서지는 않았지만 우리는 우리의 첫 번째 관심과 주의로부터 딴 곳으로 관심을 돌렸다.

**개념 7.** 처녀들이 졸음이 와서 잠들게 되는 것에 주목하라. 우리는 졸음이 오거나 열정이 식어지지 않도록 깨어 있어야 한다. 잠시 동안 졸음이 오거나 열정이 식어 버리는 것은 심각한 것 같이 보이지는 않으나 계속 졸고 하나님이 오시는 일에 등한시해서는 안 된다.

> **6-9절 : 밤중에 소리가 나되 보라 신랑이로다 맞으러 나오라 하매 이에 그 처녀들이 다 일어나 등을 준비할새 미련한 자들이 슬기 있는 자들에게 이르되 우리 등불이 꺼져가니 너희 기름을 좀 나눠 달라 하거늘 슬기 있는 자들이 대답하여 이르되 우리와 너희가 쓰기에 다 부족할까 하노니 차라리 파는 자들에게 가서 너희 쓸 것을 사라 하니**

밤중에 신랑이 온다는 큰 외침이 있고 난 후 모두 다 나와서 신랑을 맞으라는 소리가 들렸다.

1. 신랑을 맞으라는 큰 소리의 부름은 전혀 예기치 못한 일이며 큰 놀라움이 될 것이다. 그 시간 또한 놀라운 시간, 밤중이며 아무런 방해받지 않고 잠들어 있는 시간이다. 예수님은 밤에 도둑같이 온다고 말하고 있다.

2. "보라 신랑이로다 맞으러 나오라" 이것은 나와서 그를 맞으라는 소리이다. 그것은 신랑이 온다고 크게 부르는 소리이다. 두 가지 주목해야 할 점은 "보라 신랑이로다 맞으러 나오라"는 그를 맞이하러 나오라고 하는 큰 외침이며, 그 외침에 잠이 깨고 놀라고 어리둥절하게 된다.

3. 모두 잠이 깨어 등불을 준비하기 시작한다. 모든 처녀들(믿는다고 고백하는 모든 자들)은 잠이 깬다. 왜냐하면 그 외침이 공기를 뚫고 처녀들에게 즉시 일어

나도록 일깨워 준다. 한 사람도 잠자는 사람이 없으며 모두가 깨어 일어난다. 왜냐하면 신랑이 오기 때문에 모두가 즉시 등불을 준비해야 하기 때문이다.

4. 모든 미련한 자들은 충격적인 사실을 발견하고 그들의 등불은 거의 다 타 버렸다. 그들의 등불이 타고 있는 동안에 신랑이 오지 않았으며 지금 그들의 등 은 그들이 가지고 있는 기름을 다 소모해 버렸다. 그들은 미친 듯이 후회했다. 왜냐하면 기름을 준비하지 않았기 때문이다. 신랑이 오는 때를 맞이하기 위해 등(삶)을 밝힐 충분한 기름을 준비하지 못했기 때문이다(눅 21:34-35; 롬 10:3; 엡 4:18; 미 4:12).

5. 모든 슬기로운 자들도 그들이 사용할 만큼 한정된 기름뿐이었다. 두 가지 주목해야 할 사실은 그들은 기름을 준비하였으되 신랑을 맞이할 등불을 유지하 는 데 필요한 만큼만의 기름을 가지고 있었다(계 3:12).

6. 그들은 그들 자신만이 겨우 사용할 기름을 가지고 있으며 다른 사람에게 빌려줄 만큼 충분한 기름을 가지지 않고 있다는 사실이다(고전 15:34; 엡 5:14; 살전 5:5-6; 계 16:15; 19:7).

**개념 1.** 죽음은 언제나 갑작스럽게 닥치며 우리 모두에게 다가온다. 주님이 돌아오는 것도 마 찬가지이다. 주님도 우리의 죽음처럼 갑자기 돌아올 것이다.

**개념 2.** 신랑이 온다는 외침이 있을 때 모두가 일어날 것이다. 무덤에 있거나 바다에 있거나 온 세계에 흩어져 있든지 자면서 계속 남아있는 사람은 없을 것이다. 충격적이게도 주님이 다 시 오신다는 외침이 있을 때 모두가 일어날 것이다. 살아있거나 죽은 사람이거나 주님을 만나 러 일어날 것이다(살전 4:14).

**개념 3.** 예수님이 처음 이 세상에 왔을 때는 아무런 외침이나 충격적인 뉴스가 없었다. 단지 몇몇 사람만이 베들레헴에서 아기로 그가 오셨다는 것을 알았다. 그가 다시 오실 때에는 모든 사람들이 알게 될 것이다. 온 우주의 외침과 천사장들의 소리가 신랑이 오시니 일어나 준비하 라고 외칠 것이다.

**개념 4.** 예수님의 의를 닮는 것이 삶의 등불을 밝혀주는 유일한 기름이다. 그의 등에 있는 기 름만 의지하고 여분의 기름을 준비하지 않고 있는 사람은 미련한 다섯 처녀와 같다. 그런 일 은 밤중에 일어날 것이며 지금 그 밤이 다가오고 있다. 사실 우리의 때가 지금 그의 밤이 되었 다는 것을 말해 주고 있다.

**개념 5.** 여분의 기름을 준비하는 사람은 슬기로운 사람이다.

**개념 6.** 이 세상에서 어떤 것들은 빌릴 수가 없다. 의로움도 빌릴 수 있는 것이 아니다.

### 10절 : 그들이 사러 간 사이에 신랑이 오므로 준비하였던 자들은 함께 혼인 잔치에 들어가고 문은 닫힌지라

주님은 돌아와 슬기로운 자를 불러 모을 것이다. 예수님은 두 가지 중요한 요점을 지적하고 있다.

1. 신랑이 도착한다. 즉 신랑 예수 자신이 도착한다고 말할 수 있는 때가 올 것이다(마 25:31, 살전 4:16).

2. 준비된 자들만이 신랑의 결혼식에 함께 참여한다. 신랑의 결혼식에 함께 하는 것이 그들의 목적이며 그들이 준비하는 이유이다. 그들은 신랑이 오기를 기대하고 있으며 그래서 준비를 해야 한다. 신랑이 온다는 외침이 있을 때 그들은 결혼 행렬에 참여할 수 있고 혼인 잔치에 들어갈 수 있다. 혼인 잔치는 그들의 기쁨이다(마 24:31; 요 17:24).

**개념 1.** "시간이 찼다"는 것은 다시 오신다는 뜻이다. 즉 교회와 신랑 예수님의 큰 결혼 축제를 위한 시간이다.
**개념 2.** "준비된 자"들은 혼인 잔치에 들어갈 것이며 들어가도록 허락하는 자는 하나님이며 준비하게 하는 자도 하나님이시다(고후 5:5).

### 11-12절 : 그 후에 남은 처녀들이 와서 이르되 주여 주여 우리에게 열어 주소서 대답하여 이르되 진실로 너희에게 이르노니 내가 너희를 알지 못하노라 하였느니라

1. 문은 이미 닫혔고 들어갈 수 없었으며, 이러한 것은 옛날 동양의 풍속이었다. 모든 초청된 손님들이 도착했을 때 혼인 잔치의 안전을 위해 외부인들이 들어오지 못하도록 문을 닫는다. 초대받은 손님만 들어갈 수 있으며 다른 사람은 들어갈 수 없다. 준비된 자, 초청받은 손님만이 혼인 잔치의 기쁨에 참여하게 될 것이다. 준비되지 않은 자는 문이 닫혀 들어가지 못한다는 것을 발견하게 될 것이다.

2. 미련한 자들은 들어가려고 몸부림칠 것이다. 그들은 너무 늦어 결혼 행렬

에도 참가하지 못하고 혼인 잔치의 문에도 들어갈 수 없다. 주님은 그들의 절망에 대해서 강조하고 있다. "주여, 주여"하면서 울부짖을 것이다. 그들은 지금 그들이 미리 준비하라고 한 말에 귀를 기울이지 않았다는 것을 후회하고 있다. 그들은 신랑의 큰 잔치로부터 제외되었다.

3. 미련한 자는 들어오지 못하도록 거절당할 것이다. 그 이유는 간단하며 신랑이 그들을 알아보지 못하기 때문이며 그는 "내가 너희를 알지 못하노라"고 말하며 다른 어떤 말도 하지 않는다. 왜냐하면 그들은 예수님이 오실 때 준비되지 않았기 때문이다. 그들은 혼인 잔치 때 행하는 긴 행렬에 참가하지 않았으며 그리고 신랑은 그들이 누구인지 알아보지 못했다. 예수님은 문이 닫힐 날이 올 것이라는 것을 때때로 성경에서 상기시켜 주었다(마 7:21-23; 눅 13:25-27; 요 10:9). 예수님이 우리를 알고 있다는 사실을 성경에서 여러 번 강조하였으며 심지어 머리카락 숫자까지 알고 계신다고 하였다. 물론 예수님이 우리를 알게 되는 방법은 그의 복음 전파에 함께 하여 날마다 동행함으로써 그는 우리를 알게 된다(마 7:23; 요 10:14; 갈 4:9; 출 33:12; 사 43:1).

**개념 1.** 문이 닫힌다는 뜻은 이중적인 의미를 가지고 있다.

1) 슬기로운 사람(믿는 자)는 주님의 혼인 잔치에 참여하고 환영받는다. 즉 슬기로운 자는 그 문을 통과할 수 있다는 뜻이다. 그는 혼인 잔치 때 연회장에서 일어나는 모든 행사를 즐기며 함께 기뻐한다. 다른 성경은 사랑, 희락, 평강이 넘치며 믿는 자는 기쁨이 넘치는 충만한 경험을 하게 되며 불행하고 부패하고 고통스러운 세상으로 다시는 들어가지 않을 것이다.

2) 미련한 사람(믿는다고 고백만 하고 믿지 않는 자)은 제외될 것이다. 미련한 자에게 준비하라고 여러 번 경고하고 징조가 있었으나 주님이 다시 오실 것이라고 했음에도 불구하고 준비를 거절한 자이다(롬 1:18-23; 2:11-15).

**개념 2.** 미련한 자는 두 가지 사실에 실패한 자이다.

1) 준비하지 않음 – 그는 등에 기름을 준비하지 않은 자이다. 이미 등에 들어있는 기름을 제외하고 여분의 기름이 필요없다고 생각하는 사람이다.

2) 혼인 잔치에 참가하지 않는 사람 – 그는 신랑의 큰 혼인 잔치로 가는 긴 행렬에 참가할 수 없으며, 그는 여분의 기름이 없기 때문에 그의 등불(삶)이 신랑이 오는 길에 빛을 밝힐 수 없다.

## ▌13절 : 그런 즉 깨어 있으라 너희는 그날과 그때를 알지 못하느니라

1. 이것은 예수님의 강한 권면의 메시지이다. 믿는 성도는 혼인 잔치의 긴 행렬에 준비하고 참가해야 한다. 그는 주님이신 신랑과 항상 동행해야 한다.

2. 깨어 있으라는 이유는 인자가 언제 오실지 모르므로 기대하면서 깨어 있으라고 권면한다. 철저한 준비가 필요하다. 왜냐하면 어느 순간에 오실지 모르기 때문이다(눅 12:37; 살전 5:5-6; 계 3:11; 16:15).

## ▌14-15절 : 또 어떤 사람이 타국에 갈 때 그 종들을 불러 자기 소유를 맡김과 같으니 각각 그 재능대로 한 사람에게는 금 다섯 달란트를, 한 사람에게는 두 달란트를, 한 사람에게는 한 달란트를 주고 떠났더니

예수님은 천국은 먼 타국에 여행하는 사람과 같다고 비유의 말씀을 하셨다. 그는 이 세상을 떠나 특별한 목적을 위해 하늘로 올라가는 긴 여행을 했으며 그의 종들에게 그가 하라고 맡긴 일이 완성될 때까지 그는 하나님 오른편에 앉아 있을 것이며 그가 다시 오실 때 심판이 있거나 상급의 시간이 있을 것이다(요 14:2-3; 빌 2:9-11; 행 2:33-35; 5:31).

주님은 그의 소유를 그의 종들에게 맡겼다. "그가 위로 올라가실 때에 사로잡혀 있던 자들을 사로잡으시고 사람들에게 선물을 주셨다 하였도다"(엡 4:8). 예수님은 여기에서 특별히 세 가지 요점을 말씀하고 있다.

1. 주님은 자기 자신의 종을 불렀다. '종'이라는 말은 자유는 없고 메여 있는 노예이다. 그는 충실하고 맡긴 일에 책임을 다하는 종을 불렀다. 그 종을 값을 치르고 샀기 때문에 그의 소유물이며 주인에게 봉사해야 한다. 왜 그들을 불렀

을까? 그가 멀리 가 있는 동안 그의 소유(재능)를 그들에게 맡기기 위해서 였으며 그리고 그의 소유(재능)를 잘 돌봐서 달란트가 증가되고 더 번성해야 했다. 주님의 소유는 세상과 사람들의 영혼을 의미한다. 그리고 종들에게 예수님이 하시던 일 즉 영혼 관리와 이 세상의 절망을 잘 치유하는 사역을 맡겼다.

2. 주님은 각 종에게 그의 소유를 돌보도록 각각 다른 양의 달란트를 나누어 주었다. 그리고 각자에게 특별한 달란트가 주어졌으며 어떤 사람도 예외 없이 그리스도의 선물의 분량대로 그 달란트가 주어졌다.

3. 주님은 그의 능력에 따라 달란트를 각 종에게 주셨다. 여기에서 네 가지 중요한 요소가 있다.

> 1) 어떤 종도 똑같은 능력, 환경, 책임, 기회, 유전자, 유산, 정신, 마음을 가지고 있지 않다(고전 4:7).
>
> 2) 하나님은 각 종들의 능력을 완벽하게 알고 있으며 하나님의 뜻대로 각자에게 맞는 달란트를 주셨다.
>
> 3) 각각의 종들은 그가 필요한 모든 달란트를 받았으며 그것을 마음대로 사용할 수 있다(롬 12:4-8; 고전 12:4-7).

4. 각각의 종은 하나님이 그에게 준 것을 사용하는 데 있어서 성실히 할 수 있도록 똑같은 기회가 주어졌다. 우리는 우리가 맡았던 일의 크기나 달란트의 양이 아니라 우리의 충성심에 따라 심판을 받을 것이다(마 16:27; 벧전 1:17).

**개념 1.** 세 가지 귀중하고 놀라운 사실이 여기 있다.

> 1) 우리는 그에게 속해 있다. 우리는 하나님의 것이다. 우리는 그의 소유물이다(겔 44:28; 사 43:1).
>
> 2) 예수님이 우리를 돌보신다. 각자는 그의 소유, 즉 하나님을 위해 특별한 재능, 능력, 책임이 주어졌다. 하나님은 우리의 삶을 영위하는 데 정확하게 필요한 것을 주셨고, 삶의 의미와 목적을 수행하는 데 필요한 것을 주셨다.
>
> 3) 예수님은 교회를 돌보신다. 예수님의 임재가 있는 동안 그는 교회를 돌

보는 데 필요한 모든 것을 제공하였다(엡 4:11-13).

결론적으로 주인은 종들의 능력에 따라 달란트를 나누어 주셨다. 어떤 사람도 그가 다룰 수 있는 능력의 이상도 이하도 아닌 만큼의 달란트를 주셨다. 만약 그 종이 주인이 맡긴 사명에 실패한다면 그의 변명은 통하지 않을 것이다. 실패는 게으르거나 주인을 미워하는 것으로부터 온다. 하나님은 우리에게 능력에 따라 시간, 재능 그리고 사용할 수 있는 자원을 주셨다. 하나님은 그가 오실 때까지 그것을 현명하게 투자하기를 기대하고 있다. 우리는 하나님이 맡긴 것을 잘 사용할 책임이 있다. 그 이슈는 우리가 얼마나 많은 것을 받았느냐가 아니라 우리가 받은 것을 어떻게 잘 활용 하느냐에 달려 있다.

**16-18절 : 다섯 달란트 받은 자는 바로 가서 그것으로 장사하여 또 다섯 달란트를 남기고 두 달란트 받은 자도 그같이 하여 또 두 달란트를 남겼으되 한 달란트 받은 자는 가서 땅을 파고 그 수인의 돈을 감추어 두었더니**

종들은 주님의 소유를 각자 다르게 사용했다.

1. 두 종은 대단히 책임감이 강한 종이었다. 그들은 즉시 일터로 가서 재빨리 일을 시작했다.

　1) 그들은 충실하고 부지런했다. 그들은 그들의 능력과 에너지를 즉각 사용했다. 그들은 주님이 주신 것들을 사용하기 위해 열심히 노력하고 그들의 에너지를 최대한 소비했다. 주목할 점은 조금 적게 받은 종도 많이 받은 종만큼 일하고 노력했다. 그는 많은 달란트를 받지 않았지만 많이 받은 사람만큼 노력과 에너지와 똑같은 창의력을 발휘했다(눅 12:48). 예를 들어서 설명한 것은 장사에 관한 것이지만 요점은 종들이 각자에게 주어진 달란트를 충실하고 부지런하게 사용했는가이다.

　2) 두 종은 성공적이었다. 각자 주님이 그들에게 준 것을 2배로 이득을 올렸다. 그들은 달란트의 비율에 따라 열매를 거두었다. 한 사람은 5달란트를 받아 10달란트로 배가시켰으며 그것보다 적게 받은 2달란트를 받은 종은 4달란트로 증가시켰다. 이 성공한 종은 주님이 주신 것을 똑같

이 성공적으로 배로 증가시켜 충성된 종이 되었다(롬 12:11; 고전 4:2; 15:58; 벧전 4:10; 벧후 3:14).

2. 다른 한 사람의 종은 책임감이 없었다. 그는 단순히 주님이 주신 재능을 사용하지 않았다. 이 사람에게서 주목할 점은, 그도 다소 활동적이며 주님이 주신 것을 밖에 나가 땅에 파묻는 데 시간과 에너지를 주님의 것으로 사용하지 않고, 자신의 삶과 시간을 자기 손에 움켜잡고 주님을 위해 사용하지 않았다는 점이다. 그는 자신만을 위해 봉사했으며 세속적이고 육신을 탐하면서 이 세상의 소유물을 쫓아 살고 있다(마 7:26-27; 눅 8:14; 13:6; 21:34-35; 약 5:5; 벧후 2:13; 호 10:13).

**개념 1.** 우리에게 주는 네 가지 교훈

1) 즉시 일할 것 – 즉시 행동할 것, 즉시 하나님이 주신 달란트를 사용할 것, 날마다 최대의 노력과 에너지를 사용하지 않으면 기회를 잃는다. 그리고 잃어버린 기회는 회복할 수 없다.

2) 충성되고 부지런하게 노력하면 열매가 늘어날 것이다. 그의 달란트를 충성되게 사용하는 종은 여러 배의 결실을 목격하게 될 것이다.

3) 한 달란트를 가진 사람도 많은 달란트를 가진 사람과 똑같이 그의 달란트를 사용할 책임이 있다.

4) 종종 적게 달란트를 물려받은 사람은 그가 주님을 위해 할 일이 적다고 느끼고 있다. 이러한 태도는 옳지 않으며 달란트는 우리의 것이 아니며 주님의 것이다. 그것은 최대의 노력과 에너지로 사용되어야 한다. 받은 달란트를 사용한다는 것은 우리가 이 세상에서 가지고 있는 모든 시간과 날들을 보낸다는 것이다. 우리는 비록 한 달란트를 받았다 하더라도 주님을 위해 우리가 받은 것을 항상 충실하고 부지런히 사용해야 한다.

**▌ 19절 : 오랜 후에 그 종들의 주인이 돌아와 그들과 결산할새**

오랜 시간 후에 주인이 돌아와 종들을 모아 놓고 결산할 시간이 되었다. 예수님이 다시 오실 무렵에는 사람의 눈에는 오랜 시간이 걸릴 것 같으나 하나님 께는 단지 짧은 시간일 것이다. "내가 속히 오리니"라고 말씀하시고 있다(벧후 3:3-4; 8:11; 계 3:11).

주님은 이미 다시 오셨고 세상 사람들과 결산하기 위한 것이 아니라 그의 종 들과 결산하기 위해 다시 오셨다고 말씀하고 있다. 이 구절에서 예수님이 말씀 하시는 종은 믿는다고 고백하는 자, 교회 성도, 진정으로 믿음을 가진 자, 그리 고 거짓 고백하며 말로만 믿는다고 고백하는 자 등등 모든 종들을 말씀하시는 것이다(마 18:23; 21:34; 25:19; 눅 19:15; 롬 14:12; 히 9:27; 벧전 4:4).

**개념 1.** 주님의 다시 오신다는 약속에 관하여 천천히 오신다는 뜻은 아니다. 그는 살아 있는 사람과 죽은 사람을 심판하기 위해 준비하고 있다(벧전 4:5). 그러나 그는 회개하기를 오랫동 안 기다리면서 오랫동안 참고 있다(벧후 3:9). 오랜 시간 후에 결산이 시작된다는 것은 천국의 완성이 오래 길러나는 의미를 가지고 있다.

**20-23절 : 다섯 달란트 받았던 자는 다섯 달란트를 더 가지고 와서 이르되 주인이여 내게 다섯 달란트를 주셨는데 보소서 내가 또 다섯 달란트를 남겼나이다 그 주인이 이르되 잘 하였도다 착하고 충성된 종아 네가 적은 일에 충성하였으매 내가 많은 것을 네게 맡기리 니 네 주인의 즐거움에 참여할지어다 하고 두 달란트 받았던 자도 와서 이르되 주인이여 내게 두 달란트를 주셨는데 보소서 내가 또 두 달란트를 남겼나이다 그 주인이 이르되 잘하였도다 착하고 충성된 종아 네가 적은 일에 충성하였으매 내가 많은 것을 네게 맡기 리니 네 주인의 즐거움에 참여할지어다 하고**

1. 맡겨진 일을 잘한 종에게는 더 많은 일이 주어질 것이다. 첫째 종과 둘째 종은 똑같은 경험을 하게 되었다.

1) 두 종들은 하나님이 주신 달란트와 은혜를 인정하였다. 종이 가지고 있던 모든 것은 주님에 의해서 주어졌다. 3) 주인과 결산할 때 감사와 평가, 특권과 책임감에 대한 칭찬이 있었다. 2) 두 종은 주님을 위해 일하는 것을 특권으로 여 겼으며 하나님은 두 종에게 삶의 의미와 목적과 세상에서 가장 큰 특권을 주었 다. 4) 그들은 하나님께 감사함이 넘치고 있었다.

2. 두 종들은 주님께 담대히 나아갔다. "보소서 내가 남겼나이다" 이렇게 말

하는 것은 그들의 담대함을 자랑하는 것이 아니라 주님이 하라고 말씀하신 것을 충성되게 감당했다는 것을 의미한다(요일 4:17).

3. 주님은 두 종을 불러서 칭찬하였고 그들에게 더 큰 상급을 주셨다. "네가 적은 일에 충성하였으매 내가 많은 것을 네게 맡기리니 네 주인의 즐거움에 참여할지어다." 주님은 그들을 착한 종이라고 칭찬했다. 착한 사람은 친절, 은혜로우며 도덕적이고 잘 훈련되고 맡겨진 일에 충실한 사람을 의미한다. 그들은 열심히 일했으며 주님이 원하는 착한 사람이며 맡겨진 일을 끝까지 완수하는 사람이었다. 첫 번째 두 종들은 모든 달란트를 동원해서 열심히 일하였으며 100% 에너지와 노력을 다했다. 그리고 100% 주님의 재산을 늘렸다. 이 두 종은 천국에서 더 많은 일에 대한 책임을 맡을 것이다.

주님은 그들에게 두가지 상급을 주었다. 첫째, 그들에게 다스릴 수 있는 권능, 즉 주인이 돌아가신 후 천국에서 여러 가지를 경영할 수 있는 책임이 주어졌다(눅 19:15-23). 둘째, 그들은 주님의 기쁨에 참여하게 되었다. 그 종들은 구원자이신 예수 그리스도의 영원한 천국으로 안내되었다. 주님은 완전하시기 때문에 주님의 존재는 기쁨의 존재 자체이다. 즉 그의 완전함이 기쁨을 충만케 하며 믿는 성도는 천국 때문에 이 기쁨을 누리며 천국에는 눈물과 고통과 슬픔이 없으며 오직 기쁨만이 있다(마 25:23, 34; 눅 6:35; 22:28-29; 롬 5:17; 고전 6:2-3; 딤후 2:12; 계 1:5-6; 2:26; 3:21; 22:5).

**개념 1.** 하나님의 종에게 두 가지 높게 칭찬할 것이 있다.

1) 그들의 달란트가 하나님으로부터 왔다는 것을 인식하고 있다는 것
2) 그들이 매우 충실하고 부지런하며 심판 날에 담대해질 수 있는 것(약 3:13)

**개념 2.** 우리는 하나님을 위해 우리가 하는 일이 현명한가 잘 고려하고 우리의 재능을 잘 사용해야 한다(계 14:13). 하나님은 선하시며 충성된 종을 귀하게 여기시고 주님의 일꾼으로 받아들일 것이다.

**24-25절 : 한 달란트 받았던 자는 와서 이르되 주인이여 당신은 굳은 사람이라 심지 않은 데서 거두고 헤치지 않은 데서 모으는 줄을 내가 알았으므로 두려워하여 나가서 당신의 달란트를 땅에 감추어 두었었나이다 보소서 당신의 것을 가지셨나이다**

세 번째 종은 다른 사람의 노력을 이용하고 착취하는 나쁜 주인이라고 비난하고 있다. 그 종은 그에게 맡겨진 한 달란트로 노력을 하더라도 이익을 내지 못할 것이라고 생각하고 있나. 그는 맡겨진 것을 잘못 사용하여 잃어버리면 주인의 분노를 살 것이라고 생각하고 있다. 아마 이 종은 다른 두 종보다 적게 받은 것에 대해 자존심이 상했을지도 모른다. 그래서 악한 감정으로 더도 덜도 아닌 그가 받은 것을 주인에게 그대로 돌려준다. 이 종이 간과하고 있는 것은 종의 책임감과 맡은 임무를 다하는 의무감을 잊어버리고 있다. 악한 종은 주인을 비난하며 자기 자신을 변명한다. 은혜를 적게 받았다고 실망하면서 그들이 가진 것을 활용하고 발전시키지 않았다. 그 결과 더 큰 은혜를 받지 못했다.

**26-27절 : 그 주인이 대답하여 이르되 악하고 게으른 종아 나는 심지 않은 데서 거두고 헤치지 않은 데서 모으는 줄로 네가 알았느냐 그러면 네가 마땅히 내 돈을 취리하는 자들에게나 맡겼다가 내가 돌아와서 내 원금과 이자를 받게 하였을 것이니라 하고**

주인은 종의 말에 기초해서 종을 징계한다. 주인이 정말 엄격하고 욕심이 있는 사람이었다면 주인은 비교적 안전하고 이자가 보장되고 노력할 필요가 없는 곳에 그 돈을 맡기지 않았겠는가?

구약에서는 서로 이자를 받는 것을 금지하고 있다. 그러나 이방인에게 빌려주는 돈의 이자는 허락된다. 신약 시대에 유대 학자들은 이미 이자를 받고 돈을 빌려주는 것과 고리대금을 구별하고 있다. 예수님이 유대전통을 지지한다거나 또는 구약을 등한시한다고 가정하는 것은 잘못이다. 예수님의 이 비유는 융통성이 많아서 선을 강조하기 위해 악인의 예를 들기도 한다.

**28-30절 : 그에게서 그 한 달란트를 빼앗아 열 달란트 가진 자에게 주라 무릇 있는 자는 받아 풍족하게 되고 없는 자는 그 있는 것까지 빼앗기리라 이 무익한 종을 바깥 어두운 데로 내쫓으라 거기서 슬피 울며 이를 갈리라 하니라**

이 악한 종에게 맡겨진 달란트는 주인에게 다시 빼앗겼으며 주인과 종의 관계가 단절된다. 그 달란트는 천국의 규칙(무릇 있는 자는 받아 넉넉하게 되되 없는 자는 그 있는 것도 빼앗기리라; 마13:12)에 따라 열 달란트를 가지고 있는 사람에게 더 주어진다. 악한 종은 가치가 없다. 왜냐하면 선한 일을 하지 않고 하나님이 맡겨 놓은 것을 활용하지 않는 것은 죄이다. 이것은 가진 달란트를 소홀히 다루어 손실을 가져왔을 뿐 아니라 주인을 배척하는 행위이다. 이런 악한 종은 어두운 데로 내쫓기어 거기에서 슬피 울며 이를 갈게 될 것이다. 이 비유는 오랜 후에 주인이 다시 돌아와 정산할 때까지 하나님이 맡겨놓은 달란트를 사용해야 하며 제자들은 무슨 일이든 수동적으로 해서는 안 된다고 주장하는 내용이다. 그리고 예수님은 무익한 종에 대해서 세 가지를 말씀하고 있다.

1. 주님이 그에게 맡겨놓은 달란트를 활용하지 않은 종의 이유를 주목해 볼 필요가 있다.

   1) 그는 하나님을 오해하고 있다. 즉 무익한 종은 주인이 너무 요구하는 것이 많고 갈취하며 엄격하고 긍휼이 없다고 말한다. 이 주인은 세상을 즐길 수 있는 권리도 허락하지 않는다고 불평하고 있다. 이 무익한 종은 하나님의 일을 하는데 거의 시간을 허비하면 그의 인생을 즐길 수 있는 시간이 없다고 느끼고 있다. 이 종은 세상일에 너무 빠져서 주님을 위해 주님의 요구에 많은 시간을 허비할 수 없다고 말하고 있다.

   2) 그는 주님을 위해 그의 재능을 활용하기를 두려워하고 있다. 그러므로 그는 주님이 준 달란트를 숨기고 천국을 확장하는 데 그 재능을 사용하지 않고 있다.

2. 이 무익한 종을 비난하는 하나님의 이유 – 주님이 하시는 말씀과 종이 하는 말 사이에는 너무 현격한 차이가 있다.

   1) 무익한 종은 악하고 가치가 없다. 그는 자기가 하고 싶은 일만 하며 자기 자신의 일에만 시간과 에너지를 사용하기 때문에 그는 악하다. 그는 하나님이 주신 달란트를 활용하지 않았기 때문에 가치가 없으며 그것을 땅에 묻어 숨겨 놓고 무관심했다.

2) 무익한 종은 일관성이 없다. 즉 이중적인 마음과 자기모순에 빠져 있다. 그가 정말 주님이 엄하고 심하게 다룬다고 믿으면 그는 더욱 노력하고 일을 열심히 했을 것이다. 이 종은 거짓말하거나 속이거나 자기모순에 빠져있으며 자기 행동을 정당화 하려고 시도하고 있다.

3) 무익한 종은 그의 재능을 사용하지 않았다. 종은 마땅히 달란트를 사용하고 섬겨야 했다.

3. 무익한 종에 대한 심판에 주목하라. 주님은 그에게 두 가지 심판을 내렸다.

1) 그 무익한 종은 그가 가진 모든 것을 빼앗겼다. 이 종의 책임인 하나님께 봉사하고 일할 수 있는 영광스러운 특권이 박탈되었다. 그는 하나님과 아무런 관계가 없는 사람으로 단절되었으며 그의 직무는 빼앗겼으며 그 것은 가장 충성된 다른 사람에게 주어졌다.

2) 무익한 종은 바깥 어두운 곳에 버림받았다. 그는 주님의 임재로부터 밖으로 던져져서 영원히 사라졌다. 그곳에는 기쁨은 없고 단지 어두움만 있는 곳에서 울면서 이를 갈 뿐이다.

**개념 1.** 세상 사람들이 생각할 때 두 가지 총체적인 잘못이 있다.

1) 많은 사람들은 하나님은 엄격하고 요구하는 것이 많으며 긍휼이 없다고 생각한다. 그들은 어렵고 좁은 길을 따라가고 싶지 않다. 그래서 그들은 하나님이 주신 재능을 땅에 묻고 숨기고 쉽고 넓은 길을 가고 있다.

2) 많은 사람들은 자신이 가진 것을 자신의 것이라고 생각한다. 그들은 그 것을 자기 마음대로 사용할 수 있다고 생각한다.

**개념 2.** 그들이 가진 것을 하나님을 위해 사용할 책임을 느끼는 사람은 별로 없으며 하나님께 충성되고 부지런하게 봉사할 필요가 있다고 생각하는 사람은 별로 없다.

**개념 3.** 하나님을 위해 아무 일도 하지 않고 게으르고 나태하면서 예수님을 믿는다고 고백하는 크리스천들은 큰 죄를 짓는 것이다(롬 12:11; 살후 3:11; 히 6:12; 고전 15:58).

**개념 4.** 하나님 일을 하지 않는 죄는 하나님의 일을 남에게 맡기는 죄만큼 심각하다. 게으르고, 무익한 존재, 자기 안락에 취해 아무 일도 하지 않는 존재, 느릿느릿하고 자기만족에 취하는 존재는 모두 저주받을 죄이며 바깥 어두운 곳에 울면서 이를 가는 존재들이다.

**개념 5.** 사람은 자기 자신을 속인다. 그들은 재능이 없다고 하면서 안락과 게으름을 합리화한다. 그들은 그들의 재능을 무시하거나 보잘것없다고 생각함으로써 변명할 수 있다고 생각한다.

1) 실천하지 않는 의로움은 실천에 옮긴 사악함과 똑같이 비난받을만 하다.

2) 게으름 피우는 봉사는 부지런히 죄짓는 것만큼 비난받을 만하다.

3) 어중간한 관심은 자극적인 육체의 죄성 만큼 비난받을 만하다.

4) 안락하고 편안함을 추구하는 것은 공격적이고 도둑질만큼 비난받을 만하다.

5) 무익한 존재는 악한 존재만큼 비난받을 만하다(마 25:42-46).

> **31-33절 : 인자가 자기 영광으로 모든 천사와 함께 올 때에 자기 영광의 보좌에 앉으리니 모든 민족을 그 앞에 모으고 각각 구분하기를 목자가 양과 염소를 구분하는 것 같이 하여 양은 그 오른편에 염소는 왼편에 두리라**

하나님은 순종하는 자와 믿는 체 거짓 고백하는 자를 분리할 것이다. 우리의 실질적인 믿음의 증거는 우리가 행동하는 방식에 달려 있다. 인자는 인간의 행위를 심판하러 오신다. 예수님은 그가 다시 오는 것에 대해 다섯 가지를 말씀하고 있다.

1. 그가 오실 때는 영광으로 오신다. 이 뜻은 두 가지 사실을 나타낸다.

1) 그는 영광된 몸으로 오신다. 즉 변화한 모습(마 17:2)으로 오시며 그의 몸에는 하나님의 영광의 찬란한 빛으로 가득 찬 몸으로 오신다.

2) 그는 고통받는 인간의 부끄러운 모습으로 오지 않고 인자로, 우주의 왕으로 오신다.

2. 그는 거룩한 천사와 함께 오신다. 수많은 영광스러운 존재들이 그에게 영광과 존경을 나타내면서 그를 따른다. 거룩한 천사들이 시중들고 많은 사람들은 그의 공의를 실현하는 사역자들이 될 것이다.

3. 그가 오실 때는 왕의 자리에 앉게 될 것이며 그는 하늘 영광의 보좌에 앉을 것이다. 모든 사람이 무릎을 꿇고 경배하는 앞자리에 앉을 것이다. 그는 모

든 우주를 심판하는 재판장이 될 것이다.

4. 그가 오실 때는 천사들이 모든 민족을 그 앞에 모으고 심판대에 서서 심판할 것이다.

5. 그가 오실 때는 모든 족속들을 분리할 것이다.

   1) 역사를 통해서 양과 염소, 선과 악이 공존하고 있으며 잡초아 밀이 함께 자라고 죄인과 하나님을 믿는 거룩한 자가 공존한다. 그러나 예수님이 오실 때는 선과 악이 부리되고 양과 염소가 분리될 것이다(마 13:49, 겔 34:17).

   2) 양은 오른쪽에 염소는 왼쪽으로 분리될 것이다. 양은 진정으로 믿는 성도를 나타낸다. 그들은 누구인가?

      (1) 예수님을 하나님의 아들이라고 믿는 사들이다.

      (2) 진정으로 다시 태어난 자들이다(요 3:3, 7).

      (3) 선하고 충성된 종들이다(마 25:21, 23).

      (4) 의로운 사람들이다(마 25:37).

      (5) 일관성 있게 선한 일을 하는 사람들이다(롬 2:7).

   3) 염소는 믿지 않는 모든 자들을 말하며 예수를 믿는다고 고백하지 않는 자와 예수를 믿는다고 고백하지만 진정으로 믿지 않는 자들을 말한다. 그뿐 아니라 그들은,

      (1) 무익한 종들이다.

      (2) 사악하고 게으른 종이다(마 25:26).

      (3) 저주받은 자들이다(마 25:41).

      (4) 자기 이익만 추구하는 자들이다.

      (5) 진리에 순종하지 않는 자들이다(롬 2:8).

      (6) 악을 따르는 자들이다.

**개념 1.** 심판이 오면 그것을 피할 수 없다. 어떤 사람도 하나님의 심판을 피할 수는 없다. 하나님은 그의 아들 예수그리스도를 보내어 세상을 심판할 것이다(요 5:22; 행 10:42; 행 17:31; 롬 2:16; 롬 14:12; 딤후 4:1; 계 26:12).

**개념 2.** 이 지구상의 모든 종족과 시민들이 싫든 좋든 간에 하나님 앞에 서서 심판 받는 날이 올 것이다.

**개념 3.** 그리스도의 신성에 대한 두 가지 주장

 1) 그는 자기 자신을 인자로 부르며 그는 완전하고 이상적인 사람으로 사람을 심판한다.

 2) 인자는 하늘 영광의 보좌에 앉을 것이다. 그는 죽기 삼일 전에 이 말을 했다.

**개념 4.** 중요한 사실은 예수님은 하나님의 보좌 우편에 지금 앉아있다. 이 구절에서 표현되는 심판의 왕좌와 은혜의 왕좌 사이에는 차이가 있다. 우리는 지금 도움을 위해 은혜의 왕좌에 나아갈 수 있다. 그러나 예수님이 영광으로 오실 때는 때가 너무 늦어서 도움을 받지 못할 것이다. 그는 심판의 왕좌에 앉게 될 것이다. 결국 예수님은 믿는 자와 믿지 않는 자를 구별하기 위해 양과 염소를 비교하고 있다. 양과 염소가 같은 들판에서 풀을 뜯어먹고 있지만 양털을 깎을 때가 되었을 때 구분된다. 에스겔 34:17-24에서 염소와 양을 구별하는 것이 언급되고 있다.

> **34-40절 :** 그때에 임금이 그 오른편에 있는 자들에게 이르시되 내 아버지께 복 받을 자들이여 나아와 창세로부터 너희를 위하여 예비된 나라를 상속받으라 내가 주릴 때에 너희가 먹을 것을 주었고 목마를 때에 마시게 하였고 나그네 되었을 때에 영접하였고 헐벗었을 때에 옷을 입혔고 병들었을 때에 돌보았고 옥에 갇혔을 때에 와서 보았느니라 이에 의인들이 대답하여 이르되 주여 우리가 어느 때에 주께서 주리신 것을 보고 음식을 대접하였으며 목마르신 것을 보고 마시게 하였나이까 어느 때에 나그네 되신 것을 보고 영접하였으며 헐벗으신 것을 보고 옷 입혔나이까 어느 때에 병드신 것이나 옥에 갇히신 것을 보고 가서 뵈었나이까 하리니 임금이 대답하여 이르시되 내가 진실로 너희에게 이르노니 너희가 여기 내 형제 중에 지극히 작은 자 하나에게 한 것이 곧 내게 한 것이니라 하시고

왕은 오른편에 있는 양에 대한 평가를 내릴 것이다.

 1. 재판관은 왕이며 예수님이 왕 중의 왕으로서 하늘 영광의 보좌에 앉아 통치할 것이다.

 2. "내 아버지께 복 받을 자들이여 나아와 창세로부터 너희를 위하여 예비된

나라를 상속받으라" 여기서 "나아와"라는 말은 하나님 임재 안으로 들어오라는 뜻을 나타내는 것이며 영원히 거기에 남아 특권을 누리게 될 것이라는 뜻이다.

3. 그 상급은 천국의 유산이 될 것이다.

  1) 재능의 유산 – 주는 자가 충분히 줄만하다고 고려했기 때문에 주어진다. 옛날 주인의 소유였던 것만큼 그것은 지금 자신의 소유가 된다.

  2) 천국의 유산 – 그것은 책임과 의무가 있는 장소이며 통치, 명예, 즐거움, 부와 영광이 있는 곳이다.

  3) 유산과 천국은 양을 위해 준비되어 있다(요 14:2-3). 그것은 그들이 살도록 디자인 되었고 지어졌다. "이 모든 것들은 너희들의 이익을 위한 것이다(엡 1:4-5, 11-12).

4. 양에게 천국이 주어지는 이유는 그들이 예수님의 사역을 감당했기 때문이다. 몇 가지 중요한 사실이 있다.

  1) 양들이 했던 일은 예수님을 위해 행한 것이며 그들은 예수님을 믿는 자로서 사역을 감당해 왔다.

  2) 양들은 그들의 형제를 사랑했기 때문에 사역을 감당했다(요일 4:7-8).

  3) 그리스도는 구원에 대한 부분을 줄이거나 무시하지 않는다. 우리는 믿음의 고백과 우리가 행한 일에 대해 심판받을 것이다(마 10:32; 눅 12:8; 롬 10:9-10; 고후 5:10).

  4) 우리가 하는 일은 간단한 일이다. 그중에 어떤 일은 누구든지 할 수 있다. 그것들은 심판의 근거가 될 수 있는 보살핌과 사랑의 표현이다.

5. 사역은 예수님에 의해서 시작된다. 하나님은 사역을 통해서 그가 뜻하신 바를 공유하며 그리고 예수님의 뜻이 무엇인지 예수님께 묻는 사람은 의로운 사람이다.

  1) 사역은 겸손하고 본능적인 복음의 행위이다. 사역은 보답을 받는다는 생각을 가지지 않고 단지 고통받는 백성을 돕는 것이다. 진정으로 믿는 자들은 예수님이 그들을 위해 큰 희생을 하셨기 때문에 그를 위해 섬기며 사랑으로 고통받는 자들을 돕는 것은 당연한 일이다.

겸손한 종은 섬기면서,

　　(1) 그는 섬김받을 가치가 없는 사람이라는 것을 안다.

　　(2) 그는 한 일과 지금 하고 있는 일, 앞으로도 할 일이 보잘것없다는 것
　　　을 안다.

　　(3) 그는 아무것도 보답 받을 만한 존재가 아니라는 것을 안다. 그는 단
　　　순히 이 세상 사람들과 예수님을 사랑하기 때문에 섬긴다. 그가 알
　　　고 소망하는 것은 예수님뿐이다. 예수님을 섬기고 예수님을 위해
　　　죽은 사람들을 돕는 것은 본능적으로 그 사람 안에 예수님이 있기
　　　때문이다.

　2) 사역은 주님의 형제들을 돕는 활동이다. 이런 생각은 매우 중요하며 그
　　것이 사람의 운명을 결정한다. 예수님은 고통 받고 절망적인 사람과 동
　　일하게 고통을 느끼며 우리는 이런 사람들을 섬기면 하나님께 섬기는 것
　　이 된다(마 8:17). 예수님은 사울이 크리스천들을 살해하고 위협하고 있을
　　때 그는 사울이 예수님을 박해하는 자라고 비난했다(마 10:42; 막 10:43-44;
　　눅 10:36-37; 요 13:1; 21:16; 6:2; 갈 6:10; 엡 6:7).

**개념 1.** 몇 가지 요점이 이 구절에 묘사되어 있다.

　1) 세상 앞에 예수님의 올바른 위치 – 그는 왕이다.

　2) 믿는 자의 영광스러운 유산 – 믿는 자는 영광스러운 유산을 받는다.

　3) 사역의 첫째 중요성 – 예수님을 위한 사역이어야 한다.

**개념 2.** 얼마나 많은 의로운 사람들이 그의 백성이 되었으며 목마르고, 주리고, 헐벗은 병자들과 죄수들이 그의 백성이 되었는가 생각해 보라(막 1:26-27).

**개념 3.** 이 세상에서 다른 사람으로부터 인정과 존경을 받을 수 있다면 엄청난 금액과 도움을 줄 사람들이 있다. 그러나 그것은 이기심에 근거하고 인정과 존경을 받고 싶은 욕망에 빠질 수 있다.

**개념 4.** 염소와 양의 비유는 우리 모두가 매일 할 수 있는 긍휼의 행동을 말해 주고 있다. 이런 행동은 부, 능력, 지적 능력에 달려있지 않으며 그것은 단순히 자유롭게 주고받는 행동이다. 우리는 도움이 필요한 사람들을 소홀히 취급하는 데 대해 변명할 여지가 없다. 우리는 이러한

책임을 교회나 국가에 떠넘겨서는 안 된다. 우리는 다른 사람의 고통을 개인적으로 돌봐줄 필요가 있다(사 58:7).

40절의 형제의 개념에 대하여 많은 논의가 있었다. 어떤 사람들은 그들은 유대인들이라고 하며 어떤 사람들은 모든 크리스천들이라고 말한다. 이러한 논쟁은 초대 교회에 율법사들이 예수님께 한 질문 "내 이웃이 누구니이까"(눅 10:29)와 마찬가지이다. 이 질문의 요점은 "누가"가 아니라 "무엇"이냐이다. 즉 도움이 필요한 곳에 도움을 주는 중요성을 말한다.

"누가 너의 형제이냐"라는 질문에 대한 예수님의 의도는 우리는 모든 사람을 사랑해야 된다는 것이며 우리가 할 수 있는 모든 사람을 섬겨야 된다는 것이다. 다른 사람에 대한 그러한 사랑을 하나님을 위한 사랑으로 반영시킴으로써 하나님께 영광을 나타낸다. 예수님은 각 나라 족속들과 예수님을 따르는 성도들과 복음전파에 관한 그들의 행동을 평가할 것이라고 말하고 있다. 그들이 팔을 벌려 의로움과 형제의 행동으로 그의 백성과 그의 메시지를 받아들인다면 그들은 예수님을 확실히 받아들인다는 것을 뜻한다.

**41-46절 : 또 왼편에 있는 자들에게 이르시되 저주를 받은 자들아 나를 떠나 마귀와 그 사자들을 위하여 예비된 영원한 불에 들어가라 내가 주릴 때에 너희가 먹을 것을 주지 아니하였고 목마를 때에 마시게 하지 아니하였고 나그네 되었을 때에 영접하지 아니하였고 헐벗었을 때에 옷 입히지 아니하였고 병들었을 때와 옥에 갇혔을 때에 돌보지 아니하였느니라 하시니 그들도 대답하여 이르되 주여 우리가 어느 때에 주께서 주리신 것이나 목마르신 것이나 나그네 되신 것이나 헐벗으신 것이나 병드신 것이나 옥에 갇히신 것을 보고 공양하지 아니하더이까 이에 임금이 대답하여 이르시되 내가 진실로 너희에게 이르노니 이 지극히 작은 자 하나에게 하지 아니한 것이 곧 내게 하지 아니한 것이니라 하시리니 그들은 영벌에, 의인들은 영생에 들어가리라 하시니라**

왼편에 있는 염소에게 심판이 있을 것이다.

1. 염소에 대한 심판은 두 가지 의미를 내포하고 있다.

　1) 염소들은 하나님과 단절되고 분리될 것이다. 예수님의 "나를 떠나"라는 말씀은 비참한 세계, 어두운 세계, 영원히 벌 받는 세계, 울며 이를 가는

세계, 하나님과 소망이 없는 세계로 가라는 뜻이다. 염소들은 예수님을 배척했으며 이 세상을 사는 동안 그와 동행하기를 거절했다. 그들이 하나님 앞에 섰을 때 하나님과는 아무런 연관이 없었다. 그러므로 염소들은 그와 교제하는 것이 허락되지 않을 것이다. 예수님이 염소라고 부르는 의미에 대하여 주목해 봐라. 그들은 형제들이라고 불리워질 자격을 허락받지 못했으며 그들은 천국의 유산을 받도록 선택되지 못했다. 성경은 말하기를 그들이 살아계신 하나님의 손에 빠져 들어가는 것이 무서울 것이다(히 10:31).

2) 염소들은 영원한 지옥불에 던져질 것이다(눅 16:24; 계 9:2; 20:2). 그곳은 어떤 곳인지 주목해 보라.

　　(1) 말할 수 없는 고통과 형벌이 가해지는 곳이다.

　　(2) 고통이 끝이 없고 영원히 불타는 곳이다.

　　(3) 그곳은 사람을 벌주기 위한 곳이 아니라 마귀와 마귀를 돕는 악한 천사를 벌 주기 위해 준비된 곳이다.

2. 심판의 근거와 염소가 하나님으로부터 분리되는 이유가 밝혀지고 있다.

　1) 염소는 사역을 실패하게 만들며 염소들은 헐벗고, 굶주리고, 목마른 자, 병든 자, 옥에 갇힌 자, 나그네를 도와주지 않는 자들이다. 그들은 사람들의 필요를 충족시키는 일에 모른 체 하는 자들이다. 부패한 세상에서 절망적인 사람들의 필요를 충족하는 데 등한시하는 사람이다(요 20:21; 눅 9:23).

　2) 염소들은 이기적인 삶을 산다. 염소들은 자기의 안락과 평안함을 추구하는 사람들이며 다른 사람에 대한 관심과 보살핌의 삶을 살지 않으며 물질적인 생활에 만족하며 즐거움과 방탕한 생활을 즐기는 자들이다. 그들 주위 세상 사람들은 굶주림으로, 질병으로 고통받는 동안 그들은 이기적으로 사는 자들이다.

　3) 염소들은 영적으로 눈먼 자들이다. 염소들은 그리스도의 진리를 외면하는 자들이며, 반면에 예수님은 고통받는 대중과 함께하며 각 개인의 고

통과 필요에도 함께 하는 분이다. 염소들은 헐벗고, 굶주리고, 병들고 나그네된 자들을 보고도 눈을 닫아 버린다. 그들은 하나님의 인자하심과 모든 사람에 대한 하나님의 영광스러운 사랑을 보지 않으려고 한다 (막 4:19; 눅 16:20-21; 딤전 6:9; 약 1:27; 요 3:17; 신 15:7; 암 6:4).

**개념 1.** 예수님은 염소들에게 "나를 떠나"라고 말한다. 염소는 어느 곳으로 보내질까?

1) 그곳은 평강과 기쁨이 없는 곳이며 울며 이를 가는 장소이다(마 25:30).
2) 그곳은 빛과 정의가 없는 장소이며 바깥 어두운 곳이다(마 22:13; 마 25:30).
3) 그곳은 잠시 동안 머무는 곳이 아니고 영원히 머무는 곳이다(마 25:41).
4) 그곳은 선한 친구와 동료가 있는 곳이 아니며 마귀와 함께하는 곳이다(계 20:10-15).

그리고 염소와 양의 뚜렷한 차이점은?

1) 양은 오라는 소리를 들으며 염소는 떠나라는 소리를 듣는다.
2) 양은 축복으로 불리어지고 염소는 저주로 불리어진다.
3) 양은 유산에 초대되지만 염소는 형벌에 초대된다.
4) 양은 영생을 받지만 염소는 형벌을 받는다.
5) 양은 하나님의 사람을 위해 준비된 장소에 살지만 염소는 마귀를 위해 준비된 장소에 산다.
6) 양들은 하나님과 크리스천 형제들과 영원한 시간을 보내지만 염소들은 마귀와 영원한 시간을 보낸다.

**개념 2.** 염소들은 그들이 행한 행동 때문에 저주받는 것이 아니라 그들이 해야 할 일을 하지 않는 행동 때문에 저주를 받는다. 그들의 죄는 행하지 않는 죄이며 행한 죄가 아니다. 그러나 그러한 죄가 얼마나 큰가! 많은 가난한 사람들을 모른 체하기 때문에 일생을 통해 고통받으면서 사는 사람들이 얼마나 많은가!

# 마태복음 26장

**1-2절 : 예수께서 이 말씀을 다 마치시고 제자들에게 이르시되 너희가 아는 바와 같이 이틀이 지나면 유월절이라 인자가 십자가에 못 박히기 위하여 팔리리라 하시더라**

예수님의 죽음을 제자들에게 설명하고 있다. 이틀이 지나면 그는 십자가에 못박혀 죽게될 것이며 제자들은 꿈이 좌절되어 믿음을 잃지 않고 시련을 이겨내도록 강해져야만 했다. 제자들의 생각은 메시아가 다윗 왕국을 다시 회복하는데 초점을 맞추고 있었으며 메시아인 그가 로마의 속박으로부터 이스라엘을 구해 낼 것이라고 생각해 왔다. 그리고 메시아가 이스라엘을 해방시켜, 하나님 통치하에 지상에서 가장 위대한 국가를 수립할 것이라 생각하고 있었다(눅 7:21~23). 제자들은 메시아가 단순한 사람의 손에 의해 죽는것을 본다면 믿음을 잃을 가능성이 있었으며, 그런일이 일어나면 그가 하나님에 의해서 버림받았다고 생각 될것이다. 예수 그리스도는 그들을 실망시키지 않도록 준비시키기위해 최선을 다하고 있었다. 그의 죽음에 대한 4가지 중요한 사실이 있다.

1. 그리스도의 죽음은 유월절에 정해져 있었다(눅 22:7).

그는 죽게 될 정확한 날짜를 제자들에게 미리 암시하고 있었다. 즉 유월절 어린양을 제물로 바치는 날과 같은 날이다. 주목할 점은 그도 유월절 어린양의 제물로 묶여 있다는 사실이며 세례 요한이 말한것처럼 "보라 이 세상 죄를 지고 가는 어린양이로다"(요 1:29, 36)라고 선포했었다(요 6:54~58; 엡 1:7; 벧전 1:19; 요일 1:7; 2:1~2).

2. 예수 그리스도의 죽음은 인자(Son of man)자신의 죽음이며, 인자는 하나님이지만 육신의 옷을 입은 완전한 인간임을 뜻한다. 좀 더 상세히 말하면 그는 이상적인 인간이며 완전하고 죄없이 살았다는 것을 의미한다. 죄없이 살므로써, 이상적이고 완전한 인간이 되었으며 모든 사람의 모범의 모델이 되었다. 예수님은 우리의 시련과 고통 아픔을 아는 인격을 가진 분이었으며 의를 행하며 우리의 죄를 위해 죽으신 분이다. 그의 죽음을 통해서 그의 의로움이 우리의 마음속에 들어와 우리의 의로움이 되었다(요 10:11; 롬 5:6, 고전 15:3; 살 1:4; 엡 5:2; 딛 2:14; 히 9:28; 요이 3:5; 계 5:9). 예수님은 우리의 이상적인 의로움과 삶 자체이다. 우리가 찾고 있는 구원자는 바로 예수님이시다. 그는 이상적인 사람이기 때문에 그를 믿는 모든 사람에게 의로움과 새로운 삶을 가져다 준다(롬 5:8; 벧전 2:24; 3:18).

3. 예수 그리스도의 죽음은 배신에 의해서 원인이 주어졌다. 제자들 중 한 사람이 그를 배신해서 죽게 되었다(막 14:10-11; 눅 22:4-6; 요 13:18). 주목할 점은 예수님은 미래 시제를 사용하여 "Will be handed over", 넘겨질 것이라고 말하고 있으면서 그 배신은 예수님 얼굴을 쳐다보면서 순식간에 일어났다.

4. 예수 그리스도의 죽음은 십자가 처형으로 정해져 있었다(막 15:16-41; 눅 23:26-49; 요 19:16-37; 벧전 2:24; 갈 3:13; 롬 5:8-10).

**개념 1.** 유월절은 세상죄를 짐으로써 구원을 위한 하나님의 영광스러운 준비를 나타낸다. 유월절 첫날 밤에 바치는 어린양(Pascal Lamb)은 세상 죄를 위해 하나님이 자기 아들을 내어 놓는 날이다.
**개념 2.** 예수님은 우리를 위해 죽었으며 그는 우리의 죄를 대신해서 죽으셨다(벧전 2:24; 3:18)
**개념 3.** 예수님은 그의 죽음을 목격하고 제자들이 직면하게 될 큰 시련을 견디도록 준비하기 위해 그가 할 수 있는 모든 일을 했다. 미래에 놓여 있는 것에 대해 우리에게 말씀하신 모든 것을 생각해 보라. 우리가 방심하지 않도록 우리를 얼마나 잘 준비시키려 했던가?
**개념 4.** 예수님의 죽음은 우리를 구원했을 뿐 아니라 우리에게 삶의 시련을 견디도록 항상 격려해 주고 있다(히 12:3).

예수님은 제자들에게 그의 죽음을 설명하기 위해 하나의(Framework)각본을 제공하고 있으며, 즉 Lord's supper(성만찬식)에서 좀 더 분명하게 설명되고 있다. 유월절은 역사를 통해서 그의 죽음을 나타내며, 그의 피를 십자가 위해 흘림으로써 유월절을 완성하였다.

양고기를 먹는 것은 생명의 빵, 즉 그리스도를 먹음으로써 얻어지는 영적 영양분을 나타내며, 효소를 넣지 않는 빵은 가정과 인생의 삶으로부터 악을 몰아내는 필요성을 나타낸다.

> **3-5절 : 그 때에 대제사장들과 백성의 장로들이 가야바라 하는 대제사장의 관정에 모여 예수를 흉계로 잡아 죽이려고 의논하되 말하기를 민란이 날까 하노니 명절에는 하지 말자 하더라**

가야바는 예수님 사역 당시 대제사장이었으며 그 앞의 제사장 안나의 사위였다. 로마 군정부는 모든 정치지도자와 종교 지도자를 임명하는 권한을 가지고 있었다. 가야바는 대부분의 제사장보다 오랫동안 그 직위를 유지해 왔으며 그는 로마 통치 정부와 협조하며 예수님의 죽음을 처음으로 공개적으로 지지했다. 예수님의 죽음은 의도적인 음모이었으며 이 음모가 없었다면 그를 죽일 명분이 없었을 것이다. 사실 예수님의 인기있는 여론 때문에 종교 지도자들은 유월절 기간 동안 그를 체포하는 것을 두려워했다. 그들은 자기들의 행동이 폭동을 일으키는 것을 원치 않았다. 예수님이 그의 죽음을 맞이하여 제자들에게 준비시키기 위해 마을 변두리 한편에 머무는 동안 종교 지도자들은 예수를 죽이는 음모를 꾸미려고 마을 마주편 변두리에 있었다. 즉 그들은 문을 잠그고 대제사장의 집에서 예수를 체포하여 죽일 모의를 하고 있었다. 예수님의 죽음은 거짓과 속임수에 의해서 각본이 짜여지게 되었다.

**개념 1.** 가장 신앙심이 있는 자들도 직위나 권력, 존경심, 자기의 안전을 두려워하며, 얼마나 세속적이며 세상 것에 매력을 느끼는가!

그리고 대제사장의 공식적 직위는 아론과 그의 아들(출 28:1)부터 시작하였으며 그 직위는 물려받으며 평생 동안 유지된다. 그러나 로마가 점령한 후 그 직위를 정치적으로 만들었다. 즉 로마 정부와 협력하는 사람을 선택했다. 예를 들면 B.C. 37년과 A.D. 67년 사이에 적어도 28명의 대제사장이 있었으며 이들은 평생동안 존경과 명예를 누렸다. 가야바는 약 18년 동안 대제사장직에 있었으며(A.D. 18 to A.D. 36), 분명히 그는 음모를 꾸미는 주동자였다.

## ▌ 6절 : 예수께서 베다니 나병환자 시몬의 집에 계실 때에

예수님은 나병환자 시몬의 집에 미물렀으며 시몬에 대해서는 알려진 바 없으나 예수님에 의해서 아마 그의 병을 고쳤던 사람이었을 것이다. 그는 마르다(Martha)의 남편이라고하는 소문이 있었다. 즉 예수님이 나병환자 시몬의 집에서 식사를 하고 있었다고 마태는 언급하고 있다. 요한은 마르다가 그를 돕고 있나고 언급하고 있다. 이것은 그들이 밀접한 관계를 가지고 있다는 뜻이며, 마르다가 그의 아내이거나 혹은 장녀일 가능성이 있다는 뜻이다. 만약 그녀가 시몬의 아내라고 하면, 그녀의 형제와 자매(Lazarus And mary)나사로와 마리아는 그녀와 시몬과 함께 살고 있는 것 같다. 시몬의 집은 예수님과 제자들을 한꺼번에 초대할만큼 크고 넓은 집인 것 같다. 그런 경우에는 그 집은 자기 아내의 지시를 받는 많은 하인들을 거느리고 있었을 것 같으며 그녀가 장녀가 아닐 가능성이 있다. 만약 마르다가 시몬의 장녀라면은 시몬은 마리아와 나사로의 아버지가 된다. 그리고 마리아가 예수님의 머리위해 향유를 부었던 장소는 나병환자 시몬의 집에 예수님이 머물러 있을 때였다.

**개념 1.** 주님을 자기 집으로 초대하는 사람은 주님의 많은 은혜를 받게 될 것이다. 시몬(나병환자)가 예수님을 식사에 초대함으로써 얻었던 영적 경험을 상상해 보라.
**개념 2.** 성경을 통해서 마리야, 마르다, 나사로에 관하여 언급되었다. 예수님이 한 가정에 손님으로 초대되었을 때, 다른 곳에서 볼 수 없는 변함없는 유대감이 형성되었다.

## ▌ 7절 : 한 여자가 매우 귀한 향유 한 옥합을 가지고 나아와서 식사하시는 예수의 머리에 부으니

이 여자는 마르다의 자매인 마리아였으며 베다니에 살고 있었다. 이 반투명

항아리는 향유를 담는 데 사용되었으며(요 12:1-3), 이렇게 비싼 향유를 예수님 머리위에 붓는 것은 예수님에대한 사랑과 깊은 믿음의 행동이었으며 진실된 메시아로 믿었기 때문이다. 그는 구원자이며, 주님으로 그녀와 그의 가족을 위해 너무나 많은 것을 도와주었다. 그녀는 자기가 예수님을 얼마나 감사하게 생각하고 사랑하고, 믿는가를 알아주기를 원했다. 그녀는 예수님 안에 말못할 어떤 위대한 것이 있다고 느꼈다. 즉 선견지명, 정신 집중, 천상의 마음, 엄청난 남을 압도하는 권능을 가졌다고 느꼈다. 젊은 숙녀이기 때문에 말로써 여러 사람들이 모여 있는 곳에서 그 여자는 그 감정을 표현할 수 없었다. 그래서 그녀는 그녀가 할 수 있는 최선의 일, 즉 가장 값비싼 향유를 예수님의 머리 위해 붓는 행동을 한 것이다. 그런 행위가 그의 기분과 마음을 북돋우어 줄 수 있다고 생각했다.

**개념 1.** 우리는 예수님을 사랑하고 믿는다는 것을 어떻게 보여 줄 수 있을까? 마리아가 많은 사람이 모여 있는 곳에서 그녀가 한 행동이 얼마나 어려운 행동인가! 그녀는 예수님에 대한 사랑과 믿음을 보여 주기 위해 자존심과 부끄러움을 던져 버렸다. 우리도 예수님에게 우리의 사랑과 믿음을 보여 주기 위해 기꺼이 할 수 있는 일이 무엇일까? 생각해 보라.

**개념 2.** 마리아는 그녀가 가진 가장 값진 것을 주님께 드렸다. 우리는 무엇을 드렸는가?(눅 12:33; 14:33; 빌 3:8; 딤전 6:19)

## 8-9절 : 제자들이 보고 분개하여 이르되 무슨 의도로 이것을 허비하느냐 이것을 비싼 값에 팔아 가난한 자들에게 줄 수 있었겠도다 하거늘

제자들은 대부분의 사람이 그런 것처럼 마리아의 행동에 의문을 가졌다. 세상 사람들의 눈으로는 제자들이 옳을지도 모르지만 제자들과 세상사람들이 알지 못하는 것이 있다. 진정한 사랑은 개인적인 방법으로 표현되어야 한다는 것이다. 그리고 사랑은 서로 경험하고 나누지 않으면 사랑은 결코 알려지지 않는다(마 7:3; 롬 14:4, 13; 고전 4:5; 야 4:2)

**개념 1.** 진정한 사랑은 희생이 따른다. 그리고 주는 것 그 자체이다. 사랑은 우리가 여유가 있을 때 주는 것은 진정한 사랑이 아니다. 사랑은 우리가 희생하고 우리 삶 속에서 우리가 가진 모든 것을 우리 스스로 내어 주는 것이다.

**개념 2.** 마리아의 행동에는 강한 메세지가 있다. 즉 많은 것을 주고 희생적으로 내어 준다는 것이다. 희생과 남에게 내어 놓는 것은 진정한 믿음과 사랑으로부터 나온다. 마리아의 선물은 그녀의 마음과 삶이 예수에게 초점이 맞추어져 있다는 것을 명심하는 것이 가장 중요하다.

**개념 3.** 희생은 가끔 상식을 뛰어넘게 하며 우리가 하고 있는 일을 보람되게 하고, 성장시키고, 지평선을 넓히며, 더 발전하게 만든다. 우리는 하나님의 관심하에 있는 일을 더욱 더 많이 함으로써 우리는 더욱 더 발전해 가는 모습을 목격한다. 그러나 우리가 뒤로 물러서서 무관심하고 그 원칙이 효과 없다고 생각하는 한 분야가 있다. 즉 돈과 십일조를 바치는 분야이다. 우리는 우리의 삶과 부가 희생되는 것을 원치 않는다. 사악한 마음 때문에 인간은 돈과 권력을 이용해 삶의 가치와 목적이 되도록 한다. 너무나 많은 경우에 존경심, 권력, 영향력, 사람의 이미지가 그가 가진 재산에 의해서 결정되어진다.

**10-11절 : 예수께서 아시고 그들에게 이르시되 너희가 어찌하여 이 여자를 괴롭게 하느냐 그가 내게 좋은 일을 하였느니라 가난한 자들은 항상 너희와 함께 있거니와 나는 항상 함께 있지 아니하리라**

제자들은 머리에 향유를 붓는 것을 보고 마리아를 비난하고 저주했으나 예수님은 그녀를 방어했다. 마리아의 행동이 왜 정당한가 그 이유를 설명하고 있다.

예수님은 신명기 15:11 말씀을 인용하며, 이 땅에는 가난한 사람은 항상 있을 것이다. 즉 이말은 가난한 사람을 무시하는 것을 정당화하는 것은 아니며, 오히려 이 말을 예를 들어 마리아가 그에게 베푼 특별한 희생의 선물을 강조했다.

**개념 1.** 4가지 교훈을 주목해야 할 것이다.

1) 기회는 지나가며 그것도 빨리 지나갈 것이다. 우리가 즉시 행동하지 않으면 우리는 기회를 영원히 놓치게 된다. 도움을 받고, 발전하고, 개선시키는 특권의 기회가 계속 일어나지만, 행동하지 않고 그 기회를 놓치면 영원히 그 기회는 돌아오지 않는다.

2) 우리의 삶에 있어서 큰 비극은 두 단어, 즉(Missed opportunity)기회를 놓치는 것이다.

3) 다른 사람이 생각하고 비난하고 저주하는 모든 것이 주님을 향한 우리의

사랑과 믿음을 막을 수는 없다. 마리아처럼 은혜롭고, 친절하며 용기와 담대함으로 예수님에 대한 사랑을 항상 강하게 유지해야 한다.

4) 우리의 노력과 재능을 먼저 예수님께 개인적으로 드려야 한다. 우리의 생각을 그에게 집중해야 하며 우리가 봉사하고 남에게 줄 때 주저해서는 안 된다.

## ▌ 12절 : 이 여자가 내 몸에 이 향유를 부은 것은 내 장례를 위하여 함이니라

마리아가 향유로 예수님께 머리위에 붓는 것은 예수님의 장례를 위해서다. 그녀는 장례를 준비하기 위해 그 일을 했으며, 어떤 주석가는 마리아는 예수님이 곧 죽음을 맞이할 것이라는 예수님의 예언을 이해하고 있다고 생각하고 있다. 다른 사람은 파악하지 못하고 있지만 마리아는 그 사실을 알고 있다고 말하고 있다. 즉 이것은 사실이 아닐 가능성이 있다. 주님을 따르는 자들을 둘러 싸고 있는 분위기는 천국이 곧 건설 될 것이라는 것이었다. 그러나 마리아가 하는 행동이 어떻든 간에 예수님은 그녀의 사랑과 믿음, 향유를 붓는 행위는 그의 죽음을 암시한다고 말하고 있다.

**개념 1.** 예수님을 위한 모든 사랑의 행동과 믿음의 행동이 예수님 죽음에 대한 증언자가 되며, 우리의 정성을 드리고 봉사하고 희생하면 할수록 예수님의 죽음에 대해서 더 강한 증언자가 된다. 그의 죽음에 대한 우리의 깊이와 강한 믿음은 우리의 희생의 정도와 깊이에 의해서 측정될 것이다.

만약 우리가 그에 대한 더 강한 사랑과 믿음을 보이게 되면 그리스도의 죽음은 더욱 분명하게 보여질 것이다.

**개념 2.** 마리아는 예수님의 육체에 다른 사람이 보고 있는 데서 향유로 안수하고 그를 영예롭게 함으로써 주님의 죽음에 대한 분명한 증언자가 되었다. 우리는 주님의 죽음을 선포하고 영예롭게 함으로써 그의 죽음의 증언자가 되어야 한다.

## ▌ 13절 : 내가 진실로 너희에게 이르노니 온 천하에 어디서든지 이 복음이 전파되는 곳에서는 이 여자가 행한 일도 말하여 그를 기억하리라 하시니라

향유로 안수하는 것은 영원한 기념적인 것이 될 것이다. 마리아가 예수님을 너무나 존경했기 때문에 예수님이 마리아를 귀하게 여겼다. 마리아에 대한 몇 가지 예를 들면 예수님에 대한 깊은 사랑과 믿음, 그녀의 값비싼 희생적인 선물, 방에 가득 찬 사람들 앞에서 예수님의 머리에 향유로 부음으로써 강한 사랑과 믿음을 선포했나. 그러한 헌신과 사랑은 역사에서 사라지지 않을 것이니, 예수님께 기억될 것이다. 예수님은 자기를 위해 희생하는 모든 성도의 사랑과 믿음을 영원히 기억 할 것이다(딤후 1:5; 시 112:6; 잠 10:7).

**개념 1.** 마리아는 가슴 깊이 사랑과 믿음으로 예수님의 죽음 즉 복음을 선포했다. 예수님은 자기를 믿고 사랑하는 마음(Heart)를 원하였으며 마리아의 행동이 영원히 기억되기를 바랐다 (마 20:26-28; 23:12; 눅 9:23; 요 5:44)

### 14절 : 그 때에 열둘 중의 하나인 가룟 유다라 하는 자가 대제사장들에게 가서 말하되

유다는 왜 예수를 배반했을까? 유다는 다른 제자들처럼 예수님이 정치적 반란을 일으켜 로마를 전복시키기를 기대하고 있어다. 그리고 유다는 예수님에 의해서 개인적으로 제자로 선택되었다. 그는 주님의 시선을 끄는 독특한 매력과 큰 잠재력을 가지고 있었다. 그래서 주님은 그의 재능을 개발 할 수 있도록 세상에서 가장 영광스러운 기회를 주었다. 즉 예수님과 동행하는 특권을 주었다.

유다는 예수님을 대면(Face to face)하는 사이였다.

유다는 예수님과 날마다 동행했다.

유다는 예수님이 가르치는 것을 귀 기울여 들었다.

유다는 예수님 자신에 의해서 사도가 되도록 훈련받았다.

유다는 예수님의 개인적인 명령에 따라 사역을 위한 여행에도 사도로서 봉사했다. 유다는 예수님 자신에 의해 죄의 결과에 대해 경고를 받았다. 모든 기회에도 불구하고 유다의 인생은 무시무시한 비극적인 것이었으며, 그는 너무나 많은 재능을 물려받고 기회가 많았음에도 불구하고 모든 것을 잃어버렸다. 그는 단순히 주님을 배반했기 때문이다. 그는 제사장들에게 가서 그의 운명을 예수님 손에 맡기지 않고 그들의 손에 맡겼다. 그는 예수님에 관한 진실에 눈을 감고 점점 욕심에 눈이 어두워졌으며 진실로 하나님 아들이라고 믿지 않았다. 그러므로 그는 그의 마음과 삶을 그리스도에게 주지 않았으며 그는 예수를 따르는 열두 사도 중의 한 사람이었으나 그는 삶을 예수께 맡기는 진실된 믿음이 없었다(마 20:26-28; 23:12; 눅 9:23; 요 5:44)

**개념 1.** 유다의 큰 잠재력과 끔찍한 비극은 많은 교훈을 우리에게 준다. 중요한 것은 능력이 아니라 능력을 활용하는 것이다. 재능은 영원한 성공을 보장하지 않는다. 믿는 성도들과 동행하는 삶이 구원을 보장하지 못하며, 예수님이 마음속으로 들어와 정착하지 않으면 구원의 확신을 주지 못한다. 예수님은 모든 사람의 재능의 잠재력을 알고 있으며 그 재능을 사용함에 있어서 예수님이 필요하다는 것을 깨닫지 못하는 사람이 많다.

**개념 2.** 때때로 예수님의 복음의 진실을 들었던 사람을 생각해 보라. 그러나 그들은 여전히 예수님을 인자(Son of man)로 믿지 않고 있다는 사실이다. 그들은 하나님에게 등을 돌리고 배반자가 되었으며 하나님께 반기를 드는 죄를 짓고있다.

## 15절 : 내가 예수를 너희에게 넘겨 주리니 얼마나 주려느냐 하니 그들이 은 삼십을 달아 주거늘

두 번째 유다에 대한 설명은 돈에 대한 욕심 때문에 예수를 배반했다. 유다가 예수를 배반한 여러가지 이유가 있으나 성경에서는 돈의 욕심이라고 분명히 말하고 있다. 즉 "What are you willing to give me if I hand Him over to you?"(내가 당신들에게 그를 넘겨 주면 당신들은 나에게 무엇을 기꺼이 줄 것인가!)에서 알 수 있다. 성경에서 유다에 관한 것을 보면 베드로, 야곱, 요한과 같은 사도 가운데서 사업가와 부유한 세리 마태보다 더 많은 재정적 재능을 갖고 있었다. 모든 사도들 가운데서 유다는 예수님의 재정과 예수님 사역을 위한 물건 구매에 책임을 지고 있었다(눅 8:2-3). 많은 사람 가운데서 그를 임명한 것은 특별한 영적 성품과 재정적인 관리 능력 때문이다. 유다는 그러한 때에 죄의 고통을 느껴야 했지만 예수님은 모를 것 이라고 생각하고 확실한 증거가 없다고 생각하면서 자기 자신을 속이고 있었다. 그는 예수님이 천국을 세울 때 부와 권력, 직위가 그의 것이 될 것이라고 믿었다. 다른 사도들도 똑같은 생각이었으나 거기에는 큰 차이가 있다. 그들은 개인이 아닌 세상을 구원하는 메시아의 방법을 잘못 받아들였으나 유다는 주님의 방법과 사람의 방법 두 가지를 잘못 인식하고 있었다. 그는 주님을 하나님의 아들로 믿지 않았으나 다른 사도들은 그것을 믿었다. 그는 분명히 예수님이 승리의 예루살렘 입성 후 환상이 깨어졌으며 즉 예수님은 즉시 천국을 건설하지 않았으며 예수님이 천국을 세우지 못할 것이라는 사실을 더욱 분명하게 느꼈다. 권력자들은 예수님을 죽이기 위해 사람을 총 동원하였으며 그들이 성공할 것 같이 보였다. 그들이 성공하면 그는 그들의 손에 죽을 것이라고 생각했다. 유다는 예수님에 대해서 실질적인 메시아가 아니라고 생각했으며 그는 자기 자신이 예수님을 메시아로 선포한 것이 하나의 실수였으며, 죽을 운명에 처하여서 더 이상 탈출구가 없다고 여겼다. 예수님으로부터 유다는 부와 권력, 직위를 꿈꿔 왔으나 그 꿈은 산산조각이 났다 그래서 그가 하려고 시도하는 것은 그런 상황을 벗어나는 것이었다. 그래서 그는 이기는 편에 서는 것이 유리하다고 생각하게 되었다.

## ▎ 16절 : 그가 그때부터 예수를 넘겨 줄 기회를 찾더라

유다는 그리스도를 그의 가슴(heart)에 채우는 대신에 점점 많은 욕망으로 그의 가슴에 채워 넣었다. 그는 회개하지 않고 오랫동안 지내왔으며 그리스도를 그의 삶에 들어오도록 허락하지 않고 마귀가 그의 마음을 채우도록 허락했다. 그러므로 유다는 자기 나름대로 배신을 정당화할 수 있었다. 그래서 그는 나사렛 예수를 배반했으며 유다의 마음속에는 진정한 메시아가 없었다. 유다가 예수님을 배반하는 데 동의했던 거래를 볼 때 은 30냥은 주님을 배반하는 대가로는 너무 작은 금액인 것 같다. 그것은 단지 4–5개월의 노동자 임금에 불과했다. 그러나 두 가지를 명심해 볼 수 있다. 유다는 속아 왔다는 것에 화가 났을 뿐 아니라, 환상이 깨어진 것에 화가 났기 때문에 예수님을 배반했을 가능성이 있다. 그는 금전의 액수와 상관없이 그가 할 수 있는 것을 기꺼이 얻으려 했다(눅 12:15; 딤전 6:10; 약 5:3; 잠 15:27; 사 56:11)

**개념 1.** 욕심은 죄를 낳고, 죄는 점점 자라나서 죄짓는 것이 습관처럼 된다. 점점 재물을 쌓고 탐닉할 때 우리의 욕심은 더 커져 죄를 짓게 된다.

지나친 욕심은 대단히 위험하다. 그것은 가장 위험한 죄 중에 하나이다. 욕심은 사람을 노예로 만든다. 욕심은 또 다른 죄를 짓게 만든다. 욕심은 자기 나라를 팔아먹고, 친구를 팔아먹고, 자기 몸을 팔아먹을 수 있다.

**개념 2.** 탐욕은 우리를 암처럼 덤벼들어 우리를 먹을 것이다. 유다는 그가 필요한 것 즉 음식, 옷, 집, 목적 의식 등 필요한 것은 가지고 있었다. 그는 예수님에 대한 악행을 계획하고, 그를 헤치고 죽일 기회를 엿보고 있었다. 유다가 권력자들과 거래한 후 바로 즉시 예수님과 같이 자리에 앉아 음식을 먹었다는 사실은 그가 얼마나 기만적인지 보여 주는 증거이다. 그는 최후의 만찬이 행해지는 바로 그 식탁에 함께 앉아있었다.

**개념 3.** 유다는 예수님을 배반했을 뿐 아니라 예수를 죽이려고 했다. 많은 사람들이 예수를 부인했으나 예수님께 해를 가하고 죽이려고는 하지 않았다. 간혹 그런 사람이 있으나 대부분 그렇지 않았다.

어떤 사람은 의식적으로나 무의식적으로 예수를 저주하고 그의 이름을 더럽힌다. 어떤 사람은 그의 신성에 반대하여 가르치며 하나님의 아들이 아니라고 가르친다. 어떤 사람은 예수님 자신에 대한 분명한 계시와 진실을 반대하여 가르치고 말한다. 어떤 사람들은 진실한 성도의 삶 속에 예수님의 능동적인 임재가 임한다는 사실을 반대하여 가르치고 말한다(마 7:15; 딤전 4:1-2; 딤후 3:1-5).

**개념 4.** 유다가 예수를 배반하기 위해 거래를 하고 난 후에도 예수님은 그에게 회개할 기회를 주었다. 오늘날 우리 성도 가운데에도 예수님이 회개할 기회를 여러 번 주었으나 회개하지 않는 사람이 있다.

그러면 그는 무엇을 추구했는가? 탐욕 - 점점 더 많이 가지려는 욕심이 그를 패망시키고, 그를 나락으로 떨어지게 만들었다.

**개념 5.** 돈은 죄가 아니며, 돈을 탐하는 것이 죄이다. 돈은 하나의 물질이며 생명체가 없는 것이며, 감정을 가지고 있지 않으며, 의지도 없다. 인간은 점점 더 많은 것을 갈망하는 존재이며, 죄를 짓는 존재이다.

**개념 6.** 많은 사람들은 깊은 확신으로부터 예수를 믿지 않고 그가 원하는 것을 얻기 위한 욕망으로부터 예수님을 따른다. 그들은 소위 크리스천 집단에 자기 자신을 어울리기 위해 믿으며 그들은 크리스천의 집단에서 자기의 사업과 자기의 위치를 향상시키기 위해 믿는다. 예수를 믿는다고 고백하고 교회에 속한다고 공공연히 말하는 것은 할 수 있는 일이다. 그러나 그들은 도덕성, 올바른 관계, 순수한 행동, 정직한 거래, 깨끗한 삶, 공평한 태도에는 조금도 귀를 기울이지 않고 모든 다른 비종교인처럼 살아가고 있다.

**개념 7.** 유다는 그의 강점(장점)을 약점이 되게 했다. 이런 사실은 우리에게도 해당된다.

사무 행정의 재능이 오만한 태도로 이끌 수 있다.

애정을 가진 재능이 육신의 정욕으로 이끌 수 있다.

리더십의 재능이 자신의 욕구를 채우도록 이끌 수 있다.

말 잘하는 재능이 영적인 우월한 존재로 인식되도록 이끌 수 있다.

그는 예수님을 넘겨줄 기회를 엿보고 있었으며 적절한 순간을 여기저기 찾아다니면서 배회하고 있었다. 원래 종교 지도자들은 예수님을 잡는 시기를 유월절 이후로 계획했으나 유다의 예기치 못한 제의로 그들은 그 계획을 앞당기게 되었다. 체포를 방해할 유월절 군중들이 전혀 없거나 폭동의 가능성이 없는 때를 기다렸다가 예수님을 넘겨줄 기회를 찾기 시작했다.

> **17-19절 : 무교절의 첫날에 제자들이 예수께 나아와서 이르되 유월절 음식 잡수실 것을 우리가 어디서 준비하기를 원하시나이까 이르시되 성안 아무에게 가서 이르되 선생님 말씀이 내 때가 가까이 왔으니 내 제자들과 함께 유월절을 네 집에서 지키겠다 하시더라 하라 하시니 제자들이 예수께서 시키신 대로 하여 유월절을 준비하였더라**

유월절은 하루 저녁과 한 끼 식사로 거행되는 무교절을 시작하여 축제는 일주일동안 계속된다. 출애굽 할 때 빵을 만들기 위해 반죽할 충분한 시간이 없으므로 효소를 넣지 않았다. 수많은 사람들이 유월절을 기념하기 위해 예루살렘으로 모여들었다. 유월절 성만찬은 무교절을 시작으로 첫째 날 준비가 이루어진다.

성만찬은 예수님의 죽음과 연관되어 있다. 예수님은 나의 "지정된 시간이 가까이 왔다"고 말씀하셨다. 나의 지정된 시간은 그의 죽음을 언급하는 데 항상 사용되는 용어이다(요 2:3-5). 유월절과 그의 죽음을 일치시키면서 "나의 지정된 시간이 가까이 왔다. 나는 유월절을 지키겠다."라고 말씀하시곤 했다. 그의 죽음은 성만찬을 거행하는 것과 일치한다.

성만찬은 헌신적인 믿음을 지키는 순종과 일치한다. 유월절 동안 메시아가 이스라엘을 구원할 것이라는 유대 전통이 있었다. 사실, 유대인들은 하나님이 애굽의 속박에서 해방시켜 준 바로 그날에 메시아가 그들을 구원해 줄 것이라고 믿었다. 유월절을 기념하고 지킴으로써 예수님은 3가지 의미 있는 일을 하고 있었다.

1) 그는 이스라엘이 항상 기대해 왔던 자기 자신이 메시아임을 선포하고 있었다.
2) 그는 최후의 만찬을 유월절과 정확하게 접목시키고 있었다.
3) 그는 최후의 만찬 기념 때 신앙적 순종의 중요성을 강조하고 있었다.

**개념 1.** 예수님은 유월절을 지켰으며, 그것은 하나님께 중요하고 헌신적인 순종이다. 우리는 신앙적인 기념일에 충실하고 순종해야 한다. 예수님은 죽음에 직면하여서도 그는 충성심을 지켰다. 가정의 안락과, 오락의 즐거움과, 육신의 기쁨은 신앙적인 기념일을 지키기 어렵게 만든다(요 14:21, 23; 15:10, 14; 고전 11:26)

**개념 2.** 주님의 "지정된 날짜가 가까이 오고 있다". 주님은 그날이 가까이 왔을 때 그 기회를 놓치지 말아야 했다. 우리 모두 마찬가지다. 때가 너무 늦어 성만찬을 기념할 수 없는 시간이 다가오고 있다. 우리는 가능한 그 기념일을 지켜야 한다.

그리고 유월절 첫째 날 거행하는 무교절에 쓰이는 빵에는 효소가 들어가서는 안된다. 집에 있는 모든 효소는 제거되어야 하며, 효소는 유대인에게는 악의 씨앗으로 상징되기 때문이다. 그들의 삶속에서 효소를 제거해야 한다. 마루와 가구 사이에 효소 가루가 떨어져 있는지 유월절이 오기 전에 샅샅이 살핀다. 모든 효소를 제거함으로써 유대인들은 속박으로부터 구원의 긴 여정 동안 그들의 삶과 가정을 깨끗하게 했던 충성된 조상들과 함께하는 것이라고 말하고 있다.

> **20-25절 :** 저물 때에 예수께서 열두 제자와 함께 앉으셨더니 그들이 먹을 때에 이르시되 내가 진실로 너희에게 이르노니 너희 중의 한 사람이 나를 팔리라 하시니 그들이 몹시 근심하여 각각 여짜오되 주여 나는 아니지요 대답하여 이르시되 나와 함께 그릇에 손을

> 넣는 그가 나를 팔리라 인자는 자기에 대하여 기록된 대로 가거니와 인자를 파는 그 사
> 람에게는 화가 있으리로다 그 사람은 차라리 태어나지 아니하였더라면 제게 좋을 뻔하
> 였느니라 예수를 파는 유다가 대답하여 이르되 랍비여 나는 아니지요 대답하시되 네가
> 말하였도다 하시니라

성만찬은 죄인에게 의미있는 행사로 사용되었다. 예수님은 유다에게 호소
하기 위해 성만찬 행사를 사용하였으며 성만찬을 통해 그는 유다에게 회개하기
위한 마지막 기회를 주었다. 예수님은 유다에게 3가지 조치를 취하셨다.

예수님은 유다의 배반과 죄를 폭로했다. 그것은 큰 쇼크였다. 왜냐하면 배
신자가 제자들 중의 한 사람이기 때문이었다. 유다는 맡은 일을 잘하고 있었고,
아무도 그의 음모를 모르고 있었으며, 주님의 제자들도 모르고, 가까운 친구조
차 몰랐으며, 자신의 죄를 숨기려 했으나 예수님은 알고 계셨다. 사도들노 내난
히 동요했다. 그들은 그 소식에 대해 무거운 부담감을 느끼고 그들은 자기들 자
신의 충성심에 의심이 들기 시작했다. 그래서 "주님 나는 아니지요?"(Surely not I,
Lord?) 각자가 주님께 물어보기 시작했다.

예수님은 그 죄인에게 무서운 심판을 경고했다. 예수님은 죄인의 운명을 알
고 있었다. 그 죄인은 태어나지 않았으면 더 좋을 뻔 했었다고 말씀하셨다. 예수
님은 죄인의 신분을 밝혔으며, 죄는 숨길 수 없다는 것을 그가 깨닫도록 했다.

**개념 1.** 성만찬은 죄인에게 죄를 고백하게 하는 기념일 행사이다. 예수님이 인간의 죄를 위해
죽었다는 것을 알리기 위해 사용되며 회개하지 않으면 죄의 결과가 얼마나 무서운지 경고하
는 행사이다.

**개념 2.** 유다는 예수님 성만찬 자리에 앉아서 그의 삶 속에 죄를 가지고 그 기념식에 자기를
속이고 참가했다. 너무나 많은 성도들도 오늘날 똑같이 그렇게 하는 사람들이 있다. 그들의 가
까운 지인과 친한 성도들은 속일 수 있지만 예수님은 속이지 못한다. 그는 죄에 관하여 모든
사실을 알고 있다.

**개념 3.** 유다는 동료 사도들을 속였다. 사람은 다른 사람을 속일 수 있고 심지어 가족을 속일
수 있다. 그러나 하나님은 속일 수 없으며 하나님은 그 죄와 마음 상태를 알고 계신다.

**개념 4.** 제자들은 그들 스스로 점검해 보았으며, 그들 자신들이 바로 그 죄인인지 알기 위해
서로 쳐다보았다. 믿는 자들은 성만찬에 참가하기 전에 그들 스스로 성찰해 보는 계기가 있어
야 한다. 어떤 성도도 죄 없는 성도가 없으며 죄를 짓지 않을 만큼 거룩한 성도는 없다. 분명한

권면의 말씀은 "Do not be arrogant, but be afraid."(자만하지 마라 그러나 죄를 두려워 하라)고 말씀하고 있다.

**개념 5.** 예수님은 제자들의 믿음을 더 튼튼히 하기 위하여 그는 배신당해 죽어야 될 것이라고 밝히고 있다(요 13:19). 그리고 그는 정말로 전지전능한 하나님이라고 밝히고 있다(요 14:29)

**개념 6.** 어떻게 유다가 그의 속임수(기만 행위)를 계속 시도하고 있는가? 주목해 보라. 주님이 한 죄인이 우리 가운데 앉아 있다고 밝힌 후에도 유다는 주님을 향하여 Rabbi(선생님)이며 "Surely, not I?"(나는 아닐지요)라고 물어보고 있다. 오늘날도 그와 같은 사람이 얼마나 많은가! 오늘날 많은 사람들은 그들의 욕망을 충족시키려 애쓰면서 계속해서 속이고 있다.

**개념 7.** 유다가 계속적인 죄를 짓는 이유는 예수님을 진실로 믿지 않았기 때문이다. 예수님은 유다에게는 주님이 아니었다. 유다에게는 예수님은 한 인간에 지나지 않았으며, 자기 스스로 선포하는 거짓 메시아라고 생각했다.

> **26-30절 :** 그들이 먹을 때에 예수께서 떡을 가지사 축복하시고 떼어 제자들에게 주시며 이르시되 받아서 먹으라 이것은 내 몸이니라 하시고 또 잔을 가지사 감사 기도 하시고 그들에게 주시며 이르시되 너희가 다 이것을 마시라 이것은 죄 사함을 얻게 하려고 많은 사람을 위하여 흘리는 바 나의 피 곧 언약의 피니라 그러나 너희에게 이르노니 내가 포도나무에서 난 것을 이제부터 내 아버지의 나라에서 새것으로 너희와 함께 마시는 날까지 마시지 아니하리라 하시니라 이에 그들이 찬미하고 감람 산으로 나아가니라

성만찬은 영원한 언약으로 주어졌다. 예수님은 그의 몸, 즉 빵을 가지고 감사를 드리면서 그 빵을 떼서 제자들에게 준다. 예수님은 컵을 들고 감사를 드리고 그것을 제자들에게 주었다. 예수님은 새로운 언약 즉 용서의 언약을 행하였다. 그의 피와 희생을 믿는 것이 하나님께 나아가는 방법이며, 구약에서는 하나님과 올바른 관계를 바라는 사람은 동물의 희생을 통해서 하나님께 나아간다. 구약에서 하나님을 믿는 사람들은 동물의 희생 때문에 하나님이 그를 받아들인다고 믿었다.

신약에서는 성도들은 예수님의 십자가 희생 때문에 하나님이 그들을 받아들인다고 믿는다. 예수님이 말씀하시기를 "이것은 새로운 언약의 나의 죄다." 즉 죄 용서를 위해서 많은 사람들을 위해 흘린 것이다. 사람의 죄는 용서되며 예수님의 피가 사람을 위해서 흘렸다고 믿음으로써 하나님께 나아갈 수 있다(요 6:54-58; 엡 1:7; 요일 1:7; 2:1-2)

예수님은 앞으로 장차 그를 따르는 사람들과 성만찬을 기념할 것을 약속하였다. 이것은 모든 성도들에게 영광스러운 약속이다. 그것은 미래에 이루어지게 될 천국에서 예수님과 함께 앉게 되는 새로운 땅과 하늘에 참여하게 되는 존재가 될 것이라는 약속이다(롬 8:16-17; 골 3:4; 고후 4:17; 벧전 5:1; 벧후 1:11).

예수님과 그의 제자들은 찬양을 부르고 헤어졌다. 예수님은 찬양으로 성만찬을 끝내고, 큰 슬픔, 곤혹스러움과 무거운 분위기 가운데 그의 백성에게 찬양을 인도했으며, 아마 그 노래는 할렐 Hallel(시 115~118편) 즉 유월절에 불리워지는 찬양일 것이다(요 15:11; 빌 4:4; 골 3:16).

**개념 1.** 우리는 어떻게 하나님 자녀가 되고 영생을 얻게 되는가? 예수님의 말씀은 1)예수님을 받아들임으로써, 2) 예수님의 살과 피를 먹음으로써(요 6:53-54)라고 말씀하고 있다.

**개념 2.** 예수님은 죽음에 직면하며, 그는 미래에 천국에서 그를 따르는 사람들과 함께 앉을 것이라고 약속하셨다. 예수님의 죽음은 끝이 아니며, 예수님의 죽음을 진정으로 믿는 자들을 위한 영생의 시작이다.

그리고 성만찬에서 "Take and eat this in my body."(이것은 내 몸이니 받아서 먹어라.)는 뜻은 예수님을 그의 생명으로 받아들이는것을 의미하며, 죄와 사망의 굴레에서 벗어나는 것은 예수님의 몸을 받아서 그의 생명으로 흡수하고 동화시켜 나가는것을 뜻한다. 용서(forgiveness), 즉 죄가 죄인으로부터 떨어져 나가는 것을 말한다.

> **31-32절 : 그 때에 예수께서 제자들에게 이르시되 오늘 밤에 너희가 다 나를 버리리라 기록된 바 내가 목자를 치리니 양의 떼가 흩어지리라 하였느니라 그러나 내가 살아난 후에 너희보다 먼저 갈릴리로 가리라**

바로 이날 밤 제자들의 변절과 베드로의 부인이 곧 있을 것이라는 것을 분명히 밝히고 있다. 베드로의 부인은 성만찬 할 때의 결속의 관계를 태만과 비겁쟁이로 바뀌게 했다. 제자들은 예수님이 그들에게 방해물이 되어 그를 버리게 될 것이다. 예수님은 반복하여 그의 죽음과 부활에 관하여 예언했으나 제자들은 그들이 여태껏 의지해 왔던 메시아에게 어떻게 그런 일이 일어날 수 있을까 의심하면서 아직도 그들은 그의 뜻을 파악하지 못하고 있다. 예수님은 왜 제자들이 실족할까? 즉 이것은 모든 사람에게 해당되는 공통적인 이유가 될 것이다. 사람들은 예수님의 정체성이 그들 마음속에 걸림돌이 되었다(요 6:54-58). 사람들은 예수님을 부인하고, 무시하고, 거절하고, 그들은 마음을 닫고, 그와 그의 십자가를 비과학적 비이성적이라고 생각했다. 예수님이 체포되었을 때 사람들은 예수님이 정말 메시아인지 의심하게 되었다. 그는 저항도 하지 않았고 힘을 발휘하지 않았으며 로마정부에 대항하여 봉기를 일으키도록 국민들을 이끌지도 않았다. 그리고 이스라엘을 해방시키지 못했으며 하나님 왕국의 중심지로써 국가를 세우지도 못했다. 사도들은 환상에서 깨어나 당황했으며 이해할 수가 없었다. 그들의 희망은 실망의 십자가 위에 걸어 놓았다. 이 구절에서 예수님은 그들이 실족할 것이라고 예언하고 있다. 부활하고 난 후 그들은 예수님 말씀을 기억하고 그가 다시 돌아올 것이며 완전히 이해할 수 있었다. 그들에게 돌아올 것이라고 예언했던 것이 그들을 더욱 강하게 만들 수 있었다.

예수님은 배신당하였기 때문에 그들의 실망은 컸다. 사람 눈으로 볼 때 그는 군중들에게 배신당한 것 같지만 보이지 않는 세계에서는 예수님을 죽인자는 하나님이며, 즉 하나님이 예수를 죽였다(슥 13:7). 예수님이 죽을 운명에 처해 있다는 것은 하나님의 정해진 목적에 들어 있었다(행 2:23). 예수님은 인간이 구원받으려면 인간을 위해 그의 생명을 내어 놓아야만 했다(행 2:25; 롬 5:8; 벧전 2:24; 3:18). 군중들이 예수님을 배척했을 때 제자들은 위협을 느꼈으며 그들은 군중들이 두려워서 예수님과 함께 대항하여 싸울 용기가 없었다. 그들은 돌아서서 도망가고 예수님을 버렸다. 베드로는 말로 세 번이나 부인했다. 그들의 실망을 치료하는 방법은 즉 '부활'이었다. 주님의 말씀을 주목해 보면 "I will go ahead of you."(내가 먼저 가겠다)라고 말하면서 사도들에게 두 가지 말을 하고 있었다.

1) 부활 후에 그들은 예수님께로 다시 돌아올 것이다. 그들의 잘못에도 불구하고 예수님은 그들을 받아들일 것이다. 사실 예수님은 그들을 기다리고 있을 것이다.

2) 그들은 예수님을 부인한 것에 용서 받을 것이다.

**개념 1.** 예수님이 사도들과 다락방에서 음식을 나누면서 담소를 나눌 때 함께 앉아 있는 그 모습을 상상해 보라. 그들이 얼마나 빨리 실족하였는가? 예수님과 그들이 많은 것을 서로 나누며 친밀감을 가지고 교제했던 날이 바로 그날 밤이었다.

**개념 2.** 예수님은 제자들이 실족할 것이라는 것을 알고 있었다. 제자들이 극도로 실망할 것이라는 사실을 알고서 그는 두 가지를 했다.

  1) 그는 비난하지 않고 저주하지 않았다.
  2) 그는 그들을 용서하고 받아들이고 만날 계획을 세웠다.

**개념 3.** 예수님은 믿는 성도가 가장 끔찍한 죄, 즉 입술로 예수님을 부인하는 죄를 짓는다 해도 실족한 성도들을 위해 사랑을 베푸시고 용서하신다.

> **33-35절 : 베드로가 대답하여 이르되 모두 주를 버릴지라도 나는 결코 버리지 않겠나이다 예수께서 이르시되 내가 진실로 네게 이르노니 오늘 밤 닭 울기 전에 네가 세 번 나를 부인하리라 베드로가 이르되 내가 주와 함께 죽을지언정 주를 부인하지 않겠나이다 하고 모든 제자도 그와 같이 말하니라**

베드로는 예수님이 갈릴리로 갈 것이라는 예언에는 반응을 나타내지 않고 모든 제자들이 실족할 것이라는 예언에는 반응을 나타내었다. 베드로는 그 후 예수님이 법정으로 끌려갔을 때 따라갔지만 처음에는 다른 제자들과 함께 도망갔었다. 그 후에 예수님을 함께 따라간 것이 아니라 멀찍이 떨어져 따라 갔으며 그 후 예수님을 부인했다. 이 구절에서 베드로의 지나친 확신, 즉 "나는 주를 버리지 않겠다"고 한 말이다. 베드로의 지나친 확신은 예수님 말씀을 귀담아 듣지 않음으로써 그 원인이 있다. 예수님은 인간의 약함과 기만적 행위에 대하여 제자들에게 여러 번 경고를 했다. 베드로와 나머지 제자들은 그 말씀을 받아들이지 않았다.

**개념 1.** 사람들이 실패하는 것은 자기 자신을 과신하는 것 뿐 아니라 더욱 많은 것을 가지려고 시도하기 때문이다.

**개념 2.** 모든 사람은 약점이 있으며 실족하고 넘어진다. 실족하는 것은 인간의 죄 때문이며 어떤 사람은 특별한 분야에서 실족하고 어떤 사람은 또 다른 분야에서 실족한다. 사람 간의 차이점은 그의 진심으로 고백하고 회개하는 사람이 있는가 하면 반면에 하지 않는 사람이 있다.

**개념 3.** 지나친 확신은 위험한 죄인다(잠 16:18; 27:2; 사 5:21; 눅 18:9; 고전 8:2; 갈 6:3) 우리는 우리 자신을 다른 사람과 비교하지 말아야 한다. 우리는 다른 사람과 짐을 나누어져야 한다(갈 6:1-3). 베드로는 정말로 그는 죄지을 사람이 아니라고 확신했다. 우리 본성은 다 같으며, 얼마나 우리는 자기의 의가 강한가! 모든 죄는 심각하지만 특별히 자기는 죄지을 사람이 결코 아니라는 생각이 심각한 죄이다.

---

**36절 : 이에 예수께서 제자들과 함께 겟세마네라 하는 곳에 이르러 제자들에게 이르시되 내가 저기 가서 기도할 동안에 너희는 여기 앉아 있으라 하시고**

예수님은 이미 무시무시한 배반을 시작한 유다를 제외하고 모든 제자들과 겟세마네 동산에 함께 들어갔다. 어두움이 다가오고 무서운 비극적인 시간이 다가온다는 것을 알고 인내하고 있으며 될 수 있는 한 제자들은 그와 가까운 곳에 있게하고 싶었다. 예수님은 기도하기 위해 겟세마네 동산에 들어갔다. 예수님은 기도로 하나님께 간구해야 된다고 제자들에게 암시 해주었다. "Sit here while I go over there and pray."(내가 거기 가서 기도하는 동안 너희들은 여기 있으라)라는 말씀을 보면 추측할 수 있다. 누가복음에서는 유혹에 빠지지 않도록 기도하라고 말씀하고 있다(눅 22:39-46). 예수님은 베드로, 야곱, 요한을 데리고 좀 더 멀리 떨어진 겟세마네 동산 안쪽으로 들어갔다. 왜 그렇게 들어갔는가? 예수님은 단독으로 하나님을 만날 필요를 느꼈으며 기도와 영적 교제의 필요성을 느꼈다.

**개념 1.** 사람은 큰 시련이 닥쳤을 때 하나님과 홀로 영적 교류할 수 있는 사적인 장소가 필요하다.

그리고 우리가 절망적인 시간을 직면했을 때 두 가지가 필요하다.
1) 다른 사람을 만나지 말고 홀로 사적인 장소에 들어가라.
2) 기도하며 하나님과 우리의 필요한 부분을 나누어라.

**개념 2.** 가장 주목할 점은 우리의 절망적인 시간에 어떻게 우리의 사랑하는 사람에게 영향을 미칠까? 예수님은 자기 자신이 필요한 것 만큼 제자들이 필요하다고 생각하고 있었다. 그는 그들과 함께 있고 싶어 했으며, 그들이 그들 스스로를 위할 뿐 아니라 예수님을 위해 기도하라고 권면하셨다.

그리고 겟세마네 동산은 감람산 위에 있는 정원이며, 예루살렘을 포함하여 그 주위를 볼 수 있는 아름다운 산기슭에 심어져 있는 감람나무 정원인 것 같다 그 동산의 아름다움 때문에 절망적인 시련의 시간에 간 것 같다. 그리고 예루살렘은 유월절 때문에 사람들이 많아서 밤에 캠핑 장소처럼 사용되었다고 전한다.

> **37-38절 : 베드로와 세베대의 두 아들을 데리고 가실새 고민하고 슬퍼하사 이에 말씀하시되 내 마음이 매우 고민하여 죽게 되었으니 너희는 여기 머물러 나와 함께 깨어 있으라 하시고**

예수님은 점점 다가오는 육체적 고통, 세상 죄를 위한 죽음에 직면하여 대단히 괴로워하고 있었다. 하나님의 Course(가야 할 길)은 정해져 있지만, 그는 아직도 인간의 육신의 몸으로 붙부닙지고 있었나(히 5.7-9). 예수님이 경험한 고통 때문에 우리의 고통을 알 수 있으며, 예수님의 순종하는 강한 의지는 하나님 아버지와의 관계로부터 나왔으며 하나님 아버지는 우리의 강한 의지의 원천이 된다.

우리는 3가지 사실을 주목할 수 있다.

1) 예수님은 너무나 큰 슬픔과 중압감을 느꼈다. 너무나 괴로워 죽을 것만 같았다. "My soul is overwhelmed with sorrow to the point of death."(내 영혼이 죽을 지경에 이르렀다)라고 표현하고 있다. 얼마나 괴로운지 짐작할 수 있다. 그 고통과 고뇌는 너무 커서 그는 핏방울을 땀방울처럼 흘렸다. 그의 전체 존재는 고통받는 데 초점을 맞추고 있었다. 그는 세상 죄를 지고 가는 죄인으로 경험해야만 했다.

2) 예수님은 너무 고통스럽고 외로워서 친한 친구들이 옆에 있어 주기를 원했다. 그는 그들이 그를 위해 기도해 주고 위로해 주는 것을 필요로 했다. "Keep watch with me."(나와 함께 계속 지켜보라)에서 알 수 있다. 예수님은 하나님과 홀로 있을 필요가 있었지만 그를 위해 기도해 주는 가까운 친구가 필요했다.

3) 예수님은 제자들에게 너희들 자신을 위해 기도하고 깨어 있으라고 경고하셨다. 제자들은 앞으로 큰 시련이 가까이 다가오고 있다는 것을 모르

고 있었다. 몇 시간이 지나면 그들은 절망하게 될 것이다. 그들은 유혹에 빠지지 않도록 절대적으로 기도할 필요가 있었다.

**개념 1.** 겟세마네 동산으로부터 배우게 될 가장 큰 교훈은 어떤 대가를 치르더라도 우리는 죄 짓지 않도록 노력해야 한다(히 12:3-4). 예수님은 십자가보다 어떤 다른 방법으로 세상을 구하기 위해 유혹과 죄에 대항하며 분투했었다. 그는 유혹을 이기기 위해 처절하게 노력하였고 너무 강한 압박을 겪어서 핏방울이 땀방울처럼 흘렀다.

**개념 2.** 우리는 때때로 우리를 위해 짊어진 예수님의 고통에 대하여 묵상할 필요가 있다. 그에게는 겟세마네보다 더 큰 고통이 없다.

**개념 3.** 예수님의 우리를 위한 엄청나게 놀라운 사랑을 생각해 보라. 그리고 우리를 위해 짊어질 모든 짐을 예견하고 있었다. 모든 것이 그의 마음에 달렸으나 그는 기꺼이 모든 짐을 짊어지기 위해 자기 자신을 복종시켰다.

**개념 4.** 친한 친구의 기도와 위로와 함께하는 것이 우리가 곤경에 처할 때 큰 도움이 될 수 있다.

예수님이 겪은 고통은 말로 표현할 수 없으며, 바닷물을 주사기로 빼내는 데 사용하는 것처럼 예수님의 인내의 고통은 세상의 어떤 단어로도 다 표현할 수 없다. 사람들이 그를 믿지 않는 것, 자기 자신의 국민조차 배신하는 것, 유대인, 이방인 세상 악한 지도자들의 배척, 자기와 함께한 사도 가운데 가룟 유다의 배신, 모든 제자들의 마지막 죽음의 순간에 그를 포기한 것.

그가 가장 믿고 있는 베드로의 부인, 그의 재판에서 그를 저주하고 정의롭지 못한 재판, 가시관과 십자가에 못박혀 조롱당하고, 저주받고 사람들이 그의 얼굴에 침을 뱉는 행위 등 이러한 정신적, 정서적, 감정적, 육체적 고통이 너무 컸다. 하나님 아들로서 예수님은 그 존재 자체 안에 생명의 에너지, 생명의 씨앗을 가지고 있다(요 17:2-3). 하나님의 아들인 예수님은 죽음의 씨앗과 특질을 가지고 있지 않다. 그러나 사람은 가지고 있다. 사람은 부패와 죽음의 씨앗을 가지고 있으며, 인간의 죄성은 사망을 불러오지만 예수님의 죄 없는 순수함은 죄와 사망을 불러오지 않는다. 그의 순수한 특성을 가진 죽음의 고통과 우리의 죽음의 고통은 다르다. 그는 하나님 아들이며, 완전한 신인 동시에 완전한 인간이기 때문에 사람은 죽어 무덤에 들어가 흙이 되지만 그는 죽음을 이기고 영생의 세계로 들어간다. 하나님 아들로서 정체성을 가지고 있는 동안 죽음을 겪었다.

세상의 죄를 짓는 것은 어떤 것인가? 하나님은 세상 죄를 자기 아들 예수님께 지게 했다. 즉 역설적으로 하나님이 예수님을 우리를 위해서 죄인이 되게 했다. 모든 사람을 위해 저주받고 심판받는 것은 어떤 것인가? 예수님은 세상 죄를 위해 고통받고 하나님으로부터 분리되는 고통을 겪었다. 이 지옥 같은 경험에 대한 놀라운 신비성을 십자가 위에서 그의 울부짖는 외침에서 잘 볼 수 있다. 즉 "하나님, 하나님, 왜 나를 버리셨나요?"라고 했다(갈 2:13; 히 2:9; 벧전 3:18).

**39절 : 조금 나아가사 얼굴을 땅에 대시고 엎드려 기도하여 이르시되 내 아버지여 만일 할 만하시거든 이 잔을 내게서 지나가게 하옵소서 그러나 나의 원대로 마시옵고 아버지의 원대로 하옵소서 하시고**

예수님은 죽음에 직면하여 하나님을 향하여 눈물을 흘리면서 강하게 울부짖고 있다(히 5:7). 이 구절에서 네 가지를 하셨다. "May this cup be away."(이 잔을 거두어 주소서)라는 주님의 말씀은 첫번째, 행동과 충동, 예수님의 갈등은 그의 육신(인성)으로부터 나왔으며 즉 아버지와 분리되는 것을 피하는 것이다. 두 번째, 행동과 충동, 의지의 갈등은 하나님 신성으로부터 나왔다. 즉 '내 뜻대로 마옵시고 아버지 뜻대로 하옵소서' 예수님이 전능하신 하나님께 복종하는 것은 매우 중요하다. 세 번째, 그는 이상적이고 완전한 인간으로 하나님 앞에 완전하게 되는 것은 그의 순종을 통해서 이루어진다. 네 번째, 그의 의가 모든 사람에게 아직도 계속될 수 있는 것은 완전하고 이상적인 인격체인 그의 순종을 통해서이다. 모든 사람의 죄에 대한 하나님의 분노의 잔을 그가 견딜 수 있었던 것은 그의 순종을 통해서이다(히 2:9-10; 고후 5:21).

**개념 1.** 우리의 가슴에 와 닿게 하는 세 가지 생생하게 묘사되는 설명이 있다.

예수님은 어린아이처럼 아버지를 의지하고 믿는다.
우리를 위해 아버지의 무서운 분노의 잔을 마시며 참는다
사랑, 경배, 예배, 봉사로 감사해야 하며 예수님이 하나님 아버지께 순종한 것 같이 우리는 예수님께 순종해야 한다.

**개념 2.** 인간의 의지와 예수님의 의지를 주목해 보라. 인간 의지의 본능은 바라는 것을 얻고 소유하는 것이며 하나님의 본능은 하나님 뜻대로 행하는 것이다. 진실한 성도들은 하나님 의지를 따르는 자들이다. 우리가 행해야 할 일은 예수님처럼 하나님 의지와 본능에 순종하는 것을 배우는 것이다(히 2:9-10; 고후 5:21).

> **40-41절 : 제자들에게 오사 그 자는 것을 보시고 베드로에게 말씀하시되 너희가 나와 함께 한 시간도 이렇게 깨어 있을 수 없더냐 시험에 들지 않게 깨어 기도하라 마음에는 원이로되 육신이 약하도다 하시고**

예수님은 베드로의 나태함을 지적함으로써 그가 곧 직면하게 될 유혹에 대하여 경고하고 있다. 유혹을 이기는 방법은 깨어 기도하는 것 뿐이며, 깨어 있다는 것은 유혹의 가능성이 있을 것이라는 것을 깨닫고 유혹과 싸울 영적 준비를 하라는 뜻이다. 유혹은 언제나 우리의 연약한 부분을 공격하기 때문에 우리 혼자서는 대적할 수가 없다. 기도는 하나님의 능력이 나타나 마귀의 힘을 물리치기 때문이다. 제자들은 그들 앞에 놓여 있는 난관을 극복하기 위해 하나님의 성령 대신에 그들 자신의 지혜와 능력에 의존하고 있다. 제자들은 기도를 통해 하나님이 구원하신다는 확신하는 대신에 하나님의 구원은 당연한 것이라고 여기고 있었다. 그들은 예수님을 메시아로 믿었으며, 어떤 일이 있더라도 로마로부터 그들을 구원해 줄 것이라고 믿었다. 자기들의 기도는 별로 중요하지 않다고 믿었으며 당연히 하나님은 구해 준다고 믿었다. 깨어서 기도는 하나님에 대한 증언자가 되며 깨어서 기도할 때 사람들은 하나님을 의지하고 믿는 기초가 다져진다는 것을 나타낸다. 하나님은 깨어서 기도하지 않으면 실패하기 쉬우며 하나님을 믿고 의지하는 것이 필수적인 요소라는 것을 가르치기 위해서 가끔 사람들의 실패를 허락하신다.

그들은 깨어서 기도하지 않았다. 그들은 그들의 육신을 극복을 할 만큼 영이 살아있지 못했다(눅 12:37; 살전 5:5-6; 벧전 5:8; 렘 10:23).

**개념 1.** 어떤 성도도 결코 혼자 있지는 않다. 그의 가장 가까운 친구가 기도를 소홀히 한다 해도 하나님은 그와 함께 계신다.

**개념 2.** 많은 시련은 갑자기 예고 없이 일어난다. 단지 끈기 있는 기도만이 위기를 벗어나도록 준비시킬 것이다(엡 6:18). 기도는 어려움을 극복하는 방법을 가르쳐 준다.

**42-44절 : 다시 두 번째 나아가 기도하여 이르시되 내 아버지여 만일 내가 마시지 않고는 이 잔이 내게서 지나갈 수 없거든 아버지의 원대로 되기를 원하나이다 하시고 다시 오사 보신 즉 그들이 자니 이는 그들의 눈이 피곤함일러라 또 그들을 두시고 나아가 세 번째 같은 말씀으로 기도하신 후**

예수님이 죽음에 직면하여 계속 기도하고 있으며 그의 아버지에게 두 번째로 잔을 거두어 달라고 요청하였다. 마태는 이 두 번째 기도에서 예수님의 말을 전해 주는 단지 작가에 지나지 않으며 마가복음에서도 동일한 말씀으로 기도했다고 석고 있다(막 14:39).

예수님이 말씀하고 있는 두 가지 견해가 있다.

첫째, 예수님은 죽음으로부터 괴로워하지 않았으며 그는 하나님과 분리되는 컵을 마시는 것으로부터 괴로워 하고 있었다. 인자로서 세상의 고통을 지는 압박감은 참을 수 없었다. 죽을 것이라는 것을 느끼고 있었다. 성경은 죽음의 압박감을 덜어 주고 그를 강하게 하기 위해 천사를 보낸다고 언급하고 있다.

둘째, 예수님은 제자들이 다시 자고 있는 것을 발견했다 "그들의 눈꺼풀이 무거웠다." 이 말에 주목할 점은 졸음과 싸웠지만 그 싸움에서 졌다는 것을 나타낸다. 즉 그들은 육체적 나태함과 영적인 무지를 제거할 수가 없었다.

예수님은 똑같은 말로 기도하면서 세 번째 기도했다. 그 압박감은 참을 수가 없었으며, 그는 압박감으로부터 해방되고 싶었다. "The same thing"이 말에서 주목할 점은 그가 생명을 위협하는 압박으로부터 벗어나려고 애쓰면서 똑같은 고통으로 몸부림치고 있다는 것을 말하고 있는 것 같다. 그는 죽음의 압박감으로부터 해방되기를 간청하면서 눈물로써 그의 영혼을 밖으로 쏟아 놓으면서 하나님 앞으로 다가왔다. 그리고 하나님은 인내의 기도에 응답하신다(마 7:7; 골 4:2; 약 4:7-8)

**개념 1.** 인내의 기도는 겟세마네의 위대한 교훈이며 주님 자신이 가장 위대한 인내의 기도의 본보기를 우리에게 보여 주고 있다. 우리가 무서운 삶의 시련과 압박감에 직면했을 때 예수님은 기도로 하나님 앞으로 나아감으로써 해방되는 본보기를 우리에게 가르쳐 주고 있다. 그는 하나님이 응답할 때까지 기도로 인내하고 계속하면서 하나님 앞에 머물도록 우리에게 가르쳐 주고 있다(엡 6:18; 눅 18:1-8).

**개념 2.** 인내의 기도를 끊임없이 방해하는 세 가지 적이 있다

  1) 육체적인 나태함.

  2) 영적인 무지(주님의 말씀을 믿지 않는 것). 하나님 말씀을 우리 마음대로 해석하고 이해하는 것.

  3) 육체적인 편안함(하나님을 이용하고 당연하게 여김).

**45-46절 : 이에 제자들에게 오사 이르시되 이제는 자고 쉬라 보라 때가 가까이 왔으니 인자가 죄인의 손에 팔리느니라 일어나라 함께 가자 보라 나를 파는 자가 가까이 왔느니라**

이 구절은 죽음에 직면하여 예수님은 해방감과 큰 평화와 용기를 얻었다.

두 가지 사실이 여기에 있다. 지금은 위축되지도 않고 절망도, 고통도 없어졌다. 예수님은 인간을 구원하기 위해 필요한 고통을 받을 준비가 되어있으며 근심이 없어지고 강해졌다. 예수님은 배반당하여 죄인의 손에 팔리리라 라고 말하고 있다. 그의 죽음에 참가하고 있는 모든 사람들 역시 죄인들이었다. 그의 죽음은 역사상 가장 무서운 죄 때문이었다. 그는 인자이며, 가장 완전한 인간인 그가 사람들에 의해서 죽음을 당했다. 그러나 더욱 세상 죄 때문에 죽음을 당했으며 그를 십자가에 못박히게 한 것은 모든 사람의 죄 때문이었다.

**개념 1.** 중요한 요점은 하나님은 예수님에게 그가 바라는 것을 들어주지 않았다. 하나님은 그에게 잔을 지나가게 하지 않았으며, 그는 그 잔을 마셔야만 했다. 그러나 하나님은 그의 기도에 응답해 주었다. 하나님은 그 잔을 마실 수 있도록 그의 고통을 덜어 주고 강하게 하였다. 하나님은 그를 실패시키지 않았으며, 그 교훈은 분명하며 하나님은 때때로 우리의 기도를 "No"로 응답하신다. 그러나 그는 우리를 강하게 만들고 우리에게 훨씬 더 좋은 것을 주신다(시 40:8; 갈 1:4; 엡 5:2; 히 10:7-10, 12)

산해드린(Sanhedrin)은 이스라엘의 최고 행정입법 사법 기관이며 72명으로 구성되어 있으며 대제사장이 회의를 주최했다. 그 구성원은 바리새인, 사두개인,

법률사, 장로들로 구성되어 있으며 정족 수는 23이다. 사형 선고는 내릴 수 없으며, 예수님 재판 전에는 약 20년 형까지 구형할 수 있었다. 그러나 그들은 종교 지도자들을 파문할 수 있는 권한을 가지고 있다. 예수님을 사형하기 위해 로마 정부에 요청하여 사형 집행이 이루어졌다.

**47질 : 말씀하실 때에 열둘 중의 하나인 유다가 왔는데 대제사장들과 백성의 장로들에게서 파송된 큰 무리가 칼과 몽치를 가지고 그와 함께 하였더라**

열두 제자 중 유다가 예수님을 배반하였으며 예수님을 체포하기 위해 큰 무리를 이끌고 오는 것이 보였다. 네 가지 사실을 주목할 수 있다.

   1) 유다는 주님을 따른다고 고백하는 열두 제자 중의 한 사람이었다. 그날 밤 몇 시간 전에 그는 그와 함께 빵을 먹으면서 주님의 식탁에 함께 앉아 있었다. 너무나 주님을 빨리 배반했다.
   2) 유다는 예수님을 체포하기 위해 많은 무리를 이끌고 왔다.
   3) 유다는 예수님 체포를 두려워했다. 왜냐하면 그는 예수님의 권능을 목격했다.
   4) 유다는 공식적으로 종교 지도자들에 의해서 보내졌다. 예수님을 받아들였던 바로 그 사람들이 예수님을 배반했으며 예수님을 믿는다고 고백했던 사람들이 가장 무서운 적이 되었다.

**개념 1.** 유다처럼 교회 안에도 그런 사람들이 많이 있다. 그들은 말로 예수를 믿는다고 하지만 갑자기 돌아서서 예수님을(의로움) 배반하는데 가담한다. 그리고 예수님이 이 땅에 오늘날 다시 돌아온다면, 얼마나 많은 종교인들이 거부하고 반대를 할까? 사실 이미 많은 종교인들이 예수님을 거절하지 않았는가? 얼마나 많은 사람들이 자기 멋대로 예수님의 이미지를 만들고 그들 자신의 욕망을 추구 했던가?

**48-50절 : 예수를 파는 자가 그들에게 군호를 짜 이르되 내가 입맞추는 자가 그이니 그를 잡으라 한지라 곧 예수께 나아와 랍비여 안녕하시옵니까 하고 입을 맞추니 예수께서 이르시되 친구여 네가 무엇을 하려고 왔는지 행하라 하신대 이에 그들이 나아와 예수께 손을 대어 잡는지라**

배반자인 유다는 예수님을 체포할 계획을 가지고 있었으며 그 시간은 밤이었을 것이다. 성전 문지기들이 어두운 곳에서 어떻게 예수님을 알아볼 수 있으며 그가 성문 밖으로 빠져나가는 것을 막을 수 있었을까? 유다는 여러 번 생각하고 난 후 그 계획을 고안해 내었다. 그는 걸어가서 키스로 인사함으로써 그들에게 예수님의 신분을 알려 주었다. 키스는 동양에서 사람들 가운데 우정과 약속에 표시였다. 유다는 동료 제자들을 속일 수 있다고 느꼈으며, 제자들은 그의 죄를 의심하지 못할 것이라고 생각했다.

**개념 1.** 여기에서 요점은 예수를 믿는다고 말하면서 악행을 꾸미고 계획을 세우며 얼마나 많은 사람들이 예수를 믿는다고 하면서 거짓말하며 훔치고, 속이는 계획을 세우는가? 우리들 중에 유다처럼 많은 사람들이 예수를 믿는다고 하면서 우리 자신의 이익을 추구하기 위해 계획을 세우는가?

**개념 2.** 우리가 죄를 짓기 위해 계획을 세우고 음모를 꾸밀 때 우리는 사기꾼 역할을 하게 된다.

사기꾼인 유다는 그의 계획을 실천에 옮겼다. 예수님께 가서 선생님이라고 인사하면서 키스하는 사람이 바로 예수라고 유다는 말하였다. "Kissed him." 그에게 키스하다는 이 말은 강한 의미를 갖고 있으며, 즉 강하게, 강제적으로, 열정적으로, 반복적으로 행동 한다는 뜻이 담겨 있다. 유다가 그의 죄를 숨기기 위해 쇼(show)를 계획했던지 아니면 신경이 예민하여 그에게 열정적으로 행동하게 하는 원인이 될 수 있었다. 죄는 나쁘지만 속임수는 더 나쁘다.

**개념 3.** 우리는 가끔 나쁜 계획도 하고 좋은 계획도 한다. 믿는자는 항상 하나님께 먼저 물어보고 계획해야 한다.

사기꾼인 유다는 분명히 죄에 대한 책임이 있다. "Friend, do what you came for."(친구여 네가 무엇을 하려고 왔는지 행하라.) 즉 예수님은 유다에게 책망이나 비난은 하지 않고 유다에게 직설적으로 말함으로써 그는 유다의 기만적인 마음을 다시 한번 탐색하였다. 예수님은 아직도 가능하면 유다의 마음 문을 열고 싶어했다. 유다의 명백한 죄를 알고서 예수님은 "너가 나를 충실한 동료로서 인사 하였구나"라고 핵심적인 말을 하고 있다. 너는 죄를 짓고도 나에게 충성하였느냐? 이러한 분명한 책망이 그의 가슴을 꿰뚫었으며, 그의 가슴속에 깊은 죄의식을 느끼게 했다(렘 9:5; 17:9; 엡 4:14; 딤전 3:13; 딛 1:10; 히 3:12; 벧전 2:13-14; 요이 1:7)

**개념 4.** 우리를 향한 하나님의 영광스러운 인내와 십자가 위에서 오랫동안 고통이 예수님에 의해서 보여 주고 있었다는 것을 주목해 보라

**개념 5.** 예수님은 우리 모두에게 말하고 있다. "친구여, 너가 무엇을 하려고 왔는지 행하라"에 너희들은 나에게 왔느냐, 즉 교회에 왜 오게 되었는가?

- 왜냐하면 당신은 정말로 죄를 짓고 회개하였기 때문에
- 왜냐하면 당신은 사회적 직위, 사업, 생계, 영향력, 안정감, 신앙적인 인정 때문에
- 왜냐하면 당신은 커뮤니티에서 믿을 만한 사람으로 인정받고 싶기 때문에
- 왜냐하면 당신은 양심을 만족시키기 위해서
- 왜냐하면 당신은 가족과 친구를 즐겁게 해주기 위해서
- 왜냐하면 당신은 교회 다니라고 가르침을 받았기 때문에
- 왜냐하면 너희 모든 친구들이 교회 다니기 때문에

**개념 6.** 예수님의 말씀은 우리의 가슴을 꽤 뚫어서 죄가 있는지 우리 스스로 살펴보도록 한다.

> **51-52절 : 예수와 함께 있던 자 중의 하나가 손을 펴 칼을 빼어 대제사장의 종을 쳐 그 귀를 떨어뜨리니 이에 예수께서 이르시되 네 칼을 도로 칼집에 꽂으라 칼을 가지는 자는 다 칼로 망하느니라**

대제사장의 종의 귀를 칼로 베어 떨어뜨린 사람은 베드로였다. 베드로는 일찍이 충성심의 맹세(모두 주를 버려도 나는 버리지 않겠나이다)를 비추어 볼 때 예상되는 반응이었다. 그러나 그는 승리를 얻기 위해 예수님이 죽어야 된다는 것을 깨닫지 못했다. 그리고 예수님은 그의 아버지의 의지에 따라 완전한 언약을 보여 주었다. 그리고 귀를 잘린 종의 이름은 '말고(Malchus)'였으며 예수님은 잘린 귀를 다시 붙여 주었다. 베드로는 메시아의 시간이 다가왔다고 생각했으며 지금 이스라엘

을 해방하고 다윗 왕국을 설립할 준비를 한다고 생각했다(눅 7:21-23)

베드로의 행동이 보여 준 것은 육신적인 행동이며 육신의 죄성에서 나오는 객기였다. 베드로가 예수님을 위해 육신으로 맞섰기 때문에 그는 실패했다. 결국 그는 예수님을 버렸다. 육신으로 행동하면 항상 실패하기 쉽고 예수님을 버리는 행위가 될 것이다. 베드로의 육신으로 대적하는 것은 네 가지 실패를 보여주며 각 실패는 우리 믿는 성도의 삶 속에서도 종종 보여진다.

1) 베드로는 주님의 말씀을 오해했다. 베드로는 예수님이 이 지상의 왕국을 건설할 것이라고 생각했다. 그는 세상적, 물질적 외형적인 입장에서 생각했다. 그는 예수님이 선포한 영적세계를 파악하지 못했다. 예수님은 그의 죽음을 예언했었고, 여러 달 동안 제자들에게 강한 훈련을 시키면서 미리 경고 했었다. 그러나 베드로는 영적인 영원한 세계와 예수님이 베푸시는 영원한 구원을 알지 못했다.

2) 베드로는 예수님으로부터 지시를 기다리지 못했다. 그는 자신 마음대로 행동했다. 제자들은 "Lord, should we strike with our swords?"(주여 우리가 우리의 칼로 칠까요?)라고 물어보았으나 예수님은 대답을 하지 않으셨다.

3) 베드로는 예수님께 무엇을 행해야 되는지 물어보지 않았다. 예수님이 응답해줄 때까지 끈기 있게 참지 못했다.

4) 베드로는 분명하게 생각지도 못했으며, 분별력이 부족하고 현명하게 행동하지 못했다. 그의 행동이 하나님 의지를 실패케 할 수 있었다. 하나님 사람들에게는 칼은 항상 칼집에 있어야 되며 칼집에서 빼내어 사람을 헤쳐서는 안 된다. 하나님 사람은 사랑과 평화를 선포해야 한다.

**개념 1.** 믿는 자들의 전쟁 무기는 영적인 것이지, 외형적이거나 육신적인 것이 아니다(고전 10:3-5; 롬 8:5-8; 갈 5:17)

**53-54절 :** 너는 내가 내 아버지께 구하여 지금 열두 군단 더 되는 천사를 보내시게 할 수 없는 줄로 아느냐 내가 만일 그렇게 하면 이런 일이 있으리라 한 성경이 어떻게 이루어지겠느냐 하시더라

아마도 예수님이 힘을 사용하기 원하셨다면, 아버지에게 간단히 요청만 하면 그들 도우러 12군단의 천사를 보내 주실 것이며, 한 군단은 예수께 열한 군단은 열한 명의 제자들에게 각각 한 군단씩 보낼 것이다. 그리고 예수님은 자기의 죽음에 대한 입장은 성경에서 선지자들의 글이 이루어져야 된다는 사실에 근거하고 있다. 예수님이 기꺼이 인간을 위해서 죽으려는 의노적인 구원의 계획이 있었다.

> **개념 1.** 예수님은 목적 있는 삶의 완전한 본보기를 보여 주었다. 하나님이 우리로부터 원하는 것은 목적 있는 삶이며, 예수님을 위하여 날마다 자기 자신이 죽는 것이다.
> **개념 2.** 삶의 목적, 의미는 모든 사람이 바라고 필요한 것이다. 그것은 예수님 안에서 이루어질 수 있으며 그의 존재만이 삶의 목적과 의미를 우리 가슴속에 채울 수 있다.

**55-56절 : 그때에 예수께서 무리에게 말씀하시되 너희가 강도를 잡는 것 같이 칼과 망치를 가지고 나를 잡으러 나왔느냐 내가 날마다 성전에 앉아 가르쳤으되 너희가 나를 잡지 아니하였도다 그러나 이렇게 된 것은 다 선지자들의 글을 이루려 함이니라 하시더라 이에 제자들이 다 예수를 버리고 도망하니라**

종교 지도자들이 언제든지 예수님을 체포할 수 있었지만 매일 그를 따라다니는 군중들이 두려웠기 때문에 그들은 밤에 체포하러 나타났다. 몇 시간 전에 이 무리들 중에 어떤 사람들은 주님을 버리는 것보다 오히려 죽음을 택할 것이라고 공언했던 자들이었다.

예수님을 버리고 제자들이 도망간 두 가지 이유는 다음과 같다.

첫째, 그들은 닫힌 마음을 가지고 믿음이 약했다. 그들은 예수님의 mission(미션)과 목적을 이해하지 못했으며 죽어 다시 부활한다는 그의 말을 받아들이지 않았다. 그들은 영적이며 영원한 천국을 이해하지 못했다. 지금 예수님이 했던 말씀이 실행되고 있으며, 그들은 거기에 준비가 되어 있지 않았다.

둘째, 그들은 세속적, 물질적 마인드를 가지고 있었으며 그들은 메시아에 대한 지상의 개념에 매달려 있었다. 즉 외형적 물질적 세계에 유토피아를 가져오는 메시아로 이해하고 있었으며 그들은 지상의 메시아 존재에 집착하고 지상의 인간에 의해서 죄인으로 다루어지는 것을 이해할 수가 없었다(눅 9:62; 약 1:8, 12; 4:8; 벧전 3:17-18).

**개념 1.** 세상 사람들은 예수를 배척했다.

많은 사람들은 그를 도둑으로 취급했다. 그가 인간의 즐거움을 빼앗아 가고 사람을 속여 실질적인 삶을 방해하며 그의 계명은 행복한 삶을 방해한다고 믿고 있었다. 사람들은 그를 위험한 인물로 배척하였다. 사람들은 그를 저주하고 그의 이름과 교회를 파괴하려고 하고 있다. 사람들은 지금도 어두운 곳과 비밀리에 음모를 꾸미고 죄를 지음으로써 그를 배반하고 있다.

**개념 2.** 모든 수치스러운 행동과 예수님을 대적하고 죄를 지어 예수님 가슴을 도려낼 정도로 아프게 한다. 왜냐하면 그가 죽은 것은 우리의 죄 때문이다.

**개념 3.** 너무나 많은 제자들은 똑같은 이유로 예수님을 버리고 있다. 즉 환상이 두 가지 이유 때문에 깨어졌다. a) 우리의 마음이 닫혀 있거나 b) 세속적이고 물질적인 마음 때문이다.

### 57절 : 예수를 잡은 자들이 그를 끌고 대제사장 가야바에게로 가니 거기 서기관과 장로들이 모여 있더라

부유한 사람이 사는 주택들은 공간이 넓은 정원 중앙에 네모 모양으로 가끔 지어졌다. 안나(Annas)가 그 법정의 별채에 살았다면 아마도 예수님과 인터뷰했을 가능성이 있다. 산헤드린은 다른 별채에 모여 있었으며 베드로는 용기도 없었고 겁도 먹지 않는 어중간한 태도로 약간 떨어져 예수님을 뒤따라가고 있었다. 그는 정원에 피워 놓은 불 주위에 둘러서 있는 성을 지키는 경비원과 종들과 합류했다. 예수님은 지금 체포되어 재판에 회부되고 있으며, 몇 시간의 짧은 시간에 그는 적어도 여섯 번 재판정에 회부되었다. 첫째 재판은 유대 지도자들이 존경하는 은퇴한 대제사장 안나 앞에 비형식적인 재판이 있었으며(요 18:13; 19-24). 두번째 재판은 가야바 앞에서 행해졌다. 산헤드린 사람들은 이미 모여 있었으며, 이들이 바로 예수님을 체포한 자들이었다. 그들은 제사장, 율법사, 장로들로 구성된 로마를 대신해서 유대인들을 다스리는 공동체인 산헤드린이란 공의회이다. 갑작스럽게 회의가 열려, 예수님을 그들에게 끌고 오고 있는 법정 경비원들을 기다리면서 거기에 그들은 앉아 있었다.

**개념 1.** 악행을 저질러는 가슴은 규칙을 왜곡하며, 그들이 예수님을 심판하려면 법률을 왜곡시켜야야 했다. 그리고 사람은 혼자보다는 집단적으로 예수님을 배척하는 것이 쉽다는 것을 알고 있었다. 이들 가운데 예수님에 대한 악한 감정을 가지고 있었지만 모는 사람이 악한 감정과 부당한 감정을 가지고 대석하지는 않았다(니고데모와 아랫마네 요셉이 불법적인 모임에 급하게 불려 갔을 가능성이 있다). 예수님에 대한 그들의 호의적인 감정은 이미 산헤드린 휘의에서 잘 알려져 있다.

**개념 2.** 종교 지도자 가야바의 집은 하나님을 위한 강한 증언의 상징으로 우뚝 서 있는 화려한 집이었다. 그러나 그 집은 악의 중심지로 보였다.

**개념 3.** 우리의 삶에서 두 가지가 관찰해 보고 탐구해 볼 필요가 있다.

> 1) 제도적 종교가 얼마나 이들의 마음을 왜곡시켰으며 우리의 마음을 왜곡시켰는가?
>
> 2) 이 사람들은 개인의 안보, 직위 권력에 얼마나 많은 관심을 가졌으며 이들은 하나님과 멀리 떨어져 있는가?

**58절 : 베드로가 멀찍이 예수를 따라 대제사장의 집 뜰에까지 가서 그 결말을 보려고 안에 들어가 하인들과 함께 앉아 있더라**

베드로는 충성심과 믿음에 혼돈이 일어났다. 베드로는 왜 예수님이 적들을 물리치고 지상의 왕국을 건설하지 않는지 이해를 할 수가 없었다. 예수님이 행동하지 않은 것이 명백해졌을 때 베드로는 필사적으로 도망갔다. 그러나 예수님에 대한 사랑 때문에 멀리가지는 않았다. 지금 그는 예수님을 따라 가야바 궁전으로 따라가고 있는 중이다. 그는 주님께 일어났던 그 결말을 보고 싶어 했다 (요 4:18; 딤후 1:6-7)

**개념 1.** 베드로는 지금 두 가지 갈등 즉 예수님에 대한 충성심과 자기 생명에 대한 두려움에 사로 잡혀 있다. 우리도 역시 두 가지 갈등에 억눌려 있을 때가 있다. 우리가 예수님을 위해서 당당히 서게 되면 우리는 영광스럽게 되지만, 반면에 고통받고 남의 놀림감이 되며 직장에서 환영받지 못하게 되는 경우를 종종 발견하게 된다.

**개념 2.** 베드로의 실패는 예수님에 대한 진실을 이해하지 못하는 것에 기인한다. 예수님을 이해하지 못하면 우리는 영원한 실패자의 운명에 처하게 될 것이다.

## 59절 : 대제사장들과 온 공회가 예수를 죽이려고 그를 칠 거짓 증거를 찾으매

이 법정은 예수님이 죄가 있는지 없는지 보기위해 열리는것이 아니라 예수님에 대한 거짓 증언을 찾기위해 모임을 하고 있었다. 그들은 예수님을 사형 선고 내리기를 바랐으며 그들은 이미 마음속에 그렇게 결정하고 있었다. 예수님이 그들 국가와 개인의 안정과 직위에 큰 위협이 되었기 때문이다 그들은 앞으로의 상실감과 손실이 두려워하여 죽일 마음을 먹었다(마 12:1-8).

**개념 1.** 종교 지도자들은 두 가지 중요한 이유 때문에 예수님을 거절하고 배척했다. 오늘날도 마찬가지다.

> 1) 그들은 자기 자신들을 부인하고 싶지 않았으며 그들의 현재 위치와 가진 모든 것을 포기하고 싶지 않았다. 그들은 하나님 사랑보다 세상을 더 사랑했다.
> 2) 그들은 인간이 만든 종교 행사, 종교의식, 제도적 종교를 부인하고 싶지 않았다.

## 60-61절 : 거짓 증인이 많이 왔으나 얻지 못하더니 후에 두 사람이 와서 이르되 이 사람의 말이 내가 하나님의 성전을 헐고 사흘 동안에 지을 수 있다 하더라 하니

중대한 재판에는 두 사람의 증인이 요구되었다. 그러나 종교 지도자들은 거짓 증인을 찾으려고 했으나 충분한 가짜 증거를 가진 증인을 찾지 못했다. 그 당시 법 규정은 다른 사람과 접촉이 없고 똑같은 증거를 가진 두 사람 증인이 필요했다. 법정은 개개인으로 분리해서 조사를 했으며, 조사 중에 몇 가지 문제에 부딪혔다. 거짓 진술에 대한 증거가 예수님의 죄를 로마 당국에 확신시키기에는 충분하지 못했다. 중대한 사건은 조작된 증거로는 공식적으로 법정에서 인정받을 수 없었다. 단일한 사건에 의견이 일치하는 두 증인을 찾을 수가 없었다. 마침내 충분한 증거를 가진 것 같이 보이는 두 증인이 앞으로 나아왔다. 마침내(Finally)라는 단어가 주목 할 만한 것은 즉 그 사건도 거의 신빙성이 없어 실패했다는 의미가 담겨 있다. 상상해 보라! 거짓 증언자를 찾지 못해서 예수님의 재판은 성립될 수 없었다. 다음 사실을 주목해보면 예수님은 종교 지도자들을 범법자들이라고 말씀하셨다. 그런데 이 거짓 증언자들은 이 사가 하나님 성전을 무너뜨릴 수 있다고 말하더라고 하면서 예수님의 말을 왜곡히고 그를 파괴자로 만들었다. 이 거짓 증언자는 예수님 말을 잘못 인식하였다. 예수님은 몸의 성전과, 몸의 부활을 언급하고 있었다. 유대인들은 분명히 그가 예루살렘 성전을 부수어 3일만에 다시 지을 것이라고 이해했다. 종교 지도자들은 예수님을 처청하기 위해 로마 당국자들을 확신시킬 수 있는 것은 그가 혁명가라는 것을 입증시키는 것이었다(눅 19:14; 요 7:7; 15:18, 25).

**개념 1.** 우리가 저지르는 가장 큰 실수 중에 하나는 예수님 말씀을 왜곡하는 것이다. 두 거짓 증인은 예수님 말씀을 왜곡하고 비꼬았으며, 우리도 예수님 말씀을 왜곡할 때 우리는 우리 자신을 파괴하는 저주를 받게 된다(벧전 3:15-16).

## 62절 : 대제사장이 일어서서 예수께 묻되 아무 대답도 없느냐 이 사람들이 너를 치는 증거가 어떠하냐 하되

예수님의 재판에서 예수님의 말없는 확신감이 있었다.

그들은 예수님이 스스로 자기 죄를 뒤집어 쓰도록 희망하면서 예수님이 말하는 것이 필요했다. 제사장은 돌아서서 예수님께 압력을 가하기 위해 눈썹을 위로 치켜 올렸다. "너가 대답하지 않을거냐?"그러나 예수님은 여전히 말이 없었으며, 소동이 일어난 가운데서 조용히, 평화스러운 확신감에 차 있었다.

왜 그는 말이 없었는가? 첫째, 예수님은 침묵이 최상의 정책일 때가 있다고 가끔 가르쳤다. 말 때문에 우리가 소용없는 논쟁에 휘말리게 될 때, 사람들이 우리를 박해할 때(마 10:23), 사람들이 우리의 메세지를 거절할 때(마 10:12-14) 침묵하는 것이 가장 좋은 방법이다. 둘째, 하나님은 우리가 큰 시련에 빠져 있을 때 침묵하는 것이 내면의 평강과 조용한 확신감을 주신다(요 14:27; 16:33; 고전 10:13; 벧전 1:5-7; 3:12-13). 셋째, 예수님은 아무도 하나님이 택한 사람을 어떤 고발도 할 수 없도록 그러한 거짓 증언에 기꺼이 복종했다(롬 8:33). 우리가 저주받지 않도록 예수님은 거짓 고발을 당했다(롬 8:34)

> **63-64절 : 예수께서 침묵하시거늘 대제사장이 이르되 내가 너로 살아 계신 하나님께 맹세하게 하노니 네가 하나님의 아들 그리스도인지 우리에게 말하라 예수께서 이르시되 네가 말하였느니라 그러나 내가 너희에게 이르노니 이 후에 인자가 권능의 우편에 앉아 있는 것과 하늘 구름을 타고 오는 것을 너희가 보리라 하시니**

예수님은 대제사장이 "하나님의 아들이라면" 대답해 보라는 질문에 말하기 주저되었지만 그렇다고 말했다. 그는 인자(son of man)라고 말하면서 그는 메시아라고 주장하고 있다. 이런 메시아라는 주장은 예수님이 직접 해야 할 주장이 아니지만 그는 겁먹지 않고 용기 있고 결단력 있게 주장하였다. 예수님은 진실로 메시아이기 때문에 그렇게 답변할 수 밖에 없었다. 가야바는 예수님이 메시아가 아니라고 생각하기 때문에 조심스럽게 설명을 붙여서 답변해야만 했다. 예수님은 정치적 메시아가 아니라 천국에서 하나님 오른편에 앉아 명예와 권력을 찬양받는 메시아이다. 여기에서 네 가지 사실이 있다.

1) 예수님은 하나님의 아들 약속된 메시아라고 주정하였으며 그리고(God of Gods, Lord of Lords)만왕의 왕이며, 만류의 주시라고 주장했다(빌 2:5-11)

2) 만약 가야바의 질문에 '나는 메시아가 아니다'라고 답변했다면 우리는 오늘날 어떻게 되었을까? 객관적으로 정직하게 말해서 오늘은 어디에 존재할까? 십자가가 없었다면 이 세상은 어떻게 되었을까? 상상해 보라. 부활과 찬양, 그리고 그가 두 번째 다시 이 땅에 올 것이라는 사실을 하나님의 백성과 그들에게 증거로 제시하고 있다.

3) 믿는 성도는 부활과 찬양, 두 번째 오시는 하나님에 희망을 두고 있지만 믿지 않는 자들에게 예수님이 강조하는 것은 심판이다. 부활은 그가 하나님 아들이라는 것을 선포하는 것이다(롬 1:4). 그를 찬양하는 것은 모든

인류를 다스리고 통치하는 그의 권위와 직위를 선포하는 것이다(빌 2:9-11) 그가 다시 돌아올 것이라는 사실은 정의와 심판을 실현한다는 것을 보게될 것이다(마 24:30; 요 5:28).

**65-66절 : 이에 대제사장이 자기 옷을 찢으며 이르되 그가 신성모독 하는 말을 하였으니 어찌 더 증인을 요구하리요 보라 너희가 지금 이 신성모독 하는 말을 들었도다 너희 생각은 어떠하냐 대답하여 이르되 그는 사형에 해당하니라 하고**

대제사장은 예수님이 자기 자신을 하나님이라고 부르는 것을 신성모독 죄에 해당한다고 비난하면서 그의 옷을 찢고 분개하고 있었다. 유대인들에게 이것은 큰 죄에 해당하며 죽음을 가져오는 죄이다(레 24:16). 종교 지도자들은 예수님 말씀이 진실일시도 모른다는 추측조차도 거부했나. 그들은 예수님에 대항할 것을 결정하였으며, 그렇게 함으로써 그들 자신의 운명과 예수님의 운명을 결정했다. 여기에는 어떤 증언자도 필요 없었으며, 사형당할 만하다고 주장했다. 당신도 산헤드린의 회원처럼 예수님의 말씀이 신성 모독인지 아니면 진실인지 결정해야하며 당신의 결정이 영원한 운명의 결정이 되는 것이다.

**67-68절 : 이에 예수의 얼굴에 침 뱉으며 주먹으로 치고 어떤 사람은 손바닥으로 때리며 이르되 그리스도야 우리에게 선지자 노릇을 하라 너를 친 자가 누구냐 하더라**

예수님이 메시아라는 주장은 산헤드린에게 아무런 반응을 주지 못했으며 오히려 분노를 일으켰다. 예수님은 거짓 주장을 한다고 조롱만 받았으며 그리고 신체적인 고통과 모욕을 당했으며, 유대인들의 심한 적개심이 폭발했으며 정의의 기대와 권리는 완전히 무너졌다. 두 가지 형태의 적개심이 폭발했다.

1) 극도의 증오심을 가진 행동 – 즉 얼굴에 침을 뱉는 것은 가장 불경스러운 행동이며, 주먹으로 때리고 뺨을 때리는 것은 예수님에 대한 가슴속에 분노의 아픔을 주었다.

2) 예수님의 주장을 비웃고 그의 권능을 놀리고 빈정거림으로 그를 그리스도(Christ)라고 놀렸다.

**개념 1.** 너무나 많은 사람들은 예수님을 대적하며 내면적 증오심을 품고 있었다. 예수님을 배척하고 반대하는 많은 사람들은 증오심이 점점 커져서 어떤 기회가 올 때에 그들의 적개심을 노골적으로 표출한다. 믿는 성도들도 예수님을 거절하고 반대하면서 그들의 마음속에 증오심을 키워 가는 사람들이 있다. 날마다 예수님을 충성되게 따르며 진정으로 믿는 성도를 공격할 수 있는 기회가 올 때 어떤 사람들은 감정적 증오심을 나타낸다

**69절 : 베드로가 바깥 뜰에 앉았더니 한 여종이 나아와 이르되 너도 갈릴리 사람 예수와 함께 있었도다 하거늘**

예수님은 바깥뜰에 앉아 있었다고 말하면서 예수님을 메시아임을 부인하는 군중들과 함께 앉아 있었다. 베드로의 부인은 3단계로 시작한다.

첫 번째 단계 그의 행동은 당황했으며, 화재를 바꿈으로써 자기 자신으로부터 주의를 다른 곳으로 돌리려고 시도했다.

둘째 단계 – 그가 예수를 알고 있다는 사실을 맹세코 부인했다.

셋째 단계 – 저주하며 맹세하기 시작했다.

가끔 예수님을 부인하는 성도들은 예수님을 모른 체함으로써 애매한 행동을 취한다. 신앙적인 문제를 토의할 기회가 왔을 때 그들은 밖으로 나가거나 또는 그 문제의 답변을 모른 체 한다. 약간의 압력만 받으면 그들은 예수님과 그들의 관계를 완강히 부인한다. 당신이 교묘하게 대화를(신앙적인 대화)딴 곳으로 돌리면, 당신은 예수님에 관해 말할 필요가 있다. 솔직히 말하면 베드로는 예수님도 실망시키고, 자기 자신도 비참할 정도로 실패한 인간이 되었다. 군중 속에 앉아 있다는 것은 그가 마땅히 있어야 할 마지막 장소이었다. 물론 그는 예수님을 버리지는 않았지만 도망갔다. 그는 기도하고 있는 하나님과 혼자 남아 떨어져서 하나님으로부터 응답을 구하고 이해를 구해야만 했다. 그렇지 않으면, 앞으로 나아가야 할 방향을 위해 하나님의 얼굴을 찾으려고 하면서 사도들과 함께 있어야만 했다.

**70절 : 베드로가 모든 사람 앞에서 부인하여 이르되 나는 네가 무슨 말을 하는지 알지 못하겠노라 하며**

예수님을 모르는 체함으로써 부인했으며 예수님과 아무런 관계가 없는 체하면서 부인을 했다. 문 지키는 경비원(여자)는 요한을 알아보았으며 그를 들어오도록 허락했다(요 18:15). 분명히 요한은 베드로가 들어오도록 허락해 주도록 요청했다. 주목할 말은 "너도 나사렛 예수와 역시 함께 있었도다." 여 경비원은 아마도 신분 파악을 위하여 베드로에게 간단하게 물어볼 것 같았다. 베드로에게는 위협도, 위험도 없었지만 예수님에 관해 알지 못하는 체 했다. 다시 한번 그의 정확히 한 말을 주목해 보면 "네가 무슨 말을 하는지 알 수 없나." 즉 "네가 무슨 말을 하는지 모른다."이거나 예수님에 관해서 아는 것이 없다는 뜻이다. 둘 중 어느 경우든지 그는 예수님과 아무런 관계가 없는 체하며 부인했다(막 8:38; 벧전 3:15; 잠 29:25)

**개념 1.** 체하는 것은 인간의 항상 짓는 죄 중에 하나이다. 우리는 생각하고 느끼는 것을 바르게 표현해야하며 거짓으로 체해서는 안된다. 너무 많은 성도들이 체함으로써 예수님을 부인한다. 단순히 그들이 세상 밖에 있을 때 예수님을 모르는 체한다. 즉 직장에서, 학교에서, 사회단체에서, 이웃 가운데서, 친구 가운데서, 낯선 사람과 있을 때, 예수님을 모르는 체한다. '체'하는 것은 두 가지 의미가 있다. (1) 인체하는 것은 − 위선이다 − 그것은 아닌 것을 맞는 것인 체하는 것이다. (2) 체하는 것은 − 예수님을 부인하는 것이다. 그것은 예수님을 믿는다는 고백에 관해서 거짓말 하거나 모른 체하면서 피하는 것이다.

**71-72절 : 앞문까지 나아가니 다른 여종이 그를 보고 거기 있는 사람들에게 말하되 이 사람은 나사렛 예수와 함께 있었도다 하매 베드로가 맹세하고 또 부인하여 이르되 나는 그 사람을 알지 못하노라 하더라**

베드로는 나와서 앞 문쪽으로 걸어가서 불을 피워놓은 밝은 곳으로부터 뒤로 물러가 정원 앞쪽의 어두운 곳으로 왔다. 거기서도 그는 거짓말하면 자기 자신이 저주를 받을 것이라면서 다시 부인했다. 그는 하나님께 강하게 맹세하면서 강조하는 어투로 부인하였다. 이번의 책임 추궁은 군중들 앞에서 한 소녀에 의해서 행해졌다. 군중들 앞에서 추궁 당했기 때문에 더 위협적이라고 느꼈으며 "이 사람은 예수와 함께 있었다."고 말했었다. 이 소녀의 말이 사실인 것은 주목할 만하다.

– 베드로는 예수님과 함께 있었으며, 사도이면서 사도들 중의 사도이다.

– 베드로는 예수님이 하나님 아들 그리스도라고 공언했던 제자이었다.

– 베드로는 죽음을 의미할지라도 예수님께 충성심을 맹세했던 제자였다(마 26:33-35)

맹세를 사용하여 부인하는 것은 예수님의 권위를 떨어뜨리는 행위이었다. 베드로가 예수님을 "the man"그 사람이라고 불렀다. 물론 그는 인간이었다. 그러나 베드로는 그의 마음속으로부터 그리스도 예수님 이라고 불러야할 책임을 회피함으로써 예수님의 실체를 무시했다. 당황하기도 하고, 조롱을 받기도 했으며, 체포와 죽음의 위협이 베드로에게 큰 압박감을 주었다. 그래서 맹세를 하면서까지 예수님을 모른다고 부인했다(마 10:33; 딤후 1:8; 신 31:6)

**개념 1.** 중요한 사실은 첫째 부인에서 베드로는 단지 한 사람에 의해서 추궁당했다. 그의 부인은 단지 나는 네가 무슨 말을 하는지 알지 못한다고 하면서 체함으로써 단순히 부인했다. 그러나 두 번째 부인에서는 베드로는 군중 앞에서 추궁당했으며 더욱 위협을 느꼈다. 그러므로 그의 부인은 더욱 강하게 강조했으며 맹세를 사용했다. 우리에게 주는 교훈은 우리가 군중들과 함께 섞여 있으며 더욱 더 조롱과 방해, 당혹감으로 위협받게 된다. 우리가 더욱 위협을 받을수록 우리는 예수를 부인하는 경향이 있다.

**개념 2.** 베드로의 부인에서 우리에게 강한 경고가 있다.

– 베드로는 충실한 제자이었다.

– 베드로는 예수님을 하나님의 아들 메시아로 믿었다.

– 베드로는 예수님에 대한 충성심이 남달랐다.

– 베드로는 주님의 성만찬에 참가하였으며, 사실 그는 바로 첫째날 유월절 저녁 식사 자리에 함께 했었다.

– 베드로는 예수님을 따르기 위해 모든 것을 버렸다.

– 베드로는 예수님 자신으로부터 하나님에 관해서 많은 가르침을 받았다

– 베드로는 인간의 육신은 연약하고 실족할 것이라고 앞서 경고를 받았다.

**개념 3.** 예수 그리스도를 부인하거나 무시하는 것은 주님의 권위를 떨어뜨리는 행위이며, 하나님을 두려워하고 경외하는 것보다 인간을 더 두려워한다는 것을 나타낸다. 성경의 권면의

말씀은 주님은 그의 백성을 심판할 것이며 악행은 무시무시한 벌이 살아 계신 하나님 손 안에 있다는 것을 명심하라(히 10:30–31).

**개념 4.** "베드로는 어떤 것에도 맹세하지 말라는" 하나님 권면의 말씀을 잊어버렸다(마 5:34–37).

**개념 5.** 너무 많은 성도들은 두려워한다. 그들이 두려워하기 때문에 예수님을 위한 증언자가 되지 못하고 증언할 기회를 잃고 예수님께 다른 사람을 인노하지 못한다. 그리면 어떤 두려움이 있는가? 조롱받는 것, 직위, 세상 친구, 세상 이웃, 사업 경영, 승진 등에 악영향을 받을까 두려워한나.

## 73-74절 : 조금 후에 곁에 섰던 사람들이 나아와 베드로에게 이르되 너도 진실로 그 도당이라 네 말소리가 너를 표명한다 하거늘 그가 저주하며 맹세하여 이르되 나는 그 사람을 알기 못하느라 하니 곤 닭이 울더라

얼마의 시간이 흘러갔으며, 어떤 시대에 있어서나 말할 때 그 지방 사투리의 특색이 있다. 베드로의 말은 갈릴리 사람의 말투를 보여 주고 있다. 베드로의 부인에 참석했던 사람 중에 한 사람이 그의 악센트(말투)가 예수님의 제자로 밝힐 수 있었으며 예수님 사역에 갈릴리 지방에서 대부분 함께 지냈으며, 예수님 제자 중 유대 지방 사람은 거의 없다고 말했다. 두 번이나 거짓말을 한 베드로는 세 번째 거짓말 하도록 자신이 강요당하고 있다는 것을 느꼈다. 이윽고 닭이 울었고 예수님의 말씀이 비통하게 기억에 떠올랐다. 누가복음에서는(눅 22:59)한 시간 후에 두번째 부인이 있었다고 말하고 있다. 군중 속에 있는 사람 중에 한 사람은(Malchus)말고의 친척 중 한 사람이라고 말하고 있다. (말고: 겟세마네 동산에서 베드로에게 귀를 잘린 사람). 세 번째 부인은 다른 두 번째 부인과 달랐으며, 베드로가 예수님과 함께 있었다는 주장이 아니라 예수님의 제자 중의 한 사람이라고 주장했다. 베드로는 갈릴리 북쪽 출신이었으며 그의 갈릴리 북쪽 악센트(말투)는 유다 지방이나 예루살렘과는 확실히 달랐다.

욕하고 저주하면서 부인하는 것은 끔찍한 죄이다. 자기 자신을 증명해 보라고 압력을 받고 있는 사람은 가끔 저주와 욕설을 한다.

여기서 세 가지 주목할 점은,

1) 불신자들이 모인 군중은 우리 믿는 자들에게 압박을 가할 수 있다. 베드로는 속하지 말아야 할 장소에 있었으며 세상 군중 한 가운데서 서성거리고 있었다 그는 세곳 중 하나에 속해 있어야 했다. (1) 그리스도 옆에, (2) 그리스도와 함께 있거나, (3) 다른 사람들과 함께 있는 것이다(엡 5:11; 딛 1:16; 벧후 3:17; 잠 4:14)

2) 우리의 말은 친절하고 부드럽게 해야 하지만 주님을 위해서는 강하게 선포해야 한다. 우리는 말로써 믿는 성도라는 것을 밝힐 수 있어야 한다. 베드로는 군중들을 속에 그는 제자 중의 결코 한 사람이 아니라고 하면서 저주까지 하면서 강력히 부인했다. 주님의 제자라면 저주와 욕설을 해서는 안 된다. 저주와 욕설은 주님의 눈으로 볼 때 끔찍한 죄에 속한다.

3) 죄는 사람을 더욱더 타락시키고 점점 나락으로 떨어지게 한다.

## 75절 : 이에 베드로가 예수의 말씀에 닭 울기 전에 네가 세 번 나를 부인하리라 하심이 생각나서 밖에 나가서 심히 통곡하니라

부인에 대한 해답은 회개뿐이었다.

베드로의 회개는 3단계로 진행되었다. 먼저, 주님의 말씀을 기억하는 것이며 수탉이 우는 동안 대저택의 큰 홀에 서 있는 예수님이 돌아보면서 베드로와 시선이 마주쳤다. 주님과 눈과 눈이 마주친 베드로는 주님이 그에게 한 말이 기억났다 주님은 자기 자신의 고뇌와(눅 22:31-32) 고통 가운데에서도 시간을 내어 베드로를 쳐다보았다. 주님은 베드로를 잊지 않았다는 것을 그의 표정이 말해 주었다. 주님은 여전히 베드로를 사랑하고 관심을 가지고 있었으며 그의 봉사와 충성심을 원했다. 예수님은 베드로를 위해 기도하였으며, 기도의 힘이 지금 베드로의 가슴과 삶속으로 들어오고 있었다. 베드로는 주님의 말씀을 지금 기억하고 그 말씀이 생생하게 떠올랐다. 둘째, 베드로는 가능한 빨리 안전하게 법정을 떠났다. 그는 예수님과 화합하기 위해 밤에 정문을 통과하여 밖으로 나와 버렸다. 그는 완전히 망가졌으며 주님을 실망시킨 데 대한 고뇌와 아픔으로 가득 차 있었다. 그래서 비통할 정도로 울부짖었다. 셋째, 성스러운 슬픔을 경험하고 회개하였다(행 8:22; 요일 1:9; 스 10:11; 잠 28:13; 렘 3:13).

**개념 1.** 베드로가 회개한 것처럼 곤경에 처해 있을 때 우리도 죄에 대한 회개가 필요하다.

# 마태복음 27장

**1-2절 : 새벽에 모든 대제사장과 백성의 장로들이 예수를 죽이려고 함께 의논하고 결박하여 끌고 가서 총독 빌라도에게 넘겨 주니라**

종교 지도자들은 예수님을 사형시키기 위해 로마 정부를 설득시켜야만 했다. 왜냐하면 그들은 사형시킬 권한이 없었다. 로마 정부는 중대한 범죄에 대하여는 종교 지도자의 권한을 박탈하였다. 정치적으로 다른 제 삼의 사람이 예수님을 죽이게 하는 책임을 진다면 종교 지도자에게는 더 좋은 일이었다. 군중들이 그들을 비난할 수 없도록 로마 당국이 주체가 되어 사형시키기를 원했다. 유대인 지도자들은 신성모독죄로 예수님을 체포했으나 이런 죄는 로마 법정에 의해 뒤집혀질 수 있기 때문에 그들은 예수님의 죽음에 정치적인 이유를 꾸며 내어야만 했다. 그들의 전략은 예수님을 왕이라고 주장하는 반란자이며 가이사에게 위협이 된다고 보여 주어야 했다. 빌라도는 A.D. 26-36에 유다와 사마리아 지역에 파견된 로마 총독이었다. 빌라도는 유대인들을 다스리는 것에 그의 권위를 보여 주는 데 특별히 관심을 가지고 있었다. 그는 수로를 건설하기 위해 성전 건축 기금이라는 명목으로 돈을 거뒀다. 빌라도는 인기가 없었으나 예수님을 제거하기 위해서는 그에게 부탁하는 방법 외에는 다른 방법이 없었다. 아이러니하게도 예수님이 재판을 받기 위해 그 사람 앞에 섰을 때, 그는 예수에 대해 죄를 발견할 수 가 없었다. 산헤드린은 예수님을 재판하기 위해 급하게 회의를 열기 전에 먼저 저녁에 모임을 가졌다.

그들은 거짓 증언자를 확보하고 죽일 구실을 찾아내었다. 이 회의에서 예수님을 한 혁명가로 정죄하기로 공식화하며 모임을 가졌다. 그 재판이 말로 공표되자마자 그들은 예수님을 결박하여 의기양양하게 끌고 갔다. 빌라도는 잔인하고 오만하며 유대인들이 미워하는 통치자였다. 그는 수로를 건설하며 돈을 횡령했으며 예루살렘 주민들이 항의하며 폭동을 일으켰을 때 많은 사람들을 죽였다.

산헤드린과 빌라도의 의견 일치가 예수님 사형에 필요했었다. 산헤드린의 동의를 받아 예수님이 위험한 열심 당원으로 기소되지 않으면 빌라도는 예수님에 대한 재판을 할 수가 없었다.

**3-5절 : 그때에 예수를 판 유다가 그의 정죄됨을 보고 스스로 뉘우쳐 그 은 삼십을 대제사장들과 장로들에게 도로 갖다 주며 이르되 내가 무죄한 피를 팔고 죄를 범하였도다 하니 그들이 이르되 그것이 우리에게 무슨 상관이냐 네가 당하라 하거늘 유다가 은을 성소에 던져 넣고 물러가서 스스로 목매어 죽은지라**

유다는 후회를 하고 회개하였지만 그의 회개는 세상적인 회개였으며 하나님이 바라는 회개가 아니었다. 유다에 관하여 일곱 가지 사실을 지적할 수 있다.

1. 유다는 자기 죄를 알고 있었다. 예수님의 선고가 내려지는 것을 보았을 때 자기가 한 일 때문에 부당하게 재판받고 있는 것을 보고 있었다. 그는 예수님이 선하고 좋은 사람이라는 것을 알고 있었으며 메시아라고 믿지는 않았지만 엄청나게 선한 사람이며 가장 부당하고 야만적인 방법으로 사형 선고를 받는 것은 유다 자신의 잘못된 죄 때문이라는 것을 알았다.

하나님이 유다의 가슴속에 죄의 고통을 느끼게 하여 그는 자기의 고통을 벗어나는 탈출구를 찾고 싶었다. 그의 내면 세계는 강한 후회와 슬픔으로 끓어올랐으며 어찌할 바를 모르고 당황하였다. 그는 영혼의 슬픔과 위로를 받지 않으면 그는 죽을 것만 같았다. 주목할 점은 종교 지도자들이 예수님을 죽일 음모를 꾸미는 것을 유다가 알고 있다는 사실이다(요 5:18; 7:1, 19-20). 이 사실이 유다가 권력자들에게 가서 예수님을 배반하여 예수님을 그들의 손아귀에 들어가게 했던 바로 그 이유이었다. 종교 지도자들은 예수는 혁명가였으며 그들의 종교(유대주의), 직위 그리고 자기들의 안전에 위협을 느꼈다.

유다는 지극히 불리한 상황을 벗어나고 싶었으며 그의 내면 세계에 끓고 있는 후회와 죄의식은 그가 분노와 갈등을 일으키게까지 했다(행 2:37; 사 38:4; 51:3).

**개념 1.** 믿는 성도는 예수님이 여러 종류의 사람에 의해서 날마다 조롱당하고 저주당하는 것을 본다. 우리는 침묵을 지킬 것이 아니라 우리 마음속에 움직임이 있어야 하며 우리는 주님 옆에서 동행함으로써 당당히 말할 필요가 있다. 너무 많은 사람들이 불리한 순간에 주님을 배신한다. 그는 하나님의 아들이며 많은 사람으로부터 최대한으로 존경받을 만한 가치가 있는 분이다.

2. 유다는 후회했었다. 그러나 그는 제사장들에게 후회한 것이지 하나님께 한 것은 아니다. "유다는 후회와 통탄에 사로잡혀 스스로 뉘우치고 은 삼십 냥을 대제사장들과 장로들에게 도로 갖다 주며"라는 말을 주목해 보면 짐작할 수 있는 것처럼 하나님이라는 언급은 한마디도 없었다. 이것은 그의 큰 실수였으며 회개는 삶이 변화하여 죄로부터 벗어나 하나님께 돌아가는 것이다. 유다는 다른 사람에게 의지할 것이 아니라 하나님께 돌아갈 필요가 있었다(행 8:22; 사 55:7; 겔 18:21; 욜 2:12).

**개념 2.** 죄를 짓게 되면 반드시 회개해야 한다. 우리가 죄에 대해 죄의식을 느낄 때 우리는 죄로부터 돌아서서 회개해야 한다. 죄로부터 돌아서는 것만으로 충분하지 않으며 우리는 우리의 얼굴을 하나님 쪽으로 향하도록 돌려서 함께 동행해야 한다.

3. 유다는 받은 은 삼십 냥을 돌려주었다. 그의 죄에 대한 배상을 하기에는 너무 늦었다. 상황이 바뀌는 순간에 배상 했어야만 했었다. 그는 하나님께 회개하고 예수님이 재판받기 전에 그 돈을 돌려주어야만 했다. 예수님은 이미 재판을 받았고 이미 죽을 운명이 결정되었다. 유다의 두 번째 실수는 그가 하나님께 회개하지 않고 제사장들에게 회개했다는 것이다. 물론 받은 돈은 돌려주었으나 너무 늦었다.

**개념 3.** 우리는 우리의 죄에 대해 보상을 해야 한다. 그러나 우리는 사태를 수습하기 위해 지체 없이 보상해야 한다. 첫 번째 단계는 우리가 하나님께 회개하고 그 다음 보상할 수 있다. 두 가지를 해결하는 데 좋은 방법과 나쁜 방법 두 가지가 있다. 그는 하나님께로 돌아가는 대신에 사람에게 참회를 했다. 우리는 하나님께 돌아가 회개하고 그 다음 사태를 즉시 수습해야 한다.

**개념 4.** 악한 방법으로 획득한 돈이나 물질은 항상 사람의 마음과 정신을 좀먹는다(약 5:3).

4. 유다는 세사장에게 잘못을 고백했지만 하나님께 고백하지 않았다. 유나의 말을 주목해 보면 "내가 무죄한 피를 팔고 죄를 범하였도다"라고 대제사장과 장로들에게 고백하면서 하나님께 하지 않았다. 유다는 그의 죄에 대해 개인적 책임을 받아들였으며 말하기를 내가 죄를 범하였다고 고백하였다. 그의 문제는 하나님께 가는 대신에 사람에게 가서 고백했다는 것이다. 그는 하나님께 고백해야 했으며 하나님만이 구원할 수 있고 그를 위로할 수 있다. 유다는 세상 슬픔에 사로잡혀 있는 것이지 하나님이 슬퍼하고 있다는 것을 못 느끼고 있었다 (고후 7:10; 요일 1:9; 스 10:11; 렘 3:13).

**개념 5.** 우리가 용서받으려면 죄의 고백은 필수적이다. 죄의 고백은 하나님께 해야 되며 사람에게 해서는 안 된다.

**개념 6.** 우리는 죄를 짓게 되고 그 죄에 대하여 개인적으로 책임이 있다. 어떤 사람도 자기 죄를 책임지지 않고 잘못을 다른 사람 탓으로 돌려서는 안 된다.

**개념 7.** 잘못된 고백과 세상적인 슬픔이 있으며 반대로 옳은 고백과 하나님이 인정하는 성스러운 슬픔이 있다.

5. 유다는 도움을 받지 못하고 외롭게 혼자 남겨졌으며 예수님을 배신했기 때문에 심한 죄의식을 느끼고 있었다. 종교 지도자들은 예수님을 그들 종교와 국가에 큰 위협으로 보았기 때문에 전혀 죄의식을 느끼지 않았다. 유다가 죄의식으로 괴로워한다면 그는 어리석은 자이다. 그들은 자기들의 종교와 국가를 도운 그의 애국적인 행동을 깨닫지 못하는 어리석은 바보와 함께할 시간이 없었다. 종교 지도자들이 유다에게 한 말을 주목해 보라, 유다는 절실히 그들의 도움을 받고자 울부짖고 있다는 것을 명심하라. "그것이 우리에게 무슨 상관이냐 네가 당하라" 예수님의 죽음에 대한 책임을 그가 완전히 뒤집어썼다. 다음

네 가지 끔찍한 것들을 종교 지도자들의 말과 행동에서 볼 수 있다.

1) 곤경에 처한 사람을 돕지 않는 마음의 경직성.

2) 사역을 오해하는 것. 즉 어떤 대가를 치르더라도 곤경에 처한 사람을 도 와야 하는 하나님의 소명과 진정한 사역을 이해하지 못하였으며 유다를 돕는 대신에 그들은 유다를 홀로 내버려 두었다.

3) 그들은 사실을 왜곡시키고 그것을 합리화시킴으로써 마음 문을 닫았다. 그들은 자기들의 행동을 마음속으로 합리화시킬 수 있었다. 그래서 그 들은 유다의 요구를 묵살하고 예수님을 십자가에 못박는 죄를 계속할 수 가 있었다.

4) 그들은 진실을 거절하면서 그들 자신들의 방법과 의지대로 행하는 고 집스러운 행동으로 역사에서 가장 큰 죄를 짓게 되었다(롬 2:5; 히 3:13; 잠 28:14; 29:1).

**개념 8.** 우리는 진실을 쉽게 왜곡시키고 합리화시킬 수 있다. 마음으로 진실을 왜곡시키면 쉽 게 나쁜 행동이 나오고 거짓 행동이 나온다. 제사장들이 끔찍한 죄를 지은 것처럼 우리도 진 실을 왜곡하는 끔찍한 죄를 지을 수 있다. 우리가 아무리 우리의 행동을 정당화하고 합리화해 도 진리는 바뀔 수 없다.

**개념 9.** 비즈니스적인 마음을 가지고 있는 제사장들은 유다의 요구를 들어주지 않았다. 우리 와 마찬가지로 너무 바빠서 도와줄 수 없다고 주장한다. 사역의 최우선은 곤경에 처한 사람을 돕는 것이지만 그들은 유다의 도움을 외면했다.

**개념 10.** 유다가 도움을 요청하기 위해 예수님께 먼저 달려갔거나 그의 동료 사도들에게 달 려갔더라면 어떤 일이 일어났을까?

6. 유다는 그 돈을 제사상 발 앞에 던져 버렸다. 이 사실은 좌절과 분노, 희망 이 없다는 행동이었다. 그는 무엇을 할 수 있었을까? 종교 지도자들은 예수님 에 대한 기소 내용을 바꾸지 않을 뿐 아니라 절실한 도움에 처해 있는 그를 돕지 도 않았다. 그를 도울 사람이 아무도 없었으며 홀로 죄의식에 빠져 있었을 것이 다. 제사장들에게 분노를 느낀 나머지 핏 값의 돈을 제사장 발 앞에 던져 버리 고 법정에서 뛰쳐나왔다. 괴로운 양심의 가책을 느껴 사람들의 시선을 피해 예

루살렘 길거리로 달려 나왔다(시 42:6; 73:2; 렘 2:25).

7. 제사장들이 하는 일은 죄지은 자를 사하기 위해 제물로 제사 지내며 죄인을 위해 중보자로 행동하며 사람들에게 하나님에 관해 가르치는 것이 그들의 임무였다. 유다는 자기가 죄를 지었다고 외치며 제사장에게 달려갔으나 제사장들은 오히려 그것은 유다의 책임이라고 말했다. 에수님을 메시아로 인정하지도 않았을 뿐 아니라 제사장으로서 그들의 역할을 포기했다. 그리고 유다는 하나님이 그를 용서하지 않을 것이라 생각하고 그의 허리띠를 풀어 산 절벽 위에 걸려 있는 바위에 허리띠를 묶어 목 메어 죽었다. 그 허리끈이 풀어져 곤두박질하여 배가 터져 창자가 흘러나왔다(행 1:18). 중요한 사실은 유다의 죄는 용서받을 수 없는 죄이며 역사를 통해 많은 죄인들이 용서받을 수 있었지만 유다는 용서받을 수 없었다.

유다가 자살을 결심한 동기는?

1) 그는 그의 죄가 너무 무거워 용서받을 수 없다고 생각했다.

2) 그는 하나님의 자비가 한계점에 달했다고 생각했다.

3) 그의 죄가 하나님의 자비를 넘어선다고 생각했다.

4) 그의 죄가 하나님의 자비를 가리게 하고 퇴색시켰다고 생각했다(욥 10:1; 시 69:2; 73:16; 사 49:14; 엡 2:12).

**개념 11.** 우리는 실망 때문에 우리 자신을 포기하지 않아야 하며 슬픔으로 좌절해서는 안 된다. 우리는 절망에 사로잡히지 말고 우리를 구원하시는 예수님의 도움을 구해야 한다. 하나님의 자비는 크고 깊어 어떤 죄도 용서할 수 있다. 우리가 그에게 나아가 고백하고 회개하면 그는 우리를 용서하시고 우리를 영생으로 인도할 것이다.

**개념 12.** 유다와 베드로의 차이점은 둘 다 주님께 죄를 지었으며 그들의 죄를 후회했다. 그러나 베드로는 회개를 철저히 하여 회개가 주님으로부터 받아들여졌다. 그러나 유다는 극도의 절망 상태에서 자기 자신을 포기하고 자기 자신을 파멸시켰다. 후회는 회개로 인도할 수도 있고 통탄과 파괴로 인도할 수도 있다.

**6-10절 : 대제사장들이 그 은을 거두며 이르되 이것은 핏값이라 성전고에 넣어 둠이 옳지 않다 하고 의논한 후 이것으로 토기장이의 밭을 사서 나그네의 묘지를 삼았으니 그러므**

로 오늘날까지 그 밭을 핏밭이라 일컫느니라 이에 선지자 예레미야를 통하여 하신 말씀이 이루어졌나니 일렀으되 그들이 그 가격 매겨진 자 곧 이스라엘 자손 중에서 가격 매긴 자의 가격 곧 은 삼십을 가지고 토기장이의 밭 값으로 주었으니 이는 주께서 내게 명하신 바와 같으니라 하였더라

이 구절은 대제사장이 그들의 종교를 그들의 욕망에 맞도록 왜곡시키고 있다는 것을 잘 보여 주고 있다.

1. 그들의 부패는 그들의 행동과 그들 종교의 규칙이 불일치 한다는 것을 보여 주고 있다. 그들은 하나님을 섬기는 직위를 가지고 있으나 그들은 죄없는 사람에게 거짓 증인을 세워 예수님을 죽게 했다. 그들은 하나님의 종이라고 주장하나 유다를 죄짓게 하여 유다를 절망에 빠뜨렸다. 그들의 행동과 그들의 종교 윤리는 일치하지 않았다. 그들은 뇌물을 주기 위해 성전의 금고로부터 돈을 빼내어 예수님을 죽이는 데 사용하였으나 똑같은 금액의 돈을 금고에 다시 채워 넣지 않았다. 그들은 종교 규칙을 지키려고 애를 썼지만 정의와 자비에서는 느슨하게 적용했다. 그들의 법에 의하면 악한 방법으로 사용되는 돈은 하나님을 위해 드려질 수 없었다. 그들은 하나님이 주시는 종교를 가지고 그들 자신의 욕망과 의지에 맞도록 왜곡시키고 있으며 그들은 자기들이 하고 싶은 대로 할 수 있도록 인공적인 종교를 발전시켰다.

2. 그들의 부패는 그들의 기만 행위에서 볼 수 있으며 그들은 공적인 봉사를 함으로써 그들의 악행을 숨기려고 하고 있었다. 그들은 유다의 핏값을 받아서 공동묘지를 위한 땅을 샀다. 그들은 공공을 위해서 땅을 사는 그러한 봉사가 예수님의 죽음에 대한 불평을 침묵시키는 데 도움을 줄 것이라고 생각했다. 그들의 계획은 실패했다. 예수님을 배반하여 그 죽음의 핏값으로 그 밭을 샀다는 루머와 이야기가 퍼져나가 그 공동묘지는 핏밭이라고 불리워지기 시작했다(마 23:28; 창 6:12; 사 28:7-8; 렘 5:28). 이 예언은 스가랴 11:12-13에서 발견될 수 있으나 역시 예레미야 18:1-4에서 인용했을지도 모른다.

**11-14절** : 예수께서 총독 앞에 섰으매 총독이 물어 이르되 네가 유대인의 왕이냐 예수께서 대답하시되 네 말이 옳도다 하시고 대제사장들과 장로들에게 고발을 당하되 아무 대

**답도 아니하시는지라 이에 빌라도가 이르되 그들이 너를 쳐서 얼마나 많은 것으로 증언 하는지 듣지 못하느냐 하되 한 마디도 대답하지 아니하시니 총독이 크게 놀라워하더라**

빌라도 앞에서 종교 지도자들은 그들이 예수님을 체포했을 당시 죄명과 다른 죄로 예수님을 고발하였다. 그들은 신성모독으로 체포했으나 그 죄는 로마와는 아무런 상관이 없는 죄였다. 그래서 종교 지도자들은 세금을 내지 말자고 선동하고, 왕이라고 주장하며 폭동을 일으킨다는 로마 정부와 관계 있는 죄로 예수님을 고발했어야만 했었다. 이런 죄는 사실이 아니지만 종교 지도자들은 예수님을 죽이려고 결정하고 그들의 몇 가지 계명을 깨뜨렸다.

1. 빌라도 앞에서 예수님은 솔직하게 고백했다. 그는 왕이 맞다고 고백했다 (눅 23:2). 빌라도는 약간 놀라며 경멸적으로 "네가 유대인의 왕이냐?"고 물어보았다. 그는 힘주어 그렇다고 답변했다(요 18:36-37).

2. 예수님의 강하고 절제된 행동, 즉 심한 압박에도 예수님은 의도된 침묵으로 일관했다. 종교 지도자들은 발작적으로 심한 비난을 했지만 그는 침묵을 지켰다. 그의 통제력과 고귀한 성격을 주목해 보면 그는 닫힌 마음을 가진 사람과 논쟁할 필요가 없다는 것을 알았다. 그들과 논쟁에 휘말려서 그들의 행동에 대한 권위를 세워 줄 필요가 없었다. 죽음의 시간이 왔으므로 논쟁할 필요가 없었으며 논쟁으로 죽음을 피할 수 없다는 것을 알았다.

3. 세상 사람들의 죄 때문에 죽음으로써 하나님의 의지대로 행하는 것이 그의 목적이며 빌라도의 반복적인 질문을 보면 분명히 빌라도는 그를 놓아 주고 싶었다. 그리고 예수님이 죄가 없다는 사실을 알고 있었으며 그래서 예수님께 그 죄를 답변시키려고 시도했었다. 왜 예수님이 거기에 대해 답변하지 않는지 이해하지 못했다. 예수님이 할 수 있는 일은 침묵으로 서 있었으며 강인함과 인내의 이미지를 그에게 보여 주었다. 빌라도는 왜 그렇게 하는지 그 의미를 파악할 수 없었다.

4. 빌라도는 예수님으로부터 깊은 인상을 받았으며 아직도 결정을 못한 상태에 있었다. 그는 예수님이 왕이라는 주장과 그의 침묵에 놀랐다. 그러나 그는 올바른 결정을 내릴 용기가 부족했으며 고발자들의 압력에 아직도 흔들리고 있

었으며 예수님을 석방하지 못했다(마 6:24; 고전 10:21; 약 1:8; 왕상 18:21).

**개념 1.** 예수님은 군중들에게 강한 고백을 하였다.

　1) 나는 왕이다(요 18:36-37).
　2) 강하고 절제된 행동을 보여 주었다(히 5:8-9; 고후 5:21).
　3) 세상 죄를 위해 죽겠다는 강한 목적 의식을 보여 주었다(벧전 2:24; 3:18).

**개념 2.** 결단력이 없는 사람은 빌라도와 같은 사람이다. 그는 주님의 분명한 고백을 외면했으며 결단력이 없으면 자기 자신이 실패하거나 남을 실패시킬 수 있다.

**개념 3.** 예수님은 여기에서 논쟁에 대한 교훈을 가르쳐 주고 있다. 닫힌 마음을 가지고 있는 사람과 논쟁하는 것은 아무런 소용이 없다. 논쟁은 그들의 행동만 품위 있게 보이게 한다.

**개념 4.** 예수님은 그의 위대한 목적을 이루기 위해 죽음을 무릅쓰고 끝까지 인내하였으며 우리도 끝까지 인내해야 한다.

**15-18절 : 명절이 되면 총독이 무리의 청원대로 죄수 한 사람을 놓아 주는 전례가 있더니 그 때에 바라바라 하는 유명한 죄수가 있는데 그들이 모였을 때에 빌라도가 물어 이르되 너희는 내가 누구를 너희에게 놓아 주기를 원하느냐 바라바냐 그리스도라 하는 예수냐 하니 이는 그가 그들의 시기로 예수를 넘겨 준 줄 앎이더라**

바라바라는 죄수는 로마 정부에 반기를 들고 폭동에 가담한 자였다(막 15:7). 그는 로마에게는 적이었지만 유대인들에게는 영웅일지도 모른다. 바라바는 예수님이 고소당한 그 죄목으로 고소를 당했으며 예수님은 바라바의 죄로 고소당했다. 바라바라는 이름은 하나님의 아들이라는 뜻이며 이것은 하나님과 예수님의 관계를 뜻한다.

빌라도는 확실한 증거를 보고 예수님이 죄가 없다는 것을 알고 있었다. 종교 지도자들은 예수님을 시기하였으며 그들에게 위협이 된다고 생각했다. 빌라도는 예수님이 죄가 없다고 선포하고 싶었지만 종교 지도자들의 주장도 만족시키고 싶었고 그는 타협안을 모색했다. 유월절에는 한 명의 죄수를 석방시키는 로마 당국의 오랜 관습이 있었다. 그렇게 하여 로마는 유대인들과 더 많은 협조를 구하려고 했다. 빌라도는 바라바와 예수님을 군중들 앞에 끌고 와서 어느 사람을 석방시킬지 선택하라고 소리쳤다. 이때 빌라도는 재판관실로 들어갔으며 군중들에게 결정할 시간을 주었다.

두 가지 주목할 점은,

1) 빌라도는 타협점을 찾고 있었으며 예수님이 죄가 없다는 것을 선언하여 예수님을 풀어주고 싶어했다. 그러나 그는 예수님이 무죄라는 증거에도 불구하고 예수님 편에 설 수 있는 용기와 결단력이 부족했다.

2) 빌라도는 처음에는 군중들이 예수님을 석방시키는 선택을 할 것이라고 예상하고 있었다. 그는 둘 중에 선택하라는 제안이 잘 되었다고 생각했다. 왜냐하면 악명 높은 죄인을 두고 예수님을 선택하지 않을 것이라고 틀림없이 기대했기 때문이다(눅 11:23; 요 5:23-24; 요일 5:11-12; 약 4:7-10).

**개념 1.** 인간 심리에 대한 두 가지 사실을 주목할 필요가 있다.

1) 악행에 대해서 사람과의 타협은 해결책이 되지 못할 것이다. 인간은 어떤 약속이 있든 악행을 계속할 것이다. 그것이 자연의 이치이다.

2) 증거가 분명할 때 타협하는 것은 해결책이 되지 못할 것이다. 그것은 원칙을 훼손할 것이다.

**개념 2.** 우리는 예수님이 무죄라고 선포할 필요가 있으며 그는 하나님의 아들이라고 소리 높여 선포해야 한다. 이것은 거짓에 대한 타협이 아니어야 하며 소심해서는 안 된다. 예수 그리스도는 죄가 없으며 악행이 없는 완전무결한 왕이며 우리는 결단력을 가지고 예수님을 위해 당당한 태도를 취할 필요가 있다.

**19절 : 총독이 재판석에 앉았을 때에 그의 아내가 사람을 보내어 이르되 저 옳은 사람에게 아무 상관도 하지 마옵소서 오늘 꿈에 내가 그 사람으로 인하여 애를 많이 태웠나이다 하더라**

결단력이 없는 빌라도는 강한 경고에 귀 기울이지 않고 사람들의 결정을 기다리면서 재판석에 앉아있는 동안 그의 아내가 와서 예수님에 대한 꿈 이야기를 했다.

1. 예수님은 정직하고 의로운 사람이며 죄가 없으며 선한 사람이라고 말한다.

2. 예수님에 대해서 비범한 어떤 것이 있으며 그 사람 때문에 고통과 슬픔을 가지게 될 것이라고 경고했다.

3. 빌라도는 그 경고의 말에 귀를 기울였으나 여전히 타협점을 찾고 있으며 예수님이 죄가 없다고 선포할 용기가 없었다.

빌라도는 옳은 것을 판단하기보다 정치적인 계산을 하고 있었다. 그의 양심은 예수님은 죄가 없다는 것을 알고 있었으며 로마법에 의하면 죄가 없는 사람을 사형시켜서는 안 된다고 적혀 있다. 빌라도는 예수님을 정죄할 구실이 없었지만 군중들이 두려웠다.

**개념 1.** 결단력이 없는 빌라도는 슬픔과 고통이 앞에 놓여 있다고 경고를 받았다. 심판은 예수님에게 반기를 드는 사람에게 다가올 것이다(마 10:32; 눅 12:8).

**개념 2.** 하나님은 사람에게 다가가기 위해 여러 가지 방법을 시도한다. 그는 빌라도에게 경고하기 위해 자기의 아내의 꿈을 이용했다. 하나님은 우리 에게도 용기를 가지라고 경고하고 있으며 오늘이 구원의 날이라고 우리에게 일러 주고 있다(고후 6:2; 히 3:13; 약 4:13).

### 20절 : 대제사장들과 장로들이 무리를 권하여 바라바를 달라 하게 하고 예수를 죽이자 하게 하였더니

빌라도는 악한 사람들이 평범한 사람들에게 미치는 영향력을 무시했다. 종교 지도자들은 군중들 가운데 선동자들을 보내어 이러한 악한 행동을 하도록 부추겼으며 빌라도는 실질적인 상황을 인식하지 못하고 결단력 없이 재판석 자리에 내내 앉아있었다(롬 2:24; 딤후 3:13; 요일 2:22-23, 26).

**개념 1.** 악한 자는 문제를 해결하기 위해 다른 사람에게 영향력을 행사하려고 한다. 사실을 은폐하는 것은 타조가 모래에 머리를 파묻는 것과 같다.

**개념 2.** 우유부단과 타협은 악한자의 영향력을 중지시키는 방법이 되지 못한다. 악한 사람은 우리가 우유부단하고 타협하는 한 계속해서 사람들에게 영향력을 행사할 것이다.

**개념 3.** 예수님의 온전한 무죄와 의로움은 선포되어야 하며 그의 의를 선포하는 것이 이 세상에서 악한 자들의 영향력을 중지시키는 유일한 방법이라는 것을 알아야 한다.

**21-23절 : 총독이 대답하여 이르되 둘 중의 누구를 너희에게 놓아 주기를 원하느냐 이르되 바라바로소이다 빌라도가 이르되 그러면 그리스도라 하는 예수를 내가 어떻게 하랴 그들이 다 이르되 십자가에 못 박혀야 하겠나이다 빌라도가 이르되 어찜이냐 무슨 악한 일을 하였느냐 그들이 더욱 소리 질러 이르되 십자가에 못 박혀야 하겠나이다 하는지라**

군중들은 변덕스러웠으며 그가 왕국을 건설할 것이라고 생각했기 때문에 주일에는 예수님을 사랑했었다. 그다음 금요일에 예수님께 반기를 들고 집단 소동이 일어나서 그의 권위가 추락했을 때 예수님을 모르는 체했다. 두 사람 중한 사람을 선택하는 일에 직면하여 군중들은 반란을 일으킨 살인자인 바라바를 선택했다. 오늘날 이와 같은 선택이 있을 때 여전히 바라바를 선택하는 사람이 많을 것이다. 사람들은 하나님의 아들이 주는 구원보다 인간의 권력의 힘을 가지기를 좋아할 것이다.

빌라도는 군중들의 압력에 굴복하였으며 그 사실은 대단히 비극적인 일이었다. 빌라도가 결정을 내리기 위해 군중 쪽으로 걸어갔을 때 군중들은 바라바를 석방하고 예수님을 십자가에 못 박으라고 외쳤고 빌라도는 큰 충격을 받았다. 무슨 죄를 지었는가를 물었지만 때는 이미 늦었다. 종교 지도자들의 충동을 받아 군중들은 반복적으로 십자가에 못 박으라고 외치고 있었다.

몇 가지 사실을 주목하면,

1) 사람들은 거룩하고 죄 없는 사람보다 죄인을 더 좋아했으며 생명을 주는 자보다 생명을 빼앗는 자를 더 좋아했다(행 3:14-15).

2) 빌라도는 전체적인 사건을 통해서 볼 때 용기가 부족하고 우유부단한 사람이었다.

3) 군중들은 예수님을 가장 끔찍한 형벌, 십자가 형벌로 처형하라고 요구했다. 이것은 이미 예언되었던 대로 이루어졌다(마 20:19; 요일 2:15-16; 롬 12:1-2; 고후 6:17-18; 히 11:24-25; 요일 2:15-16).

**개념 1.** 악행을 조장하는 세상의 압력은 굉장히 크다. 우유부단과 타협은 세상을 이겨나가는 방법이 아니다. 결단력 있는 헌신과 악을 멀리하는 것이 크리스천들에게 매우 중요하다.

**개념 2.** 대부분 사람들은 하나님의 삶의 방법보다 악하고 죄를 잘 짓는 사람과 함께 하기를 더 좋아한다. 심지어 세속적인 종교 지도자들은 하나님의 삶의 방법보다 세상적인 방법을 선호한다.

**개념 3.** 악행을 부추기는 세상의 압력이 우리에게 다가올 때 우리가 우유부단하고 타협하려 한다. 우유부단하고 주저하는 것은 우리를 죄의 압력에 굴복하게 만든다. 우리가 우유부단할 때 죄와 동행하게 된다.

**24-25절 : 빌라도가 아무 성과도 없이 도리어 민란이 나려는 것을 보고 물을 가져다가 무리 앞에서 손을 씻으며 이르되 이 사람의 피에 대하여 나는 무죄하니 너희가 당하라 백성이 다 대답하여 이르되 그 피를 우리와 우리 자손에게 돌릴지어다 하거늘**

처음에 빌라도는 예수님의 십자가 처형을 종교 지도자들에게 허락하는 것을 주저했다. 그는 예수님이 종교 지도자들보다 사람들에게 더 인기있는 사람이라고 생각했으며 그들이 질투한다고 생각했다. 그러나 유대인들이 빌라도를 로마 왕 가이사에게 보고하겠다고 협박했을 때 빌라도는 두려워했다. 그 당시 로마 정부는 모든 지역에 그들의 많은 군대를 주둔시킬 수 없으므로 빌라도의 주된 임무는 평화를 유지시키는 것이었다. 빌라도는 군중들에게 십자가 처형을 허락하고 손을 씻었지만 죄는 남아 있었다. 어려운 상황에서 손을 씻는다고 죄가 없어지는 것은 아니다. 그것은 변명의 구실만 되는 것이며 자기가 한 결정에 대해서는 자기의 책임이 있다. 그리고 빌라도는 자기의 악행에 대해 책임을 회피하려고 시도하고 있었다. 빌라도는 군중들의 선택에 압도되어 그의 의견은 무용지물이 되었으며 예수님의 죽음에 아무런 영향력을 줄 수가 없었다. 그래서 그는 물그릇을 가져와 그것을 높이 들어 올리고 손을 씻고 손을 닦았다.

이것은 두 가지를 상징한다.

1) 그는 예수님이 무죄라는 것을 선포하고 있는 것이다.

2) 그는 예수의 죽음에는 군중들이 책임이 있다는 것을 선포하며 전체 사건에서 손을 씻는 것 같이 깨끗하다는 것을 선포하는 것이었다.

빌라도는 죄가 없는 것이 아니며 그는 총독이며 예수님이 죄가 없다는 것을 알고 있으면서도 십자가형을 선언했다. 빌라도는 정의가 실현되고 모든 것을 정당하게 다스리는 책임과 권위를 가지고 있었다(신 30:19; 왕상 18:21).

**개념 1.** 우리는 죄로부터 손을 씻을 수 없다. 우리가 무책임하게 행동한다면.

1) 주님의 강하고 정직한 고백을 거절한 것에 대한 죄 앞에 서야 한다.

2) 타협에 대해서 죄 앞에 서야 한다.

3) 강한 경고에 귀를 기울이지 않은 것에 책임을 져야 한다.

4) 세상의 압력에 굴복한 것에 책임을 져야 다.

5) 악행에 대한 책임을 회피하는 것에 대해 죄 앞에 서야 한다.

**개념 2.** 모든 사람은 자기의 행동에 책임이 있다. 결단력 있는 행동은 예수님이 요구하는 것이며 우리는 예수님은 죄가 없고 의롭다는 것을 결단력 있게 선포할 책임이 있다. 이스라엘 종교 지도자들의 악행으로.

1) 그들의 국가와 수도인 예루살렘은 완전히 파괴되었으며 빼앗겼다.

2) 그들의 국민들은 외국으로 끌려갔으며 수세기 동안 흩어져 살고 있다.

3) 그들의 이름은 편견과 미움의 대상이 되었다.

4) 그들 종족의 말살이 여러 번 시도된 적이 있다(마 21:43; 눅 14:24; 20:16; 롬 11:17; 9:17).

**26-38절 :** 이에 바라바는 그들에게 놓아 주고 예수는 채찍질하고 십자가에 못 박히게 넘겨 주니라 이에 총독의 군병들이 예수를 데리고 관정 안으로 들어가서 온 군대를 그에게로 모으고 그의 옷을 벗기고 홍포를 입히며 가시관을 엮어 그 머리에 씌우고 갈대를 그 오른손에 들리고 그 앞에서 무릎을 꿇고 희롱하여 이르되 유대인의 왕이여 평안할지어다 하며 그에게 침 뱉고 갈대를 빼앗아 그의 머리를 치더라 희롱을 다 한 후 홍포를 벗기고 도로 그의 옷을 입혀 십자가에 못 박으려고 끌고 나가는 도중에 시몬이란 구레네 사람을 만나매 그에게 예수의 십자가를 억지로 지워 가게 하였더라 골고다 즉 해골의 곳이라는 곳에 이르러 쓸개 탄 포도주를 예수께 주어 마시게 하려 하였더니 예수께서 맛보시고 마시고자 하지 아니하시더라 그들이 예수를 십자가에 못 박은 후에 그 옷을 제비 뽑아 나누고 거기 앉아 지키더라 그 머리 위에 이는 유대인의 왕 예수라 쓴 죄패를 붙였더라 이 때에 예수와 함께 강도 둘이 십자가에 못 박히니 하나는 우편에, 하나는 좌편에 있더라

산헤드린 종교 지도자들과 장로들 그리고 빌라도는 예수님께 선고를 내렸다. 빌라도조차 그의 직위 보존과 통치를 위하여 예수님께 사형을 구형했으며 군인들은 예수님을 모욕하고 고통을 가했다. 그들은 적어도 열일곱 가지 고통을 주었다.

1. 그들은 예수님을 채찍으로 때렸다. 그의 옷이 찢겨지고 채찍으로 때리는 야만적인 고통을 가했다. 그 채찍은 가죽끈 끝에 두 개의 쇠로된 방울이 달려있는 채찍이었다. 이 방울은 납덩이로 만들어져 살갗 깊이 찢어지게 할 수 있다. 그의 손은 머리 위로 기둥에 묶여 있었으며 형을 집행하는 백부장이 죄인이 죽었다고 선언될 때까지 매질하는 것이 그 당시 관습이었다. 유대법에는 사십 대까지만 허락되었다. 예수님의 등은 살갗이 찢어져 형체를 알아볼 수 없었다.

여기서 중요한 두 가지 사실은,

1) 예수님은 우리의 죄 때문에 심한 형벌을 받았다(사 53:5).

2) 예수님은 우리의 죗값으로 자발적으로 형벌을 받았다(사 50:6).

2. 그들은 백 명 이상의 군인들 앞에서 예수님께 심한 모욕을 주었다. 군인 집단은 보통 600명으로 구성된 대대급으로 이루어져 있었다. 모든 대대는 3개 중대로 구성되어 있다. 1개 중대는 약 200명으로 구성되어 있었다.

**개념 1.** 예수님은 우리를 구원하기 위하여 멸시를 당하고 구경거리가 되었다. 우리도 그를 위하여 구경거리가 되는 것을 부끄러워하지 말아야 한다(고전 4:9; 히 10:32–33).

3. 그들은 옷을 벗기고 홍포를 입혔다. 왕이 입는 옷을 입혀서 우스꽝스럽게 만들어 희롱하였다.

**개념 2.** 죄는 사람을 벌거벗게 하고 부끄럽게 한다(창 3:7). 우리가 하얗고 깨끗한 옷을 준비할 수 있도록 그는 옷이 벗겨지고 멸시를 당했다(엡 4:23–24; 계 3:18).

**개념 3.** 예수님은 우리를 위해 홍포를 입었다. 이 홍포는 그가 우리의 죄를 대신 짊어진다는 것을 상징한다.

1) 그가 우리 죄의 홍포를 입었기 때문에 우리의 죄는 눈처럼 하얗게 될 수가 있다(사 1:18).

2) 그가 홍포를 입었기 때문에 우리는 어린양의 피로 우리의 옷을 깨끗하게
할 수 있었다(계 7:14).

4. 그들은 예수님 머리 위에 가시관을 씌웠다. 그 가시가 이마와 머리를 찔러
그의 머리와 얼굴 밑으로 피가 흘렸다.

**개념 4.** 예수님은 바람에 휘날리고 시들어 곧 없어지는 연약하고 나약한 갈대를 들리게 하였
으며 그것은 이 세상의 연약한 왕국을 상징하며 그것은 곧게 흔들리고 시들어져 없어지게 될
이 세상 왕국을 상징한다. 그는 영원한 천국을 준비하기 위해 고통의 한 부분으로 그것을 쥐
고 있다(히 1:8).

5. 그들은 예수님을 왕이라고 절하며 놀렸다. 그의 앞에 무릎 꿇고 '유대인의
왕이여'라고 소리치면서 조롱했다.

**개념 5.** 무릎 꿇고 절하면서 예수님을 주님이라고 고백하는 날이 올 것이다. 그날에는 조롱도
경멸도 없을 것이다(빌 2:9-11).

6. 그들은 갈대로 예수님의 머리를 쳤다. 그 당시에는 신하들이 존경의 표시
로 통치자에게 입을 맞추고 충성을 맹세하는 관습이 있었다. 군인들은 예수님
의 얼굴에 악의적으로 침을 뱉으며 희롱하였다.

**개념 6.** 예수님은 죽음으로부터 사람을 구원하기 위해 모든 모욕을 참으셨다. 그러나 주님께
침 뱉을 수 없는 날이 올 것이다.

7. 그들은 예수님을 막대기로 때렸다. 그들은 아마도 막대기를 이 군인에서
저 군인으로 전달해 가면서 때렸을 것이며 그들에게 분노를 해소하는 기회를
주었다. 그는 볼 수 없을 정도로 상처가 나고 피가 흘렸다(사 53:5, 10).

8. 그들은 예수님의 홍포를 벗기고 원래 입고 있던 옷을 입혔다. 그들은 그
문제를 자기들이 맡아서 십자가에 못 박았다. 홍포를 벗겼을 때 두 가지 일이
일어났다.

1) 옷에 달라붙어 말라 버린 굳은 핏덩이가 그 상처를 더욱 찢어지게 했다.
예수님이 말할 수 없는 고통을 받을 때 피는 다시 상처로부터 흐르기 시

작했다.

  2) 홍포를 벗김으로써 군인들은 그에게 주었던 왕의 권한을 다시 빼앗았다. 하나님의 아들에 대한 존경과 권위를 세상 사람들은 인정하지 않는다는 뜻이다.

**개념 7.** 아무도 하나님의 아들의 권위를 빼앗지 못한다. 사람이 예수님께 그런 권위를 준 것이 아니라 하나님이 준 것이기 때문이다(마 28:18; 요 5:22-23).

**개념 8.** 예수님의 피, 즉 하나님의 아들의 피는 모든 죄로부터 우리를 깨끗하게 한다.

9. 그들은 예수님이 지쳐서 움직일 수 없을 때까지 강제적으로 십자가를 짊어지게 했다. 죄인들이 십자가를 짊어지고 가는 것은 그 당시 흔히 있는 일이었다. 백부장은 말을 타고 길을 안내하고 있었으며 죄인에게 죄에 대한 비난을 군중들이 듣도록 크게 소리치면서 따라가는 한 전령이 있었다. 죄인은 도시 거리를 통해서 십자가를 지고 가야만 했다. 로마 점령군들은 시민들에게 살아 있는 교훈을 주기 위해서 이렇게 했다.

**개념 9.** 두 가지 중요한 사실을 주목해 보면,

  1) 사람이 예수님께 십자가를 지고 골고다로 올라가도록 강요했다. 예수님께서 십자가를 지신 것은 인간의 죄 때문이다(벧전 2:24).

  2) 하나님이 인간을 위해 십자가를 지도록 강요했다(행 2:23).

10. 그들은 구레네 사람 시몬에게 예수님의 십자가를 억지로 지고 가게 했으며 예수님은 십자가의 무게를 견딜 수가 없었다. 이것은 놀랄 만한 일이 아니다. 왜냐하면 그는 겟세마네 동산의 고통을 이미 받았으며 재판할 때의 극도의 긴장감을 경험했으며 군인들의 조롱과 고통을 이미 겪었다. 그는 야만적인 채찍의 고통으로 많은 피를 흘렸으며 피가 없어지고 여러 시간 잠이 들었다. 군인들은 한 시민을 골라 십자가를 지고 가는 사람을 돕게 하는 합법적인 권한을 가지고 있었다. 마침내 그들은 시몬이라는 구레내 사람을 불러 그가 예수님의 십자가를 지고 가도록 했다. 이것은 시몬의 인생이 영원히 바뀌게 하는 사건이 되

었다(막 15:21; 눅 9:23).

11. 그들은 예수님을 무시무시한 처형 장소로 호위하며 따라갔다. 그 장소는 골고다로 불리워지며 해골의 언덕이라는 뜻이다. 그곳은 죽음의 장소라고도 불리워지며 울퉁불퉁한 곳이었다.

> **개념 10.** 그리스도가 십자가에 못 박혀진 그 장소 자체가 죽음을 상징한다. 모든 것은 인간을 구원하기 위해 그가 죽었다는 것이 핵심적인 요소이다. 골고다 언덕은 죽음에 대한 표상이며 죽음의 속박으로부터 모든 인간을 구원하기 위해 골고다 언덕 위에서 죽게 된 것이다(히 2:14-15).

> **개념 11.** 예수님은 이 세상 사람 가운데 살 만한 가치가 없다고 심판받고 사형을 통해서 세상 밖으로 보내지게 되었다. 그는 포도원 밖으로 쫓겨났다. 이것은 구약에서 동물의 제물은 영문 밖에서 살육되었으며 그 피는 휘장 안으로 가져왔다. 하나님의 어린 양은 양이 도살장으로 끌려가는 것처럼 영문 밖으로 끌려갔다(히 13:11-12).

12. 그들은 예수님에게 쓸개를 탄 포도주를 주었다. 그가 십자가에 매달리기 바로 전에 죄인에게 독한 술을 탄 포도주를 주는 관습이 있었다. 이 독한 술을 탄 포도주는 중독성이 있는 음료수의 일종으로 사용되며 감각을 마비시키는 술이다. 성경은 이 사건을 예언했었다(시 69:21).

> **개념 12.** 예수님은 하나님의 의지를 따라서 인간을 위한 제물로 죽게 되었다. 그는 처음에는 감각이 마비되어 반쯤 정신이 나간 상태로 사려 깊지 못하게 하나님의 의지를 행하지 않으려고 했다. 그는 인간을 위해 그의 생명을 희생시켰어야 했으며 결국 그는 온전한 의식 상태로 죽음을 맞았다(히 2:9; 10:6-7, 10).

13. 그들은 예수님을 십자가에 못 박았다. 못 박는 그 자체가 가장 무시무시한 죽음이었다. 로마 역사가 타키투스는 십자가 처형이 가장 경멸스러운 죽임이라 하였으며 유명한 로마 정치가 키케로는 가장 잔인한 죽임이라고 하였다. 발목에 큰 대못을 박는 것을 상상해 보라. 얼마나 고통이 심하겠는가? 몸의 무게 때문에 십자가가 흔들리고 못을 박은 체 십자가를 세울 때 고통은 상상하기 어려웠다. 내려 쬐는 태양과 목이 타는 입술과 목의 갈증과 매를 맞은 등과 가시관을 쓴 체 이마에서 피가 흘러 내리고 있었다. 파리와 날파리 해충들이 달라

붙어 더 이상 볼 수 없었으며 더구나 옆구리에 찔린 창으로부터 끊임없는 피가 흐르고 있었다. 십자가 사형보다 더 잔인한 형태의 사형은 없다(벧전 2:24; 3:18).

14. 그들은 예수님의 옷을 가져가기 위해 제비뽑기를 했다. 사형 집행을 하는 군인들이 십자가에 처형당한 옷을 가지려고 하는 것이 그 당시 관습이었다. 군인들은 예수님의 옷을 벗기고 그 옷을 나누어 가졌다. 그의 옷은 가치가 있었으며 제사장들이 입는 겉옷처럼 위에서부터 밑까지 한 개의 천으로 길게 만들어진 것이었다. 군인들은 제비를 뽑아 그것을 가지기로 결정했다.

여기서 두 가지 생각할 점은,

   1) 예수님은 군인들에 의해 옷이 벗겨졌지만, 우리를 위해 죽으시고 하나님께서 인간이 되기 위하여 그의 영광의 옷을 스스로 벗으셨다(히 2:14-15).

   2) 그 옷은 중보자 예수님의 상징물이다. 라틴어로는 '*pontifex*'이며 그 뜻은 하나님과 인간 사이의 다리를 놓는 사람이라는 뜻이다(딤전2:5-6). 지금도 교황의 직위를 '*pontifer Maximus*'라고 부른다.

15. 그들은 앉아서 예수님을 지켜보고 있었다. 십자가 죽음은 항상 느리게 진행된다. 어떤 때는 고통으로 죽는 데 며칠이 걸린다. 친구들이나 가족이 도와주는 것을 감시하기 위해 군인들이 지키고 있으며 예수님은 벗겨진 채로 매달려 사람들이 보기에 부끄러운 모습이었다.

> **개념 13.** 죄는 인간을 발가벗기고 부끄럽게 한다. 죄는 하나님 앞에 발가벗겨 부끄럽게 만든다. 십자가는 예수님의 수치이지만 그는 우리를 위해 십자가의 수치를 짊어지셨다 (히 12:2; 계 3:18).
>
> **개념 14.** 하나님은 십자가 주위에 지키는 자들이 배치되는 것을 알았다. 그의 아들에 대한 실질적인 죽음에 대해 의문을 가지지 못하게 하기 위함이었다.

군인들은 고귀하고 의로운 사람이 부당하게 죽는 것을 직접 보았다. 이것은 역사에 증인들을 남기기 위함이었다. 군인들의 입에서도 이 사람이 정녕 하나님의 아들이라는 고백이 나왔다(막 15:39).

16. 그들은 예수님께 수치를 주고 그의 주장을 경멸했다. 십자가에 처형되는 죄인의 머리 위에는 그의 죄명이 적힌다. 이것은 일반 대중에게 알리고 경고를

주기 위한 목적이었다. 예수님의 경우에는 세 가지 다른 언어로 적혀 있었다(요 19:20). "유대인의 왕 예수" 이 팻말이 종교 지도자들을 어리둥절하게 했다. 그들은 빌라도에게 가서 "유대인의 왕"이라는 팻말을 쓰지 말라고 했다. 그러나 빌라도는 이 사람(예수님)이 유대왕이라고 주장했으며 내가 쓸 것을 썼노라고 대답했다(요 19:21-22).

> **개념 15.** 하나님은 우리 주님의 수치와 부끄러움을 지배하신다. 그리고 예수님에 대한 모든 비난은 그의 신성과 존경 때문이라는 것을 알고 있었다. 그는 세 가지 언어로 왕이라고 알려졌다. 즉 아람어, 라틴어, 그리스어로 세계에 선포되었다(빌 2:8-11; 딤전 6:14-16).

17. 그들은 두 도둑 사이에 예수님을 십자가 처형을 함으로써 수치와 모멸감을 더욱 주었다. 아마 유대 지도자들이 빌라도에게 압력을 넣어 예수님과 함께 처형하게 했을 것이다. 그렇게 함으로써 예수는 왕이 아니라 보통 인간에 지나지 않는다고 생각하게 했다. 이유는 어떻든 하나님의 아들이 다른 죄인들과 함께 처형된다는 사실은 그에게 부끄러움과 수치를 더 증가시키게 했다(사 53:12).

### 39-40절 : 지나가는 자들은 자기 머리를 흔들며 예수를 모욕하여 이르되 성전을 헐고 사흘에 짓는 자여 네가 만일 하나님의 아들이어든 자기를 구원하고 십자가에서 내려오라 하며

일반적인 사람들과 지나가던 사람들이 예수님을 조롱하고 욕설을 했다. 많은 사람들이 지나갔으며 골고다는 중심 도로와 근접해 있는 언덕에 위치하며 예루살렘으로 들어가는 성문 가까운 언덕에 있었다.

1. 예수님만이 조롱과 멸시를 당했으며 두 강도는 그러한 일을 당하지 않았다. 살인자들은 그의 죽음에도 만족하지 못하고 복수와 수치를 주려는 적개심으로 가득 차 있었다. 그들은 지나가는 사람들과 섞여 적개심의 씨앗을 심었으며 악한 군중과 함께 분노의 흥분으로 가득 차 있었다.

2. 지나가는 사람들은 십자가에 매달려 있는 예수님을 쳐다보고 그가 유대인의 왕이라고 주장하는 사람이라는 사실을 믿으며 그를 비난하는 사람들의 충

동을 받아서 지나가던 사람들도 그에게 모멸감을 주었다. 그들의 모욕적인 언어는 신성모독이었으며 거칠고 세속적인 욕이었다. 그들은 고개를 흔들며 경멸과 모욕을 표했다. 지나가는 사람들은 두 가지 이유로 예수님을 경멸했다. 첫째, 성전을 허물고 다시 지을 수 있는 권능을 가졌다고 주장했으며 둘째, 하나님의 아들이라고 주장하는 사실 때문이었다.

예수님의 사역 초기에 마귀가 예수님을 유혹했던 것과 똑같은 말(네가 하나님의 아들이라면)을 사용했다(마 4:6).

> **개념 1.** 많은 사람들은 그가 하나님의 아들이요 메시아라고 주장하는 것을 듣고 예수님을 저주하고 모독감을 주었다. 대부분 사람들의 이러한 반응은 오래전에 이미 예언되고 있었다(시 22:7; 109:25).
>
> **개념 2.** 예수님은 신성과 모든 위엄과 권능을 소유하고 있었으나 우리를 위하여 그는 약해졌고 권능을 잃고 죽음을 위하여 인간의 멸시와 천대를 참고 견뎠다(고후 8:9).

예수님에 대한 비난은 산헤드린의 재판 과정에서도 행하여졌다. 그는 하나님 아버지께 항상 순종하는 아들이기 때문에 십자가로부터 내려오지 않았다.

> **41-43절 : 그와 같이 대제사장들도 서기관들과 장로들과 함께 희롱하여 이르되 그가 남은 구원하였으되 자기는 구원할 수 없도다 그가 이스라엘의 왕이로다 지금 십자가에서 내려올지어다 그리하면 우리가 믿겠노라 그가 하나님을 신뢰하니 하나님이 원하시면 이제 그를 구원하실지라 그의 말이 나는 하나님의 아들이라 하였도다 하며**

종교 지도자들과 장로들도 역시 예수님을 희롱하고 경멸하였다. 종교인들은 이러한 행동을 해서는 안 된다. 그러나 그들이 믿지 않는 군중과 함께 적개심을 가지고 조롱하는 것은 수치스러운 일이다. 이 종교 지도자들은 예수님의 네 가지 주장을 경멸했다.

1) 나는 구세주이다.

2) 나는 왕이다.

3) 나는 하나님을 완전히 신뢰하는 인자이다.

4) 나는 하나님의 아들이다.

그들의 목적은 예수님이 사기꾼이며 기만하는 자라는 것을 군중들에게 주입시키면서 적개심을 드러내어 예수님에게 수치를 주는 것이었다. 종교 지도자들은 완전히 메시아인 예수님을 오해하고 있었다(딤전 1:15; 2:5-6).

**개념 1.** 예수님이 자기 자신을 구원하기 위해 그의 권능을 사용했다면, 우리의 구원에 어떤 일이 일어났으며 이 세상은 어떻게 되었을까?

## ▌ 44절 : 함께 십자가에 못 박힌 강도들도 이와 같이 욕하더라

양쪽 강도들도 예수님을 조롱하는데 함께 참여하였다. 나중에 이 강도들 중 한 강도는 회개하였으며 예수님은 회개하는 강도에게 천국에서 그와 함께할 것이라고 약속하였다(눅 23:39-43).

## ▌ 45절 : 제육시로부터 온 땅에 어둠이 임히여 제구시까지 계속되더니

이 어두움이 어떻게 일어났는지 아무도 모른다. 그러나 분명한 것은 하나님이 일으킨 것은 분명하다. 예수님의 친구들과 적들이 다같이 둘러싸는 어둠속에 침묵하는 동안 예수님의 죽음에 대하여 자연이 증언하고 있었다. 금요일 오후의 어두움은 현상적이며 동시에 영적이었다. 어두움은 일식 때문이 아니며 유월절은 만월이기 때문이며 초자연적인 현상의 어두움이 정오부터 3시까지 온 땅을 덮고 있었으며 이것은 하나님의 노여움의 징조였다.

사람들은 이런 사실을 깊이 묵상해 볼 때 자연을 포함해서 모든 만물이 하나님의 아들의 죽음에 크게 영향을 받을 수 있는 것이 아닌가 생각이 든다. 어두움은 몇 가지를 상징하고 있다.

1. 어두움의 현상은 확실히 그는 하나님의 아들이라는 것을 보여 주었다. 그의 앞에서 모든 사람들은 두려움과 경외심으로 입을 닫았다. 경이로움과 두려움이 이 십자가 주위에 있는 조롱하던 군중들의 입을 다물게 했다. 군중들은 그 당시 일어나고 있는 현상을 신비스럽게 생각하면서 공포감에 질려있었다(막 14:33; 요 3:16-18; 빌 2:8-11).

2. 어두움은 인간 역사의 가장 암흑기의 순간을 상징한다. 하나님의 아들이 인간의 죄를 위해 죽는 바로 그날이었다(벧전 2:24; 3:18).

3. 어두움은 죄의 어두움을 상징한다. 죄의 행동에는 어두움이 따른다(요 3:19-21). 모든 어두움 중에 가장 끔찍한 어두움은 죄이다.

4. 어두움은 인간영혼의 어두움을 상징한다. 인간 영혼의 어두움이 지금 하나님의 아들에 의해서 일어나고 있다(히 9:28; 엡 2:1-5, 13).

5. 어두움은 죄인으로부터 하나님 임재의 빛이 물러가는 것을 상징한다(마 27:46; 고후 5:21).

6. 어두움은 죄에 대한 하나님의 분노를 상징한다. 죄와 죄인은 어두움의 심판을 마땅히 받아야 된다는 것을 상징한다. 죄는 하나님의 임재로부터 빛을 받을 수 없다(갈 3:13; 요일 2:1-2; 사 53:4-6).

**46-49절 : 제구시쯤에 예수께서 크게 소리 질러 이르시되 엘리 엘리 라마 사박다니 하시니 이는 곧 나의 하나님, 나의 하나님, 어찌하여 나를 버리셨나이까 하는 뜻이라 거기 섰던 자 중 어떤 이들이 듣고 이르되 이 사람이 엘리야를 부른다 하고 그 중의 한 사람이 곧 달려가서 해면을 가져다가 신 포도주에 적시어 갈대에 꿰어 마시게 하거늘 그 남은 사람들이 이르되 가만 두라 엘리야가 와서 그를 구원하나 보자 하더라**

"엘리 엘리 라마 사박다니 하시니 이는 곧 나의 하나님, 나의 하나님, 어찌하여 나를 버리셨나이까 하는 뜻이라" 엘리는 나의 하나님이라는 뜻이다. 이 말은 하나님이 하나뿐인 아들을 포기했을 때이며 위대한 이별이었다. 하나님이 자신의 하나밖에 없는 아들을 버린다는 생각은 인간들에게 너무나 충격적인 일이다. 하나님 하나님 왜 나를 버렸나이까? 라는 뜻은 가볍게 넘길 수 없다. 그 뜻은 존경과 기도의 심정을 나타낸다. 그러니 이 뜻의 깊이는 인간은 측량할 수 없고 이해할 수 없다.

성경은 적어도 다음과 같은 뜻을 가르치고 있다.

1. 왜 나를 버렸요? 하나님이 예수님으로부터 그의 임재를 거두었다고 느꼈다. 하나님이 그와 이제 함께 하지 않는다고 느꼈다.

2. 하나님이 그의 구원을 그만두었다고 느꼈다. 이전의 하나님은 항상 예수

님과 함께 하시며 그를 도우셨다. 하나님은 그에게 확신을 주기 위해 하늘로부터 음성을 들려주셨다(요 12:27-28). 그가 겟세마네 동산에서 잔을 들었을 때 그를 강하게 만들기 위해 천사를 보내주셨다. 그러나 지금 십자가에 달려있을 때 하나님은 그를 버렸으며 어떤 도움도 없이 홀로 내버려 두었다.

3. 예수님은 하나님의 저주를 짊어지고 있다고 느꼈다. 그리고 하나님과 단절, 죄에 대한 심판의 저주를 받는다고 느끼고 있었다.

4. 하나님의 거룩함이 그를 떠났다고 느꼈으며 그는 적의 손에 넘겨져 죄와 사망의 손에 떨어섰나고 느꼈다. 죄와 사망은 하나님께 해당되지 않는 것이다. 죄와 사망은 하나님의 적이며 하나님께 속한 모든 사람에게 적이다. 예수님은 하나님의 속성에 정반대되는 사망과 죄를 경험하고 있다(히 2:14-15; 골 2:15; 엡 4:8-12). 하나님은 죄와 사망을 단절시키는 속성을 가진 분이다. 예수님은 인간을 위해 죄를 짊어지셨다. 성경은 예수님 스스로 십자가 위에서 그의 육체 안에 우리의 죄를 짊어지셨다고 선포하고 있다. 어떤 사람들은 예수님이 울부짖는 소리를 오해하고 있었다. 그에게 마실 것을 줌으로써 도와주려고 했었다. 그러나 다른 사람들은 그 사람의 행위를 중지시키고 엘리야가 그를 구하러 오는지 보자고 요구하면서 조롱했다(고후 5:21; 갈 3:13; 히 2:9; 9:28; 시 69:9; 사 53:5).

## ▎ 50절 : 예수께서 다시 크게 소리 지르시고 영혼이 떠나시니라

승리의 외침과 영혼이 떠나갔다. 이 말은 세 가지 중요한 사실이 있다.

1. "다 이루었다"라는 헬라어의 뜻은 승리를 가져온 목적 달성이라는 의미이다. 예수님은 그의 사명을 완성했다. 그것은 패배한 순교자의 울음의 외침이 아니었다.

2. "영혼이 떠나시니라" 그는 기꺼이 그의 영혼을 포기했다. 예수님은 기꺼이 죽음을 맞이했다고 항상 기억 되어야 한다.

3. 예수님은 오후 세 시에 돌아가셨다. 이것은 제사장들이 유월절 어린 양을 봉헌하는 저녁 예배의 시간이었다. 사람들을 위해 상징적인 어린양을 제물로 바치는 동안에 진정한 하나님의 어린양이 성 밖에서 인간의 죄를 위해 제물로

봉헌되고 있었다(고전 6:7; 히 13:12).

**51절 : 이에 성소 휘장이 위로부터 아래까지 찢어져 둘이 되고 땅이 진동하며 바위가 터지고**

어두움과 함께 휘장이 찢어지는 것은 보통 죽음이 아니라는 것을 의미하며 휘장은 성소 내부를 차단시키는 것이며 휘장이 위에서부터 아래로 찢어진다는 것은 신적 권능이 아니라 앞으로 큰 파멸을 암시하며 예수님의 죽음을 통해서 하나님께 가는 길이 열렸음을 나타낸다.

유대인에게 성소의 휘장은 가장 중요한 것이다. 왜냐하면 바로 하나님의 임재를 상징하는 언약궤를 둘러싸고 있기 때문이다. 육십 피트 이상의 높이와 가장 좋은 재료로 만들어져 화려하고 아름다웠다(주홍색과 자색과 푸른색으로 수놓아진 가는 아마포로 된 직물이다).

휘장이 찢어졌다는 것은 하나님에 의해서 찢어졌다는 것을 상징한다. 이 휘장은 성소와 지성소를 분리시키는 것이었다. 지성소는 대제사장만이 들어갈 수 있는 가장 성스러운 곳이며 1년에 한 번 속죄제를 드리는 날에만 들어갈 수 있다(출 26:33). 지금은 예수님의 죽음을 통해서 누구든지 하나님의 임재에 들어갈 수 있고 어느 때나 어느 곳에서나 기도할 수 있다(빌 2:14-15; 히 6:19-20; 9:24; 10:10, 19-23).

무서운 지진이 일어났다는 것은 세 가지를 상징한다.

1. 땅은 창조자 하나님께 놓여진 죄의 무게 때문에 흔들렸다.

2. 땅이 진동하고 바위가 터졌다는 것은 사탄의 지배 세력에 치명적인 타격을 주었다는 것을 상징한다(요 12:31-32; 골 2:15; 히 2:14-15).

3. 지진은 역시 구속의 영광스러운 날을 기다리기 위해 땅이 요동친다는 것을 상징한다(롬 8:21; 벧후 3:10-13).

**52-53절 : 무덤들이 열리며 자던 성도의 몸이 많이 일어나되 예수의 부활 후에 그들이 무덤에서 나와서 거룩한 성에 들어가 많은 사람에게 보이니라**

예수님의 죽음은 적어도 네 가지 기적적인 사실과 함께 일어났다. 어두움과 지진, 휘장이 위에서 아래로 찢어지고 무덤에서 죽은 사람이 일어났으며 모든 사람이 심상치 않은 사건이 일어났다는 것을 알았다. 성경에서 언급된 몇 가지 사실을 주목할 만하다.

1. 무시무시한 지진이 있는 동안 무덤이 열렸으나 예수님 부활 때까지 시체들은 일어나지 않았다. 예수님은 죽은 자들 가운데서 처음 일어났으며 다시 죽지 않았다(고전 15:20; 골 1:18; 계 1:5).

2. 십자가와 무덤은 예수님이 인간의 죄를 위하여 완전한 죽음의 형벌을 짊어지셨기 때문이다. 그는 육체적, 영적 죽음을 맛보았다(히 2:9, 14).

3. 베드로는 그는 영으로 가서 감옥에 있는 영들에게 설교했다고 덧붙여 말했다. 이것은 아마도 그가 지옥에 있는 죄인들을 만나 의로움만이 정당성이 입증된다고 선포했을 것이다. 많은 사람들은 예수님 이전에 많은 사람들이 성경에서 죽은 자들의 나라, 하데스(hades)라고 알려진 장소에 가 있다고 믿었다. 죽은 자들의 나라는 두 지역으로 나누어지는데, 이는 천국과 지옥이다. 믿는 자의 영은 천국으로 가고 믿지 않는 자의 영은 지옥으로 간다고 성경에 기록되어 있다. 어떤 주·해석 학자들은 예수님이 부활했을 때 영원히 하나님의 임재 속에 살기 위해 성도들을 천국으로 데리고 간다고 말하고 있다. 예수님이 부활하신 후, 지금은 모든 믿는 자들은 즉시 하나님의 임재 안으로 들어간다고 믿고 있다.

4. 바울은 예수님이 위로 올라가실 때에 그는 사로잡혔던 자들을 사로잡으시고 사람들에게 선물을 주었다고 말하고 있다. 여기에서 사로잡힌 자들은 죄, 죽음, 지옥을 뜻하며 그는 모든 인간의 적을 정복하고 사람을 일으키기 위해 죄로부터 해방시키고 하나님의 임재 속에 영원히 살게 하기 위함이었다. 이들 성도의 부활은 두 가지를 상징한다.

1) 예수님이 죽음을 정복했다는 것을 상징하며 지금은 죽음의 세력이 파괴되었다는 것을 의미한다(고전 15:25-26, 51-57; 히 2:14).

2) 믿는 자들의 부활을 상징한다. 믿는 자들은 일어나 서로서로 알아보고

인식하게 될 것이다(마 27:53; 요 6:40; 고후 4:14; 살전 4:16-17).

**54절 : 백부장과 및 함께 예수를 지키던 자들이 지진과 그 일어난 일들을 보고 심히 두려워하여 이르되 이는 진실로 하나님의 아들이었도다 하더라**

십자가 곁에서 있던 백부장과 함께 지키던 자들이 어두움과 동반하여 지진이 일어나는 것을 심히 두려워하며 이 사람은 확실히 하나님의 아들이라고 크게 소리쳤다. 이 고백은 예수님은 죄가 없으며 특별한 사람이라고 인정하는 것이다. 물론 군인들은 하나님의 아들이 무슨 뜻인지 완전히는 이해할 수 없었지만 예수님이 하나님의 아들이라고 주장한다는 것을 보고 들었다. 십자가 위에서 예수님의 말씀과 흔들림 없는 행동을 목격하고 예수님의 주장이 아마 진실일 것이라고 믿었다(롬 10:9-10).

**개념 1.** 십자가의 능력이 백부장과 군인들의 마음을 예수님께로 이끌었다(요 12:32). 하나님의 아들이라고 예수님을 믿는 것은 구원에 필수적인 조건이다.

**55-56절 : 예수를 섬기며 갈릴리에서부터 따라온 많은 여자가 거기 있어 멀리서 바라보고 있으니 그 중에는 막달라마리아와 또 야고보와 요셉의 어머니 마리아와 또 세베대의 아들들의 어머니도 있더라**

여자들의 사랑과 용기를 말하며 남자들은 도망갔을 때 여자들은 용기를 보여 주었다. 멀리 떨어져 지켜보고 있었지만 어떤 여자들은 십자가 바로 앞에 서 있었다(요 19:25). 그들의 사랑은 깊고 그들의 헌신과 용기를 남자들보다 더 분명하게 보여 주었다. 그들은 예수님의 적들을 두려워하지 않았으며 그들은 예수님을 사랑했기 때문에 두려움을 극복할 수 있었다(막 8:35; 요일 4:18).

**57-60절 : 저물었을 때에 아리마대의 부자 요셉이라 하는 사람이 왔으니 그도 예수의 제자라 빌라도에게 가서 예수의 시체를 달라 하니 이에 빌라도가 내주라 명령하거늘 요셉이 시체를 가져다가 깨끗한 세마포로 싸서 바위 속에 판 자기 새 무덤에 넣어 두고 큰 돌을 굴려 무덤 문에 놓고 가니**

아리마대 요셉은 전면에 나서지 않았고 예수님의 비밀 제자였다. 그가 어떤 종류의 사람인지 성경에서 설명하고 있다.

1) 그는 산헤드린의 지도급 회원이었다.

2) 그는 선하고 의로운 사람이었다.

3) 그는 하나님 나라를 소망하는 사람이었다.

4) 그는 부자였다.

5) 산헤드린이 예수님의 사형에 투표했을 때 찬성 투표를 하지 않았다.

6) 그는 예수님의 제자였지만 동료 유대인이 두려워 비밀리에 활동하는 세 자였다. 예수님이 사망할 때까지 그는 비밀 제자였다. 주님이 예루살렘 을 방문했을 때 예수님과 아마도 몇 번의 만남이 있었던 것 같다. 그러나 예수님이 돌아가시고 난후 비밀 제자가 아니라 담대하게 공개적인 제자 가 되었다.

요셉의 제자됨을 나타내 주는 담대한 행동을 보면,

1) 요셉은 담대히 빌라도에게 나아가 예수님의 시체를 요구했다(마 15:43). 이것은 놀랄 만큼 담대한 행동이었다. 로마 군인들은 십자가에서 죽은 죄인을 쓰레기 더미에 던져 버리거나 독수리나 다른 짐승이 먹도록 십자 가에 그냥 방치하기도 했다. 요셉은 빌라도의 협박에 용감하게 대처했 다. 왜냐하면 빌라도는 예수님에 관한 문제에 대해서는 진저리를 치고 있었기 때문이다. 예수님은 빌라도에게 골칫덩어리였기에 요셉에게 단 호히 거절할 수 있었다.

2) 요셉은 산헤드린의 규율과 명예를 실추시켰다. 산헤드린은 예수님을 저 주하고 선동하는 통치 조직이며 요셉은 그 조직의 회원이었으며 틀림없 이 그는 그의 동료 조직원들과 가까운 친구들로부터 심한 비판을 받았을 것이다.

3) 요셉은 예수님의 매장지를 위해 자기 자신의 매장지를 줌으로써 예수님 에 대한 관심과 사랑을 보여 주었다.

4) 요셉은 유월절 축제에 참가하지 않았다. 이런 일은 지금까지 한 번도 없

었으며 예수님의 시체를 돌봄으로써 시체와 접촉한 사람은 7일 동안 부정한 사람으로 간주되기에 유월절 축제에 참가하지 않았다.

비밀제자에서부터 대담한 제자로 바뀐 것은 십자가를 둘러싸고 있는 현상적 사건(예수님의 말씀과 행동, 어두움, 지진, 성소 휘장이 찢어짐) 때문인 것 같다. 요셉이 이 모든 것을 직접 목격했을 때 그의 마음은 예수님의 주장과 구약에서 메시아를 연상했다. 요셉은 예언이 예수님 안에서 성취되는 것을 보았다. 예수님의 죽음을 통해서 그는 용기가 생겼다. 그리고 요셉은 그 시체를 세마포로 싸고 바위 속에 판 자기의 새 무덤에 넣고 큰 돌을 굴려 무덤 문을 막았다.

**개념 1.** 비밀리에 믿는 모든 자들은 예수님의 십자가를 공부할 필요가 있다. 실제로 십자가를 대할 때 비밀리에 믿는 자는 담대히 믿는 자로 변할 것이다(요 3:16; 롬 5:8; 벧전 2:24; 3:18).

**개념 2.** 직위, 권력, 부, 명성은 이 중에 어떤 것도 예수님을 위해 우리를 담대히 만들지 못한다. 예수님에 대한 사랑만이 우리를 담대하게 만들게 되며 예수님의 십자가를 볼 때만이 예수님에 대한 우리의 사랑과 담대함이 일어날 것이다.

**개념 3.** 예수님은 완전히 우리와 동등하시다.

  1) 그는 인간으로 살았지만 완벽하게 살았다.
  2) 그는 인간으로 죽었지만 완전히 이상적인 사람으로 죽었다.
  3) 그는 인간으로 땅에 묻혔지만 완전한 희생자로 묻혔다.

**개념 4.** 하나님의 아들은 이 세상에 살 때 가진 것이 하나도 없었다. 이것은 두 가지 사실을 뜻한다.

  1) 예수님은 가장 가난한 자의 구세주이며 마구간에서 태어나 자신이 머리 둘 곳이 없었다(마 8:20; 눅 9:58). 그의 무덤도 남에게 빌린 무덤이었다.
  2) 부자들은 아리마대 요셉처럼 예수님을 섬길 수 있어야 한다.

**▎ 61절 : 거기 막달라마리아와 다른 마리아가 무덤을 향하여 앉았더라**

이 구절은 두 사람의 믿음 좋은 여성성도(막달라 마리아와 다른 마리아)에 대해 적혀있다. 두 여성은 예수님께 그들의 충성과 사랑을 보여 주었다.

여기서 세 가지 주목할 사실은,

1. 그 여인들은 모든 위험에도 불구하고 예수님께 충성심을 보여 주었다. 남자들은 예수님을 버렸지만 여성들은 그렇지 않았다.

2. 두 여성은 예수님에 대한 깊은 사랑을 가지고 그들이 가지고 있던 것을 거두어서 향료와 방부제를 샀다.

3. 두 여성은 예수님의 부활을 아직도 이해하지 못했다. 그들은 예수님의 시제 놓일 곳을 준비하고 결국 방부 처리를 했다.

영생의 진정한 의미와 인간 육신이 나시 살아나는 부활의 의미를 그들은 파악하지 못하고 있었다(요 5:24-29; 고전 15:42).

**개념 1.** 두 여성은 모든 남자 성도들의 좋은 본보기가 된다.

1) 어떤 위험이 있더라도 예수님께 충성했나.
2) 그들이 가진 모든 것을 다 줄 정도로 예수님을 사랑했다. 우리도 부활의 완전한 의미를 이해하고 파악하도록 노력해야 한다(롬 1:16; 딤후 1:8).

**62-66절 : 그 이튿날은 준비일 다음 날이라 대제사장들과 바리새인들이 함께 빌라도에게 모여 이르되 주여 저 속이던 자가 살아 있을 때에 말하되 내가 사흘 후에 다시 살아나리라 한 것을 우리가 기억하노니 그러므로 명령하여 그 무덤을 사흘까지 굳게 지키게 하소서 그의 제자들이 와서 시체를 도둑질하여 가고 백성에게 말하되 그가 죽은 자 가운데서 살아났다 하면 후의 속임이 전보다 더 클까 하나이다 하니 빌라도가 이르되 너희에게 경비병이 있으니 가서 힘대로 굳게 지키라 하거늘 그들이 경비병과 함께 가서 돌을 인봉하고 무덤을 굳게 지키니라**

종교 지도자들은 제자들이 행한 행동보다 예수님의 부활에 대해 더 심각하게 받아들였다. 제자들은 부활에 대한 예수님의 가르침을 기억하지 못하고 있었다. 그러나 종교 지도자들은 기억하고 있었으며 예수님의 부활주장 때문에 그가 살아있을 때 보다 부활이 더 두려웠다. 예수님의 시신이 무덤에 영원히 남아있도록 하기 위해 온갖 예방 조치를 다 취했다. 제자들이 시체를 훔쳐 가는 것을 방지하기 위해 빌라도에게 가서 부탁했다.

1. 믿지 않는 사람들은 두 가지 문제를 가지고 있다.

 1) 믿지 않는 사람들은 주님의 부활의 주장을 믿지 않았으나 어떤 사람들은 개인적으로 죽음으로부터 부활할 것이라는 예수님의 말씀을 들었다. 제자들은 예수님의 죽음과 부활에 관해 가족들과 가까운 친지들과 이야기를 나누었다. 그래서 그 예언이 빨리 퍼져 나갔다. 더구나 지난 몇 달 동안 예수님은 제자들에게 진실을 훈련시키고 앞으로 닥칠 일을 준비시키기 위해 그의 예언을 강조했다. 제자들은 예수님의 말씀을 진지하게 받아들이지 않았으며 그들은 예수님의 죽음, 부활, 다시 돌아올 것이라는 예언을 정신적인 것이라고 생각했다. 그들은 아마 로마의 지배로부터 해방시키려는 어떤 사건에 대해서 언급하고 있다고 생각했다(요 11:27; 요일 4:15).

**개념 1.** 많은 사람들은 오늘날까지 예수님의 말씀을 정신적으로 받아들인다. 메시아의 주장으로 받아들여야 한다.

 2) 믿지 않는 자들은 부활의 메시지에 대해 문제를 삼고 있다. 종교 지도자들이 두려워했던 것은 제자들이 밤에 시체를 가져가 예수님이 다시 살아났다고 소문을 퍼뜨리는 것이었다. 제자들은 이렇게 할 가능성이 없었다.

  (1) 제자들은 정신적으로 피폐해 있었고 완전히 절망적이었으며 더구나 그들은 늑대 무리들처럼 사냥당할 수 있다고 생각하면서 두려움에 떨고 있었다.

  (2) 제자들이 부활에 대해 거짓말을 하면 그들 스스로를 속이는 것이 될 것이며 그들은 모든 것을 잃게 될 것이다. 그들은 예수님을 위해 가족, 친척, 사업, 재산 모든 것을 두고 떠나왔으며 그들은 천국의 소망과 예수님에 대한 믿음 때문에 모든 것을 버리고 떠나왔다. 만약 그들이 천국이 없다면 그들은 가장 비참한 사람이 되었을 것이다.

  (3) 제자들은 부활에 대해 거짓말을 하면 다른 사람을 속이는 것이 될

것이다. 그들은 예수님이 그들에게 시금끼지 가르쳤던 모든 것과 정반대로 거짓말을 하여 속이는 것이 될 것이며 제자들은 이 중대한 거짓말을 이 세상 사람들에게 할 수가 없었다.

**개념 2.** 믿지 않는 사람도 부활한 예수님의 메시지를 잘 판단해야 한다(롬 4:24; 10:9; 고전 15:3-4; 벧전 1:3).

1. 믿지 않는 사람들은 빌라도에게 그 무덤을 안전하게 지켜 달라고 요청했다.

2. 믿지 않는 사람들은 큰 실수를 했으며 예수님의 주장은 거짓이라고 믿었다. 그들은 메시아이며 하나님의 아들이라는 예수님의 수상을 누려워했다. 그들은 부활한 메시아의 메시지가 현재 신이라고 주장한 메시지보다 훨씬 강력할 것이라고 느꼈다.

3. 믿지 않는 자들은 무덤에 대한 강력한 안전 조치를 강구했다. 빌라도는 지키는 자를 세우고 무덤을 봉하도록 허락했다.

# 마태복음 28장

**1절 : 안식일이 다 지나고 안식 후 첫날이 되려는 새벽에 막달라마리아와 다른 마리아가 무덤을 보려고 갔더니**

예수님의 부활은 안식일이 끝난 후, 즉 주일 첫날 일요일에 일어났다.

여기서 주목할 네 가지 사실은,

1. 마태는 안식일이 끝난 후에 부활이 일어났다고 언급하고 있으며 정확한 유대 시간은 말하지 않고 있다. 안식일은 토요일 저녁 6시에 끝난다. 마태는 일반적인 하루하루의 시간 개념을 가지고 있으며 그는 단순히 그 전날 안식일에 밤시간을 더 보태어 시간을 계산했다.

2. 예수님은 일요일 해가 뜨기 전 새벽에 일어났다. 이것은 초대 교회 크리스천에게 중요한 의미가 있었다. 그리고 그들에게 너무나 중요한 의미가 있으므로 안식일 즉 토요일에 드리는 예배를 드리지 않고 주님의 부활절날 일요일에 예배를 드리기 시작했다(행 20:7; 고전 16:2).

3. 예수님은 주의 첫째 날 일요일 아침에 일어났다. 예수님이 예언한 대로 바로 세 번째 날, 즉 3일 후에 일어났다는 것을 뜻한다(마 12:40; 16:21; 17:23; 20:19; 막 9:31; 10:34; 18:33; 눅 9:22). 그가 죽음에서 일어나는 것은 죽음을 정복한 것이며 죽음이 더 이상 이 세상을 다스리지 못하게 되었다는 것이다(롬 8:2-4; 고후 1:9-10; 딤후 1:10; 히 2:9; 14-15).

4. 예수님은 그 주의 셋째 날 아침 일요일에 일어났다. 그는 안식일에는 무

덤에 있었으며 유월절과 안식일의 중요한 기념일을 지킬 수가 없었다. 그는 죽었으므로 그 기념일은 그에게 큰 의미가 없었다. 어떤 사람이 예수님을 믿을 때 하나님은 그 사람과 예수님을 동일시하며 특별히 예수님의 죽음과 그 사람의 죽음도 동일시한다. 하나님은 그 사람도 예수님과 함께 십자가에 죽었다고 간주하기 때문이다. 그러므로 믿는 자들은 그리스도의 몸으로 말미암아 율법에 죽임을 당하게 될 것이다.

5. 그리고 부활의 첫째 목격자가 누군가에 대하여 몇 가지 사실은,

   1) 첫째 목격자는 남자가 아니며 특히 제자도 아닌 여성들이었다. 그 여성들은 주님을 더 사랑하고 잘 보살펴 주었다.

   2) 그 여성이 무덤에 오게 된 두 가지 이유는,

      (1) 1절 하반절에 "무덤을 보려고 갔더니"라고 적혀 있다. 그리스어로 정확한 뜻은 어떤 것을 파악하기 위하여 누여겨 살펴본다는 뜻이다. 그들에게 너무나 소중한 주님께 가까이 와서 일어난 일에 대하여 애통해 하고 여러 생각에 잠겼다. 이러한 사실은 그 여성들이 부활의 기적에 대하여 믿도록 더 잘 준비되어 있다는 것을 뜻한다(막 16:9-11; 눅 24:10-11).

**개념 1.** 주님에 대한 생각과 묵상은 주님을 이해하고 부활의 진실을 받아들이는 데 더 도움이 될 것이다.

      (2) 마가는 여자들이 예수님의 몸에 향료를 붓기 위해 왔다고 말하고 있다(막 16:1). 그들은 예수님의 몸을 사랑하는 남편이나 애인에게 하는 것처럼 보살펴 주었다.

6. 막달라 마리아(예수님이 일곱 귀신을 쫓아 내준 여자)는 주님의 부활을 목격했던 여성들 중에 가장 눈에 띈다. 그녀의 예수님에 대한 사랑과 헌신은 더욱 깊었음에 틀림없었다.

7. 다른 마리아는 야곱과 요한의 어머니였으며 그녀는 예수님을 위한 특별한 사랑과 헌신을 보여 주며 예수님의 육신을 그녀의 육신처럼 생각했다. 그녀

는 아마 글로바(엠마오로 가던 제자)의 아내였을 것이다.

> **2-4절 : 큰 지진이 나며 주의 천사가 하늘로부터 내려와 돌을 굴려 내고 그 위에 앉았는데 그 형상이 번개 같고 그 옷은 눈 같이 희거늘 지키던 자들이 그를 무서워하여 떨며 죽은 사람과 같이 되었더라**

큰 돌은 예수님이 밖으로 나올 수 없도록 다른 사람이 그 안으로 들어가서 예수님이 죽음에서 일어나는 것을 볼 수 없도록 막아 놓았다.

1. 큰 지진이 일어났다. 이 지진은 그 이전에는 한 번도 일어난 적이 없는 사건이며 역사의 격동이 일어났다. 어떤 사람들이 일어났으며 하나님의 아들 예수님도 일어났다. 비극적으로 그는 사람의 손에 의해 죽었지만 하나님의 능력으로 영광스럽게 다시 일어났다(롬 1:4; 엡 1:19-20). 이 역사적 사건은 종말에 하나님이 계획하고 있는 믿을 수 없는 격동을 나타내 준다. 하나님의 아들 예수님의 부활은 모든 사람의 부활을 위한 길을 예비할 뿐 아니라 부활을 예표하고 있다. 역사가 모든 시대 가운데 가장 큰 격동의 순간을 목격하고 있었으며 지진은 필연적으로 일어나게 되어 있었다.

2. 큰 돌이 원래대로 굴러 열렸다. 그 큰 돌은 예수님을 위하여 열린 것이 아니라 부활의 증언을 위함 이었다. 예수님이 일어났을 때 부활의 몸 안에 육체적 형태가 없는 영적 존재의 몸이었다. 그러나 증인들은 진실을 보기 위해 무덤에 들어갈 필요가 있었다.

3. 눈부시게 빛나는 천사의 모습이 있었다. 천사에 대한 두 가지 사실을 주목할 수 있다.

  1) 천사는 증언을 위하여 큰 돌을 굴려 무덤 입구를 열었다. 그는 하나님의 백성을 돕고 하나님의 사역을 돕는 영적 존재이다.
  2) 천사의 겉모습은 눈부시게 빛난다. 번개처럼 보이다가 빨리 없어지며 눈처럼 하얗고 순수하며 놀랄 만하게 눈부시게 빛난다.

4. 돌문을 지키는 자들은 공포에 떨고있었다. 마태는 돌문을 지키는 자들은 천사들의 모습과 돌문이 굴러 열리는 것을 목격했다고 말하고 있다. 그 사건은

급속히 일어났으며 빛나는 천사의 모습과 천사의 엄청난 힘은 화산이 폭발하는 것과 같았다고 한다. 문지기들은 몸을 떨었으며 죽은 사람처럼 땅바닥에 엎드렸고 너무 놀라 정신을 잃을 정도였다.

**개념 1.** 하나님의 힘은 놀랍고 무시무시했다. 그 돌문지기들은 도둑으로부터 죽은 자를 지키는 임무를 맡았으나 하나님과 하나님의 천사의 힘에 도저히 저항할 수 없었다. 이것은 믿지 않는 사람들에게 거부할 수 없는 교훈이 되었다.

> **5-10절 :** 천사가 여자들에게 말하여 이르되 너희는 무서워하지 말라 십자가에 못 박히신 예수를 너희가 찾는 줄을 내가 아노라 그가 여기 계시지 않고 그가 말씀 하시던 대로 살아나셨느니라 와서 그가 누우셨던 곳을 보라 또 빨리 가서 그의 제자들에게 이르되 그가 죽은 자 가운데서 살아나셨고 너희보다 먼저 갈릴리로 가시나니 거기서 너희가 뵈오리라 하라 보라 내가 너희에게 일렀느니라 하거늘 그 여자들이 무서움과 큰 기쁨으로 빨리 무덤을 떠나 제자들에게 알리려고 달음질할새 예수께서 그들을 만나 이르시되 평안하냐 하시거늘 여자들이 나아가 그 발을 붙잡고 경배하니 이에 예수께서 이르시되 무서워하지 말라 가서 내 형제들에게 갈릴리로 가라 하라 거기서 나를 보리라 하시니라

그 여자들이 무덤에 도착했을 때 그 돌 위에 앉아 있는 눈이 부실 정도로 화려하게 빛나는 천사를 보았다. 마가복음에서는 오른편에 앉아서 흰 옷 입은 한 청년을 보았다고 한다(막 16:5). 누가복음에서는 찬란한 옷을 입은 두 사람이 그들 옆에 서있었다고 기술하고 있다(눅 24:4). 분명히 많은 천사들이 무덤 주위에서 예수님을 보살피고 있었으며 예수님이 하신 일을 기뻐하고 찬송하고 있었다. 바로 이때에 한 천사가 여자들에게 나타났다가 그다음 두 천사가 나타났다. 그들은 하나님의 메신저로서 사람들처럼 나타났다. 부활의 힘은 그 자체에 메시지를 담고 있다. 두려워하고 있을 때 누가 말했다.

1. 두려워하지 말라. 예수님을 찾는 사람이 두려워해서는 안 되는 세 가지 이유가 있다.

　1) 하나님은 메시아를 찾는 사람을 알고 있다. 그는 모든 사람의 마음을 감찰하고 계신다. 부지런히 찾는 사람은 찾을 것이다(마 7:7-8; 신 4:29; 렘 29:11-13).

2) 예수님은 모든 사람을 구원하기 위해 십자가에 못 박혔다(요 10:32-33; 롬 5:6; 고후 5:15; 벧전 2:24; 계 5:9).

3) 예수님은 죽은 자 가운데서 살아났으며 죽음을 이기셨다(롬 4:24-25; 엡 1:19-20).

2. 와서 보고 믿으라. 천사는 여자들에게 주님의 말씀을 상기시켜 주었다. 예수님의 말씀대로 지금 일어났다. 그 여자들은 와서 그 장소를 보라는 소리를 들었으며 그들이 그의 부활을 직접 본 사람들이었다(갈 3:1; 요 14:26; 롬 8:16).

3. 가서 빨리 이 영광의 소식을 전하라. 영광스러운 소식(복음)을 나누는 것이 필수적이며 역사에서 가장 위대한 소식이다. 그도 그들을 만나 줄 것이며 그들도 그를 보게 될 것이다.

1) 여자들은 순종하였으며 부활한 예수님의 첫 번째 목격자가 되었다.

2) 낙담한 제자들은 여자들로부터 듣게 된 첫 번째 사람들이 되었으며 절망한 제자들은 용기가 생겼고 마음이 움직여 이 위대한 증언에 함께 했다.

3) 증언하는 것은 속히 행해져야 한다.

4. 제자들은 예수님과 영광스럽게 직접 만났다.

1) 예수님은 "평안하냐" 물으시며 만남의 즐거움을 표현했다.

2) 놀라움과 경이로움으로 그를 경배했다.

3) 예수님은 "무서워하지 말라"고 말씀하셨다.

4) 가서 내 형제들에게 전하라고 말씀하셨다. 영광스러운 이 소식이 너무나 중요하기 때문에 그들에게 사명이 주어졌다(마 28:19-20; 막 16:15; 딤후 2:2; 골 1:27-29).

**11-15절 : 여자들이 갈 때 경비병 중 몇이 성에 들어가 모든 된 일을 대제사장들에게 알리니 그들이 장로들과 함께 모여 의논하고 군인들에게 돈을 많이 주며 이르되 너희는 말하기를 그의 제자들이 밤에 와서 우리가 잘 때에 그를 도둑질하여 갔다 하라 만일 이 말이 총독에게 들리면 우리가 권하여 너희로 근심하지 않게 하리라 하니 군인들이 돈을 받고 가르친 대로 하였으니 이 말이 오늘날까지 유대인 가운데 두루 퍼지니라**

예수님의 부활은 예루살렘에서 이미 큰 소동이 일어나고 있었으며 한 무리의 여자들이 예수님이 살아났다고 놀라운 소식을 전하기 위해 제자들을 찾고 있었으나 그들은 예루살렘에 숨어있었다. 종교 지도자들은 어떻게 이 부활한 사실을 숨길까를 고민하고 있었으며 오늘날도 여전히 부활에 대한 소동이 있다. 그것은 예수님이 죽음에서 살아났다는 것을 믿는 것과 진실을 은폐하고 그것을 부인하는 것이다.

1. 부넘을 지키는 자들이 부활을 보고했다.

2. 권력자들은 쇄질히였으며 무엇을 할 까를 결정하기 위해 계획을 세웠다.

3. 권력자들은 군인들에게 뇌물을 주고 빌라도에게 보고하시 못히도록 했다.

4. 거짓말은 발각되었고 진실은 급히 퍼져 나갔다.

**개념 1.** 군인들이 잔듬었다면 어떻게 부활이 일어났는지를 알았겠는가? 거짓말과 속임수는 항상 진실을 이길 수 없다. 그리고 진실온 언체나 승리할 것이며 시간이 걸릴지는 모르지만 진실은 확실히 승리한다(요 8:32; 엡 6:14; 잠 12:19).

## 16-17절 : 열한 제자가 갈릴리에 가서 예수께서 지시하신 산에 이르러 예수를 뵈옵고 경배하나 아직도 의심하는 사람들이 있더라

제자들은 갈릴리에서 예수님을 만났다. 몇 가지 배경적인 설명을 하면,

1. 마태는 열한 제자가 예수님을 만났다고 말하고 있다. 그러나 분명히 믿는 자 오백 명이 참석하였으며 모두가 예수님을 보았다(고전 15:6). 얼마의 사람들은 아직도 의심한다는 표현은 많은 믿는 성도들이 나타났다는 것을 의미한다. 예수님은 두세 번 열한 명의 제자들에게 나타났기 때문에 그들은 이미 부활의 사실을 알았을 것이다. 이때 부활에 대해 의문을 가진 제자는 아무도 없는 것 같았다(막 16:12-14; 요 20:19-25).

2. 제자들은 갈릴리 미리 지정된 장소인 산에서 만났다. 주님은 분명히 사도들에게 그 말을 전하여 그의 제자들이 갈릴리 대집회에서 그를 만날 수 있도록 모이기를 지시했다. 특별히 산이 모임 장소로 지정되었으며 갈릴리는 예수님이 대부분의 사역을 행한 곳이며 대부분의 제자들이 살던 곳이다. 이 장소는 예루

살렘과 어느 정도 멀리 떨어져 있어 예수님께 직접 위협이 되지 않는 안전한 장소였다.

**개념 1.** 우리는 주님을 만나기 위해 지정된 장소가 있다. 기도할 때, 경배할 때, 성경 공부할 때 우리가 예수님을 만나려고 할 때 그는 우리를 만나 주신다. 우리가 예수님의 부활을 알리면 그를 만나야 한다.

3. 그를 만난 사람들은 그를 경배했지만 어떤 사람들은 여전히 의심했다. 분명히 예수님이 와서 그들에게 말하는 것이 의심과 의문을 없애 주었다.

## ▌ 18절 : 예수께서 나아와 말씀하여 이르시되 하늘과 땅의 모든 권세를 내게 주셨으니

예수님은 그의 권세를 믿고 따르는 사람들에게 확신시켜 주었다.

1. 예수님의 권세와 권위는 하나님에 의해서 주어진 것이다. 그것은 모든 권세 위에 뛰어난 예수님을 찬양하기 위해 주어졌다(빌 2:8-9).

2. 예수님의 권세는 하늘과 땅에 있는 모든 권세보다 뛰어난 권세이며 그의 권위는 우주를 다스리는 권세이며 적어도 세 가지가 있다.

  1) 주님은 다스리고 통치하시는 권세가 있다.

  (1) 그의 통치에 기꺼이 순종하는 모든 사람들에게 찬양을 받는 권세가 있다(롬 10:1-10; 12:1-2; 고전 6:20; 계 5:12).

  (2) 모든 사람이 무릎을 꿇고 주님 됨을 인정하는 것을 받을 권세가 있다(빌 2:9-11).

  2) 주님의 권세는 다스리고 명령하시는 권세이다.

  (1) 인간의 자유를 해치지 않고 인간사를 다스린다(눅 22:69; 롬 13:1; 벧전 3:22).

  (2) 자연의 법칙을 해치지 않고 세계와 자연을 다스린다(엡 1:22).

  3) 예수님은 삶과 죽음을 통해서 인간을 구원하고 거절하고 받아들이고 심판하고 죄 용서하는 권세를 갖고 있다(롬 8:28-39; 마 9:6; 눅 5:20-21; 요 5:22, 27).

3. 예수님의 권세는 믿는 자에게 구원의 확신을 준다. 예수님의 권세와 능력

을 다룰 때 두 가지 기억해야 할 요점이 있다.

1) 주님의 절대적 통치는 아직도 눈에 보이지 않는다. 하나님은 절대적 의미에 있어서 아들의 능력을 아직도 보여 주지는 않았다. 그러나 하나님이 그의 아들의 눈에 보이는 보좌의 권세를 지연시키는 뚜렷한 이유가 있다. 하나님은 그의 아들이 아직도 세상의 구원자로서 보이기를 원하며 그가 이 세상을 끝내고 하나님의 아들의 주권을 이 땅에 시작하기 전에 더 많은 사람을 구원하기 원하기 때문이다(벧후 3:3-4, 8-9).

2) 주님이 이 보는 우주를 다스리는 통치 능력은 이미 보장되어 있다(고전 15:24-28; 벧후 3:10-13; 히 2:8-10).

하나님이 예수님께 주신 권능으로 제자들에게 설교하고 세례를 주고 가르쳐 더 많은 제자를 삼으라고 말씀하셨으며 우리에게도 복음을 전파하라고 지금도 명령하고 있다.

> **19-20절 : 그러므로 너희는 가서 모든 민족을 제자로 삼아 아버지와 아들과 성령의 이름으로 세례를 베풀고 내가 너희에게 분부한 모든 것을 가르쳐 지키게 하라 볼지어다 내가 세상 끝날까지 너희와 항상 함께 있으리라 하시니라**

제자들은 죄로 말미암아 죽음과 새로운 삶으로 나아가는 부활에 있어 세례는 믿는 자들과 예수님을 연합하기 때문에 세례를 베풀어야 했다. 세례는 예수님께 순종하고 기꺼이 예수님의 방법으로 살며 하나님의 언약 백성의 신분이 되는 것을 상징한다. 우리는 하나님과 어떤 관계인가? 예수님은 하늘로 승천하실 때 까지 제자들과 육신으로 사셨으며 그 다음에 성경에서 말씀하시는 바와 같이 영적으로 사셨다(행 1:4). 성령은 그들을 결코 떠나지 않는 하나님의 임재가 함께 있으며 오늘도 성령을 통해서 우리와 함께 계속 임재하실 것이다. 그리고 예수님은 삼위일체의 실체를 확신시켜 주고 있다. 어떤 사람들은 삼위일체의 개념을 비난한다 우리들이 아는 바와 같이 삼위일체의 개념은 주님으로부터 직접 나오게 된 것이며 그는 사람들의 이름으로 세례를 주지 않고 아버지, 아들, 성령의 이름으로 세례를 주었다. 삼위일체라는 말은 성경에 없지만 아버지,

아들, 성령으로 하나의 실체에 세 가지 인격체를 가지고 있다고 기술하고 있다. 주님은 그러므로 너희는 가서 모든 민족을 제자로 삼아 아버지와 아들과 성령의 이름으로 세례를 베풀라고 명령하셨다. 주님은 우리에게 세 가지 사명을 주셨다.

1. 가서 모든 족속을 제자로 삼으라. 이것은 성경에서 가장 중요한 구절이며 진정으로 믿는 자에게는 이것보다 더 중요한 성경 구절이 없다. 가르치고 세례를 주는 것만으로는 이 세상 복음을 전하는 데 불충분하며 제자 삼는 것이 선행되어야 한다. 예수님의 목표는 잃어버린 자들을 찾아 그들을 구원하는 것이다 (막 16:15; 요 20:31; 행 1:8; 벧전 3:15; 행 5:20; 딤후 4:2).

2. 그는 모든 족속에게 세례를 베풀라고 우리에게 사명을 맡겼다.

　1) 세례는 매우 중요하며 그것은 한 번만 행하는 것임에도 불구하고 가르치는 것만큼 필수적이다. 예수님은 사람이 믿지 않는 집단으로부터 벗어나 하나님과 동행하는 직접적인 표상이며 크리스천의 신분을 밝히는 절대적인 표상이 된다고 가르치고 있다.

　2) 아버지와 아들, 성령의 이름으로 세례를 준다는 것은 사람이 세례를 받을 때 하나의 공식 그 이상의 의미를 갖고 있다. 그 의미는 진정한 아버지로 하나님을 믿으며 예수님을 세상의 구원자이신 진정한 하나님의 아들로 믿는 것과 믿는 자들의 위로자로서 성령을 믿는 것이다.

3. 그는 예수님이 명령하셨던 모든 것을 가르치라고 우리에게 사명을 주셨다. 가르치는 것은 세례를 주고 제자 삼는 것만큼 매우 중요하다. 어느 하나도 다른 것보다 덜 중요한 것이 없다. 모두가 우리 주님의 명령이며 우리의 사명이다(마 28:19-20; 요 6:45; 골 3:16; 딤전 4:6; 딤후 2:24; 신 6:6-7; 겔 44:23).

**개념 1.** 예수님이 가르치라고 명령한 것은 배워서 알아야 하며 실천에 옮길 정도까지 공부해야 한다.

**개념 2.** 사회는 예수님의 가르침과 이 명령을 무시할 때 더욱 악화되고 부패되어 갈 것이다.

예수님은 그를 따르는 자들과 항상 함께 하시겠다고 약속하셨다. 예수님은 그를 따르는 사람들의 주의를 끌기 위해 영어 성경을 보면 "surely", "behold"라는 단어를 사용했으며 이것은 그들을 각성시키고 귀 기울여 듣도록 하기 위함이었다. 그리고 나는 너와 함께 할 것이라고 약속하셨다. "내가 세상 끝날까지 너희와 항상 함께 있으리라." 예수님은 강한 확신을 주셨다. 지금도 함께하시며 앞으로도 함께하실 것이라는 약속을 하고 계신다. 예수님은 모든 족속을 제자로 삼기 위해 믿는 성도가 밖으로 나길 때 확실히 함께하신다는 뜻이다.

예수님이 우리와 함께 하신다는 것은 우리의 발걸음, 우리의 결정, 우리의 시련, 우리의 기쁨, 날마다, 시간마다, 슬플 때나 기쁠 때나, 가난하거나 부하거나, 아플 때, 죽음을 맞이할 때, 남에게 피해를 당할 때 언제든 항상 함께하시겠다는 뜻이다. 세상 끝 날까지 항상 함께하시겠다고 약속하시는 주님은 그의 증인들이 해를 당하고 박해받고, 순교를 당할지라도 그 모든 순간에 항상 함께하실 것이다(마 18:20; 히 13:5-6; 창 28:15; 사 43:2)

# 참고문헌

1 : NIV Bible Commentary Edited by Kenneth L. Baker Co., John R. Kohlenberger III, Zondervorn Publishing house, 1999

2 : The New Tomson Chain Reference Bible. Philadelphia, PA : Westminster Press., 1964

3 : Life Application Study Bible NIV. : Published by Tyndall House Publishers, Inc Wheaton,

4 : New Bible Commentary : 21st Century Edition Edited Donald A. Carson, Published by Korean Christian Students Association 2006.

5 : Barclay, William. Daily study bible series. Philadelphia, PA : Westminster Press, Began in 1953

6 : Bruce, F.F. The Epistle to the Hebrews, Grand Rapids, MI : Eardmas Publishing CO., 1964

7 : Griswess, W.A. Expository Sermons On Revelation. Grand Rapids, MI : Zondervan Publishing House, 1962 – 1966

8 : Henry, Matlew Commentary on the whole Bible. Old Tappan, NJ : Fleming H. Revell CO.,.

9 : Hodge, Chales. Exposition On Romans& On Corinthians. Grand Rapids, MI : Eerdmans Publishing CO., 1972 – 1973.

10 : Ladd, George Eldon. A commentary on the Revelation of John. Grand Rapids, MI : Eerdmans Publishing CO., 1972 – 1973

11. Thayer, Joseph Henry. Greek–English Lexicon of The New Testamant. New York : American Book CO. No date listed.

12. The New compact Bible Dictionary, Edited by T. Alton Bryant. Grand Rapids, MI : Zondery Publishing House, 1967

13. NIV Korean–English Explanation Bible Published by Agape publishing CO., Ltd, Seoul Korea, 2008

14. The New Possibility Thinkers Bible Edited by Paul David Dunn&Robert H. Shuller, Published Thomas Nelson, Inc, 1996